제 4판

국제법

김영석

International Law

박영사

제 4 판 머리말

이 책의 제4판을 내게 되어 기쁘고 감사한 마음이다. 제4판에서는 제10장으로 '국제형사재판소(ICC) 규정상의 범죄인인도와 형사사법공조', 제18장으로 '국제환경법'을 추가하였다. 최근 국제형사재판소(ICC)가 일부 국가들의 최고위층 지도자들에 대한 체포영장을 발부하면서 국제형사재판소와 ICC 당사국 간의 범죄인인도와 형사사법공조가 매우 중요한 주제가 되었다. 또한, 최근 기후변화 등으로 인한 기상 이변과 환경오염 등에 대한 우려는 국제환경법에 대한 이해를 더 필요하게 하고 있다. 이러한 측면에서 이 책의 제4판에서는 ICC의 범죄인인도 제도 등과 국제환경법에 대한 설명을 추가하게 되었다.

또한 국가의 영토 취득 방법에 대해 간략한 소개를 추가하였고, 지난 제3판 발간 이후에 일어난 국제법적인 변화를 포함시키기 위해 일부 내용을 수정하였다.

이번 제4판을 내면서도 감사를 드려야 할 많은 분들이 있다. 이화여대 법학전문대학원의 강동범 전 원장님과 정현미 전 원장님, 김현철 원장님, 최희경 교수님을 비롯한 여러 교수님들이 저자에게 베풀어 주신 도움과 후의에 깊은 감사를 드린다.

저자의 스승이자 멘토였던 미국 일리노이대의 프란시스 앤서니 보일(Francis Anthony Boyle) 교수님께서 지난 1월에 돌아가셔서 저자는 큰 슬픔을 느꼈다. 위대한 국제법 학자이자 실천가이셨던 보일 교수님께서 천국에서 안식하시기를 기도한다. 또한 서울대학교에서 국제법을 가르쳐주셨던 고 이한기 교수님, 고 배재식 교수님, 고 백충현 교수님, 이상면 교수님께 감사드린다. 아울러, 송상현 전 국제형사재판소 소장님, 권오곤 전 구유고재판소 부소장님, 신각수 전 외교부 차관님, 김영원 전 주네덜란드 대사님, 서울대학교의 정인섭 명예교수님, 이근관 교수님, 이재민 교수님께 감사드린다. 백진현 전 국제해양법재판소 재판관님, 홍기훈 전 한국해양과학기술원 원장님, 한양대학교의 최태현 명예교수님, 이자형 국제해양법재판소 재판관님, 백기봉 국제형사재판소 재판관님께도 감사드린다.

다음으로 이 책을 만들기 위해 도와주시고 수고해 주신 박영사의 안종만 회장님, 안상준 대표이사님, 조성호 이사님께 감사드리고, 이승현 차장님과 정성혁 과장님 등 직원 여러분에게도 감사를 표한다.

아버님과 장인, 장모님께 감사드리며 건강하시길 기원 드린다. 언제나 저자를 이해해주고 지원해 준 아내와 자녀들에게 감사한다.

> "너는 마땅히 공의만을 따르라 그리하면 네가 살겠고 네 하나님 여호와께서 네게 주시는 땅을 차지하리라"
>
> (신명기 16장 20절)

2025년 8월 11일

이화여자대학교 법학관 연구실에서

저 자

제 3 판 머리말

이 책의 제3판을 6년 만에 내게 된 것을 기쁘게 생각한다. 이 책의 제2판이 출간된 이후 국제법 분야에서 진전된 사항을 이번 제3판에 포함시키고, 특히 국제기구법에 관한 장을 추가하고 해양법과 해양환경, 영사 분야를 보완하였다.

이번 제3판을 내면서 감사를 드려야 할 많은 분들이 있다. 먼저, 이화여대 법학전문대학원의 정현미 원장님과 강동범 전 원장님, 최희경 교무부원장님을 비롯한 여러 교수님들이 저자에게 베풀어 주신 후의와 지도에 대해 이 기회를 통해 깊은 사의를 표한다.

저자의 스승이신 미국 일리노이대의 프란시스 앤서니 보일(Francis Anthony Boyle) 교수님, 우리나라의 대표적인 국제법교과서인 "국제법강의"를 집필하셨던 고 이한기 교수님, 서울대학교에서 저자에게 국제법을 가르쳐주셨던 고 배재식 교수님, 고 백충현 교수님께 감사드린다. 아울러, 송상현 전 국제형사재판소 소장님, 권오곤 전 구유고재판소 부소장님, 신각수 전 외교부 차관님, 김영원 전 주 네덜란드 대사님, 서울대학교의 정인섭 명예교수님, 이근관 교수님, 이재민 교수님께 감사드린다. 백진현 국제해양법재판소 재판관님, 홍기훈 해양과학기술원 전 원장님, 한양대학교의 최태현 명예교수님, 외교부의 이자형 국제법률국장께도 감사드린다. 또한, 김영원 대사님의 국제법 저서가 큰 도움이 되었음을 밝힌다.

다음으로 이 책을 만들기 위해 도와주시고 수고해주신 박영사의 안종만 회장님, 조성호 이사님, 이영조 부장님, 이승현 차장님, 이후근 대리와 표지디자인팀에 감사를 드린다.

부모님과 장인, 장모님께 감사드리며, 건강하시길 기원 드린다. 언제나 저자를 이해해주고 지원해 준 아내 김세영 교수와 자녀들, 현정, 태윤, 은택에게 감사한다.

> "온유한 자는 복이 있나니 그들이 땅을 기업으로 받을 것임이요…화평하게 하는 자는 복이 있나니 그들이 하나님의 아들이라 일컬음을 받을 것임이요"
>
> (마태복음 5장 5절, 9절)

2023년 1월 25일

이화여자대학교 법학관 연구실에서

저 자

제 2 판 머리말

이 책의 개정판을 내게 된 것을 기쁘게 생각한다. 이 책의 초판이 출간된 이후 국제법 분야에서 진전된 사항을 이번 개정판에 포함시키고자 노력하였다. 특히 국가책임법과 조약법 분야를 많이 보완하였다.

이번 개정판을 내면서 감사를 드려야 할 많은 분들이 있다. 저자의 스승이신 미국 일리노이대의 프란시스 앤서니 보일(Francis Anthony Boyle) 교수님, 우리나라의 대표적인 국제법교과서인 “국제법강의”를 집필하셨던 고 이한기 교수님, 서울대학교에서 저자에게 국제법을 가르쳐주셨던 고 배재식 교수님, 고 백충현 교수님께 감사드린다. 아울러, 서울대학교의 정인섭 교수님, 이근관 교수님과, 송상현 전 국제형사재판소 소장님, 권오곤 전 구유고재판소 부소장님, 신각수 전 외교부 차관님, 김영원 전 주 네덜란드 대사님, 한양대학교의 최태현 교수님께 감사드린다. 백진현 국제해양법재판소 재판관님, 홍기훈 해양과학기술원 원장님께도 감사드린다. 저자가 근무하는 이화여대 법학전문대학원의 강동범 원장님을 비롯한 여러 교수님들이 저자에게 베풀어 주신 후의와 지도에 대해 이 기회를 통해 감사를 드린다.

다음으로 이 책을 만들기 위해 수고해 주신 박영사의 안종만 회장님, 조성호 이사님, 김선민 편집부장님, 이영조 차장님에게 깊은 사의를 표한다.

부모님과 장인, 장모님께 감사드리며, 건강하시길 기원 드린다. 언제나 저자를 이해해주고 지원해준 아내 김세영 교수와 자녀들, 현정, 태윤, 은택에게 감사한다.

> “우리는 그가 만드신 바라 그리스도 예수 안에서 선한 일을 위하여 지으심을 받은 자니 이 일은 하나님이 전에 예비하사 우리로 그 가운데서 행하게 하려 하심이니라”
>
> (에베소서 2:10)

2017년 7월 14일

이화여자대학교 법학관 연구실에서

저 자

머리말

오늘날의 세계에 사는 우리들에게 국제법은 매우 필요한 분야의 지식이 되었다. 세계의 모든 사람들은 교통통신수단의 발달과 인터넷 등 정보기술의 발달로 상호교류하며 지구촌이라는 단어의 의미를 실감하고 있다. 국제법은 세계의 국가들과 사람들이 국제적인 상호교류를 하면서 지켜야 하는 중요한 규범의 하나로서 그 기능과 역할이 과거의 어느 시대보다 더욱 중요해졌다고 할 수 있다. 이 책은 국제법의 다양한 규칙들을 비교적 간략하게 설명하려는 의도로 작성되었다. 또한, 이 책은 저자가 이화여대 법학전문대학원과 법과대학에서 국제법을 강의하기 위한 교재로서 활용하려는 목적도 염두에 둔 것이다. 이 책에는 기존의 다른 책에서 상당부분을 인용한 부분도 있고, 국제재판소의 판례와 조약문을 영어로 발췌하여 인용한 부분도 있다. 어쩌면 국제법의 강의를 위해 필요한 일이라고도 볼 수 있으나, 한편으로 적절한 집필방식인지에 대한 의구심도 드는 것이 사실이다. 이 책의 효용성과 가치는 학생들과 수업을 진행하면서, 또한 여러 선배 · 동료 · 후학들의 의견을 통해 판명이 될 것이라고 생각한다. 이 책에서 나타날 수 있는 잘못에 대한 책임은 저자에게 있으며 여러분들의 지적과 충고를 기다린다. 그리고 추후에 여러분들의 의견을 반영하여 좀더 좋은 책을 출판할 수 있기를 희망한다.

이 책을 쓰면서 감사를 드려야 할 많은 분들이 있다. 프란시스 앤서니 보일(Francis Anthony Boyle) 교수는 미국 일리노이 대학(University of Illinois at Urbana Champaign)의 법대 교수로서 지난 30여 년간 국제법을 가르쳐왔고, 국제법 전문가로서 세계적으로 저명한 학자이다. 또한, 보일 교수님은 저자의 일리노이 대학교 법학박사학위(JSD) 논문 지도교수이었고, 매우 바쁜 가운데도 저자에게 학문적으로나 개인적인 일에서나 많은 조언과 충고를 아끼지 않은 자상한 지도교수였다. 이 책에서 상당한 부분을 보일 교수님이 지으시고, 저자가 번역한 「세계질서의 기초(Foundations of World Order)」에서 인용하였는데, 보일 교수님이 이 점을 허락하여 주신 것을 감사드린다.

또한 지금은 고인이 되셨지만 우리나라의 대표적인 국제법교과서인 「국제법강의」를 집필하셨던 이한기 교수님, 서울대학교에서 저자에게 국제법을 가르쳐 주셨던 배재식 교수님, 백충현 교수님께 감사드린다. 이분들의 가르침이 없었다면 저자가 이 책을 쓰는 것은 불가능하였다고 생각한다. 아울러, 서울대학교의 이상면 교수님, 정인섭 교수님, 이근관 교수님과 송상현 국제형사재판소 소장님, 권오곤 구유고재판소 부소장님, 신각수 외교통상부 제 1 차관님, 김영원 주네덜란드대사님, 황승현 조약국장님, 한양대학교의 최태현 교수님께 감사드린다. 저자가 근무하는 이화여대 법학전문대학원의 김문현 원장님을 비롯한 여러 교수님들이 저자에게 베풀어 주신 후의와 지도에 대해 이 기회를 통해 감사를 드린다.

다음으로 이 책을 만들기 위해 수고해 주신 박영사의 안종만 회장님, 조성호 부장님, 이경희 편집위원님, 부록에 있는 조약문을 정리해 준 서울대학교 박사과정에서 수학중인 김원희 석사, 교정을 도와준 이화여자대학교 석사과정에서 수학중인 이인혜 학사에게 깊은 사의를 표한다.

끝으로, 언제나 저자를 이해해 주고 지원해 준 아내 김세영 박사와 자녀들 현정, 태윤, 은택에게 감사한다.

국제법의 목적이 세계평화의 달성과 유지임을 다시 생각하며 다음을 인용하면서 이 글을 마치고자 한다.

> "그가 열방 사이에 판단하시며 많은 백성을 판결하시리니 무리가 그 칼을 쳐서 보습을 만들고 그 창을 쳐서 낫을 만들 것이며 이 나라와 저 나라가 다시는 칼을 들고 서로 치지 아니하며 다시는 전쟁을 연습치 아니하리라."
>
> (이사야 2:4)

2010년 1월 28일

이화여자대학교 법학관 연구실에서

저 자

차　례

제 1 장　국제관계에 관한 법률가의 접근방식

Ⅰ. 국제법의 개념 ………… 2
1. 정　　의 ………… 2
2. 명　　칭 ………… 3
3. 다른 규범과의 구별 ………… 4
4. 국제법의 기능 ………… 6
5. 국제법의 세 개의 유형 ………… 7
(1) 권력의 법(The Law of Power)／7
(2) 상호주의의 법(The Law of Reciprocity)／8
(3) 조정의 법(The Law of Coordination)／8
Ⅱ. 국제법의 법적 성질 ………… 8
1. 국제법은 법인가? ………… 8
2. 국제법에 관한 이론 ………… 10
(1) 정치 현실주의(Political Realism)／10
(2) 국제법상의 자연법주의(International Natural Law)／11
(3) 국제법률실증주의(International Legal Positivism)／13
3. 국제법상의 제재 ………… 14
4. 주권동의의 원칙 ………… 16
5. 법률주의와 현실주의 ………… 17
6. 국제법 법률가의 전쟁방지계획 ………… 17
7. 법률가적 접근방식과 현대의 국제법질서 ………… 19
8. 국가의 중대한 이익과 국제법 ………… 20
(1) 진 주 만／20　(2) 쿠바 미사일 위기／21
(3) 법적－도덕적 명령／22

제 2 장　국제법의 법원

Ⅰ. 의　　의 ………… 24

Ⅱ. 조 약 ······ 25
1. 의 의 ······ 25
2. 종 류 ······ 27
3. 조약법조약(treaty on treaties) ······ 28
4. 조약의 성립요건 ······ 29
5. 조약의 체결절차(우리나라의 경우를 중심으로) ······ 29
(1) 교섭(negotiation)/30 (2) 가서명(initial)/30
(3) 서명(signature)/31 (4) 비준(ratification)/31
(5) 국회의 동의/32 (6) 조약의 공포 및 발효/33
(7) 조약의 등록(registration)/33
Ⅲ. 국제관습법(Customary International Law) ······ 34
1. 의 의 ······ 34
2. 일반적 관행(Uniform and Consistent State Practice) — 객관적 요건 ··· 35
(1) 국가 관행의 범위/35 (2) 국가 관행의 지속 기간/36
(3) 지역국제관습법/36 (4) 국가 관행의 증거/37
3. 법적 확신(Opinio Juris) — 주관적 요건 ······ 37
4. 국제관습법의 효력범위 ······ 38
5. 국제관습법의 입증책임 ······ 39
Ⅳ. 국제관습법의 법전화에 관한 사례연구 ······ 39
1. 육전법규의 법전화 ······ 39
2. 법전화와 세계재판소 ······ 41
3. 국제포획재판소(International Prize Court, IPC) ······ 41
4. 국제법의 주체(Subject of International Law)로서의 개인 ······ 42
5. 미국 헌법상의 문제들 ······ 42
6. 런던선언 ······ 43
7. 해상포획법안 ······ 44
8. 미국의 세계대전 개입 ······ 44
9. 결 론 ······ 45
Ⅴ. 법의 일반원칙(General Principle of Law) ······ 45
1. 의 의 ······ 45
2. 법의 일반원칙의 법원성 ······ 47
3. 법의 일반원칙의 적용순위 ······ 48
4. 법의 일반원칙의 적용사례 ······ 49

(1) 연체이자의 원칙／49 (2) 대위(subrogation)의 원칙／49
(3) 신의성실의 원칙／50 (4) 금반언(Estoppel)의 원칙／50
(5) 회사의 국적을 결정하는 원칙／51
(6) 기판사항(res judicata)의 원칙／52
(7) 계약준수의 원칙(pacta sunt servanda)／53
(8) 기타 원칙／53

Ⅵ. 법원의 보조수단 ······ 54
1. 사법판결(Judicial Decisions) ······ 54
2. 학 설 ······ 55

Ⅶ. 국제기구의 결의, 연성법(Soft Law), 형평과 선 ······ 56
1. 국제기구의 결의 ······ 56
(1) 내부조직에 관한 결의／56 (2) 법적 구속력을 가진 결의／56
(3) 연성법을 정립하는 결의／57
2. 연성법(Soft Law) ······ 59
3. 형평과 선(aequum et bonum) ······ 60

Ⅷ. 법원의 순위 ······ 61
1. 조약과 국제관습법 간의 순위 ······ 61
(1) 원 칙／61 (2) UN헌장 제103조／61
(3) 조약과 국제관습법의 결합／62
2. 법의 일반원칙과 조약 및 국제관습법의 순위 ······ 62

Ⅸ. 강행법규(jus cogens, peremptory norm) ······ 63
1. 의 의 ······ 63
2. 강행법규의 내용 ······ 63
3. 보편적 관할권의 문제 ······ 64
(1) 의 의／64 (2) 아이히만 사건／64
(3) 벨기에의 국내재판／65 (4) 국제형사재판소규정／65
(5) 미국의 외국인불법행위배상법／65

제 3 장 국제법과 국내법의 관계

Ⅰ. 의 의 ······ 70

Ⅱ. 국제법과 국내법의 관계에 관한 이론 ······ 72
1. 이원론(dualism) ······ 72

2. 일원론(monism) ······ 73
(1) 국내법 우위론/74 (2) 국제법 우위론/74
(3) 등위이론/74
3. 변형이론과 편입이론 ······ 75
Ⅲ. 국제법과 국내법의 관계에 관한 실행 ······ 75
1. 국제재판소의 실행 ······ 75
2. 영국의 실행 ······ 77
(1) 국제관습법/77 (2) 조 약/77
(3) 합치의 추정(presumption of compatibility)이론/77
3. 미국의 실행 ······ 78
(1) 국제관습법/78 (2) 조약의 국내법상 지위/78
(3) 정치문제(political question)의 이론/81
(4) 국가행위이론(act of state doctrine)/81
(5) 주권면제이론(Sovereign immunity doctrine)/82
(6) 합치의 추정/84
4. 우리나라의 실행 ······ 85
(1) 국제관습법/85 (2) 조 약/85
(3) 합치의 추정/85
5. 프랑스의 실행 ······ 88
6. 독일의 실행 ······ 88
7. 일본의 실행 ······ 89
8. 소 결 ······ 90
Ⅳ. 조약과 행정협정 ······ 91
1. 의 의 ······ 91
2. 행정협정의 종류 ······ 92
(1) 의회의 승인을 얻은 행정협정(Congressional Executive agreement)/92
(2) 단독행정협정(sole executive agreement)/93
3. 미국 연방대법원의 행정협정관련 판례 ······ 94
(1) 벨몬트(United States v. Belmont) 사건/94
(2) 핑크(United States v. Pink) 사건/95
(3) 데임스(Dames & Moore v. Regan) 사건/95
4. 행정협정의 미국 국내법적 효력 ······ 96
5. 행정협정의 제한 ······ 97
6. 주한미군지위협정(한미 SOFA)의 체결절차 비교 ······ 98
Ⅴ. 자기집행조약과 비자기집행조약 ······ 99

1. 의 의 ······ 99
2. 비자기집행조약의 종류 ······ 99
(1) 세출예산의 집행을 요구하는 조약／100
(2) 특정행위를 형사적으로 처벌해야 하는 의무를 부과하는 조약／100
(3) 전쟁에 참여할 의무를 부과하는 조약／100
(4) 인권의 보호의무를 규정한 조약／102
3. 비자기집행조약의 효력 ······ 102

제 4 장 국제법의 주체

Ⅰ. 국제법의 주체(subject of international law)의 개념 ······ 104
1. 국제법의 주체의 의미 ······ 104
2. 중미사법재판소(Central American Court of Justice) ······ 105
3. 국제법 주체에 관한 학설 ······ 107
(1) 국가만을 국제법주체로 하고 개인의 국제법주체성을 부정하는 학설／107
(2) 국가의 국제법주체성을 부인하고 개인만을 국제법주체로 하는 학설／107
(3) 국가 이외에 특히 개인의 국제법주체성을 넓은 범위에서 인정하는 학설／108
(4) 개인도 한정된 범위 내에서 국제법주체가 될 수 있다는 설／109
Ⅱ. 국가의 국제법주체성 ······ 110
1. 성 질 ······ 110
2. 국가의 자격요건 ······ 111
(1) 인 민／111 (2) 명확한 영역(defined territory)／112
(3) 실효적 정부(government)／112
(4) 주권(sovereignty, 외교능력)／113
3. 주권(외교능력)이 제한된 국가의 권리능력 ······ 113
(1) 종 속 국／113 (2) 피보호국／114
(3) 연방구성국／114
4. 조약상의 협력관계와 외교능력 ······ 115
(1) 관세연합／115 (2) 영구중립국／115
(3) 바티칸(로마교황청, The Holy See)／117
5. 국가의 영토취득 방법 ······ 117
(1) 선점(occupation)／118 (2) 할양(cession)／120
(3) 정복(conquest, subjugation)／121
(4) 시효(prescription)／122 (5) 첨부(accretion)／123
Ⅲ. 준국가적 실체의 권리능력 ······ 123

(1) 교전단체／123 (2) 망명정부(government in exile)／124
(3) 민족해방단체(national liberation movement)／124

Ⅳ. 개인의 권리능력 …… 126
1. 19세기 말 20세기 초의 지배적인 태도 …… 126
2. 20세기 초부터 2차대전 이전까지의 발전 …… 126
(1) 개인의 국제법상 권리능력(제소권 또는 청원권)의 발전／126
(2) 개인의 형사책임추구／127
3. 소 결 …… 128
4. 2차대전 이후의 개인의 형사책임원칙의 발전 …… 128
(1) 개인의 청원권(Individual Complaint) 인정 조약 발전／128
(2) 뉘른베르그 재판과 동경재판／129

제 5 장 국제기구법

Ⅰ. 국제기구의 권리능력 …… 132
1. 국제기구의 정의와 분류 …… 132
(1) 정 의／132 (2) 분 류／132
2. 국제조직의 국제법주체성과 그 법적 근거 …… 133
(1) 설립조약근거설 또는 의사이론(will theory)／133
(2) 목적필요설 또는 추정된 법인격(presumptive personality)설／134
(3) 객관적 존재설(objective theory)／134
(4) 평 가／135
3. 국제기구의 국제법상의 권리능력 …… 135
(1) 조약체결권／135
(2) 특권면제(UN 특권면제협정, ICC의 특권면제협정)／136
(3) 국제책임／136 (4) 직무보호권／137
(5) 기타의 권리능력／138
4. 국내법상의 능력 …… 138

Ⅱ. 국제기구 직원의 특권과 면제 …… 139

Ⅲ. 국제연합(The United Nations, UN, 유엔) …… 141
1. UN의 설립 …… 141
2. UN의 설립 목적 …… 142
3. 유엔 및 유엔 회원국의 행동원칙 …… 142
4. 유엔의 기관과 주요 기능 …… 144

(1) 총회(헌장 제4장, 제9조~제22조)／144
(2) 안전보장이사회(헌장 제5장, 제23조~제32조)／145
(3) 경제사회이사회／148 (4) 신탁통치이사회／148
(5) 국제사법재판소(ICJ)／149 (6) 사 무 국／149
5. 유엔전문기구 ······ 150

제 6 장 국제법상의 승인

Ⅰ. 국가의 승인 ······ 154
1. 의 의 ······ 154
(1) 선언적 효과설(Declaratory Theory of Recognition)／155
(2) 창설적 효과설(Constitutive Theory of Recognition)／156
(3) 소 결／156
2. 승인에 관한 기본적 규칙 ······ 157
3. 승인의 요건 ······ 157
(1) 국가의 성립／158 (2) 국제법 준수의 의사와 능력／158
(3) 상조의 승인(premature recognition)／158
4. 승인의 방식 ······ 159
(1) 명시적 승인과 묵시적 승인／159
(2) 사실상의 승인과 법률상의 승인／160
(3) 개별적 승인과 집단적 승인／161
(4) 조건부의 승인과 무조건 승인／162
5. 국가승인의 효과 ······ 162
6. 미승인국의 지위 ······ 163
7. 승인의 철회 ······ 163
8. 우리나라의 실행 ······ 164
Ⅱ. 정부의 승인 ······ 165
1. 의 의 ······ 165
2. 정부승인의 요건 ······ 166
3. 방 법 ······ 167
4. 정부승인의 효과 ······ 167
5. 정부승인의 사례 ······ 168
Ⅲ. 교전단체의 승인 ······ 169
1. 의 의 ······ 169

2. 승인의 요건 ··· 169
3. 승인의 방법 ··· 170
4. 승인의 효과 ··· 170
(1) 제3국이 승인한 경우／170 (2) 본국정부에 의한 승인의 경우／170
5. 반란단체의 승인(Recognition of Insurgency)과 교전단체의 승인 ··· 171

제 7 장 국가관할권

Ⅰ. 국가관할권의 의의와 종류 ··· 174
1. 의 의 ··· 174
2. 관할권의 형태 ··· 174
(1) 입법관할권(jurisdiction to prescribe, legislative jurisdiction)／174
(2) 재판관할권(jurisdiction to adjudicate, judicial jurisdiction)／174
(3) 집행관할권(jurisdiction to enforce, administrative jurisdiction)／175
3. 영역권과의 관계 ··· 176
4. 속지주의, 속인주의와의 관계 ··· 176
Ⅱ. 국가관할권을 결정하는 준칙 ··· 176
1. 속지주의(territorial principle) ··· 176
2. 효과이론 ··· 178
3. 능동적 속인주의(nationality principle 또는 active personality principle) ··· 179
4. 수동적 속인주의(passive personality principle) ··· 180
5. 보호주의(protective principle) ··· 180
6. 보편주의(universality principle) ··· 180
Ⅲ. 국제형사재판소의 관할권제도 ··· 181
1. 의 의 ··· 181
2. 시간적 관할권(Jurisdiction ratione temporis) ··· 182
3. 관할권 행사의 전제조건 (Preconditions to the exercise of jurisdiction) ··· 182
(1) 의 의／182
(2) 자동적 관할권(Automatic Jurisdiction)／183
(3) 로마규정 第12조의 형성과정시 우리나라의 중대한 기여／183
(4) 비규정당사국의 관할권 수락／185
4. 관할권의 행사 ··· 187

5. 당사국에 의한 사태의 회부 …… 188
6. 소추관(the Prosecutor) …… 188
7. 수사 또는 기소의 연기 …… 188
8. 재판적격성의 문제 …… 190
(1) 의　의／190
(2) 보충성의 원칙(the Principle of Complementarity)／190
9. 로마규정 제18조 내지 제21조 …… 192
(1) 예비결정절차／192　(2) 이의제기／194
(3) 일사부재리／195　(4) 적용법규／196

제 8 장　국가의 국제책임

Ⅰ. 국가책임의 성질 …… 198
Ⅱ. 기본원칙 …… 199
1. 개별적 책임추구의 원칙 …… 199
2. 민사책임의 원칙 …… 200
3. 책임능력의 원칙 …… 201
Ⅲ. 국가책임의 성립 …… 201
1. 성립요건 …… 201
(1) 객관적 요건／201　(2) 주관적 요건／201
(3) 손해의 발생／202　(4) 소　결／202
2. 객관적 요건의 성립 가능성 …… 202
(1) 국가기관의 행위／202　(2) 사인의 행위에 의한 국가책임／203
3. 주관적 요건의 성립 가능성 …… 205
Ⅳ. 위법성 조각사유 …… 206
1. 동의(consent) …… 206
(1) 명확한 동의／206　(2) 권한 있는 사람의 동의／207
(3) 자유의사에 의한 동의／207
(4) 동의의 시기／208
2. 자위권의 행사(self－defense) …… 208
3. 국제위법행위에 대한 대응조치
(countermeasures in respect of an internationally wrongful act) …… 209
4. 불가항력(force majeure) …… 211

5. 조난(distress) ··· 213
6. 필요성(necessity) ··· 213
7. 강행규범의 이행 ··· 215
8. 보상의 문제 ··· 215

V. 국가책임의 해제 ··· 215
1. 국제청구의 요건 ··· 216
(1) 국제청구의 주체／216 (2) 침해된 법익의 특정화·개별화／217
2. 외교적 보호와 그 제한 ··· 218
(1) 국내적 구제의 원칙(exhaustion of local remedies)／218
(2) 국적계속의 원칙(continuous nationality rule)／220
3. 칼보조항(Calvo Clause) ··· 221
(1) 의 의／221 (2) 칼보독트린／221
(3) 드라고주의(Drago Doctrine)／221
(4) 포터협약(Porter Convention)／222
4. 국가책임의 해제방법 ··· 222
(1) 피해국의 대항조치(countermeasures)／222
(2) 원상회복(restitution)／223 (3) 금전배상(compensation)／223
(4) 만족(satisfaction)／224

제 9 장 국제형사법

I. 의 의 ··· 226

II. 국제형사재판소의 역사적 발전 ··· 228
1. 제2차 대전 이전의 국제형사재판소 ··· 228
2. 제2차 대전 이후의 국제형사재판소 ··· 229
(1) 뉘른베르그 재판／229 (2) 동경재판／229
(3) 국제형사재판소 설립의 지연／230
(4) 구 유고재판소(ICTY)와 르완다재판소(ICTR)／230
3. 국제형사재판소의 설립 ··· 231
(1) 로마외교회의의 개최／231 (2) 로마규정 채택의 의의／231
(3) 로마규정 채택 이후 국제형사재판소의 현황／232

III. 국제범죄에 대한 이해
－국제형사재판소의 관할범죄를 중심으로 ··· 233

1. 국제형사재판소 관할범죄의 채택과정 ······ 233
2. 집단살해죄 ······ 235
(1) 의 의／235 (2) 집단살해죄의 구성요건／236
3. 인도에 반한 죄 ······ 237
(1) 의 의／237
(2) 국제형사재판소규정상의 인도에 반한 죄의 정의／237
4. 전쟁범죄 ······ 238
(1) 의 의／238
(2) 핵무기 등의 사용금지 문제／239
5. 침략범죄 ······ 241
(1) 의 의／241
(2) 침략범죄의 정의(Definition of Crime of Aggression)／241
(3) 침략범죄에 대한 ICC의 관할권 행사 요건／242
(4) 캄팔라 재검토 회의에서 채택된 침략범죄 관련 개정 조항／243
Ⅳ. 국제형사재판소 규정에서의 형법의 일반원칙 ······ 251
1. 서 론 ······ 251
2. 죄형법정주의 ······ 252
(1) 범죄법정주의(제22조)／252
(2) 형벌법정주의(제23조)／253
(3) 국제형사법상 죄형법정주의의 의의／253
3. 사람에 대한 소급금지
(non－retroactivity ratione personae, 제24조) ······ 254
(1) 의 의／254 (2) 계속범(continuous crimes)의 문제／255
(3) 규정 제24조와 규정 제11조／255
4. 국제형사재판소 규정상 개인의 형사책임 ······ 256
5. 로마규정과 개인의 형사책임에 관한 국제관습법 ······ 256
(1) 개인의 형사책임에 관한 국제관습법상의 법적 확신(opinio juris)／256
(2) 개인의 형사책임에 관한 국제관습법상의
국가들의 국제적 관행(practice)／257
(3) 개인의 형사책임에 관한 국제관습법상의
국가들의 국내적 관행(domestic practice)／258
(4) 소 결／258
6. 개인의 형사책임 종류 ······ 258
7. 개인의 형사책임과 국가의 국제책임 ······ 259
8. 18세 미만자에 대한 관할권 배제(제26조) ······ 260
9. 공적 지위와의 무관련성(제27조) ······ 260

(1) 공적 지위의 무관련성／260
(2) 대한민국 헌법과 국제형사재판소 규정 제27조와의 부합가능성／261
10. 지휘관 및 기타 상사의 책임(제28조) ······ 264
11. 공소시효의 부적용(제29조) ······ 265
12. 정신적 요건(mental element, mens rea, 제30조) ······ 268
(1) 정신적 요건／268 (2) 물적 요건(material element, actus reus)／269
13. 형사책임 조각사유
(grounds for excluding criminal responsibility, 제31조) ······ 270
(1) 의의 및 종류／270 (2) 정신적 질환 또는 정신적 결함／270
(3) 중독상태／271 (4) 정당방위／271
(5) 강박(duress)／272 (6) 형사책임 조각사유의 적용／273
(7) 기타의 형사책임 조각사유／273
14. 사실의 착오 또는 법률의 착오(제32조) ······ 273
(1) 사실의 착오／273 (2) 법률의 착오／274
15. 상사의 명령과 법률의 규정(제33조) ······ 275
16. 결 론 ······ 276
V. 국제형사재판소의 구성과 행정 ······ 276
1. 재판소의 기관 ······ 276
2. 재판관의 자격요건, 추천 및 선거 ······ 277
(1) 의 의／277 (2) 재판관의 자격요건／277
(3) 재판관 추천절차 및 선출과 임기／277
(4) 재판소의 특권과 면제／279
VI. 국제형사재판소의 수사, 기소절차 ······ 280
1. 수사의 개시 ······ 280
2. 수사중 개인의 권리 ······ 280
3. 재판전 공소사실의 확인(기소) ······ 282
VII. 국제형사재판소의 재판 ······ 283
1. 재판 장소와 피고인 출석하의 재판 ······ 283
2. 재판절차 ······ 283
3. 무죄의 추정 ······ 283
4. 피고인의 권리 ······ 284
VIII. 국제형사재판소의 형벌, 상소와 집행 ······ 286
1. 형 벌 ······ 286
2. 피해자에 대한 배상 ······ 286

3. 상 소 ········ 287
4. 집 행 ········ 287
Ⅸ. 범죄인 인도 ········ 288
1. 의 의 ········ 288
2. 인도범죄와 인도청구국 ········ 289
(1) 인도대상범죄(extraditable offense)／289
(2) 인도청구국／289
3. 범죄인인도의 제한 ········ 289
(1) 경미한 범죄는 제외／289
(2) 쌍방범죄성의 원칙(double criminality)／290
(3) 특정성의 원칙(rule of speciality)／290
(4) 자국민 불인도의 원칙(non-extradition of nationals)／291
(5) 정치범 불인도원칙(non-extradition of political offenders)／291
(6) 국제형사재판소 규정상의 범죄인인도제도／292

제10장 국제형사재판소(ICC) 규정상의 범죄인인도와 형사사법공조

Ⅰ. 의 의 ········ 296
Ⅱ. 일반적 협력의무(제86조) ········ 298
Ⅲ. 협력요청에 관한 일반규정(제87조) ········ 298
1. 요청경로 ········ 298
2. 번 역 ········ 299
3. 협력요청의 비밀유지 ········ 299
4. 피해자 또는 증인의 보호 ········ 299
5. 비당사국의 협력초청 ········ 300
6. 비규정당사국이 협력하지 않는 경우의 조치 ········ 300
7. 정부간 기구에 대한 요청 ········ 301
8. 규정당사국이 협력요청에 이행하지 않는 경우의 조치 ········ 301
Ⅳ. 국내법상 절차의 이용가능성(제88조) ········ 302
Ⅴ. 재판소에의 인도(제89조) ········ 302
1. 용어의 사용 ········ 302

2. 제89조 1항 ········ 303
3. 국내 법원에서의 이의제기 ········ 304
4. 인도 중인 자의 통과 ········ 304
5. 재판소와의 협의 ········ 305
6. 통합초안의 인도거절사유 ········ 306
(1) 피청구국이 ICC의 관할권을 인정하지 않은 범죄／306
(2) 자국민 불인도 규정／306
(3) 일사부재리 원칙(Ne Bis in Idem)／307
(4) 피청구국에서의 증거법적 요건／307
(5) 기존의 국제의무위반／307
7. 기타의 인도거절사유 ········ 308
(1) 의 의／308
(2) 특정성의 원칙(Rule of Speciality)／308
(3) 공소시효(Statutory Limitation)／309
(4) 사면(Amnesty)／309
(5) 인도적 사유(Humanitarian Reasons)／309
(6) 정치범 불인도 원칙／310
(7) 군사범 불인도 원칙／311
(8) 쌍방범죄성(dual criminality)의 원칙／311
(9) ICC로의 인도(surrender)와 국가간 범죄인인도(extradition)의 차이／312
VI. 범죄인 인도 청구의 경합(Competing requests)(제90조) ········ 312
1. 의 의 ········ 312
2. 동일인에 대한 동일한 행위를 근거로 한 인도청구 경합 ········ 313
(1) 청구경합의 통지／313
(2) 경합 청구국이 규정당사국이고 재판적격성이 있다고 결정한 경우／313
(3) 경합 청구국이 규정당사국이고 재판적격성 결정이 진행 중인 경우／314
(4) 경합 청구국이 비규정당사국이고 피청구국의 국제적 의무가 없는 경우／314
(5) 경합 청구국이 비규정당사국이고 피청구국이 국제적 의무가 있는 경우／314
3. 동일인에 대한 다른 행위를 근거로 범죄인 인도청구가 경합한 경우 315
4. ICC가 재판적격성이 없다는 결정을 내리고
경합 청구국에 대한 범죄인인도가 거절된 경우 ········ 315
VII. 체포 및 인도청구서의 내용(제91조) ········ 315
1. 공통요건 ········ 315
2. 유죄판결을 받기 이전인 자를 인도청구한 경우 ········ 316
3. 유죄판결을 받은 자를 인도청구한 경우 ········ 316
4. 당사국의 ICC에 대한 조언의무 ········ 317
VIII. 긴급인도구속(Provisional arrest)(제92조) ········ 317

1. 긴급인도구속의 필요성 ········ 317
2. 긴급인도구속청구의 내용 및 절차 ········ 317
3. 기간만료 후에 도달된 인도청구서의 경우 ········ 318
IX. 기타 형태의 협력(형사사법공조)(제93조) ········ 319
1. 의 의 ········ 319
2. 협력(사법공조)의 형태 ········ 319
3. 증인 또는 감정인의 보호 ········ 320
4. "피요청국에서 일반적으로 적용되는 기존의 근본적 법원칙"상 지원이 금지되는 경우 ········ 321
5. 협력(사법공조) 거절사유 ········ 321
(1) 피요청국이 재판소의 관할권을 수락하지 않은 경우／322
(2) 피요청국 국내법이 협력을 금지하는 경우／322
(3) 국가안보, 공서, 기타 본질적 이익／322
(4) 협력요청이행이 진행 중인 수사나 기소에 영향을 주는 경우／323
(5) 요청의 이행이 기존의 국제법 또는 조약상 의무에 위반되는 경우／323
(6) 소 결／324
6. 국가안보를 사유로 협력요청의 거절 가능 ········ 324
7. 조건부 지원 또는 대체지원 ········ 325
8. 지원요청 거절이유의 통지 의무 ········ 326
9. 구금 중인 자의 일시적 이송 협력 ········ 327
10. 문서와 정보의 비밀보장 ········ 327
11. 인도(surrender)나 범죄인 인도(extradition)가 아닌 다른 요청들의 경합하는 경우 ········ 328
12. 재판소에 의한 지원 제공 ········ 329
X. 진행 중인 수사 또는 기소와 관련된 요청의 이행연기(제94조) ········ 329
XI. 재판적격성에 대한 이의제기와 관련된 요청의 이행연기(제95조) ········ 330
XII. 제93조에 따른 기타 형태의 지원(사법공조)요청서의 내용(제96조) ········ 331
XIII. 협의(consultation)(제97조) ········ 333
XIV. 면제의 포기 및 인도동의에 관한 협력(제98조) ········ 334

1. 제98조의 교섭과정 ··· 334
2. 제98조의 내용 ··· 335
3. 미국의 제98조 2항 관련 양자협정 체결노력 ··· 335
4. 우리나라가 미국과 제98조 협정을 체결할 필요성 유무 ··· 337

XV. 제93조와 제96조에 따른 요청(사법공조 요청)의 이행(제99조) ··· 338
1. 이행방식 ··· 339
2. 긴급한 요청 ··· 339
3. 회신언어와 양식 ··· 339
4. 비강제조치의 직접이행 ··· 340
5. 국가안보와 관련된 비밀정보 ··· 341

XVI. 비용(costs)(제100조) ··· 341

XVII. 특정성의 원칙(Rules of Speciality)(제101조) ··· 342
1. 특정성의 원칙의 완화 ··· 342
2. 특정성의 원칙의 포기(waiver) ··· 343

제11장 해 양 법

I. 의 의 ··· 346
1. 1950년대 이전의 해양법질서의 구조 ··· 346
2. 1950년대 이후의 해양법질서의 변동 ··· 347
(1) UN해양법회의와 해양법협약／347 (2) UN해양법협약의 특징／348

II. 내수 및 군도수역 ··· 349
1. 내수의 정의(internal waters) ··· 349
2. 영해의 기선(baseline) ··· 349
(1) 통상기선(normal baseline)／349 (2) 직선기선(straight baseline)／349
3. 만(bay) ··· 350
(1) 정 의／350 (2) 역사적 만(historic bay)／350
4. 내해와 항 ··· 351
(1) 항구(port)／351 (2) 내해(inland sea)／351
5. 내수의 지위 ··· 351
(1) 외국 사선의 지위／352 (2) 외국 공선의 지위／352

6. 군도수역(archipelagic waters) ········ 353
Ⅲ. 영해(territorial sea) ········ 354
1. 영해의 폭과 법적 지위 ········ 354
2. 영해에 대한 국가의 권능 ········ 355
3. 연안국 권능의 제한 ········ 355
4. 외국선박의 무해통항권(right of innocent passage) ········ 355
5. 군함의 무해통항권 ········ 358
(1) 학 설／358 (2) 국가의 실행／359
6. 외국선박(상선과 상업용 정부선박)에 대한 관할권 ········ 359
(1) 형사관할권／359 (2) 민사관할권／359
7. 군함과 비상업용 정부선박 ········ 360
Ⅳ. 접속수역(Contiguous Zone) ········ 360
Ⅴ. 국제해협의 통과통항권 ········ 361
1. 국제해협(Straits) ········ 361
(1) 협약 제36조／361 (2) 협약 제38조／362
(3) 협약 제45조／363 (4) 통항 방법／363
2. 통과통항(transit passage) ········ 363
3. 통과통항중인 선박과 항공기의 의무 ········ 363
4. 연안국의 권리, 의무 ········ 364
Ⅵ. 배타적 경제수역(Exclusive Economic Zone, EEZ) ········ 364
1. 정 의 ········ 364
2. 법적 지위 ········ 365
3. 연안국의 주요 권능 ········ 365
(1) 어족자원의 관리／365
(2) 경제적 개발과 탐사를 위한 기타 활동에 관한 권리／366
(3) 특정사항에 관한 관할권 행사／366
4. 외국어민의 의무 ········ 366
5. 외국의 권리와 의무 ········ 366
(1) 항행 및 상공비행의 자유／367
(2) 해저전선(submarine cable) 및 관선(pipeline) 부설의 자유／367
(3) 외국의 의무／367
6. 경계획정 ········ 368
(1) UN해양법협약상 경계획정원칙／368
(2) 북해대륙붕 사건(North Sea Continental Shelf Case)／368

(3) 흑해 해상경계 획정사건／369
(4) 페루와 칠레 간의 해상분쟁 사건／369
(5) 세 단계 접근법의 평가／370

Ⅶ. 대륙붕(Continental Shelf) ········· 370
1. 정 의 ········· 370
(1) 대륙변계의 외연이 200해리 이하인 경우／370
(2) 대륙변계의 외연이 200해리를 초과하는 경우／371
2. 연안국의 권리와 의무 ········· 371
(1) 연안국의 권리／371 (2) 연안국의 의무／372
(3) 경계획정／372

Ⅷ. 공해(high seas) ········· 372
1. 의 의 ········· 372
2. 공해자유의 원칙 ········· 372
(1) 귀속으로부터의 자유／372 (2) 사용의 자유／373
3. 공해에서 자국선박의 관할: 기국주의 ········· 373
4. 공해에서 외국선박에 대한 관할 ········· 375
(1) 해적행위／375 (2) 마약 등의 불법거래／376
(3) 무허가방송／378 (4) 국기의 심사(임검)／378
(5) 선박의 충돌／378 (6) 추적권(right of hot pursuit)／379
5. 섬의 지위 ········· 380
6. 심해저와 국제해저기구 ········· 380
(1) 심해저(Deep Seabed)／380
(2) 국제해저기구(International Seabed Authority)／381
7. 해양환경의 보호 ········· 381
(1) 유류 등에 의한 오염의 방지／381 (2) 선박으로부터의 오염방지／382
(3) 해양투기(Dumping)로 인한 오염방지／382
(4) UN해양법협약상의 환경보호 조항／384
(5) 런던의정서 체제와 기후변화 및 해양환경보호／385

Ⅸ. 분쟁해결 ········· 386
1. 분쟁해결 수단 및 절차 ········· 386
2. 국제해양법재판소
(International Tribunal for the Law of the Sea, ITLOS) ········· 387

제12장 조 약

Ⅰ. 조약의 유보(Reservation) ········ 390
1. 의 의 ········ 390
2. 유보의 종류 ········ 391
3. 유보의 장단점 ········ 391
4. 유보의 유효성 ········ 391
(1) 국제연맹방식／391 (2) 범미주연합(Pan American Union) 방식／391
(3) ICJ의 권고적 의견／392
5. 1969년 조약법에 관한 비엔나협약상의 유보관련 규정 ········ 393
(1) 유보의 형성／393 (2) 유보의 수락 및 유보에 대한 이의／393
(3) 유보와 유보에 대한 이의의 법적 효과／394
(4) 유보절차／394 (5) 유보의 철회／395
6. 조약유보에 관한 실행지침 ········ 395
Ⅱ. 조약의 효력 ········ 396
1. 당사국 간의 효력 ········ 396
2. 제3국에 대한 효력 ········ 397
(1) 제3국에 의무를 부과하는 조약／397
(2) 제3국에 권리를 부여하는 조약／397
(3) 조약이 국제관습법을 규정한 경우／398
Ⅲ. 조약의 무효 ········ 398
1. 조약의 무효원인 ········ 398
2. 진정한 합의의 결여 ········ 398
(1) 조약체결에 관한 국내법규의 위반／398
(2) 대표자의 권한에 대한 제한의 불준수／399
(3) 착오(error)／399 (4) 사기(Fraud)와 부정(corruption)／399
(5) 강박(coercion)에 의한 동의／400
3. 강행규범위반(jus cogens, peremptory norm) ········ 400
4. 조약의 무효화절차 ········ 401
5. 조약의 절대적 무효와 상대적 무효 ········ 401
(1) 무효의 효과／401 (2) 무효의 원인／402
(3) 무효 주장 국가／402 (4) 추인 여부／402
(5) 조약의 일부 유효 가능성／402

Ⅳ. 조약의 종료, 정지, 개정, 승계 ······ 403
1. 조약의 종료(termination)와 정지(suspension) ······ 403
2. 종료규정 또는 정지규정이 있는 경우 ······ 403
3. 폐기, 탈퇴의 경우 ······ 403
4. 신조약의 체결에 의한 종료, 정지 ······ 404
5. 중대한 위반에 의한 종료 ······ 404
6. 후발적 이행불능 ······ 404
7. 사정변경의 원칙 ······ 405
8. 신강행규범의 출현 ······ 405
9. 외교, 영사관계의 단절 ······ 405
10. 침략국의 경우 ······ 405
11. 평화적 변경(peaceful change) ······ 406
12. 조약의 승계 ······ 406
Ⅴ. 조약의 해석 ······ 407
1. 조약의 해석이론 ······ 407
(1) 객관적 해석(textual approach)/407
(2) 주관적 해석(intentional approach)/407
(3) 목적론적 해석(teleological approach, 실효성의 규칙, 기능적 효과설)/407
2. 조약법조약의 해석기준 ······ 408
(1) 일반원칙(제31조)/408 (2) 조약의 문맥(제31조 2항)/408
(3) 조약이후의 '후속 합의' 등 고려(제31조 3항)/409
(4) 특별한 의미(제31조 4항)/410
(5) 보충적 해석수단(제32조)/410
(6) 국제관습법의 지위/410

제13장 국제분쟁의 평화적 해결

Ⅰ. 국제분쟁의 중재(Arbitration) ······ 412
1. 의 의 ······ 412
2. 초기 선례들 ······ 412
(1) 미국과 영국의 1794년 제이 조약(Jay Treaty)/412
(2) 알라바마호 사건(the Alabama Claims)/413
(3) 올니-폰스포트 조약(1897년)/413
3. 제1차 헤이그평화회의(1899년) ······ 414

4. 상설중재재판소(Permanent Court of Arbitration, PCA) ······ 415
5. 주선과 중개를 위한 국제사무국 ······ 416
6. 헤이(Hay)의 중재협약들 ······ 417
7. 제2차 헤이그평화회의와 1907년 국제분쟁의 평화적 해결 협약 ······ 418
8. 룻(Root)의 중재협약들 ······ 418
9. 강제 관할합의를 위한 실패한 계획 ······ 420
10. 근대 국제중재의 전성기 ······ 421
11. 결 론 ······ 423

Ⅱ. 국제사법재판소 ······ 424
1. 의 의 ······ 424
2. 중재 대 사법재판 ······ 425
3. 중재사법재판소(Court of Arbitral Justice)를 위한 계획 ······ 426
4. CAJ 대 PCA ······ 427
5. 세계재판소의 판사 선출에 관한 교착상태와 미국의 노력 ······ 428
6. 상설국제사법재판소의 창설 ······ 429
7. PCIJ 판사의 선출 ······ 430
8. 강대국의 거부권 ······ 432
9. 선택조항(Optional Clause)의 기원 ······ 432
10. 상설국제사법재판소(PCIJ)에 대한 미국의 반대 ······ 435
11. 상설국제사법재판소(PCIJ)와 국제사법재판소(ICJ)의 비교 ······ 436
12. 국제사법재판소(International Court of Justice) ······ 437
(1) 구 성／437 (2) 소재판부(chambers)의 설치／438
(3) 국제재판의 의무화(강제관할권)／440
(4) 국제재판의 당사자(인적 관할)／444
(5) ICJ의 물적 관할／444 (6) 국제재판의 절차／444
(7) 재판의 준칙／447 (8) 판결의 효력／447
13. 기타 분쟁의 평화적 해결수단 ······ 447
(1) UN헌장 제2조 3항과 제33조／447
(2) 교 섭／448
(3) 주선과 중개／448 (4) 심사와 조정／449

제14장 무력사용의 규제와 군축

Ⅰ. 무력사용의 규제에 관한 국제법 ······ 452

1. 의 의 ········ 452
2. UN헌장상의 집단적 안전보장과 무력사용의 원칙적 금지 ········ 452
(1) 안전보장의 정의／452 (2) 무력사용의 일반적 금지／453
3. 전쟁의 불법화 ········ 454
(1) 제1차 대전 이전의 전쟁／454
(2) 전쟁불법화의 계보／454
4. 전쟁의 범죄화 ········ 455
5. 집단적 안전보장과 강제조치 ········ 456
(1) 국제연맹규약／456 (2) UN헌장／456
(3) 침략의 정의／461
(4) 평화유지활동(PKO, Peace Keeping Operation)／461
6. 지역적 안전보장(UN헌장 제8장 제52~54조) ········ 462
(1) UN과 지역적 협정(OAS, AU 등)／462
(2) 사 례／462
7. UN의 허가를 요하지 않는 강제행동 ········ 463
(1) 제53조 1항 2문의 구적국에 대한 조치／463
(2) 제51조의 자위권／463
8. UN의 무력사용 승인형태 ········ 463
Ⅱ. 군비축소 ········ 464
1. 연맹규약과 UN헌장의 군축규정 ········ 464
2. 군축의 원칙 ········ 464
3. 군축을 위한 기관 ········ 465
(1) UN군축위원회(UN Disarmament Commission)／465
(2) 제네바 군축회의(Conference on Disarmament)／465
Ⅲ. 핵무기체계의 규제 ········ 465
1. 핵실험의 규제 ········ 465
2. 핵확산방지조약 ········ 466
(1) 세 가지 원칙／466 (2) NPT 제1조, 제2조, 제3조의 분석／467
3. 북한의 핵문제 ········ 468
4. 미소 간의 핵무기감축협정 ········ 468
Ⅳ. 국제법상 테러행위의 규제 ········ 470
1. 테러행위 규제를 위한 국제사회의 논의의 역사적 고찰 ········ 470
2. 테러행위의 규제를 위한 국제적 규범 ········ 471
(1) 테러행위의 정의 문제／471

(2) 특정한 형태의 테러행위 규제를 위한 보편적 국제협약／472
(3) 테러행위 규제를 위한 지역적 국제협약／481
(4) 포괄적 테러협약을 위한 노력／481
(5) 국제인도법(International Humanitarian Law)과 테러행위／483
(6) 국제형사재판소 규정(International Criminal Court, ICC)／484

제15장 외교특권과 면제

Ⅰ. 외교사절 ······ 488
1. 의　　의 ······ 488
2. 외교관계의 설정 ······ 488
3. 외교사절의 종류, 파견, 직무종료 ······ 489
(1) 종　　류／489　(2) 외교사절의 파견／489
(3) 직무의 종료／490
Ⅱ. 외교사절의 특권, 면제 ······ 490
1. 특권면제의 근거 학설 ······ 490
(1) 기능적 필요설(functional necessity theory)／490
(2) 대표성설／490　(3) 치외법권설(영토외적 성질설)／490
2. 외교관계에 관한 비엔나협약 ······ 491
3. 외교사절의 특권, 면제 포기 ······ 491
4. 외교특권 면제의 종류와 내용 ······ 491
(1) 외교사절의 특권 면제／491
(2) 외교관의 특권 면제／492
Ⅲ. 영사(Consul)의 특권 면제 ······ 493

제16장 국제인권법

Ⅰ. 서　　론 ······ 498
1. 인권(human rights)의 정의 ······ 498
2. 인권과 국제인권법 ······ 499
Ⅱ. 국제인권법의 발전과정 ······ 499
1. 제2차 세계대전 이전의 국제인권법의 발전과정 ······ 499
(1) 국제법의 객체로서의 개인／499

(2) 국내문제로서의 인권문제와 인도적 개입／500
(3) 인권보호조약의 출현／500
2. 제2차 세계대전 이후의 발전 ········ 501
Ⅲ. 전세계적으로 적용되는 국제인권법 규범 ········ 502
1. UN헌장상 인권규정 ········ 502
(1) 샌프란시스코 회의와 인권／502
(2) UN헌장의 인권조항 내용／503
(3) UN헌장의 인권조항의 의의／504
2. 국제인권장전(the International Bill of Human Rights) ········ 506
(1) 서 론／506 (2) 세계인권선언／507
(3) 국제인권규약: 서론／510
(4) 시민적 및 정치적 권리에 관한 국제규약
(시민정치권 규약, ICCPR, B규약)／511
(5) 경제적·사회적 및 문화적 권리에 관한 국제규약(A규약)／515
3. 다른 주요 인권조약 ········ 516
(1) 집단살해죄의 방지와 처벌에 관한 협약
(Convention on the Prevention and Punishment of the Crime of Genocide)／516
(2) 모든 형태의 인종차별 철폐에 관한 국제협약
(International Convention on the Elimination of
All Forms of Racial Discrimination)／517
(3) 인종차별(아파르트헤이트) 범죄의 진압 및 처벌을 위한 국제협약／520
(4) 모든 유형의 여성차별철폐를 위한 협약／521
(5) 고문 및 잔인하고 비인간적인 또는 인격손상적 처우에 반대하는 협약／522
(6) 아동의 권리에 관한 협약／524
Ⅳ. UN헌장에 근거한 인권보호제도 ········ 525
1. UN총회와 경제사회이사회(Economic and Social Council) ········ 525
2. 인권이사회(Human Rights Council)와 자문위원회
(Advisory Committee) ········ 525
3. UN인권고등판무관(UN High Commissioner for Human Rights) ········ 526
4. 1235절차와 1503절차 ········ 527
Ⅴ. 인권조약상의 인권감독기구 ········ 528
1. 국제인권규약의 인권위원회(Human Rights Committee) ········ 528
2. 기타 주요 조약상 기구 ········ 528
Ⅵ. 난민과 망명자와 비호권 ········ 529

1. 난민, 망명자의 정의 ······ 529
2. 난민의 보호 ······ 529
3. 비 호 권 ······ 530
(1) 영역 내 비호(territorial asylum)/530
(2) 영역 외 비호(extraterritorial asylum)/530
(3) 아야 데 라 토레 사건/530

제17장 국제통상법

Ⅰ. 서 론 ······ 534
Ⅱ. GATT와 WTO체제 ······ 535
1. 주요 원칙 ······ 535
(1) 자유무역(Free Trade)주의 원칙/536
(2) 공정무역(fair trade)주의 원칙/537
(3) 다자주의(multilateralism)와 최혜국(Most Favored Nation)대우 원칙/537
(4) 내국민(National Treatment)대우 원칙/539
(5) 수량제한 금지/541
2. 주요 예외 ······ 541
(1) GATT 제20조의 일반적 예외/541 (2) 안보상의 예외/542
(3) 관세동맹 및 자유무역지역의 예외/542
(4) 국제수지의 보호를 위한 제한/542 (5) 긴급조치에 의한 예외/543
(6) 의무면제(Waiver)/543
Ⅲ. WTO체제에서의 분쟁해결 ······ 544
1. 분쟁해결기구와 법원 ······ 544
2. 분쟁해결절차 ······ 545
(1) 협의(Consultation)/545 (2) 패널의 설치, 조사와 보고/546
(3) 패널보고서의 상소 심의/547
(4) 패널보고서 또는 상소기구 결정의 채택/548
(5) 권고 및 판정의 이행/548

제18장 국제환경법

Ⅰ. 의 의 ······ 552
Ⅱ. 국제환경법의 발전과정 ······ 553

1. 스톡홀름 회의 …… 553
2. 스톡홀름 회의부터 리우 회의까지 …… 554
(1) 1971년 물새 서식지로서 국제적으로 중요한 습지에 관한 협약 (람사르 협약)/554
(2) 1972년 유네스코 세계문화유산 및 자연유산 보호협약 (세계유산 협약)/555
(3) 1972년 폐기물 및 그 밖의 물질의 투기에 의한 해양오염방지에 관한 협약 (런던덤핑협약 또는 런던협약)/556
(4) 1973년 멸종위기에 처한 야생동식물종의 국제거래에 관한 협약 (CITES)/557
(5) 1979년 국경을 넘는 장거리 대기오염물질에 관한 협약 (Convention on Long-Range Transboundary Air Pollution, 장거리 대기오염물질협약)/557
(6) 1982년 UN해양법협약/558
(7) 1989년 바젤협약/559
3. 리우 회의 …… 559
(1) 기후변화협약, 생물다양성협약과 산림원칙 채택/560
(2) 환경과 개발에 관한 리우선언의 채택/560
(3) 의제 21(Agenda 21)의 채택/561
4. 리우 회의 이후의 발전 …… 561
(1) 리우 회의 이후 체결된 주요 환경 조약/561
(2) 국제환경법 관련 주요 국제 판례/562
Ⅲ. 국제환경법의 주요 원칙 …… 564
1. 인류공동의 유산(Common Heritage of Humankind) 원칙과 인류공동의 관심(Common Concern of Humankind) 원칙 …… 564
2. 월경 오염 피해 방지의 원칙 …… 564
3. 사전주의의 원칙(Precautionary Principle) …… 566
4. 오염자 부담의 원칙(Polluter Pays Principle) …… 567
5. 비차별의 원칙(Principle of Non-Discrimination) …… 567
6. 공통의 차별적인 원칙(Principle of Common but Differentiated Responsibilities, CBDR) …… 567
7. 세대간 형평의 원칙(Principle of Intergenerational Equity) …… 568
Ⅳ. 국제환경법의 주요 분야 …… 568
1. 생물다양성 보존 …… 568
(1) 의 의/568
(2) 1992년 생물다양성 협약(Biodiversity Convention)/569

(3) 2000년 바이오안전성에 관한 카르타헤나 의정서/571
(4) 2010년 나고야-쿠알라룸푸르 생물안전에 관한 카르타헤나 의정서의 책임 및 구제에 관한 추가 의정서/574
(5) 아이치 생물다양성 목표와 2020년 이후 생물다양성 프레임워크/574
(6) 국가관할권밖 영역 해양생물다양성의 보존과 지속적 사용에 관한 이행 협정(BBNJ 협정)/574
2. 전세계적 기후변화(Climate Change) ······ 575
(1) 의 의/575 (2) 유엔기후변화협약(UNFCCC)/576
(3) 교토의정서/576 (4) 2015 파리 협정/577
(5) 기후변화에 대한 대응으로서 이산화탄소 포집 및 저장(CCS)/578
3. 대기 오염 ······ 579
4. 원자력(Nuclear Energy)과 환경 ······ 580
5. 극지(Polar Regions)의 보호 ······ 581
(1) 북극(The Arctic)/581 (2) 남극(Antarctica)/582

부 록 ······ 585

1. 국제위법행위에 대한 국가책임 최종 초안
2. 조약법에 관한 비엔나협약
3. 국제형사재판소에 관한 로마규정(주요 규정)
4. 국제연합헌장
5. 국제사법재판소규정
6. 국제분쟁의 평화적 해결을 위한 협약
7. 외교관계에 관한 비엔나협약
8. 영사관계에 관한 비엔나협약
8-1.국적취득 관련 영사관계에 관한 비엔나협약 선택의정서
9. 핵무기 비확산에 관한 조약
10. 집단살해죄의 방지와 처벌에 관한 협약
11. 국가정책 수단으로서 전쟁의 부인을 규정한 조약(부전조약)
12. 세계인권선언
13. 경제적 · 사회적 및 문화적 권리에 관한 국제규약
13-1. 경제적 · 사회적 및 문화적 권리에 관한 국제규약 선택의정서
14. 시민적 및 정치적 권리에 관한 국제규약
14-1. 시민적 및 정치적 권리에 관한 국제규약 선택의정서
14-2. 시민적 및 정치적 권리에 관한 국제규약 제2선택의정서
15. 세계무역기구(WTO) 설립협정

16. 1947년 관세 및 무역에 관한 일반협정(주요 규정)
17. 정부대표 및 특별사절의 임명과 권한에 관한 법률
18. 국제형사재판소 관할 범죄의 처벌 등에 관한 법률
19. 외교적 보호에 관한 초안
20. 조약의 유보에 관한 실행지침

참고문헌 ······ 669
인명색인 ······ 673
사항색인 ······ 674

[약 어 표]

AALCO	Asian－African Legal Consultative Organization
ABM	Anti－Ballistic Missile Treaty
AI	Amnesty International
AJIL	American Journal of International Law
ASEAN	Association of South East Asian Nations
ATCA	Alien Tort Claims Act
AU	African Union
BYIL	British Yearbook of International Law
CAJ	Court of Arbitral Justice
CERD	Committee on the Elimination of Racial Discrimination
CLCS	Commission on the Limits of the Continental Shelf
CTBT	Comprehensive Test－Ban Treaty
ECOSOC	Economic and Social Council
EEZ	Exclusive Economic Zone
EU	European Union
FAO	Food and Agriculture Organization of the United Nations
FIR	Flight Information Region
FSIA	Foreign Sovereign Immunity Act
IAEA	International Atomic Energy Agency
ICAO	International Civil Aviation Organization
ICC	International Criminal Court
ICCPR	International Covenant on Civil and Political Rights
ICESCR	International Covenant on Economic, Social and Cultural Rights
ICJ	International Court of Justice
ICRC	International Committee of the Red Cross
ICTR	International Criminal Tribunal for Rwanda
ICTY	International Criminal Tribunal for the Former Yugoslavia
IDI	Institute de Droit International
ILA	International Law Association
ILC	International Law Commission
ILM	International Legal Material

ILO	International Labour Organization
IMO	International Maritime Organization
IMT	International Military Tribunal
INF	Intermediate-Range Nuclear Forces Treaty
IPC	International Prize Court
NATO	North Atlantic Treaty Organization
NPT	Treaty on the Non-Proliferation of Nuclear Weapons
OAS	Organization of American States
OECD	Organization of Economic Cooperation and Development
PCA	Permanent Court of Arbitration
PCIJ	Permanent Court of International Justice
PKO	Peacekeeping Operations
PLO	Palestine Liberation Organization
SALT	Strategic Arms Limitation Talks
SDI	Strategic Defense Initiative
SOFA	ROK-US Agreement on Status of Force in Korea
START	Strategic Arms Reduction Treaty
TVPA	Torture Victim Protection Act
UN	United Nations
UNDP	United Nations Development Program
UNEF	United Nations Emergency Forces
UNESCO	United Nations Educational, Scientific and Cultural Organization
UNTS	United Nations Treaty Series
WHO	World Health Organization

제1장

국제관계에 대한 법률가의 접근방식

제 1 장
국제관계에 관한 법률가의 접근방식

Ⅰ. 국제법의 개념

1. 정　　의

국제법이란 국제사회의 법으로서 주로 국가 간의 관계를 규율하는 법이다.[1] 국내사회에 헌법, 민법, 형법 등 각종 국내법이 있는 것과 같이 국제사회에도 법이 존재한다. "사회 있는 곳에 법이 있다"는 말은 국제사회에도 적용된다.[2]

그런데 국제사회는 국내사회와 달리 중앙집권적인 입법·행정·사법기관을 가진 세계정부가 존재하지 않는다. 국제사회의 구성원인 각 국가는 최고 및 독립의 권력, 즉 주권을 가지고 있기 때문에 외적으로는 국가 위에 서서 국가를 규제하는 국가 이상의 거대한 조직체(예를 들어 세계정부)가 성립하는 것을 거부하여 왔으며, 내적으로는 자국의 개개의 국민이 국가의 매개 없이 직접 국제사회의 구성원이 되거나 또는 국제법에 의해 직접 권리, 의무를 취득하는 것을 방해하여 왔다. 따라서 국제사회의 주된 구성원은 개인이 아닌 국가이며, 국제사회는 기본적으로 최고 및 독립의 권력인 주권을 가진 국가들로 구성되는 분권적인 사회라고 할 수 있다.

따라서 국제법(international law, law of nations, droit international, droit des gens)은 국제사회(international society)의 법으로서 주로 국가 상호간의 관계를 규율하고, 한정된 범위 내에서 국제기구와 개인에 관해서도 규율하며 여러 국가 간의 합의에 의하여 정립되는 법이라고 정의할 수 있다.

---

1) 이한기, 국제법강의(박영사, 2000), p. 1[이하 '이한기, 국제법강의'로 약칭함].

2) Id.

한편, 국제사회의 주된 구성단위이자 주체는 국가이며, 국제기구, 개인은 예외적으로 국제법 주체성이 인정된다. 그러므로 국가는 일반적 · 전체적으로 국제관계를 유지할 수 있는 완전한 국제법주체인 반면, 국제기구(국제조직, UN 등)와 개인은 국가가 인정하는 한도 내에서(즉 국제법이 허용하는 범위 내에서) 국제법상의 권리, 의무를 갖는 불완전한 국제법 주체이다.

국제법의 발전과정을 볼 때, 19세기부터 20세기 초에 이르는 시기의 대표적 국제법학자들은 국제법을 '국가 간의 법'만으로 보았다. 그러나 오늘날에는 국제연합(United Nations, UN)이나 국제사법재판소(International Court of Justice, ICJ), 국제해양법재판소(International Tribunal of the Law of the Sea, ITLOS), 국제해사기구(International Maritime Organization, IMO)와 같은 다수의 상설적인 국제기구가 국제사회에서 중요한 역할을 수행하고 있다.

또한 구 유고전범재판소(International Tribunal for Former Yugoslavia, ICTY)가 밀로세비치 전 세르비아대통령을 인도에 반한 죄(Crimes against Humanity) 등으로 처벌하려는 것이나, 집단살해죄(Genocide), 인도에 반한 죄(Crimes against Humanity), 전쟁범죄(War Crime), 침략범죄(crime of aggression) 등의 국제법상 범죄를 범한 개인을 형사 처벌하려는 국제형사재판소(International Criminal Court, ICC)를 2002년 설립한 것은 개인에 대해 직접 국제법이 적용되는 현대의 추세를 반영하고 있다.

따라서 오늘날의 국제법은 국제사회의 법으로서 주로 여러 국가 상호간의 관계를 규율하면서 국제기구(UN 등)와 개인에 관해서도 규율하는 법이라고 볼 수 있다. 다만, 일반적으로 국제법관계를 유지할 수 있는 완전한 국제법주체인 국가에 비해, 국제기구나 개인은 일정한 범위 내에서만 국제법상의 권리 · 의무를 가진 불완전한 또는 제한적인 국제법주체임을 유의하여야 한다.

2. 명 칭

국제법을 영어로 international law 또는 law of nations라고 하는데, international law는 국가 간의 법이라는 의미로서 국가만이 국제법 주체성을 가지고 있음을 상정하고 있으며, law of nations는 그러한 의미가 없다고 볼 수 있으나 실제적으로 두 용어는 혼용되고 있다. International law라는 용어는 영국인 제러미 벤담(Jeremy Bentham, 1748~1832)이 라틴어의 'jus inter gentes'를 번역하여 처음 사용하였다.[3] 우리나라에서는 1860년대에 미국인 선교사 윌리엄 마틴(William Martin 1827~1916)이 휘턴(H. Wheaton)이 저술한 *Elements of International Law* (1836)를 중국어로 번역하여 북경에서 출판한 「만국공법」(萬國公法)이 신속히 수입되었으리라고 추정된다.[4] 이 책은 그 명칭 그대로 일본에 수입되어 일본의 개국을 이끄는 새로운 사상으로 널리 보급되었고, 일본에서는 만국공법이라는 용어를 국제법이라는 용어로 변경하게 되었다.[5] 우리나라에서는 한말 주정균(朱定均)이 대동법률전문학교에서 처음으로 만국공법이라는 이름으로 강의를 하였다.[6]

3. 다른 규범과의 구별

국제법은 먼저 국내법과 구별되는데, 국제법은 국제적 인격(international personality)을 주장할 수 있는 실체(entities) 간에만 적용되나 국내법은 국가의 관할권 내에 있는 개인이나 다른 법적 실체에 적용되는 국가내부의 법이다. 국제법은 주로 국가 간의 관계를 규율하며, 국내법의 국제적 타당범위를 정하는 역할을 하기도 한다. 예를 들어 우리나라의 형법이 우리나라의 형법의 적용범위를 속지주의 또는 속인주의에 기초하여 정하고 있고, 만일 외국인이 우리나라에서 범죄를 범하였을 경우 우리 형법을 적용하여 처벌할 수 있도록 하고 있다. 그런데, 만일 관련 외국인의 본국이 우리나라의 형법적용에 대해 법적인 이의를 적용할 수 있을 것인가? 이에 대한 답은 부정적이다. 왜냐하면, 국제법상 국가는 속지주의에 입각하여 형사관할권을 행사할 수 있다는 원칙이 확립되어 있기 때문이다. 이러한 점에서 국제법은 각 국가의 국내법의 적용범위 또는 타당범위를 정하고 있다고 할 수 있다.

또한, 국제법은 국제사법(private international law 또는 conflict of laws)과 구별되어 국제공법(public international law)으로도 불리는데, 국제사법은 당사자의 국적, 법률행위의 행위지 등이 외국에 관계되는 섭외사건에 있어서 재판소가 어느 국가의 국내법을 적용할 것인가를 결정하는 법이다.[7] 국제공법은 국제법과 같은 말이다. 국제사법은 섭외사법이라고도 하고, 섭외사법관계에 적용할 실체적 사법이 둘 이

3) 이한기, 국제법강의, p. 5.
4) Id., p. 8.
5) Id.
6) Id.
7) Id., p. 9.

상 있는 경우, 이른바 법의 저촉(conflict of laws)의 경우에 어느 사법을 적용해야 하는가의 준거법을 결정하는 법정지국의 국내법이다. 예를 들면 어느 미국인이 한국에서 사망하여 그 유산상속에 관한 분쟁이 우리나라 법원에 제기된 경우, 법원은 "상속은 사망당시 피상속인의 본국법에 의한다"[8]는 우리나라의 국제사법규정에 따라 우리나라 민법을 적용하지 않고 미국의 상속법을 적용하게 된다.

국제법은 비교법(comparative law)과도 다른데 비교법은 법의 독립된 분야가 아니라 상이한 법제도에 적용된 규칙, 원칙 및 기술의 비교연구와 평가이다. 즉, 비교법은 법학의 연구기법의 하나라고 볼 수 있다.

국제법은 국제예양(international comity, comity of nations)과 다르고, 국제도덕(international morality)이나 국제관행(international practice 또는 international usage)과도 구별된다. 국제예양은 국제사회에 통용되는 풍습, 예의, 호의 또는 편의상의 여러 규칙을 말한다. 국제법위반이 불법행위를 구성하며 외교적으로 또는 배상의 형식으로 청구(claim)의 권리를 발생케 하는 데 대하여 국제예양의 위반은 엄격한 법적 책임을 수반하지 않고 국제여론의 악화나 정치적 불이익을 초래할 뿐이다. 예를 들어 양국 간에 범죄인 인도조약이 체결되지 않은 경우 일방국은 타방국에 범죄인 인도요청에 응해 범죄인 인도를 해줄 국제법상의 의무가 없다. 그러나 일방국은 국제예양을 고려하여 범죄인 인도를 해줄 수도 있는 것이다. 또한, 외국판결의 승인과 집행도 국제민사사법공조조약이 관계국 간에 존재하지 않는다면 국제예양에 의해 실행된다.

국제도덕은 국제법에 포함되지 않은 국가행위의 이상적 표준이나, 또는 국제법규에 포함된 여러 규칙의 배경을 형성하는 감정, 사상을 표시하는 것으로 이해된다. 예를 들어 전시 민간인의 보호법규 배후에 놓여 있는 인도적 고려(humanitarian consideration) 등을 국제도덕으로 볼 수 있다. 그러나 국제도덕의 위반 역시 국제법의 위반과 같은 엄격한 법적 책임을 수반하지 않는다. 즉, 인도적 고려는 그 자체로 법적 권리와 의무를 발생시키지 않으며,[9] 이는 국제사법재판소(ICJ)가 남서아프리카 사건에서 ICJ는 "재판소(a court of law)"이기 때문에 도덕원칙들이 법적 형식으로 표현될 때에만 고려할 권한이 있다[10]고 판시한 점에서도

8) 국제사법 제49조 제1항.
9) Rebecca MM Wallace et al, International Law(8thed.Sweet&Maxwell)(2016), p. 18.
10) South West Africa(Second Phase) ICJ Rep. 1966 p. 34.

잘 나타난다.

국제관행은 국제법의 일부인 국제관습법(customary international law)에까지 이르지 못한 국가들의 행위로서 그 위반이 아직 법적 책임을 수반하지 않는 것을 말한다. 국제관습법은 국제관행이 있고 이 국제관행이 국제법이 되었다는 국가들의 법적 확신(opinio juris)이 관행에 결합될 때 성립이 된다. 따라서 국제관행은 아직 국제법의 일부가 될 수 없는 상태의 국가행위 등을 의미한다. 예를 들어 과거 17세기와 18세기에 프랑스어가 외교 언어로서 일반적으로 사용되었으나 18세기부터 자국어를 외교 언어로 사용하려는 경향이 나타났고, 특히 1826년 영국의 캐닝경(Lord Canning)은 영국의 외교관들에게 그들이 교섭할 때 영어를 사용하도록 명령하였다.[11] 즉, 프랑스어를 외교 언어로 사용하는 국제관행이 존재하였으나, 이 관행은 그 후 국가들의 법적 확신을 얻지 못하여 국제관습법으로 성립되지 않았다.

그러나 국제법과 국제예양, 국제도덕, 국제관행의 3자 간에는 부단한 교호작용이 있음을 유의해야 한다. 예를 들어 국가 간의 범죄인인도는 범죄인인도조약을 체결하면 국제예양의 영역에서 국제법의 영역으로 변경되게 된다. 또한, 국제도덕인 "인도적 고려"는 1949년 전지상병자보호등을 위한 제네바 4개 협약에 반영됨으로써 국제법의 일부인 국제인도법(International Humanitarian Law, IHL)으로 발전하기도 한다. 한편, 외교사절의 특권과 면제를 부여하던 국제관행은 국제관습법이 되었다가 1961년 외교관계에 관한 비엔나협약으로 법전화(codification)되었다.

4. 국제법의 기능

일반적으로 법은 (1) 행위규범, (2) 재판규범, (3) 조직규범의 세 가지 기능을 가진다고 한다. 국제법도 법인 이상 행위규범으로서의 기능과 재판규범으로서의 기능을 아울러 갖는다.[12] 행위규범으로서는 각 국가에게 행동의 규칙을 제공하며 국가 상호간에 상대방 국가에 대한 예측가능성을 부여함으로써 분쟁의 발생을 방지하는 기능을 수행한다(법의 사회제어기능).[13] 재판규범으로서는 법위반행위를 강권적으로 시정하기 위한 제재를 결정하는 기준이 됨으로써 분쟁을 해결하고 사

11) 아르투어 누스바움 지음, 김영석 옮김, 국제법의 역사(한길사, 2013), p. 336.

12) 이한기, 국제법강의, p. 23.

13) Id.

회질서를 회복하는 기능을 한다(법의 분쟁제어기능).[14)]

그런데 폭력의 독점을 배경으로 한 중앙집권적인 국내법체계에 있어서는 '법의 사회제어기능'과 '법의 분쟁제어기능'이 모두 명확한 반면, 최고, 독립의 각 주권국가들이 병존하고 있는 분권적인 국제법체계에서는 의무적 재판제도(강제적 재판제도)에 전형적으로 표현되는 통일적인 제재결정의 기구가 일반적으로 존재하지 않기 때문에 국제법의 기능은 실제로 행위규범으로서 '사회제어기능'에 중점이 주어진다.[15)]

한편, 국제법은 조직규범으로서 기능하기도 한다. 예를 들어 UN헌장 제7조 1항은 "국제연합의 주요기관으로서 총회・안전보장이사회・경제사회이사회・신탁통치이사회・국제사법재판소 및 사무국을 설치한다"고 규정하여 조직규범으로서 기능하고 있다.

또한, 최근의 국제법은 개인의 국제법위반행위에 대한 형사책임을 추구하고 있다. 예를 들어 구 유고재판소(ICTY), 르완다재판소(ICTR), 국제형사재판소(ICC) 등 국제재판소가 수립되어 국제법을 위반하여 국제범죄를 저지른 개인의 형사책임을 추구하고 있다.

5. 국제법의 세 개의 유형

런던 대학(University of London)의 교수였던 슈바르첸버거(George Schwarzenberger, 1908-1991) 교수는 국제법을 다음과 같은 세 개의 유형으로 분류하였다.[16)]

(1) 권력의 법(The Law of Power)

권력의 법은 권력정치(power politics)를 돕는 법으로서 기능하는 국제법을 의미한다. 예를 들어 1910년 병탄조약은 일본의 대한제국 병탄을 합법화하려는 의도를 가지고 체결된 조약으로서, 국제법이 일본의 제국주의 정책을 합리화하는 도구로서 사용된 경우이다.[17)] 즉, 1910년의 병탄조약은 일본의 영토적 야욕을 추

14) Id.

15) Id.

16) Id., p. 26. George Schwarzenbeger, *A Manual of International Law* (5th ed. Frederick A. Praeger publishers)(1967) pp. 12~15.

17) Id.

구하는 권력정치를 돕는 법으로서 기능하고 있으므로, 슈바르첸버거의 권력의 법에 해당한다고 할 수 있다.

(2) 상호주의의 법(The Law of Reciprocity)

국제법이 국가들의 상호이익을 달성하기 위해 사용되는 경우에, 이러한 기능을 하는 국제법을 상호주의의 법이라고 할 수 있다. 국가들은 많은 경우 상호이익을 위해 국제법을 작성하고 준수하는 것이 현실이다. 예를 들어 외교사절의 특권과 면제, 범죄인의 인도, 통상항해, 전쟁법규, 중립법규 등에 관한 법이 상호주의의 법이라고 할 수 있다.[18]

(3) 조정의 법(The Law of Coordination)

조정의 법은 국제사회의 공동이익을 위해 존재하는 국제법을 의미한다. 국제법은 권력의 법이나 상호주의의 법으로서 존재하고 기능하는 경우도 있지만 국제사회의 공동이익을 위해 기능하기도 한다. 예를 들어 1966년의 국제인권규약, 1951년 난민의 지위에 관한 조약 등은 국제사회의 공동이익이라고 할 수 있는 인권의 보호를 위한 국제법이다.[19] 또한, 각종 환경관련조약은 하나뿐인 지구의 환경을 보호하기 위한 국제법으로서 지구의 환경보호는 국제사회의 공동이익이라고 할 수 있다. 상설국제사법재판소(Permanent Course of International Justice, PCIJ)도 로터스(Lotus)호 사건에서 국제법은 “독립한 단체의 공존을 규제하거나 또는 공동의 목적을 추구하기 위한 것”이라고 한 바 있는데,[20] 이는 국제법이 조정의 법으로서도 존재하고 있음을 나타내는 것이라고 할 수 있다.

Ⅱ. 국제법의 법적 성질

1. 국제법은 법인가?

국제법의 법적 성질에 대하여 법학자들은 “국제법이 법인가?” 하는 질문을

18) Id., p. 27.

19) Id.

20) Id.

하여왔다. 이에 대한 답으로서 법학자들은 국제법은 '법'이 아니라는 부정론과 국제법도 법이라는 긍정론의 견해를 모두 나타내고 있다.

국제법의 부정론에 의하면 국제법이라고 하는 것은 국제사회의 규범이기는 하나 '법'규범은 아니라고 한다. 홉스(Hobbes), 오스틴(Austin), 필립 조른(Philip Zorn)과 알버트 조른(Albert Zorn) 등이 부정론자에 속한다.[21] 이 중에서도 영국의 법철학자인 존 오스틴(John Austin, 1790~1859)은 1832년에 법은 주권자의 명령(command issued by a sovereign)이며, 이 명령을 위반할 경우 제재(sanction)를 수반하게 되는데, 국제사회에는 주권자가 존재하지 않고 제재도 도적적인 비난에 불과하기 때문에 국제법은 진정한 의미의 법이 아니라고 주장하였다. 오히려 국제법은 도덕규칙의 집합(collection of moral rules), 실정국제도덕(positive international morality) 또는 유추법(law by analogy)이라고 보았다.[22]

이에 비하여 국제법의 긍정론자의 대표적인 학자로 오스트리아출신의 학자인 한스 켈젠(Hans Kelsen)을 들 수 있다. 켈젠은 국제법이 분권화된 국제사회의 법으로서 법기술적으로는 극히 불완전하지만 '법'의 이름으로 불러야 한다고 주장하면서, 국제법이 세계적인 법질서의 최상위규범으로서 각 국가의 국내법보다도 상위의 규범이라고 하였다.[23] 즉, 각 국가의 국내법질서가 유효할 수 있는 근거는 국제법에 기초하고 있으며, 국제법규범이 각 국가의 헌법을 통하여 개인들이 합법적인 정부를 수립할 수 있도록 승인한다는 것이다.[24]

위의 학설대립에도 불구하고 국제법은 진정한 법이라고 판단된다. 국제법은 국가들의 행동을 결정하는 여러 요인 중의 하나이다. 국가들은 주어진 상황에서 국제법을 준수하는 것이 그들의 국익을 달성하는 데 더 부합하는지를 검토하게 된다. 이러한 비교분석의 과정에서 국제법은 중요한 역할을 하게 된다. 정부의 외교통상분야 법률담당관, 국제기구나 기업의 국제법 관련 법률가 또는 사법부의 판사나 국회의원으로서 국제법을 다루는 법률가들은 국제법을 발견하고, 분석하며, 적용하여야 하고, 언제, 어떻게 국제법을 집행하여야 하는지 알아야 한다. 적

---

21) Id., p. 31.

22) Id. 또한, John Austin, *The Province of Jurisprudence Determined*, pp. 9~15, 198~201(H.L.A. Hart ed., 1954)(1832).

23) 이한기, 국제법강의, p. 34, pp. 126~127; Hans Kelsen, *Pure Theory of Law*, pp. 214~217(Max Knight trans., 1960).

24) H. Kelsen, supra note 23, pp. 214~217.

어도 이러한 국제법 법률가들에게는 국제법이 진정한 의미의 실제적인 법이라고 할 수 있다.

더구나, 세계 각국은 자국의 헌법에 국제법을 명시적으로 규정하고, 그 법적 효력을 인정하고 있다. 우리나라의 경우에도 대한민국 헌법 제6조 1항이 "① 헌법에 의하여 체결·공포된 조약과 일반적으로 승인된 국제법규는 국내법과 같은 효력을 가진다"라고 규정하여 국제법의 국내적 효력을 인정함과 동시에 국제법이 진정한 의미의 실제적인 법이라는 점을 확인하고 있다.

2. 국제법에 관한 이론

(1) 정치 현실주의(Political Realism)[25]

정치 '현실주의자' 또는 권력정치주의자인 국제정치학자의 가장 중요한 신조는 국제법과 국제기구는 국가의 중대한 이해가 걸린 문제에 관한 국가 간의 분쟁에는 부적절하다는 것이다. 정치 현실주의자들에 의하면 그러한 문제들에 대해서는 국제법이 개입하지 않고 개입해서도 안 되는 것이다. 만약 국제법이 개입한다면, 그 범위는 마키아벨리적 권력정치나 국익과 같은 요소들에 기초하여 취하여진 결정들을 임시로 또는 사후적으로 정당화하는 근거로서만 사용되어야 한다. 현실주의자들에 의하면, 국제법·도덕·윤리·이념 그리고 지식 그 자체도 국가의 중대한 이익의 필요에 따라 힘의 도구로서 사용되는 힘의 방정식의 요소들에 불과하다. 따라서 국제 관계의 분석은 권력정치와 국익의 역학관계에 배타적으로 집중되어야 한다고 주장한다.

그러나 정치현실주의자들의 국제법과 국제기구에 대한 부정적인 인식의 이유는 견실한 경험적 연구에 의한 것이 아닌 추상적인 추측의 결과이다. 현실주의자들은 세계의 국가들이 삶이 '외롭고 가난하며, 악하고 잔인하고 단명인' 홉스의 자연상태에서 불안하게 생존하고 있다고 가정한다. 이 세계에는 법도 정의도, 옳고 그름의 관념도, 도덕도 없고 오직 모든 국가의 모든 국가에 대한 전쟁상태에서 생존을 위한 투쟁만이 존재한다.

현실주의자들에 의하면, 힘의 획득과 도달할 수 없는 절대적 국가안보를 추

---

25) 프란시스 앤서니 보일(김영석 역), 세계질서의 기초(박영사, 2004), pp. 9~15[이하 '프란시스 앤서니 보일, 세계질서의 기초'로 약칭함].

구하기 위해 다른 국가들을 희생하면서 한 국가가 확장하는 것은 근본적 권리이며 근본적 법이고 국제정치의 근본적인 사실이다. 이러한 현실주의자의 신조에 의하면, 국제법과 국제기구의 명령에 따라 권력 정치의 '철칙'에 불복종하는 정치가는 침략자들의 손에 의한 파괴를 유발하게 되고, 그에 따라 오늘날의 상호 의존적 세계에서 강대국 간의 중대 분쟁에 중립으로 남아 있을 수 없는 제3자의 파괴도 촉진하게 된다.

현실주의자들은 제1차 세계대전 이후에 미국의 윌슨 대통령이 취한 정책을 법률주의-도덕주의의 허수아비라고 비판하면서 말하기를, 만약 베르사이유의 승자들이 그들의 부당한 이득을 유지하기 위해서라면, 보복하고자 하는 독일이 소위 평화의 조건들에 저항하려 할 때마다 독일에 대해 군사력을 사용할 용의가 있었어야 했다고 한다. 그러나 서구 민주주의는 힘에 대한 니체적 의지(Nietzscheian will)가 결여되어 있었다. 그들의 패권(hegemony)을 유지하기 위해 싸우는 대신, 그들은 그들 스스로의 환상들을 신뢰하기로 했다. 그들은 그 신뢰를 윌슨의 14개 원칙, 켈로그 브리앙(Kellogg-Briand) 조약과 그 결과물인 스팀슨 독트린과 같은 의미 없는 선언에 두었고, 비효율적인 기관인 국제연맹과 상설국제사법재판소에 신뢰를 두었으며, 중립·군축·중재와 사법적 해결과 같은 무기력하고 쓸모없는 법률도덕주의에 신뢰를 두었고, 국제법의 법전화와 침략의 정의 작성에 신뢰를 두었다. 아마도 가장 나쁜 것은, 서구 정치가들이 마법적인 힘으로 세계를 평화로 이끌어갈 선한 세계 여론의 존재를 실제로 믿었던 것이다.

현실주의자들에 의하면, 만약 서구 정치가들이 권력 정치의 역사적 명령에 주의를 기울였고, 국제법과 기구의 헛된 유혹에 넘어가지 않았다면, 2차 세계대전은 절대 일어나지 않았을 것이라는 것이다. 그렇지 않으면 2차 세계대전이 1930년대 중반에 발생하여 그 피해가 훨씬 적었을 것이라고 주장한다.

이러한 정치현실주의의 입장은 냉전의 시작으로부터 그 이후 발전 과정 그리고 냉전 후인 오늘날까지도 미국을 비롯한 많은 국가의 외교정책의 형성과 수행에 결정적인 영향을 미쳤다.

(2) 국제법상의 자연법주의(International Natural Law)

국제법상의 자연법주의에 의하면 국제법은 선과 악의 근본적인 원칙들로 이루어져 있다. 이 원칙들은 시공을 초월하며 영구불변의 원칙들이다. 더구나, 국제법의 원칙들은 국가들의 실정법을 연구함으로써 발견되는 것이 아니라, 특정원칙이 국제사회의 고유한 개념인지 또는 인류의 본질적인 특성인지 여부를 '정당한 이성(right reason)'을 통해 결정하는 과정에서 발견되는 원칙들이다.[26)]

국제법 발전의 초기단계에서 프란시스코 드 비토리아(Francisco de Vitoria, 1480~1546), 프란시스코 수아레즈(Francisco Suárez, 1548~1617), 휘호 그로티우스(Hugo Grotius, 1583~1645), 사무엘 푸펜도르프(Samuel Pufendorf, 1632~1694)와 같은 국제법학자들은 '국제법(law of nations)'을 해석할 때 자연법(natural law)이론에 주로 의존하였다.[27)] 그들은 많은 국제법의 규칙을 도덕, 철학, 윤리, 기독교적 신학이론 등을 이용하여 설명하였다. 특히 그로티우스는 자연법을 신학으로부터 분리하고, 자연법은 인간의 사회성에 기초하는 합리성의 원칙이라고 보았다.[28)] 그가 1624년 저술한 「전쟁과 평화의 법」은 현대 국제법 이론을 출발시킨 것으로 평가되어, 그로티우스는 국제법의 '설립자'나 '아버지'로 간주된다.[29)]

그러나 국제법이 도덕이나 철학 등 형이상학적인 근거에 지나치게 의존하는 것은 반대에 부딪치게 되었고, 국제법률실증주의에 의해 대체되게 되었다. 하지만, 많은 경우에 자연법은 국제법의 근저에서 여전히 중요한 역할을 하고 있음을 간과해서는 안 된다.

따라서 현행 국제법의 가장 근본적인 원칙들을 설명하려고 할 때, 국제법 학자들은 항상 자연법 이론의 도움을 받아야 한다. 예를 들어, 현행 조약법의 가장 기본적인 원칙은 모든 유효한 조약은 당사국을 구속하고 당사국들은 신의성실하게 조약을 이행하여야 한다는 것으로서 "계약은 지켜져야 한다(pacta sunt servanda)"라는 원칙이다. 국가들이 조약을 준수해야 하는 것은 조약을 준수하겠다고 동의(consent)하였기 때문이다. 그런데, 만일 국가들이 얼마 후 조약에 대한 동의를 철회하고 조약을 준수하지 않겠다고 할 수 있는가? 그에 대한 답은 조약을 합법적으로 종료시키거나 무효화하지 않는 한 부정적이다. 국가들이 일단 조약에 동의하면 그 다음에는 임의로 조약의 준수를 거부할 수 없다. 그 이유는 "계약은 지켜져야 한다"는 근본원칙 때문이다. 이 원칙은 주권국가의 동의에 의해 이루어진 국제법과는 별도로 존재하는 '자연법적인 공리'[30)]인 것이다. 국제법상 이러한 자연법

26) Sean D. Murphy, *Principles of International Law*, pp. 10~12(2006).

27) Id.

28) 아르투어 누스바움 지음, 김영석 옮김, 국제법의 역사(한길사, 2013), p. 204.

29) Id., p. 211.

적인 규범으로 볼 수 있는 것은 국가의 독립과 법적 평등원칙, 불간섭의 의무(duty of non-intervention), 정당방위권(right of self-defense), 국제인도법의 기본원칙(basic rules of international humanitarian law) 등이다.[31)]

(3) 국제법률실증주의(International Legal Positivism)[32)]

국제법률실증주의는 국제법상의 실정법주의를 의미하는 용어로서 국제법상의 자연법주의와 대립되는 견해이다. 실정법주의는 영국의 리차드 주츠(Richard Zouche, 1590-1660)에서 시작되었고, 주츠는 자연법의 존재를 부인하지 않았지만 실정국제법과 자연법을 분명하게 구별하였다.[33)] 주츠 이후에 빈케르스후크(Bynkershoek, 네덜란드 1673-1743), 사무엘 라헬(Samuel Rachel, 독일 1628-1691), 모저(Johann Jacob Moser, 독일 1701-1785), 폰 마르텐스(George Friedrich von Martens, 독일 1756-1821) 등이 실정법주의를 더 발전시켰다.[34)]

20세기 초 미국의 국제법 법률가들은 의도적으로 도덕과 법을 구별하였다. 이것은 존 오스틴(John Austin)의 주장을 극복하기 위한 것이었다. 오스틴은 진정한 '법'으로서 국제법의 존재를 부인하고 대신에 국제법은 '실증된 도덕의 규칙들' 이상의 중요성을 갖지 않는다고 주장하였다. 19세기 말과 20세기 초에 미국의 국제법 법률가들은 국제법의 그로티우스적 자연법의 유산과 경향으로부터 '과학적' 또는 '실증적' 국제법 연구방법을 명확히 구별하기 위해 열정적으로 노력하였다. 그들은 마침내 자연법의 화신으로 대표되는 국제법의 이름 하에 국제도덕을 가르치고 있다고 그들이 믿었던 그로티우스적 과거의 요소들을 절대적으로 부인하기를 원하였다. 이들 국제법 법률가들이 볼 때, 국제법학은 과거의 자연법과 자연적 권리이론의 연구방법과 다른 실증주의적 방법에 기초한 실제적 국제공법학을 개발함으로써 20세기로 진출해야 하는 것이었다.

20세기 초에 국제법률실증주의의 고전적 '패러다임'이 미국 국제법학회지(1908) 제2권에 미국 초기 법률가들의 지도자이며 캠브리지 대학의 국제법 교수

---

30) 이한기, 국제법강의, p. 47.

31) Sean D. Murphy, supra note 26, p. 11.

32) 프란시스 앤서니 보일, 세계질서의 기초, pp. 15~19.

33) George Schwarzenbeger, *A Manual of International Law* (5th ed. Frederick A. Praeger publishers)(1967) p. 20.

34) 아르투어 누스바움 저, 김영석 역, 국제법의 역사 (박영사, 2019) pp. 206~222.

(Whewell Professor of International Law)였던, 저명한 라사 오펜하임(Lassa Oppenheim)에 의해 상세히 설명되었다. 이 패러다임은 그 후 90년 이상 국제법 분야를 주도하고 있다고 할 수 있다. '실증적' 방법은, 존재하지 않는 자연상태 또는 자연법에 관한 철학적 추측들에 기초하는 대신에, 국가의 관습(custom)과 국가 간에 체결된 조약(treaty)들에 나타나는 현존하고 승인된 국제법 규칙들에 기초하고 있었다. 실증주의적인 국제적 삶의 현실이 무엇이 국제법 '이어야' 하는가에 관한 자연법적 가정들에 의해 왜곡되어서는 안 되었다.

진정한 국제법률실증주의자는 국제공법학을 증진시키기 위해 다음 일곱 가지 과제를 수행해야 한다. 그 과제는 (1) 존재하는 법의 규칙들을 설명하는 것, (2) 역사적 연구, (3) 존재하는 법의 비판, (4) 법전화의 준비, (5) 과거의 관습법과 새로운 조약상의 법의 구별을 유지하는 것, (6) 국제 중재의 증진 그리고 (7) 국제공법의 대중화가 그것이다.

이 실증주의적 방법론이 국제법과 도덕적 가치의 증진이 결코 연관되어서는 안 된다고 가르치지는 않았다. 그보다 실증주의방법론은 국제법률실증주의가 ― 그로티우스적 자연법의 전통에 반대하여 ― 국제법학의 '최종목적'을 향해 나아가는 보다 나은 수단이 된다고 생각하였다. 그 최종목적은 주어진 역사적 상황 하에서 가능한 최대로 국가 간의 평화를 보존하는 것이다. 국제법률실증주의는 그로티우스적 자연법 도덕의 교리보다 국제적 형태의 현재와 미래의 규칙들에 관한 국가 간 합의를 보다 용이하게 한다고 평가되었다. 국제법은 인류의 평화라는 궁극적 목적을 달성하기 위한 하나의 수단으로 인식되었다. 국가 간의 관계에 있어 보다 공정한 조건의 수립은 세계평화 유지를 용이하게 할 것이고 이에 따라 모든 인간의 가치들을 증진시키는 데 기여할 것이었다.

3. 국제법상의 제재[35)]

국제법률실증주의의 관점에서 볼 때, 오스틴은 그가 국제법과 국내법이 유사하게 기능한다고 잘못 가정했을 때 중대한 방법론적 실수를 범한 것이다. 국제법률실증주의자들이 볼 때, 두 체계 간에는 명확한 구별이 있었다. 국제법은 기본적으로 관습법이고 국내법은 주로 제정법으로 특징지어진다는 것이다. 분명히 두

35) Id., pp. 19~23.

법체계의 작동형식은 근본적으로 달라야 한다. 어떤 분석가도 국내법 체계로부터 유래하고 국내법 체계에 적용되는 기준과 기술로는 국제법의 효율성을 제대로 평가할 수 없다. 즉 국내문제와 비교하여 국제관계의 기능적 역동성은 근본적으로 다르기 때문에 유용한 비교 유추를 할 수 없다는 것이다.

이러한 국제법률 실증주의자들에 의하면 국제법이 실증된 국제도덕에 불과하다는 오스틴의 주장은 국내 여론의 효과적인 영향력이 보다 적절한 제재임에도 불구하고 그 대신 절대적인 홉스적 주권자에 의한 강제와 처벌을 국내법 위반의 '제재'의 본질로서 오해한 것이다. 여론의 힘을 고려하지 않고서는 국제법이든 국내법(영미 보통법과 같은)이든 관습법의 현상을 설명할 수가 없다. 아마도 주권자가 허용한 것을 주권자는 또한 명령할 수 있다는 허구적인 명제를 이용하지 않고는 설명이 불가능하다. 국제관계에 있어서 홉스적 주권자가 없고, 국가들이 국제관계의 일반적인 관습과 관례에 따를 것에 동의한 것으로 간주되기 때문에 국제법이 국가들을 구속하는 것이다. 그러므로 국제법의 궁극적인 제재는 전쟁에 대한 두려움과 그 반대인 전쟁 사용의 압력을 포함하는 공동체의 여론인 것이다. 이러한 국가들의 국제법에 구속받겠다는 명시적·묵시적 동의는 그들 각자의 국민들도 구속한다. 왜냐하면 국제법은 그들의 국내법 질서에 수용되기 때문이다. 국민들은 그들 상호 관계와 외국인들과의 관계에서 국제법에 구속된다. 이러한 내부적·외부적 준법국가들의 공동체가 상호 작용과 상호 의존의 정도를 계속 증가시킴으로써 번영한다면 국제법의 궁극적 제재로서 기능할 진정한 세계적 여론이 창조될 수 있을 것이었다.

보다 구체적인 용어로 설명하면, 국제법의 진정한 제재는 국제법 원칙을 위반하는 국가를 그 국가의 국익과 중대하게 관련된 다른 국가와 국제기구와의 관계를 조화롭게 규율함으로써 발생하는 혜택으로부터 배제시키는 것을 말한다. 국제법 법률가들에게 맡겨진 '새 외교'의 과제들은 국가들이 공동으로 행동할 때 실질적인 이득을 얻을 수 있으면서 고립되어 행동하는 국가는 이득을 얻을 수 없는 국가 간의 협조구조를 수립하는 것이다. 이러한 복잡한 국제법적 유대는 아주 강해져서 어떤 국가도 전쟁을 이용하여 그 유대를 교란할 것을 생각할 수 없을 것이다. 그리고 전쟁이 국제체계의 일시적인 특징으로 남아 있는 불행한 경우에, 이 제도적·법적 관계의 형태 중 많은 것이 살아남아 폭력적인 적대행위 발발에도 불구하고 기능할 수 있다. 19세기 말까지 국제거래의 필요가 이미 만국우편연합

(Universal Postal Union)과 같은 국제 행정기구에 어느 한 국가의 거부권에 처하지 않는 일정한 권한과 행동을 부여하게 하였다.

비록 국가들이 그러한 기구에 더 많은 권한을 부여하는 것에 매우 소극적이었으나, 초기 법률실증주의자들은 이러한 방향으로 세계평화 달성을 향한 국제관계의 진전을 예상하였다. 아마도 장래 어느 시점에서는, 세계 연방국가가 미국연방의 기능적 모델에 따라 구성되어 존재할 수도 있다는 것이다. 이에 따라 세계의 국가들은 미국연방의 주와 유사한 준 주권적(semisoverein) 지위를 갖게 될 것이었다. 추측건대 세계연방법이 그 후에 국가들 간의 관계를 규율할 것이다. 이를 위해 국제법을 공포하고 판단하며, 필요시 세계대전에 빠지지 않는 방식으로 저항적인 국가들에 대해 국제법을 집행할 수 있는 충분한 입법적·사법적·행정적 권한을 가진 일정 형태의 세계정부가 필요하게 된다. 범법국가를 처벌하는 것은 각 국가들이 이미 그렇게 지배받기를 동의했기 때문에 다른 모든 참가국들에게 합법적인 것으로 받아들여질 것이다.

4. 주권동의의 원칙[36)]

20세기 초기 국제법률실증주의는 국제관계에서 합법성의 유일한 근거는 주권의 동의라는 개념에 의존하였다. 국제관습법과 조약에 나타날 주권의 동의 원칙에 의존하는 것은 오스틴의 국제법이 진정한 법이 아니라는 주장과 다투는 데에 유용하였다. 왜냐하면, 이론적으로 주권의 동의는 그 존재가 객관적인 기준에 의해 결정될 수 있는 실체적인 요소였고, 따라서 국제공법의 이름 하에 그로티우스적 자연법을 가르친다는 비난을 피할 수 있었기 때문이다. 그럼에도 불구하고, 합법성을 위해 주권동의에 지나치게 집착하는 것은 세계가 새 천년에 진입하면서 국제법률실증주의가 완전한 곤경에 처하도록 하였다. 오늘날 세계 국가들은 주권동의 개념을 떠나서 국가행태의 상호 기대에 기초한 컨센서스 원칙(principle of consensus, 총의)으로 주권동의원칙을 대체할 필요가 있는 국제관계체계의 발전적 진화에 대응하기 위해 노력하고 있다. 왜냐하면 주권동의원칙의 신성화는 국제체계 참여자 각자에게 새로운 규칙의 창설에 관하여 본질적으로 거부권을 부여하기 때문이다.

36) Id., pp. 23~25.

국제법과 정치의 기본적 합법화 원칙으로서 주권동의원칙에는 홉스, 로크, 루소와 같은 사회계약론자들이 시민의 동의가 정치적 정당성의 본질적 기초라고 정의한 것의 유추라는 것 이외의 신성한 것은 없다. 그러나 사회계약론자들은 서구 정치철학에서 기독교 교회가 행하는 정당화 역할을 축소시키기 위한 명시적 목적을 위해 사회계약론을 주장한 것이다. 아마도 국내 문제의 체계 내에서는 시민동의원칙이 원하는 대로 작동하나 국제관계체계에서는 주권동의원칙이 점점 작동할 수 없다는 것이 증명되었다고 할 수 있다.

5. 법률주의와 현실주의[37]

국제법률 실증주의자들은 명시적으로 국제문제에 있어서 '이다'(유효한 진리, 존재)와 '이어야 한다'(상상적 진리, 당위)의 고전적인 마키아벨리의 이분법을 수용하였다. 그들은 국제법을 전자의 범주에 분류하고 그로티우스적 자연법 도덕을 후자의 범주에 분류하였다. 법을 상상적 진리가 아닌 유효한 진리로서 분류하는 것은 마키아벨리 본인으로부터도 적극적인 지지를 받았다. 즉, 국제법률실증주의자들은 특정한 법체계가 실효적이기 위해서는 군사적이든 정치적·경제적 또는 이념적이든 그 배후에 힘이 존재하여야 한다고 생각하였다. 그러므로 국제정치학자들이 국제법률실증주의자들 또는 국제법학자들이 힘의 현실을 모르거나 무시하고 있다고 혹평한다면, 이는 국제정치학자들이 국제법률실증주의자들의 홉스적 또는 마키아벨리적 전제들을 완전히 모르고 있다는 것을 보여주는 것이다. 대표적인 예로서 미국의 국제법률실증주의자들은 모두 미국 정부가 서반구에서 제국주의 정책을 수립하고 집행하는 것을 관련 논리와 이유를 개발함으로써 지지하고 장려하였다.

6. 국제법 법률가의 전쟁방지계획[38]

1898년 미국과 스페인 간의 전쟁으로부터 국제연맹과 상설국제사법재판소의 설치에 이르는 25년 동안 미국의 국제법 법률가들은 세계평화를 유지하고 전쟁을

37) Id., pp. 25~26.
38) Id., pp. 38~42.

방지하기 위한 계획으로서 다음과 같은 다섯 가지의 구체적인 목표들을 추구하였다. 즉 (1) 국가 간 분쟁의 강제중재를 위한 일반적 체계의 창설; (2) 국제사법재판소의 설립; (3) 국제관습법의 중요 영역을 실증 조약형태로 법전화; (4) 군비축소 그러나 이러한 법률가적 기술과 제도에 의한 국제적 긴장의 완화 이후에; 그리고 (5) 승인된 국제 공동체의 모든 국가를 위한 정기적인 평화회의 소집 관행의 제도화가 그것이다.

더구나, 미국 법률가의 전쟁방지계획 중 보조적인 요소는 국제공동체 — 특히 미국 — 이 위에서 언급한 예방적 법률가적 장치와 제도의 제정에도 불구하고 유럽 열강 간에 일어날 가능성이 있는 미래의 전쟁으로부터 더욱 고립되기 위해서 무력 충돌시 국제인도법(international humanitarian law)과 잘 확립된 중립법에 관한 국제법체제를 강화하는 것이었다. 미국 국제법 법률가는 유럽에서 대규모의 체계적 전쟁이 발생할 가능성 여부 양쪽에 모두 신중하게 대비하였다. 국제법과 기구의 증진에 견고히 기초한 외교 정책은 그 자신의 이익을 위해 세계대전이 발발하는 것을 방지하고 또한 자신의 이익을 위해 세계대전으로부터 떨어져 있기 원하는 비동맹 통상대국의 국가안보와 상업목표를 증진하는 데 이상적으로 적합하였다.

이론적으로 위의 다섯 가지 법률가적 단계는 각 단계가 이전 단계의 달성에 어느 정도 의존하고 있기 때문에, 대략 단계 순으로 달성되는 것이었다. 그러나 실제는 모든 단계가 그들의 고도의 상호 의존성으로 인해 거의 동시에 추구되었다. 다섯 번째 단계의 실현은 초보적인 세계 입법기구의 창설을 위한 첫 번째 단계가 될 것이고, 이는 효율적인 세계 법원과 결합되어, 미국 연방정부의 입법부·사법부와 행정부와 같은 형태로 구성되는 세계정부를 위해 필요한 기관의 2/3를 구성하게 될 것이었다. 그러나 1914년의 세계대전 발발 이후까지는, 미국의 국제법공동체는 효율적인 국제경찰력으로 무장하고 이에 따라 어느 정도 열강 간의 군축을 반드시 가져올 수 있는 '평화를 집행하기 위한 연맹'이라는 집행부를 수립하는 데 시간과 자원을 많이 사용하지 않았다.

분명히 이러한 이상적인 목표는 일부 미국 국제법 법률가에 의해 장기 국제관계 발전을 위한 바람직한 방향으로 지지받았다. 그러나 그 당시 그러한 세계정부를 창설하려는 계획이 위에서 언급한 보다 현실적인 목표의 즉각적인 실현을 방해해서는 안 된다는 전반적인 합의가 존재하고 있었던 것 같다. 더구나 매우 국가중심적인 20세기 초기 국제법 법률가들에게는 어떠한 초국가적 기구에 미국의 '주권'을 양도할 의사나 의지가 없었다.

비록 멀리 떨어진 것이 인정되나, 세기변환기의 미국의 국제법과 기구의 증진을 통한 국제정치에 있어서 전쟁방지계획은 1차 세계대전 이전의 국제관계체계의 상대적 동질성으로 인해 궁극적인 성공이 될 수 있는 가능성이 더 높았다. 적어도 2차 세계대전 이후 기간의 특징적인 이질성과 비교해 볼 때 그러하다.

이 초기 기간의 저술가와 정치가들은 실제로 국가 간의 진정한 국제 공동체에 관하여 생각하였다. 기본적으로 이 세계공동체는 유럽, 북미, 남미, 중미, 오토만제국 그리고 일본으로 구성되었다. 세계의 나머지 부분은 기본적으로 열강 간의 치열한 식민지경쟁의 장소로서 간주되었고 이는 불가피한 제국주의 충돌을 완화시키고 관리하기 위해 앞의 법률가적 장치들을 제도화하는 것을 더욱 긴요하게 하였다.

이들 모든 국가들이 같은 국제 정치경제 관계의 체계에 참여하였고 같은 유럽식 국제공법의 적용을 받았다. 일본을 제외한 모든 주요 행위자들이 구약성서, 그리스, 로마, 중세 기독교 지배, 르네상스와 종교개혁, 유럽의 계몽운동, 산업혁명, 프랑스혁명과 나폴레옹전쟁, 국제 정치문제를 상호 합의와 교섭된 협정을 통해 결정하는 19세기 동안의 유럽 열강 간의 '협조(concert)'라는 전통에서 유래하는 문화적 유산을 공유하고 있었다.

국제정치에서 미국 법률가의 전쟁방지계획은 20세기와 인류의 다음 천년을 위한 보다 안정적이고 안전한 세계질서를 창설하기 위하여 위에서 본 견고한 기초 위에 수립될 것이었다. 그 계획은 결코 꿈 같은 계획이 아니었으며 미래에 성공적으로 이행될 수 있었던 실제적인 계획이었다.

7. 법률가적 접근방식과 현대의 국제법질서

위에서 살펴본 법률가들의 전쟁방지계획은 2차 세계대전이 끝나고 새로운 세계질서를 수립하는 데 많은 영향을 주었다. 1945년의 세계질서를 창설한 법률가들은 1898년부터 1922년의 기간 동안 그들의 법률가 선배들이 놓은 기초 위에 현대의 세계질서를 수립한 것이다. 즉, 초기 국제법 법률가들의 전쟁방지계획과 오늘날의 현대 국제법질서의 연속성을 살펴보면 다음과 같다: (1) 국가 간의 강제중재를 위한 일반적 체계의 창설을 위해 법률가들은 1899년 상설중재재판소(PCA)를 수립하였고, 이 상설중재재판소는 오늘날도 존재하면서 분쟁의 평화적 해결을 위한 중재재판소로서 중요한 역할을 하고 있다. (2) 법률가들의 국제사법재판소의 설립계획은 1922년 상설국제사법재판소(PCIJ)의 설립을 가져왔고, 이 상설국제사법재판소는 오늘날의 국제사법재판소(ICJ)의 전신으로 평가되고 있다. (3) 국제관습법의 중요 영역을 실증조약의 형태로 법전화하려는 계획은 오늘날 UN총회의 보조기관인 국제법위원회(International Law Commission, ILC)가 설립되고 기능하는 데 많은 영향을 주었다 (4) 군비축소의 계획은 오늘날 UN의 군축노력과 여러 군축관련 조약의 탄생을 가져왔다 (5) 승인된 국제공동체의 모든 국가를 위한 정기적인 평화회의의 소집 관행의 제도화 계획은 아마도 국제연맹 총회와 UN총회의 수립으로 달성된 것으로 보인다.

이와 같이 오늘날의 국제관계는 법률적 측면이 많은 부분을 차지하고 있으며, 오늘날 국제질서 또는 세계질서를 바라보는 접근방식으로서 법률가적 접근방식은 매우 중요한 역할을 하고 있다고 할 수 있다.

다음에서는 국제법이 국가의 중대한 이익(vital interests)에 관련된 문제에서도 심각하게 고려되고 핵심적인 역할을 하였던 사례를 살펴보고자 한다.

8. 국가의 중대한 이익과 국제법

(1) 진 주 만[39)]

일본은 1941년 12월 7일 진주만(Pearl Harbor) 공격전에 1907년 개전에 관한 협약규정을 준수하려고 시도하였다. 일본은 공격개시가 예정된 시간보다 조금 전에 워싱턴에 있던 일본 외교사절에게 미국에 대해 전쟁선언을 전달할 것을 지시하였다. 그러나 동경으로부터의 전달과정이 지연되어 전쟁선언은 늦게 전달되었다. 따라서 그 의도와는 달리, 일본 정부는 개전에 관한 협약규정을 위반한 것이 되었다.

미국 정부관료들은 1907년 개전에 관한 협약을 2차 세계대전과 관련된 국제법 규칙의 중요한 부분으로서 인식하였다. 일본의 진주만에 대한 '기습공격(sneak attack)'은 명백한 국제법 위반행위로서 전쟁 동안 미국 내 여론뿐만 아니라 연합국 정부에 대해서도 심대한 영향을 미쳤다. 연합국 정부는 1945년 7월 26일 포츠담

39) Id., pp. 147~148.

선언에서 발표된 바와 같이 일본은 무조건 항복하든지 아니면 '즉각적이고 철저한 파괴'를 당하든지 선택하라는 최후통첩을 형성하였던 것이다. 모든 인류에게 가장 유감스럽게도, 히로시마와 나가사키는 일본의 1907년 협약 위반에 대한 궁극적인 '제재(sanction)'가 되고 말았다.

(2) 쿠바 미사일 위기[40)]

비록 간접적이지만, 1907년 개전에 관한 협약이 국제평화와 안전의 유지에 분명히 가장 중요하게 기여한 일이 제2차 헤이그 평화회의에서 동 협약이 채택된 지 약 50년 후에 발생하였다. 1962년 10월 쿠바 미사일 위기가 발생했을 때, 이 문제를 다루기 위한 정책결정팀(소위 집행위원회)의 대다수는 쿠바에 있는 소련 미사일기지에 대해 '기습폭격(surprise surgical air strike)'을 하는 것이 흐루시초프(Khrushchev)가 미국 대륙연안에서 그렇게 가까운 거리에 위험하고 위협적인 무기를 배치한 것에 대응하는 유일한 방법이라고 믿었다. 폭격 전에 흐루시초프나 카스트로(Castro)에게 사전에 알리는 것은 '군사적 또는 다른 이유로' 배제되었다.

집행위원회의 초기 논의 동안 기습공격에 대한 일반적인 찬성의견을 듣고서, 로버트 케네디 법무장관은 대통령인 그의 형제에게 "나는 이제 도조(Tojo)가 진주만을 계획할 때 어떻게 느꼈는지 알겠다"고 적힌 쪽지를 전달했다. 로버트 케네디는 기습공격을 강하게 반대하였는데, 그 이유는 그것이 미국이 그 기초 위에 설립되고 전세계에 대해 대변해야 할 도덕적 가치(moral values)와 정면으로 충돌하는 것이기 때문이었다. 그는 "우리는 처음 5일 동안 다른 어떤 문제보다도 이 도덕적 문제에 많은 시간을 사용했다"고 기록하고 있다. 주로 이런 이유로, 로버트 케네디는 국방장관 로버트 맥나마라(Robert McNamara)와 함께 쿠바를 해상봉쇄하고 미주기구(Organization of America States)의 승인을 요청하자고 주장하였다.

기습공격에 비해 봉쇄의 한 가지 중요한 장점은 봉쇄의 경우 미국이 OAS나 UN에서 미국의 행동에 대해 그 기구의 지지를 얻거나 또는 적어도 반대가 없도록 적절한 법적 이유를 제시할 수 있다는 것이었다. 기습공격은 어떠한 국제적 장소(forum)에서도 법적으로 방어할 수 없을 것이었다. 궁극적으로 봉쇄를 선택하는 방안이 기습공격안보다 우세하게 되었고, 미국은 쿠바의 '봉쇄(quarantine)'에 대해 OAS로부터 만장일치의 지지를 받았다. 로버트 케네디에 의하면 "전면적 군사공

---

40) Id., pp. 148~149.

격에 대한 가장 강한 반대논리이며 아무도 이에 대해 만족스럽게 대답하지 못한 것은, 기습공격이 미국의 전세계에 대한 도덕적 위치를 파괴하지는 않는다 하더라도 약화시킬 것이라는 점이었다." 미국의 합법적 입장에 대한 서반구의 견고한 지지는 흐루시초프가 소련의 미사일과 폭격기를 쿠바에서 철수시키는 데 핵심적 요소가 되었다.

(3) 법적-도덕적 명령[41)]

제2차 헤이그 평화회의와 쿠바 미사일사건 사이의 기간 동안, 1907년 개전에 관한 협약은 국제적 적대행위의 시작수단으로서 기습공격을 받아들이는 정부들의 태도를 완전히 바꾸는 데 성공하였다. 이 협약은 현대의 정부 정책결정자들이 의식적이든 무의식적이든 합법성과 불법성, 옳고 그름, 정당과 부당의 개념을 도출하는 국제법 규칙들의 체계 안에 포함되게 되었다. 이러한 방식으로, 1907년 규칙은 미국 정부 정책결정자들이 50여년 후에 쿠바 미사일 위기에 대응하는 방식을 결정하도록 하였다.

1941년 일본이 진주만을 기습공격한 '배신행위(treachery)'에 대해 미국이 만장일치로 그리고 강하게 비난함으로써 1907년 개전에 관한 협약은 그 후에 어떤 국제법 원칙보다도 훨씬 구속력 있고, 효과적이며, 중요한 현상(phenomenon)으로 전환되었다. 즉 그 현상은 법적－도덕적 명령(legal－moral imperative)인 것이다. 미국 정부에 관한 한, 처음에는 제한적이고 애매한 하나의 국제법 규칙이 일정한 시간과 비극적 경험을 통해 국가의 존립 자체가 걸려 있는 중대한 국제적 위기시에도 준수해야 될 절대적인 법적－도덕적 의무가 되었다. 하나의 법적－도덕적 명령으로서, 1907년 협약의 규칙은 초기에 선호되었던 쿠바 내 소련 미사일기지에 대한 '기습공격' 방안을 제압할 수 있었다.

물론, 1907년 개전에 관한 협약이 전쟁발발을 억지하거나 방지하려고 의도되었거나 계획된 것은 아니었다. 그러나 협약이 기습공격을 금지한 것은 진주만이라는 중간단계를 거쳐, 간접적으로 1962년 10월에 어쩌면 마지막이 될 제3차 세계대전의 예방에 기여하였다. 따라서 1907년 개전에 관한 협약은 제2차 헤이그 평화회의가 2차 세계대전 이후 시대의 국제평화와 안전의 유지를 위해 이룩한 기념비적인 업적의 하나로서 이미 판명되었다.

---

41) Id., pp. 150~151.

제 2 장

국제법의 법원

제 2 장
국제법의 법원

I. 의　　의

국제법은 국내법과 달리 중앙집권적인 세계정부의 입법부에 의해 제정되지 않는다. 국제사회에는 그러한 세계정부가 존재하지 않기 때문이다. 법원(sources of law)은 로마법의 법의 원천(fontes juris)에서 유래한 말로서 법의 존재형식 또는 법의 연원을 의미한다.[42]

국제법의 법원의 가장 통상적인 의미는 법의 존재형식 또는 발현형식이라고 할 수 있다. 법의 출발점을 인간의 이성에서 찾는 자연법학자는 이성을 법의 원천으로 보았으나, 국제법률실증주의자 또는 실정법학자는 법의 원천을 국내법에서는 입법자의 법 제정행위와 민간의 관습으로 보고 국제법에서는 국제법제정행위에 해당하는 국가 간의 명시적 합의(조약)와 자연적으로 발생한 묵시적 합의(국제관습법)를 법원으로 보았다.[43]

국제사법재판소(ICJ)는 재판소 규정(Statute) 제38조 1항에서 동 재판소에 회부된 분쟁을 국제법에 따라 재판하는 것을 임무로 하며 다음을 적용한다고 규정하고 있다.

가. 분쟁국에 의하여 명백히 인정된 규칙을 확립하고 있는 일반적인 또는 특별한 국제협약,

나. 법으로 수락된 일반관행의 증거로서의 국제관습,

다. 문명국에 의하여 인정된 법의 일반원칙,

---

42) 이한기, 국제법강의, p. 78.

43) Id.

라. 법칙결정의 보조수단으로서의 사법판결 및 제국의 가장 우수한 국제법학자의 학설.

이를 통해 볼 때, 국제사법재판소(ICJ)는 국제법의 주요 법원으로서 가. 조약, 나. 국제관습, 다. 법의 일반원칙을 인정하고 법칙결정의 보조수단으로서 판례와 학설을 인정하고 있음을 알 수 있다.

특히 ICJ 규정 제38조는 판례를 적용함에 있어서 동조 1항 라호에서, 제59조의 규정에 따를 것을 조건으로 한다고 규정하고, ICJ 규정 제59조는 "재판소의 결정은 당사자 사이와 그 특정사건에 관하여서만 구속력을 가진다"고 규정하고 있다. 따라서 영미법에서 인정되는 선례구속원칙(stare decisis)이 국제법의 판례에는 적용되지 않음을 명확히 하고 있다.

위와 같은 전통적인 국제법의 법원 이외에 현대의 국제법에서 국제기구의 결의와 '연성법(soft law)'이 또한 중요한 역할을 수행하고 있음을 유의해야 한다.

Ⅱ. 조 약

1. 의 의

1969년 조약법에 관한 비엔나협약(Vienna Convention on the Law of Treaties, 조약법조약) 제2조 1(a)항은 "'조약'이라 함은, 단일의 문서에 또는 2 또는 그 이상의 관련문서에 구현되고 있는가에 관계없이 또한 그 특정의 명칭에 관계없이, 서면형식으로 국가 간에 체결되며 또한 국제법에 의하여 규율되는 국제적 합의를 의미한다"고 규정한다.

따라서, 보통 문서에 의한 명시적인 국가 간의 합의를 조약(treaty)이라고 하며, 조약은 바로 국제법이 된다.[44] 조약에 기초한 국제법을 국제관습법과 구별하여 조약법이라고 한다. 조약법은 명문으로 법을 제정하는 것이므로 말하자면 국제제정법이다. 이 조약은 ICJ규정 제38조에서 보듯이 가장 일차적인 국제법의 법원이다. 그러나 국제관습법보다 조약법이 항상 우선적인 지위에 있는 것은 아니

44) 이한기, 국제법강의, pp. 79~80.

며, 국제관습법과 조약법은 원칙적으로 동등한 지위를 가진다.

조약은 명칭 여하를 불문하고 국가 간에 문서의 형식으로 체결된 명시적 합의를 말한다. 우선 조약의 당사자는 원칙적으로 국가이다. 그러나 최근에는 UN 등 국제기구가 조약의 당사자가 되는 일이 적지 않다.

다음 조약은 문서의 형식을 취한다. 보통은 단일의 문서이나 교환각서(Exchange of Notes)와 같이 복수의 문서로 형성되는 경우도 있다. 서면에 의하지 않는 구두의 합의도 그것이 국가 간의 합의라면 국가를 구속하나 보통 이것을 조약이라고 부르지는 않는다.

다음으로 조약의 명칭은 다양하다. 조약(Treaty)이라는 말은 넓은 의미와 좁은 의미로 사용된다. 좁은 의미의 조약은 특히 조약이라는 이름이 붙은 것만을 가리킨다. 예를 들어 한미우호통상항해조약, 한중범죄인인도조약 등이 그러한 것이다.

넓은 의미의 조약은 협약(Convention), 협정(Agreement), 규약(Covenant), 헌장(Charter), 규정(Statute), 결정서(Act), 의정서(Protocol), 합의서(Agreed Minute), 선언(Declaration), 교환각서(Exchange of Notes), 양해각서(Memorandum of Understanding, MOU), 잠정협정(Modus Vivendi) 등 명칭이야 여하 간에 국가 간의 문서에 의한 합의가 전부 포함된다.

이러한 조약의 국제법상 효과는 국가를 구속한다는 점에서는 차이가 없으며, 어떠한 조약에 어떠한 명칭을 붙일 것인가에 관해서도 확립된 규칙은 없다. 다만, 우리나라는 조약체결 관행상 체결주체가 국가인 조약 등 비교적 중요한 조약에 관해서는 '조약'이라는 명칭을 사용하고, 체결주체가 정부인 비교적 경미한 조약은 '협정', '약정', '양해각서' 등의 명칭을 많이 사용하고 있는 것이 발견된다. 예를 들어 대한민국과 미합중국의 국가 간의 합의를 나타내는 한미상호방위조약에는 조약이라는 명칭을 사용하고, 대한민국 정부와 호주 정부 간의 합의인 한·호주 정부 간의 사증발급양해각서는 양해각서라는 명칭을 사용한 바 있다. 그러나 이는 확립된 원칙은 아님을 기억해야 한다.

조약은 당사자에 대하여 특별법원이며, 이것과 양립하지 않는 국제관습법규에 우선한다.[45] 상설국제사법재판소(PCIJ)의 첫 번째 사건인 윔블던(The S. S. Wimbledon)호 사건에서 독일이 중립국의 권리·의무에 관한 국제관습법규를 원용하였으나, PCIJ는 베르사이유조약(제380조)이 국제관습법규에 우선한다고 판시하

45) 이한기, 국제법강의, p. 80.

였다. 1919년 베르사이유조약 제380조는 "Kiel 운하는 독일과 평화중인 국가의 상선과 군함에게 자유롭게 개방된다"고 규정하였다. 1921년 3월 21일, 윔블던 호는 프랑스 회사에 의해 용선된 영국배로서 독일 정부에 의해 운하로 접근하는 것을 거부당하였다. 그 이유는 이 배에 러시아와 전쟁 중인 폴란드로 가는 전쟁물자를 싣고 있다는 이유에서였다. 독일은 이 배가 운하를 통과하는 것이 독일이 지켜야 하는 국제관습법상의 중립법규에 위반된다고 주장하였다. 그러나, 주요 연합국과 폴란드는 독일이 베르사이유 조약을 위반하고 있다고 주장하여 PCIJ에 제소하였다. PCIJ는 9 대 3으로 독일의 패소를 결정하였다.

한편, 조약은 그 합의에 참가하지 않은 제3국을 구속하지 못하는 것을 원칙으로 한다.[46)]

2. 종 류

조약은 여러 가지로 분류될 수 있다. 첫째는 그 내용에 따라 정치조약(예를 들어 동맹조약, 중립조약, 평화조약, 방위조약)과 비정치조약(예를 들어 국제노동조약, UNESCO 헌장)으로 분류된다.[47)] 둘째, 체결 당사국의 수에 따라 양자조약(Bilateral Treaty)과 다자조약(Multilateral Treaty)으로 구분된다.[48)] 양자조약(bilateral treaty)은 양국 간에 체결되는 조약이며 다자조약(multilateral treaty)은 다수국 간에 체결되는 조약이다. 전자의 예로는 한국과 러시아 간 기본관계조약 등을 들 수 있고, 후자의 예로는 UN헌장과 WTO협정 등을 들 수 있다.

셋째, 조약의 성질에 의하여 계약조약(Contract Treaty)과 입법조약(Law Making Treaty)으로 분류할 수 있다.[49)] 전자는 당사국 서로의 이해관계를 조절하는 것을 내용으로 하며, 후자는 다수의 국가에 대해 공통의 행동규준을 정한 것이다. 전자의 예로는 통상조약 등을 들 수 있고, 후자의 예로는 국제인권규약 등을 들 수 있다. 입법조약(law making treaty)은 당사국의 행위를 장래에 걸쳐 규율하는 일반규범을 정립한 조약이다. 국내법이 일반적 규범인 것처럼 특정의 내용이 국제사회에

46) 조약법에 관한 비엔나협약 제34조는 다음과 같이 규정한다. "조약은 제3국에 대하여 그 동의 없이는 의무 또는 권리를 창설하지 아니한다."
47) 이한기, 국제법강의, p. 499.
48) Id.
49) Id.

서 일반적으로 적용되는 규범으로 채택한 조약을 입법조약이라고 할 수 있다. 그러나 입법조약은 강학상의 개념으로서, 실제로는 드물고 기존의 국제관습법을 확인 또는 조약화·법전화한 것이 대부분이다. 왜냐하면 국제관습법을 법전화한 조약이 아닌 것은 다자조약이라 할지라도 제3국을 구속할 수 없는 것이 원칙이기 때문이다. 국제관습법을 확인하거나 법전화한 조약은 제3국도 구속하게 된다.[50)]

노테봄 사건(The Nottebohm Case)에서 1955년 4월 ICJ는 "외교적 보호권의 행사가 유효한 것으로서 타국에 대항할 수 있기 위해서는 국적국과 국민 간의 '진정한 유대(genuine link)'의 존재를 조건으로 한다"는 취지의 규정(1930년 국적법의 저촉에 관한 Hague조약 제1조, 제5조)을 비당사국(Lichtenstein)에게 적용하였다.[51)] 노테봄은 독일 국민으로서 과테말라에 거주하였고 과테말라와 독일에 많은 사업적 이해를 가지고 있었다. 그는 또한 리히텐시타인에 동생이 있어 가끔 그를 방문하였다. 그는 1939년 10월 9일 리히텐시타인 국적을 신청하였고 10월 21일 충성서약을 하였다. 12월 1일, 쮜리히(Zurich)에 있는 과테말라 총영사는 그의 리히텐시타인 여권에 비자를 주었고, 그는 1940년 과테말라로 돌아왔다. 그리고 그는 과테말라에 새로운 국적으로 외국인 등록을 하였다. 1943년 전쟁관련법 제정으로 그는 재산을 몰수당하고 구금당하였고 미국에서 붙잡혀 있었다. 1946년 과테말라로 재입국하는 것이 거부되자, 그는 리히텐시타인으로 돌아갔으며 1951년 과테말라를 상대로 리히텐시타인이 ICJ에 제소하였다. ICJ는 본안판결에서 11 대 3으로 리히텐시타인의 청구를 기각하였다.

국제사법재판소는 1994년 리비아와 차드 간의 영토분쟁 사건판결에서 1969년 조약법에 관한 비엔나협약 제31조가 국제관습법의 지위에 도달하였다고 판시한 바 있다.[52)]

3. 조약법조약(treaty on treaties)

국가 간의 조약체결 필요성이 증가하고 조약 자체의 중요성이 커지면서 조약

---

50) 조약법에 관한 비엔나협약 제38조는 "제34조 내지 제37조의 어느 규정도 조약에 규정된 규칙이 관습국제법의 규칙으로 인정된 그러한 규칙으로서 제3국을 구속하게 되는 것을 배제하지 아니한다"고 규정하고 있다.

51) 이한기, 국제법강의, p. 83.

52) Territorial Dispute(Libya v. Chad), 6 ICJ Rep. 1994.

의 체결절차 · 효력 · 해석 · 개정 등에 관한 국제법이 필요하게 되었다. 조약에 관한 국제법은 십여 세기 동안 국제관습법으로 발전하여 왔으나 이러한 국제관습법을 보다 명확히 하기 위하여 1969년 "조약법에 관한 비엔나협약(Vienna Convention on the Law of Treaties)"이 채택되었다. 이를 조약법조약이라고 부른다. 그런데 이 조약법조약은 국가 간의 조약에 관해서만 규율하고 있었기 때문에 그 후 1986년 국가와 국제조직 간, 국제조직 상호간에 체결되는 조약을 규율하기 위한 "국가와 국제조직 간 및 국제조직 간에 체결되는 조약법에 관한 협약"[53]이 성립하였다. 이 협약은 아직 발효되지 않았지만, 협약의 조항들은 국제관습법을 표현한 것이라고 일반적으로 인정되고 있다.[54]

4. 조약의 성립요건

조약의 유효한 성립에는 무엇보다도 조약체결 당사자(국가 또는 국제조직 등) 간의 진정한 합의가 필요하다. 이러한 진정한 합의에는 i) 조약당사자가 조약체결 능력을 가질 것 ii) 조약당사자에 있어서 조약체결 권한이 있는 자가 조약을 체결할 것 iii) 조약체결권자가 임명한 대표자 간에 하자 없는 합의가 성립할 것 iv) 조약의 내용이 가능하고 적법할 것 v) 일정한 조약체결 절차를 완료할 것이 필요하다.[55] 따라서 이러한 요건이 어느 하나라도 충족되지 않을 때 조약은 성립할 수 없다.

5. 조약의 체결절차(우리나라의 경우를 중심으로)

조약은 보통 교섭, 서명, 비준, 비준서의 교환 또는 기탁 등의 절차를 통하여 체결된다. 우리나라의 경우 별도의 '조약체결절차법'은 없고 정부조직법, 정부대표 및 특별사절의 임명과 권한에 관한 법률, 조약법에 관한 비엔나협약 등에 기초하여 조약체결업무를 수행하고 있다. 외교부에서는 조약체결업무의 편의를 위해 "조약업무처리지침"을 작성하여 이에 따라 업무를 수행하고 있다. 다음으로 이 지

53) Vienna Convention on the Law of Treaties Between States and International Organizations or Between Internatonal Organizations, Mar. 21, 1986, 25 I.L.M 543.

54) Id.

55) 이한기, 국제법강의, p. 499.

침을 중심으로 우리나라의 조약체결절차를 간략히 기술하고자 한다.

(1) 교섭(negotiation)

조약의 교섭은 조약체결권자(우리나라의 경우 헌법 제73조에 의해 조약체결권자는 대통령이 된다)가 직접 행하는 경우도 있으나 보통은 권한을 위임받은 전권위원이 행한다. 전권위원은 그 권한을 증명하는 전권위임장(Full Powers)을 필요시 제출해야 한다. 우리나라는 정부대표 및 특별사절의 임명과 권한에 관한 법률 제3조에 의하여 외교부장관이 외국정부 또는 국제기구와의 교섭에 있어서 정부대표가 된다. 동법 제4조에 의하여 재외공관장은 신임장을 접수한 외국정부 또는 국제기구와의 교섭에 있어서 정부대표가 된다. 재외공관장은 교섭의 결과 합의된 문안에 가서명을 전권위임장이 없이 할 수 있지만 정식 서명은 전권위임장이 있어야 할 수 있다. 다만, 정식 서명을 위한 전권위임장은 관련국가와의 합의에 의해 생략할 수 있다.

(2) 가서명(initial)

조약의 교섭결과 문안에 합의가 이루어지면 양측 교섭대표 간에 합의된 조약문안에 대해 가서명을 한다. 통상 합의된 문안에 양측 수석대표가 각자의 이름약자를 서명하기 때문에 붙여진 이름인 듯하다. 즉, 가서명은 양자조약의 체결을 위한 교섭을 한 후에 조약의 문안에 합의하였음을 의미한다. 이렇게 문안합의가 이루어지면 양측 교섭대표는 각자의 본국에 돌아가 조약문안의 정식서명을 위한 국내절차를 취하게 된다. 우리나라에서는 양자조약의 서명을 위해 조약안에 대한 법제처심사, 국무회의 심의, 대통령 재가 절차를 취하여야 한다. 가서명을 하였더라도 각국의 국내절차과정에서 이견이 나타나는 등 조약의 체결이 어려워지는 경우에는 관련국은 가서명된 문안의 재협상 등을 실시하거나 더 이상 조약체결절차를 진행하지 않을 수 있다. 다자조약의 경우에는 조약체결을 위한 다자외교회의에서 조약의 문안을 채택(adopt)하는 절차를 거치며, 이때의 "채택"이 문안에 합의하였음을 의미하고 각 국가들이 문안에 가서명을 별도로 하지는 않는다. 다자조약의 경우에는 가서명 대신 다자외교회의를 마치면서 채택된 조약 문안을 포함하는 최종의정서(Final Act)에 참가국들이 서명을 하는 절차를 거치게 된다.

(3) 서명(signature)

가서명된 조약안에 대해 법제처 심사 등 국내절차를 마친 후에는 조약안을 문서화하여 체결당사국의 전권위원이 정식 서명을 한다. 이때 외교부장관이 통상적으로 서명을 하며 외교부장관이 서명을 할 때는 전권위임장을 제시할 필요가 없다. 그러나 외교부장관이 아닌 다른 국무위원(예를 들어 법무부장관)이 조약에 서명할 때는 외교부장관이 발급한 전권위임장을 제시하여야 한다.

주한미국대사와 우리나라 외교부장관 간에 조약을 서명할 때는 우리나라 외교부장관은 전권위임장을 제시할 필요가 없으나 주한미국대사는 미국 국무장관이 발급한 전권위임장을 제시하여야 한다.

조약을 서명하면 서명만으로 발효하는 조약은 서명 후에 발효하며 별도의 비준절차가 필요 없다. 이러한 조약을 약식조약이라고 부르기도 한다. 그러나 서명 후 발효를 위해 비준을 필요로 하는 조약은 비준절차를 거쳐야만 조약의 효력이 발생한다.

(4) 비준(ratification)

비준은 전권위원이 서명한 조약을 조약체결권자가 확인하는 행위이며 그 국가의 조약체결 의사를 최종적으로 확정하는 효과를 가진다. 이때 국회의 비준동의가 필요한 조약은 국회에 비준동의 요청을 비준 전에 하여 국회의 비준동의를 받아야 한다. 우리나라의 경우 조약체결권자인 대통령이 비준하면 비준서를 양자조약인 경우 조약체결 상대국과 교환하거나, 다자조약인 경우 특정의 장소에 기탁한다. 조약법조약 제14조 2항은 "조약에 대한 국가의 기속적 동의는 비준에 적용되는 것과 유사한 조건으로 수락(acceptance) 또는 승인(approval)에 의하여 표시된다"고 규정하여 수락과 승인은 비준과 같은 절차라고 할 수 있다.[56)]

그러나 가입(accession)은 비준과 달리 기존의 조약에 조약의 비당사국이 새로이 참가하는 행위이다. 조약법조약 제15조는 가입조항이 있는 조약에 비당사국이 가입함으로써 당사국이 될 수 있음을 규정하고 있다. 가입조항을 포함한 조약을 개방조약이라고 하고 그렇지 않은 조약을 폐쇄조약이라고 한다. 개방조약에는 비당사국이 일방적인 가입의사의 표시(가입서의 기탁 등)로서 다른 조약당사국의 별

56) Id., p. 506.

도의 동의절차 없이 확정적으로 가입할 수 있다.57)

예를 들어, 국제형사재판소규정 제125조 1항은 국제형사재판소규정이 1998년 7월 17일부터 2000년 12월 31일까지 국제연합 본부에서 서명을 위하여 개방된다고 규정하고 있다. 따라서 국가들은 이 기간 동안에만 국제형사재판소규정에 서명할 수 있다. 실제로, 139개국이 동 규정에 서명하였고 우리나라도 2000년 3월 8일 규정에 서명하였다. 이렇게 서명한 국가들은 서명국(signatory state)이 된다. 다음으로, 동 규정 제125조 2항은 "이 규정은 서명국의 비준, 수락 또는 승인을 받아야 한다. 비준서, 수락서 또는 승인서는 국제연합 사무총장에게 기탁된다"고 하여 서명국만이 비준, 수락 또는 승인을 할 수 있도록 하고 있다. 서명국은 그 자체로는 국제형사재판소규정의 당사국이 아니며 비준서, 수락서, 승인서 중의 하나를 기탁하여야 동 규정의 당사국이 된다. 우리나라는 서명국으로서 2002년 11월 13일 비준서를 기탁하였고 규정의 당사국이 되었다. 그러면 서명국이 아닌 국가는 국제형사재판소규정의 당사국이 될 수 있는 방법은 무엇인가? 바로 가입을 통해 규정의 당사국이 될 수 있다. 규정 제125조 3항은 "이 규정은 모든 국가의 가입을 위하여 개방된다. 가입서는 국제연합 사무총장에게 기탁된다"고 규정하여 국제형사재판소에 비당사국이 가입을 통해 당사국이 될 수 있도록 하고 있다. 예를 들어, 일본은 국제형사재판소규정의 서명국이 아니었으나 후에 가입서를 기탁하여 규정의 당사국이 되었다.

(5) 국회의 동의

우리나라 헌법 제6조 1항에 따라 체결, 공포된 조약은 국내법과 같은 효력을 갖기 때문에 조약의 체결은 사실상 입법의 효과를 가진다. 따라서 국민의 대표로서 입법에 관한 권한을 가지는 국회를 존중하고 국민주권의 원리에 충실할 필요가 제기된다.

이에 따라 우리나라 헌법 제60조 1항은 "국회는 상호원조 또는 안전보장에 관한 조약, 중요한 국제조직에 관한 조약, 우호통상항해조약, 주권의 제약에 관한 조약, 강화조약, 국가나 국민에게 중대한 재정적 부담을 지우는 조약 또는 입법사항에 관한 조약의 체결·비준에 대한 동의권을 가진다"고 규정하여 8가지 유형의 조약 체결·비준에 대해서는 국회의 동의를 얻도록 하고 있다. 국회의 동의시기

57) Id., p. 507.

는 서명만으로 발효하는 조약의 경우에는 서명 이전에, 비준 등이 발효에 필요한 조약은 비준 이전에 하여야 한다. 헌법 제60조 1항이 "조약의 체결 · 비준에 대한 동의권"이라고 규정한 것은 국회가 비준이 필요한 조약에 대해 동의를 할 권리가 있을 뿐만 아니라 비준이 필요하지 않고 서명만으로 발효하는 조약을 '체결'하는 것에 대해서도 동의권을 가진다는 것을 의미한다고 해석된다.

(6) 조약의 공포 및 발효

조약의 발효는 "국제적 발효"와 "국내적 발효"로 나누어진다. 국제적 발효는 조약이 국제적으로 효력을 발생하는 것이며, 국내적 발효는 국제적으로 발효한 조약이 특정 조약의 당사국 영역 내에서 효력을 갖게 되는 것이다.

위에서 언급한 조약체결 절차를 모두 마친 조약안은 대개 조약안 자체에 규정된 발효조항에 따라 효과를 발생한다. 이때의 발효는 "국제적 발효"로서 해당 조약은 국제적으로 효과가 발생한다. 그러나 이 조약의 "국내적 발효"를 위해서는 우리나라의 '법령 등 공포에 관한 법률'에 따라 이 조약이 공포되어야 한다.

왜냐하면 우리나라 헌법 제6조 1항이 헌법에 의하여 체결 · 공포된 조약과 일반적으로 승인된 국제법규는 국내법과 같은 효력을 가진다고 규정하여 '공포'를 국내법과 같은 효력을 가지는 요건으로 명문화하고 있기 때문이다. 공포는 관보에 게재하여 실시한다.

예를 들어 국제형사재판소(ICC)규정은 1998년 로마회의에서 채택이 되었고, 그 발효조항에 따라서 2002년 7월 1일 국제적으로 발효하였다. 그런데, 우리나라는 2002년 11월 13일 ICC규정에 대한 비준서를 UN에 기탁하여 ICC규정의 당사국이 되었고, ICC규정은 국내의 공포절차 등을 거쳐 2003년 2월 1일부로 우리나라에 대해 국내적으로 발효하였다.

(7) 조약의 등록(registration)

UN헌장 제102조는 1항은 "이 헌장이 발효한 후 국제연합 회원국이 체결하는 모든 조약과 모든 국제협정은 가능한 한 신속히 사무국에 등록되고 사무국에 의하여 공표된다"고 규정하여 각 회원국이 체결한 조약을 UN사무국에 등록하도록 하고 있다. 이렇게 등록된 조약은 국제연합조약집(UNTS, United Nations Treaty Series)에 게재된다.

조약의 등록은 원래 비밀조약의 체결을 배제할 목적으로 국제연맹이 처음 만든 제도였는데(연맹규약 제18조) UN이 이를 계승한 것이다.[58] 국제연맹에서는 미등록 조약이 효력을 발생하지 않는다고 하여 등록을 조약의 성립요건으로 하였으나, UN에서는 미등록 조약을 UN기관에 대하여 원용할 수 없도록 하고 있을 뿐이다(UN헌장 제102조 2항). 즉, 미등록 조약도 당사국 간에는 유효한 조약으로서 당사국을 구속하며, 조약당사국은 UN 이외의 기관에서는 이 조약을 원용할 수 있다. 따라서 UN에 조약을 등록하는 것은 조약의 성립요건은 아니고 다만 UN기관에 대한 대항요건이라고 할 수 있다.[59]

실제로 우리나라는 2000년 12월 16일 서명된 남북한 간의 4개 경제협력합의서가 2003년 8월 18일 발효되었지만, 이 합의서들을 국가 간의 조약으로 간주하지 않았기 때문에 UN에 동 합의서를 등록하지 않았다.

Ⅲ. 국제관습법(Customary International Law)

1. 의 의

입법기관이 없는 국제사회에서는 국제관습법이 일반법규로서 각국을 구속하여 왔다.[60] 최근 조약이 많이 체결되어 조약법이 국제법의 주요 법원이 되었으나, 조약이 존재하지 않는 분야에 있어서는 국제관습법이 여전히 중요한 법원으로서 기능하고 있다. 예를 들어, 국가책임(state responsibility)에 관한 규칙이나 국가원수의 면제(immunity)에 관한 규칙들은 국제관습법에 의해 규율되고 있다.[61] 또한, 국제관습법의 예로서 들 수 있는 것은 "1949년 전쟁희생자보호에 관한 4개의 제네바협약"상의 전시상병자의 보호, 민간인에 대한 공격제한, 불필요한 고통을 가하는 무기의 금지 등 다수의 국제관습법의 내용을 법전화한 것, 1946년 UN 총회결의 95(Ⅰ)에서 만장일치로 뉘른베르그재판소헌장과 그 판결에서 나타난 국제법원칙, 즉 침략범죄, 인도에 반한 죄, 전쟁범죄를 범한 개인의 형사책임 추궁

58) Id., 508.
59) Id.
60) Id., p. 85.
61) Sean D. Murphy, supra note 26, p. 78.

원칙을 승인한 것, 또는 1998년 국제형사재판소규정이 국제관습법에 기초하여 전쟁범죄를 포괄적으로 정의한 것 등을 들 수 있다.

국제법의 법원으로서의 관습은 단순한 습관(habit)이나 관례(usage)나 또는 관행(practice)이 아니고 ICJ 규정 제38조의 '수락된 일반적 관행'을 말하는 것이다. 국제관습법이 성립되기 위해서는 '일반적 관행'이 존재하고 이 관행이 법이라고 인정하는 '법적 확신(opinio juris)'이 있어야 한다.

2. 일반적 관행(Uniform and Consistent State Practice) — 객관적 요건

국제관습법의 첫 번째 요건은 국가들의 일반적 관행이다. 일반적 관행은 동일한 형태의 실행이 반복, 계속되어 일반성을 갖게 된 것을 말한다. 일반적 관행의 증거로서 추정되는 관행에는 국가의 실행과 국제조직의 결의나 실행도 포함된다. 예를 들어 국제회의에서의 국가의 발언, 조약 기타의 국제문서의 수락, 정책성명, 국내법령, 행정기관의 결정, 외교서한, 법령해석의견 등은 국가의 실행에 해당한다.

(1) 국가 관행의 범위

국가들의 관행은 어느 정도 균일적이고 지속적 관행(uniform and consistent state practice)으로서 반복될 필요가 있다.

예를 들어, 미국의 연방대법원은 파켓 하바나호(the Paquete Habana) 사건에서 연안에서 조업 중이던 적국의 어선을 전시포획물(prizes of war)로서 미국이 획득할 수 있는지를 결정하여야 하였다. 연방대법원은 적용가능한 조약이 없었지만 국제관습법을 미국의 연방법의 일부로서 인정하였다. 연방대법원은 1400년대부터 1800년대까지의 국가관행을 분석하여, 연안어업에 종사하는 어선은 포획의 대상에서 면제되는 것이 국제관습법이기 때문에, 미국 정부가 어선인 파켓 하바나호를 포획물로서 획득할 수 없으므로 이 배의 판매수익을 원 소유자에게 돌려줄 것을 결정하였다.62)

한편, 국제사법재판소(ICJ)는 비호권 사건(Asylum Case)에서 외교적 비호권이 국제관습법으로 성립되었는지 여부에 대해 국가의 관행과 견해가 너무 차이가 많

62) The Paquete Habana, 175 U.S. 677, 686(1900).

기 때문에 "법으로서 수락된 지속적이고 균일적인 관행(constant and uniform usage accepted as law)"을 발견할 수 없다고 판시하였다.[63] 즉, 이 사건에서 ICJ는 외교적 비호권이 국제관습법으로 성립되지 않았다고 판결하였다.

(2) 국가 관행의 지속 기간

국가 관행이 국제관습법으로 인정받기 위해 필요한 지속 기간이나 요건은 존재하지 않는다. 오늘날과 같이 신속하게 전개되는 국제사회에서는 새로운 관습법이 비교적 단시일에 성립될 수도 있다.[64] 이와 같이 단시일에 성립되는 국제관습법을 속성관습법(instant customary law 또는 hotcooked law)이라고 한다.[65] 예를 들면 대륙붕에 관한 주권적 권리가 이에 해당한다.[66]

국제관습법의 형성에 있어서 강대국의 관행은 종종 다른 국가의 관행보다 더 중요한 역할을 한다. 드 비셔(de Visscher) 교수는 다음과 같이 설명한다. "국제관습법의 완만한 성장은 공터를 횡단하는 통로의 서서한 형성에 비교되어 왔다. … 몇 사람의 보행자 가운데는 항상 타인보다 깊이 지상에 발자국을 남긴 자가 있다. 그것은 이 세계에 있어서의 그들의 실력이 크기 때문이며 또한 그러한 방향으로 그들을 행동케 하는 이익 때문이기도 하다 …. 국제관습법의 형성에 있어서 항상 결정적인 대국의 역할은 관행에 대하여 실효성을 부여한다 …."[67]

(3) 지역국제관습법

국제관습법의 규칙은 전세계적으로 적용되기도 하나, 지역적으로만 적용되기도 한다. 이러한 국제관습법을 지역국제관습법이라고 한다. 예를 들어 비호권 사건(Asylum case)[68]에서 국제사법재판소는 정치적 망명을 일방적으로 부여하는 국가의 권리와 관련하여 남미국가들에게만 적용되는 지역국제관습법이 존재할 수 있음을 인정하였다.[69] 그러나 이 사건에서 재판소는 콜롬비아가 그러한 지역국제관습법이 존재하는 것을 입증하는 데 실패하였다고 다음과 같이 판시하였다: "관

---

63) I.C.J. Report 1950 at 266.
64) 이한기, 국제법강의, p. 87.
65) Id.
66) Id.
67) Id., p. 85.
68) Asylum(Colombia v. Peru) 1950 ICJ 266(Nov. 20).
69) Sean D. Murphy, supra note 26, p. 80.

습을 원용하는 당사자는 이 관습이 타당사자에 대하여 구속력을 갖게 된 것으로 확립되었음을 입증하여야 한다. 콜롬비아 정부는 그 원용한 원칙이 당해 여러 나라에 의하여 실행된 불변적·획일적 관행에 일치하고, 더욱이 그 관행이 비호를 부여한 국가에 속하는 권리이며, 영토국에 대한 이러한 의무의 표현임을 입증해야 한다. 이것은 법으로서 인정된 일반적 관행의 증거로서의 국제관습을 언급한 ICJ규정 제38조로부터 발생하는 귀결이다."[70]

(4) 국가 관행의 증거

국제관습법이 성립되었다고 주장하기 위해 필요한 국가 관행이 존재한다는 점을 어떻게 증명할 수 있을까? 조약, 외교서한, 국내법원이나 공식회의, 국제회의 등에서 국가의 법률자문관의 의견 등이 국가관행의 증거가 될 수 있다.[71] 또한, 공개적인 국가 실제 관행도 중요하다. 국제사법재판소(ICJ)는 1985년 리비아와 몰타 간의 대륙붕사건에서 "국제관습법의 요건으로서 주로 실제 관행(actual practice)과 법적 확신(opinio juris)을 살펴보는 것은 자명한 것이다"라고 판시하였다.[72]

또한, 국제사법재판소는 일반적으로 적용되는 국제관습법이 존재하는지 판단할 때에 국가들의 관행을 전체적으로 고려해야 한다고 강조하였다. 즉, 사건의 당사국들이 무엇이 법인지에 대해 공통된 견해를 가지고 있다는 것만으로는 불충분하다고 판시하였다.[73]

그러나, 카타르와 바레인 간의 해양경계와 영토문제사건(Maritime Delimitation and Territorial Questions between Qatar and Bahrain Case)에서 사건의 당사국들이 1982년 UN해양법협약 제15조가 국제관습법이라는 것에 동의한 점을 고려하여, 제15조가 국제관습법이라고 결정한 바 있다.

3. 법적 확신(Opinio Juris) — 주관적 요건

국제관습법의 두 번째 요건은 법적 확신이다. 법적 확신이라고 하는 것은 어

70) 이한기, 국제법강의, p. 92.

71) Rebecca MM Wallace at al, supra note 9, p. 17.

72) Continental Shelf(Libya v. Malta) I.C.J. Report 1985 at 29~30.

73) *Military and Paramilitary Activities In and Against Nicaragua*(*Nicaragua v. The United States*)(*Merits*) I.C.J. Rep. 1986 14 para. 184.

떤 실행이 국제법상 필요하다는 신념을 가지고 행동하는 것으로서 국제관습법 성립의 주관적 요건(subjective element)이다. 이에 비해 국가의 관행은 객관적 요건(objective element)이라고 말할 수 있다.

하나의 관행이 비록 지속적이고 균일적이라고 하더라도 국가가 권리로서 그 관행을 적용하고 의무로서 그것을 준수하지 않는 한 그 관행은 국제관습법이 되지 않는다. 예를 들어, 외국의 국가원수가 방문하였을 때 양국의 국기를 주요 공공장소에 게양하는 것은 전세계적으로 널리 이루어지고 있는 지속적이고 균일한 국가관행으로 볼 수 있지만, 어떤 국가도 이러한 행위를 법적인 의무로서 준수한다고 생각하지는 않는다.[74] 이것은 단지 예의상의 문제(matter of courtesy)라고 생각된다. 만일 한 국가가 외국의 국가원수가 방문했을 때 그 국가의 국기를 게양하지 않는다면 아마도 국가 간의 예의상 결례라고 생각할 수는 있지만 국제관습법을 위반했다고 간주되지는 않을 것이다.[75]

한편, 특정한 관행에 대한 법적 확신의 존재를 확인하기 어려운 이유 중의 하나는 국가들이 그러한 관행을 수행하면서 명확하게 법적 확신의 존재에 대해 밝히지 않는 경우가 많기 때문이다. 결국, 법적 확신이 존재하는지 여부는 특정 관행의 수행과 관련된 상황에서 추론해야 하는 경우가 다수 존재하게 된다. 따라서 국제관습법의 존재와 내용을 명확히 하기 위해서는 국제관습법을 성문조약법의 형태로 변경하는 법전화가 매우 필요하다고 판단된다.

4. 국제관습법의 효력범위

국제관습법의 효력범위는 그 관습법을 묵시적으로 법규범으로서 승인한 국가에 한정된다. 그러므로 그러한 관습법의 형성과정에서 명백히 또는 집요하게 그 관행의 법으로서의 승인에 반대해 온 국가에 대해서는 적용되지 않는다.[76] 이러한 규칙을 '집요한 반대자의 규칙(persistent objector rule)'이라고 한다.[77] 집요한 반대자의 규칙이 적용된 판례로는 영국·노르웨이 어업분쟁사건[78]이다. 이 사건

74) Sean D. Murphy, supra note 26, pp. 80~81.

75) Id.

76) 이한기, 국제법강의, p. 94.

77) Jonathan Charney, The Persistent Objector Rule and the Development of Customary International Law, 56 Brit. Y.B. Int'l L 1(1985). 또한, Murphy, supra note 26, p. 81 참조.

에서 국제사법재판소는 "이른바 '만에 관한 10해리규칙'을 배척하면서 노르웨이가 10해리규칙을 그 연안에 적용하려는 어떠한 시도에 대해서도 항상 반대해 왔으므로 어떠한 경우에도 노르웨이에 대하여 이 규칙을 적용할 수 없다"고 하였다.[79]

국제관습법의 효력범위는 특수적인 것(예를 들어 영미주의나 대륙주의 또는 남미주의) 또는 지역적인 것(지역적 관습)으로부터 세계적 내지 보편적인 것으로 점점 확대되는 경향이 있다.[80]

5. 국제관습법의 입증책임

법적 확신이 존재한다는 것의 입증책임은 국제관습법의 존재를 주장하는 국가가 부담한다. 즉, 국제관습법이 존재하기 때문에 이 관습법을 지켜야 한다고 주장하는 국가가 그 관습법의 성립요건인 법적 확신의 존재를 입증해야 한다. 법적 확신의 존재를 입증하지 못하면 국제관습법의 존재도 주장할 수 없다. 예를 들어 로터스호 사건에서 비록 프랑스가 피해자의 기국이 형사 처벌을 자제하였던 이전의 관행이 있었음을 보였지만, PCIJ는 그러한 국가들이 형사 처벌을 하지 않는 것이 법적인 의무라고 생각했다는 점을 입증하지 못했다고 판단했다.[81]

Ⅳ. 국제관습법의 법전화에 관한 사례연구[82]

미국 법률가의 전쟁방지계획 중 세 번째 요소는 국제관습법의 법전화(conditication)이었다.

1. 육전법규의 법전화

이들 육전법규를 법전화한 헤이그규칙은 그 기원이 직접적으로 1863년 4

78) Anglo－Norwegian Fisheries(U.K. v. Nor.), 1951 I.C.J. 116(Dec. 18).

79) 이한기, 국제법강의, p. 94. Anglo－Norwegian Fisheries(U.K. v. Nor.), 1951 I.C.J. 116(Dec. 18) at 131.

80) 이한기, 국제법강의, p. 95.

81) Rebecca MM Wallace & Olga Martin－Ortega, supra note 9, p. 20.

82) 프란시스 앤서니 보일, 세계질서의 기초, pp. 105~132에서 발췌 인용.

월 24일 일반 명령번호 100으로 링컨 대통령이 공포하고, 미국 남북전쟁 중 뉴욕 콜롬비아대학 교수였던 프란시스 리버(Francis Lieber) 박사가 작성한 "전쟁에 관한 훈령(Instructions for the Government of Armies of the United States in the Field, 리버법전)"에서 유래한다. 소위 리버법전(the Lieber Code)은 전쟁관습법의 최초의 법전화라고 볼 수 있다. 리버법전은 1874년 브뤼셀 회의에서 전쟁법규에 관한 작업의 기초가 되었고, 브뤼셀회의는 1899년과 1907년의 두 개 헤이그평화회의의 육전에 관한 협약들의 기초가 되었다.

1899년 육전에 관한 헤이그협약은 제1차 세계대전의 모든 교전국이 비준하거나 가입하였다. 따라서 모든 교전국은 이 협약규칙을 엄격히 준수하여야 했다. 그러나 1907년 개정된 헤이그협약은 일부 교전국이 이 협약의 체약 당사국이 아니었기 때문에 1차 세계대전 동안 어떤 교전국에도 공식적으로 적용되지 않았다. 이 협약 제2조에서 모든 교전국이 다같이 협약의 당사국이어야 한다는 소위 총가입조항(general participation clause)을 규정하고 있기 때문이다. 그러나 1907년 협약의 대부분 규정들이 구속력이 있는 1899년 협약에서 발견되는 것이었다. 더구나, 1907년 협약의 대부분의 규정들이 국제관습법을 선언한 것으로서 역시 구속력이 있는 것으로 볼 수 있었다. 그러한 자격으로(as such), 육전에 관한 헤이그규칙은 1차 세계대전 동안 교전국에 의해 일반적으로 준수되었다. 물론, 육전에 관한 헤이그규칙들의 중대한 결점들은 — 특히 민간인의 보호에 관해서 — 전 세계가 2차 세계대전 동안과 뉘른베르그와 동경의 국제군사재판소에서 보았듯이 비극적으로 나타났다. 이러한 끔찍한 경험의 결과로서, 세계의 국가공동체는 1949년 제네바 4개 협약과 그 후에 비슷한 이유로, 1977년 두 개의 추가의정서를 채택함으로써 헤이그규칙(Hague Regulations)을 보완하기로 합의하였다. 이들 상호 관련된 조약들은, 국제인도법과 전쟁법의 국제관습법을 법전화한 것으로서, 무력 사용과 위협에 관한 국제법과 기구의 전반적인 체제 안에서 '성장한' 독특한 하부 체제를 형성하였고 오늘날까지 존재하고 있다.

아무튼, 제1차 및 제2차 헤이그평화회의에 의해 창설된 육전과 해전 수행 규칙과 협약의 포괄적인 하부체제는 1차 세계대전 동안 정부 정책결정자들에게 합법성과 불법성, 옳고 그름, 선과 악의 인식을 위한 근본적인 원천이 되었다. 다음으로 그들의 이러한 인식은 세계대전이 계속되고 그 치열함이 더해감에 따라 세계대전에 대한 국가들의 반응을 결정짓는 원인이 되었다.

2. 법전화와 세계재판소

미국 법률가들은 일반적으로 특정한 국제사법재판소 창설을 위한 가능한 계획을 수립하기 위해서는 국제법의 법전화가 같이 이루어져야 한다고 믿고 있었다. 왜냐하면 국가들은 유럽의 국제공법체계가 조약법체계보다는 관습법체계로 남아 있는 한 그들의 분쟁을 사법적 해결에 회부하려 하지 않을 것이기 때문이다.

또한, 영미보통법 국가 출신의 소수파 판사들은 다툼이 있는 국제관습법 원칙들을 해결하려는 법원의 결정에서 항상 열세에 몰리게 될 것이었다. 다양한 주제의 국제관습법을 미리 법전화해놓지 않으면, 특정 국제재판소에서 예상되는 다수 의견은 독특한 영미법 관행의 불가피한 붕괴를 가져올 것이었다.

그러므로 국제법의 발전적 법전화는 국제재판소 구성의 불균형 문제를 완화시키고, 그럼으로써 국제분쟁의 평화적 해결을 위한 기관을 상대적으로 원시적인 중재재판의 수준으로부터 더 진보적이고 효과적인 사법재판의 단계로 발전시키는 것을 장려하기 위해서는 필수적인 것으로 간주되었다.

3. 국제포획재판소(International Prize Court, IPC)

국제포획재판소의 설립계획은 제2차 헤이그평화회의에서 미국정부의 적극적인 지지와 함께 영국과 독일에 의해 제시되었다. 실제로, 그 당시 국제포획재판소(IPC)의 창설에 관한 협약의 채택이 제2차 헤이그평화회의의 중요 성과 중 하나로서 간주되었다.

IPC는 중립국 또는 적국 재산의 포획자인 교전국의 국내 포획재판소 결정과 관련된 항소를 심리할 예정이었다. 해전에 적용되는 국제법 규칙은 종종 불명확하고 분쟁의 소지가 있었다. 국제포획재판소는 중립국과 교전국 간의 중대한 마찰의 주요 원인을 없애려는 의도를 가지고 있었다.

국제포획재판소의 구성은 체약국에 의해 임명되는 6년 임기의 15명의 판사로 구성되는 상설재판소로 설립될 계획이었다. 8대 해양강국(독일, 미국, 오스트리아-헝가리, 영국, 프랑스, 이태리, 일본, 러시아)에서 임명한 판사는 재판에 참여하도록 '항상 소집'되어 있었고 나머지 7석은 다른 체약국들이 그들의 해양이익에 따라, 비록 전쟁시에는 각 교전국이 그들의 판사를 임명할 수 있었지만, 임명한 판사들이 윤번제로 재판에 참여하게 하였다.

IPC협약 제3조에 의하면, 국내 포획재판소의 판결은 그것이 중립국 또는 중립국 개인의 소유물에 관한 것일 때, 또는 그 압류가 교전국 간의 조약 또는 교전국인 나포자의 법령에 위반된다고 주장되는 적국 소유물에 관한 것일 때, IPC가 심리할 수 있다. 국내 포획재판소의 판결에 대해 사실상 또는 법률상의 잘못을 이유로 항소할 수 있도록 하였다.

중립국 개인도 그 국적국 정부가 재판소에 그가 제소하는 것을 금지하거나 그 대신 소송할 것을 유보할 때를 제외하고, 국내 포획재판소의 판결이 그 소유를 침해하였을 경우 국제포획재판소에 제소할 수 있었다. 적국의 국민도 국내포획재판소 판결이 중립국 선박에 있던 그의 소유를 침해하는 경우 등에는 국제포획재판소에 제소할 수 있었다.

4. 국제법의 주체(Subject of International Law)로서의 개인

그러므로 독일에 의해 제안된 한 가지 새롭고 혁신적인 IPC협약의 특징은, 비록 제한된 상황이지만 중립국과 적국의 개인에게 IPC에 제소할 수 있는 원고적격을 인정한 것이었다. 개인이 그 자신을 위해 국제재판소에 참가할 수 있다는 것은 지배적인 국제법률 실증주의자의 원칙과 근본적인 차이를 보이는 것이었다. 이 원칙에 의하면 오직 국가만이 국제법 인격을 가진 국제공법의 주체로서 간주될 수 있으며, 따라서 개인은 단지 국제법의 객체에 불과하다는 것이다. 제2차 헤이그평화회의에서 이러한 인간의 불가침의 권리(필자 주: 개인의 제소권을 의미한다)는 국제법 원칙과 국제재판소의 절차에 있어서 초기적인 발판을 구축하게 된 것이었다.

5. 미국 헌법상의 문제들

미국과 관련하여서는, IPC협약이 미국연방대법원 — 미국의 최고 국내포획재판소로 기능 — 이 내린 결정에 대해 IPC에 직접 항소할 수 있도록 한 것이 IPC협약이 미국 연방헌법 제3조에 합치하는가의 문제를 제기하였다.

논쟁이 있었지만, 엘리후 룻(Elihu Root)의 제안으로 이러한 반대는 1910년 IPC

협약에 대한 추가의정서를 채택함으로써 해결되었다. 이 의정서는 그러한 헌법적 문제가 있을 때는 체약당사국은 새로운 보상소송을 IPC에 제기할 수밖에 없으며, 그러므로 그 경우에는 협약 제8조에 규정된 구제절차가 불가능하며 항소적 성격의 다른 특징들도 배제되었다.

6. 런던선언

제2차 헤이그평화회의가 해전법규를 법전화하는 데 실패한 후, 영국은 1908년 말 영국에서 IPC협약 제7조에서 언급된 일반적으로 승인된 국제법 원칙을 결정하기 위해 세계 주요 해양강국(독일, 미국, 오스트리아-헝가리, 스페인, 프랑스, 영국, 이태리, 일본, 네덜란드, 러시아)의 대표회의를 소집하였다. 이 회의는 1909년 "해전법규에 관한 런던선언"을 채택하였다. 런던선언은 제2차 헤이그평화회의에서 작성되었으나 채택되지 못한 타협안에 기초하여 금제품(contraband, 필자 주: 금제품은 군용에 공급되는 물품으로서 일방의 교전국에 공급되는 것을 타방의 교전국이 해상에서 그 수송을 방지할 수 있는 것이라고 정의된다), 연속 항해(continuous voyage, 필자 주: 연속항해 주의는 화물의 표면상의 목적지가 직접 적국이 아니고 중립항이라고 할지라도 중립항에서 다른 선박에 옮겨 싣거나 또는 육로로 적국 영역으로 향한다는 것이 입증된 경우에는 중립항을 목적지로 하는 첫 번째의 항해와 중립항으로부터 다시 적항으로 향하는 두 번째 항해를 연속한 하나의 항해로 보는 주의이다) 및 봉쇄(blockade)에 관해 규정하였다.

국제포획재판소협약과 그 추가의정서 그리고 런던선언은 모두 비준을 위해 미국 상원의 권고와 동의를 받았다. 그러나 미국 정부는 영국과의 협조 없이는 그 비준서를 기탁하지 않으려 하였다. 영국에게 특별히 우려가 된 것은 런던선언에서 상선이 공해상에서 군함으로 합법적으로 전환될 수 있는지 여부의 문제를 다루지 못한 것이었다. 이 문제는 이전에 제2차 헤이그평화회의의 상선을 군함으로 변경하는 일에 관한 협약에서도 다루어지지 못하였다. 영국은 공해상에서 순전히 군사적 편의를 위해 상선을 군함으로 전환하는 권리를 국가가 무제한으로 갖는다고 하는 것을 인정하기를 강하게 반대하였다. 물론, 영국은 당시 세계 최강의 군함함대를 가지고 있었다.

영국 여론이 더욱 반대한 것은 런던선언 제24조가 식량을 상대적 금제품(conditional contraband)으로 분류하고 이에 따라 제33조에 의해 식량이 적국의 군이나 행정청의 사용을 위해 수송되고 있다는 것이 입증되면 포획할 수 있도록 한 것이었다. 런던선언이 식량을 제28조상 포획이 되지 않는 자유품(free good)으로 분류하지 못한 것은 전시에 식량자급이 불가능하고 고립된 영국으로 식량이 보급되는 것을 위협할 수 있다고 주장되었다. 런던선언의 반대자들은 대량 기아의 공포를 성공적으로 이용하여 영국이 런던선언을 비준하지 못하도록 하였다.

7. 해상포획법안

따라서 영국이 국제포획재판소에 참가할 수 있도록 전시 해상포획에 관한 영국법을 개정하려던 1911년의 해상포획법안은 영국 하원을 통과하였지만, 영국 상원에서는 반대 여론으로 통과되지 못하였다. 영국이 빠진 채로는 IPC나 런던선언을 계속 추진하는 것이 의미가 없기 때문에, 어느 계획이나 더 이상 진전이 없었다.

8. 미국의 세계대전 개입

런던선언이 궁극적으로 법적 효력이 없었다는 당시의 부정적인 평가는 적절하지 않다. 왜냐하면 런던선언의 원칙들은 1차 세계대전 동안 교전국의 적대행위를 둘러싼 국제법 규칙의 개념적 구조를 지킨 보루로서 역할을 했기 때문이다. 이러한 법규칙은 그 세대에게 합법성과 불법성, 옳고 그름 및 정당성과 부당성의 관념의 근원이 되었고 중립국가들 — 특히 미국 — 은 이를 통해 사건의 전개를 인식하고 이에 기초하여 그들이 전쟁에 참전할 것인지 여부와 어느 편을 들 것인지를 궁극적으로 결정하였다.

예를 들어, 미국 내에서는 연합국(Allied Powers)이 범한 중립국의 권리 — 런던선언의 규칙 일부에서 규정된 — 의 위반의 양과 질은 중앙제국이 범한 위반보다 훨씬 덜 가혹하고 성질과 목적이 질적으로 다른 것이라고 여겨지고 있었다. 즉 연합국의 위반이 의도적인 재산의 파괴라면 중앙제국의 위반은 의도적인 생명과 재산의 파괴라고 믿고 있었다. 미국의 여론과 정부의 정책결정에 결정적인 영향을 준 것은 상선과 여객선에 대한 독일의 무제한 잠수함 공격 정책으로 인한 무고한 인명의 살상행위였다. 미국은 궁극적으로 해전과 중립에 관한 국제관습법과 조약을 지키기 위해 제1차 세계대전에 참전한 것으로 볼 수 있다.

9. 결　　론

이 사례연구는 강대국이 미래의 전쟁 동안 그들의 정책에 관한 근시안적인 예측 때문에 평화시 국제관계의 일정한 기능적 영역에 대한 국제 체제의 창설을 반대해서는 안 된다는 명제를 입증하고 있다. 전쟁이나 충돌을 예방하고 제한하며 완화하려는 희망과 기대를 가지고 국제체제를 건설하는 것이 훨씬 좋은 일일 것이다.

역사는 반복적으로 전쟁의 가정 하에 있는 정부정책이 자기충족적 예언이 되는 것을 보여주었다. 그러나 반대로 전쟁을 회피하고 제한하려는 정부 정책도 자기충족적 예언이 될 수 있다. 모든 국제체제는 결점과 부족함 및 문제를 가지고 출발한다. 그러나 시간이 지나면서 국제체제는 그들의 원래 한계를 넘어서는 그들 스스로의 생명을 갖게 된다.

Ⅴ. 법의 일반원칙(General Principle of Law)

1. 의　　의

국제법의 세 번째 법원으로서 국제사법재판소규정 제38조 1항은 “문명국이 인정한 법의 일반원칙”을 규정하고 있다. 국제관습법의 경우와 마찬가지로 무엇이 법의 일반원칙인지를 명확히 정의한 조약이나 국제적 문서는 존재하지 않는다. 오스카 샤터(Oscar Schachter) 교수는 법의 일반원칙에 해당하는 규칙들을 다음과 같이 다섯 가지로 분류하였다.[83)]

(1) 문명국가들에 의해 승인된 국내법상의 원칙
(2) 국제공동체의 특성에서 유래한 법의 일반원칙
(3) 법의 개념에 고유하고 모든 법체계의 근본적인 원칙
(4) 위계질서 및 조정(co-ordination)과 관련된 모든 종류의 사회에서 유효한

83) Oscar Schachter, International Law in Theory and Practice (1995) p.50.

원칙

(5) 이성적 · 사회적 존재로서의 인간의 속성에 근거한 정의(justice)의 원칙

첫째 유형은 국제사법재판소 규정 제38조 1항의 기초자들이 의도했던 법의 일반원칙이다. 예를 들어 1928년 PCIJ는 호르죠(Chorzow)공장 사건[84]에서 "어떠한 약정(arrangement) 위반도 배상의무를 수반하는 것은 국제법의 원칙이며, 법의 일반적 개념"이라고 하였다.[85] 또한, "누구도 자신의 사건에서 재판관이 될 수 없다(no one shall be a judge in his own cause)"는 원칙도 각 국가의 국내법에서 발견된다.[86] 이 원칙에 따라 특정국가는 자국의 행위에 대해 판단하는 국제기구의 절차에서 투표하는 것이 제한되기도 한다.[87] 예를 들어, UN헌장 제27조 3항은 헌장 제6장 및 제52조 3항에 의한 결정에 있어서 안전보장이사회의 이사국 중 분쟁당사국은 투표를 기권하도록 하고 있다.

두 번째 유형은 국제공동체의 특별한 성격에서 유래한 원칙들이다. 이에는 "계약은 지켜져야 한다(pacta sunt servanda)"는 원칙, 국내문제 불간섭의 원칙, 주권평등의 원칙 등이 해당된다.[88] 이러한 원칙들은 각 국가의 국내법에서 유래하였다기보다는 주권국가들로 구성된 국제사회의 특수성에서 유래한 것으로 파악된다.[89]

세 번째 유형은 법의 개념에 고유하며, 근본적인 원칙들이다. 예를 들어, 기판사항(res judicata)의 원칙 또는 신법우선의 원칙 등은 법의 개념에 고유하거나 내재된 원칙들이다. 이 원칙들은 첫 번째의 유형으로 파악될 수도 있으나 세 번째의 유형으로도 파악할 수 있다. 그러나 세 번째의 유형이 강조하는 것은 특정 원칙이 국내법에 존재하는지의 여부를 파악하는 경험적인 측면보다는 이 원칙이 '법'의 개념에 내재된 기본적인 원칙인지의 여부를 결정하는 측면이다.[90]

---

84) Factory at Chorzow(Ger. v. Pol.) 1928 PCIJ(ser. A) No. 17, at 29(Sept. 13). 이 사건 이전에 폴란드령 상부 실레지아사건(German Intererest in Polish Upper Silesia, 1926)에서 상설국제사법재판소는 폴란드가 호르죠의 공장을 국유화한 것이 1922년의 독일과 폴란드 간의 제네바협약(9 LNTS 465)을 위반한 것이라고 판결하였다. 이 사건에서 독일은 폴란드가 독일에 대해 손해를 배상할 것을 요구하였고, 재판소는 제네바협약의 위반에 대해 폴란드는 배상책임이 있음을 밝히고 배상을 명하였다.

85) 이한기, 국제법강의, p. 105.

86) Sean D. Murphy, supra note 26, p. 86.

87) Id.

88) Id., p. 87.

89) Id.

90) Id.

네 번째와 다섯 번째의 유형은 자연법 또는 자연적 정의(natural justice)의 관념에서 유래한 원칙이라고 할 수 있다.[91] 인종 또는 성별에 의한 차별금지원칙, 형평법(equity)의 원칙, 상호주의(reciprocity)의 원칙, 공평(fairness)의 원칙 등이 이에 해당한다.[92] 이 원칙들은 많은 경우 국제조약이나 다른 인권관련 문서에 포함되어 있지만 그와는 별도의 법원으로서 기능하는 경우도 있다. 예를 들어, 1937년의 '뮤즈강의 인수에 관한 사건'[93]에서 상설국제사법재판소는 영미법상의 형평법의 원칙을 '법의 일반원칙'으로서 적용할 수 있다는 견해를 표명하였다.[94] 이 사건에서 상설국제사법재판소(PCIJ)는 "동일하거나 상호적인 의무를 지고 있는 두 당사자의 경우에, 일방 당사자가 자신의 의무를 이행하지 않으면서 상대편의 의무불이행을 이용하여 이익을 얻을 수 없다"는 형평법의 원칙(소위 Unclean Hands원칙)이 법의 일반원칙이라고 하면서, 벨기에가 1863년의 협정에 위반하여 뮤즈강의 수로를 변경하는 운하를 건설하고 있다는 네덜란드의 주장을 배척하였다.[95] 왜냐하면, 네덜란드도 그 이전에 뮤즈강의 수위와 속도에 영향을 주는 수문(lock)을 설치하였기 때문에 벨기에의 협정위반에 대해 권리를 주장할 수 없다고 재판소는 판시하였다.[96]

한편, 재판소는 PCIJ규정 제38조가 "당사자가 합의하는 경우에 재판소가 형평과 선(ex aequo et bono)에 따라 재판하는 권한"이 있다고 규정하고 있으나, 이 조항은 재판소가 형평법을 국제법의 일부로서 확인하는 것을 제한하지 않으며, 재판소는 형평의 원칙을 국제법의 일부로서 고려할 수 있는 자유를 어느 정도 가지고 있다고 판시하였다.[97]

2. 법의 일반원칙의 법원성

고 이한기 교수는 법의 일반원칙의 법원성에 대한 학설의 대립을 설명하면서 법의 일반원칙은 조약과 국제관습법을 보충하는 독자적인 법원이라는 설을 지지

91) Id.
92) Id.
93) Diversion of Water from the Meuse(Neth. v. Belg.), 1937 PCIJ(ser. A/B) No. 70, at 76~78 (June 28).
94) 이한기, 국제법강의, pp. 105~106.
95) Sean D. Murphy, supra note 26, p. 87.
96) Id.
97) Diversion of Water from the Meuse(Neth. v. Belg.), 1937 PCIJ(ser. A/B) No. 70, at 73(June 28).

하는 입장을 취하였다.[98] 또한, "법의 일반원칙은 본래 국내법의 원칙이었으나 비교법적 객관화에 의해 국제관계에도 적용가능한 법원칙이 된 것이며, 추상적인 자연법상의 원칙으로부터 구체적·기술적인 것에 이르기까지 다양한 법원칙을 포함하며, 국제법의 미확정의 분야에 있어서 국내법과의 융합을 꾀하면서 국제법의 충실화와 발전을 촉진하는 역할을 수행하고 있다"고 평가하고 있다.[99]

3. 법의 일반원칙의 적용순위

법의 일반원칙은 그 주요 기능이 사건에 적용할 본래의 국제법규의 흠결로 인하여 재판불능(non-liquet)에 빠지는 경우가 발생하는 것을 방지하는 데 있다. 따라서 법의 원칙의 적용순위는 조약과 국제관습법의 다음 순위이다. 만일 특정사건에 대해 적용가능한 조약과 국제관습법이 있을 때에는 ICJ는 조약과 관습을 우선 적용하여야 한다.[100] '인도령의 통행권 사건'[101]에서 국제사법재판소는 양국 간의 명백히 확립된 관습법을 발견한 경우에는 재판소는 그 관습법에 결정적 효과를 부여하여야 하며, 그러한 관습법은 법의 일반원칙에 우선하여야 한다고 판시하였다.[102] 인도령의 통행권사건의 주요 내용은 다음과 같다. 인도에 있는 포르투갈 영토는 인도영토에 둘러 싸여 있었는데, 포르투갈은 인도가 포르투갈 영토사이를 이동하는 자국의 통행권을 방해하고 있다고 주장하였다. 포르투갈은 포르투갈과 인도 사이에는 국제관습법이 있어서 포르투갈의 군대, 무장경찰, 사인, 일반적인 물품들이 아무런 제한 없이 인도영토를 통과할 수 있다고 주장하였고 또한 이러한 통행권은 포르투갈과 인도 간의 지역적 국제관습법이며 "법의 일반원칙"이라고 주장하였다. 이는 민법상 지역권의 개념과 유사하며 포르투갈의 영토는 요역지, 인도의 영토는 승역지의 지위에 가깝다. ICJ는 인도와 포르투갈이 포르투갈의 사인, 민간공무원 및 일반적인 물품이 통행권을 취득한 것은 포르투갈과 인도 간의 지역적 국제관습법이라고 하였다. 그러나, 이 지역적 국제관습법에는 포르투갈의 군대, 무장경찰, 무기와 탄약의 통행권이 포함되지 않는다고 하

98) 이한기, 국제법강의, pp. 101~104.
99) Id.
100) 이한기, 국제법강의, p. 104.
101) Right of Passage over Indian Territory(merits), ICJ Rep. 1960, p. 6.
102) 이한기, 국제법강의, p. 105.

였다. 따라서, ICJ는 인도가 포르투갈의 사인, 민간공무원, 일반적 물품의 통행을 방해하지 않았고 군대 등의 통행만을 제한하였으므로 국제법을 위반하지 않았다고 하였다. 또한, 포르투갈과 인도 사이의 통행권에 관한 특별한 지역적 국제관습법이 존재하므로 포르투갈의 주장이 통행권에 관한 법의 일반원칙에 부합하는지를 결정할 필요가 없다고 판시하여 국제관습법이 법의 일반원칙보다 우선함을 밝혔다.

4. 법의 일반원칙의 적용사례

(1) 연체이자의 원칙

법의 일반원칙이 국제재판소에 의해 적용된 예로서 '연체이자의 원칙'을 들 수 있다. 1912년의 터키와 러시아 간의 '러시아배상금 사건'[103]에서 상설중재재판소(Permanent Court of Arbitration, PCA)는 러시아가 1877년에서 1878년까지 있었던 양국 간의 전쟁으로부터 발생한 피해에 대한 전쟁배상금을 전부 받은 후에 새로이 터키에 대하여 그동안의 연체이자를 청구할 수 있느냐의 문제를 결정하여야 했다.[104] 재판소는 채권자가 채무자에게 원금변제의 연기를 허용하면서 연체이자청구권을 그 당시에 유보하지 않을 경우에는 그 권리를 포기한 것이라는 국내사법상의 원칙을 적용하여, 러시아가 11년 동안 이자청구권을 주장하지 않았기 때문에 그 동안의 연체이자를 청구할 수 없다고 하였다.[105]

(2) 대위(subrogation)의 원칙

1924년 PCIJ는 '마브로마티스의 팔레스타인 특허 사건(Mavrommatis Palestine Concessions Case)'에서 대위의 원칙을 법의 일반원칙으로서 적용하였다.[106] 마브로마티스는 그리스인으로서 1차대전 이전에 오토만으로부터 여러 곳에서 양허를 받았으나 영국정부가 팔레스타인을 위임통치하면서 양허를 부인하였다. 그리스는 PCIJ에 영국을 상대로 제소하였는데 그 근거는 영국의 위임통치를 규정하고 있는

103) Russian Claim for Indemnities(Russia v. Turkey)(Nov. 11, 1912) 7 AJIL(1913) p. 178.
104) 이한기, 국제법강의, p. 105.
105) Id., The Case of Russia against Turkey at The Hague Court of Arbitration, 7 AJIL(1913) 146 참조.
106) 이한기, 국제법강의, p. 105.

위임통치령(Mandate) 제26조에 위임통치와 관련하여 다른 연맹회원국과 영국 간의 분쟁이 발생하면 PCIJ에 회부하도록 한 조항이었다. 영국은 선결적 항변을 제출하였으나 일부 양허사건(예루살렘 양허)에서는 관할권이 인정되어 본안심리에 들어갔다. 본안에서는 예루살렘 양허는 유효하나 마브로마티스의 손해가 입증되지 못하였기 때문에 배상을 할 수 없다고 결정하였다. 대위의 원칙은 국가가 국민을 보호할 권리가 있다는 원칙으로서 그리스가 마브로마티스의 권리를 국가의 권리로서 행사하는 것을 말한다. 즉, 양허권 침해는 마브로마티스 개인의 권리가 침해된 것이나 그리스가 외교적 보호권을 행사함으로써 국가 간의 분쟁으로 된 것이다.

이는 외교적 보호권은 국가가 개인의 권리를 대신 행사하는 것이 아니라 국가의 권리를 행사하는 것이라는 바텔의 의제(Vattel's fiction)를 반영한 것이다.

(3) 신의성실의 원칙

상설국제사법재판소(PCIJ)는 '호르죠공장 사건'에서 "자기의 불법행위에 의하여 상대방의 의무이행이 방해되었을 경우에는 그 불이행을 비판할 수 없는 것이 일반적으로 승인된 원칙이라고 하였다.[107] 호르죠공장 사건(Chorzow Factory, PCIJ, 1928)에서 PCIJ는 1926년 폴란드령 상부 실레지아 사건(German Interests in Polish Upper Silesia, PCIJ 1926)에서 폴란드가 독일과 1922년 체결한 제네바협약을 위반하여 호르죠공장 등을 국유화하였다고 판결하였는데, 이 판결을 근거로 독일이 폴란드에 대해서 배상을 청구한 사건이 호르죠공장 사건이다. 이 사건에서 PCIJ는 폴란드가 독일에 대해 배상을 할 것을 명하면서 어떠한 약정위반도 배상의무를 수반하는 것은 국제법의 원칙이며, 법의 일반적 개념(general conception of law)이기도 하다고 하였다.

한편 UN헌장 제2조 2항도 "모든 회원국은 회원국 지위에서 발생하는 권리와 이익을 그들 모두에게 보장하기 위하여 이 헌장에 따라 자국이 부담하는 의무를 신의에 좇아 성실하게 이행한다."고 규정하여 신의성실의 원칙을 반영하고 있다.

(4) 금반언(Estoppel)의 원칙

1962년 국제사법재판소는 '프레비히어(Preah Vihear)사원 사건'[108]에서 금반언

---

107) Id., p. 106.

108) Case Concerning the Temple of Preah Vihear (Merits), ICJ Rep. 1962, p. 6.

의 원칙을 적용하였다.[109] 이 사건에서 캄보디아는 태국이 프레비히어 사원을 불법 점령하여 캄보디아의 영토주권을 침해하고 있다고 주장하였다. 이에 대해 태국은 이 사원이 자국의 영토라고 주장하였다. 이에 대해 국제사법재판소는 태국이 과거에 사원지역을 캄보디아의 영토로 인정했던 행위를 이유로 금반언의 원칙을 적용하여 이 사원이 캄보디아의 영토에 속해 있다고 판결하고 태국의 관헌이 이 사원으로부터 철수할 것 등을 명하였다.

1998년 국제사법재판소는 카메룬과 나이지리아의 국경분쟁 사건(Cameroon v. Nigeria)의 선결적 항변 판결에서 카메룬이 재판소에 회부된 국경분쟁을 양자협의를 통해서만 해결하겠다는 태도를 밝혔고, 나이지리아가 이 태도를 믿고 스스로에게 불리하게 손해를 보면서 그 자신의 태도를 변경한 때에만 금반언 원칙이 적용된다고 하면서 나이지리아의 행위는 이에 해당하지 않는다는 이유로 선결적 항변을 배척하였다.[110] 이 사건은 양국이 ICJ 규정상 선택조항을 모두 수락하여 ICJ가 관할권을 행사하였고, 재판결과 ICJ는 국경과 해상경계를 정하여 양국에게 새로운 국경을 준수하여 군 병력을 철수할 것 등을 요청하였다.

(5) 회사의 국적을 결정하는 원칙

국제사법재판소는 '바르셀로나전력회사 사건'[111]에서 국내법상 회사의 주소지를 결정하는 원칙을 활용하여, 특정 회사의 국적국은 그 회사의 설립시에 적용하였던 준거법의 국가 또는 등기상의 주된 사무소가 있는 국가라는 원칙을 법의 일반원칙으로서 적용하였다.[112] 바르셀로나 전력회사는 캐나다에서 설립된 회사로서 스페인에도 자회사가 있었으며 벨기에 국민이 주식을 다수 보유하고 있었다. 이 회사가 채권을 발행하였는데 채권에 대한 변제가 잘 안되어 스페인 채권자들이 파산절차를 개시하였다. 이에 대해 벨기에가 스페인을 상대로 ICJ에 제소하였다. ICJ는 바르셀로나 전력회사가 회사의 설립지인 캐나다의 회사이기 때문에 주주의 국적국인 벨기에는 외교적 보호권을 이유로 제소할 수 있는 원고적격이 없다고 하였다.

---

109) 이한기, 국제법강의, p. 106.

110) Land and Maritime Boundary between Cameroon and Nigeria (Cameroon v. Nigeria: Equatorial Guinea intervening), ICJ Rep. 1998, pp. 275. 303.

111) Barcelona Traction, Light & Power Co., LTD(Second Phase) ICJ Rep. 1970, p. 4.

112) 이한기, 국제법강의, pp. 106~107.

한편, 바르셀로나전력회사 사건에서 ICJ는 국가의 의무를 국제사회 전체에 대한 의무와 외교적 보호권 행사의 상대국에 대한 의무로 구분하는 내용을 서술하면서 "모든 국가가 거기에 포함된 권리의 보호에 법적 이해관계를 가지며, 따라서 모든 국가, 국제사회 전체에 대한 의무가 되는 규범, 즉 모든 국가의 의무(erga omnes obligation, 대세적 의무)를 규정하는 규범이 현대의 국제법에 존재한다고 하였다. 또한, 그 예로서 침략행위와 집단살해의 비합법화, 노예제도 및 인종차별로부터의 보호를 포함한 기본적 인권의 규칙 등을 들었다. 이러한 의무는 국제법상 강행규범(jus cogens, peremptory norm)의 관념과 보편적 관할권(universal jurisdiction)의 원칙과도 밀접하게 관련된다.

(6) 기판사항(res judicata)의 원칙

상설국제사법재판소(PCIJ)는 기판사항의 의미에 대하여 '벨기에 상업협회(Societe commercial de Belgique) 사건'[113]에서 "기판사항으로서 판결을 승인한다는 것은 그 판결의 내용이 결정적(definitive)이고 의무적(obligatory)이라는 사실을 확인하는 것만을 의미한다"[114]고 판시하였다.

따라서 기판사항은 두 가지 효과를 가진다. 첫째는 기판사항은 결정적인 효과를 가진다. 일단 특정사건이 유효하고 최종적인 판결에 의해 결정이 되면 동일한 분쟁당사자들은 동일한 사건을 다시 다툴 수 없다.[115] 이러한 기판사항의 효과는 일사부재리의 원칙으로 잘 나타난다.[116]

둘째는 기판사항은 분쟁당사자를 구속하는 효과를 가진다. 즉, 기판사항의 원칙은 사법기관에 의해 언도된 판결은 분쟁당사자 간에 구속력을 갖는다.[117] 국제사법재판소는 'UN행정재판소 사건'[118]에서 이 원칙을 법의 일반원칙으로서 적용하였다. 이 사건은 11명의 UN사무국 직원이 해고당하자 UN행정재판소에 제소하였고, UN행정재판소는 UN측이 해고된 직원을 복직시키든지 아니면 손해를 배

113) The Societe Commercial de Belgique(Belgium v. Greece)(1939) A/B. 78 p. 174.

114) Id., p. 175.

115) Bin Cheng, General Principles of Law as Applied by International Courts and Tribunals 337 (Cambridge University Press, 2006).

116) Id.

117) 이한기, 국제법강의, p. 106.

118) Effects of Award of Compensation made by the UN Administrative Tribunal, ICJ Rep. 1954, p. 47.

상하라고 결정하였다. 1953년 UN총회에서 UN사무총장은 이들 해고된 직원에게 배상하기 위해 $179,420의 예산을 승인해 줄 것을 UN총회에 요청하였으나, 일부 회원국이 총회가 그러한 예산을 승인해 줄 필요가 없다고 주장하였다. 총회는 이 문제와 관련하여 총회가 UN행정재판소가 내린 손해배상판결의 집행을 거부할 권리가 있는지 여부와 그 권리가 있다면 관련근거는 무엇인지에 대해 국제사법재판소에 권고적 의견을 요청하였다. 이에 대해 국제사법재판소는 UN행정재판소가 사법기관이며, 사법기관으로서 UN행정재판소가 내린 판결은 기판사항으로서 분쟁당사자인 UN과 해고된 직원들을 법적으로 구속한다고 판시하면서, UN총회는 UN행정재판소의 손해배상판결을 거부할 권리가 없다고 하였다.

(7) 계약준수의 원칙(pacta sunt servanda)

1977년 1월 19일 텍사코 석유회사 대 리비아정부 간의 중재재판[119] 판결에서는 컨세션(concession)계약이나 국가계약(state contract, 외국 사인과 국가와의 계약)은 국제화된 계약으로서 국제법의 규율 대상이기 때문에 계약준수의 원칙을 적용할 수 있고, 따라서 국가계약의 일방적 파기와 국유화를 위법, 무효라고 하였다.[120]

한편, 계약준수의 원칙은 법의 일반원칙일 뿐만 아니라 이제는 다툼이 없는 국제법의 원칙이 되었다.[121] 계약준수의 원칙은 "이 원칙이 없다면 국제법은 물론 국내법도 단지 웃음거리가 될 것이다"라고 할 정도로 중요한 원칙이라고 할 수 있다.[122]

(8) 기타 원칙

위에서 언급한 원칙 이외에 '당사자 평등의 원칙'(Audiatur et Altera Pars),[123]이 적용된 사례로서 그리스－불가리아 국경분쟁(Greco－Bulgarian Frontier Incident, 1925)과 관련하여 심사위원회(Commission of Inquiry)가 그리스 군대에 의한 재산의 탈취와 관련하여 그리스가 불가리아에 손해를 배상하여야 한다고 결정한 사례를 들

119) Texaco Overseas Petroleum Company and California Asiatic Oil Company v. The Government of the Libyan Arab Republic, 17 ILM 1(1978).

120) 이한기, 국제법강의, p. 107. 또한 A.A. Fatouros, International Law and the International Contract, 74 AJIL 134(1980) 참조.

121) Bin Cheng, General Principles of Law as Applied by International Courts and Tribunals 113 (Cambridge University Press, 2006).

122) Id.

123) Id., pp. 290~298.

수 있다.[124] 심사위원회의 결정 후 1926년 그리스 대표는 국제연맹 이사회에 참석하여 심사위원회가 불가리아의 요구에 대해 그리스가 반론을 제기할 기회를 부여하지 않았다고 주장하였다.[125] 국제법에는 이와 관련한 규칙이 명확하지 않았으나, 당사자 평등의 원칙을 법의 일반원칙으로 적용하여 그리스에게 적절히 항변할 기회를 주었다. 다만 심사위원회의 배상결정은 수정되지 않았다.[126] 조약의 해석은 소급효를 갖는다는 원칙, 후법우선의 원칙 등이 적용된 사례가 있다.[127]

Ⅵ. 법원의 보조수단

1. 사법판결(Judicial Decisions)

국제사법재판소규정 제38조 1항 라호는 "법칙결정의 보조수단으로서의 사법판결 및 제국의 가장 우수한 국제법학자의 학설, 다만 제59조의 규정에 따를 것을 조건으로 한다"고 규정하고 있다. 따라서 사법판결은 국제법을 결정하는 보조수단(subsidiary means)이며, 이 자체가 국제법의 법원은 아니다. 사법판결은 보통 판례라고 불리는데 판례는 권고적 의견과 명령을 포함하며 상설국제사법재판소(PCIJ), 국제사법재판소(ICJ), 상설중재재판소(PCA) 등의 판결과 각국의 국내재판소의 판결이 포함된다.[128]

국제사법재판소규정 제59조는 "재판소의 결정은 당사자 사이와 그 특정사건에 관하여서만 구속력을 가진다"고 규정하여 국제사법재판소의 결정이 선례구속성(stare decisis)을 갖지 않으며 그 효력은 분쟁당사자에게만 있다는 것을 명확히 하고 있다. 즉, 국제법의 체계에서 판례는 영미법의 체계에서 인정되는 것과 같은 선례구속성이 인정되지 않음을 알 수 있다. 만일 국제법이 판례의 선례구속성을 인정한다면, 판례는 법칙결정의 보조수단이 아닌 국제법의 법원이라고 할 수 있

124) Bin Cheng, General Principles of Law as Applied by International Courts and Tribunals 292 n.13 (2006).
125) Id.
126) Id.
127) 이한기, 국제법강의, p. 106.
128) Id., p. 107.

을 것이다. 한편, 국제형사재판소규정 제21조 2항은 "재판소는 재판소의 기존 결정 속에서 해석된 법의 원칙과 규칙을 적용할 수 있다"고 규정하여 국제형사재판소의 판결에 대해 선례구속성을 부여하지 않음을 명확히 하고 있다. 왜냐하면, 동 조항이 "선례를 적용한다"가 아니라 "선례를 적용할 수 있다"고 하기 때문이다.

그러나 국제판례는 국제사법재판소(ICJ)가 이전의 사법판결 내지 중재판결을 부단히 언급하고 의존하는 것을 보더라도 사실상 국제법규의 인정과 형성에 매우 중요한 기능을 하고 있다.[129]

2. 학 설

ICJ 규정 제38조 1항 라호는 '사법판결'과 함께 '제국의 가장 우수한 국제법학자의 학설'도 법칙결정의 보조수단으로 인정하고 있다. 근대 국제법의 형성 초기에는 실정국제법의 미발달로 학설이 중요한 역할을 수행하였으나 오늘날과 같이 실정국제법이 발달한 시대에는 학설의 중요성이 상대적으로 감소하였다. 그러나 오늘날에 있어서도 학설은 국제법의 불명확·불충분한 점을 보완하고 국제법의 발전방향을 제시하는 것으로서의 가치는 여전히 가지고 있다.

국제법 교과서는 그 자체가 국제법이 아니며, 국제법을 파악하고 이해하는데 도움을 주는 법칙결정의 보조수단이라고 할 수 있다.

또한, 각국의 국제법학자들이 참여하는 세계국제법협회(International Law Association, 1873년 10월 브뤼셀에서 설립되고 현재는 영국의 런던에 사무국을 유지하고 있음), 국제법학회(Institute de Droit International, 1873년 설립) 등 학회의 의견도 학설의 일종으로서 법칙결정의 중요한 보조수단이 된다. 특히, 34명의 저명한 국제법전문가들로 구성된 UN국제법위원회(International Law Commission)의 보고서는 국가들과 국제재판소들이 법칙결정의 보조수단으로서 빈번히 원용하고 있다. 예를 들어, 가브치코보 나지마로스(Gabcikovo Nagimaros) 사건에서 국제사법재판소는 국가책임에 관한 국제법위원회의 의견을 이 의견이 완성되기 전에도 인용한 적이 있다.[130]

---

129) 이한기, 국제법강의, pp. 108~109.

130) Gabcikovo Nagymaros Project(Hungary v. Slovakia), 1997 ICJ 7 para. 83(Sept. 25).

Ⅶ. 국제기구의 결의, 연성법(Soft Law), 형평과 선

1. 국제기구의 결의

국제사법재판소규정 제38조에는 언급이 없지만 국제기구(International Organization)의 결의(resolution)도 그 국제기구의 설립조약에 부여된 권한의 범위 내에서 여러 종류의 법규범을 정립할 수 있다.131)

국제기구의 결의로서 정립할 수 있는 법규범은 크게 세 가지로 나누어 볼 수 있다.

(1) 내부조직에 관한 결의

첫째로, 국제기구는 그 내부조직법(의사규칙, 절차규칙 등)이나 기술규칙을 제정하는 결의를 채택할 수 있다. 이러한 내부조직에 관한 결의는 국제기구의 예산, 회의절차, 회원가입, 제명 등 '내부문제'에 관한 것으로서 국제기구 내부에서는 법적 구속력을 가진다.132)

(2) 법적 구속력을 가진 결의

둘째로, 국제기구의 결의 중에는 국제기구의 내부문제뿐만 아니라 일정한 경우에 법적 구속력을 가지는 경우가 있다.

예를 들어, UN헌장 제7장에 따라 안전보장이사회가 채택하는 결정(decision)결의는 UN회원국들에 대해 법적 구속력을 가진다. UN안전보장이사회는 헌장 제7장에 따라 "평화에 대한 위협, 평화의 파괴 또는 침략행위의 존재를 결정하고",133) 비군사적인 제재조치를 결정할 수 있으며,134) 군사적인 제재조치도 결정할 수 있다.135) UN회원국은 안전보장이사회의 이러한 결정을 수락하고 이행하여야 한다.136)

실제로, 안전보장이사회는 여러 차례 헌장 제7장상의 '결정' 결의를 채택하였

131) 이한기, 국제법강의, p. 110.
132) Id.
133) UN헌장 제39조.
134) UN헌장 제41조.
135) UN헌장 제42조.
136) UN헌장 제25조.

고, 이러한 결의는 회원국 간에 법적 구속력이 있는 법규범이 되었다.

예를 들어, 1950년 6월 25일 안전보장이사회는 우리나라에 대해 북한당국이 감행한 무력공격을 '평화의 파괴'로 인정하여 즉시 정전, 북한병력의 퇴거, UN회원국은 UN에 원조할 것과 북한당국에 대해서는 원조하지 않을 것을 요청하였다.137)

또한, 안전보장이사회는 헌장 제7장상의 결의로 구 유고재판소(ICTY)와 르완다재판소(ICTR)를 설치하여, 구 유고지역과 르완다지역에서 집단살해죄, 인도에 반한 죄, 전쟁범죄를 범한 개인을 재판하여 처벌하도록 하였다.138)

2004년 4월 28일에 안전보장이사회는 결의 1540을 채택하여 비국가단체가 대량살상무기(Weapons of Mass Destruction)를 획득하지 못하도록 방지해야 할 의무를 모든 국가에게 부과하였다.139)

안전보장이사회의 이러한 헌장 제7장상의 결의는 국제법규범을 창설하는 새로운 형태로 볼 수 있다.140)

(3) 연성법을 정립하는 결의

셋째로, 국제기구의 결의는 연성법(soft law)을 정립할 수 있다. 예를 들어 UN 안전보장이사회의 헌장 제7장상의 결의는 구속력이 있으나 UN 총회의 결의는 원칙적으로 구속력이 없고 권고적 성격을 가진 것이다.

그런데 UN총회의 결의 중에는 만장일치나 압도적 다수의 찬성으로 채택된 결의가 있으며, 이러한 결의는 그 자체로는 국제법의 법원이 아니나 "법이 창조되는 중요한 전 단계" 내지 "관습법 형성에 불가결한 법적 신념이 국제사회의 각 국가 간에 생기고 있는 유력한 증거"로 볼 수 있다.141)

또한, 유엔총회의 결의이지만 법적 구속력을 인정받는 결의도 존재한다. 예를 들어 1970년 유엔총회결의 제2625호로 채택된 '국가 간 우호관계 및 협력에 관한 국제법원칙 선언(Declaration on Principles of International Law concerning Friendly Relations and Cooperation among States, 우호관계선언)은 유엔총회에서 반대하는 국가가

---

137) UN 안보리결의 82(June 25, 1959). 이한기, 국제법강의, p. 698. In Seop Chung, Korean Questions in the United Nations 251(Seoul National University Press).

138) 안보리결의 827호(1993년 5월 25일)로 ICTY규정을 채택하고, 안보리결의 955호(1994년 11월 8일)로 ICTR규정을 채택하였다.

139) Sean D. Murphy, supra note 26, p. 91.

140) Id.

141) 이한기, 국제법강의, p. 111.

없이 컨센서스로 채택되었으며, 이 선언에 규정된 원칙들이 "국제법의 기본원칙"이라고 UN총회가 선포하였고 국제사법재판소(ICJ)도 이 원칙들이 국제관습법이라고 인정한 바 있다.[142] 우호관계선언은 특히 "어떠한 국가도 다른 국가의 주권적 권리행사를 굴복시키거나 그 국가로부터 각종 이익을 얻기 위하여 그 국가를 강제하기 위한 경제적, 정치적 또는 기타의 조치를 사용하거나 사용하는 것을 장려하여서는 안된다"고 규정하고 있다. 따라서, 한 국가의 주관적 권리행사를 굴복시키거나 독립성을 침해는 목적을 가진 경제적, 정치적 보복조치는 국제법의 위반이라고 할 수 있다.

이러한 점에서 법적 구속력이 확실한 조약과 국제관습법을 경성법(hard law)이라고 하는 반면 이와 같은 응고과정에 있는 법을 연성법(soft law)이라고 한다.

1946년 12월 11일 UN총회에서 만장일치로 채택되었으며 뉘른베르그재판소의 규정과 판결에 의하여 승인된 국제법의 원칙을 확인하는 UN 총회결의 95(I)[143]도 이러한 연성법의 예라고 할 수 있다. 이 결의는 그 자체가 국제법은 아니지만 뉘른베르그원칙이 국제관습법이 된 것을 확인하는 효과가 있다.

이 결의는 그 후 1998년 개최된 국제형사재판소규정 채택을 위한 로마회의에서 참가국가들의 대표들이 매우 중요하게 간주하였고, 그 결과 국제형사재판소규정에 집단살해죄, 인도에 반한 죄, 전쟁범죄를 범한 개인의 형사책임을 추구한다는 뉘그베르그원칙이 충실하게 반영되도록 하는 데 크게 기여하였다.

또한, UN총회결의 95(I)과 같은 날 역시 만장일치로 채택된 UN총회결의 96(I)은 "집단살해(genocide)가 문명세계가 규탄하는 국제법상의 범죄라는 것을 승인한다"고 규정하였는데 이 결의는 연성법으로서 그 후에 경성법인 '집단살해죄의 방지 및 처벌에 관한 조약(Convention on the Prevention and Punishment of the Crime of Genocide)'[144]으로 발전하였다.

142) Oppenheim's International Law(9th ed., 1996) p. 334. Military and Paramilitary Activities Case, ICJ Rep(1986), pp. 89~90, 91.

143) Affirmation of the Principles of International Law Recognized by the Charter of Nuremburg Tribunal, UN Doc. A/236(1946).

144) 1948년 12월 9일 채택, 1951년 1월 12일 발효, 78 UNTS 277.

2. 연성법(Soft Law)

이미 보았듯이 연성법은 엄밀한 의미에서는 국제법의 법원은 아니다. 그러나 고 리차드 백스터(R. R. Baxter) 교수는 연성법이 다음과 같은 중요성을 가진다고 하였다.145)

(1) 연성법이라 하더라도 어떤 형태의 성문규범이 관련 국가들에 의해 동의를 얻으면, 그 이후의 논의, 교섭과 합의까지도 그 규범이 없는 경우에 이루어지는 것과는 다른 모습을 갖게 될 것이다.

(2) 어떤 주제가 그러한 규범의 대상이 된다면, 그 문제는 한 국가의 국내관할사항이라고 더 이상 주장될 수 없다. 상설국제사법재판소가 튀니스와 모로코의 국적법에 관한 권고적 의견(Nationality Decrees Issued in Tunis and Morocco)에서 말한 바와 같이, "특정사항이 한 국가의 국내관할사항인지 여부의 문제는 기본적으로 상대적인 문제이다. 그 문제는 국제관계의 발전에 달려 있다. 그리고 국제관계가 발전하는 한 방식은 협정에 의한 것이다."146)

연성법으로 볼 수 있는 것은 1) 국가 간의 일반적인 협력의무만을 규정하는 조약규정이나 특정문제에 대해 미래의 합의에 도달할 것만을 요구하는 조약규정, 2) 조약이 아닌 선언(declaration)이나 특정한 희망을 규정한 국가들 간의 정치적 합의, 3) 권고적 성격을 가진 국제기구의 결의, 4) 국가 또는 국제적으로 활동하는 비국가단체의 행동규칙 등이라고 할 수 있다.147)

네 번째 연성법의 예로는 경제협력개발기구(Organization of Economic Cooperation and Development, OECD)가 1976년 채택한 국제투자와 다국적기업에 관한 선언(declaration on international investment and multinational enterprises)이 포함하고 있는 다국적기업을 위한 지침(guideline)148)을 들 수 있다.149) 이 지침은 OECD국가들에 대해 법적 구속력을 가진 것은 아니며, OECD국가들이 그러한 기업행동을 장려하겠다는 정치적 약속을 나타낸다고 할 수 있다.150)

145) R. R. Baxter, International Law in "Her Infinite Varity," 29 Int'l & Comp. L. Q. 549(1980).
146) PCIJ Ser. B, No. 4 p. 24(1923).
147) Sean D. Murphy, supra note 26, p. 96.
148) OECD, Guidelines for Multinational Enterprises, 15 ILM 969(1976). 2000년에 개정됨.
149) Sean D. Murphy, supra note 26, pp. 105~106.
150) Id.

3. 형평과 선(aequum et bonum)

형평과 선은 정의나 자연법과 동의어로 사용된다.151) 형평과 선은 영미법상의 형평법(equity)의 개념과 완전히 동일한 것은 아니지만 상당히 관련되어 있다. 영미법에서 형평의 요소는 법 규칙의 도덕적 근거를 구성한다.152)

영미법의 형평법 중에서 일부는 법의 일반원칙으로서 국제법으로 인정된 것도 있으나,153) 일부는 형평과 선으로서 남아 있는 경우도 있다.

즉, 형평과 선은 법의 일반원칙으로 인정되지 않은 자연적 정의(natural justice)나 자연법을 의미하는 것이며, 법의 일반원칙과 달리 그 자체가 국제법의 법원은 아니라고 할 수 있다.

16, 17세기에는 자연법이 국제법의 주요 법원이었으나, 국제법률실증주의가 주도적인 오늘날은 ICJ규정 제38조 2항이 규정하는 바와 같이 '당사자가 합의하는 경우에 한하여' 형평과 선에 의해(ex aequo et bono) 재판할 수 있을 뿐이다.154)

이에 비하여, 국제사법재판소가 법의 일반원칙으로 인정된 형평의 원칙을 적용할 때는 분쟁당사자의 특별한 합의가 필요하지 않다고 보아야 한다. 왜냐하면, 법의 일반원칙은 국제법의 법원으로서 국제사법재판소가 제38조 1항에 의해 재판의 규범으로 사용할 수 있기 때문이다.155)

한편, 국제사법재판소는 지금까지 한 번도 제38조 2항에 따른 판결을 내리지 않았다.156)

중재재판이나 기타의 재판소에서도 때때로 형평과 선에 의해 입각하여 재판할 권리가 부여되고 있다. 그러나 명시적으로 그러한 수권이 없는 한에서는 조약, 국제관습법, 법의 일반원칙을 무시하고 형평과 선에 입각하여 판결을 내릴 수는 없다고 보아야 한다.157)

---

151) 이한기, 국제법강의, p. 112.

152) Oppenheim's International Law 43(9th ed. 1996).

153) 앞에서 언급한 뮤즈강의 인수사건에서 적용된 형평법상의 원칙은 법의 일반원칙으로 인정된 것이다.

154) 이한기, 국제법강의, pp. 112~113.

155) Bin Cheng, supra note 115, p. 20.

156) Oppenheim, supra note 142, p. 44; 이한기, 국제법강의, p. 113.

157) 이한기, 국제법강의, p. 113.

Ⅷ. 법원의 순위

1. 조약과 국제관습법 간의 순위

(1) 원 칙

국제법에서는 조약과 국제관습법이 성립형식을 달리할 뿐 동등의 가치가 있는 것으로 인정되며 대등한 지위를 가진다.158)

상호 대등한 조약과 국제관습법이 서로 충돌할 경우 신법우선의 원칙(lex posteria principle)과 특별법우선의 원칙(lex specialis principle)을 적용하여 충돌의 문제를 해결한다.159)

즉, 조약과 국제관습법이 충돌하는 경우 국제관습법이 조약보다 나중에 성립된 것이라면 국제관습법이 조약보다 우위에 선다. 국제관습법을 나중에 체결된 조약으로 수정하는 경우가 많으나, 기존의 조약과 다른 국제관습법이 성립되기도 한다. 예를 들어 1958년 해양법에 관한 제네바 4개 협약에는 200해리의 배타적 경제수역(EEZ)이 명시적으로 규정되지 않았지만, 국가들이 200해리의 배타적 경제수역 제도를 수락함으로써, 이 제도는 국제관습법으로 발전하고 1982년 UN해양법협약에도 규정되게 되었다. 이는 조약보다 나중에 성립한 국제관습법이 우위에 선 사례, 즉 신법우선의 원칙이 적용된 사례로 볼 수 있다.

또한, 국제관습법과 조약이 충돌하고 조약이 국제관습법보다 특별법인 경우, 조약이 국제관습법보다 우위에 선다. 예를 들어, 윔블던호 사건에서 베르사이유조약의 규정이 특별법으로서 중립에 관한 국제관습법보다 우선적으로 적용되었다.

(2) UN헌장 제103조

한편, UN헌장 제103조는 “국제연합회원국의 헌장상의 의무와 다른 국제협정상의 의무가 상충되는 경우에는 이 헌장상의 의무가 우선한다”고 규정하여, UN헌장의 최고성(supremacy)을 나타내고 있다. 이는 UN헌장이 조약이지만 다른 조약보다 우월한 지위에 있음을 규정한 것이다.

따라서 UN헌장에 대해서는 신법우선의 원칙이나 특별법우선의 원칙을 적용

158) Id., p. 114.
159) Id.

하여 다른 조약이 UN헌장보다 우선적 효력을 갖도록 할 수 없다.

그러면 국제연합회원국의 UN헌장상의 의무와 국제관습법상의 의무가 충돌할 때는 어느 것이 우선하는가? 이에 대한 답은 UN헌장상의 의무가 우선한다고 보아야 한다. 왜냐하면, UN헌장 제103조와 제25조는 UN헌장이 국제공동체의 헌법(constitution)의 성격을 가지고 있음을 나타내는 조항이라고 볼 수 있기 때문이다.[160] 또한, UN헌장이 다른 '조약상의 의무'에만 우선한다고 한정할 필요도 없기 때문이다.

(3) 조약과 국제관습법의 결합

국제법의 발달과정에서 국제관습법과 조약이 서로 결합하는 경우가 있다.[161] 국제관습법을 확인하는 조약이 있고, 조약이 국제관습법으로 발전하기도 한다.

전자의 예로는 해전법규에 관한 런던선언[162]이 그 총칙에서 런던선언에 규정된 규칙들이 "일반적으로 승인된 국제법원칙에 본질적으로 부합한다"고 확인한 것이다.[163] 즉, 이 규정은 런던선언이라는 조약이 국제관습법을 법전화(codification)한 것임을 밝히고 있다.

후자의 예로는 런던선언이 미발효 조약이었지만 국제관습법으로서 국가들에 의해 준수된 것을 들 수 있다. 예를 들어, 1911년 이태리와 터키의 전쟁기간 동안 이태리는 런던선언의 서명국이었으나 비준은 하지 않았고, 터키는 서명국도 가입국도 아니었으나 양국은 해상작전시 런던선언의 규정을 자발적으로 적용하였다.[164] 이로 볼 때 런던선언은 국제관습법과 조약이 결합된 것이라고 할 수 있다.

2. 법의 일반원칙과 조약 및 국제관습법의 순위

법의 일반원칙은 조약 및 국제관습법보다 하위의 효력을 가진다. 즉, 법의 일반원칙은 조약이나 국제관습법이 없을 때 재판불능을 방지하기 위하여 재판소에 의해 적용되는 보충적인 법원이다.[165]

---

160) Bruno Simma, The Charter of the United Nations: A Commentary, pp. 1298~1299(2002).
161) 이한기, 국제법강의, p. 116.
162) Declaration of London(1909년 2월 26일).
163) 이한기, 국제법강의, p. 116; 프란시스 앤서니 보일, 세계질서의 기초, p. 120.
164) 프란시스 앤서니 보일, 세계질서의 기초, p. 120.

Ⅸ. 강행법규(jus cogens, peremptory norm)

1. 의 의

국제법상 강행법규 또는 강행규범은 조약법에 관한 비엔나협약 제53조에 의하면 "어떠한 일탈도 허용되지 않으며 또한 동일한 성질을 가진 일반국제법의 추후의 규범에 의해서만 변경될 수 있는 규범으로서 전체로서의 국제 공동사회가 수락하며 또한 인정하는 규범"이다. 동조는 조약이 체결 당시의 강행규범과 충돌하는 경우에는 무효라고 규정하고 있다. 따라서 강행규범은 조약이나 국제관습법보다도 상위의 효력을 가진 것으로 볼 수 있다.

고 이한기 교수는 다음과 같이 국제법상의 강행법규의 의의를 설명하고 있다.

> 국제법에 있어서 강행법규(jus cogens)의 문제에 일반의 관심이 높아지기는 제2차대전 이후의 현상이다. 전쟁의 위법화, 인권의 존중, 인류의 공통이익의 수호 등 국제사회에 있어서도 국제공서(international public order)의 관념이 점차 발달됨에 따라 국가가 조약을 체결하는 데 있어서 무제한의 자유를 누리는 것이 아니라 일정의 국제법규칙에 반하는 합의는 국제공서를 파괴하는 것으로 무효로 해야 한다는 주장이 대두되었다 ….[166]

2. 강행법규의 내용

조약법에 관한 비엔나협약은 구체적으로 어떤 규칙이 강행규범인가에 관해서 예시하지 않았다. 그런데 바르셀로나전력회사 사건에서 국제사법재판소는 방론으로서 모든 국가가 법적 이해관계를 가지며 따라서 모든 국가와 국제사회 전체에 대한 의무(obligation erga omnes, 대세적 의무)를 부과하는 규범이 현대의 국제법에 존재한다고 하면서, 그러한 것으로는 "침략행위와 집단살해의 비합법화", "노예제도 및 인종차별로부터의 보호를 포함한 기본적 인권의 규칙"을 언급하였다.[167]

침략반대의 규칙이 강행법규(jus cogens)의 성질을 갖고 있다는 데는 거의 의

165) 이한기, 국제법강의, p. 116.
166) 이한기, 국제법강의, p. 118.
167) 이한기, 국제법강의, p. 119; Barcelona Traction, Light & Power Co., LTD.(Second Phase) ICJ Rep. 1970, p. 4.

견의 일치가 이루어졌다. 집단살해의 금지, 고문금지 등도 강행규범의 성격을 가진다고 볼 수 있다.

3. 보편적 관할권의 문제

(1) 의 의

강행규범의 관념은 보편적 관할권(universal jurisdiction)과 관련된다. 바르셀로나 전력회사 사건에서 외교적 보호권을 행사할 권리가 강행규범 또는 모든 국가의 의무와 관련된 것이 아니었기 때문에 벨기에에게 원고적격이 인정되지 않았다. 만일 관련된 권리가 강행규범 또는 모든 국가의 의무와 관련된 것이었다면 벨기에에게 원고적격이 인정될 수도 있었을 것이다.

따라서 강행규범의 위반에는 모든 국가가 그 위반의 처벌 등에 대해 이해관계를 갖게 되고, 이는 국가의 보편적 관할권의 형태로 나타나게 될 수 있을 것이다.

(2) 아이히만 사건

실제로 '아이히만 사건'[168]에서 이스라엘은 1960년 아돌프 아이히만(Adolf Eichmann)을 아르헨티나에서 납치하여 이스라엘 국내법원에서 재판하였다.

그의 범죄혐의는 2차 대전의 과정에서 그가 독일에서 범한 전쟁범죄와 유대인에 대한 범죄였다. 아이히만은 범죄가 이스라엘이 아닌 독일에서 일어났고, 이스라엘이 성립되기 전에 일어났다고 항변하였고, 납치도 아르헨티나의 주권을 침해한 것으로서 이스라엘 법원은 재판관할권이 없다고 주장하였다. 아르헨티나는 이스라엘의 납치를 비난하는 UN안보리 결의를 얻었고, UN안보리는 이스라엘의 납치행위가 UN헌장 제2조 4항의 위반이라고 결정하였다.[169]

그러나 이스라엘 대법원은 아이히만의 범죄가 모든 국가의 양심에 충격을 주는 중대한 범죄이기 때문에 보편적 관할권을 행사하여야 한다고 판시하였다. 그 후 아이히만은 이스라엘에서 사형이 집행되었다.

---

168) Eichmann v. Attorney−General of the Government of Israel, Supreme Court of Israel(1962) 36 I.L.R. 277.

169) Michael J. Glennon, State-Sponsored Abduction: A Comment on United States v. Alvarez Machain, 86 AJIL 746, 747(1992).

(3) 벨기에의 국내재판

1993년 벨기에의 국내법은 1949년 제네바협약과 1977년 추가의정서의 위반에 대해 보편적 관할권을 부여하였고, 1999년 벨기에는 이 법을 개정하여 집단살해죄와 인도에 반한 죄에 대해서도 보편적 관할권을 부여하였다. 그리고 르완다인 수녀 사건에서 벨기에는 이 법을 적용하고 보편적 관할권을 행사하여 재판하였다.

2003년 이라크인과 요르단인 원고가 벨기에 국내법에 따라 미국의 토미 프랭크(Tommy Frank) 장군, 부시 미국 대통령, 토니 블래어(Tony Blair) 영국 수상 등을 2003년 이라크 침공시 미군이 전쟁범죄를 저질렀다는 이유로 벨기에 법원에 제소하였다. 그러자 이태리와 미국은 벨기에에 있는 나토(NATO) 본부를 외국으로 이전하는 방침을 고려하는 등의 압력을 벨기에에 대해 행사하였다.

2003년 벨기에는 자국의 국내법을 개정하여 보편적 관할권을 행사하기 위하여는 가해자가 벨기에 국민이거나 벨기에에 거주할 것 또는 피해자가 벨기에 국민이거나 벨기에에 3년 이상 거주할 것 등을 요구하였고, 2003년 9월 이러한 법 개정을 이유로 벨기에 대법원은 미국 관리들에 대한 모든 고발사건을 각하하였다.

(4) 국제형사재판소규정

ICC규정 서문은 "국제범죄에 책임이 있는 자들에 대하여 형사관할권을 행사함이 모든 국가의 의무임을 상기하며"라고 규정하고 있다. 이는 집단살해죄, 인도에 반한 죄, 전쟁범죄를 저지른 사람에 대해서는 국가의 보편적 형사관할권이 인정된다는 것을 보여주는 것이라고 할 수 있다.

(5) 미국의 외국인불법행위배상법

미국의 외국인불법행위배상법(Alien Tort Claim Act)[170]은 '국제법 또는 미국의 조약에 위반한 불법행위'(a tort committed in violation of the law of nations or a treaty of the United States)에 대해 미국연방법원이 관할권을 가진다고 규정한다. 이 법에 의

---

170) 28 U.S.C. § 1350(2000). 이 법은 "The district courts shall have original jurisdiction of any civil action by an alien for a tort only, committed in violation of the law of nations or a treaty of the United States."라고 규정한다.

할 때 미국 국민이 아닌 사람이 미국 국민이 아닌 다른 사람에 대해 미국 밖에서 범한 국제법에 위반한 불법행위 등을 이유로도 미국 연방법원에 민사소송을 제기할 수 있다.

이는 국제법을 위반한 불법행위에 대하여 미국 연방법원이 민사상 보편적 관할권을 행사할 수 있음을 의미한다. 외국인불법행위배상법(ATCA)을 적용한 대표적인 사건 판례로 필라티가 사건을 들 수 있다.[171] 필라티가는 파라과이 국민으로서 그의 아들이 파라과이의 경찰이었던 페나에 의해 파라과이에서 고문을 당해 살해되었다. 필라티가는 그 후 미국으로 이주하였고, 고문 가해자인 페나를 뉴욕에서 발견하게 되었다. 필라티가는 페나가 고문을 하여 자기 아들을 죽게 한 것이 '국제법에 위반한 불법행위'라고 주장하면서 뉴욕에 있는 미국 연방법원에 제소하였다. 미국 뉴욕주 등을 관할하는 제2연방항소법원은 세계인권선언이 국제관습법이며, 고문은 세계인권선언 제5조에서 금지하고 있으므로 페나가 '국제법에 위반한 불법행위'를 범하였음을 인정하고, ATCA를 적용하여 거액의 손해배상을 페나에게 명령하였다.

이 판결은 1980년의 판결로서, ATCA가 1789년 미국의 초대의회가 제정한 사법관련 법(Judiciary Act)의 일부이며, 거의 사용되지 않던 법이었다는 점을 감안하면 200여 년 만에 동법을 부활시킨 의미를 가진다.

미국 노스웨스턴대학의 법학교수였던 다마토(Anthony D'Amato) 교수는 ATCA와 관련하여 1794년 프랑스, 영국, 미국 간의 역사적 사건을 소개하고 있다. 당시 프랑스의 함대가 영국의 식민지였던 시에라레온(Sierra Leone)에 상륙하여 2주간 미국인 노예상인의 주도하에 약탈을 하였다. 이와 관련 영국대사는 미국정부에 미국인 노예상인과 다른 미국인들이 약탈에 가담한 점에 대해 항의하였다.[172] 이 상황에서 미국이 영국에 대해 배상하려고 한다면, 프랑스가 분노하여 미국을 군사적으로 공격할 우려가 있었다. 한편, 만일 미국이 영국에 대해 아무런 조치를 취하지 않으면 재판의 거부(denial of justice)로 간주하여 영국이 보복을 할 우려도 있었다.[173] 다행히도 미국의 건국자들은 1789년 ATCA를 제정하였다. 미국의 당시 법무장관인 브래드포드(Bradford)는 영국의 전권공사에게 서한을 보내어, 미

171) Filartiga v. Pena-Irala, 630 F. 2d. 876, 882(2nd Cir. 1980)

172) Ralph G. Steinhardt & Anthony D'Amato, The Alien Tort Claims Act (Transnational Publishers, 1999) p. 173.

173) Id.

국의 국내법인 ATCA에 의해 시에라레온의 피해자들은 국제법에 위반한 약탈행위로 인한 피해배상 소송을 미국의 국내 연방법원에 제기하여 구제를 받을 수 있다는 점을 알림으로써 이 분쟁을 해결하려고 하였다.174) 즉, 국제법에 위반한 약탈행위에 대해 미국의 국내법원이 공정한 구제절차를 제공할 수 있다는 점을 미국 법무장관이 영국에게 설명한 것이었다. 그 이후 영국이 미국에 대해 이 사건과 관련하여 더 항의를 하였다는 기록이 없는 것을 볼 때 영국은 미국 법무장관의 의견에 만족하였던 것으로 보인다.175)

174) Id. p. 173~174
175) Id. p. 174.

제 3 장

국제법과 국내법의 관계

제3장
국제법과 국내법의 관계

Ⅰ. 의 의

국제법이 국가 간의 관계를 주로 규율하는 법이라고 해서 국내법과 전혀 관련이 없거나 국내적으로 적용이 되지 않는다는 것은 아니다. 다만, 국제법은 국제적으로 적용되는 방식과 국내적으로 적용되는 방식이 다르다는 점을 유의하여야 한다.

국제법이 국제적으로 적용되는 경우에는 국제법은 국내법과는 별개의 법체계로서 국가들과 국제기구들의 관계를 규율한다. 국가 간에 국제법과 관련한 분쟁이 있을 때는 국제사법재판소나 중재, 외교교섭이나 UN의 개입 등에 의해 해결한다.

국제법이 국내적으로 적용되는 경우에는 국제법이 국내법과 별개의 법체계가 아닌 국내법의 일부로서 개인, 사적 단체, 정부기관 등을 규율하게 된다. 이 경우에는 국내법원이 국제법을 판단하고 적용하게 된다. 예를 들어, 개인이 국제법상 보장되어 있는 개인의 권리를 침해당하였다는 이유로 국내법원에 제소하면, 국내법원은 관련 국제법을 고려하여 재판을 하고 권리침해 여부를 판단하게 된다.

따라서 국제법과 관련된 문제를 다룰 때는 이 문제가 국제적 차원에서 다루어지는지 아니면 국내적 차원에서 다루어지는지를 구별하는 것이 중요하다.

국제법은 국제사회의 법으로서 국제관계의 규율을 주요한 목적으로 하며, 국내법은 국가사회 내부의 관계를 규율하는 법으로서 양자는 무관한 듯 보이나 실은 밀접한 관련이 있다. 국제법은 국내법의 타당범위를 정하며, 국제법인 조약의 체결권한은 국내법인 헌법의 수권에 의존하고 있다.[176)]

---

176) 이한기, 국제법강의, p. 121.

예를 들어, 노테봄 사건에서 ICJ는 한 국가의 국적부여행위는 그 국가의 국내법사항이지만 이 행위가 국제적으로 유효하기 위해서는 국제법에 합치하여야 한다고 하였다.[177)]

오늘날의 상호의존적인 국제사회에서는 종래에는 각 국가에 맡겨졌던 사항도 국제법이 직접 규정하는 경우가 많이 나타나게 되었다. 예를 들어, 네덜란드 헤이그에 소재하고 있었던 구 유고전범재판소가 유고의 밀로세비치 전 대통령을 구 유고지역에서 그가 범한 잔학행위를 이유로 처벌하려고 했던 것은 이러한 현상을 설명한다. 밀로세비치는 자국의 영토에서 자기국민(피해를 당한 보스니아인이나 코소보인)에 대해 살인 등 잔학행위를 지시하였다.

따라서 종래에는 유고 국내법에 의해 이러한 만행에 대해 밀로세비치가 처벌을 받아야 한다. 그런데 문제는 그가 현직 대통령으로 있는 동안 국내법으로 그를 처벌하는 것은 불가능하였다.

그러나 국제사회는 UN안전보장이사회의 결의에 의해 구 유고전범재판소를 설치하고 국제법정인 이 재판소를 통해 인도에 반한 죄 등을 범한 개인의 형사책임을 규정하는 국제법을 직접 적용하여 밀로세비치를 처벌하고자 하였다. 이는 종래 국내문제로 볼 수도 있는 사안에 대해 국제법이 직접 적용된 근래의 경향을 반영한 것으로 볼 수 있는 것이다.

한편, 국내법도 국제적 사항을 많이 규정하게 되어 일부 국가는 종래 국제법의 영역에 속하는 내용도 국내법으로 규정하려고 하고 있다. 따라서 국제법과 국내법은 동일사항을 규율대상으로 하기도 하고 각각의 규정 내용이 서로 모순되기도 한다.

이와 같이 국제법과 국내법이 서로 저촉되는 경우에 어느 것이 우선하는가의 문제가 제기된다. 이러한 문제에 답하기 위해 국제법과 국내법의 관계는 어떠한 것인가에 관한 이론이 발전해 왔다. 이 이론은 크게 두 가지 범주로 분류되는데 첫째는 이원론이고, 둘째는 일원론이다.

한편, 각 국가는 주로 헌법에서 국제법과 국내법의 관계를 규율하고 있다. 따라서 우리나라를 비롯한 주요 국가들의 헌법규정을 중심으로 각 국가의 실행을 살펴보고자 한다.

이 장에서 논의하는 국제법과 국내법의 관계는 국내적 차원에서 국제법을 적

177) 정인섭 편, 이중국적(사람생각, 2004), p. 122.

용하면서 관련 국내법과 국제법이 충돌할 때 어느 법을 우선할 것인가의 문제, 또한 국제적 차원에서 국제법과 충돌하는 국내법이 있을 때 어느 법을 우선할 것인가의 문제에 관한 것이 주요 내용이다.

Ⅱ. 국제법과 국내법의 관계에 관한 이론

1. 이원론(dualism)

이원론은 국제법과 국내법은 타당근거(법원)와 규율대상을 달리하는 각각 별개의 법질서를 구성한다는 입장이다.[178] 이원론에 따르면 국제법과 국내법은 각각 별개의 법체계이기 때문에 국제법이 그대로 국내법으로 적용될 수 없다.[179]

국제법률실증주의자들은 전통적으로 일원론보다 이원론을 선호하였다.[180] 이원론은 오스틴에 의해 이미 제안되었으나 독일 법학자 트리펠(Triepel)이 국가관행으로부터의 충분한 자료를 기초로 완전히 발전시켰다.[181] 국제법은 국내법보다 우월하지 않고, 그 반대의 경우도 마찬가지이다. 국제법과 국내법은 상호 의존적인 체계로서 존재한다.

국제법이 국내에서 효력을 가지고 적용되기 위해서는 반드시 국가가 그 국제법을 수용(reception)하기 위한 변형(transformation)을 하여야 한다.[182] 국제법이 변형되지 않는 한 국내적으로 효력이 없고 국내법과의 효력의 상하관계도 없다.

국내의 행정부나 재판소는 변형되지 않은 국제법을 적용할 수 없으며 이와 모순되는 국내법이 있을 때에는 오직 국내법만을 적용한다.

그러나 이원론은 변형되지 않은 국제법을 국내적으로 적용하지 않고 이와 모순되는 국내법이 있을 때에는 그 국내법을 적용함으로써 당해 국가가 국제법위반의 국제책임을 부담하게 할 수 있다.[183]

---

178) 이한기, 국제법강의, p. 123.

179) Id.

180) 프란시스 앤서니 보일, 세계질서의 기초, p. 21 각주 21.

181) 아르투어 누스바움 저, 김영석 편역, 국제법의 역사: 전쟁과 평화와 국제법(박영사, 2019), pp. 282~283.

182) 이한기, 국제법강의, p. 123.

183) Id.

또한, 현실적으로 모든 국제법이 국내적으로 적용되기 위해 변형되는 형태를 취하는 것은 아니다. 국제법 중에는 국내법으로 변형되지 않는 한 국내적으로 적용되지 않는 것도 있으나 국내법으로 변형되지 않아도 그대로 국내에 적용되는 것도 있다.[184]

예를 들어, 국제관습법은 후자의 예이다. 특히 영국에서는 조약은 국내법상으로 의회가 제정법으로 조약에 효력을 부여할 때까지 효력을 발생하지 않으나, 국제관습법은 영국의 보통법(Common Law)의 일부를 형성하여 국내법적 효력을 갖는다고 하는 것이 판례법상 확립되어 있다. 그러므로 영국의 재판소는 국내법의 명시적 허용 없이도 국제관습법을 그대로(as such) 적용할 의무가 있다.[185]

2. 일원론(monism)

국제법과 국내법은 별개의 독립된 법질서가 아니라 양자는 하나의 통일된 법체계를 형성하며 따라서 상호간의 저촉은 상위 또는 하위의 법질서에 의하여 해결된다고 하는 학설이다.[186] 일원론은 네덜란드인 크라베(Krabbe, 1859－1936)에 의해 소개되었다.[187] 크라베에 의하면 법은 과거의 주권의 힘처럼 외면적인 것이 아니고, 권리의식 또는 권리인식으로부터 유래한다.[188] 국제법의 원천은 국가의 의사가 아니며 그들의 이익이 국제법 규칙의 영향을 받는 사람들 또는 정부의 구성원이나 판사 등이 느끼는 법에 대한 의식이 국제법의 원천이 된다.[189] 따라서 국내법과 국제법은 본질적으로 같은 성질을 가진다.[190]

일원론에는 국내법이 국제법보다 상위에 선다는 국내법우위론과 국제법이 국내법보다 상위에 선다고 주장하는 국제법우위론이 종래 주장되어 왔고 최근 국제법과 국내법을 등위의 관계에 두는 등위이론도 유력하게 제기되었다.

---

184) Id., p. 124.
185) Id., p. 133.
186) Id., p. 124.
187) 아르투어 누스바움 저, 김영석 편역, 국제법의 역사: 전쟁과 평화와 국제법(박영사, 2019), p. 326.
188) Id.
189) Id.
190) Id.

(1) 국내법 우위론

국내법우위론자에 의하면 국제법인 조약은 국내법인 헌법의 수권에 의하여 조약체결권한을 가진 국가기관이 체결하는 것이므로 국제법의 성립은 국내법의 수권에 의존하는 것이라고 주장한다.

이 설은 결국 국제법의 부인론에 해당하며, 국제법이 일국의 국내법과 운명을 같이 하지는 않는다는 것을 간과한 것이다.[191]

(2) 국제법 우위론

국제법우위론자들은 국제법에 위반한 국내법은 위반된 한도 내에서 배제가 요구되며 위반에 대한 국가책임을 추궁당하게 되므로 국제법이 국내법보다 우위라고 주장한다. 켈젠(Kelsen)에 의하면 국제법은 규범들의 단계에서 최상위에 있다.[192] 그에 의하면 헌법은 국제법에 의해 구속력이 있게 된다.[193]

또한, 국제법에 위반한 국내법은 법적으로 존재할 수 없고 각국의 국내법상으로도 당연히 무효가 된다고 주장한다.[194]

그러나 현실적으로 국제법에 위반한 국내법이 당연히 무효가 되지는 않는다는 데 그 주장의 한계가 존재한다.[195]

(3) 등위이론

등위이론은 국제법과 국내법이 각각 별개의 고유의 분야에서 최고이며 법체계 그 자체로는 저촉도 우열관계도 발생하지 않는다는 입장이다.[196]

그러나 적어도 국제면에서는 국제법의 우위성이 어느 정도 인정되고 있는 것이 현실임을 감안하면 등위이론의 논리도 완전한 것 같지 않다.

---

191) 이한기, 국제법강의, pp. 124~125.
192) 아르투어 누스바움 저, 김영석 편역, 국제법의 역사: 전쟁과 평화와 국제법(박영사, 2019), p. 329.
193) Id.
194) Id., pp. 125~127.
195) Id.
196) 이한기, 국제법강의, pp. 127~128.

3. 변형이론과 편입이론

국제법이 국내적으로 효력을 가지고 적용되기 위해서는 각 국가의 헌법체계에서 변형(transformation)되거나 편입(incorporation)되어야 한다.

변형이론은 기본적으로 이원론의 입장이며, 국제법이 국내법으로 변형되어야 국내적인 효력을 갖는다는 이론이다.[197] 영국의 실행 중에서 조약을 국내법률로 변형하는 것이 대표적인 예이다.

이에 비하여, 편입이론은 국제법의 형태 그대로 국내법으로 편입되어 국내적 효력을 갖는다는 이론으로서 일원론의 입장을 나타낸다.

대표적으로 우리나라의 헌법 제6조 1항에 의하여 헌법에 따라 체결·공포된 조약이 바로 국내법과 같은 효력을 가지는 것이 그 예라고 할 수 있다.

Ⅲ. 국제법과 국내법의 관계에 관한 실행

위에서 국제법과 국내법의 관계에 관한 이론을 살펴보았다. 그러나 아무래도 국제법과 국내법의 관계는 현재의 국제사회의 태도와 각국의 법질서 제도 및 실행을 살펴봄으로써 파악해야 할 것 같다.

1. 국제재판소의 실행

국제법과 국내법의 관계에 대해 국제재판소는 항상 '국제법우위의 원칙'을 유지하여 왔다.[198]

PCIJ는 1930년 '그리스·불가리아 촌락공동체에 관한 사건'[199]에서 그리스와 불가리아 간의 상호이주에 관한 조약의 해석과 관련된 분쟁을 다루면서 "국제관계에 있어서 국내법은 국제법에 우선할 수 없다"고 하였다.[200] PCIJ는 1932년 '단치히 주재 폴란드 국민의 대우에 관한 사건'[201]에서 "국가는 국제의무를 면할 목적

---

197) Id., p. 132.

198) 이한기, 국제법강의, p. 129.

199) Greco-Bulgarian Communities Case (advisory opinion, PCIJ Series B, No. 17)(1930).

200) 이한기, 국제법강의, p. 129.

으로 국내법을 원용하여 국제법상의 면책을 주장할 수 없다"고 하였다.[202] 이 사건에서 단치히자유시는 단치히에 주재하는 폴란드 국민의 대우에 관해 자국의 국내법을 적용하고자 하였으나, PCIJ는 폴란드와 단치히 간에 체결된 파리협약(Convention of Paris)과 1919년 베르사이유조약 등 국제법이 적용되어야 한다고 판결하였다.[203]

PCIJ는 1935년 '단치히 법규명령의 자유시 헌법과의 양립성에 관한 사건'[204]에서 단치히의 형법을 개정한 것이 단치히의 헌법에 위배되는지 여부를 묻는 것에 대한 권고적 의견을 내리면서 "국제재판소는 국제법을 알고 있다고 간주되지만 국내법을 알고 있다고는 간주되지 않는다"고 판결하여 국제법우위의 원칙을 표명하였다.[205] 국제재판소는 국내법에 대해 당연히 알고 있다고 간주되지 않기 때문에 국내법을 국제재판소에서 원용하려는 자가 입증책임(Burden of Proof)을 부담한다.[206]

그러나 PCIJ는 1932년 8월 11일의 '메멜기본법의 해석 사건'[207]에서 국제법우위의 원칙에도 불구하고 국제법에 의하여 국제법 위반의 국내법이 직접 무효화되지는 않는다고 밝히고 있다.[208] 국제재판소는 이러한 무효화선언을 의식적으로 회피하는 것이라고 할 수 있다.[209]

조약법에 관한 비엔나협약 제27조는 "어느 당사국도 조약의 불이행에 대한 정당화의 방법으로 그 국내법 규정을 원용해서는 아니 된다"고 하여 국제법의 국내법에 대한 우위성을 나타내고 있다.

---

201) Treatment of Polish Nationals and Other Persons of Polish Origin or Speech in the Danzig Territory, Advisory Opinion, PCIJ Series A/B No. 44, p. 4(1932).

202) 이한기, 국제법강의, p. 130.

203) Bimal N. Patel, The World Court Reference Guide 132(2002).

204) Constitution of Certain Danzig Lgislative Decrees with the Constitution of the Free City, Advisory Opinion, PCIJ Series A/B No. 65, p. 41.

205) 이한기, 국제법강의, pp. 129~130.

206) Id., p. 130.

207) Interpretation of the Statute of Memel Territory, PCIJ Series A/B No. 49. 이 사건은 영국, 프랑스, 이태리, 일본이 리투아니아를 PCIJ에 제소한 사건으로서, PCIJ는 메멜영토의 주지사가 그 하위 통치관리자를 해임할 수 있다고 판시하였다.

208) 이한기, 국제법강의, p. 130.

209) Id., p. 130.

2. 영국의 실행

(1) 국제관습법

영국에서 국제관습법은 별도의 변형절차 없이 그대로 영국의 국내법으로서 효력을 가진다. 이 원칙은 "국제법은 영국의 국내법의 일부이다(International Law is a part of land law)"라고 하는 판례법상의 원칙으로 확립되어 있다.[210] 그러나, 영국의 국내 제정법에 합치하지 않는 국제관습법 규칙은 영국 법원에 의해 집행되지 않는다.[211] 이 경우 영국이 국제적으로 국제관습법을 위반했다는 이유로 국가책임을 부담할 수 있지만, 국내적으로는 영국의 국내 제정법의 효력이 인정될 것이다.[212]

(2) 조 약

조약은 국제관습법과 달리 그 자체로 영국의 국내법으로서 효력을 갖지 않는다. 조약의 국제적 효력은 조약이 비준되고 비준서를 교환하였을 때 발생하지만, 조약의 국내적 효력은 영국 의회가 조약의 이행법률을 제정하여야만 발생하게 된다. 이 점에서 영국은 이원론의 입장을 취하고, 조약은 변형절차를 통해 국내적 효력을 갖게 된다. 원칙적으로 영국에서는 모든 조약이 비자기집행조약(non-self executing treaty)이라고 할 수 있다.[213]

(3) 합치의 추정(presumption of compatibility)이론

영국과 대부분의 영미법계 국가에서는 국제관습법과 제정법률 또는 확정판결이 저촉될 때, 제정법 또는 확정판결이 우선한다.[214] 조약의 경우에는 조약상의 의무를 기존의 국내법으로 이행하기 어려운 경우에 새로이 이행법률을 제정하게 된다. 따라서 원칙적으로 조약의 국내적 효력은 국내법과 대등한 것이 된다.

합치의 추정이론은 국제법과 국내법이 합치되는 것으로 추정된다는 해석이론이다. 즉, 국내법규는 국제법규에 저촉되지 않도록 해석되어야 하며, 의회는 국

210) Id., p. 133.
211) Rebecca MM Wallace & Olga Martin-Ortega, supra note 9, p. 46.
212) Id.
213) Monroe Leigh and Merritt R. Blakeslee, National Treaty Law and Practice 229(1995, The American Society of Internaitonal Law)[이하 ASIL, National Treaty Law and Practice로 약칭 함].
214) 이한기, 국제법강의, p. 135.

제법 위반의 의사가 없는 것으로 추정된다는 것이다.[215] 예를 들어, 영국의 국내법이 외교사절에게 필요한 특권을 부여하지 않고 있다면 영국의 재판소는 국제법과 국내법과의 합치의 추정에 의하여 외교사절의 특권이 묵시적으로 부여된 것으로 추정하여야 한다.[216]

3. 미국의 실행

(1) 국제관습법

국내법질서에 있어 국제법의 지위에 관한 미국의 실행을 보면 국제관습법은 미국법의 일부로 인정된다. 특히, 국제관습법은 연방법(federal law)의 지위를 가지며, 미국 연방헌법의 최고법조항에 의하여 주법(state law)보다 우선한다.

그러나 최고법조항은 명시적으로 국제관습법을 언급하지 않고 있고, 미국의 연방대법원 판결인 '파켓하바나호 사건'[217]을 통해 국제관습법을 조약과 같이 미국의 연방법으로서 인정하였다.

이 사건에서 미국의 연방대법원은 "국제법은 우리 법의 일부이며 적절한 재판소에 의해 확인되고 적용되어야 한다(International law is part of our law, and must be ascertained and administered by the courts of justice of appropriate jurisdiction)"고 하였다.[218]

(2) 조약의 국내법상 지위

조약과 국제관습법은 미국 연방헌법 제6조 2항의 "조약은 헌법 및 법률과 함께 미국의 최고법이며, 각 주의 재판관은 주의 헌법이나 법률에 반대의 규정이 있는 경우에도 그것들(연방헌법, 연방법률, 조약)에 의하여 구속된다"라는 규정에 의해 연방법과 같이 최고법으로 인정되어 주법에 우선하도록 되어 있다.

---

215) Id., p. 136.

216) Id.

217) The Paquete Habana, 175 U.S. 677(1900). 이 사건에서 스페인의 식민지였던 쿠바인의 소유 선박인 파켓하바나호와 롤라(Lola)호는 어업활동 중에 미국의 봉쇄해역에 침입하였다는 이유로 미국에 의해 나포되었다. 미국의 하급심 법원은 이 두 어선을 포획물로 판정하여 경매하였고, 파켓하바나호는 490달러, 롤라호는 800달러에 판매되었다. 미국의 연방대법원은 국제관습법상 어선과 그 화물은 포획의 대상이 아니라고 하면서, 하급심 판결을 파기하였고 어선의 소유자에게 판매대금을 반환하고 손해를 배상하도록 하였다. 미국 연방대법원은 어선의 포획에 관한 국제관습법을 발견하기 위해 1500년대부터의 국가관행을 조사하였다.

218) Id.

이 연방헌법 제6조 2항은 '최고법 조항(supremacy clause)'이라고 불리며 미국이 체결한 조약이 미국 내에서 연방법률과 대등한 효력이 있음을 밝히고 있다.

특히 미국의 연방헌법 제6조 2항은 '모든 조약(all treaties)'이 미국의 최고법이며 주의 헌법이나 주의 법률보다 우위임을 선언하고 있다.

조약은 연방헌법보다는 하위, 연방법률과 동위, 주헌법보다 상위의 지위를 가진다고 할 수 있다. 미국의 연방헌법이 연방의 제정법이나 연방의 관습법보다 우위라는 것은 '마버리 대 메디슨(Marbury v. Madison) 사건'[219]이 이러한 원칙을 밝

---

219) Marbury v. Madison, 5 U.S.(1 Cranch) 137, 2 L.Ed. 60(1803).

1) Facts(사실관계)

1800년 제퍼슨의 세력이 행정부와 의회를 장악하게 되고 Adams 대통령은 1801년 3월 4일 사임하게 되었다. Adams 대통령은 그의 세력을 사법부에 유지시키기 위해 그의 Secretary of State인 John Marshall을 대법원장에 임명하였고 Marshall은 1801년 2월에 취임하였다. 동시에 그는 애담스 대통령의 임기가 끝날 때까지 Secretary of State로 계속 있었다.

2월에 애담스 대통령의 Federalist 의원들은 판사직을 증설하고 상원은 애담스 대통령이 임명한 판사들을 3월 3일 밤 인준하였다(midnight judges). William Marbury도 이러한 판사 중의 하나였는데 판사임명장(commission)이 서명되고 봉인되었지만 전달이 되지 않아 받지 못하였다. 이후 제퍼슨이 취임하고 제퍼슨은 그의 Secretary of State인 James Madison에게 임명장의 전달을 보류하라고 하였다.

이에 대해 Marbury는 그의 임명장을 전달해 줄 것을 법원이 명령해 줄 것을 요청하는 writ of mandamus를 연방대법원에 신청하였다.

이 사건을 해결하는 데 있어서 Marshall은 딜레마에 처하게 되었다. 만약 Marbury가 임명장을 받을 수 없다고 한다면 행정부가 사법부의 심사를 받지 않고 행동하는 것을 묵인하여 사법부의 권한을 중시하는 그의 신념에 위배되는 결과가 될 것이고, 만약에 임명장을 전달하라고 명령을 내리면, 당시의 연방대법원의 권한이 확립되어 있지 않았기 때문에, 제퍼슨과 메디슨이 대법원의 명령을 단순히 무시해 버리면 곤란한 결과가 발생할 것이기 때문이다.

2) Issue

i) 원고가 임명장을 요구할 권리가 있는가?

ii) 구제수단이 있는가?

iii) 대법원이 mandamus를 발급할 수 있는가?

3) Holding

Marshall은 다음과 같은 의견을 판결하였다.

i) Marbury의 임명은 대통령이 서명했을 때 완성된 것이고 Secretary of State의 서명과 전달의무는 보조적인 절차이다. 따라서, 이를 위반한 것이 Marbury의 지위에 영향을 주는 것이 아니다. 따라서 임명장 요구권이 있다.

ii) Marbury는 임명장을 받을 권리가 있기 때문에 적절한 구제수단은 mandamus가 될 것이다.

iii) 그러나 연방대법원은 그의 구제를 위한 적절한 장소가 되지 않으므로 연방대법원은 mandamus를 줄 수 없다. 왜냐하면 관할권이 없기 때문이다.

연방헌법 3조는 "the Supreme Court shall have original jurisdiction in all cases affecting ambassadors, other public ministers and consuls, and those in which a state shall be a party. In all other cases, the Supreme Court shall have appellate jurisdiction"이라고 규정하였다.

힌 이후 미국의 판례법상 확립된 원칙이다.

그런데, 이렇게 최고법 조항이 '조약'이라는 용어를 사용하고 있으나 미국의 조약체결절차를 보면 '조약(treaty)'을 체결하는 절차가 있고 이와 별도로 '행정협정(executive agreement)'을 체결하는 절차가 존재한다.

또한, 제6조 2항이 '모든 조약'이 미국의 최고법이라고 규정하여 모든 조약이 자동적 집행력이 있는 것으로 하고 있지만, 실제로는 미국에서의 조약과 행정협정의 효력은 자동적 집행력이 있는 '자기집행조약(self-executing treaty)'과 자동적 집행력이 없는 '비자기집행조약(non-self-executing treaty)'으로 구별된다.

즉, 미국은 헌법의 문언해석상으로는 원칙적으로 편입이론에 의한 일원론을 취하고 있으나 대법원의 판례로 비자기집행조약 등의 예외를 인정하고 있다. 자기집행적 조약(self-executing treaty)은 국내적 실시를 위한 국내법의 제정이 없더라도 국내적 효력을 인정한 반면, 비자기집행적 조약(non-self-executing treaty)은 국내적 실시를 위한 국내법의 제정이 있어야만 국내적 효력을 인정하고 있다.

세이후지 사건(Sei Fujii v. California, 38 Cal. 2d 718, 1952)에서 캘리포니아주의 대법원은 원고인 세이후지가 외국인의 토지소유를 금지한 캘리포니아의 주법인 외

1789년의 Judiciary Act는 연방대법원에게 연방관리에게 명령할 수 있는 writ of mandamus를 발급할 권한을 부여하고 있었다(The act … authorizes the Supreme Court "to issue writs of mandamus in cases warranted by the principles and usages of law, to any courts appointed, or persons holding office, under the authority of the United States").
Marshall은 이 Judiciary Act가 헌법 제3조에 위반하여 연방대법원의 관할권을 확대한 것으로 판결하였다. 따라서 이 법이 있음에도 불구하고 연방대법원은 이 사건에서 writ of mandamus를 발급할 수 없다고 판시하였다("The authority, therefore, given to the Supreme Court, by the act establishing the judicial courts of the United States, to issue writs of mandamus to public officers, appears not to be warranted by the constitution").
만약 대사에 관한 사건의 경우라면, writ of mandamus를 발급해야 한다면 발급했을 것이다. 그러나 이 사건은 연방대법원의 관할권이 없기 때문에 mandamus를 발급할 수 없다.

4) Rule
이 판결은 미국 연방대법원의 사법심사 권한을 선언한 판결로 유명하다.
- 무엇이 법인가를 판단하는 권한은 법원에 있다.
- 미국 연방헌법을 해석하는 권한도 연방대법원이 가진다.
  ("It is emphatically the province and duty of the judicial department to say what the law is. Those who apply the rule to particular cases, must of necessity expound and interpret that rule. If two laws conflicts with each other, the courts must decide on the operation of each")
- Marshall은 헌법도 법이고, 법원은 법을 해석하므로, 법원이 헌법을 해석하는 것이 타당하다고 주장하였다.
- 헌법은 연방법률보다 우선한다.

국인토지법이 UN헌장상의 인권관계규정인 제55조와 제56조 등에 위반된다고 주장한 것에 대해, UN헌장의 인권관계조항은 비자기집행적조약(non-self-executing treaty)으로서 의회의 이행입법이 없이는 법원이 그 조항을 그 자체로서 바로 적용할 수 없기 때문에 켈리포니아의 주법에 우선하여 적용될 수 없다고 판시하였다.

(3) 정치문제(political question)의 이론

미국에서 조약의 문제는 정치문제로 법원의 위헌심사로부터 제외되고 있다. 조약의 해석에 관한 한 법원은 행정부의 해석을 유권적인 것으로 간주하여야 한다.

이 이론은 미국의 권력분립원칙(separation of powers)에 따라, 미국 법원이 행정부나 의회의 대외관계에 관한 조치를 다시 심사하는 것을 회피하기 위한 이론이다.

미국연방대법원은 외교관계의 수행은 헌법에 의해 연방정부의 정치적 기관에 의해 수행되어야 하며, 그러한 권한의 행사가 적절하였는지 여부는 사법심사의 대상이 되지 않는다고 판시한 바 있다.[220)]

황금주 대 일본(Hwang Geum Joo v. Japan) 사건[221)]에서 미국 연방지방법원은 정치문제 이론을 주요 근거로 이 사건을 재판할 수 없다고 하였고, 미국 법무부의 동일한 취지의 의견서를 중요한 근거로 사용하였다.

(4) 국가행위이론(act of state doctrine)

미국 법원은 외국정부가 그 영토에서 취한 행위는 그 국가의 국가행위(act of state)이므로 그 행위에 대해서 사법심사를 하지 않는다는 이론이다.

이 이론은 국제예양(comity)에 따라 외국 법원의 판결을 미국 법원이 존중하고, 미국 법원의 판결을 외국 법원이 존중하는 것과 유사한 성격을 갖는다.

대표적으로 미국 연방대법원은 사바티노 사건(Banco National de Cuba v. Sabbatino et al)[222)]에서 국가행위이론을 적용하여 쿠바의 국가행위에 대해 사법판단을 하지 않았다. 이 사건은 1960년 쿠바가 미국계 기업을 국유화하면서 발생하였다. 피고 Farr회사는 뉴욕의 설탕브로커인데 미국계 쿠바의 설탕회사인 CAV와

---

220) United States v. Pink, 315 U.S. 203, 223~23(1942).
221) 172 F. Supp. 2d 52(D.D.C. 2001).
222) 376 U.S. 398(1964).

매입계약을 체결하였으나, 쿠바는 CAV를 국유화하여 Farr회사는 쿠바정부의 대리인과 새로이 계약을 체결하고 출항허가를 얻었다. 그런데 Farr회사는 쿠바국립은행에 설탕대금 지급을 하지 않고 뉴욕에 있는 CAV의 관재인인 Sabbatino에게 대금을 지급하자, 쿠바는 CAV가 국유화되어 설탕대금은 쿠바소유라고 주장하면서 미국의 연방지방재판소에 소송을 제기하였다. 연방지방재판소와 항소법원은 쿠바의 국유화는 국제관습법을 위반한 것으로서 적용될 수 없으며 국가행위(Act of State)이론을 적용할 수 없다고 판결하였다. 그러나 연방대법원은 쿠바의 국유화가 미국의 공공정책에 반하더라도 국가행위이론을 인정하는 것이 타당하다고 판시하면서 하급심 판결을 파기, 환송하였다.

미국 의회는 이 사건의 파기환송 심리 중에 대외원조법(Foreign Assistance Act of 1965)을 개정하여 국유화에 관한 국제법원칙을 위반한 국가행위에는 국가행위이론이 적용될 수 없도록 하여 하급심의 판결을 지지하였고, 하급심은 이 개정된 법에 따라 다시 쿠바에 불리한 판결을 내렸다.

국가행위이론에는 예외가 존재한다. 이미 보았듯이 의회가 명시적으로 예외를 요구할 경우, 미국 국무부가 예외를 요청할 경우 또는 외국의 국가행위가 인권침해와 관련된 것일 경우 등에는 국가행위이론을 적용하지 않는다.[223] 국가행위이론은 전쟁범죄 또는 보편적 관할권의 대상이 되는 범죄에 대해서는 적용되지 않는다.[224]

(5) 주권면제이론(Sovereign immunity doctrine)

국가행위와 유사한 이론으로서 주권면제이론이 있다. 주권면제이론은 특정국가의 법원은 외국정부나 외국정부의 기관을 자국 법원에서 재판할 수 없다는 이론으로서 주권평등의 원칙이 반영된 결과이다. 미국은 1812년 스쿠너 익스체인지호 사건(The Schooner Exchange v. McFaddon)[225]에서 외국정부에 대한 주권면제를 절대적으로 인정하였다. 1812년 범선(schooner) 익스체인지(Exchange)호가 미국해안을 항해하고 있었고 이 선박은 미국인 소유의 상선이었다. 그런데, 프랑스의 해군이 이 선박을 나포하여 프랑스의 군함으로 개조하였다. 그 후 날씨가 좋지 않아

---

223) Sean D. Murphy, supra note 26, pp. 286~289.

224) Rebecca MM Wallace & Olga Martin-Ortega, supra note 9, p. 61.

225) 11 U.S. 116(1812).

익스체인지호가 필라델피아에 입항했을 때 이 배의 원래 소유자들이 반환소송을 미국 법원에 제기하였다. 이에 대해 프랑스는 이 배가 프랑스의 군함이므로 황제의 무기로서 황제자신과 같이 주권면제를 향유하기 때문에 미국 법원의 재판관할권이 미치지 않는다고 주장하였다. 미국 연방대법원의 대법원장 존 마샬(John Marshall)은 국가의 영토관할권은 배타적이고 절대적인 것(exclusive and absolute)이지만 주권평등의 원칙(principle of sovereign equality)에 따라 한 주권국가가 다른 주권국가의 행위를 판단할 수 없다고 하였다. 따라서 익스체인지호의 반환소송을 재판할 수 없다고 하여 주권면제를 인정하였다. 그러나, 주의할 것은 이 사건에서 익스체인지호를 프랑스의 군함으로 개조하는 과정에서 프랑스의 국제법위반이 없었다는 것이다. 1822년의 산티시마 트리니다드(The Santissima Trinidad) 사건[226)]에서 스토리(Story) 대법관은 아르헨티나의 선박이 노략한 소유물에 대한 반환소송에서 이 선박이 국제법을 위반하였음을 이유로 주권면제를 인정하지 않았다. 즉, 아르헨티나의 선박의 행위는 사적 이익을 위한 약탈행위로서 국제법에 위반된다고 판단되었다.

익스체인지호 사건 이후 미국은 절대적 주권면제이론을 유지하다가 1952년 당시 미국 국무부 법률자문이었던 테이트(Tate)의 서한에서 제한적인 주권면제이론을 채택할 것을 밝혔고, 미국 의회는 1976년 '외국주권면제법(foreign sovereign immunity act, FSIA)'을 제정하여, 외국 정부에 대해 제한적인 주권면제를 허용하고 있다.[227)]

국가행위이론과 주권면제이론의 차이점은 국가행위이론이 외국정부의 그 영토 내에서의 국가행위를 국내재판소가 존중하여 사법심사의 대상으로 삼지 않는다는 것인 반면, 주권면제이론은 외국정부가 특정국가의 국내재판소에 피고로서 피소되었을 경우에 그 국내관할권으로부터 면제된다는 이론이다.

주권면제이론을 적용한 예로서, 일본정부를 상대로 일본군 위안부로서 피해를 입었던 원고들이 외국인불법행위배상법(ATCA)을 근거로 미국연방법원에 제소하였던 사건에서 미국 법원은 외국주권면제법을 근거로 일본 정부가 주권면제를 누리므로 원고들이 정당히 받아야 할 구제조치를 미국 법원이 취할 수 없다고 판시하였다.[228)]

그러나 이에 대해서는 집단살해죄, 전쟁범죄 등 국제법상 강행규범에 위반되

226) 20 U.S. 283, 1822.
227) 28 U.S.C. §§ 1330, 1602~1611(2000).
228) Hwang Geum Joo v. Japan, 172 F. Supp. 2d 52(D.D.C, 2001).

는 행위를 한 국가에 대해서는 주권면제를 부여해서는 안 된다는 유력한 반대의견이 있다.229) 이 견해에 의하면 강행규범을 위반하는 국가의 행위는 미국의 주권면제법의 예외 중 묵시적인 포기(implied waiver)를 구성한다고 주장하면서, 이러한 국가에 대해서는 미국 법원이 주권면제를 허용해서는 안 된다고 하는 입장이다. 현재는 아직 소수설의 견해이나 앞으로 인권의 존중의식이 강조되어감에 따라서 다수설의 견해로 바뀔 수 있고 미국 의회가 주권면제법을 개정하여 국제법상 강행규범을 위반한 국가에 대해서는 주권면제를 인정하지 않도록 할 가능성도 여전히 남아있다고 생각된다.

한편 국제적으로는 2004년 '국가와 그 재산에 대한 관할권면제에 관한 UN협약'230)이 UN총회에 의해 채택되었다. 이 협약은 국가에 대해 주권면제를 부여하고 있고, 국가의 상업적 활동 등에 대해서는 예외를 인정하지 않는 제한적 주권면제를 규정하고 있다. 그러나 현재 아직 발효되지 않았기 때문에 주권면제에 관한 국제법은 여전히 국제관습법의 영역에 남아있다고 할 수 있다.231)

(6) 합치의 추정

미국의 연방대법원은 1804년 '차밍 벳시호 사건(Murray v. The Schooner Charming Betsy)'232)에서 연방법률은 다른 해석이 가능할 경우 국제법에 결코 위반되게 해석되어서는 안 된다고 판시하였다. 차밍 벳시호 사건에서 1800년 6월 미국군함은 덴마크인의 소유인 차밍 벳시호가 미국인의 프랑스와 교역을 금지하고 있던 1800년의 비교역법(non-intercourse law)에 위반하였다는 이유로 이 선박을 나포하고 선박과 화물을 몰수하였다. 차밍 벳시호를 중립국인 덴마크인이 구입하였는데, 이 배를 프랑스가 나포하였다. 미국 해군이 이 배를 다시 나포하였는데, 미국은 이 배를 덴마크인이 구입한 것은 프랑스로의 재판매를 위한 위장 구입이라고 주장하면서 비교역법을 위반한 것이라고 주장하였다. 연방대법원은 미국의 의회가 비교역법에서 프랑스와의 '모든 상업적 교역(all commercial intercourse)'을 금지한다고 하였지만, 이 문언이 중립에 관한 국제법을 고려할 때 미국에서 배를 건조하여 중립

229) Princz v. Federal Republic of Germany, 26 F.3d 1166 사건에서 Wald 판사의 소수의견.
230) UN Convention on Jurisdictional Immunities of States and their Property, UN Doc. A/59/508 (2004).
231) Sean D. Murphy, supra note 26, pp. 266~267.
232) 6 U.S.(2 Cranch) 64, 118(1804).

국(덴마크) 거주자에게 판매하는 것까지 금지하는 것은 아니라고 하였다. 또한, 그러한 이유로 국제법상 이 선박은 나포의 대상이 아니라고 하면서 선박과 화물을 반환할 것을 명하였다. 다만, 나포에 따른 손해를 배상하게 하는 것은 지나친 것이라고 하면서 하급심의 판결 중 원래 피고인 머레이가 손해를 배상하도록 한 부분은 파기하였다.233)

4. 우리나라의 실행

(1) 국제관습법

다음으로 우리나라의 실행을 살펴보면, 헌법 제6조 1항은 "헌법에 의하여 체결・공포된 조약과 일반적으로 승인된 국제법규는 국내법과 같은 효력을 가진다"고 규정하여 조약과 일반적으로 승인된 국제법규, 즉 국제관습법을 국내법과 같은 효력을 가지는 것으로 명문으로 규정하고 있다. 우리나라에서 국제관습법은 바로 국내법으로서 적용된다고 할 수 있다.

(2) 조 약

우리나라의 헌법 제6조 1항에 따라 '헌법에 따라 체결・공포된 조약'은 우리나라의 국내법과 같은 효력을 가진다. 따라서 우리나라는 국제법과 국내법의 일원론의 입장에 있다고 할 수 있을 것이다.

그러면, 국내법과 국제법 중 어느 것이 우위인가에 대해서는 조약, 국제관습법이 헌법보다는 하위이나 국내 법률과 동위라고 보는 것이 다수설인 듯하다.

그 대표적인 근거로서 우리 헌법 부칙 제5조는 "이 헌법시행 당시의 법령과 조약은 이 헌법에 위배되지 아니하는 한 그 효력을 지속한다"고 규정한 점을 들 수 있다. 이를 볼 때, 헌법이 조약보다 우선한다고 보아야 한다는 것이다.

또한, 조약 중 일부가 국회의 체결・비준동의를 받도록 한 헌법 제60조를 볼 때 조약은 법률과 동위의 효력을 갖는 것으로 보는 것이 타당하다고 생각된다.

(3) 합치의 추정

우리나라의 경우에도 국제법과 국내법의 합치의 추정이론을 적용한 사례가

233) Id., at 125.

있다. 국제형사재판소규정을 비준하기 위하여 우리나라 정부에서 국내법과 국제형사재판소규정을 비교·검토하고 있을 때 우리나라 헌법 제84조와 로마규정 제27조의 충돌문제가 제기되었다.

우리 헌법 제84조는 "대통령은 내란 또는 외환의 죄를 범한 경우를 제외하고는 재직 중 형사상의 소추를 당하지 아니한다"고 정하고 있으나, 국제형사재판소규정(로마규정) 제27조 1항은 국가원수 또는 정부수반 등의 공적 지위는 어떠한 경우에도 그 개인을 이 규정에 따른 형사책임으로부터 면제시키지 아니하며, 또한 본질적으로 그리고 자동적으로 감형사유가 되지 아니한다고 규정하고 있고, 동조 2항은 "국내법상이든 또는 국제법상이든 어느 사람의 공적 지위에 따라 부여되는 면책 또는 특별한 절차상의 원칙은 재판소의 그 사람에 대한 관할권 행사에 장애가 되지 아니한다"라고 규정하여 우리 헌법 제84조와 로마규정 제27조가 충돌하는 것이 아닌가에 대한 의문이 제기되었다.

1) 로마규정 제27조(공적 지위의 무관련성)의 법적 성격

로마규정 제27조는 우리 헌법 제6조 1항의 '일반적으로 승인된 국제법규', 즉 국제관습법(customary international law)에 해당한다. 따라서 우리 헌법 제6조 1항의 규정에 의하여 '국내법과 같은 효력'을 가진다. 즉, 공적 지위의 무관련성 원칙은 현재 국제관습법으로 인정되는 '뉘른베르그재판소헌장과 재판소 판결에서 승인된 국제법원칙들' 중의 제3원칙에 해당한다. 그 후 동 원칙은 1994년 UN안전보장이사회 결의로 채택된 구 유고재판소(ICTY) 규정 제7조 2항, 르완다재판소(ICTR) 규정 제6조 2항에서 규정되었다. 또한, 로마회의 당시 동 원칙을 로마규정에 포함시키는 데 참가국들의 반대가 없었고[234] 이는 다시 한 번 동 원칙이 '일반적으로 승인된 국제법규', 즉 국제관습법임을 확인하는 것이다.

2) 우리 헌법규정과 로마규정 제27조와의 조화 문제

로마규정의 비준여부를 검토하는 과정에서 나타난 외교통상부의 검토의견에 따르면 우리 헌법을 개정하기보다는 로마규정 제27조와 우리 헌법 제84조가 합치하는 것으로 해석하는 방안으로 해결할 것을 제시하고 있다. 이 의견은 다음과 같은 이유로 타당하다고 판단된다.

위에서 보았듯이 로마규정 제27조는 국제관습법으로서 우리 헌법 제6조 1항에 따라 국내법과 같은 효력을 가진다. 이때 국내법과 같은 효력은 다수설에 의할

234) Loy S. Lee, The International Criminal Court(1999), p. 202.

때 헌법보다는 하위의 국내법과 같은 효력을 의미한다고 한다. 그러나 국내법과 같은 효력을 가진다는 점은 분명하고 이는 다시 말하면 국제관습법이 우리 국내법의 일부를 이룬다는 의미로 이해할 수 있다. 따라서 헌법을 포함하여 우리 국내법을 해석할 때는 우리 국내법의 일부로서 편입되어 있는 국제관습법을 비롯한 국제법에 합치하도록 해석해야 하는 의무가 우리 헌법 제6조에 근거하여 우리 정부에 대해 발생하게 된다. 즉, 우리 헌법 제84조를 해석함에 있어서 국제관습법인 로마규정 제27조의 내용에 합치하도록 해석해야 한다는 것이다.

또한, 국제법적으로 볼 때, 국제형사재판소가 관할대상 범죄로 하고 있는 집단살해죄, 인도에 반한 죄, 전쟁범죄, 침략범죄에 대해서는 이러한 행위를 범죄로서 처벌하는 것이 국제법상 강행규범(jus cogens)[235]으로 볼 수 있고, 그러하다면 우리 헌법 제84조를 해석함에 있어서 대통령이 집단살해죄 등을 범하더라도 재직중 형사소추를 받지 않는다고 해석한다면 국제법상 강행규범을 위반하는 결과가 될 수도 있을 것이다. 따라서 우리 헌법 제84조를 국제관습법인 로마규정 제27조에 합치하게 해석하여, 대통령이 집단살해죄 등 국제형사재판소 관할범죄를 범했을 때에는 재직 중이라도 형사상 면책특권을 향유할 수 없다고 해석하여야 한다.

3) 결 론

위에서 살펴본 바와 같이 우리 헌법 제84조는 로마규정 제27조에 부합하게 해석하는 것이 국제법적으로나 국내법적으로 타당하며, 우리의 헌법 개정절차가 대단히 어려운 현실을 감안하여 외교통상부의 의견과 같이 로마규정 제27조와 헌법 제84조가 합치되는 것으로 해석하는 방안으로 해결을 추진하였고, 그 결과 로마규정에 헌법의 개정 없이 비준할 수 있었다.

합치의 추정이론을 이용하면 결과적으로 국제법이 국내법보다 우위에 서는 결과가 된다. 또한 우리나라도 국제관습법상 인정되는 주권면제원칙을 인정하고 있다.

---

235) 국제법상 강행규범은 비엔나 조약법협약 제53조에 의하면 “어떠한 일탈도 허용되지 않으며, 또한 사후에 발생한 동일 성질의 일반 국제법규범에 의해서만 변경될 수 있는 규범으로서, 국제사회 전체에 의하여 수락되고 또한 승인된 규범”이라고 정의된다.

5. 프랑스의 실행

프랑스 헌법 제55조에 의해 조약과 국제협정은 그 공포 이전의 국내법률보다 우위에 선다. 프랑스의 조약과 국제협정은 프랑스 국내법률과 대등한 효력을 가지고 있다.[236] 이 점에서 프랑스는 국제법과 국내법의 관계이론 중 일원론의 입장을 취하고 있다.

특히, 최근의 프랑스 법원은 조약과 국제협정이 그 이전의 국내법률보다 우위일 뿐만 아니라, 조약이나 국제협정보다 나중에 공포되는 국내법률보다도 우위라는 입장을 나타내고 있다.[237] 이는 조약이 국내법률보다 우위에 서는 입장을 나타내는 것이다.

프랑스에서는 합치의 추정이론이 존재하지 않는다.[238]

6. 독일의 실행

독일 기본법(Basic Law) 제25조에 의하면, 국제법의 일반적 규칙(general rules of public international law)은 독일 연방법의 일부(integral part)를 구성한다.[239] 국제법의 일반적 규칙은 국제관습법으로 볼 수 있고, 따라서 국제관습법은 독일 국내법으로의 변형절차 없이 바로 적용될 수 있다. 이러한 점에서 독일은 일원론의 입장에 가까운 실행을 보이고 있다.

그러나 조약의 국내법으로의 변형에 대해서는 위의 국제관습법의 경우처럼 일반적인 조항이 기본법에 존재하지 않는다.[240] 조약 중에서 의회의 승인을 필요로 하는 조약은 그 조약의 국내법적 효력과 적용을 수립하는 승인법안(bill of approval)에 의해 국내법으로 편입되게 된다.[241] 입법사항을 규율하는 명목적인 조약(Normative treaty)은 연방정부가 명하는 명령에 의해 이행되는 경우도 있다.[242] 다른 조약은 명시적인 승인이나 적용명령 없이 공포 후에 효력이 발생한다.[243] 이러한 점에서

236) ASIL, National Treaty Law and Practice, p. 13.
237) Id.
238) Id.
239) Id., p. 44.
240) Id.
241) Id.
242) Id.

독일은 조약에 관해서도 일원론에 가까운 입장을 취하고 있다고 볼 수 있다.

조약과 국내법의 우선순위는 어떠한가? 조약은 독일의 국내법률과 대등하거나 우위에 있다고 판단된다. 조약 중에서는 승인법안에 의해 국내적으로 효력을 발생하는 것이 있고, 이 승인법안이 의회를 통과하면 독일의 국내법률인 승인법(law of approval)에 의해 조약은 국내적 효력을 갖게 된다. 승인법이 필요없는 조약이라도 기존의 독일 국내법에 저촉되거나 새로운 입법을 요하는 경우에는 별도의 이행법(law of execution)이 제정되어 그 조약의 국내적 이행을 확보하게 된다.[244] 이 경우에도 해당조약은 독일의 국내법률과 대등하거나 우위의 효력을 가지게 된다. 만일 승인법도 필요하고 이행법도 필요한 조약인 경우에는 이 두 법을 모두 제정하여야 한다.[245]

경우에 따라서는 조약의 이행을 위해 독일의 기본법(헌법)을 개정하는 법률을 채택하기도 한다. 예를 들어, 독일은 국제형사재판소규정의 국내적 이행을 위해 독일 헌법 제16조를 개정하는 법률을 2000년 12월 2일 제정하였다.[246] 이는 독일 헌법 제16조가 자국민의 범죄인인도를 금지하고 있기 때문에 국제형사재판소와의 협력을 위해 개정이 필요하였기 때문이다. 이 경우에는 조약이 사실상 독일 헌법보다 우위에 있는 경우라고 할 수 있다.

7. 일본의 실행

일본헌법 제98조 2항은 "일본국이 체결한 조약 및 확립된 국제법규는 이것을 성실하게 준수함을 요한다"라고 규정하고 있으나, 그 국내적 수용의 방식이나 국내법적 지위에 대해서는 명백히 하고 있지 않다.[247]

일본정부는 조약은 보통 이것을 공포하기만 하면 즉시 국내법으로서의 효력을 가지며, 따로 국내법으로 변형할 필요가 없다는 태도를 취하고 있다.[248]

조약의 국내법적 지위에 대한 대부분의 일본학자의 견해는 일본헌법이 국제

243) Id.
244) Id., p. 51.
245) Id.
246) Claus Kress et al, The Rome Statute and Domestic Legal Orders 131(Volume Ⅱ, 2005).
247) 이한기, 국제법강의, p. 141.
248) Id.

법의 성실한 준수를 강조하고 있음을 이유로 조약에 적어도 법률에 우선하는 효력을 인정해야 한다는 것이다.[249]

8. 소 결

이한기 교수는 국제법과 국내법의 관계에 관한 각국의 실제에 대해 다음과 같은 경향이 있음을 지적한다.

(1) 대부분의 민주주의 국가는 “International law is a part of the law of the land(국제법은 국내법의 일부이다)”라는 원칙을 채용하고 있다.

(2) 국제법의 국내적 효력을 인정하는 경우 이것을 국내법체계 중의 어느 지위에 놓느냐에 관해서는 각국의 행태가 다양하다. 대략 다음 다섯 가지 유형으로 분류할 수 있다.

1) 프랑스형: 헌법, 조약, 법률의 순위로 하는 방식
2) 미국형: 헌법은 제1위, 법률과 조약은 다 같이 제2위로서 동위관계로 하는 방식
3) 영국형: 헌법, 법률, 조약의 순위로 하는 방식
4) 오스트리아형: 조약을 그 비준에 국회의 3분의 2의 다수를 요하는 것과 2분의 1로서 족한 것의 2종으로 나누어, 전자의 경우는 조약과 헌법이 동위, 후자의 경우는 조약과 법률을 동위로 하는 방식
5) 네덜란드형: 역시 조약을 오스트리아형과 같이 2종으로 나누어 전자의 조약은 헌법의 상위, 후자의 조약은 법률의 상위로 하는 방식

그 이외에도 독일에서는 조약이 국내법률과 대등하거나 우위에 있다.

이미 살펴본 바와 같이 국제법과 국내법의 관계에 관한 이론과 각 국가 및 국제기구의 실행을 종합하여 볼 때, 국제법은 국제사회에서 국내법보다 우선적인 지위를 가지고 존중되나, 국제법이 국내적으로 직접적인 효력을 갖기 위해서는 각국의 헌법을 정점으로 한 국내법 질서에 편입되어야 한다고 생각된다.

---

249) Id., p. 143.

Ⅳ. 조약과 행정협정

1. 의 의

오늘날, 조약은 법적 구속력이 있는 것으로 의도되고 국제법에 의해 규율되는 국가 간의 또는 국가와 국제기구 및 국제기구 상호 간의 합의라고 정의된다. 조약이라는 말은 광의의 의미와 협의의 의미로 사용된다. 협의로는 특히 조약이라는 이름이 붙은 것만을 가리킨다. 광의로는 협약, 조약, 헌장, 협정 등 명칭이야 어떤 것이든 국가 간의 또는 국가와 국제기구 및 국제기구 상호 간의 명시적 합의를 의미한다.

그러나 미국의 조약체결절차에서는 조약(treaty)이라는 이름을 사용하는 국제적 합의는 미국 상원의 권고와 동의를 받아 대통령이 체결하는 것이고, 행정협정(executive agreement) 또는 협정(agreement)이라는 이름을 사용하는 국제적 합의는 상원의 권고와 동의 없이 대통령이 체결하는 것을 의미한다.

미국 헌법 제2조 2항 2절은 "대통령은 상원의 권고와 동의(advice and consent)에 의하여 조약(treaties)을 체결하는 권한을 가진다. 다만, 그 권고와 동의는 출석의원의 3분의 2 이상의 찬성이 있어야 한다. …"고 규정하고 있다. 다만, 헌법 제2조 2항 2절 자체는 조약에 관한 정의를 하지 않고 단지 조약의 체결권자는 대통령이며 조약을 체결하기 위해서는 미국 상원의 동의를 받아야 함을 규정하고 있다. 미국 헌법의 기초자들은 조약은 국제법과 관행에 의해 이미 잘 알려진 것이기 때문에 조약의 정의를 할 필요가 없다고 생각했다.[250)]

그런데 미국의 헌법이 조약(treaty)만을 규정하고 조약의 체결을 위해 상원의 권고와 동의를 받아야 한다고 규정하고 있음에도 불구하고, 미국은 건국 초기부터 상원의 동의를 받지 않는 국제적 합의를 많이 체결하였다. 이렇게 상원의 동의를 받지 않고 대통령이 체결한 국제적 합의를 조약(treaty)과 구별하여 행정협정(executive agreement)이라고 부른다. 미국 의회의 한 연구보고서에 의하면 1989년 현재로 미국은 당시에 유효한 890개의 조약과 5,117개의 행정협정의 당사국이라고 한다.[251)]

---

250) Louis Henkin, Foreign Affairs and the United States Constitution(2nd ed. 1996), p. 184 참조.
251) Id., p. 492.

이를 통해 볼 때, 미국이 체결한 국제적 합의의 명칭에 '조약(treaty)'이라는 이름을 사용하면 상원의 조언과 동의를 받아야 하는 것으로 알 수 있고 '협정(agreement)'이라는 이름을 사용하면 상원의 조언과 동의를 받지 않아도 되는 것임을 알 수 있다.

역사적인 예를 한 가지 들면, 미국의 국무장관이었던 존 헤이(John Hay)는 1904년 11월과 1905년 2월 사이에 프랑스, 독일, 영국 등 11개 국가 정부와의 일련의 중재조약에 미국 정부를 대표하여 서명하였다.[252] 그런데 헤이중재조약에 공통된 제2조는 1899년 국제분쟁의 평화적 해결을 위한 협약 제31조에서 요구하는 '관할합의(compromis)'를 '협정(agreement)'이라는 용어를 사용하여 나타내고 있었다.[253] 이 용어는 미국 상원의 권고와 동의를 구할 필요 없이 미국 대통령과 국무장관이 외국 정부와 단순히 외교 각서를 교환함으로써, 즉 행정협정을 체결함으로써 중재를 위한 관할합의(compromis)를 체결할 수 있도록 하는 것이었다.[254] 그러나 미국 상원은 10개의 헤이 중재조약 비준에 권고와 동의를 부여하면서, 헤이조약의 공통된 제2조의 협정(agreement)이라는 용어를 조약(treaty)이라는 용어로 개정하였다.[255] 이로써, 미국 상원은 어떠한 중재 관할합의(compromis)도 미국 상원의 권고와 동의를 받도록 요구하였다. 이에 대해 테오도어 루즈벨트(Theodore Roosevelt) 대통령은 상원의 개정이 조약의 비준동의를 거부한 것과 같다고 간주하였고, 상원이 중재관련 국제협정을 교섭하고 체결하는 대통령의 헌법상 행동의 자유를 침해하였다고 간주하여 헤이의 중재조약을 비준하지 않았다.

이러한 역사적 사례를 볼 때 행정협정은 조약체결에 관한 미국 대통령과 상원의 헌법상 권한과 관련된 것으로서 행정협정의 종류, 국내법적 효력, 행정협정의 제한방법 등을 다음에서 살펴보고자 한다.

2. 행정협정의 종류

(1) 의회의 승인을 얻은 행정협정(Congressional-Executive agreement)

의회의 승인을 얻은 행정협정(이하 '의회행정협정'이라고 한다)은 미국의 상원과

252) 프란시스 앤서니 보일, 세계질서의 기초, pp. 55~56.

253) Id., p. 56.

254) Id.

255) Id.

하원의 공동결의(joint resolution)에 의해 사전 또는 사후에 승인을 얻어 대통령이 체결하는 국제협정을 의미한다. 조약이 상원의 3분의 2의 다수결에 의한 권고와 동의를 얻어 체결되는 반면, 의회행정협정은 상원의 과반수와 하원의 과반수를 얻어 통과되는 공동결의를 통해 의회의 승인을 얻고 대통령이 체결하는 것이다. 미국 의회(Congress)는 우편관계, 외국과의 통상, 대외원조, 원자로(nuclear reactors) 등 주제에 관한 국제협정을 대통령이 교섭하고 체결하는 것을 승인하였다.[256] 또한, 제2차 세계대전 후, 미국 의회는 대통령이 이미 교섭하였던 UN과의 본부협정과 세계은행(World Bank)과 국제금융기금(International Monetary Fund) 등 여러 국제기구를 설립하는 다자 협정을 승인하였다.[257] 어떤 경우에는 대통령이 이미 체결한 국제협정상의 의무를 이행하기 위해 의회가 이행입법을 채택한다든지 예산을 편성하여 준다든지 하는 방법으로 대통령의 행정협정 체결을 승인하여 주기도 한다.[258]

이러한 의회행정협정의 미국 헌법상 근거는 불명확하다. 그러나 현재 의회행정협정이 미국 헌법에 합치한다는 것은 널리 인정되고 있고, 실제로 의회행정협정은 많이 사용되고 있다.[259]

(2) 단독행정협정(sole executive agreement)

단독행정협정은 미국 대통령이 미국 상원의 동의나 의회의 승인 없이 단독으로 체결하는 국제협정을 의미한다. 미국 대통령은 많은 단독행정협정을 체결하여 왔으며 대통령이 단독행정협정을 체결할 수 있는 권한이 있다는 것은 널리 인정되고 있다.[260] 단독행정협정을 대통령이 체결할 수 있는 근거로서는 두 가지를 생각할 수 있다. 첫째는 대통령이 조약(treaty)을 집행하기 위해 세부적인 내용을 행정협정으로 체결할 수 있다는 것이다. 예를 들어, 한국과 미국 간의 상호방위조약을 집행하기 위해 주한미군의 지위협정(SOFA)을 단독행정협정으로 대통령이 체결하는 것이 가능하다. 둘째로, 미국 헌법상 대통령의 권한을 행사하기 위해 단독행정협정이 가능하다는 것이다. 예를 들어, 미국 헌법상 대통령은 군대의 최고사

256) Louis Henkin, supra note 250, p. 215.
257) Id.
258) Id., p. 216.
259) Id., pp. 216~218.
260) Id., p. 219.

령관(Commander in Chief)이기 때문에 휴전협정을 단독행정협정으로 체결할 수 있다고 한다.[261] 미국 연방대법원도 벨몬트(United States v. Belmont) 사건에서 대통령이 단독행정협정을 체결할 수 있음을 판시하였다.[262]

3. 미국 연방대법원의 행정협정관련 판례

(1) 벨몬트(United States v. Belmont) 사건

벨몬트(Belmont) 사건은 미국정부가 뉴욕의 은행가인 오거스트 벨몬트(August Belmont)를 상대로 러시아회사(Petrograd Metal Work)가 벨몬트에게 맡겨둔 금액($25,438)을 반환해 줄 것을 미국 연방법원에 제소한 사건이다.[263] 피고인 벨몬트는 1924년에 사망하였고 그의 유언집행인이 피고가 되었다. 이 사건의 러시아회사는 1918년 이전에 관련 금액을 벨몬트에게 예치하였다. 1918년 소련은 그 러시아회사를 국유화하였고 따라서 그 예치금은 소련정부의 소유가 되었다.[264] 그런데, 1933년 11월 16일 미국과 소련 간의 리트비노프 협정(Litvinov Agreement)이 단독행정협정으로 체결되었고 이 협정은 미국정부와 소련정부 상호 간의 청구권문제를 해결하기 위한 것이었다. 이 협정에 따라 소련정부가 미국인에 대한 청구를 요청하지 않는 대신 미국정부가 청구권을 행사하고, 미국정부가 이렇게 회수한 금액을 소련정부에게 알려서 양국 간의 상호 청구권문제를 해결하는 데 도움이 되도록 하였다.[265] 하급심 법원에서는 소련의 국유화법을 집행하는 것이 뉴욕주의 공공정책(public policy)에 반하므로 원고인 미국정부의 요청을 인정할 수 없다고 하였으나, 연방대법원은 리트비노프협정이 행정협정이지만 헌법상 조약과 같이 연방헌법 제6조 2항상 주의 법보다 우선하며, 리트비노프협정이 미국 대통령의 권한인 국가의 승인(recognition of state)과 외교관계의 수립 등을 집행하기 위한 것으로서 대통령이 상원의 권고와 동의가 없이 체결할 수 있는 국제협정이라고 판시하였다.[266] 따라서, 이 사건을 통해 연방대법원은 미국 대통령이 상원의 동의 없

261) Id., p. 220.
262) 301 U.S. 324, 330－1(1937).
263) Mark W. Janis & John E. Noyes, International Law 189(2nd ed. 2001).
264) Id.
265) Id., pp. 189~190.
266) Id., pp. 190~191.

이 단독으로 행정협정을 체결할 수 있음을 명백히 하였다.

(2) 핑크(United States v. Pink) 사건

벨몬트 사건과 유사한 사건으로서 United States v. Pink 사건[267]을 들 수 있다. 제정러시아의 법에 의해 설립된 러시아 보험회사(The First Russian Insurance Co.)가 1907년에 뉴욕에 지점을 설립하였는데, 뉴욕의 법에 따라 상당액의 금액을 보험감독 당국에 예치하였다.[268] 1918년 소련정부는 모든 소련의 보험회사를 국유화하고 이들 보험회사가 가진 채무의 지급을 거절하였다.[269] 이 사건의 러시아 보험회사 뉴욕지점은 1925년까지 영업을 계속하다가 피고인 Pink가 뉴욕주의 법원의 명령에 따라 이 회사의 재산을 관리하면서 보험청구금의 지급 등을 하였다.[270] Pink가 모든 보험청구금을 지급하였음에도 자산이 백만불 이상 남게 되었고 1931년 뉴욕의 항소법원은 이 금액을 외국의 채권자 등에게 지급할 것을 명령하였으나, 미국 정부가 리트비노프협정을 근거로 이 자산을 1934년 11월부터 확보하려고 하였다.[271] 이에 대해 연방대법원은 이 자산을 미국정부가 소유할 권리가 있다고 판시하였다.[272]

(3) 데임스(Dames & Moore v. Regan) 사건

비교적 근래에 단독행정협정을 인정한 판례로서 Dames & Moore v. Regan 사건[273](이하 데임스 판결이라 한다)을 들 수 있다. 이 사건은 이란인질사건(Iran Hostage crisis)과 관련하여 카터(Carter) 대통령이 이란 정부와 단독행정협정인 알지에(Algiers)협정을 체결하여 양국 사이의 일부 청구권은 소멸시키고 일부 청구권은 특별재판소를 설치하여 해결하려 한 조치에서 발생한 것이다. 이 협정은 레이건(Regan) 행정부에 의해서도 확인되었고, 미국은 이 협정에서 미국 시민이 이란 정부에 대해 인질사건과 관련한 손해배상을 청구하는 소송을 미국의 법원에서 접수하지 않기로 합의하였다.[274] 원고인 데임스(Dames & Moore) 회사는 1979년 이란정

267) 315 U.S. 203(1942).
268) L.C. Green, International Law through the Cases (3rd ed. 1970) p.48.
269) Id.
270) Id.
271) Id.
272) Id.
273) 453 U.S. 654(1981).

부 등을 상대로 캘리포니아에 있는 미국 연방법원에 소송을 제기하여 이란 정부가 계약을 위반하여 손해를 입었다는 이유로 배상을 청구하였고 지방법원은 이를 인정하였다.275) 그런데 미국 정부는 Algiers협정을 이행하기 위해 행정명령을 내렸고 이에 의해 미국의 관할권 아래 있는 모든 이란정부의 재산과 재산상 이익을 이전하는 것 등을 금지하였다.276) 이에 따라, 지방법원은 원고에게 내려졌던 기존의 재산압류명령을 취소하였고 원고는 이에 대해 항소하였다. 미국 연방대법원은 대통령의 단독행정협정의 유효성과 행정명령의 유효성을 인정하여 원고의 주장을 받아들이지 않았다.277) 미국 연방대법원은 이란과의 청구권분쟁 해결이 대통령의 외교에 관한 권한의 범위에 포함되며, 대통령은 역사적으로 국제적 청구권분쟁을 단독행정협정을 통해 해결하여 왔으며, 의회는 이러한 관행을 묵인하고 많은 단독행정협정을 이행하여 왔다고 판시하였다.278)

4. 행정협정의 미국 국내법적 효력

위의 벨몬트 사건에서 알 수 있듯이 행정협정은 미국의 국내법(law of the Land)으로 인정되고 주(State)의 법보다 우선한다. 이는 비록 미국 연방헌법 제6조 2항이 '조약(treaty)'은 미국의 최고법이며 이와 다른 주의 법보다 우선한다고 명시적으로 규정하고 있으나, 행정협정도 미국의 최고법이며 주의 법보다 우선한다는 것을 미국 연방대법원이 판결을 통해 확인한 것을 의미한다. 위에서 보듯이 벨몬트 판결 이후에도 핑크(Pink) 판결과 데임스 판결에서도 행정협정이 미국의 최고법이며 주의 법보다 우선한다는 원칙은 계속 확인되었다.279) 또한, 행정협정은 미국 헌법 제6조 2항에 따라 미국 의회가 제정한 법률과 대등한 효력을 가지며 양자 간에는 신법 우선의 원칙(last in time prevails)이 적용된다.280)

274) Louis Henkin, supra note 250, p. 221.
275) Mark W. Janis & John E. Noyes, supra note 263, pp. 201~202.
276) Id.
277) Id., pp. 202~206.
278) Louis Henkin, supra note 250, p. 221.
279) Francis A. Boyle, Defending Civil Resistance Under International Law (Transnational Publisher, 1987) pp. 31－32.
280) Id. 또한 Louis Henkin, supra note 250, p. 228 참조.

5. 행정협정의 제한

미국 대통령이 행정협정을 체결할 수 있는 범위는 미국 헌법상 명확하지 않기 때문에 강력한 대통령은 광범위한 범위의 행정협정을 체결할 수도 있다.281) 또한, 행정협정을 체결하는 데 있어서 특정한 형식적 요건도 없는 듯하다. 따라서 행정협정은 대통령이 직접 서명할 수도 있고, 국무장관, 대사 또는 그보다 하위의 관리들도 위임을 받은 경우에는 행정협정에 서명할 수 있다.282) 더구나, 행정협정은 정부기관 간의 약정(agency level agreement)의 형식으로 체결할 수도 있고 구두의 합의(oral agreement)로도 체결할 수 있다.283)

이러한 행정협정에 대한 견제수단으로는 헌법 자체에서는 대통령의 행정협정 체결권한을 명확히 규정하지 않고 있기 때문에 미국의 헌법적 전통과 기타 정치적 견제수단으로서 대통령의 행정협정 체결을 제한할 수 있다.284) 또한, 미국 의회는 대통령이 행정협정 체결을 남용하지 못하도록 체결되는 모든 행정협정을 의회에 알리도록 하였다. 즉, 미국 의회는 1972년의 케이스 법(Case Act)을 제정하여 미국 행정부에게 체결하는 모든 행정협정을 60일 이내에 보고할 것을 요구하고 있다.285) 그리고 만일 60일 이내에 행정협정의 전문(text)을 보고하지 않으면

281) Louis Henkin, supra note 250, p. 224.

282) Id.

283) Id.

284) Id.

285) Case Act (1 USC Sec. 112b)는 Case-Zablocki Act라고도 한다. 이 법의 원문은 다음과 같다
Sec. 112b. United States international agreements; transmission to Congress

(a) The Secretary of State shall transmit to the Congress the text of any international agreement (including the text of any oral international agreement, which agreement shall be reduced to writing), other than a treaty, to which the United States is a party as soon as practicable after such agreement has entered into force with respect to the United States but in no event later than sixty days thereafter. However, any such agreement the immediate public disclosure of which would, in the opinion of the President, be prejudicial to the national security of the United States shall not be so transmitted to the Congress but shall be transmitted to the Committee on Foreign Relations of the Senate and the Committee on Foreign Affairs of the House of Representatives under an appropriate injunction of secrecy to be removed only upon due notice from the President. Any department or agency of the United States Government which enters into any international agreement on behalf of the United States shall transmit to the Department of State the text of such agreement not later than twenty days after such agreement has been signed.

(b) Not later than March 1, 1979, and at yearly intervals thereafter, the President shall,

보고할 때까지 미국 의회는 이와 관련한 예산의 집행을 정지한다.[286]

6. 주한미군지위협정(한미 SOFA)의 체결절차 비교

주한미군지위협정은 미국 측에게는 행정협정 특히 대통령이 단독으로 체결한 행정협정이며, 그 체결근거는 1953년 한미상호방위조약 제4조이다.[287] 따라서 한미 SOFA는 미국 상원의 권고와 동의를 받지 않았다. 그러나 우리나라에서는 한미 SOFA가 처음 체결될 때인 1966년 우리나라 국회의 비준동의를 받았다. 또한, 2001년 한미 SOFA가 개정될 때에도 국회의 비준동의를 받았다. 그 이유는 미국과 달리 우리나라는 조약과 행정협정의 구별이 없고 우리 헌법 제60조 1항에 따라 동 항에 규정된 8가지 유형의 조약에 해당하면 국회의 체결 · 비준 동의를 받아야 하기 때문이다. 헌법 제60조 1항은 "국회는 상호원조 또는 안전보장에 관한 조약, 중요한 국제조직에 관한 조약, 우호통상항해조약, 주권의 제약에 관한 조약, 강화조약, 국가나 국민에게 중대한 재정적 부담을 지우는 조약 또는 입법사항에 관한 조약의 체결 · 비준에 대한 동의권을 가진다"고 규정하고 있으며, 한미 SOFA는 '주권의 제약에 관한 조약' 또는 '입법사항에 관한 조약'에 해당하여 국회의 비준동의를 받은 것으로 판단된다.

---

under his own signature, transmit to the Speaker of the House of Representatives and the chairman of the Committee on Foreign Relations of the Senate a report with respect to each international agreement which, during the preceding year, was transmitted to the Congress after the expiration of the 60day period referred to in the first sentence of subsection (a), describing fully and completely the reasons for the late transmittal.

(c) Notwithstanding any other provision of law, an international agreement may not be signed or otherwise concluded on behalf of the United States without prior consultation with the Secretary of State. Such consultation may encompass a class of agreements rather than a particular agreement.

(d) The Secretary of State shall determine for and within the executive branch whether an arrangement constitutes an international agreement within the meaning of this section.

(e) The President shall, through the Secretary of State, promulgate such rules and regulations as may be necessary to carry out this section.

286) Pub. L. 100-204, title 1, Sec. 139, Dec. 22, 1987, 101 Stat. 1347.

287) Louis Henkin, supra note 250, p. 502. 또한, 한미 SOFA 전문(preamble) 참조.

V. 자기집행조약과 비자기집행조약

1. 의 의

미국 헌법 제6조 2항이 '모든 조약'이 미국의 최고법임을 규정하고 있음에도 불구하고, 미국의 연방대법원은 판례를 통해 자기집행조약과 비자기집행조약을 구별하였다.[288] 자기집행조약은 미국 재판소가 어느 조약의 국내적 실시에 있어서 따로 국내법에 의한 구체화가 없더라도 내용상 그 형태 그대로 국내법으로서 직접 적용할 수 있다고 판단한 조약이다.[289] 이에 비해 비자기집행조약은 미국 의회가 국내법에 의한 구체화를 하기 전에는 국내적으로 집행될 수 없는 조약이다. 포스터(Foster & Elam v. Neilson) 사건에서 마샬(Marshall) 연방대법원장은 조약을 두 종류로 나누어 하나는 조약규정상 '스스로 작동하는(operates of itself)' 조약이며, 다른 하나는 '특정행위를 수행할 것(to perform a particular act)'을 약속하는 조약이라고 하였다.[290]

자기집행조약의 효력을 인정받은 사례로서 미주리 대 홀란드(Missouri v. Holland)[291]를 들 수 있다. 이 사건에서 미국과 캐나다가 철새보호조약을 체결하자, 미국의 미주리 주가 연방정부는 그러한 조약을 체결할 권한이 연방헌법상 없기 때문에 미국 연방헌법의 제10수정헌법을 위반하였다고 제소하였다. 미국 연방대법원은 철새의 이동성을 고려할 때 철새의 보호는 연방의 권한에 해당한다고 보았고, 이 조약이 제10수정헌법에 위반되지 않는다고 하였다. 또한, 연방대법원은 미국과 캐나다 간의 철새보호조약이 미주리 주의 헌법보다 우선한다고 판시하였다.

2. 비자기집행조약의 종류

미국에서 비자기집행조약으로서 인정되는 것으로 첫째, 세출예산의 집행을 요구하는 의무를 부과하는 조약, 둘째, 특정행위를 형사적으로 처벌해야 하는 의무를 부과하는 조약, 셋째, 전쟁에 참여할 의무를 부과하는 조약, 넷째, 인권의 보

288) Foster & Elam v. Neilson, 27 U.S.(2 Pet.) 253(1829).

289) 이한기, 국제법강의, p. 139 참조.

290) Louis Henkin, supra note 250, p. 199.

291) 252 U.S. 416(1920).

호의무를 부과하는 조약 등을 들 수 있다. 다음에서는 이러한 비자기집행조약의 인정근거 등에 대해 자세히 살펴보기로 한다.

(1) 세출예산의 집행을 요구하는 조약

조약만으로는 미국의 세출예산의 집행을 직접 할 수 없다. 미국 연방헌법 제2조 9항 7절은 "국고금은 법률로서 정한 세출예산에 의하지 아니하고는 이를 지출할 수 없다(No Money shall be drawn from the Treasury, but in Consequence of Appropriations made by Law)"고 명시적으로 규정하고 있고 조약은 이 조항에서의 "법률"이 아니기 때문이다.[292] 따라서, 미국의 재정적 부담을 요구하는 조약은 비자기집행조약으로 보아야 한다.[293]

(2) 특정행위를 형사적으로 처벌해야 하는 의무를 부과하는 조약

미국에서 조약 자체로서 형사적으로 처벌하는 행위를 제정할 수 없다. 예를 들어, 집단살해행위나 고문행위를 형사적으로 처벌하도록 한 집단살해방지협약(Genocide Convention)이나 고문방지협약(Torture Convention)상의 의무를 이행하기 위해서는 반드시 미국 의회의 이행법률 제정 등이 필요하다.[294] 즉, 이러한 조약상의 의무를 국내적으로 이행하기 위해서는 미국 의회의 조치가 필요하기 때문에 이러한 조약은 비자기집행조약이 된다.

(3) 전쟁에 참여할 의무를 부과하는 조약

미국 의회의 선언이나 기타 승인조치 없이 조약만으로 미국이 전쟁에 참여할 의무를 부과할 수 없다.[295] 따라서 이러한 조약은 비자기집행조약이라고 할 수 있다. 미국 연방헌법 제1조 8항 11절은 "전쟁을 선언하고 포획인허장을 수여하고, 육상 및 해상의 포획에 관한 규칙을 정하는 것"이 의회의 권한임을 선언하고 있다. 또한, 1953년의 한미상호방위조약 제3조는 "각 당사국은 타 당사국의 행정지배 하에 있는 영토와 각 당사국이 타 당사국의 행정지배 하에 합법적으로 들어갔다고 인정하는 금후의 영토에 있어서 타 당사국에 대한 태평양 지역에 있어서의

---

292) Id., p. 203.

293) Id.

294) Id.

295) Id.

무력공격을 자국의 평화와 안전을 위태롭게 하는 것이라고 인정하고 공통한 위협에 대처하기 위하여 각자의 헌법상의 수속에 따라 행동할 것을 선언한다"고 규정하여 무력공격이 발생할 경우 각자의 헌법상 절차에 따라 전쟁에 참여할 수 있음을 밝히고 있다. 따라서 만일 미국이 전쟁에 참여하기 위해서는 미국 연방헌법에 따라 미국 의회의 선언이나 승인이 있어야 할 것이다.

한편, 한미상호방위조약은 동 조약 제5조에 따라 한미 양국이 워싱턴에서 비준서를 교환함으로써 1954년 11월 18일 양국에 대해 효력이 발생하였다. 이때 독도는 이미 우리나라의 행정 지배하에 있는 영토였다. 1948년 8월 15일 정부수립 이래 대한민국 정부는 독도에 대한 실효적 지배권과 관할권을 계속 행사하고 있었다. 미국은 1949년 1월 1일부로 대한민국 정부를 정식 승인하였는데, 이는 UN 총회 결의 제195(Ⅲ)호에 기초한 것이었고, 동 결의는 독도를 대한민국의 영토로 포함하고 있었던 것으로 볼 수 있다. 더구나, 1953년 7월 23일 민병대령에 근거한 독도의용수비대가 적어도 1954년 5월부터는 이미 독도에 주둔하여 일본으로부터 독도를 수호하고 있었다. 즉, 한미상호방위조약이 서명되고 발효되는 시점에 독도는 대한민국 정부가 실효적 지배권과 관할권을 행사하고 있었고, 행정지배(administrative control)하고 있었다. 그 이후 현재까지 우리나라의 독도에 대한 주권과 행정 지배는 계속 유지되고 있다.[296)]

대한민국 정부도 독도가 한미 상호방위조약의 대상에 포함된다는 입장을 확인한 바 있다.[297)] 이는 우리 영토인 독도에 대해 외국이 무력행사를 할 경우 미국이 여기에 공동대처해야 하는 조약상 의무를 갖는다고 우리 정부가 해석하고 있다는 뜻이다.[298)]

북대서양조약(North Atlantic Treaty)에 관한 상원외교위원회에서 당시 미국 국무장관이었던 딘 애치슨(Dean Acheson)은 북대서양조약이 미국을 자동적으로 전쟁에 개입시키는 것은 아니라고 주장하였다.[299)] 그는 미국 헌법상 의회만이 전쟁을 선언할 권한이 있다고 하였다.[300)]

---

296) 김영석, "1948년 UN총회 결의 195(III)호와 우리나라의 독도에 대한 영유권", 이화여자대학교 법학논집 제19권 제2호 (2014. 12) p. 499.

297) 정부, '독도, 한미방위조약 적용대상' 입장확인, 연합뉴스, 2014년 4월 24일자.

298) Id.

299) Louis Henkin, supra note 250, p. 479 n. 106 참조.

300) Id. 미국 상원외교위원회의 북대서양조약에 관한 청문회(1949) 참조.

(4) 인권의 보호의무를 규정한 조약

국제인권규약 B규약(International Covenant on Civil and Political Rights)과 인종차별철폐협약(International Convention on the Elimination of All Forms of Racial Discrimination)에 대해 미국 상원은 비준동의를 하면서 이 조약들이 자기집행조약으로 해석되어서는 안 된다고 선언하였다.[301] 세이후지(Sei Fujii v. California) 사건[302]에서 미국 캘리포니아주의 대법원은 일본인 세이후지(Sei Fujii)가 UN헌장 제1조, 제55조와 제56조를 근거로 외국인의 토지소유를 금지한 캘리포니아주의 외국인토지법이 위법, 무효임을 주장한 것을 인용하지 않았다.[303] 그 이유는 UN헌장의 이러한 인권관계 조항이 자기집행력이 없기 때문에 캘리포니아의 주법보다 우선할 수 없다는 이유에서였다.[304]

3. 비자기집행조약의 효력

비자기집행조약의 효력과 관련하여 유의할 점은 비자기집행조약도 조약인 이상 미국의 대통령과 의회는 이 조약을 성실히 준수하고 이행해야 할 법적 의무를 부담한다는 것이다.[305] 다만, 비자기집행조약은 행정부와 의회가 당해 조약의 국내적 집행을 위한 조치를 하기 전에는 미국의 국내법원에 의해 적용될 수 없는 조약이라는 것을 의미한다.[306] 따라서 자기집행조약이든 비자기집행조약이든 조약은 미국에 대해 법적 구속력이 있는 문서이며 미국의 최고법임에는 차이가 없다.[307] 한편, 비자기집행조약이 국제적으로 효력이 있음은 명백하며, 다만 미국 국내법원에서 자동적으로 적용될 수 없다는 점에서 자기집행조약과 구별되는 것이라고 할 수 있다.

---

301) Id., p. 477 n.101 참조.
302) 38 Cal.2d 718(1952).
303) 이한기, 국제법강의, p. 139.
304) Id. 또한 Mark W. Janis & John E. Noyes, supra note 263, pp. 179~183.
305) Louis Henkin, supra note 250, p. 203.
306) Id.
307) Id.

제 4 장

국제법의 주체

제4장
국제법의 주체

Ⅰ. 국제법의 주체(subject of international law)의 개념

1. 국제법의 주체의 의미

국제법의 주체라고 하는 것은 국제법상의 권리, 의무가 직접적으로 귀속되는 자를 말하며(권리능력) 이에 더하여 국제법상의 행위를 스스로 실시하고 처리하는 행위능력을 가진 자를 뜻한다.[308] 국가, 국제기구, 개인, NGO, 법인 등이 국제법상으로 행동할 수 있는 행위자들(actors of international law)이며 국제법상의 행위자들이 바로 국제법의 주체이다. 물론, 국가와 국제기구가 주요한 국제법의 주체이나 개인이나 NGO, 법인도 일정한 경우에 국제법의 주체가 될 수 있다. 즉, 국가와 국제기구가 국제법을 정립하고, 해석하며, 집행하고 준수하는 주요 행위자이나, 개인이나 NGO 등 다른 행위자도 국제법의 주체로서 행동하는 경우가 있을 수 있다.

국제법의 주체가 아니면 국제법상의 권리를 주장할 수 없고 의무를 부담할 수 없다. 국제법의 주체는 행위능력을 가지며, 이 행위능력에는 법률행위능력(국제법상의 의사표시 또는 수락능력, 예를 들어 조약체결능력 등), 위법행위책임능력(국제법위반행위에 대한 책임을 추급당할 능력), 소송능력(국제재판에서 원고 또는 피고가 되는 소송당사자 적격) 등이 있다.[309]

국제법상의 권리능력은 있으나, 행위능력의 일부 또는 전부가 없는 경우도 있다(예를 들어 제2차 대전 후 연합국의 점령관리 하에 있던 독일과 일본).

308) 이한기, 국제법강의, p. 149.
309) Id.

특히, 국제법상의 권리를 국제청구의 방법으로 행사할 자격이 있는지가 중요하다. 개인의 국제법 주체성을 가장 좁게 인정하는 학설에 의하면 개인의 국제법 주체성이 인정되려면 개인이 자기의 이름으로(자기 국적국의 의사와는 별개로), 국제법상의 권리를 주장하거나 또는 의무의 추급을 당할 수 있도록 특별한 국제법상의 절차(국제재판소 제소 또는 국제기구에 대한 청원절차)가 있어야 한다. 예를 들어, 중미사법재판소는 개인의 제소권을 인정하였다.

2. 중미사법재판소(Central American Court of Justice)[310]

중미사법재판소는 미국 정부가 제안하였는데, 기본적으로 제2차 헤이그평화회의에서 채택이 권고된 중재사법재판소(Court of Arbitral Justice) 계획의 예에 따른 것이었다.[311] 중미사법재판소는 체약당사국 간에 외교적으로 해결될 수 없는 모든 분쟁에 대해 예외 없이, 강제관할권을 행사할 수 있었다.[312] 따라서 이 재판소는 현대 세계에서 국가 간 분쟁의 강제적 사법해결을 위해 상설적으로 설립된 최초의 재판소였다.[313]

제2차 헤이그평화회의에서 채택된 국제포획재판소(IPC) 협약과 유사하게, 중미사법재판소도 중미국가 국민이, 국내구제를 다하거나 정의가 거부됐다는 것을 조건으로, 그의 정부의 희망과 관계없이 다른 체약국 정부를 상대로 조약 위반이나 국제적 성격의 문제에 관해 제기한 사안에 대해 관할권을 가진다.[314]

이 재판소가 존재하였던 10년 동안인 1908년에서 1918년까지 재판소는 오직 2건의 원고 승소판결을 내렸고 개인이 제기한 다섯 건의 청구는 모두 인용할 수 없다고 선언하였다.[315] 그러나 재판소의 첫 번째 판결인 온두라스 대 과테말라와

310) 이 부분은 프란시스 앤서니 보일, 세계질서의 기초, pp. 225~227에서 인용함.

311) Dana G. Munro, Intervention and Dollar Diplomacy in the Caribbean 154(Princeton University Press, 1972); Luis Anderson, *The Peace Conference of Central America*, 2 AJIL 144(1908); D. Patterson, *The United States and the Origins of the World Court*, 91 Pol. Sci. Q. 279, 284(1976) 참조.

312) Convention for the Establishment of a Central American Court of Justice, Dec. 20, 1907, art. Ⅰ, 206 Parry's Consol. T.S. 78, 80.

313) Editorial Comment, The First Case before the Central American Court of Justice, 2 AJIL 835~845(1908) 참조.

314) Convention for the Establishment of a Central American Court of Justice, Dec. 20, 1907, arts. Ⅱ & Ⅲ, 206 Parry's Consol. T.S. 78, 80.

315) M. Hudson, The Central American Court of Justice, 26 AJIL 759(1932) 참조.

엘살바도르(1908년 12월 19일)[316] 사건은 중미지역의 중요한 전쟁 하나를 방지한 것으로 일반적으로 평가된다.[317] 이 전쟁 하나를 성공적으로 방지한 것만으로도 중미사법재판소의 설립이 그 설립자들의 노력에 대해 충분히 보답하는 일이라는 것이 증명되었다.

윌슨 행정부가 7년 후에 니카라과와의 브라이언－차모로(Bryan－Chamorro) 조약[318]의 비준을 경솔하게 고집한 것이 중미사법재판소가 파괴되는 직접적이고 의도적인 원인이 되었다.[319] 이 조약에 따라, 미국 정부는 니카라과를 통과하는 대체운하를 건설하려 하였고 운하를 보호하기 위하여 니카라과 영토 내의 폴세카만에 해군기지를 건설할 수 있는 권리를 획득하였다. 코스타리카와 엘살바도르는 브라이언－차모로 조약이 기존의 조약 및 법의 일반원칙상 그들의 법적 권리와 양립할 수 없음을 근거로 중미사법재판소에 니카라과를 상대로 제소하였다. 재판소는 두 사건에서 니카라과의 패소를 판결하였으나, 니카라과는 두 판결을 수락하기를 거부하였다. 그래서 중미사법재판소 협약이 그 자체규정에 따라 1918년 종료될 때, 협약을 갱신하기 위한 모든 노력이 실패로 돌아갔다.[320]

---

316) Honduras v. Guatemala(1908), reprinted in 3 AJIL 434(Eng. trans. 1909).

317) Munro, Intervention and Dollar Diplomacy, at 155~158; Scott, *The First Decision of the Central American Court of Justice*, 3 AJIL 434, 436(1909) 참조. 1908년 엘살바도르로부터 일단의 무장반군이 온두라스를 침공하였고, 이로 인해 온두라스와 니카라과가 과테말라와 엘살바도르를 중미조약들을 위반하였다고 중미사법재판소에 제소하였다. 재판소는 모든 당사국이 그들 국경으로부터 군대를 철수하도록 명령하였고 미국과 멕시코는 관련국들이 재판소의 명령을 존중할 것을 요구하였다. 이로 인해 중미지역 전체에서 발발할 수 있던 전쟁을 재판소가 방지하였다는 평가를 받게 되었다.

318) Convention Regarding a Canal Route and Naval Base, Aug. 5, 1914, U.S.－Nicar., 39 Stat. 1661. Thomas A. Bailey, *Interest in a Nicaraguan Canal, 1903~1931*, 16 Hispanic Am. Hist. Rev. 2(1936); G. Finch, *The Treaty with Nicaragua Granting Canal and Other Rights to the United States*, 10 AJIL 344(1916); D. Hill, *The Nicaraguan Canal Idea to 1913*, 28 Hispanic Am. Hist. Rev. 197(1948); L. Keasbey, *The Nicaragua Canal and the Monroe Doctrine*, 7 Annals Am. Acad. Pol. & Soc. Sci. I (1896) 참조.

319) George W. Baker, *The Woodrow Wilson Administration and El Salvador Relations* 1913~1921, 56 Soc. Stud. 97(1965) 참조.

320) D. Hill, *Central American Court of Justice*, in I Encyclopedia of Public International Law 41~45(1981) 참조.

3. 국제법 주체에 관한 학설

(1) 국가만을 국제법주체로 하고 개인의 국제법주체성을 부정하는 학설

국제법은 국가 간의 법이며 국가 간의 관계를 규율하고 국가 간에만 권리・의무를 발생케 하는 법이라는 학설이다. 이 학설은 20세기 초에 이르기까지 통설이었다. 그 논거는 국제법은 국가의 동의 위에 성립된 법이라는 오펜하임(Oppenheim)의 학설이 대표적이다. 그러나 국제사회가 발전함에 따라서 국가 아닌 실체(개인, 국제조직)가 국제법주체가 되는 경우가 있다는 점에서 이 학설의 타당성이 비판을 받고 있다. 즉, 국제법이 규정하기에 따라서 개인도 직접 국제법상의 권리・의무의 주체가 되게 할 수 있다는 점을 간과하고 있다는 점이 지적되고 있다.

단치히 재판소의 관할권 사건(PCIJ, 1928년 3월)에서는 단치히와 폴란드가 체결한 직원협정에 근거하여 단치히 철도직원들이 소송을 제기할 수 있는지가 쟁점이 되었다. 이 직원협정은 단치히 철도직원과 폴란드 철도직원의 동등한 대우를 규정하고 있었다.

PCIJ는 "잘 확립된 국제법 원칙상, 국제조약인 직원협정이, 그것만으로(as such), 사적 개인에게 직접 권리와 의무를 창설하지 않는다는 것이 인정된다. 그러나 국제협정의 목적 자체가 개인의 권리와 의무를 창설하고 국내법원에서 집행이 가능한 구체적인 규칙을 정하는 것이 당사국의 의도상 명확한 경우가 있다. 그러한 경우에는 그 국제협정을 근거로 국내법원에 제소할 수 있다"고 판시하였다. 따라서 PCIJ는 단치히 재판소의 관할권을 인정하고, 단치히 철도직원들은 직원협정을 근거로 소송을 제기할 수 있다고 판시하였다.

여기서 직원협정은 대표적인 자기집행적 조약(self-executing treaty)이다. 즉, 자기집행조약은 개인의 권리와 의무를 직접 창설하고 국내법원에서 그 개인이 이를 근거로 소송을 제기할 수 있도록 한 조약이라고 할 수 있다.

한편, 미국에서의 자기집행조약은 미국 의회의 이행입법 제정 등 조치가 없어도 조약이 미국의 국내에서 집행될 수 있는 조약을 의미한다.

(2) 국가의 국제법주체성을 부인하고 개인만을 국제법주체로 하는 학설

이 학설은 국가는 하나의 법인으로서 실제로 사고하며 행동하는 실체가 아니고, 국가의 의사는 결국 국가기관을 구성하는 개인의 의사이기 때문에, 개인만이 국제법주체라는 설이다. 뒤기(L. Duguit, 1859~1928)는, 국제법을 만드는 것은 결국 외교정책자 등 개인이라고 주장하면서 '국가 간(international)'이라는 용어 대신 '사회 간(intersocial)'이라는 용어를 선호하였다. 뒤기와 셀(G. Scelle)은 국가는 개인의 권리와 의무를 규율하는 법적제도를 제공하는 기능을 할 뿐이라고 하였다.[321) 미국의 존 롤즈(John Rawls)도 "사람들의 법(The Law of Peoples)"이라는 책을 통해 '국가들의 법(law of nations)', 즉 국제법이라는 용어가 타당하지 않다는 주장을 하고 있다.[322)]

그는 국가의 주권이 국가에게 그 국가의 국민을 다루는 데 있어서 일정한 자율권(autonomy)을 부여하고 있다고 국제법상 주장되고 있는데 이는 잘못된 것이라고 한다.[323)] 롤즈는 국가의 무제한적인 자율권(autonomy)에 대해 반대한다. 이는 전통적인 국제법에서 인정되는 국가의 국내문제불간섭원칙이 신성불가침의 것이 아니며, 국제법상 인정되어 온 자국민 개인의 손해에 의하여 국가 자신이 손해를 입었다는 소위 바텔(vattel)의 의제에 대한 비판이라고도 할 수 있다.

그러나 이 학설은 이상적이고 참신한 측면은 있지만 국가의 법인격을 인정하지 않고 개인의 법인격만을 인정한다는 점에서 국제적 현실에 부합하는 학설이라고 하기는 어렵다는 비판이 있다.[324)]

(3) 국가 이외에 특히 개인의 국제법주체성을 넓은 범위에서 인정하는 학설

이 학설은 국제법이 직접 개인의 권리·의무를 규정한 경우에는 일체 개인의 국제법주체성을 인정한다는 견해이다. 일정한 권리·의무가 국제법에 근거를 갖는 한, 그 구제수단이 국제기관을 통한 것이든 국내기관을 통한 것이든, 개인도 국제법의 주체가 된다는 것이다. 즉, 개인이 국제법이 정한 권리·의무를 국제기관에서는 주장할 수 없지만, 국내기관을 통해서 주장할 수 있다면, 그 개인은 국제법의 주체라는 것이다.

이 학설에 의하면 우호통상항해조약에서 개인에게 거주·영업의 권리를 부

321) Albrecht Randelzhofer and Christian Tomuschat, State Responsibility and the Individual 232~233(1999).

322) John Rawls, The Law of Peoples 25~27(Havard University Press, 2003).

323) Id.

324) 이한기, 국제법강의, p. 154.

여한 경우, 그 구제수단이 국내절차에 한정되어 있더라도 그 개인은 국제법의 주체이다. 또한, 해적행위를 한 사람을 국제재판소가 아닌 국내재판소에서 처벌하더라도 그 개인은 국제법의 주체가 된다(보편적 관할권, 인류일반의 적). 이 경우 처벌기관은 국가의 국내재판소이지만 개인이 직접 국제법상의 의무를 지므로 국제법의 주체라는 입장이다.

단치히 재판소의 관할권 사건에서 PCIJ는 국제조약의 목적이 개인의 권리와 의무를 창설하는 것이 당사국의 의도임이 명백할 경우에, 관련된 개인은 그 조약으로 인해 국제법의 주체가 될 수 있음을 밝히고 있다.

(4) 개인도 한정된 범위 내에서 국제법주체가 될 수 있다는 설

이 학설은 국제법이 개인의 권리·의무를 규정한 것만으로는 개인의 국제법주체성이 인정되지 않고 개인이 국가의 의사와 관계없이 자기의 권리를 자신의 이름으로 국제적으로 주장할 수 있는 경우, 또는 개인에 의한 국제법상의 의무위반에 대하여 그 제재가 국제법에 근거한 것일 뿐만 아니라, 국제적 기관과 국제적 절차에 의하여 실시되는 경우에만 비로소 개인이 국제법주체가 된다는 학설이다.

즉, 개인에게 조약상의 권리를 확보하는 절차가 국제적으로 부여되지 않은 경우에는 아무리 개인의 권리와 의무가 조약상으로 규정되어 있을지라도 개인의 국제법주체성이 인정되지 않는다는 입장이다.

개인의 국제법주체성을 널리 인정하는 학설은 개인의 권리가 국제법(조약)에 규정되기만 하면 그 개인에게 국제법주체성이 부여되었다고 보나, 이 학설은 권리가 국제법에 규정될 뿐만 아니라 그 구제절차도 개인이 국제적으로 청구할 수 있을 때, 개인의 국제법주체성이 인정된다고 본다.

현단계의 국제적 실행은 개인을 제한된 국제법주체로 보는 설과 대체로 일치하는 것으로 보인다. 권리주장의 측면에서, 국내적 구제를 먼저 시도하고 그 개인의 본국이 외교적 보호권을 행사하여 상대국과 외교교섭을 벌이거나 상대국과 국제소송을 하는 경우가 다수이며, 개인이 직접 상대국을 상대로 국제기구, 국제재판소에 권리구제를 요구하는 경우는 소수이다. 국제사법재판소규정 제34조 1항도 "국가만이 재판소에 제기되는 사건의 당사자가 될 수 있다"고 규정하여 국가에게만 국제사법재판소에서의 소송능력을 부여하고 있다. 그러나 이미 언급하였듯이 국제포획재판소나 중미사법재판소는 개인에게 제소권을 인정한 사례도 존재한다.

의무의 면에서는 해적행위, 전시금제품의 수송, 전쟁범죄, 인도에 반한 죄, 집단살해죄 등 국제법 위반행위에 대해 원칙적으로 관련국가의 국내법원이 관할권을 행사하여 처벌한다. 그러나 최근의 국제법 발달은 국제형사재판소를 설립하여, 국내법원이 국제법위반자(전쟁범죄 등)의 처벌을 하려하지 않거나 할 수 없는 경우, 국제기구인 국제형사재판소가 직접 개인에 대해 관할권을 행사할 수 있도록 하고 있다. 참고로 국제형사재판소(ICC)의 재판소장으로서 송상현 재판관과 ICTY의 부소장으로서 권오곤 재판관이 활동하였다.

결론적으로 개인의 제한된 국제법주체성을 인정하는 설이 다수설이지만 개인의 국제법 주체성을 넓게 인정하려는 경향이 최근에 많이 나타나고 있다고 할 수 있다.

Ⅱ. 국가의 국제법주체성

1. 성 질

국가는 국제법의 가장 중요한 주체이다. 국가는 그 대소에 관계없이 어떠한 국가도 법주체성을 갖는다. 많은 인구와 광대한 영토를 가진 중국이나 아주 작은 나라인 산마리노(San Marino), 리히텐시타인(Lichtenstein) 등도 모두 국제법주체성을 갖는다. 국가의 국제법주체성의 특징은 국가는 국가로서의 존재 자체로 일반국제법상 당연히 보편적인 국제법주체가 된다는 것이며,[325] 어떤 조약상의 권리·의무에 의하여 비로소 또는 그 한도에서 국제법주체가 되는 것이 아니라는 것이다.

이에 비해 국제기구의 국제법주체성은 그 설립조약 등에 의해 제한을 받는다. 일례로서 세계보건기구(World Health Organization, WHO)는 1994년 핵무기의 사용 및 위협이 국제법상 허용되는지 여부를 국제사법재판소에 대해 권고적 의견을 요청하였고, UN총회도 같은 내용으로 국제사법재판소에 문의하는 결의 49/75K를 1994년 12월 15일에 채택하였다.[326] 이 두 개의 권고적 의견요청에 대해 국제사

325) Id., p. 157.

326) Francis A. Boyle, The Criminality of Nuclear Deterrence (Clarity Press, 2002) p. 162.

법재판소는 UN총회의 요청만을 수락하였는데, 그 이유는 세계보건기구가 그러한 요청을 할 권한이 없다고 판단했기 때문이다. 1996년 7월 8일 국제사법재판소는 '핵무기의 위협 또는 사용의 합법성(Legality of the Threat or Use of Nuclear Weapons)'이라는 권고적 의견을 내렸다. 이 의견에서 국제사법재판소는 핵무기의 위협과 사용이 원칙적으로 국제인도법 등 국제법에 위반된다고 하였다.[327] 즉, 국제사법재판소는 핵무기의 사용이 전투원과 비전투원을 구별하지 않는 무차별적인 효과로 인해 국제인도법을 위반하는 것이라고 판시하였다.[328] 또한, 국제사법재판소는 이 의견에서 핵무기의 사용과 사용위협이 핵무기를 사용하거나 사용하려는 국가가 그 존립이 위협받는 극단적인 상황에서 자위권을 행사하는 경우를 제외하고는 불법이라고 선언하였다.[329]

2. 국가의 자격요건

고유한 의미의 국가가 되기 위해서는 일정한 영역에 인민들이 거주하고, 그 인민들은 그들의 주권이 있는 정부의 통치 하에 있어야 한다. 따라서 국가의 자격요건으로는 인민(people), 영역(territory), 정부(government), 주권(sovereignty)의 4요소가 필요하다.

제4요소인 주권은 국가의 독립성을 의미하며, 국가가 대외문제를 처리하는 능력인 외교능력(capacity to enter into relations with other states)이라고 할 수 있다. 1933년 우루과이의 수도인 몬테비데오에서 개최된 제7차 미주회의에서 채택된 '국가의 권리의무에 관한 몬테비데오 조약' 제1조는 이 4가지를 국가의 구성요소로 규정하였다.

(1) 인　　민

영구적 주민(인민, a permanent population)은 국가의 첫째 자격요건이다. 영구적

327) Id., p. 171.

328) Legality of the Threat or Use of Nuclear Weapons, Advisory Opinion of July 8, 1996, General list No. 95.

329) Id. 또한, Richard A. Falk, "Nuclear Weapons, International Law and the World Court: A Histrorical Encounter", *Ameircan Journal of International Law*, Vol. 91, No. 1(1997) p. 73과 Francis A. Boyle, The Future of International Law and American Foreign Policy 339~340 (Transnational Publisher, 1989) 참조.

주민은 공동체를 이루어 살아가는 개인들의 집합체로서, 그 구성원들은 서로 인종이 다를 수도 있고 다른 종교나 문화 등을 가질 수도 있다. 영구적 주민인지 아닌지의 기준은 주관설을 기준으로 결정한다. 주관설은 집단구성원의 주관적 합의인 국적을 기준으로 영구적 주민인가 아닌가를 결정하는 이론이다.

이에 비하여 객관설은 인종·언어·문화·종교 등의 생래적·사회적·객관적 요인에 의해 영구적 주민을 인정하려는 입장이다. 객관설의 문제점은 현존하는 국경의 범위를 넘어 국가통합을 정당화하려는 침략주의의 위험이 있다는 것이다. 예를 들어 나치 독일의 범게르만주의나 스페인어를 쓰는 사람들은 모두 한 국가의 국민이라고 주장하는 경우 등이 이에 해당한다.

예를 들어, 중국에 거주하는 재중동포 중에는 법적으로는 중국의 국적을 취득한 중국국민이 있고, 유학생이나 상사주재원과 같이 우리 국적을 가지고 있는 우리나라 국민이 있다. 전자의 경우에 해당하는 재중동포는 법적으로는 중국국민이나 인종적으로나 문화적으로는 우리나라의 국민과 같은 민족이라는 공통점을 가지고 있고 재외동포에 해당한다. 이에 비해 후자의 재중동포는 우리나라의 국적을 가지고 있기 때문에 우리나라의 재외국민에 해당한다.

(2) 명확한 영역(defined territory)

명확한 영역은 제2의 국가의 구성요소이다. 그러나 반드시 국경이 엄밀하게 획정되어 있을 필요는 없고 주민이 조직한 정치적 공동체가 실효적, 계속적으로 지배권을 행사하는 확정적 지역이 있으면 충분하다. 예를 들어 1948년 이스라엘의 UN 가입허용을 주장하면서 미국 대표는 많은 국가가 그 국경이 확정되기 전에 존재하고 있었음을 주장한 바 있고, 미국도 국가성립 이래 서부로 국경이 확장되었던 역사적 사례가 있다. 또한, 국가의 영역의 크기도 문제가 되지 않는다.

(3) 실효적 정부(government)

국가성립의 제3의 요건은 영역일반에 대한 실효적 정부의 존재이다. 정부는 1인 또는 소수의 사람들이 그 주민들을 위해 행위하고 그 국내법에 따라 통치하는 조직이라고 할 수 있다. 실효적 정부는 영토주권 및 속인적 관할권을 포함한 확립된 통치조직이며, 그 실효성의 정도나 내용에 대해서는 국제법상 규정이 없다. 또한, 국제법은 국가의 정부형태에 관하여 특정한 형태(군주제·공화제 등)를 요구하지 않는다(일본과 프랑스).

(4) 주권(sovereignty, 외교능력)

제4의 국가자격요건은 주권으로서 '타국과 관계를 맺는 능력'이라는 의미에서 외교능력이라고도 할 수 있다. 주권은 국내적으로는 최고의 권위를 의미하며 국제적으로는 다른 나라에 법적으로 종속됨이 없이 행위할 수 있는 국가의 독립성을 의미한다. 진정한 의미에서 국가가 되기 위해서는 주권을 가진 정부가 존재하여야 한다.

한편, 만주국이나 남로데시아의 경우와 같이 국가의 성립시에 범하여진 위법성을 이유로 국가승인을 거부당한 사례도 존재한다. 크로포드(Crawford) 교수는 국제법상의 강행규범을 위반하는 국가는 국가로서 인정할 수 없다는 이론을 제시하기도 하였다.[330] 이러한 경향은 국가의 성립요건 또는 승인요건으로서 관련국가의 성립시에 중요하고 보편적인 국제법의 위반이 없어야 한다는 요건을 추가하는 방향으로 국제법이 발전하고 있는 것이라고 볼 수 있다.[331]

3. 주권(외교능력)이 제한된 국가의 권리능력

주권이 제한된 국가는 법적으로 독립되지 못한 국가이다. 그렇다면, 이러한 국가들은 국제법의 주체인가에 대한 의문이 제기된다. 이에 대한 대답은 이러한 국가들도 국제법의 주체라고 보아야 한다는 것이다. 다만, 이러한 국가들은 국제법상의 권리능력과 행위능력이 완전하지 못하다는 점에서 주권국가와 차이를 보이고 있다. 주권이 제한된 국가로서는 다음의 세 가지 유형의 국가를 들 수 있다.

(1) 종 속 국

종속국은 부용국(vassal state)이라고도 하며 종주국에 종속하여 종주국의 국내법으로 국가로서의 지위가 인정될 뿐 외교능력이 제한된 국가이다. 그 예로서 과거 인도의 토후국을 들 수 있다.

330) 이한기, 국제법강의, pp. 162~163.
331) Id.

(2) 피보호국

피보호국은 보호국과의 국제조약인 보호조약에 의하여 또는 관계국 간의 다자조약에 의하여 성립된다. 피보호국은 권리능력은 있으나 행위능력이 없는 것으로 인정된다. 그 구체적인 내용은 조약규정에 따라 정해지게 된다. 예를 들어, 1905년 을사보호조약으로 대한제국은 일본의 피보호국이 되었고, 그 결과 1907년 이준 열사 등은 고종의 임명을 받아 제2차 헤이그평화회의에 참가하려고 하였으나 일본 측의 반대로 참석을 할 수 없었다. 1965년 대한민국과 일본 간의 기본관계에 관한 조약 제2조는 "1910년 8월 22일 및 그 이전에 대한제국과 대일본제국 간에 체결된 모든 조약 및 협정은 이미 무효임을 확인한다"고 규정하여 을사보호조약이 이미 무효임을 확인하였다. 다만, 양국은 '이미 무효(already null and void)'라는 의미에 대해 해석상의 차이를 보이고 있다. 우리나라는 을사보호조약이 체결과정에서의 강박이나 고종의 정식 비준절차를 흠결하여 1905년 체결당시부터 무효라고 해석하고 있으나, 일본은 이 조약이 체결당시에는 유효하였으나 1965년의 시점에서는 무효라고 하는 해석을 하고 있다. 이와 관련하여 프랑스의 권위 있는 국제법교과서는 1905년 일본인들이 서울을 점령하고 조선의 조약교섭 대표들을 강제하여 보호조약에 서명한 것으로서 체결당시부터 무효였다는 입장을 취하고 있다.[332] 1910년의 한일병탄조약도 일본이 한국의 교섭대표들을 강박하여 체결한 조약으로 체결당시부터 무효인 조약으로 볼 수 있다.

한편, 산마리노(San Marino)는 이태리의 피보호국이나 국제회의인 로마외교회의에 참석하여 국제형사재판소규정의 채택과정에서 그 국가의 입장을 밝히고 회의교섭에 참가한 바 있다. 안도라(Andora) 역시 프랑스와 스페인의 공동피보호국이지만 로마외교회의에 참석하여 공식제안을 제출하는 등 교섭에 참가한 바 있다.

(3) 연방구성국

연방국가를 구성하는 연방구성국은 외교능력이 없는 것이 원칙이다. 외교능력은 연방정부에게 부여되어 있다. 예를 들어, 미국의 주정부는 외교능력이 없기 때문에 외국과 조약을 체결할 수 없는 것이 원칙이다. 또한, 미국의 주정부의 국제법 위반행위에 대해서 미국연방정부가 책임을 부담한다.

---

332) Patrick Daillier et al, Droit International Public(8th ed. L.G.D.J Paris)(2009) pp. 217~218.

4. 조약상의 협력관계와 외교능력

(1) 관세연합

관세연합은 관세동맹이라고도 하며 복수의 국가가 조약을 체결하여 그 내부에서는 상호간의 무역장벽을 철폐하며 외부국가에 대해서는 공통의 대외통상정책을 수행하는 것을 말한다. 그러나 관세동맹과 회원국의 외교능력은 관계가 없다. 관세동맹의 참여국들은 모두 완전한 외교능력을 향유한다.

(2) 영구중립국

영구중립국은 이해관계국 간의 조약에 의하여(스위스), 또는 스스로 국내법을 제정하고 선포하여(오스트리아) 정당방위(self-defence)의 경우를 제외하고 전쟁을 행하지 않으며, 간접적으로 전쟁에 개입할 우려가 있는 국제의무를 지지 않을 것을 조건으로, 영구히 그 독립과 영토보전을 보장받고 있는 국가를 말한다. 국제적으로 스위스, 오스트리아 등이 영구중립국에 해당된다.

전시중립국은 전쟁시에만 중립인 나라이며 중립을 중단하고 교전국이 될 수 있으나 영구중립국은 중립을 계속 지킬 것을 약속한 국가이다.

한편, 스위스는 영구중립국의 의무를 지키기 위하여 UN에 가입하지 않다가 2002년 국민투표를 거쳐 UN에 가입하였다. 그러나 오스트리아는 UN에 가입하였다. 스위스가 가입하지 않았던 이유는 UN회원국은 UN헌장상 중립을 지킬 여지가 없다고 판단하였기 때문이었다. 그러나 2002년에는 스위스의 국민투표 결과 영세중립국이지만 UN에의 가입이 가능하다고 판단하여 UN 가입을 찬성한 바 있다.

이와 관련된 문제로서 UN에서의 중립문제를 살펴볼 필요가 있다.

UN헌장은 집단적 안전보장을 전제로 한 것으로서 UN헌장의 기초자들은 중립제도를 폐기하려고 하였다. UN헌장 제2조 4항은 부당한 무력의 위협이나 사용을 금지하고 있기 때문에 UN 자체나 그 회원국들은 부당한 무력의 사용이나 위협에 대해 중립으로 남아 있을 수 없다.

또한, UN헌장 제7장과 제39조에 의할 때 UN과 그 회원국은 평화의 위협, 평화의 파괴 또는 한 국가의 다른 국가에 대한 침략행위가 있을 때에도 중립으로 남아 있을 수 없다. 제2조 5항에 의하면 모든 UN회원국은 UN이 헌장에 따라 취하는 어떠한 조치에 있어서도 모든 원조를 다하며, UN이 방지조치 또는 강제조치를 취하는 대상이 되는 어떠한 국가에 대해서도 원조를 삼가야 한다. 제2조 6항은 국제연합이 "국제평화와 안전을 유지하는 데 필요한 한" 비회원국에 대항하여 행동할 수 있도록 하는 권한까지 부여하였다. 더구나, 제24조는 안전보장이사회에 국제평화와 안전유지를 위한 '일차적 책임(primary responsibility)'을 부여하였고, 제25조는 모든 UN회원국이 안전보장이사회의 결정을 수락하고 이행할 것을 요구하고 있다.[333] 이 의무는 제41조, 제42조와 제43조에 의한 안전보장이사회의 '강제조치(enforcement measures)'에 따를 것을 포함했으나, 다만 제43조를 이행하기 위해 필요한 특별협정들은 체결되지 않았다.[334] 명백히 UN헌장의 기초자들은 중립의 국제법과 제도를 존속시키려고 하지 않았다.[335]

그러나 냉전의 발생으로 UN안보리가 제대로 기능을 할 수 없게 되고 침략행위를 상임이사국의 거부권에 의해 결정하지 못하는 경우가 발생한다. 또한, UN헌장 제43조의 특별협정도 체결되지 못하였다. 이때, UN헌장 제51조는 국가들의 자위권을 허용하고 있으므로 자위권의 행사로 인한 전쟁이 발생할 수 있다. 따라서 안보리의 침략행위 결정이 없는 상황에서의 전쟁이 발발할 경우 제3국은 다른 동맹조약이 없는 한 중립을 지켜야 하고 이때는 중립제도가 관련 국제관계를 규율하게 된다. 즉, UN안전보장이사회나 총회가 어느 국가가 침략자인지 결정하지 못하여 특정국가에 대한 제재조치를 요청하거나 권고하지 못할 때, 그리고 UN회원국들이 헌장 제51조에 의해 허용된 무력공격 또는 무력 침략의 희생자를 돕는 그들의 집단적 자위권을 행사하지 않기로 선택한다면, 해당 전쟁에 참여하지 않는 국가들은 중립이며 국제관습법인 1907년 육전에서의 중립에 관한 헤이그 제5협약[336]과 1907년 해전에서의 중립에 관한 헤이그 제13협약[337]등 중립법에 따라 행동하여야 할 것으로 보인다.[338]

이러한 경우, 비록 UN헌장 체제이지만 중립은 여전히 존재하고 있다고 보아

333) 프란시스 앤서니 보일, 세계질서의 기초, p. 269.
334) Id., p. 270.
335) Id.
336) Convention (V) respecting the Rights and Duties of Neutral Powers and Persons in Case of War on Land. 1907년 10월 18일 헤이그에서 채택, 1910년 1월 26일 발효.
337) Convention (XIII) concerning the Rights and Duties of Neutral Powers in Naval War. 18. October. 1907년 10월 18일 헤이그에서 채택, 1910년 1월 26일 발효.
338) 김영석, "우크라이나와 러시아간의 무력충돌관련 우리나라에 대한 중립법의 적용 검토", 이화여자대학교 법학논집 제29권 제2호 통권 제88호(2024. 12) p. 364.

야 한다. 예를 들어 1979년부터 1988년까지의 이라크－이란 전쟁에서 미국은 중립에 기초한 외교정책을 유지하였다.[339]

한편, 영구중립 국가도 외교적 능력은 완전한 국가임에 유의하여야 한다.

(3) 바티칸(로마교황청, The Holy See)

로마교황청은 일종의 국가로서 외교적 능력을 가지고 있다. 1929년 이태리가 라테란조약으로 교황청의 국제법 분야의 주권을 승인하였다. 교황청은 외교사절을 교환할 수 있다(교황청대사 등). 교황청은 낙태문제 등 관심을 가지고 있는 특정분야에서 국제적으로 활발하게 활동하고 있다.

5. 국가의 영토취득 방법

국가가 영토를 취득하는 방법은 ① 선점(occupation), ② 시효(prescription), ③ 할양(cession), ④ 정복(conquest)과 ⑤ 첨부(accretion)를 들 수 있다. 이 방법들은 로마법에서 소유권을 취득하는 방법에서 유추된 것이지만 신생국이 탄생하여 일정한 영역에 영토주권을 획득하는 경우를 포함하지 못한다.[340]

또한 국내법상 재산권의 이전과 달리 영토 주권의 이전은 그 영토에 이미 살고 있는 사람들에게 중대한 영향을 줄 수 있다. 그들은 국적을 선택할 자유가 주어지지만 통상적으로 영토를 획득하는 국가의 국민이 되게 된다.[341] 따라서, 오늘날에는 국가의 영토 취득 결정이나 국경 분쟁과 관련된 결정을 할 때에 자결권(principle of self－determination)의 원칙이 일정한 역할을 하게 될 것이다.[342]

이와 관련 국제사법재판소는 우티 포세데티스 원칙(principle of *uti possedetis*)을 언급하였는데, 이 원칙은 중남미와 아프리카의 신생 독립국들이 안정성을 추구하기 위해 식민지 당시의 행정적 경계를 국경으로 일정부분 수락하는 데 적용하였던 원칙이다. 부르키나파소와 말리 간의 국경분쟁 사건[343]에서 국제사법재판소는 우티 포세데티스 원칙이 민족자결권의 원칙과 일응 충돌하는 것으로 보이지

---

339) Id., p. 271.

340) Andrew Clapham, Brierly's Law of Nations (Oxford Univesity Press, 2012) p. 169.

341) Id.

342) Id.

343) Frontier Dispute between Burkina Faso and Mali, ICJ Rep. (1986) p. 554.

만, 실제로는 아프리카에서 영토적 현상유지를 하는 것이 독립을 쟁취하기 위해 싸웠던 사람들이 달성한 것을 유지하기 위해 가장 현명한 방법으로 보이며, 생존과 발전을 위한 안정성(stability)의 요건 추구가 식민지 시대의 국경을 존중하도록 아프리카 국가들을 유도하고, 민족자결권의 원칙을 해석할 때도 안정성의 요건을 고려하도록 유도한 것이라는 평가를 하였다.[344]

(1) 선점(occupation)

선점은 국가가 영토취득의 의사를 가지고 다른 국가의 영토에 속하지 않는 무주지(terra nullius)를 실효적으로 지배함으로써 영토를 취득하는 것이다. 이 선점은 영어로 occupation으로 표현되지만, 무력 충돌 시에 사용되는 점령(occupation)과는 다른 개념이다. 선점과 점령 모두 영어로는 occupation이지만, 점령은 국제인도법상 점령당국에 일정한 권한과 의무를 부과하면서도 점령당국에게 영토의 취득을 위한 권리를 주지 않고, 피점령국의 주권이 점령국에게 이전되게 하는 것도 아니다.[345]

과거에는 부족공동체 등이 거주하는 지역을 무주지로 간주하는 것이 허용된 적이 있으나, 이러한 견해는 오늘날 공식적으로 폐기되었다.[346] 따라서, 지구상의 모든 거주 가능한 영역이 이제는 특정 국가나 다른 공동체의 지배 아래 있기 때문에 선점에 의한 영토의 취득은 거의 불가능하다고 생각된다.[347] 그러나 과거의 선점행위가 오늘날의 국경분쟁과 관련된 경우가 종종 있기 때문에 선점에 관한 법은 여전히 중요한 의미가 있다.[348]

예를 들어 동부 그린란드의 법적 지위(Legal Status of Eastern Greenland) 사건[349]에서 상설국제사법재판소는 기원후 10세기의 사실들까지 살펴보아야 했다. 동부 그린란드 사건은 1931년 노르웨이가 동부 그린란드의 일부분을 선점한다고 선언하면서 발생하였다. 덴마크는 해당지역이 덴마크의 주권 아래 있는 지역이며, 덴마크가 그린란드의 전체에 대해 주권을 가지고 있으므로 노르웨이의 선언이 무효

344) Id. 26항
345) Andrew Clapham, Brierly's Law of Nations (Oxford Univesity Press, 2012) p. 171.
346) Id. Advisory Opinion on Western Sahara, ICJ Report (1975) para. 80. Oppenheim's International Law, 9th ed. vol. I, p. 687.
347) Andrew Clapham, Brierly's Law of Nations (Oxford Univesity Press, 2012) p. 171.
348) Id. pp. 171~172.
349) PCIJ, Series A/B, (1933) No. 53.

라고 주장하였다. 재판소는 선점에 의한 영토의 취득이 이루어지기 위해서는 '주권자로서 행동할 의사'(intention to act as sovereign)와 '일정한 실제적 권한의 행사'(some actual exercise or display of authority)의 두 가지 요건이 충족되어야 한다고 하였다.[350)] 이러한 언급을 통해 재판소는 영토를 취득하기 위한 선점은 효과적인(effective) 것이어야 한다는 확립된 법원칙을 확인한 것이다. 즉, 선점은 정착지를 세우거나 요새를 건설하는 등의 행위를 통해, 선점자가 주장된 영토를 통제하는 것을 희망할 뿐만 아니라, 실제로 통제할 수 있고 통제하고 있다는 점을 보여주어야 한다. 재판소는 여하튼 1721년 이후에 있는 증거로 그린란드 전체에 대한 덴마크의 영유 의사(intention)는 인정하였다. 그러나 분쟁이 되는 지역은 그린란드의 정착지 바깥에 있었기 때문에 재판소는 덴마크가 이 지역에 대한 권한의 행사를 한 부분을 주의 깊게 검토하였다. 이 점과 관련하여 재판소는 다른 국가의 경합되는 주장의 부존재(그리고 1931년까지는 덴마크 이외에 다른 어떤 국가도 그린란드에 대한 영유권을 주장하지 않았던 점)가 중요한 고려사항이었다.[351)] 다른 국가가 더 우세한 영유권을 주장하지 못하는 경우에는 비교적 경미한 권한의 행사로도 선점의 요건을 충족할 수 있다. 또한, 관련 지역의 특성도 고려되어야 한다. 그린란드의 개척되지 않은 부분이 접근하기 어려운 점과 북극임을 고려하면 지속적이거나 집중적인 권한의 행사를 기대하는 것은 비합리적일 것이다.[352)]

덴마크는 그린란드 전체에 적용되는 것을 의도한 다수의 입법적, 행정적 법령을 보일 수 있었다. 또한, 다른 국가들이 덴마크의 그린란드에 대한 영유권을 인정하거나 묵인하는 다수의 조약들이 있었고, 다수 국가가 덴마크의 그린란드에 대한 영유권을 명시적으로 승인한 사례도 있었다. 재판소는 이러한 경우를 종합할 때에, 덴마크의 그린란드 전체에 대한 영유권을 인정할 충분한 증거가 있으며, 1931년 노르웨이가 영유권을 주장한 지역은 그 당시 선점에 의해 취득할 수 있는 무주지(*terra nullius*)가 아니었다고 판시하였다.[353)]

선점이 '효과적'이어야 한다는 요건으로부터 무주지의 단순한 발견(discovery)만으로는 영토를 취득할 수 없다는 점이 도출된다. 왜냐하면, 발견하는 것만으로는, 발견자가 발견된 영유할 의사가 있어도 바로 정착지의 건설 등 권한의 행사를

350) Andrew Clapham, Brierly's Law of Nations (Oxford Univesity Press, 2012), p. 172.
351) Id., p. 173.
352) Id.
353) Id.

하기가 어렵기 때문이다. 효과적인 선점은 보통 점진적인 절차로 이루어지기 때문에 단순한 발견자에게는 '미완성의 영유권'(inchoate title)을 주는 이론이 나타났다. 즉 발견한 국가가 효과적인 선점을 할 수 있는 합리적인 기간 동안 다른 국가들을 배제할 수 있는 임시적인 권리인 미완성의 영유권을 주는 이론이다.

발견의 효과는 스위스인 중재재판관이었던 막스 후버(Max Huber)가 팔마스 섬(Island of Palmas) 사건[354] 판정에서 논의한 바 있다. 이 사건에서 미국은 스페인과의 조약으로 필리핀을 2천 만 달러를 주고 획득한 후,[355] 네덜란드 동인도와 필리핀의 중간에 있던 팔마스 섬(Miangas 섬)에 대해 필리핀의 승계자로서 영유권을 주장하였다. 미국 주장의 근거는 주로 스페인이 이 섬을 16세기에 발견하였다는 점이었다. 1인 중재재판관이었던 후버는 16세기의 국제법이 단순한 발견만으로 영토에 대한 영유권을 부여한다고 하여도, 오늘날에는 그러한 영유권 취득이 살아남을 수 없다고 하였다.[356] 왜냐하면, 사건의 판정 당시인 20세기의 국제법은 후속적인 권한행사 행위가 없는 단순한 발견만으로 영유권을 부여하지 않기 때문이다.[357] 따라서, 발견에 기초한 미국의 팔마스 섬에 대한 영유권 주장은 네덜란드가 그 섬에 대해 '지속적이고 평화로운 권한의 행사를 보였다'(continuous and peaceful display of authority)는 점에 근거한 영유권 주장보다 약하였고, 그 결과 팔마스 섬에 대한 네덜란드의 영유권이 인정되었다.[358]

만일 현대의 '미완성 영유권' 이론을 적용하더라도 스페인이 팔마스 섬을 발견한 이후에 그 섬에 대한 스페인의 실제적이고 지속적인 점유가 합리적인 기간 내에 이루어졌다고 보기 어렵기 때문에 '완성된 영유권'(definitive title)을 취득하였다고 볼 수 없으므로 네덜란드의 영유권이 인정될 것이다.[359]

(2) 할양(cession)

할양은 한 국가가 다른 국가에게 영토의 주권을 이전하는 것이다. 할양은 종종 전쟁의 결과로서 이루어지거나 평화적인 교섭의 결과로 이루어진다. 할양은

354) Island of Palmas case (Netherlands/USA), RIAA (1928) vol. II. pp. 829~871.
355) Treaty of Peace Between the United States and Spain, 10 December 1898, Art. III.
356) Andrew Clapham, Brierly's Law of Nations (Oxford Univesity Press, 2012) p. 174.
357) Id.
358) Id.
359) Id.

무상으로 이루어지기도 하고(1866년 오스트리아가 프랑스에게 베니스를 무상으로 할양), 유상으로 이루어지기도 하고(덴마크가 덴마크령 서인도 제도인 St. Thomas, St. John과 St. Croix를 1917년 미국에 2천 5백만 달러에 판매, 러시아가 알래스카를 미국에 7백2십만 달러에 판매), 교환형식으로 이루어지기도 한다(영국이 북해 무인도인 헬리고랜드 섬을 독일의 잔지바르에 있는 영토와 교환).[360]

할양은 정당한 영유권만을 이전할 수 있다는 점을 기억하여야 한다. 팔마스 섬 사건에서 팔마스 섬을 스페인이 미국에 할양한 것은 법적 효과가 없는 것이었다. 할양 당시에 팔마스 섬은 네덜란드의 영토이었기 때문이었다. 그 할양시점이 결정적 기일(critical date)이라고 볼 수 있으며, 그 시점에 이르기까지 네덜란드는 팔마스 섬에 대한 지속적이고 평화로운 주권의 행사를 성공적으로 하여왔기 때문에 그 섬은 이미 네덜란드의 영토였다. 후버 재판관은 스페인은 자신이 가지고 있는 권리보다 더 많은 권리를 이전할 수 없다고 하였다.[361]

(3) 정복(conquest, subjugation)

정복은 적을 완전히 최종적으로 굴복시키고 정복한 국가가 적의 영토를 병합할 의사를 선언함으로써 그 영토를 취득하는 것이다. 실제로는 정복에 의한 영토 취득은 드물고 종전이후의 영토의 취득은 주로 할양조약(a treaty of cession)에 의해 이루어졌다. 그러나 관련 할양조약은 이미 정복에 의해 획득한 영토의 주권을 단지 확인하는 것이 대부분이다. 비교적 근래의 정복의 사례로는 루마니아가 베사라비아(Bessarabia)를 두 세계대전의 사이기간 동안 정복한 것을 들 수 있다.[362]

오늘날 정복이나 무력에 의한 할양(조약에 의하든 그렇지 않든)은 더 이상 영토 획득을 위한 유효한 방법으로 간주되지 않는다.[363] 1932년 미국의 국무장관 스팀슨은 부전조약에 위반한 어떤 상황이나 조약 또는 협정을 인정하지 않겠다는 스팀슨 주의(Stimson Doctrine of Non-Recognition)를 밝힌 바 있다. 같은 해 국제연맹 총회도 동일한 효과를 가진 결의를 채택하였다. 1970년 UN총회의 '우호관계선언'도 "한 국가의 영토는 다른 국가가 무력의 위협이나 사용으로 획득할 수 있는 대상이 아니다. 무력의 위협이나 사용의 결과로 인한 영토의 취득은 합법적인 것으로

360) Id., p. 175.
361) Island of Palmas case (Netherlands/USA), RIAA (1928) vol. II., p. 842.
362) Andrew Clapham, Brierly's Law of Nations (Oxford Univesity Press, 2012), p. 176
363) Id.

간주되지 않는다."고 선언하고 있다.[364] 이 우호관계선언은 2004년 국제사법재판소가 국제관습법으로 인정한 바 있다.[365]

한편, 정당방위권(self-defense)을 행사하는 합법적인 무력사용의 결과로 영토를 취득할 수 있는가의 문제가 제기될 수 있다. 이에 대한 답도 부정적이다. 왜냐하면 국가들은 무력을 사용하면서 거의 항상 정당방위권을 행사하는 것이라고 주장하고 있고, 정당방위권의 행사인 무력사용을 통한 영토의 취득을 허용하는 것은 UN헌장 제2조 4항과 우호간계선언 등에 나타난 국제관습법상 무력사용의 금지원칙을 위반하는 것이기 때문이다.[366]

(4) 시효(prescription)

시효는 타국의 영토를 장기간 평온하게 공개적으로 점유함으로써 확립되는 영토 취득의 방법이다. 시효는 실효적 지배에 입각한 권원이라는 점에서는 선점과 같으나, 대상이 무주지가 아닌 타국의 영토라는 점에서 차이가 있다.[367]

시효가 완성되기 위해 어느 정도의 기간이 필요한가에 대하여는 확립된 기준이 없다.[368] 다만, 영국령 기아나(Guiana)와 베네주엘라 간의 국경에 관련한 영국과 베네주엘라 간의 중재 사건에서, 이 중재를 위해 영국과 베네주엘라가 체결한 1897년 조약은 50년 동안의 권원 없는 점유(adverse holding) 또는 시효로 영유권을 취득할 수 있다는 규칙을 규정한 사례가 있다.[369] 이 중재재판소는 러시아의 저

---

364) UNGA Declaration of Principles of International Law Concerning Friendly Relations and Co-operation Among States in Accordance with the Charter of the United Nations, Res. 2625, 24 October 1970, Principle I, para. 10.

365) Advisory Opinion on the Legal Consequences of the Construction of a Wall in the Occupied Palestinian Territory (2004) para. 87.

366) Andrew Clapham, Brierly's Law of Nations (Oxford Univesity Press, 2012), p. 180. Oppenheim's International Law vol. I., p. 704 (9th ed. 1996).

367) 정인섭, 신국제법강의(제15판, 2025), p. 553.

368) Id. Andrew Clapham, Brierly's Law of Nations (Oxford Univesity Press, 2012), p. 181.

369) 아르투어 누스바움 저, 김영석 편역, 국제법의 역사: 전쟁과 평화와 국제법(박영사, 2019), p. 261. TREATY BETWEEN GREAT BRITAIN AND THE UNITED STATES OF VENEZUELA RESPECTING THE SETTLEMENT OF THE BOUNDARY BETWEEN THE COLONY OF BRITISH GUIANA AND THE UNITED STATES OF VENEZUELA (1897 서명, the 1897 Anglo-Venezuela Treaty), 이 조약의 제4조 Rule(a)는 "Adverse holding or prescription during a fifty years shall make a good title. The Arbitrators may deem exclusive political control of a district, as well as actual settlement thereof, sufficient to constitute adverse holding or to make title by prescription."이라고 규정하고 있다.

명한 국제법학자였던 드 마르텐스(F. de Martens)가 중재재판장이었는데, 중재판정은 영국에게 사실상 분쟁지역의 전부를 주었고 베네주엘라에게는 오리노코강의 중요한 하구를 남겨주었다.[370]

(5) 첨부(accretion)

첨부는 자연현상에 따라 영토가 추가되는 것을 말한다. 퇴적작용에 의해 영토가 추가되거나 해안선의 변경으로 기존의 바다영역이 육지로 변경될 수도 있다. 영해 내의 화산활동으로 인해 새로운 섬이 탄생한다면 이는 자동적으로 연안국의 영토가 된다.[371]

Ⅲ. 준국가적 실체의 권리능력

(1) 교전단체

교전단체의 승인을 받은 사실상의 당국은 그 실효적 지배와 제3국의 권익의 정도에 따라 상대적, 주관적으로 전시국제법상의 주체성이 부여된다. 내란이나 내전은 원래 국내문제이나 교전단체의 승인에 의하여, 국내법적 반란상태에서 국제법상의 전쟁법규의 규율을 받는 전쟁이 된다. 폭동(riot)이나 소요(disturbance)에는 전쟁법이 적용되지 않으나, 내전과 같은 비국제적 무력충돌에는 1949년의 4개 제네바협약의 공통된 제3조(Common Article 3)와 1977년의 제2추가의정서가 적용된다. 이러한 비국제적 무력충돌의 당사자가 교전단체로서 승인을 받으면 이들 단체 간의 무력충돌은 국제적 무력충돌로 간주된다. 따라서 교전단체 간의 무력충돌에는 국제적 무력충돌에 적용되는 1949년 4개 제네바협약의 규정과 1977년 제1추가의정서의 규정이 적용되게 된다.

1950년 한국전쟁은 초기에는 내전이었으나 UN군과 중공군이 참전하게 되면서 국제적 내전으로서 국제적 무력충돌로 변경되었다고 볼 수 있다. 또한, 남북한은 상대방의 전투원에 대해 포로의 지위를 인정함으로써 교전단체의 승인을 부여한 것

---

370) 아르투어 누스바움 저, 김영석 편역, 국제법의 역사: 전쟁과 평화와 국제법(박영사, 2019), p. 261.

371) 정인섭, 신국제법강의(제15판, 2025), p. 566.

으로 볼 수 있고 휴전 후의 남북한 관계도 기본적으로는 교전단체 간의 관계로 볼 수 있다. 다만, 1991년 남북기본합의서나 2000년의 남북경협분야의 4개 합의서를 볼 때 남북관계는 나라와 나라 사이가 아닌 민족 내부의 관계라고 볼 수 있다.[372]

(2) 망명정부(government in exile)

어느 국가의 행정부 등 주요 국가기관이 외국군의 점령 또는 내란 등으로 국외로 망명하여 그 망명지의 국가 및 기타 관계제국의 승인을 얻어 정통정부로 인정되고 일정 한도의 정부기능을 행사할 경우, 이것을 망명정부라고 한다. 망명정부는 국가영역에 대한 사실상의 지배권을 결여함에도 불구하고 한정된 범위 내에서 국제법주체성이 인정된다. 특히 국제법상 위법으로 관념되는 침략전쟁에 의한 군사점령의 경우에는 망명정부의 주장에 유리한 설득력이 부여된다. 그러나 외견상은 망명정부라고 하더라도 본국 헌법상의 법적 연속성을 상실한 것은 망명정부로서 승인을 받을 자격이 없다. 상해임시정부는 당시 중국정부로부터 일정한 대우를 받았으며, 망명정부로서 인정되었다.[373]

(3) 민족해방단체(national liberation movement)

민족해방단체는 UN의 실행상 엄밀하게 그 목적・대상을 특정하여 "국가로서의 독립과 일체성을 추구하여 외국의 식민지적 지배, 점령 및 인종적 차별에 무력으로써 저항하고 있는 민족단체"를 말한다. 그 예로는 팔레스타인민족해방기구(PLO, Palestine Liberation Organization)를 들 수 있다.

민족해방단체에 대해서는 제3세계와 서구국가 간에 의견차이가 존재한다. 첫째, 제3세계는 민족해방단체에 국가에 준하는 대표권을 인정하나 서구국가는 그 사무소의 설치를 인정하는 정도에 그치고 국제법상의 승인을 유보하는 경향이 있다. 미국 일리노이대학의 국제법교수인 프란시스 보일 교수는 팔레스타인국가(Palestine State)의 자격으로 대사를 임명하여 특정한 국가에 파견하는 경우, 이 대사를 접수국이 팔레스타인의 대사로서 공식접수하면 팔레스타인국가를 묵시적

372) 2000년 12월 16일 서명된 '남북 사이의 투자보장에 관한 합의서'의 전문은 "남과 북은 2000년 6월 15일에 발표된 역사적인 남북공동선언에 따라 진행되는 경제교류와 협력이 나라와 나라 사이가 아닌 민족 내부의 거래임을 확인하고 상대방 투자자의 투자자산을 보호하고 투자에 유리한 조건을 마련하기 위하여 다음과 같이 합의한다"고 규정하고 있다.

373) 이한기, 국제법강의, p. 172.

승인한 것이라고 주장한 바 있고, 실제로 팔레스타인은 이러한 방식으로 상당수의 국가로부터 국가승인을 얻었다. 최근에 팔레스타인을 국가로 승인하는 국가들이 많이 증가하였다.

둘째, 민족해방단체는 대상국(식민지국)이 민족자결원칙(principle of self-determination) 실현을 저지할 때 무력에 호소할 권리가 있는지 여부에 대해 제3세계 국가들은 이를 인정하나, 서구국가는 이를 인정하지 않는다. 따라서 이 경우 무력을 사용하는 사람에 대해 제3세계는 이러한 사람을 민족해방투사로서 생각하나 서구국가는 테러범죄자로서 간주한다. 이 점이 무엇이 테러행위인가 하는 테러행위의 정의(definition)를 결정하는 데 있어서 가장 어려운 문제의 하나이며, UN에서 '포괄적 테러협약'을 채택하는 데 있어서 가장 합의하기 어려운 문제의 하나이다. 제3세계의 국가들은 무력에 호소하는 민족해방단체의 구성원을 테러범죄자의 범위에서 제외시킬 것을 요구하고 있으며, 서구국가들은 이를 수락하지 않고 있다.

셋째, 민족해방단체에 의한 무력사용이 국제적 무력분쟁인가 여부에 대해서도 제3세계 국가들은 이를 긍정하나, 서구각국은 국제적 성질을 갖지 않는 무력분쟁으로서 보통 내전이라고 주장한다. 만일 민족해방단체에 의한 무력사용이 국제적 무력분쟁이라면 그 구성원은 체포되었을 경우에 전쟁포로의 지위를 향유하게 되나, 만일 그 무력사용이 국제적 무력사용이 아니라면 그 구성원은 포로의 지위를 가질 수 없다.

이와 관련하여 1977년의 제1추가의정서 제1조 4항은 "전항에서 말하는 사태는 유엔헌장 및 '유엔헌장에 따른 국가 간 우호관계와 협력에 관한 국제법원칙의 선언'에 의하여 보장된 민족자결권을 행사하기 위하여 식민통치, 외국의 점령 및 인종차별정권에 대항하여 투쟁하는 무력충돌을 포함한다"고 규정하였다. 이는 제1추가의정서는 민족해방단체와의 무력충돌은 국제적 무력충돌으로 간주한다는 것을 의미한다. 이 조항은 미국이 제1추가의정서에 비준하지 않는 주요한 원인이 되었다. 그러나 현재 155개국 이상이 제1추가의정서의 당사국이고, 이 당사국 간에는 민족해방단체와의 무력충돌은 국제적 무력충돌로 간주되며, 제1추가의정서가 적용되게 된다. 이는 민족해방단체의 구성원이 체포될 경우 제1추가의정서에 의해 보호되는 포로로서의 지위를 누릴 수 있음을 의미한다.

이러한 입장차이가 있으나, 민족해방단체가 국제법의 한정적 주체로서 일정한 권리능력을 가지고 있다는 점은 명확하다.

Ⅳ. 개인의 권리능력

1. 19세기 말 20세기 초의 지배적인 태도

오펜하임(Lassa Oppenheim)이 1908년 미국국제법학회지 제2권(American Journal of International Law, Vol. 2)에서 설명한 국제법률실증주의의 고전적 패러다임에 의하면, 오직 국가만이 국제법의 주체이며 개인은 단지 국제법의 객체에 불과하다고 간주한다. 따라서 국가만이 국제법상의 권리를 주장하고 의무를 부담할 수 있으며 개인은 직접 국제법상의 권리를 주장하고 의무를 부담할 수 없는 것이 원칙이라고 주장되었다.

그러므로 개인이 국제재판소에서 자신의 국제법상 권리를 주장할 수 있는 제소권이나 청원권은 인정되지 않고, 개인을 국제재판소에서 국제법을 위반했다는 이유로 처벌한다는 의미에서의 개인의 형사책임은 원칙적으로 인정되지 않았다.

2. 20세기 초부터 2차대전 이전까지의 발전

(1) 개인의 국제법상 권리능력(제소권 또는 청원권)의 발전

당시의 이러한 지배적인 국제법률실증주의의 태도에도 불구하고 개인의 국제법상 권리능력을 예외적으로 인정한 사례가 다음과 같이 등장하게 되었다.

1) 국제포획재판소 설치 협약

1907년 제2차 헤이그평화회의에서 채택된 국제포획재판소(International Prize Court, IPC) 설치 협약 제4조와 제5조에 의하면 제한된 상황이지만 중립국 국민인 개인에게 IPC에 제소할 수 있는 출소권을 인정하고 있었다. 이는 개인의 제소권이 국제법원칙과 국제재판소의 절차에 있어서 인정된 초기적인 사례가 된 것이었다. 이러한 IPC에 대한 개인의 제소권 인정은 독일의 제안으로 이루어진 것이었다.

2) 중미사법재판소

또한, 1907년 중미사법재판소(Central American Court of Justice) 설치협약도 국제포획재판소 설치협약과 유사하게 중미국가 국민이 그 국적국 정부의 의사와 관계없이 다른 체약국 정부를 상대로 조약위반이나 국제적 성격의 문제에 관해 중미사법재판소에 제소할 수 있도록 하였다.

3) 베르사이유조약에 의한 혼합중재재판소

1차 대전 후의 베르사이유평화조약에 의해 설치된 혼합중재재판소도 전승국의 국민이 패전국을 상대로 중재재판소에 직접 손해배상소송을 제기할 권리를 인정하였다.

(2) 개인의 형사책임추구

1) 침략범죄

제1차 세계대전 후, 침략범죄와 관련하여 1919년 베르사이유조약 제227조는 독일의 빌헬름(Wilhelm) 2세를 전쟁을 일으킨 범죄로 기소하기 위해 임시 국제형사재판소를 창설할 것을 규정하였다. 그러나 빌헬름 2세는 그의 사촌이 왕으로 있는 네덜란드로 도피하였고 그에 대한 범죄인 인도요구는 거절되었다.

2) 전쟁범죄

전쟁범죄에 관하여는, 베르사이유조약 제228조와 제229조는 독일 군인들을 국제재판소인 연합군사재판소(Allied Military Tribunal)나 승전국의 군사재판소에서 전쟁범죄로 처벌할 것을 규정하고 있었다. 그러나 승전국은 그 후 1919년 전쟁을 일으킨 자들의 책임과 처벌을 위한 위원회(1919 Commission on the Responsibilities of the Authors of War and on the Enforcement of Penalties, 전쟁범죄위원회)가 제출한 895명의 명단 중에서 45명만을 독일이 처벌할 것을 요구하였고, 궁극적으로 12명만의 군장교가 라이프찌히(Leipzig)의 독일대법원에서 처벌되었다. 즉 국제재판소가 아닌 독일 국내재판소에서 처벌을 받은 것이다.

3) 인도에 반한 죄

바시우니(M. Cherif Bassiouni) 교수는 인도에 반한 죄의 개념은 1907년 헤이그 육전법규협약(Convention Respecting the Laws and Customs of War on Land, 1907년 10월 18일 채택, 1910년 1월 26일 발효. 이 협약의 전문은 American Journal of International Law, Vol. 2, 1908, p. 90 참조)의 서문에서 발견되는 '인도주의 법에 반한 범죄(crimes against the laws of humanity)'에서 유래한다고 주장한다.

인도에 반한 죄에 관하여는, 1919년의 전쟁범죄위원회는 1915년경 터키가 아르메니아인들을 살해한 것이 인도주의의 법에 반한 범죄(crimes against laws of humanity)를 구성한다고 보고하였다. 그러나 미국과 일본은 이 보고서의 인도에 반한 죄의 개념과 내용에 반대하였다. 즉, 18인의 위원으로 구성된 이 위원회의 구성원 중 2인의 미국위원은 '인도주의 법(laws of humanity)'의 개념이 사법재판소에 의해 처벌될 대상이 아니라 오히려 고정되고 보편적인 기준이 없는 '도덕적 법(moral law)'의 문제라고 하면서 반대하였다. 터키정부에 대해 인도주의 법에 반한 범죄를 저지른 자들을 승전국에 인도할 것을 요구한 1919년의 세브르조약(Treaty of Sevre)은 비준되지 않았고, 1923년의 로잔조약(Treaty of Lausannne)은 이러한 범죄자를 인도하도록 한 조항을 삭제하고 추가의정서를 채택함으로써 터키의 범죄자들에게 모두 사면조치를 내렸다.

3. 소　　결

이와 같이 1차 세계대전 직후, 국제사회는 국제법을 위반한 범죄자를 국제재판소를 통해 국제법을 직접 적용하여 처벌하려고 시도하였다. 비록 침략범죄와 인도에 반한 죄에 대한 개인의 국제법상 형사책임이 실효적으로 추궁되지 않았고, 독일의 전쟁범죄자들은 일부만이 국제재판소가 아닌 독일의 국내재판소를 통해 처벌이 이루어졌지만, 국제법상 개인의 형사책임원칙을 수립하려는 국제사회의 노력은 매우 의미 있는 것이라고 볼 수 있다.

4. 2차대전 이후의 개인의 형사책임원칙의 발전

(1) 개인의 청원권(Individual Complaint) 인정 조약 발전

1) 1949년 포로대우에 관한 제네바 협약과 전시 민간인 보호에 관한 제네바 협약상 개인의 제소권

1949년 포로대우에 관한 제네바협약은 제78조 2항에서 포로는 이익보호국의 대표에게 개인청원을 제출할 수 있도록 하고 있다.

1949년 전시 민간인 보호에 관한 제네바협약 제30조, 제52조와 제101조는 협약의 보호대상인 사람들이 이익보호국과 국제적십자위원회(ICRC)에 개인청원을 할 수 있도록 규정하고 있다.

2) 인권위원회(the Human Rights Committee)

2차대전 이후 설립된 UN은 그 체제 하에서 개인에게 자신의 권리침해에 대한 구제를 직접 국제기구에 청원할 수 있는 권리를 인정하는 조약을 채택하였다. 그 중 대표적인 것이 시민적·정치적 제 권리에 관한 국제규약(B규약, ICCPR)에 의해 창설된 인권위원회이다. 이 위원회는 4년 임기의 18인의 위원으로 구성되며, ICCPR과 그 선택의정서의 당사국 국민에게 권리침해에 대한 청원권을 부여하고 있다. 우리나라는 ICCPR과 그 선택의정서의 당사국이며, 우리나라 국민이 인권위원회에 개인청원을 제출한 사례가 다수 있다.

3) 인종차별철폐위원회(the Committee on the Elimination of Racial Discrimination)

1965년 채택되고 1969년 발효한 인종차별철폐협약(International Convention on the Elimination of All Forms of Racial Discrimination)에 의해 설립된 인종차별철폐위원회도 개인의 청원권을 인정하고 있다. 이 위원회는 18명의 전문가로 구성되어 있다. 그러나 협약 비당사국의 국민이나 위원회의 개인청원권 접수권능을 인정하지 않는 국가의 국민이 제출한 청원을 접수하지 않는다. 우리나라는 협약당사국이며 위원회의 개인청원접수 권능을 인정하고 있다.

4) 고문방지위원회(the Committee against Torture)

1984년 채택되고 1987년 발효한 고문방지협약(the Convention against Torture and Other Cruel, inhuman or Degrading Treatment or Punishment)에 의해 설립된 고문방지위원회도 개인의 청원권을 인정하고 있다. 이 위원회는 10명의 전문가로 구성되어 있고 고문방지협약의 이행을 감시하는 임무를 가지고 있다. 이 위원회도 위원회의 개인청원접수 권능을 인정하지 않는 국가의 국민이 제출한 청원은 접수할 수 없다. 우리나라는 고문방지협약의 당사국이며, 2007년 11월 9일 위원회의 개인청원 접수권능을 인정하였다.

(2) 뉘른베르그 재판과 동경재판

1) 뉘른베르그 재판

독일의 유대인에 대한 학살과 참혹한 박해 등은 연합국들에게 이러한 범죄를 저지른 개인의 형사책임을 추궁해야 한다는 점을 다시 고려하게 하였다. 모스크바선언에 따라 미국, 영국, 프랑스, 소련 정부는 1945년 8월 8일 런던에서 런던협정에 서명하였고, 이 런던협정의 불가분의 일체를 이루는 부속서로서 국제군사재판소헌장(The Charter of the International Military Tribunal), 즉 뉘른베르그헌장(Nuremberg Charter)이 채택되었다.

2) 동경재판

극동국제군사재판소헌장(The Charter of the Internaitonal Military Tribunal for the Far East)은 뉘른베르그헌장과 실질적인 차이가 거의 없었다.

3) 뉘른베르그헌장과 판결의 원칙 형성

뉘른베르그 재판과 동경재판은 국제법을 위반한 개인의 형사책임을 추궁하겠다는 국제사회의 의지를 보여주었다. 이 두 재판은 국제법을 위반한 개인들을 국제재판소에서 국제법을 적용하여 처벌한 실제 사례가 된 것이다. 뉘른베르그 헌장과 그에 따른 뉘른베르그 재판과 동경재판의 판결에서 나타난 국제법원칙들은 그 후 1946년 12월 11일 UN 총회결의 95(Ⅰ)에서 만장일치로 승인되었다.[374] 이때부터, 뉘른베르그 원칙은 침략범죄, 인도에 반한 죄, 전쟁범죄를 범한 개인의 형사책임을 추궁해야 한다는 국제관습법(customary international law)을 권위적으로 표현한 것으로 일반적으로 간주되었다.[375]

4) 국제형사재판소(International Criminal Court)의 설립과 국제형사재판소 규정상 개인의 형사책임

ICC규정 제25조는 1항에서 재판소는 이 규정에 따라 자연인에 대하여 관할권을 갖는다고 하고 2항에서 재판소의 관할권에 속하는 범죄를 저지른 자는 이 규정에 따라 개인적으로 책임을 지며 처벌을 받는다고 규정함으로써, 국제법상 개인의 형사책임을 명확히 하고 있다. 또한, 절차적인 측면에서도 국제법을 위반한 개인을 국제재판소인 ICC가 국제법인 ICC규정 등을 적용하여 처벌한다는 점에서 개인에 대한 형사책임추구 원칙에 충실한 것으로 평가된다.

5) 소 결

위에서 살펴본 바와 같이 2차대전 이후 집단살해죄, 인도에 반한 죄, 전쟁범죄, 침략범죄를 범한 개인의 형사책임원칙은 뉘른베르그 재판과 동경재판을 통해 명확하게 되고 그 이후 국가들의 관행과 법적 확신을 얻게 되어 국제관습법화한 것으로 볼 수 있다. ICC는 이러한 국제관습법을 충실히 반영하여 국제법상 개인의 형사책임을 명문화한 조약으로서의 의미가 있다고 할 수 있다.

---

374) Francis A. Boyle, Defending Civil Resistance under International Law(Transnational publisher, 1987), p. 62.

375) Id.

제 5 장

국제기구법

제 5 장
국제기구법

Ⅰ. 국제기구의 권리능력

1. 국제기구의 정의와 분류

(1) 정　　의

국제기구 또는 국제조직이라고 하는 것은 공동의 목적을 달성하기 위한 여러 국가의 결합으로서 보통 조약에 입각하여 창설되며 그 기능을 수행하기 위한 기관을 가지고 이 기관을 통하여 개개의 구성국의 의사와는 별개의 단체 자신의 의사를 표명하며 단체의 이름으로 행동하는 것을 말한다.[376)]

(2) 분　　류

첫째, 구성국의 범위를 세계적 규모로 하느냐 또는 특정지역에 한정하느냐에 따라 일반적 국제조직(UN 등)과 지역적 국제조직(NATO, EU, OAS, AALCO, ASEAN 등)으로 나누어진다. 그런데 UN헌장 제103조는 UN회원국으로서의 UN헌장상의 의무와 다른 국제적 의무가 충돌할 때는 UN헌장상의 의무가 우선한다고 규정하여, 지역적 국제조직의 회원국으로서의 의무보다 UN회원국의 의무가 우선하도록 하고 있다.

둘째, 국제기구는 정치적인 기구와 비정치적인 기구로 분류된다. UN, 미주기구(OAS) 등은 정치적 기구이며, 식량농업기구(FAO), 국제원자력기구(IAEA) 등은 비정치적인 기구이다. 그러나 이 구별은 유동적인 것이다.

셋째, 권능의 정도나 통합도에 따라 초국가적인(supranational) 기구와 국제적

376) 이한기, 국제법강의, p. 174.

인(international) 기구로 분류된다.

국제기구는 구성단위가 주권국인가 아닌가에 따라 정부 간 기구(IGO)와 비정부기구(NGO)로 분류된다. UN이나 유럽연합(EU) 등은 정부 간 기구이고 국제적십자위원회(ICRC), 국제사면기구(Amnesty International) 등은 비정부기구이다.

국제기구를 임무 또는 활동방식을 기준으로 하면 세 가지로 다음과 같이 분류된다. 첫째, 조정기능을 위한 국제기구가 있다. 대부분의 국제조직이 이에 해당하며 가맹국의 견해와 정책을 조정하는 기능을 하는 기구이다. 둘째, 행위규범 설정기능을 위한 국제기구가 존재한다. 국제민간항공기구(ICAO)가 각 국가에게 비행정보구역(FIR)을 배분하여 관제를 담당하게 하는 것처럼 국제기구가 공통의 행위규칙을 작성하여 가맹국에게 적용하는 기능을 하는 경우가 이에 해당한다. 셋째, 직무운영기능을 수행하는 국제기구가 있다. 이 기구는 국제원자력기구(IAEA)가 원자력의 평화적 이용을 위한 기능을 수행하는 것과 같이 가맹국 또는 사인에 대하여 직접적으로 국제공공성이 있는 기능을 행사하는 기구이다.

2. 국제조직의 국제법주체성과 그 법적 근거

국제기구가 국제법상의 일정한 권리, 의무의 주체라는 것에 대해서는 이론이 없으나 그 근거에 대해 학설이 나뉘어 있다.

(1) 설립조약근거설 또는 의사이론(will theory)

이 학설은 국제기구의 법인격의 근거를 설립기본조약 또는 당사국의 의사에서 찾는 입장이다. 국제기구는 설립기본조약에 의하여 조약체결권 기타의 일정한 국제법상의 권리가 인정되고 있으므로 국제기구의 국제법인격이 인정된다는 설이다. 즉, 당사국들의 의사를 설립기본조약이 반영하고 있고, 그 설립조약에 규정된 대로 국제기구는 법인격을 갖는다는 입장이다. ICC 규정 제4조도 ICC의 국제적 법인격을 명문으로 규정하고 있다. 그런데 이 학설의 단점은 설립조약이 종종 국제기구의 국제법인격을 명문으로 규정하지 않는 경우가 있다는 점이다. 예를 들어, UN헌장 제104조는 UN의 국내법상의 법인격을 규정하고 있지만, UN의 국제법상의 법인격을 규정하고 있지는 않다. 또한, 베르나도테 백작 사건에서 쟁점이 되었던 것처럼 UN헌장은 UN의 손해배상청구능력을 명문으로 규정하고 있지 않다.

기본문서근거설을 엄격히 적용한다면 UN은 UN헌장에 명문의 규정이 없기 때문에 손해배상을 청구할 능력이 없다고 하여야 할 것이다. 그러나 국제사법재판소는 이러한 입장을 취하지 않고 다음에 기술할 목적필요설의 입장을 취하였다.

(2) 목적필요설 또는 추정된 법인격(presumptive personality)설

기본문서근거설보다 약간 더 넓게 국제기구의 권능을 인정하는 설로서 국제기구의 설립조약에 명시되어 있지 않더라도 국제조직의 목적달성을 위해 꼭 필요한 권한을 인정해야 한다는 설이다. 추론된 권능설 또는 묵시적 권한이론(principle of implied power)이라고도 부른다. 국제사법재판소는 유엔근무 중 입은 손해배상사건(Reparation for the injuries suffered in the service of the United Nations, 일명 Bernadotte 백작사건, 1949년)에서 목적필요설의 입장을 취하였다.

이 학설은 추정된 법인격설이라고도 부를 수 있다. 즉, 국제기구가 국제법인격을 기초로만 설명할 수 있는 행동을 수행하는 순간, 그 기구는 국제법인격을 가진 것으로 추정된다는 입장이다.[377]

(3) 객관적 존재설(objective theory)

국제기구는 가맹국으로부터 분리된, 가맹국에 종속되지 않은 독립의 기구를 가짐으로써 설립되었으며, 그 사실에 의하여 설립기본문서에 명문의 근거규정이 있느냐 없느냐에 불구하고 국제법주체성을 가진다는 설이다.[378] 이 학설은 노르웨이의 국제법학자 핀 시에스테드(Finn Seyersted)가 주장한 것으로서, 그는 국제기구의 국제법인격은 국가가 국제법인격을 취득하는 과정과 동일하다고 주장하였다.[379] 즉, 국가가 국가성(statehood)을 취득함과 함께 국제법인격을 얻는 것처럼 국제기구도 그 기구성(organizationhood)을 얻는 것과 함께 국제법인격을 얻는다는 것이다.[380] 이 학설에서 강조하는 것은 국제기구의 설립자의 의사와 국제기구의 법인격은 별개의 문제라는 점이다.

국제기구의 국제법 주체성을 가장 넓게 인정하는 입장이나, 국제기구의 권한이 지나치게 확대될 수 있다는 문제점이 제기된다.

---

377) Jan Klabbers, An Introduction to International Institutional Law pp. 55~56(2002).
378) 이한기, 국제법강의, p. 178.
379) Jan Klabbers, supra note 377, p. 55.
380) Id.

(4) 평 가

국제사법재판소는 목적필요설의 입장을 견지하여 왔다. 예를 들어, 세계보건기구(WHO)의 핵무기의 불법성에 관한 권고적 의견요청에 대해 국제사법재판소는 이러한 요청은 세계보건기구의 권능을 벗어난 것이므로 이에 응할 수 없다고 한 바 있다.

3. 국제기구의 국제법상의 권리능력

(1) 조약체결권

국제기구는 대부분 조약체결권을 갖는다. 1986년 '국가와 국제기구 간 또는 국제기구 상호간 조약법에 관한 비엔나협약(Vienna Convention on the Law of Treaties between States and International Organizations or Between International Organizations)' 제6조는 "국제기구의 조약체결 능력은 그 기구의 규칙들에 의하여 규율된다"고 하고 제2조 1항(i)은 "'기구의 규칙들'은 설립문서, 설립문서에 의해 채택된 결정과 결의, 그리고 기구의 확립된 관행"이라고 정의하고 있다. 따라서 국제기구가 그 설립조약 등에 의해 근거하여 조약을 체결할 수 있다는 점은 일반적으로 받아들여지고 있다고 할 수 있다.

예를 들어, UN헌장 제43조는 안전보장이사회가 UN군을 조직하기 위한 특별협정을 회원국과 체결할 수 있도록 하고 있다. 또한, UN헌장 제63조 1항은 "경제사회이사회는 제57조에 규정된 어떠한 기구와도, 동 기구가 국제연합과 제휴관계를 설정하는 조건을 규정하는 협정을 체결할 수 있다. 그러한 협정은 총회의 승인을 받아야 한다"고 규정하여 경제사회이사회가 협정을 체결할 수 있는 근거를 규정하고 있다. 그런데, UN과 미국과의 본부협정(Headquarters Agreement)은 UN헌장에 명문의 근거규정은 없으나, 헌장 제105조에 근거한 묵시적 권한으로 볼 수 있다. UN헌장 제105조는 UN과 그 직원 그리고 회원국의 대표의 특권과 면제를 규정하고 있다.

국제형사재판소규정 제2조는 국제형사재판소가 UN과 협정을 맺을 수 있도록 하고 있고, 제3조는 국제형사재판소가 네덜란드와 본부협정을 체결할 수 있도록 하고 있다.

(2) 특권면제(UN 특권면제협정, ICC의 특권면제협정)

국제기구와 그 직원, 회원국 대표는 임무수행에 필요한 범위에서 일정한 특권면제를 향유한다. UN헌장 제105조는 이러한 특권면제를 명확히 규정하고 있다. 또한, 제105조에 근거하여 UN은 별도의 '국제연합의 특권과 면제에 관한 협약'[381]을 국가들과 체결하였다.

국제형사재판소규정 제48조 1항도 "재판소는 각 당사국의 영역에서 재판소의 목적 달성을 위하여 필요한 특권과 면제를 향유한다"고 규정하여 ICC의 특권면제를 인정하고 있다. 또한, 국제형사재판소도 별도의 '국제형사재판소의 특권과 면제에 관한 협정'[382]을 국가들과 체결하였다.

국제기구의 특권면제와 외교관의 특권면제와의 차이는 전자가 기능적 필요에 의한 제한된 특권면제인 반면 후자는 보다 완전한 형태의 특권면제라고 할 수 있다. 한편, 국제적십자위원회(International Committee of the Red Cross: ICRC)는 1863년 스위스의 국내민법상 법인으로서 설립되었으나, 오늘날 정부 간 국제기구에 준하는 특권면제를 많은 나라에서 인정받고 있다.

(3) 국제책임

국제조직은 자신이 입은 손해에 대하여 국제청구를 제기할 수도 있고 또는 국제위법행위에 대하여 책임을 지는 등, 능동적 내지 수동적인 당사자능력이 인정된다. 1960년대부터 UN은 평화유지활동과 관련하여 UN 소속으로 된 각국 군대의 구성원이 국제인도법을 위반하는 경우, UN이 그 책임을 부담하였다.[383] 왜냐하면, 평화유지활동이 UN의 배타적인 지휘통제하에 이루어졌기 때문이다.[384] 그러나, 이는 PKO군의 활동이 모두 UN에 책임이 귀속된다는 것을 의미하지는 않는다. "실효적 통제"(Effective Control)의 기준이 적용되어 PKO에 참여하는 개별국가에게 책임이 귀속되기도 하고 그 국가와 UN에게 이중으로 책임이 귀속되기도 한

381) Convention on the Privileges and Immunities of the United Nations, 1946년 2월 13일 뉴욕에서 작성, 1946년 9월 17일 발효, 1992년 4월 9일 우리나라에 대하여 발효.

382) Agreement on the Privileges and Immunities of the ICC, 2002년 9월 9일 채택, 2004년 7월 22일 발효.

383) J.K Cogan 외 2인 공저, The Oxford Handbook of International Organizations p. 1031 (2016).

384) Id.

다.[385] 1995년 7월 구 유고의 스레브레니차(Srebrenica) 지역에서 UN평화유지군이 UN이 지정한 안전지대(safe haven)에 대피하여 있던 보스니아 회교도 남자들이 보스니아 세르비아계 군대에게 약 1만 명 정도 살해당하는 것을 막지 못한 사건에 대해 UN의 관련 직원과 UN 자체의 책임이 논의된 바 있다. 이와 관련하여 네덜란드의 대법원은 관련 PKO 부대는 네덜란드가 파견한 부대로서 UN이 아닌 네덜란드가 책임을 전적으로 부담하여야 한다고 판결하였다.[386]

국제기구는 그 기구의 잘못으로 인한 결과에 대해 책임을 부담한다. 국제기구의 기관이나 그 직원이 범한 불법행위에 대해 국제기구가 책임을 진다. 심지어 국제기구의 기관이나 직원 등이 그 권한 밖의 행위를 하여 불법행위를 한 경우에도 그 기구의 공식 업무와 밀접한 관련이 있는 경우에는 국제기구가 책임을 부담하여야 하는 경우도 있다.[387]

(4) 직무보호권

국제기구는 그 직원이 임무수행 중에 입은 손해에 대하여 배상소송을 제기하는 경우 본국에 의한 외교적 보호와는 별도로 기능적 보호에 의한 국제적 청구를 제기할 자격을 갖는다. 이를 직무보호권이라고 한다. 1949년 베르나도테(Bernadotte) 백작 사건[388]에서 스웨덴 국적자인 베르나도테 백작이 팔레스타인 지역에서 UN의 평화중개자로서 임무를 수행하던 중 이스라엘의 과격파에 의해 살해당한 것과 관련하여 UN총회가 권고적 의견을 국제사법재판소에 요청하였다. UN총회의 질문은 1. UN의 직원이 그 임무를 수행 중에 손해를 입고, 그 손해가 특정 국가의 책임과 관련될 때, UN은 (a) UN자체가 입은 손해 (b) 직원인 피해자나 관련 사람이 입은 손해에 대해 책임 있는 법률상 또는 사실상 정부에 대해 국제적인 배상을 청구할 수 있는지? 2. 질문 1(b)에 대한 답이 긍정적이라면, UN의 배상청구권과 피해자의 국적국이 가지는 외교적 보호권과는 어떻게 조화시킬 수 있는지? 이

---

385) Id., p. 1032.

386) J.K Cogan 외 2인 공저, *The Oxford Handbook of International Organizations* (2016), p. 1032; Supreme Court of the Netherlands, Case No 12/03329, The State of the Netherlands v. H. Nuhanovic, September 6, 2013, 3.11.3항.

387) Sean D. Murphy, supra note 26, p. 43; J.K Cogan 외 2인 공저, *The Oxford Handbook of International Organizations* (2016), p. 1033.

388) Reparation for the injuries suffered in the service of the United Nations, ICJ Rep. 1949, p. 174.

었다.

국제사법재판소는 질문 1의 (a)와 (b)에 대해 모두 긍정적으로 답하면서, 질문 2에 대해서는 이 문제는 구체적인 사안에 따라 결정될 것이며, UN과 관련 국적국간의 합의로 결정될 것이라고 하였다.

그 후 1950년 이스라엘은 베르나도테 백작의 피살과 관련하여 UN에 $54,628를 배상하였다.[389]

(5) 기타의 권리능력

국제기구는 UN헌장 제43조상의 UN군과 같이 국제군의 편성을 가질 수 있다. 또한, 신탁통치 등 특정지역에 대한 관할권의 행사도 할 수 있다.

4. 국내법상의 능력

국제기구는 각국의 국내법에 따라 국내법상의 법인격(legal personality)을 가지며, 일정한 국내법상의 법률행위능력을 가진다. 그러나 국제기구의 법인격을 인정하기 위한 각 국가의 국내법의 요건은 차이가 있을 수 있다. 예를 들어, 우리나라에서는 특정한 국제기구의 법인격이 인정되나 다른 나라에서는 이 기구의 법인격이 인정되지 않는 경우도 있을 수 있다. 하지만 이러한 문제는 20세기 전반부에 각 국가들이 국제법상 법인격을 얻은 국제기구에 대해서는 국제법상의 법인격을 근거로 국내법상의 법인격을 부여함으로써 어느 정도 해결되었다.[390]

또한, 많은 국제기구의 설립조약들은 각 국제기구의 회원국들이 해당 국제기구의 국내법상의 법인격을 인정하도록 하는 명문의 규정을 두고 있다. 예를 들어, UN헌장 제104조는 "기구는 그 임무의 수행과 그 목적의 달성을 위하여 필요한 법적 능력을 각 회원국의 영역 안에서 향유한다"고 규정한다. 이 조항은 임무의 수행과 목적을 달성하기 위해 필요한 법적 능력이라고 규정하고 있으나, 일반적으로 UN이 국내법상 인정되는 최대한의 범위에서 법적 능력을 향유한다고 해석되고 있다.[391] 국제형사재판소규정 제4조 2항도 "재판소는 모든 당사국의 영역에서

389) L.C. Green, International Law Through the Cases (4th ed. 1978), p. 153.

390) Bederman, The Souls of International Organizations, p. 351.

391) Jan Klabbers, supra note 377, p. 49.

는 이 규정에 정한 바와 같이, 그리고 다른 여하한 국가의 영역에서는 특별협정에 의하여 자신의 기능과 권한을 행사할 수 있다"고 규정하여 국제형사재판소의 국내법상 법인격을 인정하도록 하고 있다.

국제기구의 법인격은 그 기관(organ)과 보조기구(subsidiary body)에도 인정된다. 예를 들어, UN법률국(Office of Legal Affairs)은 UN총회의 보조기구인 UN개발계획(UN Development Programme, UNDP)의 국장이 UNDP의 대표로서 계약을 체결할 권한이 있다고 하였다.[392] UN법률국은 이 권한이 UN헌장 제104조의 법인격 조항에서 유래한다고 하였다.[393] 그러나 UN법률국은 UNDP가 국내법상의 회사나 조직을 설립할 권한은 없다고 하였다.[394] 왜냐하면 그러한 회사나 조직 그리고 그 직원의 국제법적 지위와 국내법적 지위를 조화시키기 어렵기 때문이다.[395]

Ⅱ. 국제기구 직원의 특권과 면제

국제기구의 직원도 그 기능의 수행을 위해 대체로 외교관이나 영사관에게 부여되는 특권면제와 유사한 특권면제를 누린다. 국제기구의 특권과 면제는 그 국제기구가 외부의 간섭 없이 독립적으로 임무를 수행할 수 있도록 하기 위한 것으로서, 절대적인 것이 아닌 기능적인 면제(Functional Immunity)이다.

최근에는 각 국가의 국내법원이 구체적인 사안에서 국제기구에 대해 국내소송으로부터 면제를 부여하기 위한 조건으로서, 정의에 대한 접근이라는 기본권을 주장하는 개인 청구인이 다른 합리적인 분쟁해결절차를 활용할 수 있는지 여부를 중요하게 고려하고 있다.[396]

이와 관련 주요 사건판례는 웨이트와 케네디(Waite and Kennedy) 사건[397]이다. 이 사건은 2명의 유럽우주기구(European Space Agency) 직원이 독일 법원에 소송을

392) Id., p. 51. UNJY(1990), pp. 276~7.
393) Id., p. 52.
394) Id.
395) Id., UNJY(1990), pp. 259~60.
396) Jacob Katz Cogan 외 2인, *The Oxford Handbook of International Organizations* (2016), p. 1068.
397) Waite and Kennedy v. Germany, Application No. 26083/94, ECtHR, 18 February 1999, [1999] ECHR 13.

제기하였는데, 독일 법원이 이 국제기구에 대해 소송으로부터 면제를 부여하자, 청구인들이 유럽인권재판소에 유럽인권협약 제6조의 법원에 소송을 제기할 권리(right of access to court)가 침해를 받았다고 주장하며 청원을 한 사건이다. 유럽인권재판소는 이 사건에서 국제기구의 독립적 기능을 보호하는 목적과 법원에 소송을 제기할 수 있는 권리의 비례성을 검토하여야 하며, 면제를 부여함에 있어서 비례성은 '합리적인 대안 수단(reasonable alternative means)'이 가용한지에 달려있다고 하였다.[398] 유럽인권재판소는 청구인들의 주장을 받아들여 국제기구의 면제를 제한하여야 한다고 판단하였다. 즉, 국제기구의 소송으로부터의 면제가 관련자들에게 합리적인 대안을 제공하지 않는다면 면제의 제한이 가능하다는 점을 밝혔다고 할 수 있다.

이 사건은 유럽인권재판소의 판결이지만 다른 국제재판소 및 국내재판소에 많은 영향을 주었다.[399]

UN의 직원 등은 1946년 국제연합의 특권과 면제에 관한 협약(Convention on the Privileges and Immunities of the United Nations)에 의해 특권과 면제를 누린다. UN 사무총장과 사무차장(USG, ASG)들은 외교관과 같은 특권 및 면제를 향유한다(동 협약 제19절). 그러나 다른 국제연합직원은 이보다 제한된 특권, 면제를 누린다.

이 협약 제18절에 의하면 국제연합직원은 (가) 공적 자격으로 행한 구두 또는 서면진술 및 모든 행위와 관련하여 법적 절차로부터 면제, (나) UN이 지급하는 봉급 및 수당에 대한 면세, (다) 국민적 역무상 의무로부터 면제, (라) 배우자 및 부양가족과 더불어 출입국 제한과 외국인 등록으로부터 면제, (마) 외환편의에 관련하여 그 나라 정부에 파견된 외교공관의 동급 외교직원에게 부여되는 것과 동일한 특권부여, (바) 국제적 위기시에 배우자 및 부양가족과 더불어 외교사절과 동일한 귀한편의 부여, (사) 최초로 어느 나라에 부임할 때에 가구 및 일용품을 면세로 수입할 권리향유의 특권면제를 누린다.

사무총장은 직원에 대한 면제가 사법절차를 방해하고, 국제연합의 이익을 저해함이 없이 포기될 수 있다고 판단하는 경우 그 면제를 포기할 권리와 의무가 있다. 사무총장의 경우에는 안전보장이사회가 면제를 포기할 권리를 가진다(제20절).

---

398) Id. 68항. Jacob Katz Cogan 외 2인, *The Oxford Handbook of International Organizations* (2016), p. 1063.

399) Jacob Katz Cogan 외 2인, *The Oxford Handbook of International Organizations* (2016), pp. 1063–1064.

국제연합의 주요기관 및 보조기관에 파견되는 회원국 대표와 UN이 소집하는 회의에 참석하는 회원국 대표는 그들의 직무를 수행하는 동안 및 회의 장소로 그리고 회의 장소로부터 여행하는 동안 일부 제한이 있지만 외교관과 유사한 특권과 면제를 누린다(제11절).

UN의 특권면제협약 이외에도 1947년 전문기구의 특권과 면제에 관한 협약(Convention on the Privileges and Immunities of the Specialized Agencies), 1959년 국제원자력기구의 특권과 면제에 관한 협정(Agreement on the Privileges and Immunities of the International Atomic Energy Agency), 1997년 국제해양법재판소의 특권과 면제에 관한 협정(Agreement on the Privileges and Immunities of the International Tribunal for the Law of the Sea), 2002년 국제형사재판소의 특권과 면제에 관한 협정(Agreement on the Privileges and Immunities of the International Criminal Court) 등의 조약이 국제기구의 특권면제를 규정하고 있으며, 그 내용은 대체로 유사하다.

Ⅲ. 국제연합(The United Nations, UN, 유엔)

1. UN의 설립

UN의 명칭은 미국의 프랭클린 루즈벨트 대통령이 고안하였으며, 제2차 세계대전중 26개국 대표가 모여 주축국에 대항하여 계속 싸울 것을 서약하였던 1942년 1월 1일 연합국 선언에서 처음으로 사용되었다.[400] 제2차 세계대전의 공포로부터 미국 정부와 미국인들이 받은 충격은 고립주의 외교정책을 견지하는 데서 올 수 있는 큰 위험을 깊이 깨닫게 하였다.[401] 1943년 10월 30일, 미국, 영국, 소련, 그리고 중국은 모스크바 선언(Moscow Declaration)을 발표하였다.[402] 이 선언은 "가장 빠른 시일 내에 모든 평화 애호주의, 국가의 주권평등 원칙에 기초하고, 크고 작은 모든 국가에 개방된 일반적인 국제기구를 국제평화와 안전의 유지를 위해 설립할 필요성"을 승인하였다.[403]

400) 김영원, 국제법(박영사, 2022), pp. 26~27.
401) 프란시스 앤서니 보일, 세계질서의 기초, pp. 286~287.
402) Id.
403) Id., p. 287.

1944년 8월부터 10월까지 미국 워싱턴에서 열린 덤버튼 오크스 회의에서 미국, 영국, 소련, 프랑스, 중국 대표에 의해 유엔 창설이 본격적으로 논의되었다.[404]

1945년 4월부터 6월간 샌프란시스코에서 개최된 '국제기구에 관한 연합국 회의(United Nations Conference on International Organization 또는 The San Francisco Conference)에 참석한 50개국 대표들이 덤버튼 오크스 회의에서 합의된 초안을 기초로 유엔헌장을 작성하였으며 1945년 6월 26일 ICJ 규정과 함께 유엔헌장에 서명하였다.[405] 미국 상원은 1945년 7월 28일 89대 2로 UN헌장에 대한 비준 동의를 하였다.[406]

유엔은 미국, 영국 등 서명국의 과반수가 유엔헌장을 비준한 1945년 10월 24일 공식 출범하였다.[407]

2. UN의 설립 목적

유엔 헌장 제1조는 유엔의 설립 목적을 다음과 같이 규정한다.

국제연합의 목적은 다음과 같다.

1. 국제평화와 안전을 유지하고, 이를 위하여 평화에 대한 위협의 방지·제거 그리고 침략행위 또는 기타 평화의 파괴를 진압하기 위한 유효한 집단적 조치를 취하고 평화의 파괴로 이를 우려가 있는 국제적 분쟁이나 사태의 조정·해결을 평화적 수단에 의하여 또한 정의와 국제법의 원칙에 따라 실현한다.
2. 사람들의 평등권 및 자결의 원칙의 존중에 기초하여 국가간의 우호관계를 발전시키며, 세계평화를 강화하기 위한 기타 적절한 조치를 취한다.
3. 경제적·사회적·문화적 또는 인도적 성격의 국제문제를 해결하고 또한 인종·성별·언어 또는 종교에 따른 차별없이 모든 사람의 인권 및 기본적 자유에 대한 존중을 촉진하고 장려함에 있어 국제적 협력을 달성한다.
4. 이러한 공동의 목적을 달성함에 있어서 각국의 활동을 조화시키는 중심이 된다.

3. 유엔 및 유엔 회원국의 행동원칙

유엔 헌장 제2조는 유엔 및 유엔 회원국의 행동원칙을 규정한다.

---

404) 김영원, 국제법(박영사, 2022), p. 27.

405) Id.

406) 프란시스 앤서니 보일 저, 김영석 역, 세계질서의 기초(박영사, 2004), p. 287.

407) 김영원, 국제법(박영사, 2022), p. 27.

제2조 1항은 유엔이 모든 회원국의 주권평등 원칙에 기초한다고 선언하고 있다.

제2조 2항은 모든 유엔 회원국은 회원국의 지위에서 발생하는 권리와 이익을 그들 모두에 보장하기 위하여, 이 헌장에 따라 부과되는 의무를 성실히 이행할 의무를 부과한다.

제2조 3항은 모든 유엔 회원국에게 그들의 국제분쟁을 국제평화와 안전 그리고 정의를 위태롭게 하지 아니하는 방식으로 평화적 수단에 의하여 해결할 의무를 부과한다.

제2조 4항은 모든 유엔 회원국이 그 국제관계에 있어서 다른 국가의 영토보전이나 정치적 독립에 대하여 또는 국제연합의 목적과 양립하지 아니하는 어떠한 기타 방식으로도 무력의 위협이나 무력행사를 삼가야 할 의무를 부과하고 있다.

제2조 5항은 모든 유엔 회원국은 국제연합이 이 헌장에 따라 취하는 어떠한 조치에 있어서도 모든 원조를 다하며, 국제연합이 방지조치 또는 강제조치를 취하는 대상이 되는 어떠한 국가에 대하여도 원조를 삼가도록 하고 있다.

제2조 6항은 유엔이 국제연합의 회원국이 아닌 국가가, 국제평화와 안전을 유지하는데 필요한 한, 이러한 원칙에 따라 행동하도록 확보한다고 규정한다. 이는 유엔이 국제평화와 안전을 유지하는 데 필요한 한 유엔의 비회원국에 대항하여 행동할 수 있도록 하는 권한을 부여하는 것이다. 이러한 것은 유엔의 비회원국에 대한 공개적인 위협이 되는 것이며, 중립의 원칙과는 반대되는 것이다.[408]

제2조 7항은 국내문제 불간섭의 원칙으로서 "이 헌장의 어떠한 규정도 본질상 어떤 국가의 국내 관할권 안에 있는 사항에 간섭할 권한을 국제연합에 부여하지 아니하며, 또는 그러한 사항을 이 헌장에 의한 해결에 맡기도록 회원국에 요구하지 아니한다. 다만, 이 원칙은 제7장에 의한 강제조치의 적용을 해하지 아니한다."고 규정한다. "국내 관할권(domestic jurisdiction)에 있는 사항" 또는 국내문제는 국제법이 부과하는 의무에 의해 제한을 받지 않는, 국가의 재량권에 해당하는 사항이라고 할 수 있다.[409] 따라서, 국제법에 위반되는 행위, 즉 중대한 인권침해나 국제 환경조약에 위반되는 행위 등은 국내문제라고 할 수 없다.

---

408) 프란시스 앤서니 보일, 세계질서의 기초, p. 269.

409) Alexander Orakhelashvili, *Akehurst's Modern Introduction to International Law* (9th ed. 2022), p. 540.

4. 유엔의 기관과 주요 기능

유엔의 6개 주요기관(principal organ)으로서, 총회(General Assembly), 안전보장이사회(Security Council), 경제사회이사회(Economic and Social Council, ECOSOC), 신탁통치이사회(Trusteeship Council), 국제사법재판소, 사무국이 있다.[410] 유엔 헌장은 주요기관이 필요하다고 인정되는 보조기관(subsidiary organ)을 설치할 수 있는 권한을 부여하고 있다.[411]

(1) 총회(헌장 제4장, 제9조~제22조)

1) 산하 주요 위원회

가) 제1위원회: 군축 및 국제안보 문제
나) 제2위원회: 경제 및 금융 문제
다) 제3위원회: 사회적, 인도적 및 문화적 문제
라) 제4위원회: 특별정치 및 탈식민 문제
마) 제5위원회: 행정 및 예산 문제
바) 제6위원회: 법률 문제[412]

2) 임무와 권한

총회는 유엔의 중추 심의기관으로서, 모든 회원국으로 구성되며, 각 회원국은 1개의 투표권을 가진다.[413] 국제평화와 안전, 신규 회원국 가입, 예산 문제 등은 중요문제에 해당되어 출석하여 투표하는 회원국의 3분의 2의 찬성으로 하며, 여타 문제에 대해서는 단순 과반수로 한다.[414]

총회는 헌장의 범위 내에 있는 모든 문제에 대해 토의 또는 권고할 수 있다. 총회는 유엔의 예산을 심의하고 승인하며, 회원국의 가입, 안보리 비상임이사국 선출, 국제사법재판소 재판관 선출 등에 관여한다.[415] 또한, 총회는 국제법의 발

410) UN헌장 제7조.
411) UN헌장 제7조 2항(일반적인 보조기관 설치근거), 제22조(총회의 보조기관 설치 근거), 제29조(안전보장이사회의 보조기관 설치근거), 제68조(경제시회이사회의 보조기관 설치근거).
412) 김영원, 국제법(박영사, 2022), p. 34.
413) 김영원, 국제법(박영사, 2022), p. 35.
414) Id.
415) Id.

전 및 국제법의 법전화를 장려하고, 인권 및 기본적 자유를 실현하는 것을 원조하기 위하여 연구를 발의하고 권고한다.416)

총회는 내부문제에 대해서는 구속력이 있는 결의를 할 수 있으나, 총회의 결의는 원칙적으로 구속력이 없는 권고적 효력을 가진다.

(2) 안전보장이사회(헌장 제5장, 제23조~제32조)

1) 구 성

안보리는 국제평화와 안전의 유지에 관한 일차적 책임을 지며,417) 미국, 영국, 프랑스, 중국, 러시아의 5개 상임이사국과 총회에 의해 선출되는 2년 임기의 10개 비상임이사국으로 구성된다. 안보리 상임이사국은 거부권을 포함하는 1개의 투표권을 가지며 비상임이사국은 거부권 없는 1개의 투표권만 가진다.418)

2) 표 결

안보리에서 각 이사국은 1개의 투표권을 가지며, 절차사항(procedural matters)에 관한 안보리의 결정은 9개 이사국의 찬성투표로 한다.419) 절차사항 이외의 모든 사항(실질 사항)에 관한 결정은 상임이사국의 동의 투표를 포함한 9개 이사국의 찬성투표로 하게 되며. 다만, 제6장 및 제52조 제3항에 의한 결정에 있어서는 분쟁당사국은 투표를 기권하여야 한다.420)

실질사항에 관한 결정에 상임이사국의 동의가 필요하다는 점에서, 실질사항의 결정시에 안보리 상임이사국이 거부권(veto)을 행사할 수 있다고 할 수 있다. 또한, 특정사항이 절차사항인지 실질사항인지를 결정하는 사항도 실질사항으로 보기 때문에 안보리 상임이사국의 거부권을 이중거부권(double veto)이라고 부른다. 즉, 특정사항이 절차사항인지 실질사항인지를 결정함에 있어서, 절차사항으로 결정하려는 시도에 대해 상임이사국이 1차적으로 거부권을 행사할 수 있으며, 그 사항이 실질사항으로 결정되어 그 사항을 구체적으로 논의하고 내용을 결정함에 있어서도 안보리의 상임이사국의 거부권 행사가 가능하기 때문에 안보리 상임이사국이 이중거부권(double veto)을 가진다고 표현할 수 있다.

---

416) UN헌장 제13조.
417) UN헌장 제24조.
418) UN헌장 제23조, 김영원, 국제법(박영사, 2022), p. 36.
419) UN헌장 제27조 1항과 2항.
420) UN헌장 제27조 3항.

한편, 비상임이사국 10개국 중 최소 7개국이 반대표를 행사하는 경우에는 5개 상임이사국이 모두 찬성하는 경우에도 9개국의 찬성을 확보하지 못해(15−7=8) 결의는 채택되지 않는다.[421] 이를 집단적 거부권(collective veto)라고 하며, 2007년 당시 비동맹국가(NAM)에 속하는 7개국이 동시에 안보리 비상임이사국으로 선임된 사례를 볼 때 집단적 거부권이 가능할 수 있음을 시사한다.[422]

실질문제에 관한 표결시 상임이사국의 기권이나 결석은 거부권의 행사로 간주되지 않는다. 즉, UN헌장 제28조 1항이 안보리의 이사국이 유엔의 소재지에 항상 대표를 둔다고 규정하고 있기 때문에 안보리의 회의에 의도적으로 불참한 것은 헌장 제28조를 위반하는 것으로 볼 수 있고, 거부권을 적극적으로 행사하지 않았다는 것은 적극적으로 반대할 의사가 없었다는 것으로 해석될 수 있기 때문이다.[423]

3) 안보리 결의의 효력

헌장 제25조는 "국제연합회원국은 안전보장이사회의 결정을 이 헌장에 따라 수락하고 이행할 것을 동의한다."고 규정한다. 즉, 안보리의 결정(decisions)은 유엔 회원국들이 수락하고 이행하여야 한다. 헌장 제25조에 의해 안보리의 결정은 법적 구속력이 있다고 할 수 있다. 또한, ICJ는 헌장 제25조가 헌장 제7장상의 강제조치에 대해서만 적용되는 것이 아니라 헌장에 따라 안보리가 구속력 있는 결정을 하는 모든 경우에 적용된다는 견해를 취하였다.[424] 즉, 안보리는 헌장 제6장에 따라서도 구속력이 있는 결정을 할 수 있고, 이 결정은 UN회원국들에게 법적 구속력을 가진다.[425]

다만, 헌장 제25조의 적용대상이 되는 안보리의 결정은 동 결정에 사용된 용어와 채택 과정 등을 고려하여 구체적인 경우에 개별적(case by case)으로 판단되어야 한다. 예를 들어 헌장 제6장(분쟁의 평화적 해결)의 제33조(분쟁의 평화적 해결방식 예시), 제36조(분쟁해결을 위한 조정 방법의 권고)와 제38조(분쟁해결 방식 등의 권고) 규정되는 권고 결정들이나 제7장의 제39조의 "국제평화와 안전을 유지하거나 이를 회복하기 위하여 권고하거나…"라는 규정의 권고 결정은 안보리의 결정이라도 권

421) 김영원, 국제법(박영사, 2022), p. 37.
422) Id.
423) Id., pp. 37~38.
424) 1971년 나미비아 사건에 대한 권고적 의견, ICJ Reports 1971, Advisory Opinion, p. 16, para. 113; 김영원, 국제법(박영사, 2022), p. 38.
425) Bruno Simma et al, The Charter of the United Nations: A Commentary (3rd ed. 2012), Vol. I., p. 793.

고적 효력을 가지는 것으로 보아야 한다.[426] 그러나, 헌장 제6장 제34조(분쟁의 조사) 2항에 의해 안보리가 조사를 결정(Determine)하는 결의는 제6장에 근거한 결정이라도 구속력을 가지는 것으로 보아야 한다.[427]

나미비아에 관한 권고적 의견에서 ICJ는 안보리 결의가 법적 구속력이 있는지 여부를 결정하기 위해서는 결의의 용어(language)를 주의 깊게 분석해야 하며, 결의에 이르는 토의과정, 원용된 헌장의 조항 등을 감안하여 판단하여야 한다고 판시하였다.[428] 이러한 기준을 적용하여 ICJ는 남아프리카 공화국의 나미비아에 대한 위임통치를 종료시키는 것을 확인한 안보리 결의 276호(1970. 1. 30)가 법적 구속력이 있으며, 남아프리카 공화국은 자국의 행정청을 철수하여 그 영토에 대한 점령을 종료시켜야 할 의무가 있다고 하였다.[429]

4) 안보리의 주요 기능

안보리는 국제평화와 안전의 유지를 위한 일차적 책임을 지고, 헌장 제6장과 제7장, 제8장 등의 헌장의 관련 규정에 따라, 분쟁의 평화적 해결을 위해 권고하거나, 잠정조치, 비군사조치, 군사조치 등을 권고하거나 결정할 수 있다.

안보리에서 절차 사항으로 인정된 주요 사례는 다음과 같다.[430]

(a) 안보리 비이사국들이 자국의 이해관계가 특별히 영향을 받는다고 안보리가 인정하는 경우 투표권 없이 안보리 토의에 참가하는 사항(제31조)

(b) 안보리 비이사국이 또는 유엔 비회원국이 안보리에서 심의중인 분쟁의 당사자인 경우에 이 분쟁에 관한 토의에 투표권 없이 참가하도록 초청되는 사항(제32조)

(c) 상임이사국을 포함하여 안보리 이사국이 헌장 제6장에 의한 결정에 있어서 분쟁당사국으로서 기권해야 하는 사항(제27조 3항 단서)

---

426) 김영원, 국제법(박영사, 2022), p. 39.

427) Bruno Simma et al, The Charter of the United Nations: A Commentary (3rd ed. 2012), Vol. I, p. 794.

428) 1971년 나미비아 사건에 대한 권고적 의견(Legal Consequences for States of the Continued Presence of South Africa in Namibia (South－West Africa) Notwithstanding Security Council Resolution 276 (1970)), ICJ Reports 1971, Advisory Opinion, p. 16; L.C. Green, International Law Through the Cases (4th ed. 1978) p. 95; Bruno Simma et al, The Charter of the United Nations: A Commentary (3rd ed. 2012), Vol. I, p. 792.

429) Bruno Simma et al, The Charter of the United Nations: A Commentary (3rd ed. 2012), Vol. I, p. 793.

430) 김영원, 국제법(박영사, 2022), p. 40.

한편, 안보리는 신규회원국 가입, 사무총장의 임명 권고, 국제사법재판소 재판관의 선출에도 관여한다.[431]

(3) 경제사회이사회

경제사회이사회는 총회에 의하여 선출된 54개 유엔회원국으로 구성되며, 경제사회이사회의 18개 이사국은 3년의 임기로 매년 선출된다. 퇴임이사국은 연이어 재선될 자격이 있다.[432] 따라서, 경제사회이사회의 이사국은 매년 18개국씩 변경된다.

경제사회이사회는 경제·사회·문화·교육·보건 및 관련국제사항에 관한 연구 및 보고를 하거나 또는 발의할 수 있으며, 아울러 그러한 사항에 관하여 총회, 유엔회원국 및 관계전문기구에 권고할 수 있다.[433] 또한 경제사회이사회는 모든 사람을 위한 인권 및 기본적 자유의 존중과 준수를 촉진하기 위하여 권고할 수 있다.[434]

경제사회이사회는 관련 전문기구(specialized agencies)와 유엔과의 제휴관계를 설정하는 조건을 규정하는 협정을 체결할 수 있다.[435] 경제사회이사회는 그 권한 내에 있는 사항과 관련이 있는 비정부간 기구와의 협의를 위하여 적절한 약정을 체결할 수 있다. 그러한 약정은 국제기구와 체결할 수 있으며 적절한 경우에는 관련 유엔회원국과의 협의 후에 국내기구와도 체결할 수 있다.[436]

(4) 신탁통치이사회

신탁통치이사회(The Trusteeship Council)는 신탁통치 제도하에 있는 지역의 행정을 감독한다. 유엔헌장 제87조는 다음과 같이 규정한다.

> 총회와, 그 권위하의 신탁통치이사회는 그 임무를 수행함에 있어 다음을 할 수 있다.
>
> 가. 시정권자가 제출하는 보고서를 심의하는 것

431) Id., p. 39.
432) UN헌장 제61조 1항, 2항.
433) UN헌장 제62조 1항.
434) UN헌장 제62조 2항.
435) UN헌장 제57조와 제63조.
436) UN헌장 제71조.

나. 청원의 수리 및 시정권자와 협의하여 이를 심사하는 것
다. 시정권자와 합의한 때에 각 신탁통치지역을 정기적으로 방문하는 것
라. 신탁통치협정의 조항에 따라 이러한 조치 및 다른 조치를 취하는 것

신탁통치제도의 주요 목적은 유엔 출범 당시에 11개 신탁통치지역의 주민의 복지를 증진시키고 자치 또는 독립으로의 점진적 발전을 도모하는 데 있었다.[437] 그러나 신탁통치이사회는 안보리가 1994년 미국의 신탁통치지역이었던 팔라우(Palau)에 대한 신탁통치를 종식시키는 결의 제956호를 채택하면서 1994년 11월부터 활동이 종료되었다.[438]

(5) 국제사법재판소(ICJ)

국제사법재판소는 국제연합의 주요 사법기관이다. 재판소는 부속된 ICJ규정에 따라 임무를 수행한다. 이 규정은 상설국제사법재판소 규정에 기초하며, 유엔헌장의 불가분의 일부를 이룬다.[439]

모든 유엔회원국은 국제사법재판소 규정의 당연 당사국이다.[440] 유엔회원국은 자국이 당사자가 되는 어떤 사건에 있어서도 국제사법재판소의 결정에 따라야 한다.[441] 사건의 당사자가 재판소가 내린 판결에 따라 자국이 부담하는 의무를 이행하지 아니하는 경우에는 타방의 당사자는 안전보장이사회에 제소할 수 있다. 안전보장이사회는 필요하다고 인정하는 경우 판결을 집행하기 위하여 권고하거나 취하여야 할 조치를 결정할 수 있다.[442] 국제사법재판소에 대해서는 본서 국제분쟁의 해결부분에서 더 상세히 서술한다.

(6) 사 무 국

사무국(Secretariat)은 1인의 사무총장과 유엔이 필요로 하는 직원으로 구성한다. 사무총장은 안전보장이사회의 권고로 총회가 임명한다. 사무총장은 기구의 수석행정직원이다.[443] 사무총장(Secretary-General)의 임기는 5년이며 연임이 가능

437) 김영원, 국제법(박영사, 2022), p. 42.
438) Id.
439) UN헌장 제92조.
440) UN헌장 제93조 1항.
441) UN헌장 제94조 1항.
442) UN헌장 제94조 2항.

하다.

사무총장은 총회, 안전보장이사회, 경제사회이사회 및 신탁통치이사회의 모든 회의에 사무총장의 자격으로 활동하며, 이러한 기관에 의하여 그에게 위임된 다른 임무를 수행한다. 사무총장은 유엔의 사업에 관하여 총회에 연례보고를 한 다.[444]

사무총장은 국제평화와 안전의 유지를 위협한다고 그 자신이 인정하는 어떠한 사항에도 안전보장이사회의 주의를 환기할 수 있다.[445] 사무총장은 이 헌장 제99조를 넓게 해석하여 분쟁에 직접 개입하여 해결책을 모색하거나 조정방안을 권고하는 등 중요한 정치적 역할을 수행하고 있다.[446]

한편, 사무총장과 직원은 그들의 임무수행에 있어서 어떠한 정부 또는 유엔 외의 어떠한 다른 당국으로부터도 지시를 구하거나 받지 않으며, 유엔에 대하여만 책임을 지는 국제공무원으로서의 지위를 손상할 우려가 있는 어떠한 행동도 삼가야 한다.[447] 각 유엔회원국은 사무총장 및 직원의 책임이 전적으로 국제적인 성격인 것을 존중하고, 그들의 책임수행에 있어서 그들에게 영향력을 행사하지 않아야 한다.[448]

5. 유엔전문기구

유엔전문기구(specialized agency)는 정부간 협정에 의하여 설치되고 경제・사회・문화・교육・보건분야 및 관련분야에 있어서 기본적 문서에 정한 대로 광범위한 국제적 책임을 지는 기구로서 유엔과 제휴관계를 설정하는 협력협정을 맺은 기구이다.[449]

현재, 유엔식량농업기구(FAO), 세계보건기구(WHO), 유엔교육과학문화기구(UNESCO), 국제노동기구(ILO), 국제민간항공기구(ICAO), 국제해사기구(IMO), 만국우편연합(UPU), 국제전기통신연합(ITU), 세계기상기구(WMO), 세계지적재산기구(WIPO),

443) UN헌장 제97조.
444) UN헌장 제98조.
445) UN헌장 제99조.
446) 김영원, 국제법(박영사, 2022), p. 44.
447) UN헌장 제100조 1항.
448) UN헌장 제100조 2항.
449) UN헌장 제57조.

유엔공업개발기구(UNIDO), 국제농업개발기금(IFAD), 국제통화기금(IMF), 국제부흥개발은행(IBRD), 국제금융공사(IFC), 국제개발협회(IDA), 세계관광기구(UNWTO) 등 총 17개 전문기구가 있다.[450)]

국제원자력기구(IAEA), 세계무역기구(WTO), 국제형사재판소(ICC)는 유엔전문기구가 아니다.

450) 김영원, 국제법(박영사, 2022), p. 45.

제 6 장

국제법상의 승인

제6장 국제법상의 승인

Ⅰ. 국가의 승인

1. 의 의

국가의 승인(recognition)은 국제법의 주체인 기존의 국가가 새로이 성립된 신생국가를 국가로서 확인하고 선언하는 행위이다.[451] 또한, "어떤 정치적 공동체가 국가자격(statehood)을 취득하였다는 사실을 선언하는 것이며, 동시에 그 공동체와 관계를 맺고자 하는 의사를 암시하는 것이라고 할 수 있다."[452]

국제사회에는 국가가 성립되었을 때 이 사실을 확인하여 주는 통일적인 기구가 없기 때문에 국가의 승인은 개별국가의 인정에 위임되어 있다.[453]

국가가 성립되는 형태에는 여러 가지가 있을 수 있다. 19세기에 미국의 흑인들이 건설한 라이베리아(Liberia)공화국처럼 무주지에 국가가 성립될 수도 있으나 오늘날에는 거의 불가능한 형태의 국가의 성립형태이다.[454]

또한, 한 국가가 여러 국가로 나누어지는 경우도 있다. 1990년대 초 유고사회주의연방공화국(Socialist Federal Republic of Yugoslavia)은 보스니아 헤르쩨고비나(Bosnia Herzegovina), 크로아티아(Croatia), 마케도니아(Macedonia), 슬로베니아(Slovenia), 세르비아와 몬테네그로(Serbia & Montenegro)로 분리되어 해체되었다. 이 때 유고연방은 사라지고 보스니아, 세르비아 등의 새로운 국가가 성립된 것이다.

한편, 기존의 국가가 존재하면서 그 일부영역이 분리, 독립하는 경우에도 국

451) 이한기, 국제법강의, p. 195.
452) Id.
453) Id.
454) Id., p. 194.

가가 새로이 성립된다. 예를 들어, 1994년 에리트리아(Eritrea)는 에티오피아(Ethiopia)로부터 분리하여(secede) 국가를 형성하였다.[455] 제2차 세계대전 이후에 아시아와 아프리카 지역에서 많은 신생국이 분리 · 독립하였다.

또한, 1958년 시리아와 이집트가 합병하여 연합아랍공화국(United Arab Republic)을 성립시킨 것과 같이 기존의 복수의 국가가 합병하여 단일의 신생국을 형성하는 경우도 있다.[456] 연합아랍공화국은 1961년 다시 시리아와 이집트로 분리되었다.[457]

그런데 승인행위의 성질과 관련하여 전통적으로 두 가지 학설이 대립하고 있다.

(1) 선언적 효과설(Declaratory Theory of Recognition)

선언적 효과설은 국가의 정치적 존재는 다른 국가의 승인과는 관계가 없다는 입장이다. 즉, 국가의 요소인 1) 영구적 주민(a permanent population), 2) 명확한 영역(a defined territory), 3) 실효적 정부(an effective government)와 4) 타국과 관계를 맺을 수 있는 능력(the capacity to enter into relations with other states)이라는 국가의 성립요소를 갖추면 다른 국가들의 행위나 선언에 관계없이 자동적으로(ipso facto) 국가로서 성립된다는 견해이다.[458] 예를 들어, 미주기구헌장 제13조는 "국가의 정치적 존재는 다른 국가의 승인과는 별개이다"라고 선언하고 있다.[459]

선언적 효과설은 구미제국의 다수설로 2차 대전 이후 탄생한 신생국가들도 선언적 효과설을 지지하고 있다.[460]

---

455) Sean D. Murphy, supra note 26, p. 32.

456) Id., p. 32.

457) Id.

458) Id., p. 33.

459) Charter of the Organization of American States, 119 UNTS 3. 1997년 개정된 미주기구헌장 제13조는 다음과 같다: The political existence of the State is independent of recognition by other States. Even before being recognized, the State has the right to defend its integrity and independence, to provide for its preservation and prosperity, and consequently to organize itself as it sees fit, to legislate concerning its interests, to administer its services, and to determine the jurisdiction and competence of its courts. The exercise of these rights is limited only by the exercise of the rights of other States in accordance with international law.

460) 이한기, 국제법강의, p. 195.

(2) 창설적 효과설(Constitutive Theory of Recognition)

창설적 효과설은 국가승인이란 신생국가에 국제법 주체로서의 자격을 부여하는 행위라고 파악하는 입장이다.[461]

즉, 국가는 다른 국가에 의해 승인되지 않는 한 국제법주체성을 가질 수 없다. 따라서 국가가 아직 승인되지 않고 있다는 것은 그 국가의 부존재를 의미한다.[462]

창설적 효과설은 승인을 부여하지 않은 국가의 입장에서 본다면 신생국은 사실상의 존재이고 법률상으로는 존재하지 않는다고 한다.[463]

(3) 소 결

창설적 효과설은 국제사회가 소수의 동질적 국가들로 구성된 시대에 적합한 설이다.[464] 19세기에는 세계공동체가 유럽, 북미, 남미, 오토만제국, 일본, 중미 등으로 구성되고 나머지는 식민지 경쟁의 장소로 간주되었다.[465]

그러나 오늘날은 창설적 효과설의 타당성이 감소하고 있으며 미승인국의 UN 가입 등이 가능하다는 점이 지적된다. 왜냐하면, 창설적 효과설에 의할 때 법률상 부존재인 미승인국이 UN 등 국제기구에는 가입하는 것이 이론상 불가능하나 실제로는 미승인국의 UN 가입도 가능하기 때문이다. 예를 들어, 북한은 미국이 아직 승인하지 않고 있으나 UN에 1991년 남한과 동시에 가입하였다.

따라서, 선언적 효과설이 보다 타당하며 보다 많은 국가들이 따르고 있는 입장이라고 할 수 있으나 이 설 역시 일정한 제한이 있다. 특히, 승인을 부여하지 않은 국가에 대해 신생국은 국가로서의 권리를 주장하는 것이 어려운 것이 현실이다.

또한, 실효적 지배가 있더라도 거기에 사용된 수단이 국제법에 위반한 것이어서는 아니 된다는 1932년의 스팀슨 독트린(Stimson Doctrine)이나 1978년의 남아공의 아파르트헤이트(Apartheid) 정책의 산물인 트랜스케이(Transkei)에 대한 UN 총

461) Id.
462) Id.
463) Id., p. 196.
464) Id.
465) 프란시스 앤서니 보일, 세계질서의 기초, p. 41.

회의 불승인 결의는 선언적 효과설의 불완전성을 보여준다.

결론적으로, 국가형성 형태가 다양하기 때문에 이론적으로는 선언적 효과설이 보다 타당하더라도 현실적으로는 승인의 효과는 구체적 사실관계를 파악해서 결정할 문제라고 생각된다.[466)]

2. 승인에 관한 기본적 규칙

이한기 교수는 승인에 관한 기본적 규칙을 다음과 같이 정리하였다.

(1) 원칙적으로 승인은 자유재량사항이다
(2) 승인은 승인부여국의 일방적 행위이며, 주관적, 개별적, 상대적인 성질을 가진다.
(3) 승인의 범위와 효과는 의도(intention)의 문제이며, 그 의도는 승인행위의 취지와 그 문맥에 따라 결정된다.
(4) 승인과 외교관계의 설정은 다른 행위이다.
(5) 승인은 무조건 또는 조건부로 부여할 수 있고, 명시적 또는 묵시적으로 부여할 수 있다.
(6) 항의와 권리유보의 방법은 묵시적 승인을 부여할 의사가 없음을 명시하는 데 이용된다.
(7) 승인과 관련된 상황은 '통지'의 방법으로 제3국에 전달된다.
(8) 국가가 실효적 지배를 확립한 결과 '정치적 존재'로서의 지위를 유지하는 것은 승인과 관계없다(선언적효과설의 전제).[467)]

3. 승인의 요건

국가의 승인을 위해 필요한 요건은 국가의 성립과 그 국가의 국제법준수의 의사와 능력이다.

466) 이한기, 국제법강의, p. 197. Oppenheim, supra note 142, pp. 128~130.
467) 이한기, 국제법강의, p. 203.

(1) 국가의 성립

국가의 승인을 위해서는 승인의 대상이 되는 국가가 성립되어야 한다. 국가가 성립되기 위해서는 국가의 자격조건인 영구적 주민, 명확한 영역, 실효적 정부 그리고 타국과의 관계를 맺을 있는 능력이 있어야 한다.[468] 영토에 관한 한 엄격한 국경선이 요구되지 않는다.[469]

(2) 국제법 준수의 의사와 능력

국가의 승인을 위해서는 신생국의 국제법 준수의 의사와 능력이 있어야 한다. 1991년 과거 소련이 해체되고 신생국가들이 독립국가연합으로서 성립되었을 때 유럽공동체(European Community)는 1991년 12월 '동유럽과 소련지역의 신생국의 승인에 관한 지침(Guidelines on the Recognition of New States in Eastern Europe and in the Soviet Union)'[470]을 채택하여, 회원국들이 이 지침에 따라 신생국들을 승인할 것을 권고하였다. 이 지침에서 EC와 그 회원국들은 소련지역 등에서 성립한 신생국들이 민주적인 기초위에 수립될 것, 적절한 국제적 의무를 수락할 것, 평화적 절차와 교섭을 준수할 것 등이 신생국의 승인을 위한 조건임을 확인하였다.[471]

최근에는 새로운 국가가 국제법을 준수할 의사와 능력이 있어야한다는 승인의 요건이 인권존중과 민주주의와 관련된 요건으로서 파악되고 있는 측면도 있다.[472]

(3) 상조의 승인(premature recognition)

국가승인의 요건을 갖추지 못한 국가에 대하여 부여하는 승인을 상조의 승인이라고 한다.[473]

상조의 승인은 법이론상으로는 불법이며, 더 나아가 국내문제에 대한 간섭(intervention)이라고 주장되기도 한다.[474] 미국의 독립전쟁 중 프랑스가 미국과 동

468) Id., pp. 203~204.
469) Id., p. 204.
470) 31 I.L.M 1486(1992).
471) Sean D. Murphy, supra note 26, p. 34.
472) Id., p. 35.
473) 이한기, 국제법강의, p. 205.
474) Oppenheim, supra note 142, p. 143.

맹조약을 체결하고 미국의 독립을 승인하였는데, 영국은 이것을 프랑스의 무력간섭으로 보고 프랑스에 대해 선전포고를 하였다.[475]

또한, 1903년 미국이 파나마가 모국인 콜롬비아에 대해 반란을 일으킨 후 3일 만에 파나마를 승인한 경우나, 1948년 미국이 이스라엘이 독립을 선언한 후 몇 시간 만에 이스라엘을 국가로 승인한 것도 상조의 승인으로 볼 수 있다. 이러한 경우의 승인은 신생국의 성립을 확인하는 의미의 승인이라기보다는 신생국으로서 독립하려는 실체에 대한 정치적 지원행위라고 보아야 한다.[476]

오늘날 UN도 상조의 승인을 회피하기 위해 회원국에게 비승인을 요청하는 경우가 있다.

1965년 아파르트헤이트 정책을 수행하기 위하여 백인만으로 조직된 로데지아(Rhodesia)의 스미스 정권에 대해 UN은 회원국들이 상조의 승인을 삼가하도록 권고하였다.[477] 그 후 로데지아는 1980년 짐바부에(Zimbabwe)로 독립하였다.

4. 승인의 방식

(1) 명시적 승인과 묵시적 승인

명시적 승인은 일방적인 선언, 신생국가에 보내는 통지 또는 기존국가 상호간의 조약 중에 신생국의 승인의 뜻을 명백하게 표시하는 것 등에 의한 승인이다.[478] 이에 비해 묵시적 승인은 승인의 의사를 명시하지 않고 일정한 행태를 통하여 승인의 의사를 암시하는 것을 말한다.[479]

묵시적 승인의 예로는 1) 신생국의 외교사절을 공식으로 접수하는 것(PLO의 사례) 2) 신생국과 외교사절을 교환하는 것 3) 우호통상조약이나 기타 포괄적 조약을 체결하는 것 4) 신생국 영사에게 인가장(exequatur)을 주는 것 5) 신생국의 국기를 승인하는 것을 들 수 있다.[480]

그러나 다음은 묵시적 승인의 예로 볼 수 없다.[481]

475) 이한기, 국제법강의, p. 205.
476) Id.
477) Id., p. 206.
478) Id., p. 207.
479) Id.
480) Id.
481) Id.

1) 통상대표부의 설치 허가(소련과 우리나라의 외교관계 수립 전에 설치한 통상대표부)
2) 다수국 간 조약에 신생국이 가입해도 다른 당사국이 승인한 것은 아니다.
3) 미승인국과 함께 국제회의에 참가(미국, 북한, 일본, 러시아, 중국, 우리나라의 북한 핵문제 관련 6자회담)
4) 2국 간 정식회담이 장기간 계속되어도 승인을 의미하지는 않는 경우가 있다(미국과 북한, 일본과 북한의 수교회담).
5) 예의적인 사절 교환이나 신국 국민에게 사증을 발급하는 행위
6) 신국가가 제정한 법률의 효력을 인정해도 그 실체에 대한 국가승인은 아니다.

위와 같은 경우 또는 묵시적 승인으로 간주될 여지가 있는 경우에 국가들은 자기의 이러한 행태가 승인을 의미하는 것이 아니라는 것을 선언하는 관행이 있다.

(2) 사실상의 승인과 법률상의 승인

사실상의 승인(de facto recognition)은 사실상의 정부를 승인하는 것이고 법률상의 승인(de jure recognition)은 법률상의 정부를 승인하는 것이다.[482]

사실상의 정부는 법률상의 정부보다 아직 확고한 법적 기초를 가지지 못한 정부이다. 따라서 사실상의 승인은 다음과 같은 경우 주로 발생한다. 즉, 1) 신생국가가 국가로서의 요건을 구비하고는 있으나 그 권력의 안정성에 불안이 있는 경우 2) 국제법을 준수할 의사나 능력에 의문이 있는 경우, 또는 3) 분리독립 등의 경우에 기존의 본국과의 관계를 고려하는 경우 등에 있어서 신생국과 일정한 공식적 관계를 설정할 필요가 있을 경우에 사실상의 승인을 하게 된다.[483]

사실상의 승인은 법률상의 승인에 비하여 그 법적 효과가 한정적이며 실무관계에 그치는 경우가 많다. 사실상의 승인도 일정한 승인의 요건이 있을 때 이루어지므로 법률상의 승인과 비슷한 법적 효과를 가질 수 있다.[484]

---

482) Id., pp. 208~209.
483) Id.
484) Id.

이한기 교수는 법률상의 승인은 철회할 수 없지만 사실상의 승인은 잠정적인 것으로서 철회할 수 있다고 하여 법률상의 승인과 사실상의 승인을 구별하고 있다.[485] 다만, 이 견해는 법률상의 승인이 승인국과 피승인국과의 외교관계의 단절이 있더라도 철회된 것이 아니라는 의미로 이해하는 것이 보다 명확한 것이 될 것 같다.

만일 승인국이 승인의 철회의사를 명확하게 통지한다면 외교관계의 존재 문제와는 별도로 승인의 철회도 가능하다고 판단된다. 실제로 국가들은 법률상의 승인을 철회한 예가 다수 존재한다. 예를 들어, 미국은 1921년 몬테네그로(Montenegro)에 대한 승인을 철회한 예가 있으며, 영국도 1938년 이탈리아가 아비시니아를 병합한 것을 법률상 승인함으로써 아비시니아(Abyssinia)에 대한 법률상의 승인을 철회한 예가 있다.[486]

사실상의 승인이 법률상의 승인으로 발전하는 경우도 있지만, 사실상의 승인은 법률상의 승인에 비해 용이하게 철회될 수도 있다.

(3) 개별적 승인과 집단적 승인

개별적 승인은 특정 국가가 신생국을 개별적으로 승인하는 것을 의미하고 집단적 승인은 여러 국가가 신생국을 공동행위로 승인하는 것을 말한다. 그러나 집단적 승인도 그 자체가 하나의 독립된 행위라기보다는 개별국가의 승인이 집합된 것으로서 개별적 승인과 본질적으로 다르지 않다.[487]

이와 관련하여 한 국가가 UN에 가입하면 국가승인과 관련하여 문제가 제기된다. UN헌장 제4조는 UN에는 '국가(state)'만이 가입할 수 있도록 규정하고 있다. 따라서 UN에 특정한 정치조직이 가입한다는 것은 그 조직이 국가임을 승인받는 것이라고 할 수 있다. 또한 이론상 신생국이 UN회원국이 될 수 있도록 결정하는 것은 UN의 회원국들이 가입에 찬성한 국가뿐만 아니라 반대 내지 기권한 국가들도 개별적으로 신생국을 국가로서 승인하는 것을 의미한다고 보아야 한다.[488]

따라서 신생국이 UN에 가입하였다는 것은 이론적으로는 첫째, 국제기구로서 UN에 의한 신생국의 승인으로 볼 수 있으며, 둘째, UN 회원국이 이 국가를 각각

485) Id.
486) Oppenheim, supra note 142, pp. 176~177.
487) 이한기, 국제법강의, p. 210.
488) Id.

묵시적으로 승인한 것이라고 볼 수 있다.489) 그러나 UN의 관행상 어느 국가의 UN 가입에 반대 내지 기권한 국가에 대해서는 묵시적 승인의 효과가 발생하지 않고, 동의한 국가만 신생국에 대한 사실상의 승인을 부여한 것으로 인정된다.490)

(4) 조건부의 승인과 무조건 승인

승인은 계약이나 정치적 합의가 아닌 특정한 사실의 존재를 확인하는 행위이다. 따라서 승인에 조건을 붙인다는 것은 승인의 취지에 적합하지 않다. 승인시에 조건을 붙이는 일은 드문 일이다.491)

그러나 때로는 일정한 조건부로 행해지는 경우도 있다. 예를 들어, 1878년의 베를린회의에서 불가리아, 몬테네그로, 세르비아, 루마니아 등이 승인되었을 때 그 국민에게 신앙의 자유를 보장할 것을 조건으로 승인을 하였다.492)

법적 개념으로서 조건부 승인이란 진정한 의미가 없다. 승인은 이미 기정사실이며 그 의무가 이행되지 않더라도 승인이 무효가 되는 것이 아니고 피승인국은 단순히 정치적 의무위반을 한 것으로 해석된다.493)

5. 국가승인의 효과

신생국가가 다른 국가로부터 승인을 받은 경우 그 국가와의 관계에서 일반적 권리능력을 취득하며 양국 간에는 일반국제법관계가 형성된다.494) 국가승인의 효과로서 피승인국과 승인국 간의 관계는 국제관계가 된다.

승인의 주요 효과로는 1) 피승인국은 승인국과 외교관계를 수립하고 조약을 체결할 수 있으며 2) 특정국가의 새로운 정부가 승인되면 그 국가와 다른 국가가 체결한 기존의 조약이(승인된 정부가 없어서 일시적으로 이행이 중단되었던 조약) 다시 완전히 이행될 수 있고 3) 승인국의 법정에서 소송을 제기할 수 있는 권리를 피승인국은 얻게 되며 4) 피승인국과 그 재산은 승인국의 법정에서 주권면제를 누

489) Id., pp. 210~211.
490) Id., p. 211.
491) Oppenheim, supra note 142, p. 175.
492) 이한기, 국제법강의, p. 211.
493) Id., p. 211.
494) Id.

리고 5) 전정부에 속한 재산으로서 승인국의 관할권 내에 있는 재산에 대하여 청구·소유·처분의 권리가 발생하며 6) 승인국의 법정은 피승인국의 입법적·행정적 행위에 대하여 효과 부여하는 국가행위(Act of State)이론을 적용받을 수 있다.[495]

위와 같은 승인의 효과를 볼 때 승인은 사실상의 승인이든 법률상의 승인이든 소급효(retroactivity)를 가진다.[496] 즉, 승인국의 재판소는 새로 승인된 국가나 정부의 행위가 그 정치조직이 성립되었다고 인정된 시점으로부터 유효한 행위라고 간주하기 때문에 그 당시까지 소급하여 승인의 효과가 발생한다.[497]

6. 미승인국의 지위

선언적 효과설의 입장을 취할 때 승인을 받지 못한 국가, 즉 미승인국이 실효적 지배를 확립한 경우, 국가로서 성립하는 것은 승인 여부와는 관련이 없다고 보아야 한다. 다른 국가가 승인을 부여하지 않더라도 미승인국의 권리의무 자체를 완전히 부인할 수 없다.[498]

승인을 부여하지 않은 국가라도 구체적인 문제가 발생할 때는 미승인국과 접촉하여 문제의 해결에 필요한 범위에서 상호 간에 필요한 권리·의무를 실현하게 된다. 미승인국은 승인의 효과를 분할 가능한 범위에서 한정적이고 단편적으로 향유한다고 보아야 한다.[499]

7. 승인의 철회

승인은 그 효과가 영구적인 것은 아니다. 승인받은 국가가 국가로서의 자격이 상실되거나 승인받은 정부가 정부로서의 자격을 상실하는 경우가 발생하면 승인은 철회되거나 효력이 중단된다고 보아야 한다.[500] 승인의 철회는 승인철회의

495) 이한기, 국제법강의, p. 212; Oppenheim, supra note 142, pp. 158~160.
496) Oppenheim, supra note 142, p. 161.
497) Oppenheim, supra note 142, p. 161; 이한기, 국제법강의, p. 219.
498) 이한기, 국제법강의, p. 213.
499) Id., p. 214.
500) Oppenheim, supra note 142, p. 176.

의사를 공식적으로 통지하거나, 공식성명을 통해 이루어진다. 예를 들어, 1950년 1월 6일 영국은 중국의 공산당 정부를 승인하면서 동시에 국민당 정부의 승인을 철회하였으며, 이를 런던에 주재하는 중국대사에게 공식적으로 통지하였다.[501]

그러나 승인의 철회가 가지고 있는 중대하고 광범위한 효과를 고려할 때, 국가나 정부의 승인을 철회하기 위해서는 첫째로 그 국가나 정부를 대체하는 국가나 정부에 대해 법률상의 승인이 이루어져야 하고, 둘째로 명시적인 승인철회의 의사가 있어야 한다.[502] 즉, 대체하는 국가나 정부에 대해 사실상의 승인만을 부여한 후 기존국가나 정부에 대한 승인을 철회하여서는 안 된다.[503] 또한, 외교관계의 단절만으로 승인의 철회가 이루어지는 것은 아니다.[504]

8. 우리나라의 실행

우리나라는 북한을 국가로 승인하지 않고 있다. 우리나라와 북한은 1991년 UN에 동시가입하여 모두 UN회원국이 되었으나, 남북한은 서로 국가로 승인하지 않고 있다. 예를 들어, 2000년 12월 16일 작성된 '남북 사이의 투자보장에 관한 합의서', '남북 사이의 소득에 대한 이중과세방지 합의서', '남북 사이의 상사분쟁 해결절차에 관한 합의서', '남북 사이의 청산결제에 관한 합의서', 즉 남북경협 4개합의서의 서문에는 "남과 북은 2000년 6월 15일에 발표된 역사적인 남북공동선언에 따라 진행되는 경제교류와 협력이 나라와 나라 사이가 아닌 민족 내부의 거래임을 확인하고"라는 표현을 기술하고 있다. 따라서 남북관계는 제3국 입장에서는 나라와 나라 사이의 관계라고 할 수 있으나, 남북 상호간에는 나라와 나라 사이가 아닌 민족 내부의 거래라고 볼 수 있다.

한편 우리나라는 2008년 2월 17일 세르비아로부터 독립한 코소보를 3월 28일 국가로 승인한 사례가 있고, 팔레스타인 해방기구(PLO)를 국가로 승인하지 않고 있다.

---

501) Id., p. 176, n. 3.
502) Id., p. 177.
503) Id.
504) Id.

Ⅱ. 정부의 승인

1. 의 의

정부의 승인은 어느 정부를 그 국가의 정식의 국제적 대표기관으로서 인정하는 것을 말한다.[505] 새로운 정부가 정상적인 헌법절차에 따라서 과거 정부를 대체하는 경우에는 정부승인을 별도로 받을 필요가 없다. 이러한 경우에는 새로운 정부가 과거 정부의 모든 권리와 의무를 승계할 수 있는 것으로 인정된다.

정부가 전면적으로 교체되어 혁명정부가 확립된 경우에는 그 혁명정권은 타국으로부터 정부의 승인을 받음으로써 종래의 정부와 교체되어 그 국가를 국제법상 대표하는 지위를 취득하게 된다.

중공정부와 대만정부가 중국이라는 국가의 국제적 대표기관으로서 인정받기 위하여 경쟁하였다. 과거에는 우리나라와 미국 등 많은 국가가 대만정부를 중국을 대표하는 정부로 인정하였으나 근래에는 중공정부를 중국을 대표하는 정부로 인정하는 국가가 많다. 우리나라는 1992년에 중공정부와 외교관계를 수립하고 중공정부를 승인하였으며, 미국은 1979년에 중공정부를 정부승인하였다.

정부승인이 있게 되면 전 정부에 의해 체결된 조약은 신정부에 의해 계승되는 것이 원칙이다. 티노코 사건(Tinoco Consession) 판결에서도 이러한 원칙을 판시하였으나, 양허계약이 티노코 정부가 공포한 헌법에도 위배되므로 양허계약은 최종적으로 무효라고 결정되었다. 티노코 사건은 영국과 코스타리카 간의 1923년 중재사건으로서 티노코가 1917년 코스타리카 정부 전복 후 새 헌법을 공포하고 2년간 통치하였으나, 1919년 다시 정부가 전복되어 새 정부가 집권한 후 과거헌법을 복귀시켰다. 1922년 코스타리카 정부는 티노코 정부 시절 사인과 체결된 조약을 무효화하는 법률을 제정하였다. 영국은 티노코 정부를 승인하지 않았으나 영국회사는 많은 채권을 가지고 있었으므로 영국은 무효화 법률이 양허 및 부채에는 적용되어서는 안 된다고 주장했으나 해결되지 않자 중재에 회부하였다.

1인 중재인인 태프트(William Howard Taft)는 영국회사에 대한 양허 및 부채도 무효화된다고 판정하였다. 그 이유는 티노코의 양허계약이 티노코가 공포한 헌법

505) 이한기, 국제법강의, p. 221.

자체에 위배된다고 판시하였다. 만일 티노코가 공포한 헌법에 양허계약이 위배되지 않았다면 코스타리카는 그 양허계약을 준수하여야 한다고 하였다.

2. 정부승인의 요건

정부승인을 하기 위해서는 첫째로 신정부가 그 국가 일반에 대한 실효적 지배를 확립하는 것이 필요하다. 즉, 일반적 사실상의 정부(general de facto government)가 되는 것이 필요하다.[506] 둘째로, 신정부는 국가를 대표할 의사와 능력을 가져야 한다. 이 요건에는 과거정부가 부담한 의무를 신정부가 준수할 의사와 능력이 있어야 함도 포함된다.

한편 정부승인과 관련된 요건으로서 토바르주의(Tobarism)와 에스트라다주의(Estrada Doctrine)[507]가 대립하여 왔다. 토바르주의는 에쿠아도르의 외무장관 토바르가 주장한 것으로서 혁명이나 쿠데타에 의해 성립된 정부를 승인하지 않는다는 주의이다. 1907년 중미 5개국(코스타리카, 과테말라, 온두라스, 니카라과, 엘살바도르)간에 체결된 조약은 국민으로부터 자유로이 선발된 대표자가 입헌적으로 그 국가를 재조직하지 않는 한 혁명이나 쿠데타에 의해 성립된 정부를 승인하지 않는다고 규정하였다.[508]

이에 비하여 에스트라다주의는 1930년 멕시코의 외무장관 에스트라다가 주장한 것으로서 각국은 타국의 혁명에 관계없이 가능한 한 신정부를 승인해야 한다는 주의이다. 이 주의는 정부승인제도가 한 국가의 국내문제에 간섭하는 수단으로 악용될 수 있다는 점을 지적하고 있다. 미국의 윌슨 행정부는 멕시코에서 헌법상 근거 없이 성립한 후에르타 정부를 승인하기를 거부하였고, 20세기 동안 중남미국가들에 대한 간섭주의 승인정책을 꾸준히 추구하였다.[509] 그러나 미국의 토마스 제퍼슨의 프랑스 혁명에 관한 견해에 따르면 특정 국가의 의사(will)에 의해 형성되고 실질적으로 선언된 어떤 정부도 정당한 것으로 승인해야 한다고 한다.[510] 그는 미국이 외교적 승인에 관한 다른 원칙에 따라 행동한다면 그것은 다

506) Id., p. 223.
507) Id., p. 224.
508) Id.
509) 프란시스 앤서니 보일, 세계질서의 기초, pp. 186~187.
510) Id.

른 국민의 주권적 일에 간섭하는 것과 같은 것이라고 하였다.[511)]

그럼에도 불구하고 국제사회는 토바르주의에 가까운 정책을 취하기도 한다. 예를 들어, 1990년 하이티(Haiti)에서 민주적으로 선출된 아리스티드(Jean Bertrande Aristide) 대통령이 1991년 군부 쿠데타에 의해 축출되자, 국제사회는 군부정권을 승인하지 않고 미주기구(OAS)와 UN안전보장이사회는 경제제제조치를 취하였다.[512)] 그뿐 아니라, UN안전보장이사회는 1994년 하이티의 군부정권을 축출하기 위한 무력사용을 승인하였고, 아리스티드는 다시 정권을 잡게 되었다.[513)]

3. 방　　법

대체로 정부승인과 국가승인의 방법은 같다. 두 개의 정부가 대립하여 UN대표권을 주장하는 경우, 양 대표를 동시에 출석시킬 수 있다. 지방적 사실상의 정부(local de facto government)에 대해서는 사실상의 승인만을 할 수 있다.[514)]

4. 정부승인의 효과

1) 승인된 정부는 그 국가의 정식 대표기관의 지위를 취득한다.[515)]
2) 승인의 효과는 소급한다.[516)]
3) 승인받은 국가와 그 국민은 원고적격이 인정된다.[517)]
4) 피승인국의 법령은 승인국의 법정에서 인정된다.[518)]
5) 승인받은 정부는 법원에서 주권면제를 누린다.

---

511) Id.
512) Sean D. Murphy, supra note 26, p. 37.
513) UN S.C. Res. 940, 4항(1994년 7월 31일).
514) 이한기, 국제법강의, p. 225.
515) Id., p. 225.
516) Id., p. 226.
517) Id.
518) Id.

5. 정부승인의 사례

정부승인과 관련된 사례로서 아프가니스탄의 정부승인과 이라크의 정부승인에 대해 살펴보고자 한다. 미국은 아프가니스탄의 탈레반정부를 승인하지 않았다. 그 후, 테러조직인 알카에다에게 은신처를 제공하고 있다는 이유로 미국이 2001년에 아프가니스탄을 무력 공격하였다. 2002년 12월 22일 미국의 지원을 받던 하미드 카르자이(Hamid Karzai)가 아프가니스탄 임시정부(Afghan Interim Authority)의 의장으로 취임하게 되고, 미국은 이 새 정부를 이 시점에서 정부승인하였다.[519] 그러나 2021년 8월 15일 친미성향의 아프가니스탄 이슬람공화국은 멸망하고 탈레반 정부가 다시집권하게 되었다.

미국은 재집권한 탈레반 정부를 승인하지 않고 있으나, 중국은 2024년 1월 아프가니스탄 탈레반 정부의 대사로부터 신임장을 접수함으로써 탈레반 정부를 승인하였다.

미국은 이라크가 대량살상무기의 제거를 요구한 안전보장이사회의 결의를 위반했다는 이유로 2003년 이라크를 침공하였다.[520] 사담 후세인 정부를 축출한 후, 미국과 영국은 연합군으로서 점령당국으로 행동하였다.[521] 2004년 6월 미국정부는 이라크 임시정부에 2004년 6월 28일부로 완전한 주권을 이양한다고 발표하였고, 이라크정부가 국가의 운영을 담당하게 하였다.[522] 이러한 행위를 통해 미국은 이라크정부를 승인하였고 바그다드에 미국대사관을 설치하고 외교관계를 담당하도록 하였다.[523]

519) Sean D. Murphy, supra note 26, p. 38.
520) Id.
521) Id., UN S.C Res. 1483호 전문 및 4항과 5항(2003년 5월 22일).
522) Id., p. 39.
523) Id.

Ⅲ. 교전단체의 승인

1. 의 의

교전단체의 승인은 중앙정부에 대해 반란을 일으킨 단체가 그 국가영역의 일부를 점령하고 여기에 하나의 사실상의 정부(de facto government)를 수립하고 중앙정부의 권력이 이 곳에 미치지 못할 경우 이 단체를 교전단체(belligerent)로서 승인하는 것을 말한다.

교전단체는 중앙정부 또는 제3국으로부터 교전단체로 승인을 받음으로써 전시법규를 중심으로 하는 일정한 범위의 국제법관계의 주체가 된다.[524)]

중앙정부는 반도점령지에 있어서의 외국인의 신체, 재산상의 손해에 대한 책임을 면할 필요가 있으며, 제3국은 반도와 교섭하여 자국민의 이익을 보호할 필요가 발생하기 때문에 교전단체의 승인이 필요하게 된다.[525)]

내전(civil war)은 원래 국내문제이나 교전단체의 승인에 의해 국내법적 반란상태로부터 국제법상의 전쟁법규의 규율을 받는 전쟁(국제적 내전)이 된다.

교전단체 승인의 효과로서 승인 전에는 교전단체 간의 분쟁은 비국제적 무력충돌로서 제네바협약의 공통3조(Common Article 3)와 제2추가의정서가 적용되다가 승인 후에는 국제적 무력충돌이 되어 제네바 4개협약과 제1추가의정서가 적용될 수 있다는 점을 들 수 있다.

2. 승인의 요건

(1) 반란군은 영토의 일부분을 실제적으로 지배하는 정치조직을 가지며 전시법규를 준수하여야 한다(객관적 요건).[526)]

(2) 승인을 행하는 제3국은 이 지역에 보호해야 할 자국민의 생명, 재산 등의 권익을 갖고 있어야 한다(주관적 요건).[527)]

524) 이한기, 국제법강의, p. 226.
525) Id., p. 228.
526) Id., p. 229.
527) Id.

이러한 요건을 갖추기 전에 승인하는 것은 상조의 승인으로서 본국정부에 대한 간섭행위가 되며 불법이다.[528] 미국의 남북전쟁 당시 영국은 남군(confederate state)을 교전단체로 승인하고 중립을 선언했는데, 미국은 이를 비우호적인 행위로 보았다.[529]

그러나 모국정부가 이미 승인한 경우에는 제3국이 즉시 승인하더라도 모국에 대한 불법 간섭이 되지 않는다.

3. 승인의 방법

승인의 방법은 1) 제3국이 중립선언으로 하는 경우, 2) 중앙정부가 체포된 반군을 포로로 대우하거나 반란정부를 교전국과 같이 대우함으로써 묵시적으로 승인하는 경우가 많다.[530]

4. 승인의 효과

(1) 제3국이 승인한 경우

제3국은 승인된 교전단체에 대하여 전시의 중립국과 같은 권리 · 의무를 갖는다.

교전단체의 점령지역 내에 있는 제3국의 권리에 대해서는 중앙정부의 책임이 해제되고 교전단체가 책임을 지게 된다.[531]

(2) 본국정부에 의한 승인의 경우

중앙정부와 승인된 교전단체 간의 무력투쟁은 국제법상의 전쟁으로 취급된다(전쟁법규 적용, 포로대우). 제3국은 양자에 대하여 중립국과 같은 권리 · 의무를 갖는다.[532] 1950년 한국전쟁 당시에 남북한은 상대방 전투원에 대해 1949년 제네바협약상의 포로대우를 부여할 것을 선언하고 이를 실행하였는바, 남북한은 서로

528) Id.
529) Id.
530) Id.
531) Id.
532) Id., p. 230.

교전단체로서 승인한 것으로 볼 수 있다.

교전단체의 승인은 이와 같이 교전단체를 교전법규, 중립법규를 중심으로 하는 한정된 범위에서 국제법상의 주체로 하는 것이기 때문에, 그 효과는 제한적이며 과도기적이다.[533] 교전단체가 중앙정부와의 전쟁에서 패하면 그 승인의 효과는 소멸되며, 성공하면 새로이 정부의 승인이나 국가의 승인을 얻어야 한다.[534]

내전 등 비국제적 무력 충돌시 적용되는 전쟁법규는 1948년 4개 제네바협약의 공통된 제3조, 1977년 제2 추가의정서, ICC 규정 제8조 2항 다호와 마호 등이다. 그러나 교전단체의 승인이 있는 경우 교전단체 간의 무력충돌은 국제적 무력충돌이 되어 국제적 무력충돌에 적용되는 제네바 협약상의 중대한 위반 행위, 제1 추가의정서, ICC규정 제8조 2항 가호와 나호 등이 적용되게 된다.

5. 반란단체의 승인(Recognition of Insurgency)과 교전단체의 승인

반란단체의 승인은 반군이 상당한 영토를 지배하고 있지만 조직된 지휘계통에 따라 행동하지 않거나 전쟁법을 준수할 것이 보장되지 않는 경우에 반란단체의 승인을 할 수 있다.[535] 반란단체의 승인은 반군을 더 이상 개인적인 불법단체로 보기는 어려운 경우에 이루어진다.

반란단체의 승인이 있더라도 제3국은 중립국의 권리와 의무를 행사할 수 없고, 반군과 중앙정부도 교전국의 권리와 의무를 갖는다고 보기 어렵다.[536] 이에 비하여 교전단체의 승인이 있으면 반군과 본국이 교전국의 권리를 행사하고 의무를 부담하며, 제3국은 중립국의 권리와 의무를 가진다.

반란단체의 승인이 있을 경우, 반군은 1949년 제네바협약의 공통3조와 1977년 제2추가의정서의 적용을 받을 수 있다.

한편 민족해방운동단체는 제1추가의정서 제1조 4항에 의해 제1추가의정서의 적용을 받는다. 민족해방단체는 기본적으로 내전상황이나 국제적 무력충돌과 유사하게 취급된다.

---

533) Id.

534) Id.

535) Oppenheim, supra note 142, p. 165.

536) Id.

〈참고 표〉

산발적인 소요사태 (riots)	반란단체의 승인이후 등 비국제적 무력충돌(Non－International Armed Conflicts)	교전단체의 승인 이후 등 국제적 무력충돌(International Armed Conflicts)
◦ 국제인도법이 적용되지 않음 ◦ 국내 형법 등이 적용됨	◦ 국제인도법이 적용됨 ◦ 1949년 제네바 4개 협약의 공통된 3조(Common Article 3), 1977년 제2추가의정서, ICC 규정 제8조 2항 (다)(마)호 등이 적용됨	◦ 국제인도법이 적용됨 ◦ 1949년 제네바 4개 협약의 공통된 3조 이외의 조항이 적용됨 ◦ 1977년 제1추가의정서, ICC 규정 제8조 2항 (가)(나)호 등이 적용됨 ◦ 전쟁(war)은 국제적 무력충돌에 해당함

제 7 장

국가관할권

제 7 장
국가관할권

Ⅰ. 국가관할권의 의의와 종류

1. 의　　의

국가의 관할권이라 함은 한 국가가 사람, 물건, 사건 등에 대하여 행사하는 힘(power)의 총체를 의미한다.

2. 관할권의 형태

(1) 입법관할권(jurisdiction to prescribe, legislative jurisdiction)

한 국가가 법을 제정할 수 있는 힘을 의미한다. 이는 한 국가가 특정사항을 법으로 규정할 권한이 있는가의 문제와 관련된다. 입법관할권은 주로 공법분야에서 발생하며 국회의 의사가 중요한 역할을 한다. 예를 들어, 부산항에 입항하는 선박에 우리나라가 인정하는 자격 있는 항해사가 있어야 한다고 규정하는 입법권한이 이에 해당한다.

(2) 재판관할권(jurisdiction to adjudicate, judicial jurisdiction)

재판관할권은 한 국가의 법원이 특정사건을 재판할 수 있는 힘을 의미한다. 주로 법원이 재판권을 행사할 수 있는지 여부의 문제가 주요 쟁점이다. 재판관할권은 다음 세 가지로 분류된다.

1) **대인관할권**(in personam jurisdiction)

대인관할권은 특정 사람에 대해 속지주의, 속인주의 등을 근거로 법원이 재판관할권을 행사하는 것을 말한다. 예를 들어, 우리나라에서 외국인이 범죄를 저지른 경우, 우리나라는 그 외국인에 대해 속지주의에 의해 대인관할권을 행사할 수 있다.

2) **대물관할권**(in rem jurisdiction)

대물관할권은 특정 사물에 대해 법원이 속지주의 등을 근거로 재판관할권을 행사하는 것을 말한다. 예를 들어, 우리나라에 외국인의 부동산이 있고, 이 부동산의 소유확인을 위한 소송이 제기된 경우 우리나라 법원은 이 소송에 대해 대물관할권을 행사할 수 있다.

3) **준대물관할권**(quasi in rem jurisdiction)

준대물관할권은 미국의 관할권 제도로서 소송의 직접적 대상이 아닌 피고의 재산을 기초로 관할권을 행사하는 경우, 준대물관할권을 행사하는 것이다.

예를 들어, 일리노이주의 주민이 아닌 피고를 원고가 계약위반을 이유로 일리노이주 법원에 제소하였는데, 피고가 일리노이주와 관련이 없고 분쟁이 되는 계약도 일리노이주와 관련이 없다면 일리노이주는 대인관할권이나 대물관할권을 행사하기 어렵다. 이때, 피고가 은행예금계좌를 일리노이주에 가지고 있다면, 그 계좌를 기초로 일리노이주 법원은 관할권을 행사할 수 있는데, 이때의 관할권이 준대물관할권이다.

대물관할권과의 차이는 대물관할권이 피고의 재산이 소송의 목적물인 경우에 행사하는 것인 반면, 준대물관할권은 피고의 재산이 소송의 목적물이 아니라 피고에 대한 관할권의 확보와 재판판결의 집행을 확보하기 위한 수단이라는 점이다. 그러나 미국의 연방대법원은 Shaffer v. Heitner(433 U.S. 186, 1977) 사건에서 준대물관할권에 대해 부정적인 입장을 표명하였다.

(3) **집행관할권**(jurisdiction to enforce, administrative jurisdiction)

집행관할권은 한 국가의 법이나 판결을 집행할 수 있는 힘을 의미한다. 외교관의 특권면제의 경우에 외교관은 재판관할권으로부터 면제될 뿐만 아니라 집행관할권으로부터도 면제가 된다. 따라서 외교관이 재판관할권에 대해 면제를 포기하여 재판을 받아 패소하였다고 하더라도 그 판결을 집행하기 위해서는 그 외교관이 집행관할권의 면제도 포기하여야만 한다.

실제로 주한 자이르 대사가 집세를 내지 않고 집을 비우지도 않았지만 상당기간 강제집행을 할 수 없던 사례가 있었다.

3. 영역권과의 관계

(1) 영역권은 영토권, 영토주의라고도 하며, 이는 영역 자체를 자유로이 사용·수익·처분하는 권리와 영역 내에서 자유로이 통치하는 권리를 포함한다.

(2) 국가의 관할권은 기본적으로 영토권에서 유래한 것으로서 그 국가 안에서 행사되는 국가의 힘을 의미하는 것이 원칙이나 역외적으로 적용될 수도 있다.

4. 속지주의, 속인주의와의 관계

입법관할권·사법관할권·집행관할권은 관할권의 형태라고 할 수 있고, 속지주의·속인주의 등은 관할권행사의 근거라고 할 수 있다. 입법관할권, 사법관할권 등은 모두 속지주의 또는 속인주의에 기초하여야 행사할 수 있다.

Ⅱ. 국가관할권을 결정하는 준칙

1. 속지주의(territorial principle)

속지주의는 한 국가의 영토 내에서 발생한 범죄 등에 대해서는 행위자가 내국인이든 외국인이든 그 국가가 관할권을 가진다는 원칙으로서 가장 기본적인 원칙이다. 국가의 영역권의 결과로서 도출되는 원칙이다.

우리 형법 제2조도 “본법은 대한민국 영역 내에서 죄를 범한 내국인과 외국인에게 적용된다”고 규정하여 속지주의 원칙을 적용하고 있다.

자국 영역 밖에 있는 자국적의 선박, 항공기 등에서 발생한 행위도 자국에서 발생한 것으로 간주한다. 또한 속지주의는 주관적 속지주의와 객관적 속지주의로 나누어진다. 주관적 속지주의(subjective territorial principle)는 범죄가 해외에서 완성되었더라도 그 영토 내에서 범죄행위가 개시된 국가가 범죄 전체에 관할권을 가진다고 하는 원칙이다(총을 쏜 국가).

객관적 속지주의(objective territorial principle)는 어떤 범죄가 해외에서 개시되었더라도 그 영토 내에서 범죄가 완성된 국가는 범죄 전체에 대하여 관할권을 가진다는 원칙이다(총을 맞고 사망한 국가).

예를 들어 A국과 B국의 국경지역에서 가해자가 A국 영역에서 총을 발사해서 피해자가 B국 영역에서 사망한 경우에, 총이 발사된 국가인 A국은 주관적 속지주의에 의해 관할권을 행사할 수 있고, 피해자가 사망한 국가인 B국은 객관적 속지주의에 의해 관할권을 행사할 수 있다.

로터스호 사건도 가해선의 국적국과 피해선의 국적국의 재판관할권을 모두 인정함으로써 주관적 속지주의와 객관적 속지주의를 모두 인정한 것으로 볼 수 있다.

로터스 (Lotus) 호 사건 (The SS. Lotus)
Permanent Court of International Justice (1927)
Series A. No. 10 (2 W.C.R. 20)

1. 사실관계: 1927년 상설국제사법재판소(PCIJ)의 사건으로서 프랑스의 우편선인 로터스(Lotus)호와 터키의 석탄운반선인 보즈코트(Boz-Kourt)가 공해상에서 충돌하여 제기된 사건이다. 이 충돌로 터키선박이 침몰하고 터키인 8명이 실종되었고, 로터스호는 콘스탄티노플에 입항하였다. 터키에서는 로터스호의 당직장교인 드몽(Demons)과 보즈코트의 선장을 과실치사혐의로 기소하였다. 그러자, Demons은 터키가 형사관할권이 없음을 주장하였으나 각하되었고, 프랑스는 이에 항의하였다.

2. 법적 쟁점: 공해상의 외국선박에서 외국인이 행한 행위를 터키의 국내법원이 처벌할 수 있는가?

3. 판결: 이 사건은 상설국제사법재판소 재판관들이 6대 6으로 찬반이 대립되어 재판장의 캐스팅보트로 결정되었으며, 터키가 프랑스인인 드몽을 처벌할 수 있다고 판결하였다.

4. 이유: 외국선박의 공해상의 범죄행위에 영향을 받는 국가가 그 범죄를 자국영토에서 발생한 것으로 간주하여 형사관할권을 행사하는 것을 금지하는 국제법원칙은 없기 때문이다. 공해상의 선박은 그 국가의 떠 있는 영토라고 간주하고, 프랑스 선박과 터기 선박이 충돌한 것은 프랑스인 드몽의 범죄행위가 터키에 영향을 준 것으로 보았다. 이는 터키가 객관적 속지주의(objective territoriality)에 의해 관할권을 행사할 수

있고,[537] 프랑스는 주관적 속지주의(subjective territoriality)에 의해 관할권을 행사할 수 있다는 이론을 적용한 것으로 볼 수 있다.

5. 평가: "독립국가에 대한 제한은 추정할 수 없다"는 국제법상 "금지이론(prohibitive theory)"의 대표적 판례이다. 즉 금지이론은 주권국가는 국제법상 금지되지 않은 것은 할 수 있다는 이론이다. 그러나, 금지이론은 평시의 국제법에만 적용되는 이론이다.

이에 대해 "허용이론(permissive theory)"은 주권국가는 국제법상 허용된 것만을 할 수 있다는 이론이다. 전쟁시에 적용되는 국제법, 특히 국제인도법에서는 허용이론이 적용되며, 이는 마르텐스(Martens) 조항에 반영되어 있다. 마르텐스 조항의 예로는 1907년 헤이그 제4협약의 서문을 들 수 있는데, 이 서문은 "보다 완비된 전쟁법규에 관한 법전이 제정되기에 이르기까지는 체약국은 그들이 채택한 규칙에 포함되지 아니한 경우에도 주민 및 교전자가 문명국간에 존재하는 관행, 인도의 법규와 공공양심의 요구로부터 도출되는 국제법원칙의 보호 및 지배하에 있음을 선언하는 것이 필요하다고 생각한다"고 규정하고 있다.

한편, 로터스호 사건은 피해자의 국적국이 관할권을 행사할 수 있는 수동적 속인주의(passive personality)를 인정한 판례라고도 볼 수 있다.

2. 효과이론

미국, 독일, EU 등은 객관적 속지주의를 확장하여 '효과이론(effect doctrine) 또는 영향이론'을 주장한다. 효과이론에 의하면 범죄개시행위와 완성이 모두 국가의 영역 밖에서 일어났더라도 그 효과가 그 국가의 영역 안에 영향을 주는 경우에는 그 국가가 관할권을 행사할 수 있다는 이론이다.

1945년 미국의 알코아(Alcoa) 사건에서 미국 밖의 외국에서 체결된 계약과 관련하여 이 계약이 미국 내의 알루미늄 생산에 영향을 미치려는 의도로 체결되었다는 이유로 미국 법원은 미국의 반트러스트법인 셔먼법(Sherman Act)을 역외 적용하였다. 알코아 리미티드는 미국 알코아의 자회사로서 캐나다 국적의 회사였는데 캐나다에서 독일, 영국 회사 등과 카르텔을 형성하고, 미국내에서의 알루미늄 가격에 영향을 주려고 의도하였다. 이에 대해 미국 연방법원은 미국의 셔먼법을

537) Ian Brownlie, Principles of Public International Law(7th ed. Oxford University Press)(2008), p. 302. 또한, Andrew Clapham, Brierly's Law of Nations(7th ed. Oxford University Press)(2012), p. 246 참조.

적용한 것이다. 즉, 미국 영토 밖의 외국인의 행위라도 미국 영토 내에 영향을 주려는 의도가 있고, 그 영향이 발생하면 미국은 그러한 행위에 대해 입법관할권을 행사할 수 있다는 것이다. 그 영향이 발생하지 않았다는 것을 피고가 입증하여야 한다.538)

3. 능동적 속인주의(nationality principle 또는 active personality principle)

능동적 속인주의는 가해자의 국적국인 국가가 그 국민인 가해자에 대해 관할권을 행사할 수 있는 원칙이다. 국가는 자국민의 해외에서의 범죄에 대해서도 관할권을 가질 수 있다. 속인주의는 국가의 대인주권에서 도출된다. 대륙법계 국가들은 속지주의와 속인주의를 병행하면서 속인주의에도 상당한 관심을 가지고 있으나, 영미법계 국가들은 속지주의를 원칙으로 하고 속인주의는 보충적으로 채택한다. 영미법계 국가들은 반역죄, 모살(murder) 등 중대범죄에 대해서만 속인주의를 채택하며, 해외파견중인 자국 군대의 구성원에 대해서는 속인주의를 원칙적으로 채택한다. 예를 들어, 주한미군지위협정(SOFA) 제22조 1항 (가)는 "합중국 군 당국은, 합중국 군대의 구성원, 군속 및 그들의 가족에 대하여 합중국 법령이 부여한 모든 형사재판권 및 징계권을 대한민국 안에서 행사할 권리를 가진다"고 규정한다. 동항 (나)는 "대한민국 당국은, 합중국 군대의 구성원, 군속 및 그들의 가족에 대하여 대한민국 영역 안에서 범한 범죄로서 대한민국 법령에 의하여 처벌할 수 있는 범죄에 관하여 재판권을 가진다"고 하여 우리나라의 속지주의 또는 수동적 속인주의 등에 의한 관할권을 인정하고 있다.

만일 한미 양국 간의 재판권을 행사할 권리가 경합하는 경우에는 동 협정 제22조 3항에 의해 해결하게 된다. 이 항은 (1) 오로지 합중국의 재산이나 안전에 관한 범죄, 또는 오로지 합중국 군대의 타 구성원이나 군속 또는 그들의 가족의 신체나 재산에 대한 범죄, (2) 공무집행 중의 작위 또는 부작위에 의한 범죄에 대해서는 미군 당국이 제1차적 권리(primary right to exercise jurisdiction)를 가진다. 그러나 기타의 범죄에 대해서는 대한민국 당국이 재판권을 행사할 제1차적 권리를 가진다. 또한, 미군이 특정 범죄에 대해 제1차적 권리를 행사하지 않거나 할 수 없

538) United States v. Aluminum Co. of America(Alcoa), United States Court of Appeals, Second Circuit, 1945, 148 F.2d 416.

을 때는 우리나라가 그 범죄에 제2차적 권리(secondary right)를 행사할 수 있다.

우리 형법 제3조는 "본 법은 대한민국영역 외에서 죄를 범한 내국인에게 적용한다"고 규정하여 능동적 속인주의 원칙을 정하고 있다.

4. 수동적 속인주의(passive personality principle)

수동적 속인주의는 범죄의 피해자의 국적국이 관할권을 행사할 수 있다는 원칙이다. 범죄 피해자의 국적국가는 범죄가 외국인에 의해 외국에서 행해졌다 하더라도 그에 대해 형사관할권을 행사할 수 있는 것이 원칙이다.

우리 형법 제6조는 "본법은 대한민국영역 외에서 대한민국 또는 대한민국 국민에 대하여 전조에 기재한 이외의 죄를 범한 외국인에게 적용한다"고 규정하여 수동적 속인주의를 규정하고 있다.

5. 보호주의(protective principle)

보호주의는 외국인의 외국에서의 범죄로 인해 국가의 이익이 침해당한 국가가 형사관할권을 행사할 수 있다는 원칙이다. 대체로 보호주의의 대상이 되는 범죄는 국가자체에 대한 법익의 침해와 관련된 내란, 외환의 죄, 통화위조 등의 죄가 해당된다.

우리 형법 제5조는 본법은 내란의 죄, 외환의 죄, 국기에 대한 죄, 통화에 관한 죄 등을 대한민국영역 외에서 범한 외국인에게 적용한다고 규정하여 보호주의를 적용하고 있다. 미국 법원에서는 보호주의를 원용하여 해외에서 미국 영사에게 위증을 한 사람을 처벌한 사례와 미국의 공문서를 위조한 것을 처벌한 사례가 있다.

6. 보편주의(universality principle)

보편주의는 세계주의라고도 한다. 보편주의는 다수국가의 공통된 이익을 해하는 범죄에 대해서는 국가와 범죄 사이의 직접적인 관련 내지 유대(link)가 없이도 국가가 관할권을 행사할 수 있다는 원칙이다. 해적행위, 집단살해죄, 인도에 반한 죄, 전쟁범죄 등에는 보편적 관할권이 인정된다.

현재의 국제법상 모든 국가는 집단살해죄, 인도에 반한 죄, 전쟁범죄에 대하여 가해자의 국적, 피해자의 국적, 범죄행위지에 관계없이 보편적 형사관할권을 행사할 수 있다.

집단살해방지협약 제6조는 범죄행위지국뿐만 아니라 다른 국가의 관할권행사를 배제하지 않고 있다. 이러한 범죄를 처벌하는 것은 모든 국가의 의무(Obligation erga omnes, 대세적 의무)이며 이는 그러한 범죄에 대해 직접 관련되지 않은 제3국도 범죄자를 처벌할 법률적 이익이 있음을 의미한다.

2001년 4월 벨기에의 국내재판소는 그 국내법을 근거로 르완다에서 투치족의 집단학살을 도운 르완다인 수녀들에 대해 보편적 관할권을 행사하여 유죄판결을 하였다. 아이히만 사건판례도 보편적 관할권을 적용한 판례라고 할 수 있다. 보편적 관할권은 강행규범(jus cogens)과도 밀접하게 관련된다. 집단살해금지 등 강행규범을 위반한 사람에 대해 보편적 관할권이 적용될 가능성이 높기 때문이다.

2007년 12월 21일 공포된 '국제형사재판소 관할범죄의 처벌 등에 관한 법률(ICC 이행법률)' 제3조 5항은 "이 법은 대한민국 영역 밖에서 집단살해죄 등을 범하고 대한민국 영역 안에 있는 외국인에게 적용한다"고 규정하여 보편적 관할권을 규정하되, 피의자가 우리나라 영역 안에 있을 것을 조건으로 하고 있다. 이 조항은 우리나라의 법체계에 보편적 관할권을 도입한 조항으로서 의미가 있다고 할 수 있다.

Ⅲ. 국제형사재판소의 관할권제도

1. 의 의

국제형사재판소의 관할권 제도는 언제, 어떻게, ICC가 특정사건을 수사 및 기소하고 재판할 수 있는지에 관한 로마규정상의 제도를 말한다. 이 관할권 제도에는 시간적 관할권, 관할권 행사의 전제조건, 제소장치, 재판적격성의 문제, 적용법규 등이 포함된다. ICC의 관할권 제도는 관할대상범죄의 문제와 함께 로마규정 제2부에 포함되어 있으며 로마회의시 미국 등 ICC에 반대하는 국가들과 ICC 설립을 지지하는 유사입장그룹국가들 간에 가장 첨예하게 대립이 있었던 쟁점이었다. 그 이유는 바로 새로이 설립되는 ICC가 어떠한 관할권 제도를 갖느냐가 ICC의 실효성을 확보할 수 있는지의 여부에 핵심적인 것이었기 때문이었다.

2. 시간적 관할권(Jurisdiction ratione temporis)

로마규정 제11조 1항은 ICC가 로마규정의 발효 후에 범하여진 범죄에 대하여만 관할권을 가진다고 하고 있다. 즉, ICC는 로마규정의 발효일인 2002년 7월 1일 이후에 범하여진 범죄에 대하여만 관할권을 가진다.

로마규정 제11조 2항은 로마규정 발효 후에 규정의 당사국이 되는 국가의 경우 ICC는 로마규정이 당해 국가에 대하여 발효된 이후에 범하여진 범죄에 대하여만 관할권을 행사할 수 있도록 하였다. 다만, 이 국가는 규정 제12조 3항에 따라 그 국가에 대해 로마규정이 발효하기 이전에 범하여진 범죄에 대해서도 ICC의 관할권을 인정하는 선언을 할 수 있고, 이러한 선언이 있는 경우 ICC는 관할권을 행사할 수 있다. 예를 들어, 우리나라는 로마규정 발효 이후인 2002년 11월 18일 규정의 당사국이 되었고, 동 규정은 2003년 2월 1일부로 우리나라에 대해 발효하게 되므로 ICC는 우리나라에 대해 2003년 2월 1일 이후에 범하여진 범죄에 대하여만 관할권을 행사할 수 있다.

한편, 로마규정 제24조는 로마규정이 발효하기 전의 행위에 대하여 개인이 형사책임을 지지 않는다는 형법의 일반원칙으로서 소급효 금지 원칙을 선언한 반면 제11조는 ICC가 로마규정 발효 이전의 행위에 대해 관할권을 갖지 않는다는 ICC의 시간적 관할범위를 규정하고 있다는 차이점이 있다고 할 수 있다.

3. 관할권 행사의 전제조건(Preconditions to the exercise of jurisdiction)

(1) 의　　의

로마규정 제12조는 ICC의 관할권 행사의 전제조건을 규정하고 있다. 즉, ICC가 관할권을 행사하기 위하여 필요한 전제조건들을 규정하고 있는 것이다. 제12조는 로마회의시 가장 논란이 많고 중요한 교섭쟁점 중의 하나였다. 특히, 제12조는 로마회의시 미국이 로마규정을 반대하게 된 가장 큰 이유가 되는 조항이었다.

미국은 범죄혐의자의 국적국의 동의를 ICC 관할권 행사의 필수적인 전제조건으로서 요구하였다. 이는 미국인이 범죄혐의자가 되는 경우 미국이 동의하지 않는 한 ICC가 그 사람에 대하여 관할권을 행사할 수 없도록 함으로써, 미국인이 ICC의 재판을 미국의 동의 없이는 받지 않도록 하기 위한 것이었다. 그러나 미국의 이러한 요구는 다수국가들에 의해 수용되지 않았다. 왜냐하면, 실효적인 ICC의 설립을 위해서는 이를 받아들일 수가 없었기 때문이다. 미국의 의견을 수용할 경우 예를 들어 A국의 군인이 전쟁범죄를 저지른 경우 A국의 동의 없이는 ICC가 관할권을 행사할 수 없다는 불합리한 결과가 나타나기 때문이었다. 따라서 로마규정 제12조 2항은 범죄발생지국 또는 범죄혐의자의 국적국의 동의를 ICC의 관할권 행사의 전제조건으로서 규정함으로써 범죄혐의자의 국적국의 동의가 없어도 범죄발생지국이 동의하면 ICC가 관할권을 행사할 수 있도록 하고 있다. 이에 의하면 미국인이 범죄혐의자가 된 경우 미국이 ICC의 관할권 행사에 동의하지 않더라도 ICC가 범죄발생지국의 동의를 얻으면 관할권을 행사할 수 있게 된다. 이 점을 미국은 강하게 반대하였고 현재도 그 태도에는 기본적으로 변화가 없다.

(2) 자동적 관할권(Automatic Jurisdiction)

로마규정 제12조 1항은 "이 규정의 당사국이 된 국가는 이에 의하여 제5조에 규정된 범죄에 대하여 재판소의 관할권을 수락한다"고 하고 있다. 이는 로마규정의 당사국은 자동적으로 ICC의 관할범죄에 대해 ICC의 관할권을 수락한다는 자동적 관할권을 나타내는 것이다. 이 자동적 관할권은 로마회의시 우리나라 등이 강력히 지지하여 채택된 것으로서 ICC의 효율적인 운영을 위해 매우 긴요한 제도이다. 이에 비하여 국제사법재판소(ICJ)규정은 자동적 관할권을 채택하고 있지 않으며, ICJ규정 당사국이 되는 것과 ICJ의 관할권을 수락하는 것은 별개의 일이다. ICJ의 관할권을 수락하는 것은 관련국가 간의 합의에 의하여 이루어지며, ICJ의 규정 당사국은 ICJ 규정 제36조 2항의 선택조항에 따라 ICJ의 강제관할권을 수락하는 선언을 할 수 있을 뿐이다.

(3) 로마규정 제12조의 형성과정시 우리나라의 중대한 기여

1) 로마규정 제12조 2항

로마규정 제12조 2항은 "2. 제13조 가호 또는 다호의 경우, 다음 중 1개국 또는 그 이상의 국가가 이 규정의 당사국이거나 또는 제3항에 따라 재판소의 관할권을 수락하였다면 재판소는 관할권을 행사할 수 있다.

가. 당해 행위가 발생한 영역국, 또는 범죄가 선박이나 항공기에서 범하여진 경우에는 그 선박이나 항공기의 등록국

나. 그 범죄 혐의자의 국적국"이라고 규정한다.

즉 동조항에 의할 때 당사국이 상황을 ICC에 회부하거나 소추관이 독자적으로 수사를 개시할 때, 관련 범죄가 발생한 영역국 또는 그 범죄 혐의자의 국적국이 ICC규정의 당사국이어야 ICC는 관할권을 행사할 수 있다.

2) 로마회의시 ICC의 관할권에 대한 국가들의 입장대립

로마규정 제12조는 ICC의 관할권 행사의 전제조건을 규정하고 있으며, 이 규정은 ICC규정 채택을 위한 로마 전권외교회의에서 우리나라가 제안한 안에 기초하고 있는 것이다. 당시 로마회의에서는 ICC가 관할할 범죄인 네 가지 핵심범죄(침략범죄, 집단살해죄, 인도에 반한 죄, 전쟁범죄)에 대해서는 국제법상 보편적 관할권이 성립되어 있으므로 ICC가 이해관계국의 아무런 동의 없이 관할권을 행사해야 된다는 독일안과, 4개 이해관계국들(범죄발생국, 범죄인 구금국, 범죄인의 국적국, 피해자의 국적국)의 동의를 모두 받아야 한다는 미국안이 첨예하게 대립하여 타협점을 찾기가 대단히 어려운 상황이었다.

3) 로마회의시 ICC의 관할권에 대한 우리나라의 제안

로마회의시 우리나라 대표단은 ICC 관할권과 관련한 중요한 타협안을 제안하였다. 이 제안은 당시 우리나라 대표단의 일원이면서 주유엔한국대표부 참사관이었던 신각수 참사관[539]이 창안한 제안이었다. 이 제안은 독일의 제안처럼 조약에 의해 설립되는 국제기구인 ICC에게 국가와 동일한 보편적 관할권 행사능력을 부여하는 것은 지나치게 이상적이며, 미국의 제안처럼 4개 이해관계국의 동의를 모두 받아야만 ICC가 관할권을 행사하도록 한 것은 ICC가 관할권을 사실상 행사할 수 없도록 한 것이라고 평가하면서 4개 이해관계국 중 한 나라의 동의만 얻으면 ICC가 관할권을 행사할 수 있도록 할 것을 주장하였다. 따라서 한국의 제안에 의하면 ICC 관할권 행사의 전제조건으로서 이해관계국의 동의를 ICC가 얻도록 하되, 4개 이해관계국 중 어느 한 국가만의 동의를 얻으면 관할권 행사가 가능하도

539) 신각수 참사관은 외교통상부 조약국장, 차관, 주일대사 등을 역임하였다.

록 하였다. 그러므로, 우리나라의 제안은 조약상 기구의 권한 근거로서 주권의 동의가 필요하다는 현재의 국제법원칙에 충실하면서도 ICC에게 상당히 폭넓은 관할권 행사의 기회를 줄 수 있도록 한 것이었다. 이 제안은 스페인 등 독일안과 미국안 모두에 만족할 수 없었던 많은 국가들에게 매우 좋은 대안으로서 기능했고, 독일안과 미국안의 대립으로 어쩌면 실패할 수도 있었던 로마회의를 성공적으로 마무리 할 수 있게 한 제안이었다. 우리나라의 제안은 로마회의시 회의참가국의 80%가 넘는 광범위한 국가의 지지를 얻었다.

4) 추가 타협안으로서의 로마규정 제12조

독일은 우리나라의 제안의 장점을 인정하면서 우리나라의 제안이 채택될 수 있도록 자국의 제안을 철회하고 우리 안을 지지하였다. 그러나 미국 등은 강하게 반대하였고, 추가적인 타협안으로서 최종적으로 로마규정 제12조가 채택되게 되었다. 즉 제12조는 우리나라의 제안에서 나타난 4개의 이해관계국 중 '구금국'과 '피해자의 국적국'을 삭제하여 ICC가 관할권을 행사할 수 있는 기회를 축소시켰다. 그러나 제12조는 나머지 두 개의 이해관계국인 범죄발생지국과 가해자의 국적국의 동의를 선택적(selective)으로 얻도록 하여, 우리나라 제안의 기본적인 접근방식인 선택적 접근방식(selective approach)을 유지하고 있다.

(4) 비규정당사국의 관할권 수락

로마규정 제12조 3항은 제2항에 따라 이 규정의 당사국이 아닌 국가의 수락이 요구되는 경우, 그 국가는 사무국장에게 당해 범죄에 대한 ICC의 관할권행사를 수락하는 선언을 할 수 있도록 하였다. 동조 2항은 범죄발생지국 또는 범죄혐의자의 국적국이 규정당사국이면 ICC의 관할권 행사의 전제조건이 충족된 것으로 규정하고 있다.

이는 동조 1항의 자동적 관할권으로 인한 결과로서 규정당사국은 ICC의 관할권 행사를 자동적으로 수락하였기 때문에 이 두 국가 중 한 국가가 규정당사국이면 ICC는 그 관할권 행사에 대한 이 국가의 동의를 얻은 것이기 때문이다. 그러나 이 두 국가 모두가 비규정당사국이면 ICC는 그 관할권 행사를 위해 이들 국가의 동의를 별도로 얻어야 한다. 따라서 동조 3항은 비규정당사국의 동의를 별도로 얻을 수 있는 절차를 규정하고 있는 것이다.

실제로 이 조항에 따라 2009년 1월 21일 팔레스타인 법무장관은 팔레스타인이 ICC의 비당사국이었지만 ICC의 관할권을 수락하는 선언을 제출한 바 있다. 이 선언은 이스라엘이 2008년 12월 27일 가자 지구를 공격하여 팔레스타인 사람이 1,300여명 사망한 사건을 ICC가 수사해줄 것을 요청하기 위한 것이었다. 그러나, 그 당시에는 팔레스타인이 "국가(STATE)"인지 여부에 대해 논란이 있어서 ICC의 소추관(Prosecutor)이 상황을 더 진행시키지 않았다. 그러다가 2012년 11월 29일 UN총회가 팔레스타인에게 "비회원참관국가(Non－Member Observer State)" 지위를 인정하는 결의를 채택하여 팔레스타인이 "국가"임을 인정하였다. 그러자 팔레스타인은 2014년 12월 31일 제12조 3항에 의한 선언을 다시 제출하였고, 이 선언을 ICC의 사무국장(Registrar)이 수락(accept)하여 소추관에게 전달하였다. 그 후 팔레스타인은 2015년 1월 2일 ICC에 가입서를 기탁하여 123번째 ICC의 당사국이 되었고 ICC 규정은 2015년 4월 1일부로 팔레스타인에 대해 효력을 발생하였다. ICC는 팔레스타인 상황에 대한 예비조사를 진행한 바 있다. 이를 통해 볼 때 팔레스타인이 ICC 규정의 비당사국일 때 제12조 3항에 의한 선언을 하였고, 이 선언에 의해 ICC가 관할권을 행사할 수 있었다고 볼 수 있다.

2024년 5월 20일 소추관은 가자지구 등 팔레스타인의 상황과 관련하여 하마스의 지도자들과 이스라엘의 지도자들에 대해 체포영장을 신청하였음을 발표하였다. 2024년 11월 21일 ICC 전심재판부는 팔레스타인의 상황과 관련하여 하마스의 관련된 지도자들과 네탄야후 이스라엘 총리와 갈란트 이스라엘 국방부장관에 대해 체포영장을 발부하였다.

팔레스타인 이외에 우크라이나도 2014년 제12조 3항에 의한 선언을 하였고, 2015년 9월 8일 관련 상황을 더 확대하는 선언을 하였다. 이 선언들에 근거하여 ICC가 우크라이나 상황도 예비조사(Preliminary Examination)를 실시한 바 있다. 2015년의 선언은 종료시점이 없는 무제한의 수락선언이었다. 이 선언에 기초하여 ICC는 2022년 시작된 우크라이나와 러시아간의 무력충돌과 관련한 상황에 대해 관할권을 행사할 수 있게 되었다. 우크라이나는 2024년 10월 25일 로마규정의 비준서를 기탁하였고, 2025년 1월 1일부로 정식 ICC규정 당사국이 되었다.

2022년 3월 2일 ICC 소추관은 39개 당사국이 우크라이나 상황에 대한 회부를 하였고, 이에 근거하여 수사를 개시할 것을 발표하였다. ICC 전심재판부는 2023년 3월 17일 푸틴 러시아 대통령외 1인에게 체포영장을 발부하였다.

〈로마회의시 ICC의 관할권행사의 전제조건 관련 제안〉

영국안	독일안	미국안	우리나라안
자동적 관할권	자동적 관할권	선택제외, 선택수락 관할권	자동적 관할권
전제조건: 범죄발생지국과 범죄인 구금국의 동의 필요	전제조건: ICC에 국가와 동일한 보편적 관할권 행사권능을 부여하므로, 전제조건이 필요 없음	전제조건: 범죄발생지국, 범죄인의 구금국, 범죄인의 국적국 그리고 피해자의 국적국 모두의 동의 필요	전제조건: 범죄발생지국, 범죄인의 구금국, 범죄인의 국적국, 또는 피해자의 국적국 중 1개국의 동의만 있으면 ICC의 관할권 행사 가능

4. 관할권의 행사

로마규정 제13조는 ICC가 관할권을 행사하게 하도록 하는 제소장치에 관하여 규정하고 있으며, 세 가지 제소주체를 정하고 있다. 즉, 동조에 의하면 당사국이 범죄가 범하여진 것으로 보이는 사태를 소추관에게 회부할 수 있고, UN안전보장이사회가 UN헌장 제7장에 따라 사태를 소추관에게 회부할 수 있으며, 소추관이 독자적으로 범죄에 대하여 수사를 개시할 수 있다.

특히 소추관이 독자적으로(proprio motu) 수사를 개시할 수 있는지 여부에 관해 로마회의시 많은 의견대립이 있었다. 많은 국가들은 소추관에게 독자적으로 수사를 개시할 수 있도록 해야 한다고 주장했는데, 그 주요 이유는 과거의 역사적 경험상 특정 국가나 안전보장이사회가 다른 국가를 상대로 국제범죄에 관해 제소하는 일이 거의 없었다는 것이다. 이들 국가는 소추관에게 독자적으로 수사를 개시할 권한을 주는 것이 ICC가 실효적으로 기능하는 데 매우 긴요한 것이라고 주장하였다.

그러나 일부 국가들은 소추관에게 독자적으로 수사하는 권한을 주어서는 안된다고 주장하면서 그 주요 이유로서 소추관의 독자적인 수사권한에 대한 견제수단이 없다는 것을 들었다. 궁극적으로 로마규정 제13조 다호는 소추관에게 독자적으로 수사를 개시할 권한을 부여하였다. 이는 ICC의 실효성 확보에 매우 도움이 될 것으로 보인다. 더구나 ICC는 소추관에 대한 견제수단으로서 크게 세 가지 장치를 가지고 있는 것으로 보인다. 이는 1) 보충성 원칙의 채택 2) 소추관의 임명과 책임 등 절차 3) 소추관이 지켜야 할 형사상의 절차 등의 장치이다. 이를 고려할 때, 로마규정이 소추관에게 독자적인 수사개시 권한을 준 것은 타당하다고 판단된다.

5. 당사국에 의한 사태의 회부

로마규정 제14조 1항은 당사국에게 재판소의 관할범죄의 범행에 대하여 특정인이 책임이 있는지 여부를 결정하기 위하여 그러한 범죄가 범하여진 것으로 보이는 사태(situation)를 수사하도록 소추관에게 요청할 권한을 부여하였다. 이 조항과 관련하여 '사태'라는 용어를 사용하여 '사건(case)'보다는 넓은 상황을 당사국이 소추관에게 회부할 수 있도록 하고 있다.

로마회의시 논의되었던 것 중의 하나는 당사국이 소추관에게 회부하는 것이 범죄의 '사건(case)'인지 아니면 범죄의 '사태(situation)'인지에 관한 것이었다. 궁극적으로 로마규정은 그러나 실제로 한 국가가 다른 국가를 상대로 제소하는 것은 매우 드문 일이었다. 왜냐하면, 그러한 제소행위는 상대국가에 대한 비우호적인 행위로 간주되기가 쉽기 때문이다. 한편 제14조 2항은 당사국이 사태를 회부할 때 가능한 한 관련 정황을 명시하고 그 사태를 회부할 국가가 입수할 수 있는 증빙문서를 첨부하도록 하였다.

6. 소추관(the Prosecutor)

로마규정 제15조는 소추관의 수사개시에 관해 규정한다. 동조 1항은 소추관에게 재판소의 관할범죄에 관한 정보에 근거하여 독자적으로 수사를 개시할 수 있는 권한을 부여하고 있다. 즉, 소추관은 당사국 또는 안전보장이사회의 회부가 없어도 수사를 개시할 수 있다.

7. 수사 또는 기소의 연기

로마규정 제16조는 안전보장이사회가 UN헌장 제7장에 따라 채택하는 결의로 재판소에 수사 또는 기소의 연기를 요청하는 경우 12개월의 기간 동안은 로마규정에 따른 어떠한 수사나 기소도 개시되거나 진행되지 않도록 규정하고 있다. 또한 동조는 그러한 요청은 동일한 조건하에서 안전보장이사회에 의하여 갱신될 수 있다고 규정한다.

로마회의시 UN안전보장이사회가 ICC의 수사 또는 기소를 연기시킬 수 있는지에 관해 많은 논란이 있었다. 논란의 핵심쟁점은 안전보장이사회가 ICC의 수사 또는 기소의 연기를 요청해야 하는가 아니면 안전보장이사회가 관련 사태를 논의 중일 때는 ICC가 수사 또는 기소를 시작할 수 없고 침략행위 등의 결정을 한 후에야 수사 또는 기소를 시작할 수 있는가의 문제였다. 전자의 입장은 로마회의 이전의 준비위원회(preparatory committee) 단계에서의 싱가포르의 제안으로 통합초안에 포함되었다.

이에 의하면, 안전보장이사회가 ICC의 수사 또는 기소의 연기를 요청하려면 안전보장이사회 상임이사국의 만장일치를 포함하여 연기요청결의를 채택하여야 한다. 이는 상임이사국의 거부권 행사 가능성을 고려할 때 쉽지 않은 일로서 안전보장이사회가 ICC에 대해 수사 또는 기소의 연기를 요청하는 것의 남용 가능성이 적은 방안이라 할 수 있다. 후자의 입장은 안전보장이사회가 범죄 관련 사태를 논의하여 평화의 파괴, 침략행위 등이 존재한다는 결정을 내리기까지는 ICC가 수사 또는 기소절차를 개시할 수 없다. 이는 ICC의 실효적 운영에 매우 큰 장애를 가져올 가능성이 있는 방안이다.

로마규정 제16조는 소위 싱가포르안의 방식을 채택하여 ICC의 수사 또는 기소의 연기는 안전보장이사회가 그러한 연기를 요청해야 하는 경우에 결의로서 가능하도록 하였다.

실제로 로마규정 제16조에 따라, UN안전보장이사회는 미국의 주도로 2002년 6월 12일 제4572차 회의에서 결의 1422를 채택하여 UN이 수립하거나 승인한 활동과 관련한 행위에 대하여 2002년 7월 1일부터 12개월간, 안전보장이사회가 달리 결정하지 않는 한 수사 또는 기소를 시작하지 않도록 하였다.[540] UN안전보장

540) Resolution 1422(2002) adopted by the Security Council at its 4572nd meeting, on July 12th 2002:
"The Security Council,
Taking note of the entry into force on 1 July 2002, of the statute of the International Criminal Court(ICC), done at Rome 17 July 1998(the Rome Statute),
Emphasizing the importance to international peace and security of United Nations operations,
Noting that not all States are parties to the Rome Statute,

이사회는 2003년 6월 12일 결의 1487호를 채택하여 결의 1422호에서 채택한 기간을 1년 더 연장하였다.

8. 재판적격성의 문제

(1) 의 의

로마규정 제17조는 재판적격성의 문제(issues of admissibility)를 다루고 있다. 이 재판적격성의 문제는 특정 사건이 ICC의 재판대상이 될 수 있는가의 문제로서 보충성의 원칙이 구체적으로 표현된 것이라고 할 수 있다.

(2) 보충성의 원칙(the Principle of Complementarity)

1) 국가 형사관할권의 우위

로마규정 제17조 1항의 총칙(chapeau)은 "전문 제10항과 제1조를 고려하여 재판소는 다음의 경우 사건의 재판적격성이 없다고 결정한다"고 규정한다. 전문 제10항과 제1조는 국제형사재판소는 국가의 형사관할권을 보충한다는 것을 명시하고 있다. 따라서 국가의 형사관할권이 ICC의 관할권보다 우위에 있다고 하는 보

Noting that States Parties to the Rome Statute have chosen to accept its jurisprudence in accordance with the Statute and in particular the principle of complementarity,

Noting that States Parties to the Rome Statute will continue to fulfil their responsibilities in their national jurisdiction in relation to international crimes,

Determining that operations established or authorized by the United Nations Security Council are deployed to maintain or restore international peace and security,

Determining further that it is in the interests of international peace and security to facilitate Member States' ability to contribute to operations established or authorized by the United Nations Security Council,

Acting under Chapter Ⅶ of the Charter of the United Nations,

1. Requests, consisted with the provisions of Article 16 of the Rome Statute, that the ICC, if a case arises involving current or former officials or personnel from a contributing State not a Party to the Rome Statute over acts or omissions relating to a United Nations established or authorized operation, shall for a twelve-month period starting 1 July 2002 not commence or proceed with investigation or prosecution of any such case, unless the Security Council decides otherwise;
2. Expresses the intention to renew the request in paragraph 1 under the same conditions each 1 July for further 12-month periods for as long as may be necessaty;
3. Decides that Member states shall take no action inconsistent with paragraph 1 and with their international obligations;

Decides to remain seized of the matter.

충성의 원칙을 채택하고 있다.

이 보충성의 원칙에 따라 제17조 1항 가호는 사건에 대하여 관할권을 가지는 국가에 의하여 사건이 수사되고 있거나 기소된 경우 ICC는 그 사건이 재판적격성이 없다고 결정하도록 하고 있다. 또, 그 국가가 진정으로 수사 또는 기소를 할 의사가 없거나(unwilling), 능력이 없는(unable) 경우에는 그러하지 아니하다. 동항 나호는 사건이 관할권을 가지는 국가에 의하여 수사되었고 그 국가가 당해인을 기소하지 아니하기로 결정한 경우 ICC는 그 사건이 재판적격성이 없다고 결정하도록 하고 있다. 단 그 결정이 진정으로 기소하려는 의사 또는 능력의 부재에 따른 결과인 경우에는 그러하지 아니하다. 동항 다호는 일사부재리원칙을 위반하는 경우의 사건을 재판적격성이 없다고 결정하도록 하고 있다. 동항 라호는 사건이 재판소의 추가적 조치를 정당화하기에 충분한 중대성이 없는 경우, 그 사건은 재판적격성이 없다는 결정을 내리도록 하고 있다.

2) 의사부재(unwillingness)의 결정기준

로마규정 제17조 2항은 특정 사건의 의사부재를 결정하기 위한 기준을 정하고 있다. 동항 가호는 재판소 관할범죄에 대한 형사책임으로부터 당해인을 보호할 목적으로 절차가 취해졌거나, 진행 중이거나 또는 국내적 결정이 내려진 경우, 관할권 행사 의사가 부재한 것으로 결정할 수 있도록 하고 있다. 이는 소위 '허위재판(sham trial)'으로서 당해인을 심리하는 재판이 있었으나 무죄를 선고하는 등의 방법으로 당해인을 보호하려는 목적으로 재판하는 것 등을 의미한다. 동항 나호는 절차의 부당한 지연이 있는 경우 관할권행사 의사가 부재한 것으로 결정할 수 있도록 하고 있다. 동항 다호는 절차가 독립적이거나 공정하게 수행되지 않는 등의 경우에 관련 국가의 의사가 부재한 것으로 결정할 수 있도록 하고 있다.

3) 능력부재(inability)의 결정기준

로마규정 제17조 3항은 ICC가 특정 사건에 관할권이 있는 국가가 그 형사관할권을 행사할 능력이 없는지 여부를 결정할 때 고려할 기준을 제시하고 있다. 그 기준으로서 ICC는 당해 국가가 그 국가의 사법제도의 전반적 또는 실질적 붕괴나 이용불능으로 인하여 피의자나 필요한 증거 및 증언을 확보할 수 없는지 여부 또는 절차를 진행할 수 없는지 여부를 고려한다.

4) 평　　가

로마규정 제17조의 가장 중요한 성과는 ICC 자체가 궁극적으로 사건의 재판적격성을 결정할 수 있다는 점일 것이다. 비록 국가들의 형사관할권의 우위를 인정하고 기대했던 것보다 그 판단기준이 더 엄격해졌다고 하더라도, 로마규정상의 보충성의 원칙의 강점은 제17조 등 재판적격성 관련 규정의 해석과 적용권한을 재판소가 가지고 있다는 점일 것이다. 이는 마치 특정사건에 대해 중재재판소의 관할권 유무를 그 중재재판소를 구성하는 중재재판관 자신들이 결정하는 것과 유사하다. 이를 소위 '권한 있는 자의 권한(compétence de la compétence)'이라고 한다.[541]

그러나 로마규정 제17조에 대해서는 크게 두 가지 비판이 가능하다. 첫째, 제17조는 사면(amnesties 또는 pardons)에 관한 규정을 두고 있지 않다. 즉 제17조는 만약 관련 국가가 당해인을 사면한 경우에 그 사건이 재판적격성이 있는지 여부에 관해 명시적으로 규정하고 있지 않다. 그러나 예를 들어, 관련 국가가 당해인을 유죄판결 후 바로 사면하는 것과 같은 행위는 전체 재판이 진정한 것이 아닌 허위의 것이라는 추정을 가능하게 하여 ICC는 관련 사건에 대해 재판적격성을 인정할 가능성이 높다. 둘째, 제17조를 포함하여 로마규정은 보충성 원칙에 대한 포기(waiver)에 관해 규정하고 있지 않다. 로마회의 이전의 준비위원회 단계에서는 이 문제가 제기되었고 로마회의시 통합초안에도 이에 관해 규정하였으나,[542] 로마규정에는 포함되지 않았다. 그러나 제17조의 취지상 사건에 대해 관할권을 가진 국가가 보충성의 원칙에 따라 그 형사관할권을 우선적으로 행사할 수 있으나, 당해 국가가 이러한 권리를 포기한다면 ICC가 재판관할권을 행사할 수 있을 것으로 보인다.

결론적으로, 로마규정상의 보충성의 원칙은 국가의 주권에 대한 존중을 고려한 것으로서 로마규정 자체의 채택에도 매우 중요한 역할을 한 것으로 평가할 수 있다.

9. 로마규정 제18조 내지 제21조

(1) 예비결정절차

로마규정 제18조는 재판적격성에 대한 예비결정에 관하여 규정하고 있다. 이 조는 로마회의시 미국이 강하게 주장하여 포함된 것이다. 제18조 1항에 의하면 사태가 당사국에 의해 회부되거나 소추관이 독자적으로 수사를 개시하는 경우, 소추관은 모든 당사국과 당해 범죄에 대하여 통상적으로 관할권을 행사할 국가에

541) International Chamber of Commerce 규칙 제8조 3항 참조.
542) 로마회의시 통합초안 제2부 각주 39.

게 이를 통지해야 한다.

동조 2항은 그러한 통지를 접수한 후 1개월 내에 국가는 관련 범죄행위에 대해 자국민 등을 수사하고 있음을 ICC에 통지할 수 있고 소추관은 당해 국가의 요청이 있으면 그 국가의 수사를 존중하여 수사를 보류한다고 규정한다.

동조 3항은 소추관에게 수사보류일로부터 6개월 후 또는 그 국가의 수사를 수행할 의사 또는 능력의 부재에 근거한 중대한 사정변경이 있는 때에는 언제든지 수사보류를 재검토하도록 하고 있다.

동조 4항은 당해 국가 또는 소추관은 전심재판부의 결정에 대하여 제82조에 따라 상소심재판부에 상소할 수 있도록 하고 있다. 상소는 신속하게 심리될 수 있다.

동조 5항은 소추관이 2항에 따라 수사를 보류한 경우, 소추관은 당해 국가가 정기적으로 수사 및 후속 기소의 진전상황에 대하여 통지하여 줄 것을 요청할 수 있도록 하고 있다. 당사국은 부당한 지체없이 그 요청에 응하여야 한다. 이 항의 진전사항의 통지의무와 관련하여 로마회의시 당사국뿐만 아니라 비당사국도 통지의무를 부담하여야 한다는 주장이 강하였다. 왜냐하면 수사보류를 요청하는 것은 비당사국도 가능하므로 비당사국이 수사보류를 요청하여 소추관이 수사를 보류한 경우 당해 비당사국은 후속 기소의 진전사항 등을 소추관에게 통지할 의무도 부담하는 것이 타당하다는 것이다. 그러나 다수국가는 비당사국에게 로마규정상의 의무를 부담시키는 것이 타당하지 않다는 견해에 따라 당사국만이 부당한 지체 없이 소추관의 진전사항의 통지 요청에 응하도록 하였다.

로마규정 제18조 6항은 전심재판부의 결정이 계류 중이거나 또는 소추관이 제18조에 따라 수사를 보류한 때에는 언제든지, 소추관은 중요한 증거를 확보할 유일한 기회가 있는 경우 또는 그러한 증거를 이후에는 입수할 수 없게 될 중대한 위험이 있는 경우에는 예외적으로 증거를 보전하기 위하여 필요한 수사상의 조치를 취하기 위한 허가를 전심재판부에 요청할 수 있도록 하였다.

로마규정 제18조 7항은 제18조에 따른 전심재판부의 결정에 이의를 제기한 국가는 추가적인 중대한 사실 또는 중대한 사정변경을 근거로 제19조에 따라 사건의 재판적격성에 대한 이의를 제기하는 것을 허용한다.

로마규정 제18조는 당사국 여부에 관계없이 모든 국가가 특정 범죄행위를 수사하고 있음을 소추관에게 통보함으로써 ICC의 수사를 보류시킬 수 있는 제도이다. 제18조는 제19조에서 피의자 등이 ICC의 재판관할권 또는 사건의 재판적격성에 관해 이의제기를 할 수 있는 것과는 별도로 비당사국을 포함한 관련국가가 사건을 수사하고 있음을 소추관에게 통보함으로써 사건의 재판적격성을 예비결정하도록 요청할 수 있는 효과를 가진다. 또한, 제18조에 따라 사건의 재판적격성의 예비결정을 요청한 국가도 '추가적인 중대한 사실' 또는 '중대한 사정변경'을 근거로 제19조에 따른 이의제기를 할 수 있다.

따라서 로마규정 제18조는 보충성의 원칙을 충족시키기 위한 엄격한 절차를 규정하고 있다고 볼 수 있다. 이 조는 또한 ICC가 투명하고 책임감 있게 운영되도록 하기 위한 안전장치로서의 기능도 가진다고 볼 수 있다.

(2) 이의제기

로마규정 제19조는 재판소의 관할권 또는 사건의 재판적격성에 대한 이의제기에 관해 규정하고 있다. 동조 2항에 의하면, 사건의 재판적격성에 대한 이의제기 또는 재판소의 관할권에 대한 이의제기는 1) 피의자 또는 체포영장 등이 발부된 자 2) 사건을 수사 또는 기소하고 있거나 수사 또는 기소하였음을 근거로 그 사건에 대하여 관할권을 갖는 국가 3) 제12조에 따라 관할권의 수락이 요구되는 국가가 할 수 있다.

동조 3항은 소추관에게 관할권 또는 재판적격성의 문제에 관하여 재판소의 결정을 구할 수 있도록 한다. 관할권 또는 재판적격성에 관한 절차에 있어서는 피해자뿐만 아니라 제13조에 따라 사태를 회부한 자도 재판소에 의견을 제출할 수 있다.

동조 4항에 의하면, 이의제기는 원칙적으로 재판이 시작되기 전 또는 시작되는 시점에 1회에 한하여 행해질 수 있다.

동조 5항은 관련 국가는 가능한 한 신속하게 이의제기를 하도록 하고 있다.

동조 6항은 공소사실의 확인 이전에는 사건의 재판적격성 또는 재판소의 관할권에 대한 이의제기는 전심재판부에, 공소사실의 확인 이후에는 이의제기가 1심재판부에 회부되도록 하고, 관할권 또는 재판적격성에 관한 결정에 대하여 제82조에 따라 상소심재판부에 상소할 수 있도록 하였다.

동조 7항에 따라 관련 국가가 이의제기를 한 경우, 소추관은 재판소가 제17조에 따라 결정을 내릴 때까지 수사를 정지한다.

동조 8항은 소추관에게 재판소의 결정이 계류 중인 동안 재판소로부터 1) 제

18조 6항에 규정된 종류의 필요한 수사조치의 수행 2) 증인으로부터의 진술이나 증언의 취득 또는 이의제기를 하기 전에 시작된 증거의 수집 또는 조사의 완료 3) 관련 국가들과 협력하여, 소추관이 제58조에 따라 이미 체포영장을 신청한 자의 도주방지 조치의 허가를 구할 수 있도록 하였다.

동조 9항은 이의제기가 이의제기 이전에 소추관이 수행한 여하한 행위 또는 재판소가 발부한 여하한 명령이나 영장의 효력에 영향을 미치지 아니한다는 것을 명확히 하고 있다.

동조 10항은 소추관에게 재판소가 제17조에 따라 사건의 재판적격성이 없다고 결정하였더라도, 그 사건이 제17조에 따라 재판적격성이 없다고 판단되었던 근거를 부정하는 새로운 사실이 발생하였음을 충분히 확인한 때에 그 결정에 대한 재검토 요청서를 제출할 수 있도록 하였다.

동조 11항은 소추관이 수사를 보류한 경우 관련국에게 절차 진행에 관한 정보를 제공하여 줄 것을 요청하는 것을 허용한다. 그 정보는 관련 국가의 요청이 있으면 비밀로 한다. 소추관이 그 후 수사를 진행하기로 결정하는 경우, 소추관은 자신이 보류하였던 절차에 관하여 해당 국가에게 통지해야 한다.

제19조는 사건의 재판적격성과 재판소의 관할권과 관련하여 소추관, 이의제기를 할 수 있는 주체 그리고 재판부와의 균형을 이루려고 하고 있다. 이 조는 보충성의 원칙과 효율적인 재판소의 운영을 통한 정의의 실현이라는 원칙 사이의 조화를 이루기 위한 조항이라고 보아야 할 것이다.

(3) 일사부재리

로마규정 제20조는 일사부재리의 원칙을 규정한다. 일사부재리의 원칙은 특정인이 동일한 범죄에 대해 두 번 처벌받지 않는다는 원칙으로서 국제인권규약 B 규약 제14조 7항에도 규정되어 있다.

로마규정 제20조 1항은 ICC가 동일인을 동일행위로 두 번 처벌하지 않도록 하고 있다.

동조 2항은 ICC에 의해 재판을 받은 사람을 다른 국가 등의 재판소에서 다시 재판받지 않도록 하고 있다.

동조 3항은 다른 국가 등의 재판소에서 재판을 받은 자는 ICC에서 다시 재판을 받지 않는다고 하고 있다. 그러나 이때, 다른 국가 등의 재판소의 절차가 1) 재판소 관할범죄에 대한 형사책임으로부터 당해인을 보호할 목적이었던 경우 2) 그 밖에 국제법에 의하여 인정된 적법절차의 규범에 따라 독립적이거나 공정하게 수행되지 않았으며 상황에 비추어 당해인을 처벌하려는 의도와 부합하지 않는 방식으로 수행될 경우에는 ICC가 당해인을 다시 재판할 수 있다.

(4) 적용법규

로마규정 제21조는 ICC가 적용하는 적용법규(applicable law)에 관해 규정한다. 동조 1항에 의하면 ICC는 1) 로마규정, 범죄구성요건과 절차 및 증거규칙 2) 적용가능한 조약과 국제법상의 원칙 및 규칙(applicable treaties and the principles and rules of international law) 3) 이상이 없는 경우 법의 일반원칙(general principles of law)을 적용한다. 여기서 '국제법상의 원칙 및 규칙'은 국제사법재판소(ICJ)규정 제38조의 '국제관습법'을 의미하며 '법의 일반원칙'은 ICJ규정 제38조의 '법의 일반원칙'을 의미한다고 볼 수 있다. 동조 2항은 "재판소는 재판소의 기존 결정 속에서 해석된 법의 원칙과 규칙을 적용할 수 있다"고 규정하여 재판소의 선례에 대해 선례구속성(stare decisis)을 부여하지는 않는다. 왜냐하면, 동 조항은 '선례를 적용한다'가 아니라 '선례를 적용할 수 있다'라고 하고 있기 때문이다. 동조 3항은 동조에 따른 법의 적용과 해석은 국제적으로 승인된 인권과 부합하여야 한다고 규정하고 있다.

제 8 장

국가의 국제책임

제 8 장

국가의 국제책임

Ⅰ. 국가책임의 성질

국가책임은 주로 국가의 국제불법행위에 대한 국제법상의 책임을 말한다. 국가책임은 피해국에 대한 직접손해 또는 피해국 국민에 대한 손해로부터도 발생한다. 침략행위 등은 피해국가에 대해 직접 손해를 입힌 것이며, 외국인의 권리를 침해하는 것은 그 외국인의 본국에 대해 손해를 입한 것으로 간주된다. 전통적으로 국가책임에 관한 법은 한 국가 내에서의 외국인의 대우에 관한 문제와 관련하여 발전하여 왔다.

앞에서 언급한 침략행위, 외국인의 권리침해는 가해국이 피해국에 대해 일정한 국제법상의 의무를 위반하는 작위(act)를 함으로써 국가책임이 발생하는 경우이다. 그러나 국가책임은 작위뿐만 아니라 부작위(omission)에 의하여도 발생할 수 있다. 트레일제련소 사건(The Trail Smelter Case)[543]에서 국제중재위원회는 캐나다 트레일에 있는 사기업체인 제련소에서 배출한 아황산가스가 미국의 워싱턴주에 들어가 농작물 등에 피해를 주었기 때문에 캐나다가 부작위에 의한 배상책임이 있다고 판정하였다.[544]

국가책임은 적법행위로부터 발생하는 경우도 있다. 예를 들어, 한 국가가 외국인 재산을 국유화한 후 정당한 보상을 하지 않은 경우, 국유화 행위가 적법하더라도 국가책임이 발생할 수 있다.[545]

개인이나 국제기구도 한정된 국제법주체로 책임을 질 수 있으나 원칙적으로

543) US. v. Canada, 1938, 1941.

544) 이한기, 국제법강의, p. 572.

545) Id., p. 573.

국제불법행위에 대해 책임을 지는 자는 국가이다. 개인의 국제범죄행위에 대해서는 국제형사재판소 등에서 개인의 형사책임을 추구하며, 그 개인의 행위로 인해 국가의 책임을 추구할 수 있는 경우는 그 개인의 범죄행위를 국가의 행위로 볼 수 있는 경우 등 국가책임의 요건을 충족할 때 국제사법재판소나 중재재판소 등에서 관련 국가의 책임을 추구할 수 있다.

국가책임에 관한 법은 다른 분야의 국제법에 비해 보다 일반적으로 적용되며, 국가들의 관행, 국제판례, 학설 등에 의해 성립되었다. 1956년부터 국제법위원회(ILC)는 국가책임에 관한 연구를 시작하여 2001년 국제불법행위에 대한 국가책임법안(Draft Articles on the Responsibilities of States for Internationally Wrongful Acts, 이하 ILC 초안)을 작성하였다. 현재까지 이 ILC 초안은 조약으로 채택되지는 않았지만 국가책임법에 관한 국제관습법을 나타내고 있다고 평가되고 있다.[546)]

Ⅱ. 기본원칙

1. 개별적 책임추구의 원칙

개별적 책임추구의 원칙은 권리침해를 직접 당한 국가만이 상대국에 대하여 국제법상의 책임을 추구할 권리를 갖는다는 원칙이다. ILC 초안 제42조는 피해국에 의한 책임의 추궁을 규정하고 있다. 그러나 2001년 ILC 초안의 제48조는 피해를 직접 입지 않은 국가가 책임을 추구할 수 있는 경우를 규정하고 있다. 동조 1항에 의하면 (a) 위반된 의무가 당해 국가가 포함된 국가집단에 대한 것이고 그 의무가 그 국가집단의 공통이익을 보호하기 위한 것이거나, (b) 위반된 의무가 국제공동체 전체에 대한 것일 때는 직접 피해를 입은 국가가 아닌 국가도 책임을 추구할 수 있도록 하고 있다.

이는 바르셀로나 전력회사 사건에서 언급한 모든 국가의 의무(obligation erga omnes), 즉 대세적 의무를 규정한 것으로 볼 수 있다. 즉, ILC 초안은 원칙적으로 개별적 책임추구가 원칙이나, 모든 국가의 의무를 위반한 경우에는 예외적으로 직접 피해를 당하지 않은 국가도 책임을 추구할 수 있도록 한 것이다.

---

546) Vaughan Lowe, International Law 120(Oxford University Press, 2007).

2. 민사책임의 원칙

국가책임은 국내법상의 민사책임을 추구하는 방식과 유사하게 주로 손해배상과 원상회복 등의 방법으로 추구된다. 이를 민사책임의 원칙이라고 한다. 국내법에서의 위법행위는 민법상의 불법행위(tort)와 형법상의 범죄(crime)로 구별된다. 불법행위에 대해서는 주로 민사상의 손해배상이 이루어지며, 범죄에 대해서는 주로 형벌이 부과된다.[547] 국제법상 위법행위는 종래 국내사법상의 불법행위와 유사한 것으로 취급되어, 그 구제는 주로 손해배상으로 이루어졌다.

국가에 대한 형사책임의 원칙은 국제법위원회에서 계속 논의되어 오다가 2001년 ILC 초안에서는 국가의 형사책임에 관한 조항이 포함되지 않음으로써, 현재 국가자체를 형사처벌한다는 의미에서의 국가의 형사책임은 인정되지 않는다고 할 수 있다. 즉, 2001년 ILC 국가책임초안은 국가범죄(crimes of states)라는 용어를 사용하지 않음으로써 국가의 형사책임(criminal responsibility of state)에 대해서 명확하게 인정하지 않고 있다.

그러나 최근 국제형사재판소의 설립 등과 같이 국제형사법의 발전과 국제범죄의 개념이 발전하여 국제법 분야에서도 개인의 형사책임을 추구하는 원칙이 발전하고 있다. 인류의 평화와 안전에 대한 범죄에 관한 법전 초안이 작성되고, 평화에 반한 죄(침략범죄), 인도에 반한 죄, 전쟁범죄, 집단살해죄 등을 범한 개인에 대한 형사책임을 추구하는 ICC규정이 2002년 7월 1일부로 발효한 것은 그러한 예이다. 즉, 국가가 아닌 개인의 형사책임은 ICC 등에 의해 현재 추궁이 가능하다.

한편 위험책임의 개념이 대두하여 "국제법상 금지된 행위는 아니나 해로운 위험을 수반하는 행위"에 대해 일종의 무과실책임을 부과하고 있다. 즉, 원자력·해양오염·우주무기 등에 의한 손해와 같이 고도의 위험성을 내포한 활동으로부터 발생한 제3자의 손해에 대하여, 그 원인행위의 위법성이나 고의, 과실의 유무를 불문하고 직접 또는 간접으로 국가의 위험책임을 규정하게 되었다.[548]

예를 들어 1992년 유류오염손해에 대한 민사책임협약(International Convention on Civil Liability for oil pollution damages, CLC) 제4조는 선박의 소유자에게 사고로 인한 유류오염손해에 대해 엄격책임(Strict Liability)을 부과하고 있다. CLC 협약은 1969년

547) 이한기, 국제법강의, p. 574.

548) Id., p. 577.

채택되어 1975년 발효하였는데, 1992년 CLC 협약으로 대체되었다. 1969/1992 CLC 협약은 각각 1971/1992 IOPC Fund 협약(The International Convention on the Establishment of an International Fund for Compensation for Oil Pollution Damage)에 의해 보완된다.549)

3. 책임능력의 원칙

국제위법행위의 주체는 원칙적으로 국가이다. 따라서 연방국가에서 연방의 주의 불법행위에 대해서는 연방이 책임을 진다. 국가공무원의 행위로 국제법 위반시에도 국가에 책임이 귀속된다. 그러나 국제범죄는 개인에게 형사책임이 귀속된다. 다만, 국제범죄에 대해 국가가 책임이 있는 경우 범죄인 개인에 대한 형사책임 추구 이외에 국가의 배상책임 등도 추구할 수 있다.

Ⅲ. 국가책임의 성립

1. 성립요건

(1) 객관적 요건

국가책임의 객관적 요건은 국가의 국제법위반행위가 발생한 것이다. 즉, 국가에 귀속하는 국제법위반행위가 있어야 한다.

(2) 주관적 요건

주관적 요건은 국제법위반행위에 대한 책임귀속가능성이 국가에게 있는 것이다. 주관적 요건과 관련하여 과실책임이론과 무과실책임이론이 대립하고 있다. 과실책임이론의 입장에서는 국제법위반행위에 대한 귀책사유(fault) 또는 고의, 과실이 있어야 국가책임이 성립된다. 그러나 무과실책임이론에서는 이러한 귀책사유가 필요하지 않다.

---

549) Yvonne Baatz, Maritime Law(3판, 2014), p. 373.

(3) 손해의 발생

국가책임이 성립되기 위해서는 한 국가의 국제법위반행위로 인해 다른 국가에 대한 손해가 발생하여야 한다.

(4) 소 결

위의 세 가지 요건 중에서 국가책임의 성립에 있어서 첫째의 객관적 요건과 둘째의 주관적 요건이 중요한 쟁점이다. 셋째 요건은 근대국제법상 국민에 대한 손해에 의해 국가가 손해를 입은 것으로 추정한다.[550]

2. 객관적 요건의 성립 가능성

(1) 국가기관의 행위

국가기관의 국제법위반행위는 입법기관이든 사법기관이든 행정기관이든 상관 없이 국가에게 국제법위반행위의 효과를 귀속시키게 된다(ILC 초안 4조).

하급 공무원의 행위도 그 권한 내의 행동에 대하여 국가에게 국제책임이 귀속된다(ILC 초안 5조).

1) 입법기관에 의한 국제위법행위

입법기관이 국제법에 위반된 법률을 제정하였거나, 또는 국제법상의 의무이행에 필요한 법률을 제정하지 않음으로써 외국인에게 손해를 부여한 경우에 국제책임이 발생한다.[551]

2) 행정기관에 의한 국제위법행위

행정기관의 구성원인 공무원이 직무상 권한 내에서 국제위법행위를 행한 경우 국가의 국제책임이 발생한다. 공무원의 권한 외 행위(ultra vires act)로서 외견상 행정기관의 권한 내의 행위로 인식되는 국제위법행위가 발생한 경우 국가는 이에 대하여 책임을 지는가에 대해서 다수설은 국가의 국제책임을 인정하고 있다.[552] ILC 초안 제7조도 이러한 내용을 규정하였다. 즉, 제7조는 "국가기관 또는 정부권

550) 이한기, 국제법강의, p. 579.
551) Id., pp. 580~581.
552) Id., p. 581.

한(공권력)을 행사하도록 권한을 위임받은 개인 또는 단체의 행위는 그 기관, 개인 또는 단체가 그 자격으로 행동한다면, 그 행위자가 자신의 권한을 넘어서거나 또는 지시를 위반한다 하더라도, 국제법상 그 국가의 행위로 간주된다"고 규정하고 있다.

3) 사법기관에 의한 국제위법행위

사법기관이 외국인에 대하여 적정한 사법상의 보호를 부여하기를 거부하는 경우에 국가의 국제책임이 발생한다. 이러한 것을 '재판의 거부(denial of justice)'라고 하는데, 보통 외국인이 낸 소송의 수리를 거부하는 것, 재판절차가 불공정한 경우, 명백히 불공정한 재판을 내린 경우, 피고에 대한 유죄판결을 집행하지 않는 경우 등이 이에 해당한다.553) 미국에서는 오판을 재판의 거부로 보지 않고 다수의 중재재판도 이 원칙을 지지하고 있다.554) 남미국가들은 소송의 불수리(협의의 재판거부) 이외에는 다른 것을 재판의 거부로 보지 않고, 재판소가 어떤 판결을 내리기만 하면 그 후의 절차는 어찌되든 간에 국제책임이 발생하지 않는다는 태도를 취하고 있다.555)

(2) 사인의 행위에 의한 국가책임

국가기관의 지위에 있지 않은 일반 사인의 행위에 대해서는 국가의 국제책임이 성립하지 않는다. 국가는 사인의 행위를 사전에 상당한 주의(due diligence)로서 방지하지 않았든지, 또는 사후에 국내적 구제를 부여하지 않은 경우에 책임을 질 수 있다.556) 상당한 주의의 표준으로는 국제표준주의와 국내표준주의가 대립하고 있다. 국제표준주의는 서구국가에서 기대되는 정도의 상당한 주의이며, 국내표준주의는 당해 국가의 자국민에게 부여되는 정도의 상당한 주의이다. 그러나 국제표준주의는 인정되지 않고 국내표준주의가 인정되고 있기 때문에 후진국을 여행하는 외국인은 자기의 위험을 스스로 부담하여야 한다.557)

폭도에 의한 손해에 대해서도 사인에 의한 손해와 유사하게 취급한다. 이 경우에도 관련 국가는 사전의 상당한 주의와 사후의 국내적 구제를 하지 않은 경우

553) Id., p. 582.
554) Id., p. 583.
555) Id.
556) Id.
557) Id., p. 584.

에 책임을 진다. 이 경우 사전 주의와 사후 구제에 대한 입증책임은 국가에게 있고 외국인은 입증책임이 면제된다. 한편 ILC 초안 제8조는 “사인 또는 사인집단의 행위는 그들이 그 행위를 수행함에 있어서 사실상 한 국가의 지시를 받거나 그 지휘 또는 통제하에서 행동하는 경우 국제법상 그 국가의 행위로 간주된다”고 규정한다. ILC 초안 제9조는 “사인 또는 사인집단이 공적기관의 부재 또는 흠결시에 정부권한(공권력)의 행사가 요구되는 상황에서 사실상 그러한 권한을 행사하는 경우, 그러한 사인 또는 사인집단의 행위는 국제법상 국가의 행위로 간주된다”고 규정한다.

반면에 반도에 의한 손해의 경우는 적법정부가 반도를 진압하는 데 태만하지 않을 것이므로, 고의・과실에 대한 입증책임이 피해를 입은 외국인에게 있고, 국가는 입증책임이 면제된다.[558] 그런데 ILC 초안 제10조 1항은 “한 국가의 신정부를 구성하게 되는 반도단체의 행위는 국제법상 그 국가의 행위로 간주된다”고 규정하여 반도가 신정부를 수립하는 경우에는 신정부가 과거의 국제법위반행위에 대해 책임을 지도록 하고 있다.

ILC 초안 제11조는 국가로 귀속되지 않는 행위도 국가가 그 행위를 자신의 행위로 승인하고 채택하는 경우, 그 범위 내에서 국제법상 그 국가의 행위로 간주된다고 규정하고 있다.

ILC 초안 제16조는 타국에 의한 국제위법행위의 자행에 있어서 그 타국을 지원하거나 원조하는 국가는 그 행동에 대하여 국제책임을 질 수 있다고 규정한다. ILC초안 제17조는 타국의 국제위법행위를 지시하고 통제하는 국가도 그 행위에 대하여 국제책임을 질 수 있다고 규정한다.

ILC 초안 제18조는 타국에 대해 국제위법행위를 강제하는 국가도 그 행위에 대하여 책임을 질 수 있다고 규정한다. ILC 초안 제19조는 타국에 의해 국제위법행위를 지시받거나 통제받은 국가, 국제위법행위를 강제받은 국가, 또는 타국의 국제위법행위를 지원하거나 원조한 국가들도 각각 별도로 국제책임을 질 수 있다고 규정한다. 다만, 국제위법행위를 강제 받은 국가는 ‘불가항력’을 원용하여 면책을 받을 수 있는 가능성이 있다.

558) Id.

3. 주관적 요건의 성립 가능성

주관적 요건의 성립 가능성은 국가기관의 국제위법행위와 함께 고의·과실이 필요한가의 문제이다. 과실책임이론 또는 주관적 책임이론이 그로티우스 이래의 통설이다.[559] 코르푸해협 사건(Corfu Channel Case, 1948 Preliminary objection, 1949 Merits)에서 ICJ는 과실책임이론을 채택하였다. 즉, 알바니아가 수역을 통제하고 있다는 사실만으로 알바니아의 국가책임이 발생하지는 않는다. 그러나 알바니아가 수역을 통제하고 있을 뿐만 아니라 무해통항을 보장하기 위한 사전주의통고를 하지 않았기 때문에 알바니아의 잘못이 인정되므로 수뢰폭발로 인한 손해를 배상하여야 한다고 판시하였다.[560]

1934년의 등대 사건(The Lighthouse Case, 프랑스 대 그리스)에서 PCIJ는 프랑스회사와 오토만제국 간의 등대 관련 양허계약이 유효하다고 하면서, 그리스 영토에 이 등대가 있었기 때문에 그리스는 이 계약을 존중해야 한다고 판시하였다. 그 후 프랑스와 그리스는 이 등대와 관련한 손해배상책임문제를 PCA에서 해결하기로 하였고, PCA는 1957년 판정을 내렸다. 이 판정에서 PCA는 그리스가 1903년부터 1908년 사이의 여러 사건에 아무 관련이 없고, 또 당시 터키의 관리가 등대회사와 협의 없이 부표(buoy)를 제거한 것에 대한 배상책임을 터키의 승계국인 그리스에게 부과하는 것은 타당하지 않다고 하였다.[561] 즉, 손해발생을 초래한 행위와 관련하여 그리스의 고의·과실이 없었기 때문에 그리스의 국가책임이 없다는 입장을 취하여 과실책임이론을 취한 것이다.

그러나 최근의 국내법에 있어서는 근대적인 공업화와 더불어 무과실책임이론이 등장하고 있고 그 이전에도 무과실책임이론을 적용한 사례도 있다.

예를 들어, 카이르(Caire) 청구 사건(프랑스와 멕시코의 청구위원회, 1929년)에서는 무과실책임이론(객관책임이론)을 적용하였다. 이 사건에서 멕시코의 군인이 프랑스인을 살해하였는데, 멕시코 군인의 잘못 여부에 관계없이 멕시코는 국가기관 구성원의 행위에 대해 국가책임을 져야 한다고 하였다.[562] 주로 전시법규에서 군인 등 공무원의 귀책사유를 무과실책임에 가깝게 인정한다.

---

559) Id., p. 585.

560) Malcolm N. Shaw, International Law 682~683(9th ed. 2022).

561) J. H. W. Verzijl, International Law in Historical Perspective 224(Vol. Ⅶ, 1974).

562) Malcom Shaw, supra note 560, p. 546.

Ⅳ. 위법성 조각사유

위법성 조각사유(circumstances precluding wrongfulness)는 국가가 국제적 의무를 위반하였더라도 국가책임이 성립되지 않는 사유이다. 2001년 ILC 초안은 6개의 위법성 조각사유를 규정하고 있다. 이 조항들은 국제법의 발전에 있어서 특히 중요한 의미를 가진다고 평가된다.563)

1. 동의(consent)

ILC 초안 제20조는 "한 국가가 타국이 일정한 행위를 취하는 데 대하여 부여한 유효한 동의는 그 행위가 그 동의의 범위 내에서 이루어지는 한, 전자의 국가와 관련하여 그 행위의 위법성을 조각한다"고 규정한다.

(1) 명확한 동의

동의는 명확하게 부여(clearly established)되어야 한다. 그러나, 묵시적 동의도 가능하다. 사바카르(Savarkar) 사건564)에서 중재재판소는 프랑스가 영국경찰이 사바카르를 프랑스 영토에서 체포하는 것에 묵시적으로 동의하였기 때문에 프랑스의 주권을 침해한 것이 아니라고 판시하였다. 즉, 재판소는 영국의 경찰관이 사바카르를 체포하는 것을 프랑스의 경찰관이 지원하는 행위를 함으로써 영국의 체포행위에 대해 프랑스가 묵시적 동의를 부여하였다고 본 것이다.565) 1910년 7월 인도계 영국인인 사바카르가 살인교사 혐의로 재판받기 위해 영국에서 인도로 이송되던 중에 그를 승선시킨 선박이 마르세이유 항에 도착하였다. 영국 경찰은 프랑스 경찰에 그의 통과에 관해 알리고 협조를 요청하였고, 프랑스 경찰은 이에 대해 협조하여 경찰관을 영국 선박에 파견하고 감시하였으나, 사바카르는 배에서 탈출하여 수영을 해서 육지에 상륙하였다. 이때 사바카르의 신분을 모르던 프랑스의 해양경찰이 그를 체포하여 영국 관헌에게 인도하였고 영국 선박은 프랑스 경찰의 지휘자에

563) Vaughan Lowe, supra note 546, p. 121.

564) *The Savarkar Case*, 5 AJIL 208~10(1911). Savarkar(Great Britain v. France)(1911) 11 RIAA 243, 252~255.

565) James Crawford, State Responsibility, pp. 284~285(Cambridge University Press, 2013).

게 알리지 않고 다음날 출항하였다. 그 후 프랑스 정부는 이러한 상황에 대해 불만을 제기하고 사바카르는 범죄인인도(extradition) 절차에 따라 인도하여야 하기 때문에 영국이 그를 프랑스에 다시 인도할 것을 요구하였다. 이 문제로 양국 간 외교적 분쟁이 발생하여 양국은 PCA에 이 문제를 회부하였고, PCA는 1911년 2월 24일 영국은 프랑스에 사바카르를 인도할 필요가 없다고 판정하면서 이러한 경우 국제법은 범죄인을 다시 인도할 것을 요구하지 않는다고 하였다.

또한, 러시아 배상금 사건(Russian Indemnity)[566]에서도 중재재판소는 러시아 대사가 터키로부터 배상금에 대한 수년간의 이자에 대한 유보 없이 원금만을 받음으로써, 러시아가 연체이자에 대한 권리를 포기한 것이라고 판시하였다.[567]

여기서 주의할 점은 동의의 효력을 갖는 묵시적 동의(tacit or implicit consent)와 동의의 효력이 없는 "동의의 추정"(presumption of "consent")을 구별하여야 하고, 그들의 차이점은 행동하는 국가의 인식(perception)이다. 즉, A국이, 사바카르 사건에서 영국의 경찰이 가졌던 것처럼, B국이 동의를 부여하였다고 신의 성실하게(in good faith) 믿었다면 B국이 묵시적 동의를 한 것으로 보아야 한다.[568] 이에 비해 동의의 추정은 만일 A국이 B국에 특정행위에 대한 요청을 했다면 B국이 동의했을 것이라고 단순히 추정하는 것을 의미하며, 이는 동의가 명확하게 부여된 것이 아니므로 유효한 동의라고 할 수 없다.[569]

(2) 권한 있는 사람의 동의

동의를 하는 사람이 그 국가를 위해 동의를 할 수 있는 권한이 있어야 한다. 외교공관의 경우 외교사절단의 장만이 외교공관의 불가침을 침해하는 진입에 동의할 수 있다.[570]

(3) 자유의사에 의한 동의

동의는 자유의사에 의해 부여되어야 한다. 뉘른베르그 재판소는 1938년 오스트리아가 독일과의 합병에 동의한 것은 강압에 의한 것이라고 판단하였다.[571] 동

566) Russian Indemnity(Russia/Turkey), (1912) 11 RIAA 421, 446.
567) James Crawford, supra note 565, p. 285.
568) Id.
569) Id., pp. 284~285.
570) 1961년 외교관계에 관한 비엔나협약 제22조 1항.

의는 또한 착오, 사기 또는 부패에 의한 것이 아니어야 한다.

(4) 동의의 시기

동의는 사전에 또는 그 행위가 발생하고 있을 때에 부여되어야 한다. 동의가 사후에 부여되는 경우에는 ILC 초안의 제20조에 의한 동의가 아니라 제45조의 포기(waiver) 또는 묵인(acquiescence)에 해당될 수 있다. 초안 제45조는 책임추궁권의 상실에 관해 규정하고 있다.[572]

2. 자위권의 행사(self-defense)

ILC 초안 제21조는 "국가의 행위가 국제연합헌장에 따라 취해진 적법한 자위의 조치를 구성하는 경우, 그 행위의 위법성이 조각된다"고 규정한다.

콩고 영토 내에서의 무력활동(Armed Activities on the Territory of the Congo) 사건[573]에서 국제사법재판소(ICJ)는 무력충돌시 충돌당사국 군대의 구성원의 모든 행위는 그 국가에 귀속된다고 판시하였다.[574] 이 사건에서 콩고민주공화국(DRC)은 자국의 내전 중에 우간다, 르완다 등이 반군들을 지원하고 있다고 주장하며 우간다를 ICJ에 제소하였다. 콩고는 우간다가 무력개입을 하고 있음을 주장하였으나, 우간다는 콩고에 있는 반군 중 일부 세력이 우간다를 공격하였기 때문에 UN헌장 제51조상의 자위권의 행사라고 주장하였다. 또한 콩고의 킨샤사에 있는 우간다 대사관 직원들이 보호를 받지 못하여 외교관계에 관한 비엔나협약을 콩고가 위반하였다고 주장하였다.

ICJ는 우간다가 콩고의 동의 없이 콩고를 침입하여 UN헌장 제2조 4항을 위반하였다고 판시하였다. 즉, 콩고가 우간다에 대해 무력공격(ARMED ATTACK)을 한 것이 아니고 콩고에 있는 일부 반군 세력이 공격하였기 때문에 우간다는 UN헌장 제51조 상의 자위권을 행사할 수 없다고 하면서, 콩고가 반군 세력을 통제할 수

---

571) James Crawford, supra note 565, p. 286.

572) 제45조 [책임추궁권의 상실]
다음의 경우 국가책임이 추궁될 수 없다. (a) 피해국이 손해배상청구를 유효하게 포기한 경우 (b) 피해국이 그 스스로의 행위에 의하여 손해배상청구권의 소멸을 유효하게 묵인한 것으로 간주되는 경우.

573) DRC V. Uganda, ICJ Rep.(2005).

574) Id., 213-4항.

없었다고 판시하였다.

한편, ICJ는 콩고가 우간다의 외교관을 보호하지 않았기 때문에 외교관계에 관한 비엔나협약을 위반하였다고 인정하였다. 이 판결 후 양국은 배상에 관한 협의를 진행하였다.

3. 국제위법행위에 대한 대응조치(countermeasures in respect of an internationally wrongful act)

ILC 초안 제22조는 "국가의 행위로서 타국에 대한 국제의무와 일치하지 않는 행위는 그 행위가 제3부 제2장에 따라 그 타국에 대하여 취해진 대응조치를 구성하는 경우, 그 위법성이 조각된다"고 규정하고 있다. 대응조치 또는 대항조치는 다른 국가의 위법행위에 대항하여 취해지는 한 국가의 위법행위로서 비무력적인 행위(non forcible act)를 의미한다.[575] 이에 비해 '복구(reprisal)'는 국제적 무력충돌 시에 다른 국가의 위법행위에 대해 한 국가가 취하는 무력적인 행위(forcible action)를 말한다. 제1차 세계대전시 프랑스는 독일의 방어되지 않은 스투트가르트, 칼수루에 등 지역에 대한 폭격이 독일의 무제한 잠수함 작전에 대한 복구 조치라고 주장한 바 있다. 복구는 국제인도법의 위반에 대한 제재로서의 성격을 가지고 있다고 인정되나 남용의 가능성이 크기 때문에 현행 국제인도법은 포로에 대한 복구행위 등을 금지하고 있다.[576] '보복(retorsion)'은 국제법에 위반되지 않는 비우호적인 조치를 의미한다.

대항조치의 예로서, 미국과 프랑스의 '항공협정 중재 사건(Air Serivce Agreement of 27 March 1946)'(1978)[577]을 들 수 있다. 미국과 프랑스는 1946년 항공협정을 체결하였다. 미국 항공사인 팬암(Pan Am)사는 파리로 가는 항공편을 직항으로 운영하지 않고 런던을 경유하여 운항하려고 하였는데, 이는 협정상 허용되는 것으로 보였다. 그런데 프랑스는 이러한 운항을 반대하였다. 미국은 이에 대해 프랑스항공(Air France)이 파리로부터 로스앤젤레스로 취항하는 것을 금지하였다. 양국은 이 사건을 중재에 회부하였고, 중재판정은 미국의 조치는 정당한 대응조치라고 판정

---

575) Sean D. Murphy, supra note 26, p. 193.

576) 1949년 포로의 대우에 관한 제네바 협약 제13조. 김영석, 국제인도법(박영사, 2022), p. 77.

577) Air Service Agreement of 27 March 1946 (U.S. v. France), 18 RIAA 417, 444, para. 83(1978).

하였다.[578)]

대응조치와 관련하여 포르투갈과 독일 간의 나우릴라(Naulilaa) 사건[579)]은 중요한 선례이다. 이 사건은 1919년 앙골라와 독일령 남서아프리카의 국경지대에 있던 포르투갈의 군 주둔지에서 독일 관리와 그 보좌관 2명이 살해되는 일에서 발생하였다. 이 사건은 양측이 상호 언어를 이해하지 못한 오해에서 발생한 사건으로서, 포르투갈 군의 대위는 독일 관리 일행이 앙골라에 침입하려는 의도를 가지고 있다고 생각했고, 독일 관리는 포르투갈 군이 자신들을 해치려는 의도를 가지고 있다고 생각했다. 통역은 완전히 무능한 사람이었다. 독일 관리가 말을 타고 떠나려고 하자, 포르투갈 군이 이를 저지하였고, 독일 관리들이 총을 꺼내려고 하자 포르투갈 군이 먼저 발포하여 독일 관리와 그 보좌관 2명이 사망하고 통역과 병사 1명이 구금되었다. 이 사건이 완전히 오해에서 발생했다는 점이 증거상 명백하였지만, 독일은 복구(reprisal) 조치로서 독일군을 보내어 포르투갈의 군 주둔지에 대한 공격을 하였고, 포르투갈 군을 나우릴라로부터 축출하였다.

포르투갈과 독일은 이 사건을 중재에 회부하였고, 중재재판소는 복구의 합법성을 위한 3가지 조건을 제시하였다. 즉, (1) 다른 국가 측의 위법행위(illegal act)가 있을 것 (2) 복구 전에 위법행위에 대한 구제(REDRESS)를 요구하고, 다른 수단에 의한 구제의 가능성을 알아 볼 것 그리고 (3) 채택된 조치가 과도하지(excessive) 않을 것을 제시하였다. 또한, 복구 조치는 "인도적 경험과 신의성실의 규칙"(les experiences de l'humanité et les règles de la bonne foi)의 제한을 받는다고 하였다.

이를 통해 볼 때 중재재판부는 이 사건에서 포르투갈이 위법행위를 하지 않았고, 독일이 다른 구제를 요구하지 않았으며, 독일의 행위와 원인행위 사이에 비례성이 충족되지 않았기 때문에 포르투갈에 유리한 판결을 내렸다. 이 나우릴라 사건의 원칙은 ILC의 대응조치에 관한 조항에 반영되었고, ILC 초안 제49조부터 제54조에 반영되었다.[580)]

578) Sean D. Murphy, supra note 26, p. 195.

579) Portugal v. Germany, vol 2 RIAA(1928).

580) ILC 초안 제49조부터 제54조는 다음과 같다.

제 2 장 대응조치

제49조 [대응조치의 목적과 한계]

1. 손해를 입은 국가는 오직 국제위법행위에 책임 있는 국가가 제2부에 따른 의무를 준수하도록 하기 위하여 당해국가에 대한 대응조치를 취할 수 있다.
2. 대응조치는 조치를 취하는 국가가 책임있는 국가에 대한 국제의무를 당분간 이행하지 않는 것에 한정된다.

4. 불가항력(force majeure)

ILC 초안 제23조 1항은 "1. 국가의 행위로서 그 국제의무와 일치되지 않는 행위는 그 행위가 불가항력에 기인하는 경우 위법성이 조각된다. 불가항력이라 함은 그 국가의 통제밖에 있음으로써 그 국가로 하여금 그 상황에서 문제의 의무를 이행하는 것을 실질적으로 불가능하게 만드는 저항할 수 없는 힘 또는 예측하지 못한 사고의 발생을 말한다"고 규정한다.

제23조 2항은 불가항력을 위법성조각사유로 주장하는 것의 예외로서 "(a) 불가항력의 상황이 이를 원용하는 국가의 행위에, 단독적으로 또는 다른 요소들과

---

3. 대응조치는 가능한 한 문제된 의무의 이행을 재개시킬 수 있는 방법으로 취해져야 한다.
제50조 [대응조치에 의하여 영향을 받지 않는 의무]
1. 대응조치는 다음에 대하여 영향을 주어서는 안 된다.
(a) 국제연합헌장에 구현되어 있는 무력의 위협 또는 무력의 행사를 삼갈 의무
(b) 기본적 인권을 보호할 의무
(c) 복구가 금지되는 인도적 성격의 의무
(d) 일반국제법상의 강행규범에 따른 기타 의무
2. 대응조치를 취하는 국가는 다음 의무의 이행으로부터 면제되지 아니한다.
(a) 자국과 책임국간에 적용되는 분쟁해결절차에 따를 의무
(b) 외교사절 또는 영사, 공관지역, 문서 및 서류의 불가침을 존중할 의무
제51조 [비례성]
대응조치는 국제위법행위의 심각성과 문제되는 권리를 고려하여, 입은 피해에 비례하여야 한다.
제52조 [대응조치에의 호소를 위한 요건]
1. 대응조치를 취하기에 앞서 피해국은
(a) 제43조에 따라 책임 있는 국가에게 제2부상의 의무를 이행할 것을 요구하여야 하고
(b) 대응조치를 취하기로 한 모든 결정을 책임국에게 통고하고, 당해 국가에 협상을 제안하여야 한다.
2. 제1항 (b)호에도 불구하고 손해를 입은국가는 자국의 권리를 보호하기 위하여 필요한 긴급대응조치를 취할 수 있다.
3. 다음의 경우에는 대응조치가 취하여질 수 없고, 이미 취해진 경우라면 지체없이 중단되어야 한다.
(a) 국제위법행위가 중지되었고
(b) 분쟁이 당사자에게 구속력 있는 결정을 내릴 수 있는 권한을 가진 법원 또는 재판소에 계쟁 중인 경우
4. 제3항은 책임 있는 국가가 분쟁해결절차를 신의성실하게 이행하지 않는 경우에는 적용되지 않는다.
제53조 [대응조치의 종료]
대응조치는 책임 있는 국가가 국제위법행위와 관련하여 제2부상의 의무를 이행하는 즉시 종료되어야 한다.
제54조 [손해를 입은 국가 이외의 국가에 의하여 취해지는 조치]
이 장은 제48조 제1항에 의하여 다른 국가의 책임을 주장할 수 있고, 위반의 중지와 손해를 입은 국가 또는 위반된 의무의 수익자를 위한 배상을 확보하기 위하여 당해 국가에 대하여 적법한 수단을 취할 수 있는 권한을 부여받은 어떠한 국가의 권리도 침해하지 아니한다.

결합하여, 기인하는 경우, 또는 (b) 그 국가가 그러한 상황 발생의 위험을 부담하였던 경우"를 규정하고 있다.

예를 들어, '레인보우 워리어 사건(Rainbow Warrior Case)'[581]에서 프랑스는 프랑스의 비밀요원이었던 범인들을 하오(Hao)섬으로부터 이동시켜 치료한 후에 되돌려 보내지 않는 행위를 불가항력에 의한 행위라고 주장하였다.[582] 그러나 프랑스와 뉴질랜드 간의 중재재판소는 프랑스의 주장을 배척하면서, 불가항력이 인정되기 위해서는 관련행위가 완전하고 실질적으로 불가능하여야 하고, 행위의 수행이 더 어렵거나 부담스러운 상황은 불가항력을 구성하지 않는다고 판시하였다.

불가항력은 비자발적인(involuntary) 행위로서 자발적인(voluntary) 행위인 조난이나 필요성과 구별된다. 예를 들어 나쁜 날씨 때문에 비행기를 조종할 수 없어서 승인 없이 타국의 영공에 들어간 경우에는 불가항력을 원용할 수 있지만, 나쁜 날씨에서 비행기를 조종할 수는 있지만 승객의 생명을 보호하기 위하여 승인 없이 타국의 영공에 진입하고 타국 공항에 착륙하는 행위 등은 조난을 원용할 수 있다. 필요성도 자발적인 행위인 점에서는 조난과 공통점이 있으나, 그 보호하려는 이익이 '생명'과 관련된 것이 아니라 '국가의 본질적 이익'과 관련된 것이라는 점에서 차이가 있다.

예를 들어, 폐기물 및 그 밖의 물질의 투기에 의한 해양오염방지에 관한 1972년 협약에 대한 1996년 의정서(런던의정서) 제8조 1항은 "악천후로 인한 불가항력의 경우 또는 인명에 대한 위험이나 선박 · 항공기 · 플랫폼이나 그 밖의 해양인공구조물에 절박한 위협이 있는 경우에, 인명의 안전이나 선박 · 항공기 · 플랫

581) Rainbow Warrior Case(New Zealand v. France), 26 ILM 1346(1987); 82 ILR 499(1990) 1985년 환경보호단체인 그린피스(Greenpeace International) 소속의 민간선박인 레인보우 워리어호가 뉴질랜드의 오클랜드 항구에서 프랑스경찰의 비밀요원이 설치한 폭발물에 의해 침몰되었고 이 사건으로 네덜란드인 1명이 사망하였다. 이 사건은 유엔사무총장의 중재에 의해 프랑스는 미화 7백만불을 배상하고, 범인들은 태평양상의 프랑스 군사기지인 하오(Hao)섬에서 3년 동안 형기를 마치도록 하였다. 이들은 뉴질랜드와 프랑스가 합의하는 경우 외에는 어떤 경우에도 이 섬을 이탈하지 못하도록 하였다. 그러나 프랑스는 이들을 3년의 형기가 만료되기 전에 치료의 목적으로 프랑스 본국으로 귀국시킨 후에 하오섬으로 복귀시키지 않았다. 이에 대해 뉴질랜드가 다시 중재재판을 신청하여 이들의 복귀를 요구하였다. 이 때 프랑스는 불가항력을 원용하였으나, 재판소는 이를 배척하고 프랑스가 뉴질랜드와의 합의를 위반하였다고 판시하였다. 그러나 중재재판이 진행되는 동안 원판결의 3년형의 기간이 이미 종료되어 해당인들을 복귀시킬 수는 없었다.

582) James Crawford, The International Law Commission's Articles on State Responsibility 172 (2005).

폼이나 그 밖의 해양 인공구조물의 안전을 확보하기 위하여 필요할 때 해양에서의 투기나 소각이 그 위험을 막을 수 있는 유일한 방법이며 투기나 소각으로 인한 피해가 그러하지 아니한 경우보다 적다는 확실성이 있는 경우에" 해양에서의 투기나 소각을 허용하고 있다.

5. 조난(distress)

ILC 초안 제24조 1항은 "국가의 행위로서 그 국제의무와 일치되지 않는 행위는 그 문제의 행위주체가 조난의 상황에 처하여 그 행위주체의 생명 또는 그 행위주체의 보호에 맡겨진 다른 사람들의 생명의 구조를 위하여 여하한 다른 합리적 수단을 확보하지 못하는 경우, 그 위법성이 조각된다"고 규정한다.

동조 2항은 "(a) 조난 상황이 이를 원용하는 국가의 행위에, 단독적으로 또는 다른 요소들과 결합하여 기인하는 경우 또는 (b) 그 문제의 행위가 그와 대등한 또는 그보다 더 중대한 위험을 야기시킬 우려가 있는 경우"에는 조난을 위법성조각사유로 원용할 수 없다고 규정한다.

예를 들어, 비행기가 파손되어 착륙시키기 위해 다른 나라의 영공에 들어가는 행위는 생명을 살리기 위한 조치로서 위법성이 조각된다. 실제로 1946년 미국의 군용기가 조난 상황에서 유고연방공화국의 영공에 들어간 경우가 있다.

1982년 UN해양법협약 제18조 2항도 조난의 경우 외국 영해에 선박이 정박하는 것을 허용하고 있다. 즉, 동 항은 영해에서의 무해통항권과 관련하여 "2. 통항은 계속적이고 신속하여야 한다. 다만, 정선이나 닻을 내리는 행위가 통상적인 항행에 부수되는 경우, 불가항력이나 조난으로 인하여 필요한 경우, 또는 위험하거나 조난상태에 있는 인명·선박 또는 항공기를 구조하기 위한 경우에는 통항에 포함된다"고 규정하고 있다.

6. 필요성(necessity)

ILC 초안 제25조 1항은 "(a) 그 행위가 그 국가에게 있어서 중대하고 급박한 위험으로부터 본질적 이익을 보호하기 위한 유일한 수단인 경우, 그리고 (b) 그 행위가 그 의무상대국들 또는 국제공동체 전체의 본질적 이익을 중대하게 침해하지 않는 경우"에만 필요성을 위법성조각사유로서 원용될 수 있도록 하고 있다. 그러나 동 조 2항은 "(a) 문제의 국제의무가 필요성의 원용 가능성을 배제하고 있는 경우, 또는 (b) 그 국가가 필요성의 상황 조성에 기여한 경우"에는 필요성을 위법성 조각사유로 원용할 수 없도록 하고 있다.

필요성은 조난과 달리 생명과 관련된 것이 아니라 국가의 본질적 이익과 국제법상의 의무가 충돌하여 국제법상의 의무위반이 허용되는 경우에 인정된다.

예를 들어, A국의 유조선이 B국의 영해에서 파손되고 기름이 유출되어 B국의 해양환경을 오염시키게 되는 경우 B국은 이 유조선에 불을 붙여 태울 수 있다. 이는 B국의 본질적 이익을 보호하기 위한 조치로서 위법성 조각사유에 해당한다. 더 나아가 1967년 라이베리아 선적의 유조선 토레이 캐년(Torrey Canyon)호가 영국 근처 공해상에서 좌초되어 막대한 양의 원유가 유출되자, 영국은 이 배를 공해상에서 폭격하여 원유를 태움으로써 원유의 유출로 인한 자국의 환경피해를 방지했다. 이는 영국의 영해가 아닌 공해상에서 발생한 유류오염사고에 대해, 영국이 자국의 환경보호라는 본질적 이익을 보호하기 위하여 극단적인 조치로서 개입한 것을 의미한다. 이 사건이후 1969년 유류오염사고시 공해에서의 개입에 관한 협약(1969 Convention relating Intervention on the High Seas in Cases of Oil Pollution Casualties, 1969 Intervention Convention)[583]이 체결되었고, 이 협약은 1973년 유류 이외의 물질에 의한 오염시 공해에 대한 개입에 관한 의정서(1973 Protocol Relating to Intervention on the High Seas in Cases of Pollution by Substances Other than Oil)[584]에 의해 보충되었다. 1969년 개입협약은 당사국이 해양오염 또는 해양오염의 위협으로부터 그들의 연안 또는 다른 관련 이익에 대한 '중대하고 임박한 위험'을 예방, 감소, 또는 제거하기 위하여 필요한 조치를 취할 수 있도록 하고 있다.[585] UN해양법협약 제221조 1항도 "이 부의 어떠한 규정도, 각국이 관습국제법이나 성문국제법에 따라, 중대한 해로운 결과를 초래할 것이 합리적으로 예측되는 해난사고나 이러한 사고에 관련된 행위로 인한 오염, 또는 오염의 위험으로부터 자국의 해안이나 어로를 포함한 관계이익을 보호하기 위하여, 실제상의 피해 또는 발생할 위험이 있는 피해에 상응하는 조치를 영해 밖까지 취하고 집행할 권리를 침해하지 아니한다"고 규

583) 9 I.L.M. 25(1969).
584) 13 I.L.M. 605(1974).
585) 1969 Intervention Convention 제1조.

정한다.

이를 볼 때 1969년 개입협약과 UN해양법협약 모두 '해난사고'(maritime casualty)에 따른 비상상황에서 연안국이 개입할 수 있는 권리를 인정하고 있다.[586)]

7. 강행규범의 이행

ILC 초안 제26조는 강행규범을 위반하는 국가행위는 이 장의 위법성 조각사유가 적용되지 않는다고 하고 있다. 즉, 집단살해행위를 하는 국가가 동의, 대응조치, 정당방위, 불가항력 등 위법성 조각사유를 원용하여 국가책임을 면할 수 없다.

8. 보상의 문제

ILC 초안 제27조는 "본장에 따른 위법성 조각사유의 원용은 다음을 저해하지 않는다. (a) 위법성 조각사유가 더 이상 존재하지 않는 경우 그리고 그 범위 내에서의 문제의무의 이행 (b) 문제 행위에 의하여 야기된 여하한 중대한 손실에 대한 보상의 문제"라고 하여 손실보상의 가능성이 있음을 명확히 하고 있다. 즉, 초안 제27조는 위법성 조각사유에 해당하여 국가책임을 지지는 않더라도 손실보상을 해주어야 할 경우가 있음을 규정하고 있다.

Ⅴ. 국가책임의 해제

국가책임의 해제는 국가책임이 발생하였을 경우, 주로 피해국이 가해국에 대해 손해배상, 원상회복 조치 등을 국제청구하여 이러한 조치를 얻는 것을 말한다. 국가의 국제위법행위에 대해서는 국가책임의 해제 조치가 요구되며, 이에 대한 책임국의 불이행은 또 하나의 불법행위를 구성한다.[587)]

586) Donald R. Rothwell & Tim Stephens, The International Law of the Sea(Hart Publishing 2010) p. 364.

587) 이한기, 국제법강의, p. 587.

1. 국제청구의 요건

(1) 국제청구의 주체

국제청구의 주체는 원칙적으로 국가이다. 그런데 예외적으로 국가가 아닌 개인이 국제청구의 주체가 될 수 있는지에 대하여는 학설이 대립하고 있다. 전통적인 다수설은 국제불법행위의 책임국에 대한 배상청구의 자격을 가진 자는 원칙적으로 국가이며 개인에게는 이러한 자격이 인정되지 않는다는 바텔의 의제(Vattel's fiction)에 기초하고 있는 입장이다. 바텔(1714~1767)에 의하면 직접 피해자가 자국민인 경우 그 외교적 보호의 청구주체는 항상 국가 자신이고 국가가 자신의 권리로서 청구를 제출하는 것이며 국민의 대리로서 국제청구를 하는 것이 아니다. 따라서 국가는 외교적 청구 제출 후에도 이것을 포기할 수 있고, 중재재판에 회부할 수도 있고 또 국가이익의 견지에서 다른 방법을 취할 수도 있다는 입장이다.[588]

그러나 제섭(Jessup)은 이러한 입장은 현실이 아닌 의제(fiction)라고 배척하면서 개인이 국제청구의 주체가 될 수 있다고 주장하였다. 그는 국민의 손해를 국가의 손해로 간주하는 바텔의 의제는 폐기되어야 하며, 개인이 국제청구의 주체이어야 한다고 하였다.[589] 그는 개인노동자가 거대 기업에 대항하기 위하여 단체교섭을 하는 것처럼, 손해를 입은 개인이 외국 정부를 상대하기가 어렵기 때문에 그의 국가가 개인의 청구권리를 대리하여 국제청구를 행사하는 것이라고 하였다.[590] 그러면서 국가의 외교적 보호가 우선적으로 인정이 되지만, 만일 국가가 외교적 보호를 거부하면 개인은 직접 다른 국제절차를 취할 수 있다는 것이다.[591] 또한, 손해에 대한 청구권은 국가의 권리가 아닌 개인의 권리이기 때문에, 국가는 개인의 동의 없이는 외교적 보호권을 행사할 수 없다고 하였다.[592] 이러한 입장을 취할 때에 손해를 입은 개인이 관련 외국정부와 합의를 하여 청구를 이미 해결하였을 때 국제재판소가 개인의 본국이 행한 국제청구를 각하하였던 국제판례[593]

588) Id., p. 588.

589) Philip C. Jessup, A Modern Law of Nations (1947) pp.116~117.

590) Id.

591) Id., p. 117.

592) Id.

593) The Tattler, U.S-Great Britain Claims Commission(1926), Hudson's Cases on International Law(2nd ed. 1936), 1183.

또는 개인이 국가의 청구에 대해 동의하지 않았을 때 국제재판소가 개인의 본국이 행한 국제청구를 각하하였던 국제판례[594]를 설명할 수 있다고 하였다.

이러한 바텔과 제섭의 학설대립은 우리나라와 일본 간의 1965년 한일청구권협정과 관련하여 중요한 의미를 갖는다. 이 협정의 제2조 1항은 양 체약국은 양국 및 그 국민 간의 청구권에 관한 문제가 완전히 그리고 최종적으로 해결된 것을 확인한다고 하여, 우리나라 국민의 대일본 청구권을 소멸시키고 있다. 바텔의 의제에 의하면 이는 가능하나, 제섭의 견해를 취할 때는 국민 개인의 권리를 국가가 일방적으로 소멸시킬 수 없고 개인의 청구권은 남아 있는 것이 된다.

개인의 인권침해 등에 대해 UN인권위원회(Human Rights Committee)에 개인이 직접 청원할 수 있는 제도 등이 존재하고, 인종차별철폐협약 등 다수의 조약들이 개인의 청원권을 인정하고 있는 점 등을 고려할 때, 제섭의 견해가 더 타당하다고 생각된다.

그러나 이 학설의 대립에 관련하여 아직까지 관련 조약이나 관습법원칙이 명확하게 형성되지 못하고 있고, 국제법위원회는 2006년 외교적 보호에 관한 초안(Draft Articles on Diplomatic Protection)을 채택하였다. 동 초안의 제19조가 "이 초안에 따라 외교적 보호를 행사할 수 있는 국가는 (a) 특히 중대한 손해가 발생하였을 때 외교적 보호를 하는 것을 적절히 고려하고 (b) 외교적 보호행사와 배상추구에 관한 피해자의 견해를 가능한 한 고려하며 (c) 유책국가로부터 받은 배상금을 적절한 공제 후에 피해자에게 전달하여야 한다"고 규정하고 있다. 외교적 보호에 관한 초안 제19조는 바텔과 제섭의 학설을 조화시킨 것으로 보인다.

(2) 침해된 법익의 특정화·개별화

실질적으로 손해를 입지 않은 국가에게는 국가책임추구의 당사자적격(원고적격)이 인정되지 않는다. 즉, 국제법상으로는 원칙적으로 민중적 소송(actio popularis)이 부정되고 있다.[595] 예를 들어, 윔블던호 사건(S.S. Wimbledon)에서 PCIJ는 영국, 이태리, 일본이 베르사유평화조약상의 키일(Kiel)운하의 자유항행권에 관한 법익이 있기 때문에 프랑스와 함께 원고가 되는 것을 허용하였으나, 윔블던 호가 프랑스 회사에 용선된 영국 국적의 선박이었기 때문에 그 선박이 입은 손해에 대한

594) Feller, The Mexican Claims Commissions 1923~1934(1935) § 103.

595) 이한기, 국제법강의, p. 588.

금전배상은 프랑스에 대해서만 허용하는 판결을 내렸다.[596]

그러나 예외적으로 모든 국가에 대한 의무의 위반으로부터 발생한 손해에 대해 피해국이 아닌 제3국이 당사자적격을 가질 수도 있음은 이미 살펴본 바와 같다(ILC 초안 제48조).

2. 외교적 보호와 그 제한

사인이 타국의 국제위법행위에 의하여 손해를 입은 경우 그 사인이 속한 본국은 그를 보호할 국제법상의 권리가 있다. 이를 국가의 외교적 보호권이라고 한다. 제섭의 견해를 취할 때에도 국가의 외교적 보호권은 제1차적인 국제청구의 방법으로 인정된다.[597] 그런데 이 외교적 보호를 행사함에 있어서 다음과 같은 요건이 충족되어야 한다.

(1) 국내적 구제의 원칙(exhaustion of local remedies)

이 원칙은 피해 외국인의 본국이 외교적 보호를 행사하기 전에 가해국의 국내에서 인정되는 손해구제의 절차를 다하여야 한다는 원칙이다. 이를 국내적 구제완료의 원칙이라고도 한다. 이 원칙은 국제관습법상 불가결의 요건이며, 이 원칙에 어긋나면 선결적 항변의 대상이 된다.[598]

ILC 초안 제44조 (b)는 "손해배상청구가 국내적 구제완료의 규칙이 적용되는 것이며, 아직 가용하고 효과적인 국내적 구제가 완료되지 않은 경우"에 국가책임이 추궁될 수 없다고 규정한다.

이 원칙이 인정되는 이유는 사인 간의 문제가 국제분쟁으로 변화되는 것을 방지하고, 피해사실이나 손해액 등에 관하여는 현지의 구제기관이 확인하는 것이 적당한 측면이 있기 때문이다.[599]

그러나 이 원칙에는 일정한 한계가 있다. 첫째, 이 원칙은 국가 자신이 손해를 입은 경우는 적용되지 않는다. 즉, 국가의 원수나 외교관이 손해를 입은 경우

---

596) Philip C. Jessup, supra note 589, p. 120.

597) Id., p. 117.

598) 이한기, 국제법강의, p. 589, 1959년 11월 21일 인터한델(Interhandel) 사건(선결적 항변), ICJ Report(1959) p. 27.

599) 이한기, 국제법강의, p. 590.

에는 국내적 구제절차를 거칠 필요 없이 바로 외교적 보호를 할 수 있다.

둘째, 국내적 구제수단이 이용가능(available)하지 않거나,[600] 부적절(inappropriate)하거나, 비효율적(ineffective)이거나, 상급심에의 항소가 효과적이지 않음이 정황상 명백한 경우 등에는 국내적 구제완료를 하지 않더라도 외교적 보호를 할 수 있다.[601]

인터한델 사건[602]에서, 미국은 1942년 독일회사의 통제를 받는 것으로 의심되던 스위스 회사 인터한델의 미국 내 자산을 압류하였다. 스위스는 미국 법원에서 자산의 압류를 해제하기 위한 소송을 9년 동안 진행한 후에 1958년 이 문제를 국제사법재판소(ICJ)에 회부하였다. 그러나 ICJ가 심리를 하는 동안 미국연방대법원은 인터한델에 관한 소송을 다시 진행하여, 그 회사의 청구가 완전히 미국 내에서 거부되었다는 스위스의 주장을 무력화시켰다. 이에 따라 ICJ는 스위스가 국내적 구제를 다하지 않았다는 이유로 스위스의 청구를 기각하였다. 이 판결에 대해서는 10여 년 동안의 미국 내에서의 소송이 '실효적(effective)'인 것이라고 보기 어렵다는 비판이 제기되었다.[603] 그러나 미국 내의 법체계는 인터한델에 대해 미국연방대법원이 다시 소송을 진행한 이후에도 그 회사에 대해 다른 법적 결과를 줄 수도 있기 때문에 ICJ의 판결에 대한 일방적인 비판도 곤란한 듯하다.[604]

셋째, 국내적 구제의 원칙은 합의에 의하여 배제될 수 있다. 예를 들어, 1972년 우주물체손해에 대한 국제책임협약(Convention on International Liability for Damage Caused by Space Objects) 제11조는 국내적 구제완료의 요건을 배제하고 있다.[605] 그러나 국내적 구제완료 원칙의 배제는 명시적으로 이루어져야 하며, 묵시적으로 이루어질 수 없다. 엘시(Elettronica Sicula S.p.A, ELSI) 사건[606]에서 두 미국회사가 이태리에서 손해를 입었다면서 미국이 이태리를 상대로 ICJ에 제소하였다. 이태리는

600) 미주인권재판소(Inter-American Court of Human Rights)는 권고적 의견(Advisory Opinion OC 11/90)(1990)에서 빈곤이나 원고를 대변하는 것을 법률가들이 일반적으로 두려워하는 것이 국내적 구제를 거치지 않은 것을 정당화할 수 있다고 하였다.

601) Oppenheim, supra note 142, p. 525.

602) Interhandel Case, ICJ Report(1959), 6.

603) Malcom Shaw, supra note 560, p. 568.

604) Id.

605) Id. 제11조 1항은 다음과 같이 규정한다. 1. Presentation of a claim to a launching State for compensation for damage under this Convention shall not require the prior exhaustion of any local remedies which may be available to a claimant State or to natural or juridical persons it represents.

606) ICJ Reports, 1989, p. 15.

국내적 구제가 완료되지 않았다고 주장하였으나, 미국은 1948년 미국과 이태리 간의 우호통상항해조약상 ICJ에 사건을 회부할 수 있기 때문에 국내적 구제원칙은 배제된다고 주장하였다. 이 우호통상항해조약은 국내적 구제에 관해서는 명시적으로 규정하지 않고 있었다. 국제사법재판소(특별소재판부)는 국내적 구제완료원칙은 매우 중요한 국제관습법상의 원칙이기 때문에 묵시적으로 배제될 수 없다고 판시하였다.[607]

(2) **국적계속의 원칙**(continuous nationality rule)

이 원칙에 의하면 손해를 입은 사인이 외교적 보호를 청구하는 국가의 국민으로 계속 존재할 것이 요구된다. 즉, 개인이 손해를 받았을 때부터 국가가 외교적 보호 청구를 공식적으로 제기하는 날까지 당해 국가의 국적을 계속적으로 가지고 있어야, 당해 국가가 외교적 보호를 할 수 있다.[608]

이와 관련하여 ILC 초안 제44조 (a)는 "손해배상의 청구가 배상청구의 국적에 관하여 적용되는 규칙에 반하여 제기되는 경우"에는 국가책임을 추구할 수 없도록 규정한다.

이중국적자의 경우 국적국 상호간에는 외교적 보호권을 행사할 수 없고, 제3국에 대해서는 실효적 국적국(active nationality 또는 effective nationality)만이 외교적 보호권을 행사할 수 있다.[609] 1930년 국적법의 저촉에 관한 어떤 문제에 관한 협약(Convention on Certain Questions Relating to the Conflicts of Nationality Laws)의 제4조는 이중국적자의 국적국 상호 간에는 어느 일방도 타방에 대하여 이중국적자의 외교적 보호를 주장할 수 없도록 하고 있다. 이 제4조의 내용은 국제관습법으로 인정된다. 동 협약 제5조는 이중국적자는 하나의 국적을 갖는 자로서 대우를 받으며, 제3국은 복수의 국적국 중 본인이 상주하거나 주요한 거주를 하는 국가 또는 사실상 가장 관계가 깊은 1국의 외교적 보호만을 인정하도록 하고 있다.

607) Malcom Shaw, supra note 560, pp. 713~714.
608) Nottebohm 사건, ICJ Reports, 1955, p. 4; Id, p. 708.
609) 이한기, 국제법강의, p. 415; Oppenheim, supra note 142, pp. 515~517.

3. 칼보조항(Calvo Clause)

(1) 의　의

칼보조항은 국가가 외국인과 체결한 계약에서 i) 외국인은 계약에 관한한 체류국의 국민으로 간주되며, ii) 여하한 경우에도 본국정부의 외교적 보호를 요구하지 않는다고 하는 조항이다.[610)]

(2) 칼보독트린

칼보독트린은 아르헨티나의 법률가이자 외교관인 카를로스 칼보(Carlos Calvo)의 주장으로 외국인은 내국인과 동등한 권리를 가지나 우대되어서는 안 된다는 것을 의미한다. 따라서 외국은 그들의 국민이 거주하는 국가에 대해 외교적 보호권을 그들 국민에 대한 '정의의 거부' 또는 '재판의 거부'가 명백하지 않는 한 행사할 수 없다고 주장하였다.[611)]

이러한 원칙은 국가의 주권평등의 원칙에서 유래하는 것이다. 이 이론은 미국과 유럽국가들의 외교적 보호권 남용을 막으려는 의도 하에 주장되었다. 그러나 미국은 외국인이 국제법상 기본적인 최소한의 권리를 가지며 거주국에서 이 권리를 보호받지 못하면 미국시민이 가능한 (available) 국내적 구제절차를 모두 마친 후에는 미국 정부가 외교적 보호를 할 수 있다고 주장하였다.[612)] 오늘날에도 칼보독트린은 중남미국가들에 의해 일반적으로 인정되고 있으나, 미국에 의해서는 부인되고 있다.[613)]

(3) 드라고주의(Drago Doctrine)

드라고주의는 아르헨티나 외무장관인 루이스 드라고가 1902년 베네수엘라 채무분쟁사건과 관련하여 미국에 서한을 보내어 계약상의 채권회수를 위한 병력사용을 금지하여야 한다고 주장하면서 유래한 주의이다. 드라고주의는 주권평등의 원칙에 기초하고 있다. 드라고는 만일 채권회수를 위해 병력사용권리를 인정

610) 이한기, 국제법강의, pp. 593~594.
611) 프란시스 앤서니 보일, 세계질서의 기초, p. 210.
612) Id., p. 210.
613) Id.

한다면 강한 국가들이 제국주의 정책 등을 위해 약소국들에 대해 간섭할 권리를 주게 되는 것이라고 주장하였다.[614]

(4) 포터협약(Porter Convention)

1907년 만국평화회의에서 채택한 협약으로서 '계약상의 채권회수를 위한 병력사용의 제한에 관한 협약'이다. 이 협약은 1907년 헤이그평화회의의 미국 대표였던 호레이스 포터(Horace Porter)를 기념하여 포터협약으로 불린다. 이 협약에 따라 체약당사국은 한 국가의 국민이 청구하는 '계약상의 채권'을 회수하기 위한 병력을 사용하지 않기로 합의하였다. 그러나 이러한 의무는 채무국이 중재 제의를 거절하거나 응답을 게을리하는 경우, 또는 중재 제의를 수락한 후 중재합의(compromis)를 체결하지 않거나 중재가 종료된 후 중재판정을 준수하지 않을 경우에는 적용되지 않는다고 명시되어 있다(협약 제1조).[615] 즉, 중재하기 전에는 병력을 사용할 수 없지만 중재에 응하지 않거나 중재판정을 이행하지 않을 때에는 병력사용이 가능하다고 하여 병력사용을 금지하지 않고 제한한 것이다.

포터협약이 발효되자 채권국은 그들 국민의 채무국에 대한 계약상 청구를 국제중재에 회부할 용의가 있어야 했다. 이 요건은 거짓되거나 허위의 또는 과장된 청구를 공정하게 심사하고 이를 부인하거나 축소하는 수단을 창설함으로써, 강대국인 채권국의 국민이 그 권리를 남용하는 것을 막을 수 있었다.[616]

포터협약은 전쟁을 일정한 경우에 실정법상 최초로 금지하였다는 의미를 가진다.[617] 포터협약은 그 후 대단히 성공적으로 국가들 간의 계약상 채권을 회수하기 위한 병력사용 관행을 폐지시켰다.[618]

4. 국가책임의 해제방법

(1) 피해국의 대항조치(countermeasures)

피해국은 원칙적으로 위법행위에 대항하여 위법한 조치를 취할 수 있다. 대

---

614) Id., pp 153~155.
615) Id., p. 152.
616) Id., pp. 152~153.
617) 이한기, 국제법강의, p. 690.
618) 프란시스 보일, 세계질서의 기초, p. 153.

항조치는 위법행위국에 대하여 비무력적인 위법행위(non forcible act)를 하는 것을 말한다. 예를 들어, 특정 조약을 위반하는 일방당사국에 대하여 상대방 당사국은 대항조치를 할 수 있다. 그러나 법적 구속력이 없는 신사협정을 일방당사국이 위반하였을 때는 상대방 당사국은 대항조치를 할 수 없고 보복(retorsion)만을 할 수 있다. 보복은 비우호적이지만 합법적인 비무력적 행위이다. 이에 비해 위법행위국에 대하여 위법한 무력행위를 하는 것을 복구(reprisal)라고 한다.

이러한 피해국의 대항조치 등은 남용의 위험이 크므로 ICJ의 판결은 신중한 태도를 취한다. 이란인질사건에서 국제사법재판소는 간첩혐의가 있는 미국의 외교관을 '적합하지 않은 인물(persona non grata)'로서 추방하거나, 대사관의 즉각 폐쇄조치 등을 이란이 취하면 되며, 이 사건에서처럼 미국의 외교관 등을 인질로 잡는 행위는 대항조치로서 허용되지 않는다고 하였다. 또한, 코르푸 해협사건에서 ICJ는 위법행위의 증거보전이나 자력구제를 이유로 하여 상대국의 동의 없이 그 영해를 침해하는 행위는 대항조치로 볼 수 없고 상대국의 주권을 침해하는 행위로 보았다.[619)]

(2) 원상회복(restitution)

원상회복은 위법행위가 있기 이전의 상태로 회복하는 것을 말한다. ILC 초안 제35조도 원상회복을 규정하고 있다. 원상회복에는 불법점령된 영역의 반환, 불법체포, 감금된 외국인의 석방, 불법몰수된 재산의 반환 등이 포함된다.

가해국은 원상회복이 가능하면 원상회복을 해야 하며, 피해국은 원상회복이 불가능할 경우에는 금전배상 등으로 만족해야 한다.[620)]

(3) 금전배상(compensation)

원상회복이 불가능하거나 또는 불충분한 경우에는 보통 금전배상의 방법이 사용된다. 관계자를 이미 불법적으로 사형집행한 경우 그 유족에게는 원상회복이 불가능하고 금전배상 등으로 구제하여야 한다.

ILC 초안 제36조 1항은 "국제위법행위에 책임 있는 국가는 그로 인하여 야기된 손해가 원상회복에 의하여 배상되지 않는 경우, 이에 대하여 금전배상을 하여

619) 이한기, 국제법강의, p. 596.
620) Id.

야 할 의무를 부담한다"고 규정한다.

배상의 범위에는 불법행위에 의한 직접손해, 상당인과관계가 있는 간접손해, 일실이익(loss of profit) 등이 포함된다.[621] 또한 정신적 손해도 배상의 범위에 포함되며 이 손해에는 가족의 상실, 신체의 파괴, 사생활의 침해 등과 관련된 고통 등이 포함된다.[622] 배상액의 산정에 있어서 과실상계가 적용되며,[623] 손익상계도 적용된다.[624]

알라바마(Alabama)호 사건에서 상당인과관계에 있다고 보기 어려운 간접손해(보험료 증가, 미국상선 매각으로 인한 손해, 연방상업에 끼친 손해 등)에 대해서는 금전배상을 인정하지 않았다.

금전배상의 원금에 대한 이자는 완전배상을 확보하기 위하여 필요한 경우 지급될 수 있다.[625]

(4) 만족(satisfaction)

ILC 초안 제37조는 국가책임의 해제방법으로서 만족을 규정하고 있다. 동조 1항은 위법행위로 인하여 야기된 피해가 원상회복 또는 금전배상에 의하여 구제될 수 없는 경우, 이에 대하여 만족을 제공할 의무가 가해국에 있다고 규정한다. 만족은 위반의 인정, 유감의 표명, 공식 사과 또는 그 밖의 적절한 방식으로 행해질 수 있다.[626] 그러나 만족은 피해와의 비례성을 벗어나면 안 되며, 가해국에게 모욕을 주는 방식으로 취할 수 없다.[627] 만족은 주로 정신적 손해에 대한 국가책임의 해제방법으로 사용될 수 있다.

만족의 방식은 여러 가지 형태를 띤다. 코르푸해협사건에서와 같이 국제사법재판소가 그 판결에서 영국이 알바니아의 주권을 침해하였다고 선언한 것도 만족에 포함된다. 국가의 공식사과의 방법도 만족으로서 많이 사용된다.

---

621) ILC 초안 제36조 2항.

622) James Crawford, The International Law Commission's Articles on State Responsibility: Intro－duction, Text and Commentaries 220(2002).

623) ILC 초안 제39조.

624) 이한기, 국제법강의, p. 598.

625) ILC 초안 제38조.

626) ILC 초안 제37조 2항.

627) Id., 3항.

제 9 장

국제형사법

제 9 장
국제형사법

I. 의 의

국제형사법(International Criminal Law)은 좁은 의미로는 일정한 유형의 행위를 국제범죄(International Crime)로서 규정하고 이러한 국제범죄를 범한 개인의 형사책임을 추구하는 것과 관련된 법규범의 총체를 의미한다. 그러나 넓은 의미의 국제형사법은 좁은 의미의 국제형사법의 범위에는 포함되지 않는 법규범, 예를 들어 특정국가의 국내형법상의 범죄이지만 그 국가의 관할권이 대외적으로 확장됨에 따라 형사법 분야에서의 국제적 협력에 관한 법규범인 범죄인인도(Extradition)에 관한 절차 등도 포함하는 개념이다.

국가 간의 국제형사사법협력 형태는 범죄인인도(extradition), 형사사법공조(Mutual Legal Assistance in Criminal Matters), 수형자이송(Transfer of Prisoners) 등을 들 수 있다. 범죄인인도는 범죄인의 신병인도에 있어서 국가들이 협력하는 것을 말한다. 우리나라의 국내법으로 범죄인인도법이 있고, 미국, 일본, 중국 등 여러 국가와 범죄인인도조약을 체결하였다.

형사사법공조(Mutual Legal Assistance in Criminal Matters)는 범죄인의 인도를 제외한 국가 간의 형사사법협력이다. 예를 들어 범인의 소재파악, 서류송달 등 다양한 형태의 협력을 포함한다. 우리나라의 관련 국내법으로 국제형사사법공조법이 있고, 여러 나라와 형사사법공조조약(MLAT)을 체결하고 있다.

수형자이송(Transfer of Prisoners)은 이미 유죄판결을 받고 형을 복역 중인 수형자를 한 국가에서 다른 국가로 이송하여 남은 형기를 복역하도록 하는 제도이다. 우리나라의 관련법으로서 수형자이송법이 있고, 우리나라는 “수형자이송에 관한 유럽협약”에 가입하여 유럽국가들과 수형자이송이 가능하며, 미국, 일본도 이 협약에 가입하였기 때문에 미국과 일본에 있는 수형자도 이 조약을 적용하여 우리나라에 이송할 수 있다.

이 글에서는 넓은 의미의 국제형사법의 개념을 사용하여 현재 국제사회에서 인정되고 있는 국제범죄의 내용과 정의(definition), 국제범죄를 처벌하는 재판소와 그 절차 그리고 범죄인인도와 관련된 법규범 등을 간략히 살펴보고자 한다.

현재 국제사회에서 국제범죄로서 인정되는 대표적인 범죄로는 해적행위(piracy), 집단살해죄(Crime of Genocide), 인도에 반한 죄(Crime against Humanity), 전쟁범죄(War Crime) 그리고 침략범죄(Crime of Aggression) 등을 들 수 있다.

국제범죄를 처벌하는 재판소는 각 국가의 국내재판소(national court)와 국제재판소(international court)로 나누어 볼 수 있다. 국가들은 자국의 국내법이나 조약 등 국제법에 근거하여 집단살해죄, 인도에 반한 죄, 전쟁범죄 등 국제범죄를 저지른 사람을 그 국내재판소에서 기소하고 재판하여 처벌할 수 있다. 예를 들어, 미국은 2003년 이라크(Iraq)의 아브 그라이브(Abu Ghraib) 감옥에서 이라크인 포로들에 대해 구타와 가혹행위를 한 미군병사들을 전쟁범죄를 범하였다는 이유로 2005년에 미국의 군사재판소에서 재판하고 형벌을 부과하였다. 또한, 구 유고연방공화국의 구성국이었던 세르비아(Serbia)의 국내재판소는 1999년의 코소보(Kosovo)분쟁 동안 범하여진 전쟁범죄들에 대해 관련자들을 기소하고 재판하였다. 이 전쟁범죄 재판들은 세르비아군인들이 1999년 코소보에서 어린이와 노인 및 임산부를 포함한 알바니아계 일가족 45명을 수류탄 등으로 몰살시킨 행위 등을 포함하여 다루었다. 이러한 미국의 군사재판소나 세르비아의 국내재판소는 모두 국제재판소가 아닌 국내재판소이다.

국제범죄를 처벌하는 국제재판소는 중세시대에도 설치된 예가 있으나, 현대적인 법적 의미가 있는 국제재판소는 제2차 세계대전 이후에 독일의 나치지도자 등을 '평화에 반한 죄(Crime against Peace, 침략범죄와 유사한 범죄)', '인도에 반한 죄', '전쟁범죄'로서 재판하고 처벌한 뉘른베르그(Nuremberg) 재판소와 일본의 전쟁범죄자 등을 재판하고 처벌한 동경재판소 등이 있다. 또한, 1990년대 초에 구 유고연방공화국지역에서 범하여진 인종청소(ethenic cleansing) 등의 잔혹행위를 행한 사람들을 처벌하기 위한 구 유고국제재판소(ICTY)와 아프리카 르완다에서 후투(Hutu)족과 투치(Tutsi)족 간의 인종충돌로 인한 집단살해죄를 저지른 사람들을 처벌하기 위한 르완다국제재판소(ICTR)도 국제재판소이다.

이를 통해 볼 때 구 유고연방공화국지역에서 범하여진 전쟁범죄, 인도에 반한 죄 등 국제범죄에 대해 앞에서 설명한 세르비아 등의 국내재판소와 국제재판소인 ICTY가 모두 재판관할권을 행사하고 있는 것을 알 수 있다. 세르비아의 전직 대통령이었던 밀로세비치 등 고위급은 ICTY에서 재판하였고, 그보다 하위에 있던 범죄혐의자들은 대개 세르비아나 보스니아 등의 국내재판소에서 재판을 하였다.

그런데 위에서 설명한 뉘른베르그 재판소나 동경재판소, ICTY, ICTR은 모두 잔혹행위와 국제범죄 등이 저질러진 이후에 사후적으로 설립된 임시재판소(ad hoc tribunal)이며 상설재판소(permanent court)가 아니다. 따라서 이러한 임시국제재판소에 대해 '승자의 정의(victor's justice)'이며 사후처벌로서 죄형법정주의(principle of legality) 위반이라는 비판이 제기되기도 하였다. 이에 따라 국제사회에서는 이러한 임시국제재판소의 단점을 극복하기 위하여 상설국제형사재판소를 설립하기 위해 노력하였다. UN은 1998년 이태리 로마에서 각국의 대표들이 모여 외교회의인 로마회의(Rome Conference)를 개최하였고, 같은 해 7월 17일 국제형사재판소규정(The Statute of the International Criminal Court, 로마규정 또는 ICC 규정)을 채택하여 국제형사재판소(ICC)를 설립하게 되었다. 로마규정은 2002년 7월 1일부로 발효하여 이날부터 국제형사재판소는 정식으로 출범하게 되었다. 국제형사재판소는 상설국제재판소로서 네덜란드 헤이그에 소재하고 있다.

다음에서는 국제형사재판소의 역사적 발전과 국제형사재판소의 관할범죄를 중심으로 국제범죄의 구성요건 그리고 범죄인인도와 관련된 법규범 등에 관해서 자세히 살펴보기로 한다.

Ⅱ. 국제형사재판소의 역사적 발전

1. 제2차 대전 이전의 국제형사재판소

미국 드폴(DePaul) 대학의 법학교수였던 바시우니(M. Cherif Bassiouni) 교수는 첫번째 임시 국제형사재판소로서 1474년 독일 브라이자흐(Breisach)에 설립되었던 재판소를 제안하였는데, 이 재판소에서 27명의 신성로마제국 판사들이 페터 폰

하겐바흐(Peter von Hagenbach)를 그의 군대가 무고한 민간인을 강간하고 살해하며 재산을 약탈하도록 허용하여 '하나님과 인간의 법'을 위반하였다는 이유로 심판하였다.[628)]

1919년 제1차 세계대전이 끝난 후, 베르사이유조약 제227조는 독일의 빌헬름(Wilhelm) 2세를 전쟁을 일으킨 혐의로 기소하기 위한 임시 국제형사재판소 설립을 규정하고 있었다.[629)] 그러나 빌헬름 2세는 그의 사촌이 왕으로 있는 네덜란드로 도피하였고 그에 대한 범죄인 인도는 이루어지지 않았다.

1937년, 국제연맹은 국제형사재판소 설립을 위한 협약을 채택하였으나 제2차 세계대전 이전에 이 협약을 비준한 국가는 인도 1개국에 불과하여 발효되지 못하였다.[630)]

2. 제2차 대전 이후의 국제형사재판소

(1) 뉘른베르그 재판

1945년 8월 8일, 런던에서 미국, 프랑스, 영국과 소련은 국제군사재판소 헌장(The Charter of the International Military Tribunal, 흔히 뉘른베르그 헌장으로 통칭)을 부속서로 하는 런던협정에 서명하였다. 뉘른베르그 헌장 제6조는 '평화에 반한 죄(Crimes against peace)', '전쟁범죄(War crimes)'와 '인도에 반한 죄(Crimes against humanity)'를 처벌대상범죄로 규정하였다. 뉘른베르그 재판소는 재판결과 12명을 교수형에, 3명을 종신형에, 2명은 20년형에, 1명은 15년형에, 1명은 10년형에 처하였고 3명은 석방하였다. 또한 4개 단체가 범죄단체로서 처벌되었다. 평화에 반한 죄 등을 이유로 사형판결을 받았던 헤르만 괴링(Hermann Gaering)은 자살하였다.

(2) 동경재판

극동국제군사재판소 헌장(The Charter of the International Military Tribunal for the Far

628) American Bar Association (ABA), Report of the Task Force on the International Criminal Court (1994) p. 42

629) M. Cherif Bassiouni, From Versailles to Ruwanda in Seventy–five years, 10 Harvard Human Rights Journal 12 (1997).

630) Young Sok Kim, The Cooperation of a State in Establishing an Effective Permanent International Criminal Court, 6 Journal of International Law and Practice 157, 158 (1997).

East)은 뉘른베르그 헌장과 실질적인 차이는 거의 없었다. 다만, 동경헌장은 침략범죄와 관련하여 '선언되거나 선언되지 않은 침략전쟁(*declared or undeclared* war of aggression)'의 표현을 사용하고 있으나 이탤릭체의 표현은 뉘른베르그 헌장에는 없는 내용이었다. 이는 극동에서의 전쟁이 미국과 일본이 전쟁선언 없이 오랜 기간 교전행위를 했던 상황을 반영한 것이었다. 동경재판에서는 28명의 주요 전범피고인이 평화에 반한 죄, 전쟁범죄, 인도에 반한 죄의 혐의로 재판을 받았고, 도조 히데키(Tojo Hideki) 전 일본수상 등이 사형을 당하였다.

(3) 국제형사재판소 설립의 지연

UN총회 결의 177(Ⅱ)에 따라, UN국제법위원회(International Law Commission, ILC)는 '인류평화와 안전에 반한 범죄규정 초안(Draft Code of Offenses Against the Peace and Security of Mankind)' 작성과 국제형사재판소규정 초안 작성을 시작하였다. 그러나 국제법위원회는 냉전의 출현으로 제대로 일할 수가 없었다. 그로부터 20년 후인 1974년 UN총회는 침략의 정의에 관한 총회결의 3314를 컨센서스로 채택하였다. 그러나 침략범죄의 정의는 채택되지 않았다. 1981년 범죄규정 초안이 UN총회 제6위원회의 의제로 상정되었고, 1982년 국제법위원회가 범죄규정 초안의 일회독을 마친 후 UN회원국들에게 의견을 구하기 위해 동 초안을 보내었으나 그 이후 진전이 없었다.

(4) 구 유고재판소(ICTY)와 르완다재판소(ICTR)

1990년대 초, 구 유고지역과 르완다에서 범해진 집단살해 등의 잔혹행위는 국제사회로 하여금 그러한 잔혹행위를 범한 자를 처벌하기 위한 두 개의 임시 국제형사재판소를 설립하도록 하였다. ICTY와 ICTR은 모두 UN안전보장이사회가 설립한 UN의 보조기관이다. 이 임시재판소의 경험은 상설 국제형사재판소의 필요성을 더욱 강화하였다. 왜냐하면, 사후적인 임시재판소는 잔혹한 범죄의 예방효과를 기대하기 곤란하며 국가들의 정치적인 의지에 따라 재판소 자체가 설립되지 않을 수도 있기 때문이었다. 또한 두 임시국제재판소의 규정과 판결은 로마규정과 범죄구성요건, 절차증거규칙 등의 형성에 중요한 기초가 되었다.

ICTY와 ICTR은 여러 명의 범죄혐의자를 재판하여 유죄판결을 내린 바 있다. 특히 우리나라의 권오곤 재판관은 ICTY의 재판관으로서 세르비아의 전 대통령인

밀로세비치(Milosevic)의 재판에 참여하였다. ICTY의 소재지는 네덜란드 헤이그이며 ICTY의 소재지는 탄자니아(Tanzania)의 아루샤(Arusha)이었다.

3. 국제형사재판소의 설립

(1) 로마외교회의의 개최

1998년 6월 15일에서 7월 17까지 이태리 로마의 UN식량농업기구(FAO)에서는 UN총회 결의 52/160(1997년 12월 15일)에 따라 '국제형사재판소(ICC) 설립에 관한 UN 전권외교회의(로마회의)'가 개최되었다. 이 회의에는 160개국이 참가하였으며, 31개 기구와 136개 비정부간기구(NGO)가 참관자로 참여하였다. 1998년 7월 17일, 로마회의는 국제형사재판소에 관한 로마규정과 로마회의 최종의정서(Final Act)를 채택하였다.

미국을 비롯하여 이라크, 이란, 중국, 인도, 이스라엘 등 7개국이 로마규정 채택에 반대하였으나 우리나라를 포함한 120개국이 규정채택에 찬성하였고 일본 등 21개국이 기권하였다.

(2) 로마규정 채택의 의의

로마규정 채택의 의의는 우선 국제사회에서 무처벌(impunity)의 현실을 종식시킬 수 있다는 것이다. 뉘른베르그 재판과 동경재판의 역사적 선례가 있음에도 불구하고 대부분의 국제형법을 위반한 범죄자들은 국내재판소나 국제재판소에 의해 처벌받지 않았던 것이 현실이었다. 제2차 세계대전 이후의 비국제적인 성격의 무력분쟁(Non International Armed Conflict)으로 희생된 사람들이 제1차 세계대전과 제2차 세계대전의 희생자를 합한 것보다도 더 많으나 대부분의 범죄책임자들은 처벌되지 않았다. 로마규정이 채택됨으로써 이러한 범죄자들을 처벌하기가 보다 용이할 것으로 판단된다. 또한, 로마규정을 통해 설립되는 국제형사재판소는 집단살해죄, 인도에 반한 죄, 전쟁범죄 등 가장 심각한 국제범죄를 범한 개인을 처벌할 수 있도록 함으로써 이러한 범죄를 억지하는 효과도 기대된다. 아울러 잔혹한 범죄의 피해자들에 대한 구제조치도 가능하게 되었다.

또한, 로마규정은 현재의 국제법(international law), 특히 국제형사법(international criminal law), 국제인권법(international human rights law)과 국제인도법(international humanitarian law)에 기초하고 있으며 또한 이들 법 분야들 중 국제관습법의 영역에 있던 내용을 명문화함으로써 발전시킨 의의도 있다고 할 수 있다.

로마규정은 물론 완벽한 것도 아니고 각 국가의 타협의 산물인 점도 부인할 수 없다. 그러나 로마규정과 이에 따라 설립되는 국제형사재판소는 미래의 세계가 가장 잔혹한 국제범죄인 집단살해죄, 인도에 반한 죄, 전쟁범죄와 침략범죄에 대항하여 싸우는 유용한 수단이라고 생각된다.

(3) 로마규정 채택 이후 국제형사재판소의 현황

로마규정 채택 후 UN은 ICC 설립준비위(Preparatory Commission)를 개최하여 ICC 설립을 위한 구체적인 후속작업을 계속하였다. 준비위원회는 국제형사재판소 설립을 위한 로마외교회의의 최종의정서(Final Act)의 결의 F와 UN총회 결의 53/105(1998년 12월 8일)에 의해 설립되었다. 최종의정서는 준비위의 설립 목적을 "국제형사재판소가 부당한 지연이 없이 운영되도록 보장하고 재판소의 기능 시작에 필요한 준비를 하기 위한 것"이라고 하고 있다. 또한 최종의정서는 UN사무총장이 가능한 빠른 시일 내에 준비위를 소집할 것을 요청하였다. 이 요청에 따라 제1차 준비위가 1999년 2월 16일에서 26일까지, 제2차 준비위가 1999년 7월 26일에서 8월 13일까지, 제3차 준비위가 1999년 11월 29일에서 12월 17일까지, 제4차 준비위가 2000년 3월 13일부터 31일까지, 제5차 준비위가 2000년 6월 12일에서 30일까지, 제6차 준비위가 2000년 11월 27일에서 12월 8일까지 뉴욕 UN본부에서 개최되었다. 2001년에는 제7차 준비위와 제8차 준비위가 각각 2월 26일부터 3월 9일까지와 9월 24일부터 10월 5일까지 뉴욕 UN본부에서 개최되었다.

2002년에는 제9차 준비위가 4월 8일부터 19일까지, 제10차 준비위가 7월 1일부터 12일까지 뉴욕 UN본부에서 개최되었다. 이 준비위는 제1차 당사국총회(Assembly of States Parties)가 9월 3일부터 10일까지 뉴욕 UN본부에서 개최됨에 따라 그 임무를 마치고 종료하였다. 그 후 매년 국제형사재판소규정의 당사국총회가 개최되고 있다.

준비위는 절차 및 증거규칙(Rules of Procedure and Evidence)과 범죄구성요건(Elements of Crimes)의 초안 작성, 국제형사재판소와 UN 간의 관계협정(Relationship Agreement), 재판소 본부협정에 관한 기본원칙, 재판소의 재정규칙(Financial Regulations and Rules)과 첫 회계연도의 예산안, 재판소의 특권과 면제협정(Agreement on

Privileges and Immunities), 당사국총회의 절차규칙(Rules of Procedure of the Assembly of States Parties)과 침략에 관한 규정안 등을 준비할 임무를 부여받았었고, 침략에 관한 규정안을 제외하고 다른 임무를 모두 수행하였다.

우리나라는 국제형사재판소 설립을 위한 로마회의에 신각수 주UN대표부 참사관(그 후 신각수 참사관은 외교통상부 조약국장, 주일대사, 외교통상부 차관 등을 역임하였다)을 포함한 우리나라 대표단(필자도 당시 외교통상부 사무관으로서 우리나라 대표단의 일원으로 로마회의에 참여하였다)을 파견하여 국제형사재판소의 관할권과 관련된 매우 중요한 제안을 하는 등 국제형사재판소 설립을 적극적으로 지지하고 많은 기여를 하여 왔다. 또한, 우리나라는 2002년 11월 13일 국제형사재판소규정을 비준하여 국제형사재판소규정의 당사국이 되었으며, 우리나라의 송상현 재판관이 국제형사재판소의 재판소장으로서 활동하였고, 정창호 재판관에 이어 백기봉 재판관이 재판관으로서 근무하고 있다.

Ⅲ. 국제범죄에 대한 이해 — 국제형사재판소의 관할범죄를 중심으로

1. 국제형사재판소 관할범죄의 채택과정

국제형사재판소규정 제1조에 의하면 국제형사재판소는 "국제적 관심사인 가장 중대한 범죄를 범한 자에 대하여 관할권을 행사하는 권한"을 가진다. 따라서 국제형사재판소의 관할범죄는 국제범죄 중에서도 가장 중대한 범죄라고 할 수 있다. 그러므로 이 글에서는 국제형사재판소의 관할범죄를 중심으로 국제범죄에 대한 이해를 도모하고자 한다. 국제형사재판소 규정은 제5조에서 ICC의 관할대상범죄로서 다음과 같이 네 가지 범죄를 규정하고 있다.

제 5 조 재판소의 관할범죄

1. 재판소의 관할권은 국제공동체 전체의 관심사인 가장 중대한 범죄에 한정된다. 재판소는 이 규정에 따라 다음의 범죄에 대하여 관할권을 가진다.

가. 집단살해죄

나. 인도에 반한 죄
다. 전쟁범죄
라. 침략범죄
2. 제121조 및 제123조에 따라 침략범죄를 정의하고 재판소의 관할권 행사조건을 정하는 조항이 채택된 후, 재판소는 침략범죄에 대한 관할권을 행사한다. 그러한 조항은 국제연합헌장의 관련 규정과 부합되어야 한다.

따라서 ICC는 집단살해죄(crime of genocide), 인도에 반한 죄(crimes against humanity), 전쟁범죄(war crimes)와 침략범죄(crime of aggression)에 대해 관할권을 행사한다. 이들 네 가지 범죄는 로마에서 개최된 유엔전권외교회의(로마회의) 시 소위 '핵심범죄(core crimes)'로 분류되었다. 그러나 '테러범죄', '마약불법거래와 관련된 범죄' 등 소위 '조약상의 범죄(treaty crimes)'는 ICC 규정 초안에는 포함되어 있었으나 로마회의에서 삭제됨에 따라 ICC는 이러한 범죄에 대해서는 관할권을 행사하지 않는다.

테러범죄와 마약범죄 등 소위 '조약범죄'를 로마규정에서 제외시킨 이유는 테러범죄 등 '조약범죄'의 정의에 대해 합의를 이루기 어려우며, 현행 국제조약과 국내법으로도 처벌이 가능하다고 판단했기 때문이다. 또한, 로마회의에 참가한 대표단들은 '핵심범죄'에 대해서는 국제법상 '보편적 관할권(universal jurisdiction)'이 확립되었으나 '조약범죄'는 아직 '보편적 관할권'의 대상범죄로 보기 어렵기 때문에 로마규정 제12조 등 재판소의 관할권 관련 규정을 '핵심범죄'와 '조약범죄'에 함께 적용하기 곤란하다는 점도 고려되었다.

그러나 2001년에 미국에서 발생한 9.11 테러행위는 ICC가 테러범죄로서 처벌할 수는 없지만, 인도에 반한 죄의 구성요건을 충족할 수 있을 것으로 보이므로 인도에 반한 죄로 처벌할 수 있는 가능성이 있다.

한편 핵심범죄 중에서도 침략범죄는 로마회의에서 참가국가들 간의 이견으로 그 정의규정은 채택되지 못하고 ICC의 관할대상범죄로만 규정되게 되었다. 즉, 침략범죄에 대해서는 범죄의 정의와 관할권을 행사하는 조건을 정하는 조항이 채택될 때까지는 ICC가 관할권을 행사할 수 없도록 하였다. 그러나 집단살해죄, 인도에 반한 죄와 전쟁범죄는 각각 로마규정 제6조, 제7조, 제8조에서 자세한 범죄의 정의규정을 두고 있다.

침략범죄의 정의와 관할권행사요건, 범죄구성요건의 개정, 양해사항이 후술하는 바와 같이 2010년 캄팔라 재검토 회의에서 채택되었고, 2018년 7월 17일부터 ICC는 침략범죄에 대해 관할권을 행사하게 되었다.

2. 집단살해죄

(1) 의 의

집단살해죄라 함은 국민적 · 민족적 · 인종적 또는 종교적 집단의 전부 또는 일부를 파괴할 의도를 가지고 그 집단 구성원을 살해하는 등의 행위를 하는 것을 말한다. 집단살해죄는 독일 나치정권이 약 600백만의 유대인을 대량학살했던 잔혹한 역사적 경험을 기초로 탄생한 범죄이다. 따라서 2차 대전 후에 국제연합총회는 1947년 12월 11일부 결의 96(1)에서 집단살해는 국제연합의 정신과 목적에 반하며 또한 문명세계에서 죄악으로 단정한 국제법상의 범죄라고 선언하였다. 이러한 UN총회 결의를 고려하여 1948년 '집단살해죄의 방지와 처벌에 관한 협약(영문명칭은 Convention on the Prevention and Punishment of the Crime of Genocide이며, 1948년 12월 9일 파리에서 작성되고 1951년 1월 12일 발효하였다. 우리나라는 이 협약에 1950년 10월 14일 가입하였고, 이 협약은 1951년 12월 12일자로 우리나라에 대해 발효하였다. 이하에서는 '집단살해죄 방지협약' 또는 '집단살해 협약'으로 약칭한다)'이 채택되어 집단살해죄의 방지와 처벌을 위한 국제협력을 도모하게 되었다.

국제형사재판소 관할대상범죄 중 집단살해죄에 대해서는 로마회의시 참가국들이 빠르게 합의에 도달하였다. 즉, 로마회의에 참가한 대표단들은 집단살해죄를 ICC의 관할대상범죄로 할 것과 집단살해죄의 정의로서 집단살해죄 방지협약상의 정의(definition) 규정을 사용할 것에 합의하였다.

이러한 참가국들의 합의에 따라 로마규정 제6조가 다음과 같이 채택되었다.

> **제 6 조 집단살해죄**
> 이 규정의 목적상 '집단살해죄'라 함은 국민적·민족적·인종적 또는 종교적 집단의 전부 또는 일부를 그 자체로서 파괴할 의도를 가지고 범하여진 다음의 행위를 말한다.
> 가. 집단의 구성원의 살해
> 나. 집단의 구성원에 대한 중대한 신체적 또는 정신적 위해의 야기

다. 전부 또는 부분적인 육체적 파괴를 초래할 목적으로 계산된 생활조건을 집단에게 고의적으로 부과

라. 집단내의 출생을 방지하기 위하여 의도된 조치의 부과

마. 집단의 아동을 타 집단으로 강제 이주

이 로마규정 제6조는 집단살해죄 방지협약 제2조와 동일하다.

(2) 집단살해죄의 구성요건

집단살해죄가 성립되기 위해서는 크게 두 가지의 요건이 필요하다. 그 요건은 첫째, 살해, 중대한 신체적 위해 등 금지된 행위와 둘째, 그러한 살해 등의 행위가 국민적·민족적·인종적 또는 종교적 집단의 구성원을 전부 또는 일부 파괴하려는 의도를 가지고 이루어져야 한다. 이러한 의도를 특정한 의도(specific intent)라고 한다. 이에 비하여 살해행위시에 가진 가해자의 살해의도를 일반적 의도(general intent)라고 한다. 따라서 집단살해죄가 성립되기 위해서는 살해행위시의 일반적 의도와 집단을 파괴하려는 특정한 의도가 모두 있어야 한다.

그런데 집단살해죄로 유죄판결을 얻기 위해서는 검사(Prosecutor, ICC의 경우에는 소추관)가 이 특정한 의도를 피고인이 가지고 있었음을 입증해야 하는데 이는 매우 어려운 일로 보인다. 왜냐하면, 피고인이 집단살해의 의도를 가지고 있었음을 합리적인 의심의 여지없이(beyond reasonable doubt) 입증하기는 실제적으로 대단히 어려운 작업이기 때문이다. 그러나 만일 특정한 살해 등의 행위가 이렇게 엄격한 집단살해죄의 구성요건 충족에 실패하더라도 인도에 반한 죄, 전쟁범죄 또는 통상의 살인죄로 처벌할 수 있는 가능성은 상존하고 있다.

집단살해죄는 전쟁시는 물론 평화시에도 발생할 수 있다. 집단살해죄 방지협약 제1조는 "체약국은 집단살해가 평시에 행하여졌든가 전시에 행하여졌든가를 불문하고 이것을 방지하고 처벌할 것을 약속하는 국제법상의 범죄임을 확인한다"고 하고 있어 이 점을 명확히 밝히고 있으나, 로마회의시 참가국들은 이를 자명한 것으로 이해하여 로마규정에는 이러한 점을 별도로 규정하고 있지는 않다.

이미 보았듯이 로마규정 제6조는 집단살해죄 방지협약 제2조의 규정을 그대로 채택하여 집단살해죄를 정의하고 있다. 우리나라는 집단살해죄방지협약에 1950년 이미 가입하였고, 집단살해를 비합법화하는 것은 국제법상 강행법규(jus cogens)라고 할 수 있다. 비엔나조약법 조약 제53조에 의하면 강행법규는 "어떠한

일탈도 허용되지 않으며, 또한 사후에 발생한 동일성질의 일반 국제법규범에 의해서만 변경될 수 있는 규범으로서, 국제사회 전체에 의하여 수락되고 승인된 규범"이라고 정의된다. 또한, 집단살해죄 방지협약의 원칙들은 국제관습법으로서, 조약상의 근거가 없이도 국가들을 구속한다고 국제사법재판소(International Court of Justice, ICJ)가 확인한 바 있다(Reservations Case, 1951년 ICJ의 권고적 의견, p. 23 참조).

3. 인도에 반한 죄

(1) 의　　의

인도에 반한 죄라 함은 민간인 주민에 대한 광범위하거나 체계적인 공격의 일부로서 그 공격에 대한 인식을 가지고 범하여진 살해, 절멸, 노예화, 고문 등의 행위를 말한다. 인도에 반한 죄는 로마규정 제7조에서 정의하고 있다. 특히 인도에 반한 죄를 규정한 로마규정 제7조는 인도에 반한 죄의 개념을 가장 최근의 국제법을 반영하여 권위 있게 정의하고 있다고 할 수 있다. 한 국제법학자는 인도에 반한 죄의 개념에 관한 권위 있는 정의가 부족하였으나 로마규정이 이 부족함을 채우게 되었다고 평가하였다.

(2) 국제형사재판소규정상의 인도에 반한 죄의 정의

로마회의시 참석한 모든 국가들은 예외 없이 인도에 반한 죄가 ICC의 관할대상범죄가 되어야 한다는 데 찬성하였다. 그러나 인도에 반한 죄를 어떻게 정의할 것인가에 대해서는 논쟁이 있었다. 많은 논의와 타협의 결과 인도에 반한 죄를 정의하고 있는 제7조가 채택되었다. 제7조는 세 개의 항으로 나누어지는데, 1항은 인도에 반한 죄에 대한 총칙(Chapeau) 부분과 동 범죄를 구성할 수 있는 살해, 절멸 등의 행위를 규정하고 있다. 2항은 1항에 대한 보충적인 설명규정이며 3항은 '성(gender)'에 관한 정의규정이다. 로마규정 제7조 1항은 다음과 같다.

> 1. 이 규정의 목적상 '인도에 반한 죄'라 함은 민간인에 대한 광범위하거나 체계적인 공격의 일부로서 그 공격에 대한 인식을 가지고 범하여진 다음의 행위를 말한다.
> 가. 살해
> 나. 절멸

다. 노예화
라. 주민의 추방 또는 강제이주
마. 국제법의 근본원칙을 위반한 구금 또는 기타 신체적 자유의 다른 심각한 박탈
바. 고문
사. 강간, 성적 노예화, 강제매춘, 강제임신, 강제불임, 또는 이에 상당하는 기타 중대한 성폭력
아. 이 항에 규정된 어떠한 행위나 재판소 관할범죄와 관련하여, 정치적·인종적·국민적·민족적·문화적 및 종교적 사유, 제3항에 정의된 성별 또는 국제법상 허용되지 않는 것으로 보편적으로 인정되는 다른 사유에 근거하여 어떠한 동일시될 수 집단이나 집합체에 대한 박해
자. 사람들의 강제실종
차. 인종차별범죄
카. 신체 또는 정신적·육체적 건강에 대하여 중대한 고통이나 심각한 피해를 고의적으로 야기하는 유사한 성격의 다른 비인도적 행위

로마규정 제7조 1항을 볼 때 인도에 반한 죄가 성립하기 위해서는 첫째, 민간인 주민에 대한 광범위하거나 체계적인 공격이 있어야 한다. 둘째, 범죄인이 그러한 공격에 대한 인식을 가지고 그 공격의 일부로서 살해, 절멸, 노예화, 주민의 추방 또는 강제이주, 불법구금, 고문, 강간 등 성폭력, 박해, 강제실종, 인종차별범죄 및 기타 비인도적 행위를 하여야 한다. 따라서 국제법상 인도에 반한 죄는 상당히 엄격한 구성요건을 가지고 있다고 할 수 있다.

또한, 인도에 반한 죄와 무력충돌과는 관련이 없으며, 인도에 반한 죄는 평화시든 내전시든 국제전시든 어느 때든지 발생할 수 있고, 이러한 범죄를 저지른 자는 처벌될 수 있다는 것을 의미한다고 보아야 할 것이다. 인도에 반한 죄는 이런 점에서 무력충돌시에만 발생하는 전쟁범죄와는 차이를 보인다.

4. 전쟁범죄

(1) 의 의

전쟁범죄라 함은 1949년 제네바 4개 협약의 규정 하에 보호되는 사람을 고의적으로 살해하는 등 제네바협약의 중대한 위반과 기타 국제적 무력충돌에 적용되

는 법과 관습에 대한 중대한 위반, 제네바 4개 협약의 공통된 3조의 중대한 위반과 기타 비국제적 무력충돌에 적용되는 법과 관습에 대한 중대한 위반행위를 말한다. 즉, 전쟁범죄는 무력충돌시에 범하여진 국제인도법(International Humanitarian Law 또는 전쟁법)의 위반행위를 의미한다. 따라서 전쟁범죄는 국제적 무력충돌(International Armed Conflict)이든 비국제적 무력충돌(Non International Armed Conflict)이든 무력충돌시에만 발생하는 범죄이며, 무력충돌이 없는 평화시에는 성립되지 않는 범죄이다.

전쟁범죄에 관해서 로마규정 제8조는 많은 행위를 국제형사재판소의 관할에 속하는 전쟁범죄로서 정의하고 열거하고 있다. 제8조는 크게 네 가지의 종류의 전쟁범죄를 규정하고 있다. 첫째, 제8조 2항 가호는 1949년 제네바협약들의 중대한 위반(grave breaches)행위를 규정하고 있다. 여기에는 포로를 살해하는 행위가 포함된다. 둘째, 제8조 2항 나호는 "국제법의 확립된 체제 내에서 국제적 무력충돌시 적용할 수 있는 법과 관습에 대한 다른 중대한 위반"을 규정하고 있는데, 이는 주로 제네바협약 제1추가의정서와 헤이그규칙에서 유래한 것이다. 여기에는 민간인주민에 대한 공격행위 등이 해당된다. 셋째, 제8조 2항 다호는 "제네바 4개 협약에 공통된 제3조의 중대한 위반"을 규정하고 있으며 이는 비국제적 무력충돌시 발생하는 전쟁범죄 중 공통된 제3조 위반행위를 전쟁범죄로서 명문화한 것이다. 여기에는 비국제적 무력충돌(내전)시 무기를 버린 군대구성원 등을 살해하는 행위 등이 포함된다. 넷째, 제8조 2항 마호는 "국제법의 확립된 체제 내에서 비국제적 성격의 무력충돌시 적용할 수 있는 법과 관습에 대한 다른 중대한 위반"을 전쟁범죄로서 규정하고 있으며, 이는 주로 제네바협약 제2추가의정서에서 유래한 것이다. 여기에는 비국제적 무력충돌시 민간인주민에 대한 공격행위 등이 포함된다.

이러한 국제전과 비국제전의 구별은 국제인도법의 관련 조약들이 국제전과 비국제전을 구별하여 전쟁법규 위반행위를 규정하고 있는 것에서 유래한다. 그러나 이러한 국제전과 비국제전의 구별은 국제인도법이 발전하면서 점차 약화되었다.

(2) 핵무기 등의 사용금지 문제

제8조 제2항 나호(20)는 핵무기 등의 사용금지와 그러한 무기를 사용하는 것

을 전쟁범죄로 규정하고자 하는 것과 관련되는 조항으로서, 로마회의시 주요 국가들의 입장이 첨예하게 대립되었던 조항이었다. 로마회의시 통합초안은 네 가지 대안(option)들을 가지고 있었는데 option 4는 핵무기, 대인지뢰, 실명을 유발하는 레이저무기를 금지무기로 규정하였다. 그러나 미국, 러시아, 영국, 프랑스 등 주요 핵무기 보유국가들은 핵무기의 금지무기화를 강하게 반대하였다. 따라서 타협안으로서 동 조항이 채택되었는데, 이 조항은 "과도한 상해나 불필요한 괴로움을 야기하는 성질을 가지거나 또는 무력충돌에 관한 국제법에 위반되는 무차별적 성질의 무기, 발사체, 장비 및 전투방식의 사용"을 전쟁범죄로 규정함으로써 핵무기 등의 전쟁범죄화를 이론상 가능하도록 하였다. 하지만 동 조항은 단서로서 "다만, 그러한 무기, 발사체, 장비 및 전투방식은 포괄적 금지의 대상이어야 하며, 제121조와 제123조에 규정된 관련조항에 따른 개정에 의하여 이 규정의 부속서에 포함되어야 한다"고 규정하고 있어 핵무기 등의 사용을 전쟁범죄화하기는 사실상 대단히 어려운 일이 되었다.

왜냐하면, 첫째로 핵무기 등은 포괄적 금지(comprehensive prohibition)의 대상이 되어야 하는데, 핵보유국들이 핵무기를 포괄적 금지의 대상으로 합의할 것을 기대하기 어려울 것이다. 둘째로, 핵무기가 포괄적 금지의 대상이 된다 하더라도 로마규정 제121조와 제123조의 개정절차를 거쳐서 로마규정의 부속서에 포함되는 것 또한 대단히 어려운 과정을 거쳐야 한다. 로마규정 제121조 4항은 규정 개정이 발효하기 위해서는 모든 당사국의 7/8이 UN사무총장에게 비준서 또는 수락서를 기탁해야 한다고 규정하고 있으며, 동조 6항은 개정안에 동의하지 않는 국가는 즉시 로마규정을 탈퇴할 수 있도록 하고 있다. 따라서 현재의 로마규정에 의할 때 핵무기 사용을 전쟁범죄로 처벌할 수 없으며 미래에도 핵무기 사용의 처벌 가능성은 열려 있으나 실현될 가능성은 매우 희박한 것으로 보인다.

국제사법재판소(ICJ)는 1996년의 권고적 의견에서 핵무기의 사용이 전투원과 비전투원을 구별하지 않는 무차별적 효과로 인해 무력충돌에 관한 국제법의 위반이라고 판시한 바 있다(Legality of the Threat or Use of Nuclear Weapons, Advisory Opinion of July 8, 1996, General list No. 95). 국제사법재판소는 이 권고적 의견에서 핵무기의 사용과 사용위협이 국가의 존립이 위협받는 극단적인 상황에서의 자위권(self defence)의 경우를 제외하고는 불법임을 선언하였다. 이러한 점을 고려할 때, 핵무기의 사용금지규정을 로마규정에 포함시키지 못한 것은 미국을 비롯한 주요 핵보유국들이 로마규정의 채택을 지지하도록 하기 위한 어려운 타협의 산물이라 평가된다.

5. 침략범죄

(1) 의 의

참략범죄는 침략을 하거나 UN헌장 등 불가침 조약·선언 등을 위반하여 전쟁을 일으키는 범죄를 의미한다고 할 수 있다. 현재까지 국제법상 '침략'이 무엇인지에 대해서는 합의된 정의(definition)가 있으나(1974년 침략의 정의에 관한 UN총회 결의 3314호), '침략범죄'의 정의에 대해서는 합의된 내용이 존재하지 않았다.

(2) 침략범죄의 정의(Definition of Crime of Aggression)

침략범죄의 정의와 관련하여서는 두 가지 대립되는 주장이 로마회의에서부터 제기되었다. 그 하나는 침략범죄의 정의를 1974년 침략에 관한 UN총회 결의에 열거된 침략의 정의를 그대로 사용하자는 '열거적(enumerative)' 정의를 선호하는 아랍국가들의 주장이며, 또 다른 하나는 독일을 중심으로 하는 다수 서방국가들이 선호하는 '일반적(generic)' 정의 방식으로서 침략범죄로 인한 사소한 법률분쟁 가능성을 예방하기 위해 명백한 경우만을 포함하도록 일반적인 정의규정을 마련하자는 주장이었다.

설립준비위에서도 동일한 주장이 반복되었다. 독일은 준비위에서 침략행위의 존재결정 기준과 침략범죄 성립의 기준이 동일할 필요는 없으며, 또한 개인의 형사책임의 근거인 만큼 범위를 보다 구체적으로 제한함이 바람직하며 "타국영토를 병합하거나 군사적 점령을 의도 또는 초래한, 유엔헌장에 위반하여 타국의 영토보전 또는 정치적 독립을 침해하는 무력공격(armed attack)"을 침략범죄의 핵심내용으로 하는 일반적 정의를 선호하는 안을 제안하였다. 미국, 영국 등은 1974년 유엔총회결의 제3314호는 개인의 형사적 처벌을 위한 형사규범 확립차원에서 이루어진 것이 아니라 안보리에 대한 침략결정을 위한 지침의 성격으로서 국가의 침략행위의 범위에 관한 정치적 타협의 결과로 이루어진 것이며, 동 결의에서 열거된 행위는 침략행위를 구성하는 것이 아니라 침략행위의 예시에 해당한다고 주장하며 아랍국가들의 주장에 반대하였다. 또한 포괄적 정의방식(general definition)

은 ICC의 사법적 기능을 통해 구체적인 사건에 적용하기에 용이하다는 것이 일반적 정의를 선호하는 국가들의 주장이었다.

그 반면 아랍국가들은 1974년 침략에 관한 UN총회 결의가 잘 정의되어 있으며 국가들의 법적 확신(opinio juris)을 반영하고 있다고 주장하였다. 또한 동 결의는 Nicaragua 사건(Military and Paramilitary Activities, Nicar. v. U.S., 1986 I.C.J. 4) 등 많은 국제사법재판소의 판결에서 언급된 바 있다는 것이 아랍국가들의 주장이었다. 그 후 당사국총회는 2003년에 '침략범죄에 관한 특별워킹그룹'을 설립하여 침략범죄에 관한 협의를 계속하였고, 특별워킹그룹은 2009년 2월 침략범죄의 정의 초안을 채택하였다.

(3) 침략범죄에 대한 ICC의 관할권 행사 요건

로마회의에서부터 UN안보리의 역할에 대해서도 국가들은 안보리의 침략행위 결정이 있어야만 침략범죄로서 처벌이 가능하다는 안보리 상임이사국 등의 주장과 이러한 안보리의 사전결정이 불필요하다는 아랍국가 등의 주장을 중심으로 논의를 계속하였다. 우리나라를 비롯한 다수국가들은 설립준비위에서 유엔헌장규정 제39조 및 ICC 규정 제5조 2항 등을 고려할 때 재판소의 침략범죄에 대한 관할권 행사에는 안보리의 침략행위 존재에 관한 사전 결정(prior determination by the Security Council of the existence of an act of aggression)이 필요하나, 안보리가 거부권 행사로 인하여 이러한 기능을 제대로 수행할 수 없는 경우 ICC가 침략범죄를 처벌할 수 있는 방안이 필요하다는 입장을 표명하였다. 우리나라의 입장은 참가국가들의 지지를 얻었고, 그 방안으로서 안보리 기능마비시 총회에 이에 대한 결의를 요청하고 그 요청 후 일정기간 내 이에 관한 결의가 없는 경우 재판소의 관할권 행사를 인정케 하는 방안, 안보리의 결정이 없을시 국제사법재판소(ICJ)에 권고적 의견(Advisory Opinion)을 요청, 침략행위의 존재 여부를 결정케 하는 방안 등이 제기되었다. 한 예로서, 그리스와 포르투갈은 안보리가 침략에 관한 결정을 ICC가 요청한 후 12개월 안에 내릴 수 없을 때, ICC가 관할권을 행사할 수 있도록 한 제안을 하였다.

10여 년의 논의 끝에 2010년 캄팔라에서 개최된 재검토회의에서는 침략범죄의 정의와 그에 대한 관할권 행사요건을 정한 침략범죄 관련 개정조항을 채택하였다.

(4) 캄팔라 재검토 회의에서 채택된 침략범죄 관련 개정 조항

캄팔라 재검토 회의에서는 ICC 재검토회의 결의 6호[631]로 다음과 같이 침략범죄의 정의와 관할권행사요건, 범죄구성요건의 개정, 양해사항을 채택하였다.

침략 범죄

재검토회의는

로마 규정의 제12조 제1항을 상기하고,

로마 규정의 제5조 제2항을 상기하며,

1998년 7월 17일 국제형사재판소 설립에 관한 UN전권대사외교회의에서 채택된 결의 F의 제7항을 상기하고,

침략 범죄에 관한 계속적 논의에 관한 추가 결의 ICC_ASP/1/Res.1을 상기하며, 침략 범죄의 규정에 관한 제안을 제출해 준 침략 범죄에 관한 특별워킹그룹에 감사를 표명하며,

당사국총회가 재검토회의에서의 고려를 위해 침략 범죄에 관한 조항을 제안한 결의 ICC-ASP/8/Res.6에 주시하며,

재판소의 침략범죄에 대한 관할권 개시를 가능한 빨리 하도록 결의하며,

1. 국제형사재판소의 로마규정(이하 '규정') 제5조 제2항에 따라 현 결의의 부록 I 에 포함된 규정의 개정을 채택하기로 결정하며, 이 개정은 비준 또는 수락의 대상이 되며 제121조 제5항에 따라 발효한다; 또한 어떤 당사국도 비준 또는 수락에 앞서 제15조 bis에 언급된 선언을 할 수 있음을 유념한다;

2. 또한 이 결의의 부록 Ⅱ에 포함된 범죄구성요건에 대한 개정을 채택하는 것을 결정한다;

3. 그리고 이 결의의 부록 Ⅲ에 포함되어 있는 앞서 언급한 개정의 해석과 관련한 양해(Understanding)를 채택하도록 결정한다;

4. 또한 재판소가 관할권을 행사하기 시작한지 7년 후에 침략 범죄의 개정에 대한 검토를 하도록 결정한다;

5. 모든 당사국이 부록 I 에 포함된 개정을 비준 또는 수락할 것을 요청한다.

부록 I

규정 제5조 2항을 삭제한다.

다음 문언을 규정 제8조 다음에 추가한다.

---

631) ICC-ASP/8/Res. 6.

제8조 bis

1. 이 규정의 목적상, "침략범죄"는 한 국가의 정치적 또는 군사적 행동을 실효적으로 통제하거나 지시할 수 있는 지위에 있는 사람이 침략행위를 계획, 준비, 개시 또는 실행하는 것을 의미하며, 그 침략행위는 그 성질, 중대함과 규모에 의하여 UN헌장의 명백한 위반을 구성하는 것이다.

2. 제1항의 목적상, "침략행위"는 한 국가가 다른 국가의 주권, 영토적 존엄 또는 정치적 독립성에 반하여 무력을 사용하거나, 또는 UN헌장에 위반되는 기타의 방식으로 무력을 사용하는 것을 의미한다. 다음의 행위는, 선전포고의 유무와 관계없이, 1974년 12월 14일의 UN총회결의 3314(XXIX)에 의하여 침략행위가 될 수 있다:

(가) 한 국가의 타국 영토에 대한 무력침입(invasion) 또는 공격 (attack), 또는 아무리 일시적이라도 그러한 침입이나 공격에 의한 군사점령, 또는 무력행사에 의한 타국 영토나 그 영토 일부의 합병;

(나) 한 국가에 의한 타국의 영토에 대한 폭격(bombardment) 또는 한 국가의 타국 영토에 대한 어떠한 무기의 사용;

(다) 한 국가의 항구나 연안에 대한 타국의 무력 봉쇄;

(라) 타국의 육군, 해군, 공군 또는 함대와 항공대에 대해 한 국가의 군대가 공격하는 행위

(마) 한 국가가 접수국과의 협정으로 타국의 영토에 있는 자국군대를 협정에 규정된 조건을 위반하여 사용하거나 그 협정의 종료 이후에도 그 영토에 계속 잔류하는 행위

(바) 한 국가가 타국이 제3국에 대한 침략행위를 범하도록 자국의 영토를 이용하는 것을 방임하는 행위

(사) 한 국가가 위에서 열거된 행위와 유사하게 중대한 무력사용행위를 타국에 대해 수행하도록 무장집단, 단체, 비정규병력, 용병을 보내는 행위

3. 다음 문언을 규정 제15조 다음에 추가한다.

제15조 bis

침략 범죄에 대한 관할권의 행사(국가 회부, 직권)

1. 재판소는 이 조의 규정의 전제하에 제13조 (a)와 (c)에 따라 침략 범죄에 대한 관할권을 행사한다.

2. 재판소는 30개의 당사국에 의해 개정안이 비준 혹은 수락 된지 1년 이후에 발생한 침략 범죄에 관하여만 관할권을 행사할 수 있다.

3. 재판소는 이 규정의 개정안 채택을 위해 요구되는 당사국의 수와 같은 국가들이

2017년 1월 1일 이후에 채택하는 결정을 전제로, 이 조에 따라 침략 범죄에 대한 관할권을 행사한다.

4. 재판소는 당사국이 침략 범죄의 관할권을 승낙하지 않겠다는 것을 사전에 사무국장에게 선언하지 않는 한, 제12조에 따라 당사국이 행한 침략 행위로 인한 침략 범죄에 대해 관할권을 행사할 수 있다.

5. 이 규정의 당사국이 아닌 국가와 관련하여, 재판소는 그 국민이 행하였거나 그 국가의 영토에서 일어난 침략 범죄에 대해서 관할권을 행사하지 아니한다.

6. 소추관이 침략범죄와 관련한 수사를 진행할만한 합리적인 근거가 있다는 결정을 내리는 경우에, 그는 관련국이 저지른 침략 행위에 관한 안전보장이사회의 결정이 있었는지의 여부를 먼저 확인하여야 한다. 소추관은 UN 사무총장에게 관련된 모든 정보와 서류를 포함하여 재판소에 회부된 상황에 대해 알려야 한다.

7. 안전보장이사회가 그러한 결정을 하게 되면 소추관은 침략 범죄와 관련하여 수사를 진행할 수 있다.

8. 통고한 날로부터 6개월 이내에 안전보장이사회의 결정이 없는 경우, 전심재판부(Pre-Trial Division)가 제15조에 의한 절차에 따라 침략행위와 관련한 수사의 개시를 허가하고, 안전보장이사회가 제16조에 따라 다른 결정을 하지 않는 경우에 한해 소추관은 침략범죄에 관한 수사를 계속 할 수 있다.

9. 침략 행위에 대한 외부 기관의 결정은 이 규정 하에서의 재판소의 결정에 영향을 주지 않는다.

10. 이 조는 제5조에 규정된 다른 범죄들에 관한 관할권 행사와 관련한 조항들에 영향을 주지 않는다.

4. 다음 문언을 규정 제15조bis 다음에 추가한다.

15조 ter

침략범죄에 관한 관할권의 행사 (안전보장이사회의 회부)

1. 재판소는 이 조에 의거하여 제13조 (b)에 따라 침략 범죄에 대한 관할권을 행사한다.

2. 재판소는 30개의 당사국에 의해 개정안이 비준 또는 수락된 지 1년 이후에 발생한 침략 범죄에 관해서만 관할권을 행사할 수 있다.

3. 재판소는 이 규정의 개정안 채택을 위해 요구되는 당사국의 수와 같은 수의 국가들이 2017년 1월 1일 이후에 채택하는 결정을 전제로, 이 조에 따라 침략 범죄에 관한 관할권을 행사한다.

4. 침략 행위에 대한 외부 기관의 결정은 이 규정 하에서의 재판소의 결정에 영향

을 주지 않는다.

5. 이 조는 제5조에 규정된 다른 범죄들에 관한 관할권 행사와 관련한 조항에 영향을 주지 않는다.

5. 다음에 언급되는 문구는 규정의 제25조 제3항 이하에 삽입된다.

3 bis. 침략 범죄와 관련하여 이 조의 규정은 국가의 정치적 혹은 군사적인 행동을 지시하거나 실효적으로 통제할 수 있는 지위에 있는 사람에 대해서만 적용한다.

6. 규정의 제9조 제1항 1문은 다음의 문장으로 대체된다:

1. 범죄구성요건은 제6조, 제7조, 제8조와 제8조 bis의 해석에 있어 재판소를 보조한다.

7. 규정 제20조 제3항의 총칙은 다음 문단으로 대체된다; 나머지 문단은 변하지 않는다:

3. 제6조, 제7조, 제8조와 제8조 bis에서 금지하는 행위로 다른 재판소에서 재판을 받은 자는 같은 행위로 인해 국제형사재판소에서 재판받지 아니한다.

부록 Ⅱ

범죄구성요건 개정

서론

1. 제8조 bis 2항에서 언급된 어떠한 행위도 침략 행위를 구성할 수 있다고 이해된다.
2. 가해자가 무력사용이 UN헌장에 위배하는 것이었는지 여부에 대한 법적인 평가를 했다는 증명을 요구하지 않는다.
3. "명백한"이라는 용어는 객관적인 기준이다.
4. UN헌장 위반의 "명백한" 성격에 관하여 가해자가 법적인 평가를 하였는지에 대한 증명은 요구하지 아니한다.

요건

1. 가해자가 침략 행위를 계획, 준비, 개시 또는 실행하였다.
2. 가해자가[632] 침략 범죄를 행한 국가의 정치적 또는 군사적인 행위를 지시하였거나 행위 통제권을 실효적으로 수행할 수 있는 지위에 있는 사람이었다.
3. 침략 행위 ― 타국의 주권, 영토의 존엄성 또는 정치적 독립에 반하는 무력의 사용, 또는 UN헌장에 위배되는 다른 어떠한 형태의 무력사용 ― 가 범하여졌다.
4. 가해자가 그러한 무력의 사용이 UN헌장에 위반된다는 것을 수립하는 사실적 상황을 알고 있었다.

632) 침략행위에 대해서는, 한 사람 이상이 이러한 기준을 충족하는 지위에 있을 수 있다.

5. 그 침략행위가 그 성격, 중대성 또는 규모로 보아 UN헌장의 명백한 위반을 구성한다.

6. 가해자가 UN헌장의 명백한 위반이 있다는 것을 수립하는 사실적 상황을 알고 있었다.

부록 Ⅲ

침략범죄에 관한 국제형사재판소 로마규정 개정에 대한 양해

안전보장이사회에 의한 회부

1. 재판소는 제15조ter 3항에 따른 결정과 개정에 대한 30개 당사국의 비준 또는 수락이후 1년 후 중 나중의 시점이후에 범하여진 침략범죄에 대해서만 규정 제13조 (b)항에 따른 안전보장이사회의 회부를 근거로 관할권을 행사할 수 있다고 이해된다.

2. 재판소는 규정 제13조(b)에 따른 안전보장이사회의 회부를 근거로, 관련국가가 이에 관한 재판소의 관할권을 수락하였는지 여부에 관계없이 침략범죄에 대한 관할권을 행사할 수 있다고 이해된다.

시간적 관할권

3. 제13조 (a)항 또는 (c)의 경우, 재판소는 제15조ter 3항에 따른 결정과 개정에 대한 30개 당사국의 비준 또는 수락이후 1년 후 중 나중의 시점이후에 범하여진 침략범죄에 대해서만 관할권을 행사할 수 있다고 이해된다.

침략범죄에 관한 국내관할권

4. 침략행위와 침략범죄의 정의를 언급한 개정은 이 규정의 목적을 위해서만 언급하고 있는 것으로 이해된다. 개정은 로마규정 제10조에 따라 이 규정과 다른 목적을 위한 기존의 또는 발전중인 국제법 원칙을 결코 제한하거나 침해하는 것으로 해석되지 아니한다.

5. 개정은 다른 국가에 의해 범하여진 침략행위에 대해 국내적 관할권을 행사할 권리나 의무를 창설하는 것으로 해석되어서는 않된다고 이해된다.

다른 양해사항

6. 침략은 불법적인 무력사용의 가장 심각하고 위험한 형태이며; 또한 침략행위의 발생여부는 UN헌장에 따라 그 결과와 관련된 행위의 중대성을 포함하여 각각의 사건의 모든 상황을 종합하여 고려하여야 하는 것으로 이해된다.

7. 침략행위가 UN헌장의 명백한 위반을 구성하는지의 여부를 결정함에 있어, 그 성격, 중대성과 규모의 세 가지 구성요소가 "명백함"의 정의를 정당화하기에 충분하여야 한다고 이해된다. 어떠한 구성요소도 명백성의 기준을 그 하나만으로 충족시키기에 충분할 수는 없다.

1) 침략범죄의 정의 조항

2010년 재검토회의는 침략범죄의 정의 조항으로 2009년의 초안을 그대로 채택하여 ICC규정의 제8조 bis를 신설하였다. 제8조 bis 1항은 침략범죄를 범한 개인의 행위를 규정하고 있다. 아울러 제25조 3항 bis는 "침략범죄에 관하여는, 이 조의 조항들이 오직 한 국가의 정치적 또는 군사적 행동을 실효적으로 통제하거나 지시할 수 있는 지위에 있는 사람에게만 적용된다"고 규정하여 침략범죄관련 조항은 한 국가의 지도자적 지위에 있는 사람에게만 적용된다는 점을 명확히 하고 있다. 이 조항은 "지도자 조항(leadership clause)"이라고 회의 중에 지칭되었다. 이 지도자 조항에 대해서는 국가들 간에 매우 강한 컨센서스가 이루어졌다.[633] 그러나, 이 지도자 조항이 정치적, 군사적 지도자만이 포함하는지 아니면 정치적, 군사적 지도자는 아니지만 침략행위에 참여한 산업적 지도자(industrialist)도 포함되어야 한다는 주장이 제기되었고 이 주장에 대한 명시적인 반대는 회의 중에 제기되지 않았다.[634] 한편, 뉘른베르그와 동경재판의 선례를 따르기 위해서는 교섭과정의 문서들(travaux préparatoires)에 교섭자들이 산업적 지도자도 지도자에 포함됨을 의도하였다는 것을 명확히 하자는 의견도 제기되었다.[635] 예를 들어 파벤(Farben)[636] 사건에서 통제위원회법 제10호(Control Council Law No. 10)에 의해 설립된 재판소는 파벤 사건의 피고였던 파벤회사의 24명의 이사들을 궁극적으로 석방하였지만, 산업적 지도자가 침략범죄로서 처벌될 수 있음을 명확히 하였다.[637]

로마회의와 준비위원회에서 해결되지 못하였던 주요 쟁점인 침략범죄의 정의방식과 관련하여 제8조 bis의 2항은 열거적 정의방식과 일반적 정의방식을 결합하는 방식으로 이 문제를 해결하였다. 즉, 동조 2항의 첫 문장은 일반적인 정의규정을 두고 두 번째 문장은 UN총회 결의 3314호의 제3조를 그대로 규정한 것이다.

---

633) Claus Kress, *The Crime of Aggression before the First Review of the ICC Statute*, Leiden Journal of International Law vol. 20(2007). p. 855.

634) 2009년 특별워킹그룹보고서 제25항, ICC-ASP/7/SWGCA/2(2009).

635) Claus Kress, supra note 633, at 855. 또한, 산업적 지도자도 포함되어야 한다는 주장을 잘 나타낸 논문으로서 K. J. Heller, Retreat from Nuremberg: The Leadership Requirement in the Crime of Aggression, 18 European Journal of International Law 477(2007) 참조.

636) United States of America v. Carl Krauch et al.(the I.G. Farben case), United Nations, Historical Review of the Developments relating to Aggression(2003) 참조.

637) K. J. Heller, supra note 635, at 483.

2) 관할권행사의 요건

침략범죄에 대한 관할권행사 요건으로서 이번 개정은 제15조의 2(Article 15 bis)와 제15조의 3(Article 15 ter)을 신설하였다. 제15조의 2는 ICC 당사국이나 ICC 소추관이 직권으로 상황을 회부한 경우에 적용된다. 제15조의 3은 안전보장이사회가 상황을 회부한 경우에 적용된다. 제15조의 2와 제15조의 3 모두 30개 당사국 이상이 침략범죄 개정을 비준 또는 수락한 지 1년 이후에 발생하는 침략범죄에 대해서만 ICC가 관할권을 행사할 수 있도록 하고 있다. 또한 제15조의 2와 제15조의 3의 3항은 2017년 1월 1일 이후에 ICC 당사국의 3분의 2의 찬성 또는 컨센서스로 결정하여야만, ICC가 침략범죄에 대해 관할권을 행사할 수 있도록 하고 있다.

제15조의 2의 4항부터 8항까지는 제15조의 3에는 존재하지 않는 내용을 규정하고 있다. 즉, 이 조항들은 당사국이 상황을 회부하거나 소추관이 직권으로 수사를 시작하는 경우에만 적용되는 조항이다. 제15조의 2의 4항은 ICC가 당사국이 범한 침략행위에서 발생하는 침략범죄에 대해 관할권을 행사할 수 있지만, 그 당사국이 ICC의 사무국장에게 그러한 관할권을 수락하지 않겠다는 선언을 한 경우에는 관할권을 행사할 수 없다고 규정한다. 이는 당사국이 침략범죄에 대해 선택제외(opt-out) 선언을 할 수 있음을 의미한다. 그러한 선언의 철회는 언제나 할 수 있고 3년 이내에 그 당사국이 고려할 수 있다. 제15조의 2의 5항에 의하면, ICC는 규정의 비당사국의 국민이 침략범죄를 범하거나 비당사국의 영토에서 침략범죄가 범하여진 경우에는 침략범죄에 대한 관할권을 행사할 수 없다. 동조 6항에 의하면 소추관이 침략범죄와 관련한 수사를 진행할만한 합리적인 근거가 있다는 결정을 내리는 경우에, 그는 관련국이 저지른 침략행위에 관한 안전보장이사회의 결정이 있었는지의 여부를 먼저 확인하여야 한다. 소추관은 UN사무총장에게 관련된 모든 정보와 서류를 포함하여 재판소에 회부된 상황에 대해 알려야 한다.

제15조의 2의 7항은 안전보장이사회가 침략행위에 대한 결정을 하게 되면 소추관은 침략범죄와 관련하여 수사를 진행할 수 있도록 규정한다. 동조 8항은 UN 사무총장에게 통고한 날로부터 6개월 이내에 안전보장이사회의 결정이 없는 경우, 전심재판부(Pre-Trial Division)가 제15조에 의한 절차에 따라 침략행위와 관련한 수사의 개시를 허가하고, 안전보장이사회가 제16조에 따라 다른 결정을 하지 않는 경우에 한해 소추관은 침략범죄에 관한 수사를 계속할 수 있다고 규정한다. 이 조항에 의하면 안전보장이사회의 침략행위에 관한 결정이 없더라도 ICC가 침

략범죄에 대한 관할권을 행사할 수 있다.

3) 범죄구성요건 초안에 관한 합의

2009년 침략범죄의 정의에 관한 합의가 이루어졌을 때, 호주와 사모아의 대표단이 앞장서서 새로운 범죄구성요건 초안을 준비하였다.[638] 2009년 4월, 이 초안은 스위스의 몽트뢰에서 개최된 비공식 회의에서 심도 있는 논의의 주제가 되었다. 이 회의에서 도출된 범죄구성요건 초안과 그에 대한 자세한 설명[639]은 2009년 여름 뉴욕의 프린스턴 클럽에서 열린 회기간 회의에서 모든 대표단들에게 배부되었다. 이 회의에서 캄필라에서 합의가 될 범죄구성요건 초안의 잠정적 합의가 이루어졌다. 이 범죄구성요건 개정 초안은 캄팔라 재검토회의에서 변경 없이 채택이 되었다.

4) 발효 절차

침략범죄의 개정이 ICC규정 제121조 3항, 4항, 5항 중 어느 조항에 의해 발효되는지에 관한 논쟁이 캄팔라 재검토회의 이전부터 제기되어 왔다. 재검토회의에서는 동 개정이 ICC 규정 제121조 5항의 절차에 의해 발효되는 것으로 결정하였다.[640]

5) 침략범죄에 대한 관할권 개시 결정 결의

침략범죄에 대한 ICC의 관할권 개시 결정은 2017년 12월 14일 ICC의 당사국총회에서 이루어졌다.[641] 이 결의에 의해 ICC는 2018년 7월 17일부터 침략범죄에

---

638) 이러한 계획은 SWGCA 2009년 보고서에서도 암시된 바 있다. Barriga, Danspeckgruber and Wenaweser, The Princeton process on the Crime of Aggression(2009) p. 58(paragraph 42) 참조.

639) Id., at 36~42.

640) 자세한 사항은 김영석, 국제형사재판소법강의(개정판, 2014), pp. 245~248 참조.

641) Resolution ICC-ASP/16/Res.5, *Adopted at the 13th plenary meeting, on 14 December 2017, by consensus*

ICC-ASP/16/Res.5

Activation of the jurisdiction of the Court over the crime of aggression

The Assembly of States Parties,

Recognizing the historic significance of the consensual decision at the Kampala Review Conference to adopt the amendments to the Rome Statute on the crime of aggression, and in this regard *recalling* resolution RC/Res.6,

Reaffirming the purposes and principles of the Charter of the United Nations,

Recalling its resolve to activate the Court's jurisdiction over the crime of aggression as early as possible, subject to a decision according to paragraphs 3 of article 15 *bis* and article 15 *ter*,

Noting with appreciation the report on the facilitation on the activation of the jurisdiction of the International Criminal Court over the crime of aggression, which summarizes the views of States

대하여 관할권을 행사한다. 침략범죄 개정을 수락한 당사국에 대해 그 비준 또는 수락서를 기탁한 지 일년 후에 동 개정이 발효하며, 당사국의 회부 또는 소추관의 독자적 회부의 경우에, 동 개정을 비준하거나 수락하지 않은 당사국의 국민이 범하거나 그 국가의 영토에 대해 범하여진 침략범죄에 대해 재판소는 관할권을 행사하지 않는다.

동 결의는 로마규정 제40조 1항과 제119조 1항의 재판소 판사의 사법적 독립성을 재확인하고 있다.

Ⅳ. 국제형사재판소 규정에서의 형법의 일반원칙

1. 서 론

로마규정 제3부는 국제형사재판소가 그 관할권을 행사하면서 지켜야 할 형법의 일반원칙을 규정하고 있다. 제3부는 총 11개의 조항으로 이루어져 있다. 로마규정 제3부는 대부분 국가의 국내법 체계에서 발견되는 형법의 일반적 원칙들을 종합적으로 포함하고 있다. 이 점은 로마규정의 주요한 성과로서 평가된다.

Parties,

Recalling paragraph 4 of article 15 bis and paragraph 5 of article 121,

Recalling also that in paragraph 1 of RC/Res.6 the Review Conference decided to adopt, in accordance with paragraph 2 of article 5 the amendments regarding the crime of aggression, which are subject to ratification or acceptance and shall enter into force in accordance with paragraph 5 of article 121; and noted that any State Party may lodge a declaration referred to in article 15 *bis* prior to ratification or acceptance of the amendments,

1. *Decides* to activate the Court's jurisdiction over the crime of aggression as of 17 July 2018;
2. *Confirms* that, in accordance with the Rome Statute, the amendments to the Statute regarding the crime of aggression adopted at the Kampala Review Conference enter into force for those States Parties which have accepted the amendments one year after the deposit of their instruments of ratification or acceptance and that in the case of a State referral or *proprio motu* investigation the Court shall not exercise its jurisdiction regarding a crime of aggression when committed by a national or on the territory of a State Party that has not ratified or accepted these amendments;
3. *Reaffirms* paragraph 1 of article 40 and paragraph 1 of article 119 of the Rome Statute in relation to the judicial independence of the judges of the Court;
4. *Renews* its call upon all States Parties which have not yet done so to ratify or accept the amendments to the Rome Statute on the crime of aggression.

로마회의에서, 형법의 일반원칙에 관한 실무반(Working Group on General Principles of Criminal Law)이 설립되어 통합초안의 제3부 형법의 일반원칙을 검토하였다. 1998년 6월 16일, 전체위원회(Committee of the Whole)는 제2차 회의에서 퍼 살란드(Per Saland) 스웨덴 대표를 형법의 일반원칙에 관한 실무반의 의장으로 선출하였다. 그는 이 실무반을 잘 운영하여 성공적으로 제3부를 잘 검토하여 작성하였고 제3부 이외에 적용법규(applicable law)에 관한 규정도 실무반에서 검토하도록 하였다.

다음에서는 제3부의 조항을 중심으로 형법의 일반원칙에 관한 구체적인 내용과 의미를 간략히 살펴보고자 한다.

2. 죄형법정주의

죄형법정주의는 로마규정 제22조와 제23조에 규정되어 있다. 즉, 로마규정 제22조는 범죄법정주의(Nullum Crimen Sine Lege), 제23조는 형벌법정주의(Nulla Poena Sine Lege)를 규정하여 죄형법정주의 원칙을 명확히 하고 있다. 먼저 범죄법정주의는 "어떤 행위도 형법에 명확히 규정되지 않고는 범죄로 인정되지 않는다"는 원칙이다. 다음으로 형벌법정주의는 "어떤 사람도 형벌을 규정한 법에 의하지 않고는 처벌되지 않는다"는 원칙이다. 이 죄형법정주의 원칙은 현대 형법의 근본원칙으로서 간주되고 있다.

(1) 범죄법정주의(제22조)

로마규정 제22조 1항은 "1. 어느 사람도, 당해 행위가 발생한 시점을 기준으로, 재판소의 관할권에 속하는 범죄를 구성하는 경우를 제외하고는 이 규정에 따라 형사책임을 지지 아니한다"고 규정하고 있다. 이는 특정행위를 범한 사람을 처벌하기 위해서는 그 행위가 행위시에 이미 재판소의 관할권에 속하는 범죄를 구성해야 한다는 것을 밝히고 있는 것이다. 또한 동조 2항은 "2. 범죄의 정의는 엄격히 해석되어야 하며 유추에 의하여 확대되어서는 아니 된다. 범죄의 정의는, 분명하지 않은 경우, 수사, 기소 또는 선고를 받는 자에게 유리하도록 해석되어야 한다"고 규정하여 유추해석의 금지원칙과 범죄의 정의가 불명확할 경우 피의자 또는 피고인에게 유리하게 해석해야 한다는 원칙을 명확히 하고 있다.

제22조 3항은 "3. 이 조는 국제법상 이 규정과는 별도로 특정 행위를 범죄로

정하는 것에 영향을 미치지 아니한다"고 하고 있다. 이는 국제관습법은 계속 발전하는 것인 데 비해 로마규정은 개정되기 전에는 계속 변화가 없다는 점을 고려한 규정이다. 즉, 제3항은 로마규정 이외에 국제관습법이 특정행위를 범죄로 정할 수 있음을 명확히 하고 있다. 또한, 제3항은 로마규정 제10조가 "이 부의 어느 규정도 이 규정과 다른 목적을 위한 현존하는 또는 발전중인 국제법규를 결코 제한하거나 침해하는 것으로 해석되어서는 아니 된다"고 규정하고 있는 것과 상호보완적인 조항이 될 수 있다.

(2) 형벌법정주의(제23조)

로마규정 제23조는 "재판소에 의하여 유죄가 선고된 자는 이 규정에 의하여서만 처벌받을 수 있다"고 하여 형벌법정주의를 규정하고 있다. 이 조항은 통합초안에는 포함되어 있지 않았으나, 로마회의시 일부 대표단이 범죄법정주의 원칙을 보완하기 위해서 추가할 것을 제안하였고 이에 대한 반대가 없어 채택되었다.

(3) 국제형사법상 죄형법정주의의 의의

죄형법정주의 원칙은 범죄의 사전예방과 형사절차적 공정성을 최대화하고 보호되는 행위에 대한 과도한 억지를 최소화하려는 데에 그 의의가 있다고 할 수 있다. 그러나 죄형법정주의 원칙은 그 자체의 결점을 내포하고 있다고 할 수 있다. 즉, 정확하게 사전에 쓰여진 규칙은 형사책임을 추궁하는 데 있어서 예측가능성과 통일성을 향상시킬 수 있는 반면에, 이러한 사전규칙은 또한 법을 적용하는 재판관 등이 기존에 없는 새로운 문제나 비정상적인 문제를 해결하는 것을 어렵게 할 수 있다. 예를 들어, 전쟁법상 금지무기의 정확한 열거는 죄형법정주의의 원칙에는 충실할 수 있으나, 기존에 없던 새로운 무기를 개발하여 사용하는 사람을 형사처벌하기 어렵게 할 수 있다. 또한, 국내형법도 종종 법원이 특수한 범죄, 통상적인 범죄이나 특수한 맥락에서 행해진 범죄 그리고 다양한 요소를 가진 복합적인 범죄에 적용할 적합한 조항을 찾기가 곤란하여 처벌이 어려운 경우를 발생하게 한다. 따라서 국내형법도 어느 정도 죄형법정주의의 완벽한 적용이 곤란한 경우를 용인하는 측면이 있을 수 있다. 더구나, 국제형사법에 있어서의 죄형법정주의는 국제형사법이 국내 형법과 형사소송법 체계에 비해 아직 초기단계에 있다는 점을 감안하여 해석해야 된다고 생각된다.

3. 사람에 대한 소급금지(non-retroactivity ratione personae, 제24조)

(1) 의 의

로마규정 제24조 1항은 "1. 누구도 이 규정이 발효하기 전의 행위를 이유로 이 규정에 따라 형사책임을 지지 아니한다"고 하여 규정 발효 이전의 행위를 이유로 특정인에 대해 형사책임을 추궁할 수 없도록 하고 있다. 이는 형벌불소급의 원칙(the principle of non retroactivity of criminal law)을 표현한 것으로 볼 수 있다. 형벌불소급의 원칙은 국제인권B규약(ICCPR) 제15조 1항에도 규정되어 있다. 또한 우리 헌법 제13조 1항 전단도 형벌불소급의 원칙을 규정하고 있다.

죄형법정주의와 형벌불소급원칙 또는 소급효금지의 원칙은 완전히 동일하지는 않지만 실질적 관련성이 있다. 죄형법정주의는 소급효 금지원칙에 의해 구체화된다. 미국 헌법은 사후입법(ex post facto laws)을 금지하고 있는데 이는 바로 소급효 금지원칙을 의미한다.

로마규정의 맥락에서 소급효 금지원칙은 ICC가 규정 발효 이후의 범죄만을 처벌할 것이라는 의미를 가진다. 이는 ICC가 1970년대 후반 캄보디아에서 발생한 집단살해와 같은 범죄를 처벌할 가능성이 희박함을 의미한다. 또한, ICC는 상설 국제형사재판소로서 규정 발효 이후의 범죄만을 처벌하기 때문에 뉘른베르그 재판소를 비롯한 구 유고재판소(ICTY), 르완다재판소(ICTR) 등의 임시재판소(ad hoc tribunal)들이 범죄행위시에는 범죄로 인정되지 않았던 행위를 사후처벌(ex post facto punishment)하는 것이라는 비판을 피할 수 있을 것이다.

한편 제24조 2항은 "2. 최종판결 전에 당해 사건에 적용되는 법이 변경되는 경우, 수사, 기소 또는 선고를 받는 자에게 보다 유리한 법이 적용되어야 한다"고 하고 있다. 로마회의시 통합초안에는 "가장 관대한 법이 적용되어야 한다(the most lenient law shall be applied)"라고 규정되어 있었으나, 참가대표단들은 이 표현을 현재의 규정과 같이 "보다 유리한 법이 적용되어야 한다(the law more favourable..shall be applied)"라는 표현으로 수정하였다. 이는 소급적용 금지의 원칙을 보다 정확하게 나타내기 위해 수정한 것으로 평가된다.

(2) 계속범(continuous crimes)의 문제

제24조 1항과 관련하여 계속범의 처리 문제가 제기된다. 계속범은 행위에 의해 야기된 위법상태가 행위자가 원하는 시점까지 계속됨으로써 행위의 계속과 위법상태의 계속이 일치하는 범죄를 말한다. 예를 들어, 약취·유인죄(형법 제287조 이하), 체포·감금죄(형법 제276조 이하), 주거침입·퇴거불응죄(형법 제319조) 등이 이에 해당된다. 즉, 로마규정의 발효 이전에 범해진 범죄로서 로마규정의 발효 이후에도 계속되는 범죄를 어떻게 처리해야 하는가의 문제가 제기된다. 예를 들어, 로마규정 제7조의 인도에 반한 죄 중 강제실종에 의한 인도에 반한 죄는 계속범에 해당할 수 있다. 왜냐하면, 과거 로마규정 발효 이전인 1970년대에 강제실종된 사람 중 아직 행방불명인 사람이 다수 있기 때문에 당시의 강제실종에 의한 인도에 반한 죄는 로마규정이 발효한 시점 이후에도 계속범으로서 존재가 가능하다고 볼 수 있기 때문이다. 로마회의시 퍼 살란드(Per Saland) 형법의 일반원칙 실무반(Working Group) 의장은 이 문제를 해결하기 위해 제24조 1항에서 "이 규정이 발효하기 전의 행위(the conduct prior to the entry into force of the Statute)"라는 표현을 사용하였다. 즉, 그는 이 규정이 발효하기 전에 '행해진(committed)', '발생한(occurred)', '시작된(commenced)' 또는 '완성된(completed)' 행위라는 표현을 사용하지 않고 단지 이 규정이 발효하기 전의 행위라는 표현을 함으로써 계속범의 문제를 해결해보려고 하였다. 그러나 이 문제는 재판소에 의해 해결되어야 할 문제로 계속 남아있는 것으로 보인다.

(3) 규정 제24조와 규정 제11조

재판소의 시간적 관할권(jurisdiction ratione temporis)을 규정하고 있는 로마규정 제11조와 형벌불소급 원칙을 정하는 제24조는 일견 유사해 보이나 차이가 있다. 먼저, 제11조 1항은 재판소의 관할권이 로마규정의 발효 이후에야 비로소 발생하는 것을 나타내며, 동조 2항은 로마규정이 발효한 후 당사국이 되는 국가에 대한 로마규정의 효력에 관하여 규정하고 있을 뿐으로서 제11조는 형벌불소급이라는 형법의 일반원칙을 다루고 있지 않다. 그러나 제24조는 형벌불소급의 원칙을 다루고 있는 것이다. 다음으로, 앞에서 논의한 바 있는 계속범의 문제와 관련하여 제24조가 '행해진', '발생한', '시작된' 등의 용어가 없이 "이 규정 발효 전의 행위"

라고 규정하고 있는 반면, 제11조는 "재판소는 이 규정이 발효된 이후에 행하여진 범죄에 대하여만 관할권을 가진다"고 하여 '행하여진'이라는 용어를 사용하고 있어 양 조항이 차이를 보인다. 이 차이점 또한 계속범의 문제를 해결하는 데 어려움을 더할 것으로 보인다.

4. 국제형사재판소 규정상 개인의 형사책임

ICC 규정 제25조는 1항에서 "재판소는 이 규정에 따라 자연인에 대하여 관할권을 갖는다"고 하고 2항에서 "재판소의 관할권에 속하는 범죄를 저지른 자는 이 규정에 따라 개인적으로 책임을 지며 처벌을 받는다"고 규정함으로써, 국제법상 개인의 형사책임을 명확히 하고 있다. 또한, 절차적인 측면에서도 국제법을 위반한 개인을 국제재판소인 ICC가 국제법인 ICC 규정 등을 적용하여 처벌한다는 점에서 개인에 대한 형사책임추구 원칙에 충실한 것으로 평가된다.

5. 로마규정과 개인의 형사책임에 관한 국제관습법

(1) 개인의 형사책임에 관한 국제관습법상의 법적 확신(opinio juris)

국제사법재판소(International Court of Justice)의 규정 제38조는 국제관습을 '법으로서 수락된 일반적 관행'이라고 정의하고 있다. 국제관습법은 양적 요소(국가들의 관행)와 질적 요소(법적 확신)를 갖추어야 한다. 가장 간결한 형식으로 축소된 법적 확신(opinio juris)은 국제법의 내용에 대한 입장표명이다. 뉘른베르그 원칙과 집단살해 등 핵심 범죄에 대한 보편적 관할권의 원칙들에 대한 국가들의 법적 확신은 대표단의 압도적인 다수, 특히 독일과 한국 대표단의 반복적인 입장표명에 의하여 잘 나타났다. 국가들의 압도적인 대다수는 집단살해 협약과 뉘른베르그 재판소 헌장 이래 형성되어 온 국제관습법에 따른 4가지 핵심적인 범죄를 범한 개인을 처벌할 모든 국가들의 의무를 선언하였다.

대다수 대표단은 토론과정에서 로마규정 제12조에 포함될 내용에 찬성하여 그들의 의견을 반복적으로 개진하였다. 그 내용은 '자동적 관할권', '3개의 핵심 범죄에 대한 보편적 관할권 또는 그것의 변형' 그리고 비규정당사국이 재판소의 관할권을 수락할 수 있는 권리를 포함하고 있었다. 특히 그들은 범죄인이 국제법 또는 국내법에 따른 재판을 피하지 못하도록 하기 위해 3가지 핵심범죄를 보편적 관할권이나 그 변형에 따르도록 하는 것에 동의하였다. 국가들의 압도적 다수는 그들의 법적 확신을 최대한 반영하기 위하여 범죄인들에게 뉘른베르그 헌장, 집단살해 협약 그리고 국제인도법의 원칙에 따른 재판을 받게 하기를 원하였다.

(2) 개인의 형사책임에 관한 국제관습법상의 국가들의 국제적 관행(practice)

국제관습법의 양적 요소로서의 국가들의 실제적인 관행은 국제적인 측면과 국내적 측면에 있어서의 국가들의 실제 행위를 통해 알 수 있다. 로마회의에서 대다수의 국가들은 그들의 관행이 뉘른베르그 헌장과 집단살해 협약, 국제인도법의 원칙에 일치함을 주장하였다.

더구나 뉘른베르그 헌장, 집단살해협약과 국제인도법의 원칙을 국제관습법으로써 승인하는 구 유고재판소(ICTY)와 르완다재판소(ICTR)의 다양한 국제관행을 발견할 수 있다. ICTY 규정상의 재판소의 관할권관련 규칙은 "법률 없이는 범죄 없다"는 원칙(Nullem Crimen Sine Lege, 죄형법정주의)을 준수할 수 있도록 명백하게 국제관습법화한 것으로 인정된 것을 규정하였다. ICTY 규정 제2조는 1949년 제네바 4개 협약에 대한 중대한 위반을 저지른 자를 기소할 수 있는 권한을 ICTY에 부여하고 있다. ICTY 규정 제3조는 재판소에 대해, 국제관습법으로 이미 인정되는 1907년 육전법규에 관한 헤이그 제Ⅳ협약과 그 부속 규칙을 포함한, '전쟁에 대한 관습법'의 위반을 기소할 수 있는 권한을 부여하고 있다. ICTY 규정 제4조는 재판소에게 집단살해의 실행과 함께 모의, 방조, 그러한 행동을 저지르려는 시도 또는 공범을 기소할 수 있는 권한을 부여하고 있다. 또한, 동조는 1948년 집단살해 협약에 따라서 집단살해를 정의하고 있고, 이 협약은 UN사무총장의 보고서에 의할 때, 국제관습법화한 것으로 인정된다. 제5조는 뉘른베르그 재판소의 판결과 헌장에서 나타난 것처럼 무력충돌시 저질러진 인도에 반한 죄를 기소할 수 있는 권한을 재판소에 부여하고 있다. 그러므로 ICTY는 뉘른베르그 헌장, 집단살해협약과 국제인도법을 국제관습법으로 승인하고 있는 국가들의 '관행'에 대한 충분한 증거가 될 수 있다. 게다가 ICTY와 ICTR은 보충성의 원칙을 적용받지 않기 때문에 국내 법원과 경합하는 관할권을 가지고 국내 법원에 대하여 일시적 유예를 요청함으로써 국내 법원에 대한 우위를 선택할 수도 있는 반면, ICC는 보충성의 원칙 때문에 ICTY와 ICTR보다 더 약화된 관할권제도를 가지고 있다.

(3) 개인의 형사책임에 관한 국제관습법상의 국가들의 국내적 관행(domestic practice)

국제관습법을 위한 국내적인 측면에서의 실행의 좋은 예는 미 육군이 공표한 1956년 '전쟁에 관한 법(The Law of Land Warfare)'이라는 제목의 미 육군 교범 27－10(Army Field Manual 27－10)이다. 이 교범의 목적은 미국의 군사요원들에게 육전에 적용되는 관습법과 조약법을 권위 있게 지도하기 위한 것이다. 이 교범은 기본적으로 뉘른베르그 헌장, 판결, 원칙에서 나타난 세 가지 국제적 범죄인 평화에 반한 죄, 인도에 반한 죄, 전쟁범죄를 포함하고 있다. 이 교범의 제498항 '국제법상의 범죄'는 3가지 범죄, 즉 평화에 반한 죄, 인도에 반한 죄, 전쟁범죄를 저지른 개인의 형사상의 책임을 승인하고 있다. 이 교범은 "전쟁에 관한 관습법이 미국의 법의 일부분이며, 미국이 규정 당사국인 조약 또는 유효한 행정부의 법이나 입법부의 법에 상반되지 않는 한에 있어서는 미국과 미국의 시민들과 미국을 위해 일하는 여타 사람들을 구속한다"고 명백히 하고 있다.

(4) 소 결

위에서 살펴본 바와 같이 2차 대전 이후 집단살해죄, 인도에 반한 죄, 전쟁범죄, 침략범죄를 범한 개인의 형사책임원칙은 뉘른베르그 재판과 동경재판을 통해 명확하게 되고 그 이후 국가들의 관행과 법적 확신을 얻게 되어 국제관습법화한 것으로 볼 수 있다. ICC는 이러한 국제관습법을 충실히 반영하여 국제법상 개인의 형사책임을 명문화한 조약으로서의 의미가 있다고 할 수 있다.

6. 개인의 형사책임 종류

로마규정 제25조 3항은 국제형사재판소 규정상 개인의 형사책임의 종류를 규정하고 있다. 먼저 3항 (a)는 "단독으로, 다른 사람과 공동으로 또는 다른 사람을 통하여 그 범죄를 저지른 경우. 다만, 그 다른 사람이 형사책임이 있는지 여부와는 관계가 없다"고 하여 정범의 형사책임(liability of the principal)을 규정하고 있다. 3항 (b)는 "그 범죄의 실행을 명령, 권유 또는 유도하여 실제로 범죄가 일어나거나 착수된 경우" 그러한 행위를 한 사람에 대해 형사책임을 추구하도록 규정하고 있다. 3항 (c)는 "그 범죄의 실행을 용이하게 할 목적으로 범행의 수단 제공을 포함하여 범죄의 실행 또는 그 실행의 착수를 방조, 교사 또는 달리 조력한 경우"를 처벌하도록 하고 있다. 3항 (d)는 "공동의 목적을 갖고 활동하는 집단에 의한 그 범죄의 실행 또는 그 실행의 착수에 기타 방식으로 기여한 경우" 그러한 기여는 의도적이어야 하며 다음의 어느 하나의 것이어야 한다. (ⅰ) 그 집단의 범죄행위 또는 범죄목적이 재판소의 관할권에 속하는 범죄의 실행을 포함하는 경우, 그 집단의 범죄행위 또는 범죄목적을 촉진시키기 위하여 이루어진 것, 또는 (ⅱ) 그 집단이 그 범죄를 저지르려 하는 의도를 아는 상태에서 이루어진 것"이라고 규정하여 공모(conspiracy)범죄를 저지른 자의 형사책임을 규정하고 있다. 공모의 개념은 영미법계 국가들이 매우 지지하였고 대륙법계 국가들은 다소 소극적이었다. 그러나 로마회의시 대표단들은 '폭탄테러방지협약'[642]의 문구를 약간 수정하여 공모의 개념을 채택하기로 하였다. 3항 (e)는 집단살해죄와 관련하여서는 "집단살해를 저지르도록 직접적으로 그리고 공개적으로 타인을 선동한 경우"도 관련되는 개인을 처벌하도록 하고 있다. 3항 (f)는 "실질적인 조치로써 범죄의 실행에 착수하는 행위를 취하여 그 범죄의 실행을 기도하였으나 본인의 의도와는 관계없는 상황에 의하여 범죄가 완수되지 아니한 경우. 그러나 범행의 노력을 포기하거나 또는 달리 범죄의 완성을 방지한 자는, 그가 범죄 목적을 완전히 그리고 자발적으로 포기하였다면, 그 범죄미수에 대하여 이 규정에 따른 처벌을 받지 아니한다"고 하여 미수범을 처벌하도록 하고 있으나, 중지미수[643]의 경우는 처벌하지 않도록 하고 있다.

7. 개인의 형사책임과 국가의 국제책임

로마규정 제25조 4항은 "개인의 형사책임에 관한 이 규정의 어떠한 조항도 국제법상의 국가책임에 영향을 미치지 아니한다"고 하여 개인의 형사책임과 관련 국가의 국제책임이 별개의 것임을 명확히 하고 있다. 이 항은 로마회의시 이견이 거의 없이 채택되었다. 국가의 국제책임에는 국가공무원의 국제위법행위에 대한

642) United Nations International Convention for the Suppression of Terrorist Bombings, UN 총회 결의 52/164호(1998년 12월 15일)의 부속서로 채택.

643) 우리 형법 제26조는 중지미수와 관련하여 "범인이 자의로 실행에 착수한 행위를 중지하거나 그 행위로 인한 결과의 발생을 방지한 때에는 형을 감경 또는 면제한다"고 규정하고 있다.

민사책임 등이 포함될 것이다.

8. 18세 미만자에 대한 관할권 배제(제26조)

로마규정 제26조는 "재판소는 범행혐의시에 18세 미만인 자에 대하여 관할권을 가지지 아니한다"고 하여 18세 미만자에 대한 재판소의 관할권을 배제하고 있다. 본래 제26조는 통합초안의 형사책임연령(age of responsibility)에 관한 조항에서 유래하였다. 로마회의 이전의 여러 회의에서 각국은 정확한 책임무능력자의 상한 연령에 대해 합의를 이룰 수가 없었다. 각국은 12세, 13세, 14세, 16세 그리고 18세 등 다양한 연령을 제시하였다. 이에 따라, 로마회의에서는 스웨덴 등이 형사책임연령을 정하기가 어려우므로 '관할권 연령(jurisdictional age)'이라는 개념을 도입하여 18세 미만자에 대해 국제형사재판소가 관할권을 행사할 수 없도록 하자고 제안하였다. 이러한 제안에 대해 많은 국가들이 18세 미만의 자에 대해서 처벌하지 않는 것이 아동의 권리에 관한 협약[644] 등 많은 국제조약에 부합한다는 점에서 지지하였고, 제26조가 채택되게 되었다.

9. 공적 지위와의 무관련성(제27조)

(1) 공적 지위의 무관련성

로마규정 제27조 1항은 "이 규정은 공적 지위에 근거한 구분 없이 모든 사람에게 동등하게 적용된다. 특히, 국가원수 또는 정부수반, 정부 또는 의회의 구성원, 선출된 국회의원 또는 정부 공무원으로서의 공적 지위는 어떠한 경우에도 그 개인을 이 규정에 따른 형사책임으로부터 면제시키지 아니하며, 또한 본질적으로 그리고 자동적으로 감형사유가 되지 아니한다"고 규정하여 형사책임과 공적 지위(official position)와의 무관련성을 명확히 하고 있다. 또한, 동조 2항은 "국내법상이든 또는 국제법상이든 어느 사람의 공적 지위에 따라 부여되는 면책 또는 특별한 절차상 원칙은 재판소의 그 사람에 대한 관할권 행사에 장애가 되지 아니한다"고 하여 특정인의 공적 지위가 재판소의 관할권 행사에 영향을 미치지 않음을 분명히 하고 있다.

644) Convention on the Rights of Child, 1989년 11월 20일 채택.

공적 지위의 무관련성 원칙은 국제관습법화된 뉘른베르그 원칙에 기초하고 있다. 뉘른베르그 헌장 제7조는 "피고의 공적 지위는, 국가원수 또는 정부의 책임 있는 관리 여부는, 책임을 면하게 하거나 책임을 완화하는데 고려될 수 없다"고 규정하고 있다. 따라서 특정인의 공적 지위는 그 사람의 형사책임을 면제해 주거나 완화해 주는 사유가 될 수 없다. 다만, 로마규정 제27조는 "공적 지위는 본질적으로 그리고 자동적으로 감형사유가 되지 아니한다"고 규정하여 일정한 사유가 있으면 공적 지위를 감형사유로 주장할 여지를 남겨두고 있는 듯하다.

(2) 대한민국 헌법과 국제형사재판소 규정 제27조와의 부합가능성

1) 문제 제기

우리 헌법 제84조는 "대통령은 내란 또는 외환의 죄를 범한 경우를 제외하고는 재직 중 형사상의 소추를 당하지 아니한다"고 정하고 있으나, 국제형사재판소 규정(로마규정) 제27조 1항은 국가원수 또는 정부수반 등의 공적 지위는 어떠한 경우에도 그 개인을 이 규정에 따른 형사책임으로부터 면제시키지 아니하며, 또한 본질적으로 그리고 자동적으로 감형사유가 되지 아니한다고 규정하고 있고, 동조 2항은 "국내법상이던 또는 국제법상이던 어느 사람의 공적 지위에 따라 부여되는 면책 또는 특별한 절차상의 원칙은 재판소의 그 사람에 대한 관할권 행사에 장애가 되지 아니한다"라고 규정하여 우리 헌법 제84조와 로마규정 제27조가 충돌하는 것이 아닌가에 대한 의문이 제기된다.

2) 로마규정 제27조(공적 지위의 무관련성)의 법적 성격

로마규정 제27조는 우리 헌법 제6조 1항의 "일반적으로 승인된 국제법규" 즉 국제관습법(customary international law)에 해당한다. 따라서 우리 헌법 제6조 1항의 규정에 의하여 '국내법과 같은 효력'을 가진다. 즉, 공적 지위의 무관련성 원칙은 현재 국제관습법으로 인정되는 '뉘른베르그 재판소 헌장과 재판소 판결에서 승인된 국제법 원칙들' 중의 제3원칙에 해당한다. 그 후 동 원칙은 1994년 UN안전보장이사회 결의로 채택된 구 유고재판소(ICTY) 규정 제7조 2항, 르완다재판소(ICTR) 규정 제6조 2항에서 규정되었다. 또한, 로마회의 당시 동 원칙을 로마규정에 포함시키는데 참가국들의 반대가 없었고[645] 이는 다시 한 번 동 원칙이 '일반적으로 승인된 국제법규', 즉 국제관습법임을 확인하는 것이다.

---

645) Loy S. Lee, supra note 234, p. 202.

3) 우리 헌법규정과 로마규정 제27조와의 조화 문제

이 문제는 우리나라가 로마규정을 비준하는 과정에서 논의가 되었다. 외교통상부는 우리 헌법을 개정하기보다는 로마규정 제27조와 우리 헌법 제84조가 합치하는 것으로 해석하는 방안으로 해결할 것을 제시하였다. 이 의견은 다음과 같은 이유로 타당하다고 판단된다.

위에서 보았듯이 로마규정 제27조는 국제관습법으로서 우리 헌법 제6조 1항에 따라 국내법과 같은 효력을 가진다. 이때 국내법과 같은 효력은 다수설에 의할 때 헌법보다는 하위의 국내법과 같은 효력을 의미한다고 한다. 그러나 국내법과 같은 효력을 가진다는 점은 분명하고 이는 다시 말하면 국제관습법이 우리 국내법의 일부를 이룬다는 의미로 이해할 수 있다. 따라서 헌법을 포함하여 우리 국내법을 해석할 때는 우리 국내법의 일부로서 편입되어 있는 국제관습법을 비롯한 국제법에 합치하도록 해석해야 하는 의무가 우리 헌법 제6조에 근거하여 우리 정부에 대해 발생하게 된다. 즉, 우리 헌법 제84조를 해석함에 있어서 국제관습법인 로마규정 제27조의 내용에 합치하도록 해석해야 한다는 것이다.

또한, 국제법적으로 볼 때, 국제형사재판소가 관할대상범죄로 하고 있는 집단살해죄, 인도에 반한 죄, 전쟁범죄, 침략범죄에 대해서는 이러한 행위를 범죄로서 처벌하는 것이 국제법상 강행규범(jus cogens)[646]으로 볼 수 있고, 그러하다면 우리 헌법 제84조를 해석함에 있어서 대통령이 집단살해죄 등을 범하더라도 재직중 형사소추를 받지 않는다고 해석한다면 국제법상 강행규범을 위반하는 결과가 될 수 도 있을 것이다. 따라서, 우리 헌법 제84조를 국제관습법인 로마규정 제27조에 합치하게 해석하여, 대통령이 집단살해죄 등 국제형사재판소 관할범죄를 범했을 때에는 재직 중이라도 형사상 면책특권을 향유할 수 없다고 해석하여야 한다.

한편, 국내법적으로도 우리 헌법 제69조는 대통령은 취임에 즈음하여 '헌법을 준수'할 것을 선서하도록 하고 있다. 만약 대통령이 집단살해, 인도에 반한 죄, 침략범죄 등을 범한다면 우리 헌법의 여러 기본권 조항들과 국제평화주의의 기본이념 등을 위반한 것으로서 '헌법을 준수'할 대통령의 책무를 위반한 것이 된다. 이때에도 헌법 제84조의 "재직 중 형사상의 소추를 당하지 아니한다"라는 것을

646) 국제법상 강행규범은 비엔나 조약법협약 제53조에 의하면 "어떠한 일탈도 허용되지 않으며, 또한 사후에 발생한 동일성질의 일반 국제법규범에 의해서만 변경될 수 있는 규범으로서, 국제사회 전체에 의하여 수락되고 또한 승인된 규범"이라고 정의된다.

문자적으로 해석하여 대통령이 면책특권을 누린다고 해석한다면 오히려 우리 헌법의 다른 전반적인 조항들을 위반하는 해석이 될 것이다. 또한, 헌법 제84조의 '재직중'이라는 표현은 주로 대통령의 공적 행위(official activity)를 의미한다고도 할 수 있는바, 집단살해 등을 저지르는 행위가 대통령의 공적 행위에 결코 포함될 수 없을 것이며, 따라서 공적 행위에 대한 형사상 면책특권은 집단살해 등의 행위를 저지른 경우에는 해당되지 않는다고 해석해야 할 것이다.

이에 더하여, 우리 헌법 제84조에서의 "형사상의 소추"의 주체는 우리나라의 국내재판소에 한정하며, ICC와 같은 국제형사재판소는 포함하지 않는 것으로 해석할 수 있다. 즉, 국제형사재판소는 우리나라의 대통령을 재직중이라도 형사상 소추할 수 있다고 해석함으로써 로마규정 제27조와 우리 헌법 제84조가 합치되도록 해석할 수 있다. 이러한 해석은 국제법상의 의무를 면할 목적으로 국내법을 원용할 수 없다는 국제법의 원칙과도 부합한다.

4) 집단살해 방지협약의 사례

우리나라가 집단살해죄 방지협약에 1950년 10월 가입할 때도 동 협약이 로마규정 제27조의 원칙을 명시적으로 규정하고 있음에도 불구하고 당시의 헌법을 개정하지 않은 것은 국제법상의 공적지위의 무관련성 원칙과 당시의 헌법의 조화를 헌법 해석을 통해 추구한 사례로 판단된다.

또한 집단살해죄 방지협약은 우리나라에 대해 1951년 12월 12일자로 발효하였기 때문에 헌법 제6조 1항을 고려할 때 적어도 현재의 우리 헌법 제84조는 집단살해죄를 범한 대통령에게는 형사상 면책특권을 부여하지 않는다는 의미로 해석되어야 할 것으로 판단된다.

5) 결　론

위에서 살펴본 바와 같이 우리 헌법 제84조는 로마규정 제27조에 부합하게 해석하는 것이 국제법적으로나 국내법적으로 타당하며, 우리의 헌법 개정절차가 대단히 어려운 현실을 감안할 때 로마규정 제27조와 헌법 제84조가 합치되는 것으로 해석하는 방안으로 해결을 추진하는 것이 바람직하다고 판단된다. 실제로 우리 정부의 견해도 로마규정 제27조가 헌법 제84조보다 사실상 우월하게 적용되는 것으로 인정하고 있다고 파악된다. 국제적으로도 ICC는 수단의 현직 대통령에 대한 체포영장을 청구한 바 있다.

10. 지휘관 및 기타 상사의 책임(제28조)

로마규정 제28조는 지휘관 및 기타 상사의 책임을 규정하고 있다. 제28조 (a)는 "군사지휘관 또는 사실상 군사지휘관으로서 역할하는 사람은 그의 유효한 지휘 및 통제, 또는 경우에 따라서는 유효한 관할 및 통제 하에 있는 군대에 의하여 행하여진 재판소의 관할권에 속하는 범죄에 대하여, 다음의 경우 그 군대에 대하여 적절하게 통제를 행사하지 못한 결과로 형사책임이 있다"고 규정하고 있다. 즉 동항은 (i) 그 군사지휘관 또는 사실상 군사지휘관으로 역할하는 사람이 그 지휘·통제 하에 있는 군대가 그 범죄를 저지르고 있다는 사실 또는 저지르려 한다는 사실을 알았거나 또는 알았어야 하는 경우 그리고 (ii) 그 군사지휘관 등이 그들의 범행을 방지하거나 제지하기 위하여, 또는 그 문제를 수사 및 기소의 목적으로 관할당국에 회부하기 위하여, 자신의 권한 내의 모든 필요하고 합리적인 조치를 취하지 못한 경우 당해 군사지휘관은 군대에 의해 저질러진 전쟁범죄에 관하여 형사책임을 져야 한다. 따라서 군사지휘관은 자신의 지휘·통제 하에 있는 군대가 전쟁범죄를 저지르고 있다는 것을 알았을 때(knew) 또는 알았어야 했을 때(should have known)에는 군대의 범행을 방지하거나 제지하기 위해, 또는 그 문제를 수사·기소하기 위해 자신의 권한 내의 모든 필요하고 합리적인 조치를 취하여야 할 의무가 있다.

한편 제28조 (b)는 군사지휘관이 아닌 기타 상사의 형사책임에 관하여 규정하고 있다. 즉 동항은 기타 상사는 자신의 유효한 관할 및 통제 하에 있는 하급자에 의하여 행하여진 재판소의 관할권에 속하는 범죄에 대하여, (i) 상사가 그 하급자가 그러한 범죄를 저지르고 있거나 또는 저지르려 한다는 사실을 알았거나 또는 이를 명백히 보여주는 정보를 의식적으로 무시한 경우, (ii) 범죄가 상사의 유효한 책임과 통제 범위 내에 속하는 행위와 관련된 경우 그리고 (iii) 상사가 그들의 범행을 방지하거나 제지하기 위하여, 또는 그 문제를 수사 및 기소의 목적으로 관할 당국에 회부하기 위하여, 자신의 권한 내의 모든 필요하고 합리적인 조치를 취하지 못한 경우, 그 하급자에 대하여 적절하게 통제를 행사하지 못한 결과로 형사책임이 있다고 규정하고 있다.

제28조는 군대지휘관 및 기타 상사의 책임을 명확히 한 조항으로서, 상기 뉘른베르그 헌장 제7조의 공적 지위의 무관련성 조항과 미국의 육군교범 27-10

(1956) 등에 기초하고 있다고 할 수 있다. 미국의 육군교범 27-10 501항은 "군사지휘관은 보고나 다른 수단을 통하여 그의 통제 하에 있는 군대나 다른 사람이 전쟁범죄를 범하려 하거나 범했다는 것을 실제로 알았거나 알았어야 했었고, 그가 전쟁법을 준수하도록 하거나 전쟁법 위반자를 처벌하는 데 필요하고 합리적인 조치를 취하지 않으면, 그 역시 책임을 져야 한다"고 규정하고 있다.

한편, 제28조 (a)항과 (b)항을 비교해 볼 때 (a)항은 알았거나 알 수 있었어야 하고(knew or should have known)의 용어를 사용함으로써 군사지휘관의 귀책사유로서의 정신적 요건(mens rea)으로서 인식(knowledge) 또는 과실(negligence)을 기준으로 하는 반면, (b)항은 알았거나 정보를 의식적으로 무시하였고(knew or consciously disregarded information)의 용어를 사용함으로써 인식(knowledge) 또는 무모함(reck-lessness)을 기준으로 삼고 있다고 할 수 있다. 이는 범죄자의 정신적 요건 중 무모함을 입증하기가 과실을 입증하기보다 어렵다는 점을 감안하면, 군사지휘관보다 군사지휘관이 아닌 기타 상사의 책임을 입증하기가 어렵고 또한 책임추궁도 어렵다는 것으로 이해된다.

11. 공소시효의 부적용(제29조)

로마규정 제29조는 "재판소의 관할권에 속하는 범죄는 공소시효의 대상이 아니다"고 규정하여 전쟁범죄도 공소시효가 적용되지 않음을 명확히 하고 있다. 전쟁범죄와 인도에 반한 범죄에 대해 공소시효가 적용되지 않는다는 것은 "전쟁범죄와 인도에 반하는 범죄의 공소시효 부적용에 관한 협약(Convention on the Non-Applicability of Statutory Limitations to War Crimes and Crimes against Humanity)"에 명시적으로 규정된 예가 있다.[647] 로마회의시 일본 등 일부 국가 대표들은 전쟁범

647) 이 협약은 1968년 11월 26일 뉴욕에서 채택되었고, 1970년 11월 11일 발효하였으며 55개국이 당사국이다. 우리나라는 현재 비당사국이지만 이 협약에 가입하는 것이 바람직하다고 생각된다. 이 협약의 전문은 다음과 같다.

Convention on the Non-Applicability of Statutory Limitations to War Crimes and Crimes Against Humanity, 26 November 1968

Preamble

The States Parties to the present Convention,

Recalling resolutions of the General Assembly of the United Nations 3 (I) of 13 February 1946 and 170 (II) of 31 October 1947 on the extradition and punishment of war criminals, resolution

95 (I) of 11 December 1946 affirming the principles of international law recognized by the Charter of the International Military Tribunal, Nürnberg, and the judgment of the Tribunal, and resolutions 2184 (XXI) of 12 December 1966 and 2202 (XXI) of 16 December 1966 which expressly condemned as crimes against humanity the violation of the economic and political rights of the indigenous population on the one hand and the policies of apartheid on the other,

Recalling resolutions of the Economic and Social Council of the United Nations 1074 D (XXXIX) of 28 July 1965 and 1158 (XLI) of 5 August 1966 on the punishment of war criminals and of persons who have committed crimes against humanity,

Noting that none of the solemn declarations, instruments or conventions relating to the prosecution and punishment of war crimes and crimes against humanity made provision for a period of limitation,

Considering that war crimes and crimes against humanity are among the gravest crimes in international law,

Convinced that the effective punishment of war crimes and crimes against humanity is an important element in the prevention of such crimes, the protection of human rights and fundamental freedoms, the encouragement of confidence, the furtherance of co-operation among peoples and the promotion on international peace and security,

Noting that the application to war crimes and crimes against humanity of the rules of municipal law relating to the period of limitation for ordinary crimes is a matter of serious concern to world public opinion, since it prevents the prosecution and punishment of persons responsible for those crimes,

Recognizing that it is necessary and timely to affirm in international law, through this Convention, the principle that there is no period of limitation for war crimes and crimes against humanity, and to secure its universal application,

have agreed as follows:

Article I
No statutory limitation shall apply to the following crimes, irrespective of the date of their commission:
(a) War crimes as they are defined in the Charter of the International Military Tribunal, Nürnberg, of 8 August 1945 and confirmed by resolutions 3 (I) of 13 February 1946 and 95 (I) of 11 December 1946 of the General Assembly of the United Nations, particularly the "grave breaches" enumerated in the Geneva Convention of 12 August 1949 for the protection of war victims;
(b) Crimes against humanity whether committed in time of war or in time of peace as they are defined in the Charter of the International Military Tribunal, Nürnberg, of 8 August 1945 and confirmed by resolutions 3 (I) of 13 February 1946 and 95 ((I) of 11 December 1946 of the General Assembly of the United Nations, eviction by armed attack or occupation and inhuman acts resulting from the policy of apartheid, and the crime of genocide as defined in the 1948 Convention on the Prevention and Punishment of the Crime of Genocide, even if such acts do not constitute a violation of the domestic law of the country in which they were committed.

Article Ⅱ

If any of the crimes mentioned in Article I is committed, the provisions of this Convention shall apply to representatives of the State authority and private individuals who, as principals or accomplices, participate in or who directly incite others to the commission of any of those crimes, or who conspire to commit them, irrespective of the degree of completion, and to representatives of the State authority who tolerate their commission.

Article Ⅲ

The States Parties to the present Convention undertake to adopt all necessary domestic measures, legislative or otherwise, with a view to making possible the extradition, in accordance with international law, of the persons referred to in article II of this Convention.

Article Ⅳ

The States Parties to the present Convention undertake to adopt, in accordance with their respective constitutional processes, any legislative or other measures necessary to ensure that statutory or other limitations shall not apply to the prosecution and punishment of the crimes referred to in articles I and II of this Convention and that, where they exist, such limitations shall be abolished.

Article Ⅴ

This Convention shall, until 31 December 1969, be open for signature by any State Member of the United Nations or member of any of its specialized agencies or of the International Atomic Energy Agency, by any State Party to the Statute of the International Court of Justice, and by any other State which has been invited by the General Assembly of the United Nations to become a Party to this Convention.

Article Ⅵ

This Convention is subject to ratification. Instruments of ratification shall be deposited with the Secretary－General of the United Nations.

Article Ⅶ

This Convention shall be open to accession by any State referred to in article V. Instruments of accession shall be deposited with the Secretary－General of the United Nations.

Article Ⅷ

1. This Convention shall enter into force on the ninetieth day after the date of the deposit with the Secretary－General of the United Nations of the tenth instrument of ratification or accession.
2. For each State ratifying this Convention or acceding to it after the deposit of the tenth instrument of ratification or accession, the Convention shall enter into force on the ninetieth day after the date of the deposit of its own instrument of ratification or accession.

Article Ⅸ

1. After the expiry of a period of ten years from the date on which this Convention enters into force, a request for the revision of the Convention may be made at any time by any Contracting Party by means of a notification in writing addressed to the Secretary－General of United Nations.
2. The General Assembly of the United Nations shall decide upon the steps, if any, to be taken in respect of such a request.

Article Ⅹ

1. This Convention shall be deposited with the Secretary－General of the United Nations.

죄는 공소시효가 적용되어야 함을 주장한 바 있으나 압도적으로 많은 국가들은 전쟁범죄도 공소시효가 적용되어서는 안 된다는 입장을 표명하여 제29조가 채택되었다.

12. 정신적 요건(mental element, mens rea, 제30조)

(1) 정신적 요건

로마규정 제30조 1항은 "달리 규정된 경우를 제외하고, 특정인은 범죄의 물적 요건(material element)이 의도(intent)와 인식(knowledge) 하에 행하여진 경우에만 재판소의 관할권에 속하는 범죄에 대하여 형사책임을 지며 처벌을 받는다"고 하고 2항은 "(a) 행위와 관련하여, 그 사람이 그 행위를 하려고 의도하는 경우 (b) 결과와 관련하여, 그 사람이 그 결과를 야기하려고 의도하거나 또는 일반적인 사건의 경과에 따라 그 결과가 발생할 것을 알고 있는 경우"에 그 사람은 '의도(intent)'를 가진 것이라고 정의하고 있다. 3항은 "이 조의 목적상, '인식'은 어떠한 상황이 존재한다는 것 또는 어떠한 결과가 일반적인 사건의 경과에 따라 발생할 것이라는 것을 알고 있음을 의미한다. '안다' 및 '알고서'는 이에 따라 해석된다"고 하여 '인식'을 정의하고 있다.

범죄의 정신적 요건(mental element)은 행위자의 범죄행위시 귀책사유 있는 심리상태를 말한다.[648] 예를 들어 미국의 표준형법전(model penal code)은 정신적 요

---

2. The Secretary－General of the United Nations shall transmit certified copies of this Convention to all States referred to in Article V.
3. The Secretary－General of the United Nations shall inform all States referred to in Article V of the following

particulars:
(a) Signatures of this Convention, and instruments of ratification and accession deposited under articles V, VI and VII;
(b) The date of entry into force of this Convention in accordance with article VIII;
(c) Communications received under article IX.

Article XI
This Convention, of which the Chinese, English, French, Russian and Spanish texts are equally authentic, shall bear the date of 26 November 1968.

IN WITNESS WHEREOF the undersigned, being duly authorized for that purpose, have signed this Convention.

648) Paul H. Robinson, Criminal Law p. 141(Aspen Publishers, 1997).

건으로서 목적(purpose), 인식(knowledge), 무모함(recklessness), 과실(negligence)로 분류하고, 범죄의 물적 요건(material element)을 행위(conduct), 상황(circumstance), 결과(result)로 분류하고 있다. 따라서 검사가 범죄인의 유죄를 입증하기 위해서는 관련 범죄의 정의에 따라 범죄인이 필요한 정신적 요건 하에 각각의 물적 요건을 범하였는지 여부를 입증하도록 하고 있다. 그런데 미국의 표준형법전은 범죄의 정의에서 정신적 요건에 대한 별도의 언급이 없을 때, 즉 소위 '부재규칙(default rule)'으로서 '무모함(recklessness)'을 정신적 요건의 최소한으로서 요구하고 있다.[649] 다시 말하면, 특정범죄에 정신적 요건에 대한 언급이 없으면 검사는 적어도 범죄혐의자의 범죄행위시 무모함을 정신적 요건으로서 입증해야 한다는 것이 미국표준형법전의 규칙이라고 할 수 있다. 이에 비해, 로마규정 제30조는 부재규칙으로서 정신적 요건의 최소한으로서 '의도와 인식(intent and knowledge)'을 정하고 있는 것으로 보인다. 즉, 제30조 1항이 '달리 규정된 경우를 제외하고' 사람이 물적 요건을 의도와 인식 하에 행한 경우에만 재판소의 관할권에 속하는 범죄에 대하여 형사책임을 지며 처벌을 받는다고 함으로써 별도의 규정이 없는 때에는 정신적 요건으로서 의도와 인식이 있을 때에만 관련자를 처벌하도록 하고 있다. 따라서 로마규정상 별도의 규정이 없을 때 범죄인의 정신적 요건으로서 무모함만을 검사가 입증하고 의도나 인식을 입증하지 못한 경우에는 범죄인을 처벌할 수 없는 결과가 발생한다고 할 수 있다. 이는 로마규정이 미국의 표준형법전과 같은 국내형법 기준보다 더 엄격한 정신적 요건을 부재규칙으로서 정하고 있음을 보여준다. 또한, 이러한 규정은 국제형사재판소의 검사(소추관)에게 더욱 무거운 입증책임의 부담을 지우고 있는 것으로 판단된다.

(2) 물적 요건(material element, actus reus)

범죄의 물적 요건은 범죄의 객관적 구성요건으로도 표현되며 특정범죄를 구성하는 행위·상황·결과를 의미한다. 로마회의 이전의 준비회의에서는 각국의 다양한 법제도로 인해서 어떠한 행위가 범죄행위가 되는지에 대한 지침을 위해서 범죄의 물적 요건에 대한 규정을 두는 것이 필요하다고 주장되었다. 따라서 통합

---

649) 미국 표준형법전 2.02(3)항은 "(3) Culpability Required Unless Otherwise Provided. When the culpability sufficient to establish a material element of an offense is not prescribed by law, such element is established if a person acts purposely, knowingly or recklessly with respect thereto"라고 규정하고 있다.

초안 제28조는 범죄의 물적 요건에 대해 규정하고 있었다. 그런데 로마회의시 각국은 범죄의 물적 요건으로서 부작위(omission)를 어떻게 정의할 것인가 등에 대한 이견을 보였고, 이에 따라 각 범죄의 구성요건을 정의하면서 각 해당범죄의 부작위에 대한 정의를 정하고 통합초안 제28조를 삭제하기로 하였다. 그 결과 통합초안 제28조는 삭제되었고 로마규정에는 범죄의 구성요건 중 물적 요건에 대한 일반조항은 존재하지 않게 되었다.

13. 형사책임 조각사유(grounds for excluding criminal responsibility, 제31조)

(1) 의의 및 종류

로마규정 제31조 1항은 "이 규정에 규정된 다른 형사책임 조각사유 이외에도, 행위시에 다음의 경우에 해당되면 행위자는 형사책임을 지지 아니한다"고 하여 형사책임 조각사유를 규정하고 있다. 즉, 이러한 형사책임 조각사유에 해당하면 관련 개인이 국제형사재판소의 관할대상범죄를 구성하는 행위를 하였더라도 재판소로부터 형사처벌을 받지 않는다. 후술하는 바와 같이 제31조는 형사책임 조각사유로서 우리 형법에서 위법성조각사유로서 보는 '정당방위(self-defense)'와 우리 형법의 책임조각사유에 가까운 정신질환자(mental disease)의 경우, 중독상태(intoxication), 강박(duress)을 규정하고 있다. 또한 로마규정 제32조는 우리 형법상 책임조각사유로 보는 '착오(mistake)'를 별도의 조항으로 규정하고 있고 로마규정 제33조는 '초법규적 책임조각사유'로서 분류되는[650] '상사의 명령' 등을 다루고 있다.

(2) 정신적 질환 또는 정신적 결함

로마규정 제31조 1항(a)는 "그 사람이 자신의 행위의 불법성이나 성격을 평가할 수 있는 능력 또는 법의 요구를 따르도록 자신의 행위를 통제할 능력을 훼손하는 정신적 질환 또는 결함이 있는 경우"를 형사책임 조각사유로서 규정하고 있다. 로마회의시 국가들은 이 조항에 대해서 이견이 거의 없었다. 왜냐하면 정신질환자의 형사책임을 면제하거나 감경하는 것은 대부분 국가의 국내 형법원칙에도 부합하기 때문이었다. 우리 형법도 제10조에서 "① 심신장애로 인하여 사물

---

650) 유기천, 형법학(총론강의, 1985), pp. 248~250 참조.

을 판별할 능력이 없거나 의사를 결정할 능력이 없는 자의 행위는 벌하지 아니한다. ② 심신장애로 인하여 전항의 능력이 미약한 자의 행위는 형을 감경한다"고 하고 있다.

(3) 중독상태

로마규정 제31조 1항(b)는 "그 사람이 자신의 행위의 불법성이나 성격을 평가할 수 있는 능력 또는 법의 요구를 따르도록 자신의 행위를 통제할 능력을 훼손하는 중독상태에 있는 경우. 다만, 자신이 중독의 결과로서 재판소의 관할권 내의 범죄를 구성하는 행위를 할 가능성이 있다는 사실을 알거나 또는 그 위험을 무시한 상황에서 자발적으로 중독 상태에 빠진 경우는 제외한다"라고 하여 중독상태에서 심신상실자가 된 경우에는 그 사람의 형사책임을 면제하도록 하고 있다. 그러나 자발적으로 중독 상태에 빠진 경우는 형사책임 조각사유가 되지 않는다. 예를 들어 미국 연방대법원도 "자발적으로 중독상태에 빠진 경우(voluntary intoxication)는 범죄의 정신적 요건(mens rea)을 결정할 때 고려하지 않는 것이 확립된 규칙"이라고 하였다.651)

(4) 정당방위

로마규정 제31조 1항(c)는 "그 사람이 자신 또는 다른 사람을, 또는 전쟁범죄의 경우 자신 또는 다른 사람의 생존을 위하여 필수적인 재산 또는 군사적 임무를 수행하는 데 필수적인 재산을, 임박한 불법적 무력사용으로부터 방어하기 위하여, 합리적으로 그리고 본인이나 타인 또는 보호되는 재산에 대한 위험의 정도에 비례하는 방식으로 행동한 경우. 그 사람이 군대가 수행하는 방어작전에 참여하였다는 사실은 그 자체로 이 호에 의한 형사책임의 조각사유를 구성하지 아니한다"고 하고 있다. 즉, 로마규정은 자신 또는 다른 사람을 방어하기 위하여 또는 전쟁범죄의 경우 자신 또는 다른 사람의 생존에 필수적인 재산(property)을 방어하기 위하여 행동한 경우는 정당방위로서 형사처벌을 받지 않도록 하고 있다. 로마회의시 이 조항과 관련하여 가장 논란이 많았던 문제는 '재산'의 보호를 위한 정

---

651) Montana v. Egelhoff, 518 U.S. 37(1996). 이 사건에서 연방대법원은 Montana주의 법이 비자발적인 중독상태를 책임조각사유의 증거로 제출하는 것을 금지한 것은 적법절차조항(due process)의 위반이 아니라고 판시하였다.

당방위를 인정할 것인가의 문제였다. 재산의 보호를 위한 정당방위를 반대한 국가들은 집단살해죄나 인도에 반한 죄와 같은 범죄를 저지른 개인이 재산의 보호를 위한 정당방위를 주장하여 처벌받지 않는 것은 받아들일 수 없다고 주장하였다. 미국 등은 자국법에 비추어 재산의 보호를 위한 정당방위도 허용되어야 한다고 주장하였다. 논의 결과 로마규정은 위와 같이 전쟁범죄의 경우 생존에 필수적인 재산의 보호를 위한 정당방위만을 허용하기로 하였다.

(5) 강박(duress)

로마규정 제31조 1항(d)는 "재판소의 관할권 내의 범죄를 구성하는 것으로 추정되는 행위가 그 행위자 자신 또는 다른 사람에 대한 임박한 사망이나 계속적인 또는 임박한 중대한 신체상 위해의 위협으로부터 초래된 강박에서 야기되었고, 그 행위자가 그 위협을 피하기 위하여 필요하고, 합리적인 행동을 한 경우. 다만, 그 행위자는 피하고자 하는 위해보다 더 큰 위해를 초래하려 하지 않았어야 한다. 그러한 위협은 (i) 다른 사람이 가한 것일 수도 있고; (ii) 행위자의 통제범위를 넘어서는 기타 상황에 의하여 가하여진 것일 수도 있다"고 규정하였다. 즉, 로마규정은 재판소의 관할대상 범죄를 행한 자가 강박에 의해 그러한 행위를 하였다면 일정한 요건 하에 그 사람의 형사책임을 면제하도록 하고 있는 것이다. 이 조항은 강박을 형사책임 조각사유로 인정하기 위해서는 세 가지 조건이 필요한 것으로 하고 있다. 첫째, 강박은 행위자 자신 또는 다른 사람에 대한 임박한 사망이나 계속적인 또는 임박한 중대한 신체상 위해의 위협으로부터 초래된 것이어야 한다. 둘째, 강박을 당해 행위한 자가 그 위협을 피하기 위하여 필요하고 합리적인 행동을 하였어야 한다. 셋째, 범죄행위자가 피하고자 하는 위해보다 더 큰 위해를 초래하려 하지 않았어야 한다.

로마회의시 일부국가는 '재산'에 대한 위협으로 초래된 강박도 포함시키자는 견해가 있었으나 이는 배척되었다. 또한, 로마회의시 범죄행위 결과 사망이 초래된 경우에도 강박이 책임조각사유가 되어야 하는지의 문제가 제기되었다. 왜냐하면, 이 경우 범죄행위자에 대한 최고의 위협이 사망의 위협이라면 자신의 사망을 피하기 위해 다른 사람(피해자)의 사망을 초래한 것이 책임조각 사유가 되는지 여부를 결정해야 할 것이기 때문이다. 결국, 이 문제는 국제형사재판소에서 구체적인 사안을 분석하여 결정할 문제라고 생각이 된다.

우리 형법 제12조도 "저항할 수 없는 폭력이나 자기 또는 가족의 생명, 신체에 대한 위해를 방어할 방법이 없는 협박에 의하여 강요된 행위는 벌하지 아니한다"고 하여 '강요된 행위'를 책임조각사유로 규정하고 있다.

(6) 형사책임 조각사유의 적용

로마규정 제31조 2항은 "재판소는 이 규정에서 정한 형사책임 조각사유가 재판소가 다루는 사건에 적용되는지를 결정한다"고 하여 재판소에게 형사책임 조각사유를 결정할 권한을 부여하였다. 일견 당연해 보이는 이 조항은 로마규정의 형사책임 조각사유의 정의에 대해 불만을 표시했던 일부 국가들의 동의를 얻는 교섭과정에서 중요한 역할을 하였다. 즉, 이 조항은 재판소가 구체적인 사건에서 형사책임 조각사유의 적용을 결정함으로써 구체적으로 공평한 판결을 내릴 수 있도록 한 것이다.

(7) 기타의 형사책임 조각사유

로마규정 제31조 3항은 "재판소는 재판시, 1항에 기술된 사유 이외의 형사책임 조각사유라도, 그러한 사유가 제21조에 규정된 적용 가능한 법에 의하여 도출되는 것이라면, 이를 고려할 수 있다. 그러한 사유의 고려에 관한 절차는 절차 및 증거규칙에 규정한다"고 하여 기타의 형사책임 조각사유를 재판소가 고려할 수 있도록 하고 있다. 원래 이 조항은 '군사적 필요(military necessity)', '복구(reprisal)', 'UN헌장 제51조상의 자위권' 등 국제법상 책임조각사유가 있는 경우를 염두에 두고 채택되었다. 이러한 국제법상 책임조각사유는 로마규정 제21조의 적용 가능한 법(applicable law)이나 절차 및 증거규칙에 포함될 수 있을 것이다.

14. 사실의 착오 또는 법률의 착오(제32조)

(1) 사실의 착오

로마규정 제32조 1항은 "1. 사실의 착오는 그 범죄성립에 필요한 정신적 요건을 흠결시키는 경우에만 형사책임조각사유가 된다"고 하여 사실의 착오를 형사책임 조각사유로서 규정하고 있다. 그러나 사실의 착오는 범죄성립에 필요한 정신적 요건을 흠결시키는 경우에만 형사책임 조각사유가 된다. 사실의 착오는 고의에 필요한 구성요건적 불법요소에 대한 인식이 없는 경우를 말한다.[652] 예를 들어, 유고에 대한 미국의 공습시 미국이 유고의 군사시설인줄로 착오를 하여 유고주재 중국대사관을 폭격한 경우 사실의 착오문제가 제기될 수 있다. 사실의 착오는 각국의 국내형법에서도 인정된다.[653] 우리 형법 제15조 1항도 "특별히 중한 죄가 되는 사실을 인식하지 못한 행위는 중한 죄로 벌하지 아니한다"고 하여 사실의 착오를 인정하고 있다.

(2) 법률의 착오

로마규정 제32조 2항은 "특정 유형의 행위가 재판소의 관할권 내의 범죄인지 여부에 관한 법률의 착오는 형사책임 조각사유가 되지 아니한다. 그러나 법률의 착오가 그 범죄성립에 필요한 정신적 요건을 흠결시키는 경우 또는 제33조에 규정된 경우에는 형사책임 조각사유가 될 수 있다"고 하여 법률의 착오는 원칙적으로 형사책임 조각사유가 되지 않으나, 예외적으로 일정한 요건 하에 형사책임 조각사유로 인정될 수 있도록 하고 있다.

법률의 착오는 구성요건을 실현하는 행위임을 완전히 인식하였으나 그 행위가 위법함을 착오로서 인식하지 못한 것을 말한다.[654] 사실의 착오와 달리 법률의 착오는 원칙적으로 형사책임 조각사유가 되지 못한다는 것이 여러 국가의 국내형법에서 확인된다. 우리 형법 제16조도 "자기의 행위가 법령에 의하여 죄가 되지 아니하는 것으로 오인한 행위는 그 오인에 정당한 이유가 있는 때에 한하여 벌하지 아니한다"고 하여 정당한 이유가 있는 경우에만 예외적으로 형을 감경할 수 있도록 하였다.[655]

로마규정 제32조 2항은 법률의 착오가 형사책임 조각사유가 되기 위해서는 "법률의 착오가 그 범죄성립에 필요한 정신적 요건을 흠결시키는 경우 또는 제33조에 규정된 경우"이어야 한다고 하고 있다. 먼저, 법률의 착오가 범죄성립에 필요한 정신적 요건을 흠결시키는 경우를 보면 구체적으로 어떠한 경우가 이에 해당하는지 생각하기가 쉽지 않을 듯하다. 왜냐하면, 재판소의 관할범죄가 집단살

652) 이재상, 형법총론(1988), p. 167.

653) American Law Institute, Model Penal Code and Commentaries, Comment to § 2.04(1985) 참조.

654) 유기천, supra note 650, p. 236.

655) 김일수, 형법총론(2000), pp. 381~389 참조.

해죄, 인도에 반한 죄, 전쟁범죄 등인데 이러한 범죄의 심각성을 고려할 때, 법률의 착오가 조각사유로서 인정될 수 있는 상황이 흔하지 않을 것이기 때문이다. 다음으로, 제33조 1항은 법률의 착오가 형사책임 조각사유가 되기 위한 세 가지 조건을 명시하고 있다. 즉, (a) 그 사람에게 당해 정부 또는 상사의 명령에 따를 법적 의무가 있었고; (b) 그 사람이 그 명령이 불법임을 알지 못하였고, 그리고 (c) 그 명령이 명백히 불법적이지 않았던 경우의 세 가지 조건을 충족하여야만 법률의 착오를 형사책임 조각사유로서 인정할 수 있다는 것이다.

15. 상사의 명령과 법률의 규정(제33조)

로마규정 제33조 1항은 "1. 사람이 정부의, 또는 군대나 민간 상사의 명령에 따라 재판소 관할권 내의 범죄를 범하였다는 사실로 인하여 그 사람의 형사책임이 면제되지 아니한다. 단, 다음의 경우는 예외이다. (a) 그 사람에게 당해 정부 또는 상사의 명령에 따를 법적 의무가 있었고 (b) 그 사람이 그 명령이 불법임을 알지 못하였고, 그리고 (c) 그 명령이 명백히 불법적이지 않았던 경우"라고 규정하여 상사의 명령과 법률의 규정을 근거로 형사책임의 조각을 주장할 수 없도록 하고 있다. 또한 로마규정 제33조 2항은 "이 조의 목적상, 집단살해 또는 인도에 반한 죄를 행하도록 하는 명령은 명백히 불법적이다"라고 하여 1항의 예외사유를 판단할 때 고려하도록 하고 있다.

상사의 명령과 법률의 규정이 집단살해죄, 인도에 반한 죄, 전쟁범죄 등 국제형사재판소의 관할범죄를 범한 개인의 형사책임 조각사유가 되지 못한다는 것은 뉘른베르그 헌장 제8조와 구유고재판소(ICTY) 규정 제7조 4항에서도 확인된 바 있다.[656)]

로마규정 제33조는 대체로 이러한 선행 국제재판소의 선례를 따르고 있는 것으로 보인다.

---

656) 뉘른베르그 헌장 제8조는 "The fact that the Defendant acted pursuant to order of his Government or of a superior shall not free him from responsibility, but may be considered in mitigation of punishment if the Tribunal determines that justice so requires."라고 규정하고 있다. ICTY 규정 제7조 4항은 "The fact that an accused pursuant to an order of a Government or of a superior shall not relieve him of criminal responsibility, but may be considered in mitigation of punishment if the International Tribunal determines that justice so requires"라고 하고 있다.

16. 결 론

이상으로 살펴본 바와 로마규정 제3부는 그 동안 발전해 온 국제법상 개인의 형사책임 원칙과 그와 관련된 형법의 일반원칙을 종합적이고 체계적으로 법전화한 것으로서 평가할 수 있다. 로마규정 제3부의 형법의 일반원칙의 내용을 보면 죄형법정주의, 소급효금지 등의 세계 각국의 국내형법의 확립된 원칙에서 유래한 듯한 내용도 있으나, 공적지위의 무관련성, 지휘관 및 기타 상사의 책임 원칙 등 국제형사법의 영역에서 발전해온 특수한 원칙들도 포함하고 있다고 볼 수 있기 때문에 독자적인 성격(sui generis)도 가지고 있다고 할 수 있다.

V. 국제형사재판소의 구성과 행정

1. 재판소의 기관

로마규정 제34조는 재판소가 1) 소장단(The Presidency), 2) 상소심부, 1심부 및 전심부(An Appeals Division, a Trial Division and a Pre-Trial Division), 3) 소추부(The Office of the Presecutor), 4) 사무국(The Registry)의 기관으로 구성된다고 규정한다.

국제형사재판소는 범죄인의 기소를 담당하는 소추부, 재판을 담당하는 재판부, 행정을 담당하는 사무국(Registry)으로 구성된다. 실제 재판은 3명의 재판관으로 구성된 1심부(trial chamber)가 재판하는 1심과, 5명의 판사로 구성된 상소심부(appeals chamber)가 재판하는 상소심으로 이루어진 2심제이다. 그리고 전심재판부(pre-trial chamber)는 1명 또는 3명의 재판관으로 구성되며 수사개시의 허용과 재판적격성 등 여러 가지 절차문제를 다룬다.

한편, 소추부는 1명의 소추관과 복수의 부소추관으로 구성되며, 이들은 9년 단임의 임기를 가지고 범죄의 수사 및 기소를 담당하게 된다. 재판소의 행정은 사무국장(Registrar)이 이끄는 사무국이 맡게 되며, 재판운영과 관련된 주요결정을 위해서 재판소장과 2명의 부재판소장으로 구성된 재판소장단(presidency)이 설립된다.

2. 재판관의 자격요건, 추천 및 선거

(1) 의 의

로마규정 제36조는 재판관의 자격요건, 추천 및 선거에 관해 규정하고 있다. 동조 1항은 재판소에 18인의 재판관을 둔다고 규정한다. 동조 2항은 소장단이 증원이 필요하고 적절하다는 사유를 적시하여 제1항에 명시된 재판관의 증원을 제안할 수 있고, 그러한 제안은 제112조에 따라 소집되는 당사국총회의 회의에서 심의되도록 하고 있다. 또한 동항은 그 제안이 당사국총회 회원국의 3분의 2의 투표에 의하여 승인되면 채택된 것으로 간주하며, 당사국총회가 결정하는 시점에 발효한다고 하고 있다.

한편 소장단은 재판관의 감원을 제안할 수 있으나 18인 미만으로 감원하는 것은 허용되지 않는다.

(2) 재판관의 자격요건

로마규정 제36조 3항에 의하면 재판관은 각국에서 최고 사법직(highest judicial office)에 임명되기 위해 필요한 자격을 갖추고, 높은 도덕성과 공정성 및 성실성을 가진 자 중에서 선출된다. 재판관 선거 후보자는 1) 형법과 형사절차에서의 인정된 능력과 판사, 검사, 변호사 또는 이와 유사한 다른 자격으로서 형사소송에서의 필요한 관련 경력, 또는 2) 국제인도법 및 인권법과 같은 국제법 관련 분야에서의 인정된 능력과 재판소의 사법업무와 관련되는 전문적인 법률 직위에서의 풍부한 경험을 갖추어야 한다. 재판관 선거 후보자는 재판소의 실무언어(working language) 중 최소한 하나의 언어에 탁월한 지식을 갖고 이를 유창하게 구사하여야 한다. 즉, ICC 재판관은 각국의 최고 사법직에 임명될 수 있는 자격을 갖추고 형사법분야의 전문가 또는 국제법분야의 전문가이어야 한다.

(3) 재판관 추천절차 및 선출과 임기

로마규정 제36조 4항은 재판관 추천 절차를 정하고 있다. 재판관 선거 후보자의 추천은 로마규정 당사국만이 할 수 있으며, 1) 당해 국가에서 최고 사법직의 임명을 위한 후보자 추천 절차 또는 2) 국제사법재판소규정상 국제사법재판소에 대한 후보 추천을 정한 절차 중의 어느 한 절차에 따라야 한다. 추천에는 후보자가 3항의 자격요건을 어떻게 충족하는지를 반드시 상세하게 명시하는 설명이 첨부되어야 한다. ICJ 판사는 상설중재재판소(Permanent Court of Arbitration, PCA)의 국별재판관단이 지명한 자의 명부 중에서 UN총회 및 안전보장이사회가 선출한다. 따라서 국제사법재판소에 대한 후보 추천을 정한 절차는 국별재판관단의 지명절차를 의미한다. 각 당사국은 모든 선거에서 꼭 자국민일 필요는 없으나 반드시 당사국의 국민인 1인의 후보자를 추천할 수 있다. 당사국총회는 적절한 경우 추천에 관한 자문위원회(Advisory Committee)를 설치하기로 결정할 수 있다. 그러한 경우 위원회의 구성과 임무는 당사국총회가 정한다.

로마규정 제36조 5항은 선거의 목적상 두 가지 후보자명부를 두도록 하고 있다. 첫째는 국내 형법과 형사절차분야에서의 자격요건을 갖춘 후보자의 명단을 포함하는 A명부이고 둘째는 국제인도법 및 인권법과 같은 국제법 관련 분야에서의 자격요건을 갖춘 후보자의 명단을 포함하는 B명부이다. 두 개 명부 모두에 해당하는 충분한 자격요건을 갖춘 후보자는 등재될 명부를 선택할 수 있다. 최초의 재판관 선거시 A명부로부터는 최소한 9인의 재판관이, 그리고 B명부로부터는 최소한 5인의 재판관이 선출되어야 한다. 그 후의 선거는 양 명부상의 자격요건을 갖춘 재판관들이 재판소에서 상응하는 비율을 유지하도록 이루어져야 한다.

동조 6항에 따라, 재판관은 제112조에 따라 재판관 선거를 위하여 소집되는 당사국총회의 회의에서 비밀투표로 선출된다. 재판관으로 선출되는 자는 출석하여 투표한 당사국의 3분의 2 이상의 최다득표를 한 18인의 후보자로 한다. 제1차 투표에서 충분한 수의 재판관이 선출되지 아니한 경우, 충원될 때까지 가호에 정해진 절차에 따라 계속 투표를 실시한다.

동조 7항은 어떠한 2인의 재판관도 동일한 국가의 국민이어서는 아니 된다고 규정하고 재판소 구성의 목적상 2개 이상의 국가의 국민으로 인정될 수 있는 자는 그가 통상적으로 시민적 및 정치적 권리를 행사하는 국가의 국민으로 간주된다고 하고 있다. 관련되는 재판관의 국적은 그 재판관과 관련국가의 진정한 연관(genuine link) 여부로 결정해야 할 것이다.

동조 8항은 당사국들이 재판관의 선출에 있어서 재판소 구성원 내에서 1) 세계의 주요 법체계의 대표성, 2) 공평한 지역적 대표성, 3) 여성 및 남성 재판관의 공정한 대표성의 필요성을 고려하도록 한다. 또한, 당사국들은 여성이나 아동에 대한 폭력을 포함하되 이에 국한되지 아니하는 특수한 문제에 대하여 법률 전문

지식을 가진 재판관을 포함시킬 필요성도 고려하여야 한다.

로마규정 제36조 9항에 의하면 재판관은 원칙적으로 9년간 재직하며 재선될 수 없다. 그러나 예외적으로 첫 번째 선거에서 선출된 재판관의 3분의 1은 추첨으로 3년의 임기 동안 복무하도록 선정되며, 또 다른 3분의 1의 재판관은 추첨으로 6년의 임기 동안 복무하도록 선정되며, 나머지 재판관은 9년의 임기 동안 복무한다. 이는 재판소의 연속성을 위해 필요한 조항이다. 이때, 3년의 임기 동안 복무하도록 선정된 재판관은 임기만료 후 완전한 9년 임기로 재선될 수 있다.

한편, 동조 10항은 9항의 규정에도 불구하고 제39조에 따라 1심부 또는 상소심부에 배정된 재판관은 그 재판부에서 이미 심리가 개시된 1심 또는 상소심이 종결될 때까지 계속 재직하도록 하고 있다. 이는 재판관이 이미 시작한 사건은 임기만료 후에도 계속 마무리할 수 있도록 하기 위한 것이다.

(4) 재판소의 특권과 면제

로마규정 제48조 1항은 재판소가 각 당사국의 영역에서 재판소의 목적 달성을 위하여 필요한 특권과 면제를 향유하도록 하고 있다. 동조 2항은 재판관, 소추관, 부소추관 및 사무국장은 재판소의 업무나 그와 관련된 업무를 수행하는 경우 외교사절의 장에게 부여되는 것과 동일한 특권과 면제를 향유하도록 하였다. 동조 3항은 사무차장, 소추부의 직원 및 사무국의 직원은 재판소의 특권 및 면제에 관한 협정에 따라 자신의 직무수행에 필요한 특권, 면제와 편의를 향유하도록 하여 재판관 등이 누리는 특권과 면제보다 제한적인 특권과 면제를 허용하고 있다. 또한, 동조 4항은 변호인, 전문가, 증인 또는 재판소에 출석이 요구되는 다른 자는 재판소의 특권 및 면제에 관한 협정에 따라 재판소의 적절한 기능수행을 위하여 필요한 대우를 부여받도록 하였다. 재판관 등의 특권과 면제는 포기될 수 있다. 제48조 5항에 의하면 재판관 또는 소추관의 특권과 면제는 재판관들의 과반수의 의결에 의하여 포기될 수 있다. 다음으로 사무국장의 특권과 면제는 소장단에 의하여 포기될 수 있다. 부소추관과 소추부 직원의 특권과 면제는 소추관에 의하여 포기될 수 있다. 마지막으로, 사무차장과 사무국 직원의 특권과 면제는 사무국장에 의하여 포기될 수 있다. 이러한 포기요건을 볼 때 재판관과 소추관의 특권과 면제의 포기가 가장 엄격한 요건을 가지고 있다고 할 수 있다. 특권과 면제에 관해서는 ICC의 특권면제에 관한 협정에 자세하게 규정되어 있다.

Ⅵ. 국제형사재판소의 수사, 기소절차

1. 수사의 개시

로마규정 제53조 1항은 "소추관은 자신에게 이용 가능한 정보를 평가한 후, 이 규정에 따른 절차를 진행할 합리적 근거가 없다고 판단하지 않는 한 수사를 개시하여야 한다"고 하여 소수관에게 합리적 근거가 있을 경우에 수사를 개시하도록 하고 있다. 동조 2항은 수사 후 소추관이 기소할 충분한 근거가 없다고 결정하는 경우, 소추관에게 전심재판부 및 제14조에 따라 회부한 국가 또는 제13조 나호에 따른 사건의 경우 안전보장이사회에 자신의 결정과 그 이유를 통지할 의무를 부과하고 있다. 동조 3항에 의하면 제14조에 따른 사건 회부국 또는 제13조 나호에 따른 안전보장이사회의 요청이 있는 경우, 전심재판부는 제1항 또는 제2항에 따른 소추관의 절차종결 결정을 재검토할 수 있으며, 소추관에게 그 결정을 재고할 것을 요청할 수 있다. 동조 4항은 소추관에게 새로운 사실이나 정보를 근거로 수사 또는 기소의 개시 여부에 대한 결정을 언제든지 재고할 수 있도록 하였다.

제53조는 소추관에게 수사를 위한 합리적 근거가 있는지 그리고 기소를 위한 충분한 근거가 있는지를 결정하는 상당한 재량권을 부여하고 있다. 그러면서도, 제53조는 이러한 소추관의 재량권이 전심재판부의 사법심사에 의해 통제를 받도록 하고 있다.

2. 수사중 개인의 권리

로마규정 제55조는 수사 중 개인의 권리에 관해 규정하고 있다. 동조 1항은 다음과 같다.

> 이 규정에 따른 수사와 관련하여 개인은,
> 가. 스스로 복죄하거나 자신의 유죄를 시인하도록 강요받지 아니한다.
> 나. 어떠한 형태의 강요, 강박 또는 위협, 고문, 또는 다른 어떠한 형태의 잔혹하거나 비인도적이거나 굴욕적인 대우나 처벌을 받지 아니한다.
> 다. 자신이 충분히 이해하고 말하는 언어 이외의 언어로 신문받는 경우, 무료로

유능한 통역과 공정성의 요건을 충족시키는데 필요한 번역의 도움을 받는다.
라. 자의적인 체포 또는 구금을 당하지 아니하며, 이 규정에서 정한 근거와 절차에 따른 경우를 제외하고는 자유를 박탈당하지 아니한다.

동항 가호는 소위 "자기부죄거부의 특권(privilege against self-incrimination)"을 규정하고 있다. 이 자기부죄거부의 특권은 우리 국내법과 같은 효력을 가진 국제인권규약 B규약(ICCPR) 제14조 3항(g)에도 규정되어 있다. 동항 나호는 개인의 강요, 강박, 고문을 받지 않을 권리를 규정한다. 이 권리는 국제인권규약 B규약 제7조에도 규정되어 있다. 동항 다호는 통역을 받을 권리를 정하고 있다. 이 권리는 특히 ICCPR 제14조 3항(f)에도 규정되어 있다. 동항 라호는 자의적인 체포 또는 구금을 당하지 않을 권리를 정하고 있다. 이 권리는 ICCPR 제9조 1항에도 규정되어 있다.

로마규정 제55조 2항은 개인이 신문을 받게 될 경우, 신문에 앞서 자신에게 고지되어야 할 다음의 권리를 가진다고 규정하고 있다.

가. 신문에 앞서 그가 재판소 관할범죄를 범하였다고 믿을 만한 근거가 있음을 고지받을 권리
나. 침묵이 유죄 또는 무죄를 결정함에 있어서 참작됨이 없이 진술을 거부할 권리
다. 자신이 선택하는 법적 조력을 받을 권리, 또는 자신이 법적 조력을 받지 못하고 있다면 정의를 위하여 요구되는 경우에 자신에게 지정된 법적 조력을 받을 권리, 그리고 자신이 비용을 지불할 충분한 수단이 없는 경우에는 이를 무료로 제공받을 권리
라. 자신이 자발적으로 변호인의 조력을 받을 권리를 포기하지 아니하는 한 변호인의 참석하에 신문을 받을 권리

동항 가호는 범죄혐의와 그 근거를 고지받을 권리를 규정한다. 이 권리는 ICCPR 제9조 2항과 ICCPR 제14조 3항(a)에도 규정되어 있다고 볼 수 있다. 동항 나호는 묵비권을 규정하고 있다. 이 권리는 구유고재판소(ICTY) 규칙 42조 (A)항 (iii)에도 규정되어 있다. 동항 다호는 법적 조력을 받을 권리 또는 변호인의 조력을 받을 권리(right to counsel)를 규정한다. 이 권리는 ICCPR 제14조 3항(d)에도 규정되어 있다. 동항 라호는 변호인의 참석하에 신문을 받을 권리를 규정한다. 이 권리는 ICTY 규칙 제42조 (B)항에도 규정되어 있다.

결론적으로 로마규정 제55조가 보장하고 있는 수사중 피의자의 권리내용은 국제인권법에 합치한다고 평가할 수 있다.

3. 재판전 공소사실의 확인(기소)

국제형사재판소의 전심재판부는 당해인의 인도 또는 자발적 재판소 출석 후 합리적인 기간내에 소추관이 재판을 구하고자 하는 공소사실을 확인하기 위한 심리를 행한다. 이 공소사실 확인 심리(Confirmation Hearing)는 소추관과 피의자 및 피의자 변호인의 출석하에 이루어진다.

로마규정 제61조 7항은 재판전 공소사실의 확인과 관련하여 다음과 같이 규정한다.

> 7. 전심재판부는 심리를 근거로 당해인이 기소대상인 각각의 범죄를 범하였다고 믿을 만한 상당한 근거를 형성하는 충분한 증거가 있는지를 결정한다. 그 결정에 근거하여 전심재판부는,
>
> 가. 충분한 증거가 있다고 결정한 관련 공소사실을 확인하고, 확인된 공소사실에 대한 재판을 위하여 당해인을 1심재판부에 회부한다.
>
> 나. 증거가 불충분하다고 결정한 공소사실에 대하여는 확인을 거절한다.
>
> 다. 심리를 연기하고 소추관에게 다음을 고려하도록 요청한다.
>
> (1) 특정한 공소사실과 관련하여 추가 증거를 제공하거나 또는 추가 수사를 행할 것, 또는
>
> (2) 제출된 증거가 재판소의 다른 관할범죄를 구성하는 것으로 보이므로 공소사실을 수정할 것

제61조에 따라 공소사실이 확인되면 소장단은 1심재판부를 구성한다. 그 이후 재판절차는 1심 재판부가 책임을 지고 진행한다.

Ⅶ. 국제형사재판소의 재판

1. 재판 장소와 피고인 출석하의 재판

로마규정 제62조에 따라, 달리 결정되지 않는 한 재판 장소는 재판소의 소재지인 헤이그가 된다. 로마규정 제63조는 피고인 출석하의 재판을 요구하고 있다. 즉 동조 1항은 "피고인은 재판하는 동안 출석하여야 한다"고 하여 피고인에 대한 궐석재판(trial in absentia)을 금지하고 있다.

2. 재판절차

재판은 원칙적으로 공개로 진행된다. 재판이 시작되면 1심재판부는 전심재판부가 확인한 공소사실을 피고인에게 낭독한다. 그리고 1심재판부는 피고인이 공소사실의 성격을 이해하고 있음을 확인하며, 피고인에게 제65조에 따라 유죄를 인정하거나 무죄를 주장할 기회를 부여한다.

로마규정 제65조는 피고인의 유죄인정(admission of guilty) 절차를 규정하고 있다. 1심재판부는 피고인이 자신의 유죄를 인정할 때, 그 피고인에게 유죄판결을 내리기 위해 세 가지 사항을 확인하여야 한다. 그것은 1) 피고인이 유죄인정의 성격 및 결과를 이해하고 있는지 여부, 2) 피고인이 변호인과의 충분한 협의를 거쳐 자발적으로 유죄를 인정한 것인지 여부, 3) 유죄의 인정이 공소사실등에 포함된 사실관계에 의하여 뒷받침되고 있는지 여부이다. 만일 이 세 가지 사항이 모두 충족되지 않을 경우 1심재판부는 피고인의 유죄인정이 이루어지지 아니한 것으로 간주하여 재판절차를 계속하게 된다.

3. 무죄의 추정

로마규정 제66조는 무죄추정의 원칙에 관해 규정하고 있다. 동조 1항은 모든 사람은 적용법규에 따라 재판소에서 유죄가 입증되기 전까지는 무죄로 추정된다고 하고, 동조 2항은 피고인의 유죄를 입증할 책임은 소추관에게 있다고 규정한다.

또한 동조 3항은 피고인을 유죄판결하기 위하여는, 재판소가 피고인의 유죄를 합리적인 의심의 여지가 없이(beyond reasonable doubt) 확신하여야 한다고 규정한다.

4. 피고인의 권리

로마규정 제67조 1항은 다음과 같이 재판을 받는 피고인의 권리를 규정하고 있다.

> 1. 공소사실의 확인에 있어서 피고인은 이 규정에 정한 바에 따른 공개 심리, 공평하게 진행되는 공정한 심리 그리고 완전히 평등하게 다음과 같은 최소한의 보장을 받을 권리를 가진다.
> 가. 공소사실의 성격, 근거 및 내용에 대하여 피고인이 완전히 이해하고 말하는 언어로 신속하고 상세하게 통지받는다.
> 나. 방어 준비를 위하여 적절한 시간과 편의를 받으며, 피고인이 선택한 변호인과 비공개로 자유로이 통신한다.
> 다. 부당한 지체없이 재판을 받는다.
> 라. 제63조 제2항을 조건으로 재판에 출석하고 스스로 또는 자신이 선택하는 법적 조력을 통하여 변호하며, 피고인이 법적 조력을 받지 못하고 있다면 정의를 위하여 요구되는 경우에 재판소가 지정한 법적 조력을 받으며 자신의 비용을 지불할 충분한 수단이 없는 경우에는 이를 무료로 제공받는다는 것을 통지받고 이러한 조력을 제공받는다.
> 마. 자신에게 불리한 증인을 신문하거나 또는 신문받게 하고, 자신에게 불리한 증인과 동등한 조건하에 자신에게 유리한 증인의 출석 및 신문을 확보한다. 피고인은 또한 항변을 제기하고 이 규정에 따라 증거능력이 있는 다른 증거를 제출할 권리를 가진다.
> 바. 재판소의 절차나 재판소에 제출된 문서가 피고인이 완전히 이해하고 말하는 언어로 되어 있지 않은 경우, 유능한 통역자의 조력이나 그러한 번역을 무상으로 제공받는다.
> 사. 증언하거나 또는 유죄를 시인하도록 강요받지 아니하며, 침묵이 유죄 또는 무죄의 결정에 참작됨이 없이 진술을 거부할 수 있다.
> 아. 자신의 변호를 위하여 선서 없이 구두 또는 서면으로 진술한다.
> 자. 입증책임의 전환이나 반증 책임을 부과받지 아니한다.

1항의 총칙부분은 피고인의 "공개 심리"(public hearing)를 받을 권리와 "공평하게 진행되는 공정한 심리"(fair hearing conducted impartially)를 받을 권리를 규정하고 있다. 1항의 가호는 피고인이 공소사실의 성격, 근거 및 내용을 통지받을 권리가 있음을 규정한다. 이 권리는 국제인권규약 B규약 제14조 3항(a)에도 규정되어 있다. 1항 나호는 피고인의 "방어권"(right to defense)과 변호인과 접견교통할 권리(right to communicate with counsel)을 규정한다. 이 권리는 국제인권규약 B규약 제14조 3항(b)에 의해서도 보장된다. 1항 다호는 피고인의 신속한 재판을 받을 권리(right to a speedy trial)를 규정한다. 이 권리는 국제인권규약 B규약 제14조 3항(c)에 의하여도 보장되는 권리이다. 1항 라호는 피고인이 변호인의 조력을 받을 권리(right to counsel)가 있음을 규정한다. 이 권리는 국제인권규약 B규약 제14조 3항(d)에 의해서도 확인된다. 1항 마호는 피고인의 반대신문권(right to cross examination)을 규정한다. 이 권리는 국제인권규약 B규약 제14조 3항(e)에 의하여도 확인된다. 1항 바호는 피고인이 통역자의 조력을 받을 권리가 있음을 규정한다. 이 권리는 국제인권규약 B규약 제14조 3항(f)에 의해서도 보장된다. 1항 사호는 피고인의 자기부죄거부의 특권을 규정하고 있다. 이 권리는 국제인권규약 B규약 제14조 3항(g)에 의하여도 보장된다. 1항 아호는 피고인이 선서 없이 진술할 수 있는 권리를 규정한다. 이 권리는 국제인권규약에 의해서는 명시적으로 보장되지 않는 권리이다. 이 권리는 피고인이 자신의 변호를 위해서 선서 없이 구두 또는 서면 진술을 할 수 있도록 함으로써, 선서 없이 진술하는 다른 증인과 동등한 조건하에 증언할 수 있는 기회를 주기 위한 것이다. 1항 자호는 피고인이 입증책임의 전환이나 반증책임을 부과 받지 않을 권리를 규정한다. 이 권리는 국제인권규약에 명시되어 있지는 않으나 무죄추정 원칙에 기초하고 있는 권리라고 할 수 있다.

로마규정 제67조 2항은 소추관에게 소추관이 보유하거나 통제하고 있는 증거로서 피고인이 무죄임을 보여주거나 보일 수 있다고 믿는 증거, 피고인의 죄를 감경시킬 수 있는 증거, 또는 소추관 측 증거의 신빙성에 영향을 미칠 수 있는 증거를 가능한 한 신속히 피고인 측에 공개할 의무를 부과하고 있다.

이 조항은 미국의 형사소송법상 요구되는 '브래디 규칙'(Brady Rule)과 유사하다. 브래디 규칙은 브래디 대 메릴랜드(Brady v. Maryland) 사건[657]에서 유래하였는데, 이 규칙은 검사측이 피고의 무죄 등을 나타내는 증거를 가지고 있으면 피고에

657) Brady v. Maryland, 373 U.S 83 (1963).

게 공개할 것을 요구하고 있다.[658]

Ⅷ. 국제형사재판소의 형벌, 상소와 집행

1. 형 벌

ICC가 부과하는 형벌(penalties)에 관하여는 로마규정 제7부에 규정되어 있다. 로마규정 제77조는 적용 가능한 형벌로서 1) 최고 30년을 초과하지 아니하는 유기징역, 2) 범죄의 극도의 중대성과 유죄판결을 받은 자의 개별적 정황에 의하여 정당화될 경우에는 무기징역을 규정하고, 징역에 추가하여 재판소는 1) 절차 및 증거규칙에 규정된 기준에 따른 벌금, 2) 선의의 제3자의 권리를 침해함이 없이, 당해 범죄로부터 직접적 또는 간접적으로 발생한 수익·재산 및 자산의 몰수를 명할 수 있다고 규정한다. 이 제77조에 명시된 형벌은 로마규정 제23조의 형벌법정주의(nulla poena sine lege)원칙상 열거적인 것이다. 따라서 ICC는 사형을 부과하지 않으며 범죄가 극도로 중대한 경우 등에 종신형을 부과할 수 있을 뿐이다. 그러나 ICC가 사형을 부과하지 않는다는 사실이 사형제도를 유지하는 국가의 형법체계에 영향을 주는 것이 아님은 로마규정 제80조에 의해 명백하여진다. 제80조는 "이 부의 어떠한 규정도 국가가 자국법에 규정된 형을 적용하는 데 영향을 미치지 아니하며, 또한 이 부에 규정된 형을 규정하고 있지 아니한 국가의 법에 영향을 미치지 아니한다"고 규정한다.

2. 피해자에 대한 배상

로마규정 제75조는 재판소에게 피해자에 대한 원상회복(restitution), 보상(compensation) 및 사회복귀(rehabilitation) 등 피해자에 대한 배상(reparations to victims)의 원칙을 수립하도록 하고, 재판소가 유죄판결을 받은 자에게 직접 배상할 것을 명령할 수 있도록 하였다. 또한, 적절한 경우에는 신탁기금(Trust Fund)을 통해 배상

658) Young Sok Kim, The Law of the International Criminal Court (2nd ed. William S. Hein & Co.,Inc)(2019), pp. 287~289.

이 이루어지도록 명령할 수 있다. 신탁기금은 로마규정 제79조에 따라 당사국총회에 의하여 설립되며 벌금 또는 몰수를 통해 징수한 현금과 기타 재산이 신탁기금에 귀속될 수 있다.

3. 상 소

로마규정 제8부는 상소 및 재심(Appeal and Revision)에 관해 규정하고 있다. 그러나 뉘른베르그 헌장은 유죄판결 받은 자의 상소를 허용하지 않았다. 동 헌장 제26조는 뉘른베르그 재판소의 판결이 최종적인 것(final)이라고 규정하고 있다. 이에 비해 구유고재판소(ICTY)와 르완다재판소(ICTR)는 모두 상소를 허용하고 있다.

로마규정 제81조는 유・무죄 판결이나 양형에 대한 상소를 허용하고 있다. 먼저 소추관은 1) 절차상의 하자, 2) 사실의 오인, 또는 3) 법령 위반을 근거로 상소할 수 있다. 다음으로 유죄판결을 받은 자 또는 그 자를 대신한 소추관은 1) 절차상의 하자, 2) 사실의 오인, 3) 법령 위반, 또는 4) 절차 또는 판결의 공정성 또는 신뢰성에 영향을 주는 기타 여하한 근거를 근거로 상소할 수 있다.

로마규정 제82조는 유・무죄 판결이나 양형에 대한 상소 이외의 기타 결정에 대한 상소를 허용하고 있다. 동조에 의하면 어느 당사자도 절차 및 증거규칙에 따라 1) 관할권 또는 재판적격성에 관한 결정, 2) 수사중이거나 기소중인 자의 석방을 허가 또는 거부하는 결정, 3) 제56조 제3항에 따른 전심재판부의 직권에 의한 결정, 4) 절차의 공정하고 신속한 진행 또는 재판의 결과에 중대한 영향을 미치게 될 문제와 관련되며 상소심재판부의 신속한 결정이 절차를 현저히 촉진시킬 수 있다고 전심재판부 또는 1심재판부가 판단하는 결정에 대하여 상소할 수 있다.

4. 집 행

로마규정 제10부는 형벌의 집행(Enforcement)에 관해 규정하고 있다. 로마규정상의 집행과 관련하여 특징적인 것은 규정당사국들이 집행에 있어서 중요한 역할을 한다는 것이다. 즉, ICC는 자체의 수형시설이 아주 미약할 것으로 보이기 때문에 규정당사국들의 수형시설을 이용하여 유죄판결을 받은 범죄인의 징역형을 집행해야 한다. 이에 관해 로마규정 제103조 1항 가호는 “징역형은 재판소가 재판소에 대하여 수형자 인수 의사를 표시한 국가의 명단 중에서 지정된 국가에서 집행된다"고 규정하고 있다. 다시 말하면 징역형의 집행은 수형자 인수의사를 표시한 국가중에서 ICC가 지명한 국가가 하게 된다. 이러한 제도를 집행의 선택수락(opting in) 제도라고 로마회의시 국가들은 표현하였다.

로마회의시 제10부 집행과 관련하여 크게 3가지의 쟁점이 있었다. 첫째는 ICC의 판결이 당사국에 의해 별도의 절차 없이 직접 승인되고 집행되는지 아니면 당사국에 의해 그 국내법 등에 따라 효력이 부여되는 절차를 거친 후에 집행되는지에 관한 쟁점이었다. 이 쟁점에 대해 로마회의시 대표단들은 결론을 내릴 수가 없었다. 그 결과, 징역형에 관한 판결의 집행에 관해서는 그 집행의 성격에 관한 명확한 개념정의 없이 로마규정과 절차 및 증거규칙에 따라 ICC의 판결을 집행하는 것으로 결정하였다. 그러나 벌금형 또는 몰수형에 관해서는 로마규정 제109조가 당사국은 선의의 제3자의 권리를 침해함이 없이 그리고 자국의 국내법 절차에 따라, 재판소가 제7부에 따라 명령한 벌금 또는 몰수 명령을 집행한다(give effect)고 규정하고 있으므로 집행국의 국내적 효력부여절차를 거쳐야 하는 것으로 하고 있다.

두 번째 쟁점은 앞에서 말한 집행의 선택수락 제도가 바람직한 것인가에 대한 것이었는데, 로마규정은 제103조에서 이 제도를 채택하고 있다. 세 번째 쟁점은 형의 사면, 감형 등을 집행국가의 사법당국도 할 수 있는지 아니면 ICC만이 형의 감형 등을 할 수 있는지에 관한 것이었는데, 로마규정은 제110조에서 ICC만이 형의 감형을 할 수 있도록 하였다.

Ⅸ. 범죄인 인도

1. 의 의

범죄인인도(extradition)는 외국에서 죄를 범한 용의자 또는 유죄판결을 받은 자가 자국 내에 도망해 들어온 경우 외국의 청구에 의하여 그 범인을 그 외국으로 인도하는 것을 말한다. 범죄인인도는 형사사건에 관한 국제적 사법공조의 특수한 형태로서 해당국가의 범죄진압 욕구를 달성하는 수단이라고 할 수 있다. 현행 국제법상 국가는 조약상의 합의가 없는 한 범죄인인도를 할 법적 의무가 없다. 다만, 국가는 국제예양(International Comity)으로 조약 없이도 범죄인인도를 할 수 있고, 이때 상호주의를 보증으로 하는 경우가 많다. 그러나 범죄인인도조약을 체결하면 관련국가는 조약에 따라 범죄인인도를 할 법적 의무를 부담하게 된다.

2. 인도범죄와 인도청구국

(1) 인도대상범죄(extraditable offense)

인도대상범죄는 범죄인인도조약상 범죄인인도를 허용할 수 있는 범죄를 말한다. 또한 인도대상 범죄는 범죄인인도를 요청함에 있어서 청구국이 당해 범죄인이 범하였다고 주장하는 범죄를 의미하기도 한다.

(2) 인도청구국

인도청구국은 범죄인인도를 요청하는 국가이고 피청구국은 인도요청을 받은 국가이다.

3. 범죄인인도의 제한

(1) 경미한 범죄는 제외

경미한 범죄는 인도대상범죄에서 제외된다. 우리나라가 체결하는 범죄인인도조약에는 대체로 1년 이상의 자유형으로 처벌할 수 있는 범죄를 인도대상범죄로 하고 있다. 예를 들어, 대한민국과 캐나다 간의 범죄인인도조약 제2조는 다음과 같이 규정한다.

> **제 2 조 인도대상범죄**
>
> 1. 이 조약의 목적상 범죄인인도는 양 체약당사국의 법에 의하여 적어도 1년의 자유형 또는 그 이상의 중형으로 처벌할 수 있는 범죄를 구성하는 행위에 대하여 허용된다.
>
> 2. 인도청구가 청구국의 법원에 의하여 인도대상범죄로 자유형이 선고된 자에 대한 것인 경우에는 남은 형기가 4월 이상이어야만 범죄인인도가 허용된다.

(2) 쌍방범죄성의 원칙(double criminality)

이 원칙은 인도청구국과 피청구국의 형법이 다 같이 처벌대상으로 규정한 행위만이 인도대상범죄가 된다는 원칙이다. 그러나 이 원칙은 특정행위를 양국에서 동일한 죄명으로 처벌할 것을 요구하는 것이 아니며 양국에서의 가벌성(punishability)이 있으면 충족된 것으로 본다. 위의 한국과 캐나다 간의 범죄인인도조약 제2조에서 인도대상범죄는 양국에서 1년의 자유형 또는 그 이상의 형으로 처벌할 수 있는 범죄로 규정하고 있음도 쌍방범죄성의 원칙을 표현하고 있는 것이다.

(3) 특정성의 원칙(rule of speciality)

이 원칙은 인도된 범죄인 또는 피의자는 인도청구의 대상이 된 범죄행위에 한하여 소추되며 처벌된다는 원칙이다. 또한, 인도된 범죄인은 인도 이전의 범죄에 관해서도 처벌되지 않는다. 즉, 범죄인이 상해혐의로 청구국에 인도되었다면 청구국은 그 범죄인을 상해혐의로만 재판하고 처벌하여야 한다는 것이다. 이 원칙은 인도국의 형법질서의 존중뿐 아니라 범죄인 또는 피의자의 인권보호를 위하여 중요한 의미를 가진다. 이 원칙은 우리나라가 체결하는 많은 범죄인인도조약에도 명문으로 규정되었다.

예를 들어 대한민국과 캐나다 간의 범죄인인도조약 제17조는 다음과 같이 규정한다.

제17조 특정성의 원칙

1. 이 조약에 따라 인도된 범죄인은 이 조 제4항을 조건으로 다음 각 호의 1에 해당하는 범죄를 제외하고는 인도전에 범한 다른 범죄로 청구국에서 구금·기소되지 아니하고 개인적 자유의 제한을 받지 아니한다.

가. 인도가 허용된 범죄

나. 피청구국이 동의하는 경우 다른 인도대상 범죄

2. 이 조에 의한 피청구국의 동의를 위한 요청은 피청구국의 요청이 있을 경우 관계범죄에 관하여 인도범죄인이 행한 진술의 기록과 제7조에 규정된 문서를 첨부하여야 한다.

3. 인도범죄인에 대한 기소가 추후에 변경된 경우에 그 범죄가 그 새로운 기술상 다음 각 호에 해당한다면 그 범죄인을 기소하거나 판결을 선고할 수 있다.

가. 인도청구서 및 그 보충서류에 포함된 사실과 실질적으로 동일한 사실에 근거하고

나. 인도가 허용된 범죄와 그 최고형이 같거나 경한 형으로 처벌할 수 있는 경우

4. 이 조 제1항은 인도된 범죄인이 청구국을 떠날 수 있음에도 인도된 범죄에 관한 최종 석방이 있은 후 45일 이내에 떠나지 아니하거나, 떠났다가 자발적으로 청구국에 재입국하는 경우에는 적용되지 아니한다.

(4) 자국민 불인도의 원칙(non-extradition of nationals)

이 원칙은 피청국국은 인도청구된 범죄인이 자국민인 경우 인도하지 않는다는 원칙이다. 영미법계 국가는 자국민도 인도함을 원칙으로 하고 있으나 대륙법계 국가는 자국민을 인도하지 않는 것을 원칙으로 하고 있다.[659] 다만, 대륙법계 국가들은 자국민의 국외범죄도 처벌할 수 있기 때문에 인도하지 않을 때는 처벌을 위한 조치를 취하는 것이 원칙이다.

이 원칙의 목적은 외국의 법제나 재판을 신용하지 않고 자국민이 외국에서 불리한 재판을 받을 우려를 나타내는 것이다. 우리나라를 비롯한 각국의 범죄인 인도조약은 자국민 불인도 원칙을 규정하고 있다. 대한민국과 캐나다 간의 범죄인인도조약 제5조는 다음과 같다.

제5조 자국민의 인도

1. 인도청구된 자가 피청구국의 국민인 경우에는 인도를 거절할 수 있다.

2. 일방당사국은 이 조 제1항의 규정에 의하여 자국민의 인도를 거절하는 경우에 인도청구된 범죄의 전부 또는 일부에 관하여 그자에 대한 기소 절차가 행하여지도록 권한 있는 기관에 사건을 제출하여야 한다. 그 당사국은 청구국에 조치내용과 기소의 결과를 통지하여야 한다. 국적은 인도청구된 범죄의 행위시를 기준으로 정한다.

(5) 정치범 불인도원칙(non-extradition of political offenders)

이 원칙은 정치범은 불인도한다는 원칙으로서 정치범이란 어느 국가의 정치질서의 변혁을 목적으로 한 범죄라고 할 수 있다. 그러나 불인도 대상인 정치범죄는 순수정치범죄(pure political offense)에 한정되며 비순수정치범죄에 대해서는 관행이 일치하지 않는다. 비순수정치범죄는 살인 등 일반형법상의 범죄와 정치범죄가

659) 독일연방기본법 제16조는 독일국민의 범죄인인도를 원칙적으로 금지하고 있다.

결합 또는 연관된 범죄이기 때문에 정치범 불인도 원칙의 대상이 아니라는 주장이 유력하다.

특히 범죄인인도조약에 외국의 국가원수나 그 가족의 살해행위는 정치범으로 인정되지 않는다는 것을 명문화한 '가해조항(Clause Belge)'이 있는 경우 그러한 행위를 한 범죄인은 정치범으로서 인정되지 않는다. 또한 집단살해죄, 인도에 반한 죄, 전쟁범죄, 항공기납치범죄 등은 정치범으로 인정되지 않는다.

예를 들어, 우리나라와 캐나다 간의 범죄인인도조약 제3조는 다음과 같이 규정한다.

> **제3조 절대적 인도거절**
>
> 다음 각항의 1에 해당하는 경우에는 이 조약에 의한 범죄인 인도가 허용되어서는 아니 된다.
>
> 1. 피청구국이 인도청구된 범죄가 정치적 범죄라고 인정하는 경우
>
> 이 항의 목적상 다음 각 호의 1에 해당하는 범죄는 정치적 범죄에 포함되지 아니한다.
>
> 가. 국가원수·정부수반 또는 그 가족의 생명을 침해하는 행위나 그 미수
> 나. 각 체약당사국이 다자간 국제협정에 의하여 청구된 자를 인도할 의무를 부담하거나 기소하도록 권한 있는 기관에 그 사건을 제출할 의무를 부담하고 있는 범죄
> 다. 모살·고살 또는 기타 고의적 살인·중상해 또는 신체에 중대한 위해를 가하는 범죄
> 라. 인질억류를 포함한 납치·유괴 또는 기타 형태의 불법감금
> 마. 생명에 위험을 초래하거나 신체에 중대한 위해를 가할 자동화기의사용이나 폭발물·인화물·파괴장치 또는 물질의 설치 또는 사용에 관련된 범죄
> 바. 가호 내지 마호 범죄의 미수·음모 또는 그 교사·방조

(6) 국제형사재판소 규정상의 범죄인인도제도

1) 용어의 차이

전통적인 국가 간의 범죄인인도제도는 extradition을 사용하고 ICC 규정에서는 Surrender를 사용한다.

2) 인도거절 사유의 차이

ICC로의 범죄인인도에는 국가 간의 범죄인인도제도에 적용되는 인도거절사

유가 적용되지 않는 경우가 많다. 자국민 불인도원칙은 적용되지 않으며, 특정성의 원칙은 ICC규정 제101조에 의해 완화된 형태로 적용된다. 즉, 국제형사재판소로의 범죄인인도에서는 죄명이 아니라 범죄의 기초를 이루는 행위 또는 행위의 과정이 기준이 된다. ICC의 관할범죄는 공소시효의 적용대상이 아니기 때문에 공소시효 완성도 거절사유로 적용되지 않는다. 사면(amnesty), 고령이나 질병 등의 인도적 사유도 적용되지 않는다. 정치범불인도의 원칙과 군사범불인도의 원칙도 적용되지 않는다. 쌍방범죄성의 원칙은 ICC의 관할범죄가 국제범죄로서 모든 국가에서 처벌가능한 범죄이기 때문에 이미 충족된 것으로 볼 수 있다.

3) 인도 주체의 차이

ICC로의 인도는 국제기구인 ICC와 국가 간의 범죄인인도로서 기존의 국가 간 범죄인인도와 차이가 있다.

제10장

국제형사재판소(ICC) 규정상의 범죄인인도와 형사사법공조

제10장
국제형사재판소(ICC) 규정상의 범죄인인도와 형사사법공조

Ⅰ. 의 의

국제형사재판소 규정(로마규정) 제9부는 국제형사재판소(ICC)와 규정당사국과 비당사국간의 국제적 협력(international cooperation)과 사법공조(judicial assistance)를 규정하고 있다. 로마규정상의 국제적 협력과 사법공조는 크게 두 가지 내용으로 구성된다. 첫째는 ICC와 관련국가간의 범죄인인도를 내용으로 하며, 둘째는 ICC와 관련국가간의 형사사법공조를 내용으로 한다.

국제적 협력과 사법공조의 문제는 로마회의에서 해결해야 할 가장 중요한 쟁점 중의 하나였다. 특히 국제적 협력과 사법공조는 ICC의 실효적 운영과 관련하여 매우 중요한 의미를 가진다. 왜냐하면, ICC와 관련된 다른 주요한 쟁점들, 예를 들어 ICC에 자동적 관할권을 부여하는 문제, 관할대상범죄를 넓게 정의하는 문제, 공정한 재판절차를 보장하는 문제 등의 주요한 쟁점들이 잘 해결된다고 해도 로마규정의 당사국 등이 ICC의 협력요청을 거부하고 응하지 않는다면, ICC는 제대로 그 기능을 다하지 못할 것이기 때문이다.

통합초안(Draft Statute)의 제9부는 대단히 복잡한 구조를 가지고 있었기 때문에 로마회의에서는 파키소 모초초코(Phakiso Mochochoko) 레소토(Lesotho) 대표를 의장으로 한 "국제협력과 사법공조에 관한 실무그룹(Working Group on International Cooperation and Judicial Assistance)"을 구성하여 제9부에 관한 논의를 계속하였다.

로마규정에서의 국제협력과 사법공조는 전통적인 국가간의 범죄인인도나 사법공조와는 다른 특수한 성격을 가지고 있다. 그 이유는 로마규정에서의 국제협력은 ICC의 관할대상범죄인 집단살해죄, 인도에 반한 죄, 전쟁범죄 등 심각한 국제범죄를 염두에 두고 있기 때문이다. ICC의 설립목적이 바로 이러한 잔혹한 국제범죄를 처벌하기 위한 것이나, ICC는 그 자체의 경찰관이나 수사관을 충분히 가지고 있지 않다. 결국, 관할대상범죄와 관련이 있는 개인을 체포하고 신병을 확보하는 일 등은 그 개인이 체류하고 있는 국가 등 관련국가에서 대부분 담당해야 할 일이다. 따라서 이러한 관련국가와 ICC와의 협력과 사법공조는 ICC의 성공적 운영을 위해 매우 긴요한 일이라고 할 수 있다. 그러므로, 로마규정은 규정의 당사국들에게 전통적인 국가간의 범죄인인도나 사법공조보다도 더 강화된 협력을 ICC에 대해 제공할 것을 요구하고 있다. 이러한 강화된 협력의 내용으로서 로마규정 제9부는 특히 다음과 같은 내용을 포함하고 있다.

첫째, 규정 당사국은 국제협력을 ICC에 제공하기 위한 자국의 국내절차를 준비하여야 하는 의무를 가진다(로마규정 제88조). 둘째, ICC와의 관계에 있어서는 전통적인 국가간의 범죄인인도나 사법공조시에 고려되는 여러 가지 공조거절사유가 대부분 적용되지 않는다(로마규정 제89조, 제93조). 셋째, ICC에 대한 국제협력을 하기 곤란한 사유가 발생하더라도 관련 국가는 단순히 국제협력 제공을 거절하기보다는 ICC와 협의(consultation)하여야 할 의무를 진다(로마규정 제97조). 넷째, 전통적인 의미의 특정성의 원칙(rule of speciality)은 로마규정에서는 완화된 형태로 존재하고 있다(로마규정 제101조). 이러한 내용의 구체적인 의미는 해당 조항을 논하면서 후술하기로 한다.

특히, 국제형사재판소 관할 범죄의 처벌 등에 관한 법률(약칭: 국제형사범죄법) 제19조와 제20조는 우리나라의 「범죄인 인도법」과 「국제형사사법 공조법」보다 로마규정이 우선하도록 규정하고 있어,[660] 국제형사재판소 규정상의 국제적 협력과 사법공조에 대해 잘 이해할 필요가 있다.

---

660) 국제형사범죄법 제19조(「범죄인 인도법」의 준용) ① 대한민국과 국제형사재판소 간의 범죄인 인도에 관하여는 「범죄인 인도법」을 준용한다. 다만, 국제형사재판소규정에 「범죄인 인도법」과 다른 규정이 있는 경우에는 그 규정에 따른다.
② 제1항의 경우 「범죄인 인도법」 중 "청구국"은 "국제형사재판소"로, "인도조약"은 "국제형사재판소규정"으로 본다.
국제형사범죄법 제20조(「국제형사사법 공조법」의 준용) ① 국제형사재판소의 형사사건 수사 또는 재판과 관련하여 국제형사재판소의 요청에 따라 실시하는 공조 및 국제형사재판소에 대하여 요청하는 공조에 관하여는 「국제형사사법 공조법」을 준용한다. 다만, 국제형사재판소규정에 「국제형사사법 공조법」과 다른 규정이 있는 경우에는 그 규정에 따른다.
② 제1항의 경우 「국제형사사법 공조법」 중 "외국"은 "국제형사재판소"로, "공조조약"은 "국제형사재판소규정"으로 본다.

Ⅱ. 일반적 협력의무(제86조)

로마규정 제86조는 "당사국은 이 규정에 정한 바에 따라 재판소 관할범죄의 수사 및 기소에 있어서 재판소에 최대한 협력한다(cooperate fully with the Court)"고 규정하고 있다. 이 조항은 당사국이 ICC에 대해 협력해야 하는 이유를 규정하고 있다. 특히 이 조항은 당사국이 수사 및 기소에 있어서 재판소에 최대한 협력한다고 하여 명시적이지는 않으나 ICC가 당사국에게 구속력 있는 명령을 내릴 수 있도록 하고 있는 것으로 볼 수 있다.

또한 로마규정 제88조는 당사국이 모든 형태의 협력에 이용 가능한 절차가 국내법에 포함되도록 조치할 것을 요구하고 있으므로 당사국은 그들의 국내절차가 준비되어 있지 않음을 이유로 ICC의 요청을 거절해서는 안 된다. 국제사법기구가 당사국들에게 구속력 있는 명령을 내릴 수 있는 것은 여러 가지 국제적 선례를 통해서도 확인된다. 국제사법재판소(ICJ) 규정 제48조는 "재판소는 사건의 진행을 위한 명령을 발하고, 각 당사자가 각각의 진술을 종결하여야 할 방식 및 시기를 결정하며, 증거조사에 관련된 모든 조치를 취한다"고 하여 ICJ가 당사국에게 구속력 있는 명령을 내릴 수 있도록 하고 있다.

Ⅲ. 협력요청에 관한 일반규정(제87조)

1. 요청경로

로마규정 제87조 1항은 재판소가 당사국에 협력을 요청할 권한을 가진다고 하고, 요청경로로서 외교경로 또는 각 당사국이 지정한 경로를 규정한다. 또한 동 조항에 의하여 ICC는 국제형사경찰기구(interpol) 또는 적절한 지역기구를 통하여도 협조요청을 전달할 수 있다.

2. 번 역

로마규정 제87조 2항은 협력요청 및 이를 증빙하는 문서는 피요청국의 공식언어로 작성되거나, 공식언어의 번역본이 첨부되거나 또는 재판소의 실무언어 중의 하나로 작성될 것을 요구하고 있다. 로마회의시 논란이 되었던 것은 협력요청서 등이 재판소의 "공식언어(official language)"로 작성되어야 하는지 아니면 "실무언어(working language)"로 작성되어야 하는지에 관한 것이었다. 로마규정 제50조에 의해 재판소의 공식언어는 아랍어, 중국어, 영어, 프랑스어, 러시아어, 스페인어이며 재판소의 실무언어는 영어와 프랑스어이다. 논의결과 재판소의 신속하고 경제적인 협조요청을 위해서는 요청서 등을 실무언어 중 하나로 작성하는 것이 바람직하다는 의견에 따라 동 조항과 같이 규정하게 되었다.

3. 협력요청의 비밀유지

로마규정 제87조 3항은 피요청국이 공개가 협력요청의 이행에 필요한 정도 외에는 협력요청과 이를 증빙하는 문서를 비밀로 유지할 것을 요구하고 있다. 이 규정은 도주한 범죄인을 체포하거나 증인이나 증거를 보호하기 위해 매우 필요한 것이라고 판단된다.

4. 피해자 또는 증인의 보호

로마규정 제87조 4항은 재판소가 정보의 보호와 관련된 조치를 포함하여 피해자, 잠재적 증인 및 그 가족의 안전 또는 신체적, 정신적 안녕을 보장하는 데 필요한 조치를 취할 수 있도록 하고 있다. 또한 재판소는 제9부에 따라 입수된 모든 정보를 피해자 등의 안전 및 신체적, 정신적 안녕을 보호하는 방식으로 제공되고 처리되도록 요청할 수 있다.

로마회의 시 피해자와 증인의 보호문제는 주요한 관심사항이었다. 대표단들은 원칙적으로 피해자와 증인의 보호가 매우 중요하다는 점에서는 의견을 같이하였다. 다만 이들의 보호를 위한 조항들이 통합초안의 여러 부분에 나뉘어 규정되어 있었기 때문에 이 조항들을 조화롭게 규정하는 것이 대표단 간의 주요 토의 대상이었다.

5. 비당사국의 협력초청

로마규정 제87조 5항 가호는 재판소가 비규정당사국에게 그 국가와의 특별약정, 협정 또는 기타 적절한 근거에 기초하여 제9부에 따른 조력을 제공하도록 초청(invite)하는 것을 규정하고 있다. 로마회의시 호주, 네덜란드 등 일부국가는 재판소가 비규정당사국에게도 협력을 "요청(call upon)"할 수 있어야 한다고 주장하였다. 왜냐하면 모든 국가는 집단살해죄, 인도에 반한 죄, 전쟁범죄를 범한 사람들을 처벌할 의무가 있으며, 따라서 비규정당사국도 재판소에 협력할 의무를 부담한다는 것이 이들 국가의 주장이었다.

그러나 독일, 스페인 등의 국가들은 비규정당사국이 로마규정상의 협력요청에 응할 직접적인 조약상 의무를 부담하지 않기 때문에 "초청(invite)"이라는 용어가 더 타당하다고 주장하였다. 논의결과 대표단들은 "요청"이라는 용어 대신 "초청"이라는 용어를 채택하기로 하였다. 이러한 결과는 로마회의 시 대표단들이 비규정당사국과 규정당사국을 구별하여 전자에게는 재판소가 오직 협력을 특별협정체결 등을 통해 초청할 수 있을 뿐이나 후자에게는 협력을 요청(request)할 수 있도록 할 것을 나타낸다. 또한 이러한 결과는 집단살해죄 등을 범한 개인을 처벌해야 할 의무를 모든 국가에게 부과하는 뉘른베르그 원칙으로부터는 다소 후퇴한 감이 있으나, 일부국가들의 로마규정이 지나치게 확대 적용되어서는 안 된다는 입장을 반영한 것이라고 할 수 있다. 한편, 우리나라의 로마규정 번역문을 보면 비규정당사국에 대한 협력초청을 규정한 제87조 5항과 규정당사국에 대한 협력요청을 규정한 제89조 7항에서 모두 협력을 "요청"한다는 용어를 사용하나 이는 적절치 않은 것으로 보인다. 앞에서 보았듯이 제89조 5항 가호는 invite라는 용어를 영문에서 사용하고 있으므로 "초청"이라는 용어가 적절하다고 할 수 있다.

6. 비규정당사국이 협력하지 않는 경우의 조치

로마규정 제87조 5항 나호는 재판소와 특별약정 또는 협정을 체결한 비규정당사국이 그러한 약정 또는 협정에 따른 요청에 협력하지 않는 경우, 재판소가 이를 당사국총회 또는 UN 안전보장이사회에 통지할 수 있도록 하고 있다. 다만 UN 안전보장이사회에 비협력을 통지하는 경우는 안전보장이사회가 관련 사태를 재판소에 회부한 경우에만 할 수 있다.

제89조 5항 가호는 재판소가 비규정당사국의 협력을 특별협정 등을 통해 초청하는 것을 규정하나, 일단 비규정당사국이 재판소의 초청에 응하여 특별협정 등을 체결한 경우에는 이 협정에 따라 비규정당사국에 대해 재판소는 협력을 요청(request)할 수 있고, 비규정당사국은 협력할 의무가 발생한다. 그럼에도 불구하고 비규정당사국이 협력을 하지 않으면 재판소는 이를 당사국 총회나 UN 안전보장이사회에 통지할 수 있다는 것이다. 특히 UN 안전보장이사회가 UN 헌장 제7장에 따라 채택하는 결의는 UN 회원국에 대해 구속력이 있으므로 ICC의 비규정당사국이라 하더라도 UN 회원국인 경우에는 UN 안전보장이사회의 결의에 따라야 할 경우가 있으므로 로마규정 제87조 5항 나호는 ICC가 기능하는 데 유용한 조항이 될 수 있을 것이다.

7. 정부간 기구에 대한 요청

로마규정 제87조 6항은 재판소가 정부간기구에 정보나 문서의 제공 등 협력을 요청할 수 있도록 하고 있다. 예를 들어 재판소는 평화유지군에게 정보나 문서의 제공을 요청할 수 있을 것이며, 북대서양조약기구(NATO)에 대해서 정보나 문서의 제공을 요청할 수도 있을 것이다.

8. 규정당사국이 협력요청에 이행하지 않는 경우의 조치

로마규정 제87조 7항은 당사국이 재판소의 협력요청을 이행하지 않고 이로 인하여 재판소가 이 규정에 따른 기능과 권한을 행사하지 못하게 된 경우, 재판소는 그러한 취지의 결정을 하고 그 사안을 당사국 총회에 회부하거나 또는 안전보장이사회가 그 사태를 재판소에 회부하여 재판소가 관할권을 행사하게 된 경우에는 안전보장이사회에 그 사안을 회부할 수 있도록 하였다.

이 조항은 규정당사국이 재판소의 협력요청에 응하지 않을 경우, 당사국총회나 UN 안전보장이사회에 이 문제를 회부하여 해결하도록 하고 있다. 비규정당사국이 협력요청에 응하지 않을 경우 제87조 5항 나호가 당사국총회나 UN안전보장이사회에 단순히 통지(inform)하도록 한 반면 제87조 7항은 이 사안을 회부(refer)하도록 한 점에서 차이를 보이고 있다. 이 또한 비규정당사국과 규정당사국을 차별화하려는 노력이라고 볼 수 있다.

Ⅳ. 국내법상 절차의 이용가능성(제88조)

로마규정 제88조는 당사국은 이 부에 명시된 모든 형태의 협력에 이용가능한 절차가 국내법에 포함되도록 한다고 규정하여 당사국에게 재판소와의 협력을 위한 국내법 절차를 마련할 의무를 부과하고 있다. 이 규정은 로마회의 시 새롭게 제안되어 채택되었다. 이 조항은 당사국이 국내법상 절차의 미비로 재판소에 협력할 수 없는 상황을 방지하기 위한 것이다. 특히 ICC는 국제기구로서 주권국가간의 전통적인 범죄인인도나 형사사법공조와는 다른 독특한 측면이 있기 때문에 제88조의 의의는 더욱 크다고 할 수 있다.

한 예로서 미국연방대법원은 르완다인으로서 교회지도자였던 엔타키루티마나(Ntakirutimana)를 르완다전범재판소(ICTR)에 1994년 집단살해죄를 방조한 혐의로 인도하였다. 그는 그의 교회에 피난해 있던 투치(Tutsi)족 수백 명이 후투(Hutu)족에 의해 살해당하도록 하였다는 혐의로 ICTR에 의해 수배중이었으나, 미국에 체류하면서 미국이 그를 송환하는 것에 대해 법적 대응을 하였다. 그러나 미국 연방대법원은 그의 항소를 기각하였다. 이에 따라 그는 국제기구인 ICTR에 인도되게 되었다.[661] 이 사건은 미국이 국제기구인 ICTR에 범죄인을 인도한 선례가 된다.

Ⅴ. 재판소에의 인도(제89조)

1. 용어의 사용

로마회의 시 한 국가가 로마규정에 따라 재판소에 범죄인 등을 인도하는 것

661) Barbara Crossette, Way Clear for U.S. to Deliver Rwanda War Crimes Suspect, N.Y. Times, 2000. 1. 25., A. 3면.

을 나타내는 영문용어로서 surrender, extradition, transfer 중 어느 것이 적절한지에 관해 논의가 있었다. 논의 결과 재판소로 범죄인을 인도하는 것은 surrender를 채택하고, 국가 간의 범죄인인도는 extradition이라는 용어를 사용하기로 하였다. 이에 따라 로마규정 제102조가 채택되었다. 로마규정 제102조는 "이 규정의 목적상 가. '인도'라 함은 이 규정에 따라 국가가 어떠한 사람을 재판소에 넘겨주는 것을 말한다. 나. '범죄인인도'라 함은 조약, 협약 또는 국내법에 규정된 바에 따라 어떠한 사람을 한 국가에서 다른 국가로 넘겨주는 것을 말한다"고 규정하였다. 우리 국문본은 영어의 surrender를 '인도'로서, extradition을 '범죄인인도'로서 번역하고 있는 것으로 보인다.

2. 제89조 1항

로마규정 제89조 1항은 재판소가 어떤 자에 대한 체포 및 인도청구서를 제91조에 기재된 증빙자료와 함께 그 영역 안에서 그자가 발견될 수 있는 국가에 송부할 수 있으며, 그자의 체포 및 인도에 관하여 그 국가의 협력을 요청할 수 있도록 하고 있다. 또한 동 조항은 당사국이 제9부의 규정과 자국 국내법상의 절차에 따라 체포 및 인도청구를 이행할 의무를 부과하고 있다.

로마회의 시 캐나다, 독일 등 일부국가들은 "자국 국내법상의 절차"에 따라 체포 및 인도청구를 이행한다는 것에 대해 우려를 표시하였다. 즉 피요청국이 자국 국내법상의 절차로 인해 협조요청을 거절할 경우 ICC는 체포 및 인도청구의 이행을 확보할 수 없다는 것이 이들 국가의 주장이었다. 따라서 이들 국가는 "자국 국내법상의 절차"에 따라 체포 및 인도청구를 이행한다는 것에 대해 우려를 표시하였다. 즉 피요청국이 자국 국내법상의 절차로 인해 협조요청을 거절할 경우 ICC는 체포 및 인도청구의 이행을 확보할 수 없다는 것이 이들 국가의 주장이었다. 따라서 이들 국가는 "자국 국내법상의 절차에 따라"라는 문구를 삭제할 것을 주장하였다. 미국, 일본 등은 이 문구를 유지할 것을 주장하였다. 논의 결과 타협안으로서 이 문구를 유지하되 앞에서 살펴 본 로마규정 제88조를 신설하여 자국 국내법상의 절차로 인해 체포 및 인도청구를 이행할 수 없는 일이 발생하지 않도록 하였다.

3. 국내 법원에서의 이의제기

로마규정 제89조 2항은 인도청구된 자가 제20조에 규정된 일사부재리의 원칙에 근거하여 국내법원에 이의를 제기한 경우, 피청구국은 재판적격성에 대한 관련 결정이 있었는지 여부를 확정하기 위하여 재판소와 즉시 협의하도록 하고 있다. 동항은 또한 그 사건이 재판적격성이 있는 경우는 피청구국이 그 요청을 이행하도록 하고, 재판적격성에 관한 결정이 계류 중인 경우는 피청구국이 재판적격성에 대한 결정이 내려질 때까지 인도청구의 이행을 연기할 수 있도록 하고 있다.

이 조항은 일부 국가들이 일사부재리의 원칙을 위반하여 특정인을 처벌할 수 있는 가능성을 방지하여야 한다고 주장하여 채택된 것이다. 일사부재리의 원칙(*Ne bis iu idem*)은 많은 범죄인인도조약에서 인도거절사유로 규정되어 있었다.[662] 그러나 로마규정에서는 일사부재리의 원칙을 인도거절사유로 규정하지 않고, 다만 일사부재리원칙 위반을 이유로 인도청구된 사람이 국내법원에 이의를 제기한 경우 이 문제에 관해 ICC와 피청구국이 협의하도록 하고 있다. 즉, 로마규정상 피청구국은 일사부재리 원칙을 근거로 피청구인의 인도를 거절할 수 없고 재판소와 협의하거나, 재판적격성에 관한 결정이 내려질 때까지 연기할 수 있을 뿐이다.

로마규정 제89조 2항이 이렇게 규정한 것은 ICC의 주요기능이 범죄인을 ICC로부터 보호하려는 허위재판(sham trial)을 방지하려는 것이라는 점과 관련이 있다고 할 수 있다.

4. 인도 중인 자의 통과

로마규정 제89조 3항은 인도 중인 자의 통과에 관하여 규정하고 있다. 당사국은 다른 국가에서 재판소로 인도 중인 자가 자국의 영역을 통하여 이송되는 것을 자국의 국내법 절차에 따라 허가하여야 한다. 다만 자국을 통한 통과가 인도를 방해하거나 지연시키게 될 경우에는 그 통과를 허가하지 않을 수 있다. 재판소의 통과요청서는 제89조에 따라 전달되는데, 통과요청서는 (1) 이송될 자에 대한 설명, (2) 사건의 사실 및 그 법적 성격에 대한 간략한 서술, (3) 체포 및 인도영장을 포함하여야 한다. 또한 이송되는 자는 통과기간 동안 구금되어 있어야 한다. 항공

662) 범죄인인도에 관한 UN 표준조약 제3조 (d).

편으로 이송되고 통과국의 영역에 착륙이 예정되지 않은 경우 통과국의 허가를 받을 필요가 없다. 그러나 통과국의 영역에서 예정되지 아니한 착륙이 이루어지는 경우, 통과국은 위에 설명된 통과요청서를 재판소에 요구할 수 있다. 이 경우 통과국은 통과요청서가 접수되고 통과가 이루어질 때까지 이송중인 자를 구금한다. 다만 이때의 구금은 예정되지 않은 착륙으로부터 96시간을 초과하여 연장될 수 없다. 다만 96시간 내에 요청서가 접수되는 경우는 96시간 이상 연장도 가능한 것으로 보인다. 위와 같은 로마규정 제89조 3항의 내용은 범죄인인도에 관한 UN 표준조약 제15조도 이송중인 범죄인의 통과에 관한 조항을 가지고 있다.

5. 재판소와의 협의

로마규정 제89조 4항은 인도청구된 자가 재판소가 인도를 구하는 범죄와 다른 범죄로 피청구국에서 절차가 진행 중이거나 형을 복역하고 있는 경우, 피청구국은 그 청구를 허가하기로 결정한 후, 재판소와 협의하여야 한다고 하고 있다. 이 조항은 통합초안 제87조 8항에서 유래한 것으로서 통합초안은 피청구국은 인도청구범죄와 다른 범죄로 피청구인이 재판중이거나 형을 복역 중인 경우에 그 피청구인의 ICC에의 인도나 이송을 연기시킬 수 있도록 하였다. 그러나 이 통합초안의 규정은 비협조적인 국가가 계속해서 인도청구를 연기하거나 지연시킬 수 있는 근거로 남용될 수 있다는 비판이 강하였다. 로마회의에서는 이러한 문제를 해결하기 위해 인도청구된 자가 인도청구범죄와 다른 범죄로 절차가 진행 중이거나 형을 복역하고 있는 경우 재판소와 협의하도록 하여, 피청구국에서의 절차진행이나 형의 복역이 인도청구의 연기사유가 되지 않도록 하였다. 이는 기존의 범죄인인도조약에서 유사한 경우 인도청구를 연기할 수 있도록 한 것에 비해 더 진전된 내용이라고 할 수 있다.[663)]

---

663) 범죄인인도에 관한 UN 표준조약(UN Model Treaty) 제12조는 다음과 같다.
Article 12 (postponed or conditional surrender)

1. The requested State may, after making its decision on the request for extradition, postpone the surrender of a person sought, in order to proceed against that person, or, if that person has already been convicted, in order to enforce a sentence imposed for an offence other than that for which extradition is sought. In such a case requested State shall advise the requesting State accordingly.
2. The requested State may, instead of postponing surrender, temporarily surrender the person sought to the requesting State in accordance with conditions to be determined

6. 통합초안의 인도거절사유

로마회의 시 논의의 기초가 되었던 통합초안의 제87조 3항은 두 가지 선택(option)을 가지고 있었다. option 1은 인도거절사유를 인정하지 않는 것이었고 option 2는 여러 가지 인도거절사유를 포함하였다.

(1) 피청구국이 ICC의 관할권을 인정하지 않은 범죄

통합초안 제87조 3항 option 2의 (a)는 피청구국이 인도청구범죄에 대해 ICC의 관할권을 수락하지 않은 경우에 인도청구를 거절할 수 있도록 하였다. 그러나 이는 로마회의 시 ICC의 관할대상범죄에 대해 당사국이 관할권을 수락하는 범죄를 선택하거나(opt-in), 관할권을 배제하는 범죄를 선언하는(opt-out) 제도를 염두에 둔 조항이었다. 로마회의 결과 이러한 선택수락, 선택제외(opt-in, opt-out) 제도는 배척되고 규정당사국은 로마규정을 비준하는 동시에 자동적으로 ICC의 모든 관할대상범죄에 대해 ICC의 관할권을 수락하는 자동적 관할권이 채택됨에 따라 이 조항은 삭제되었다.

(2) 자국민 불인도 규정

통합초안 제87조 3항 option 2의 (b)는 ICC의 관할범죄를 범했다고 인도청구된 자가 자국민인 경우 피청구국이 인도를 거절할 수 있도록 하고 있었다. 이에 대해 로마회의 시 참가대표단은 논란 끝에 이 조항을 삭제하기로 하였다. 특히 프랑스 대표는 1920년 이래 프랑스가 자국민을 외국에 범죄인인도한 예가 없지만 ICC 관할범죄를 범한 자에 대해서는 자국민 불인도규정이 적용되어서는 안 된다고 주장하였다. 많은 국가들은 범죄인인도조약에 자국민 불인도 원칙을 규정하고 있고, 일부 국가들은 헌법에 자국민 불인도 조항을 규정하고 있다. 그 주된 이유는 자국민이 외국에서 불공정한 대우를 받을 것을 우려하기 때문이다. 그러나 ICC는 피고인이나 혐의자를 국적 때문에 불공정하게 대우할 가능성이 거의 없다. 따라서 ICC에 대한 인도에는 자국민 불인도 원칙이 적용될 근거가 희박하다고 할 것이고 실제로 로마회의 시 참가국들은 자국민 불인도 원칙을 규정한 조항을 삭제한 것이다.

---

between the Parties.

(3) 일사부재리 원칙(*Ne Bis in Idem*)

통합초안 제87조 3항 option 2의 (c)는 동일한 범죄에 대해 관련 국가의 국내 재판절차가 이루어졌다는 이유로 인도를 거절할 수 있도록 하여 일사부재리원칙을 인도거절사유로서 규정하였다. 일사부재리원칙은 ICC에 의해 인도청구된 범죄와 동일한 범죄에 대해 피청구국에서 국내재판절차가 진행되었다는 점에서 피청구국에서 인도청구된 범죄와 다른 범죄로 국내재판절차가 진행된 경우인 로마규정 제89조 4항의 상황과 차이를 보인다. 로마회의 시 많은 국가들이 ICC의 주요기능이 범죄인을 처벌받지 않도록 하려는 "허위재판(sham trial)"을 방지하려는 것임을 강조하면서 일사부재리원칙이 ICC에로의 범죄인 인도를 거절하는 사유가 되어서는 안 된다고 주장하였다. 따라서 통합초안의 이 조항은 삭제되었다. 즉 일사부재리원칙이 ICC에로의 범죄인인도를 거절하는 사유가 될 수 없다는 것이다. 그러나 로마규정은 제89조 2항에서 일사부재리원칙에 의거하여 인도청구된 사람은 국내법원에 이의를 제기할 수 있도록 하고 있다.

(4) 피청구국에서의 증거법적 요건

통합초안 제87조 3항 option 2의 (d)는 피청구국이 인도청구 시 제출된 정보가 그 국가의 자국 증거법상 요건을 충족하지 못할 경우 인도청구를 거절할 수 있도록 규정하였다. 대다수 국가들은 이 조항이 피청구국에게 ICC의 인도청구를 다시 심사하도록 하여 규정 당사국이 사실상 ICC의 구속력 있는 청구를 거절할 수 있게 한다는 점에서 반대하였다. 논의결과 이 조항도 삭제되었다. 따라서 규정 당사국은 ICC의 인도청구를 자국 증거법상 요건을 충족하지 못했다는 이유로 거절할 수 없다. 그러나 ICC의 체포영장 등은 거의 대부분의 국가들의 증거법상 요건을 충족하는 공정한 심사의 결과일 것이다.

(5) 기존의 국제의무위반

통합초안 제87조 3항 option 2의 (e)는 피청구국이 ICC의 명령에 응할 경우 다른 국가에 대해 부담하고 있는 기존의 국제법상 의무를 위반하게 된다면, ICC의 명령에 응할 것을 거절할 수 있다고 하였다. 그러나 많은 국가는 이 규정에 반대하였다. 기존의 국제의무는 기본적으로 두 가지 범주를 포함한다. 첫째는 인도청구의 경합이 발생하는 경우와 관련된 것이고, 둘째는 ICC가 국제법과 기준에 따른 공정한 재판을 할 의무와 관련되는 것이다. 다시 말하면 인도청구의 경합과 관련해서의 국제의무는 피청구국이 ICC에 범죄인을 인도한다면 다른 국가가 기존의 범죄인 인도조약에 의해 동일인을 인도청구했을 때 그 다른 국가에게 범죄인을 인도하게 못하는 결과 발생하는 국제의무 위반을 상정할 수 있다. 다음으로 공정한 재판의무와 관련해서는 만일 ICC가 불공정한 재판으로 특정인을 처벌한다면 피청구국은 공정한 재판을 받게 할 국제법상의 의무를 위반한 것이 될 것이다. 첫 번째 인도청구의 경합과 관련해서 로마규정 제90조는 상세한 규정을 두고 있다. 두 번째 공정한 재판의무와 관련해서는 ICC가 공정한 재판을 지향하고 있으며 특정인을 불공정하게 대우할 이유가 없다는 점에서 ICC로의 범죄인 인도를 거절하는 사유로 기존의 국제의무 위반 즉 공정한 재판절차 위반을 포함시키는 것이 의미가 없을 것이다. 이에 따라, 통합초안의 이 조항은 삭제되었다.

7. 기타의 인도거절사유

(1) 의 의

로마회의의 논의 기초가 되었던 통합초안에는 포함되지 않았으나 기존의 범죄인인도 조약에는 여러 가지 인도거절사유가 규정되어 있다. 따라서 이러한 국가 간의 전통적인 범죄인 인도 거절사유가 ICC와 국가 간의 범죄인 인도에도 적용되는지를 살펴 볼 필요가 있다고 할 수 있다. 아래에서는 이러한 범죄인 인도거절사유에 관해 좀 더 자세히 살펴보기로 하겠다.

(2) 특정성의 원칙(Rule of Speciality)

특정성의 원칙이란 범죄인인도 청구 시 청구된 범죄에 의해서만 청구국이 범죄인을 처벌할 수 있다는 원칙이다. 예를 들어 절도죄로 범죄인을 인도청구하여 송환받은 청구국은 이 범죄인을 절도죄로서 처벌해야지 다른 범죄 예를 들어 살인죄로 처벌할 수 없다는 것이 특정성의 원칙의 내용이라고 할 수 있다. ICC와 국가 간의 범죄인 인도에도 특정성의 원칙이 있으나, 이때의 특정성의 원칙은 로마규정 제101조에 의해 국가 간의 특정성의 원칙보다 그 요건이 완화되어 있다. 제101조에 관해서는 후술하기로 한다.

(3) 공소시효(Statutory Limitation)

많은 범죄인인도조약은 공소시효의 완성을 범죄인 인도의 거절사유로 규정하고 있다.[664] 그러나 시효완성은 ICC의 관할대상범죄를 범한 범죄인을 인도하기를 거절하는 거절사유로 인정되어서는 안 된다. 왜냐하면 집단살해죄, 인도에 반한 죄, 전쟁범죄에 대해서는 시효완성이 적용되지 않는다는 "전쟁범죄와 인도에 반한 죄에 대한 시효부적용에 관한 협약(the Convention on the Non-Applicability of Statutory Limitation to War Crimes and Crimes against humanity)"이 채택되었고, 이 협약의 내용은 생성되는 국제관습법으로 인정되기 때문이다.[665]

(4) 사면(Amnesty)

범죄인 인도에 관한 UN 표준조약 제3조 (g)는 범죄인에 대한 사면을 인도거절사유로 규정한다. 그러나 극악한 국제범죄인 집단살해죄, 인도에 반한 죄, 전쟁범죄에 대한 국내적 사면이 ICC에 대한 범죄인 인도를 거절하는 사유가 되어서는 안 될 것으로 판단된다.[666]

(5) 인도적 사유(Humanitarian Reasons)

범죄인 인도에 관한 UN 표준협약 제4조 (h)는 인도거절사유로서 인도적 사유를 규정하고 있다.[667] 이 인도적 사유에는 범죄인 인도청구를 받은 사람의 연

664) 예를 들어 범죄인 인도에 관한 UN 표준협약 제3조 (g)는 시효완성과 사면을 인도거절사유로 다음과 같이 규정한다.
"(g) if the person whose extradition is requested has under the law of either Party, because immune from prosecution or punishment for any reason, including lapse of time or amnesty".

665) Convention on the Non-Applicability of Statutory Limitations to War Crimes and Crimes against Humanity, November 26, 1968. art. 1, United Nations, A Compilation of International Instruments 678~681 (Vol: 1., 1994).

666) Amnesty International, The Interntional Criminal Court Part Ⅲ: Ensuring effective state cooperation (1997) 참조.

667) 이 조항은 다음과 같다.
"If the requested State, while also taking into account the nature of the offense and the interests of the requesting State, considers that, in the circumstances of the case, the extradition of that person would be incompatible with humanitarian considerations in view of age, health or other personal circumstances of that person." UN Center for Social Development and Humanitarian Affairs, Compendium of United Nations Standards and Norms in Crime Prevention and Criminal Justice 50~60 (1992) 참조.

령, 건강 또는 질병 등이 포함된다. 그러나 ICC에의 범죄인 인도에서 이러한 인도적 사유를 고려해야 하는 것은 ICC의 역할이지 규정 당사국이 할 일은 아니라고 판단된다. 따라서 피청구국이 ICC에 범죄인인도 여부를 판단할 때, 인도적 사유를 이유로 인도를 거절할 수는 없고 ICC와 협의해야 할 것이다.

(6) 정치범 불인도 원칙

정치범 불인도 원칙도 전통적인 국가 간 범죄인 인도조약에서는 인도거절사유로서 널리 인정되고 있다. 범죄인 인도에 관한 UN 표준조약도 제3조에서 정치범 불인도 원칙을 규정하고 있다.[668]

정치범 불인도 원칙을 많은 범죄인 인도조약에서 규정하는 이유는 범죄인 인도조약이 정치적 박해를 위해 남용되는 것을 방지하기 위한 것이다. 정치범이란 어느 특정 국가의 정치질서의 변혁을 목적으로 한 범죄라고 할 수 있으며, 정치범죄는 국가사회의 공익을 위한 것이라고 확신하면서 행하는 행위이므로 사익을 추구하는 일반범죄와 구별된다.[669]

그러나 ICC의 관할대상범죄인 집단살해죄, 인도에 반한 죄, 전쟁범죄, 침략범죄는 정치범죄로 인정되지 않고 이러한 범죄를 범한 개인을 ICC로 인도할 때는 정치범 불인도 원칙이 적용되지 않는다.

먼저 집단살해방지협약 제7조는 집단살해죄를 범죄인 인도 목적상의 정치범죄로 간주하지 않는다고 규정하고 있다. 다음으로 UN 총회는 인도에 반한 죄와 전쟁범죄에 대해서는 정치범 불인도 원칙이 적용되지 않는다고 선언하였다.[670]

침략범죄도 정치범죄로 인정되어서는 안 된다. 왜냐하면, 첫째 침략의 정의에 관한 UN 총회결의 3314의 제5조 2항은 "침략전쟁은 국제평화에 반하는 범죄이다. 침략은 국제적 책임(international responsibility)을 야기한다"고 규정하고 있어 모든 국가가 국제범죄인 침략을 처벌하기 위해 협력해야 하기 때문이다. 둘째, 침략범죄는 인도에 반한 죄, 전쟁범죄, 집단살해죄 등 범죄가 일어나는 원인을 제공

---

668) 제3조 (a)는 절대적 인도거절사유의 하나로서 다음과 같이 규정하여 정치범 불인도 원칙을 규정하고 있다. "If the offence for which extradition is regarded by the requested state as an offense of a political nature"

669) 이한기, 국제법강의, p. 457.

670) UN G.A. Res. 3074 (XXVIII) (Principles of International Co-operation in the Detention, Arrest, Extradition and Punishment of Persons Guilty of War Crimes and Crimes against Humanity), 3 December 1973.

하는 범죄라는 점을 볼 때 집단살해죄 등이 범죄인 인도의 목적상 정치범죄로 인정되지 않는 상황에서 침략범죄를 정치범죄로 인정하는 것은 타당하지 않기 때문이다. 위와 같이 정치범 불인도원칙은 ICC와 국가간의 국제협력에는 적용되지 않는다고 하겠다.

(7) 군사범 불인도 원칙

전통적인 범죄인인도조약에서는 순수군사범죄(pure military offense)를 범한 자를 인도하지 않는다는 군사범 불인도 원칙을 택하고 있다. 범죄인 인도에 관한 UN 표준협약도 제3조 (c)항에서 "인도청구된 범죄가 군법에서만 범죄가 되고 일반형법상으로는 범죄가 되지 않는 범죄"인 경우, 즉 순수군사범죄가 인도청구범죄인 경우를 절대적 인도거절사유(mandatory grounds for refusal)로서 규정하고 있다. 이러한 순수군사범죄의 예로서 탈영행위 등을 들 수 있다.

그러나 ICC의 관할대상범죄는 일반형법도 위반하는 중대한 범죄이기 때문에 순수군사범죄가 아니다. 따라서 군사범불인도원칙이 ICC 관할대상범죄를 범한 사람의 인도결정시에 인도거절사유로서 적용될 수 없다고 하겠다.

(8) 쌍방범죄성(dual criminality)의 원칙

쌍방범죄성의 원칙이란 인도청구국과 피청구국의 형법이 다같이 처벌대상으로 규정한 행위만이 인도대상의 범죄가 된다는 원칙이다.[671] 이 원칙은 죄형법정주의에 그 근거를 두고 있다.[672] 범죄인인도에 관한 UN 표준조약 제2조도 인도대상범죄(Extraditable offenses)는 양당사국의 법에 의해 처벌 가능한(punishable) 범죄라고 하고 있다.

그러나 ICC의 관할범죄에 대하여 피청구국이 쌍방범죄성 원칙이 충족되지 못하였다는 이유로 ICC에 대한 인도를 거절할 수는 없다고 하겠다. 왜냐하면 ICC의 관할범죄인 집단살해죄 등은 모든 국가의 보편적 관할권이 인정되는 범죄로서 모든 국가에서 처벌 가능한(punishable) 범죄이기 때문에 쌍방범죄성이 충족된다고 할 수 있다. 즉 이러한 범죄는 ICC의 관할대상범죄로서 처벌 가능하고 세계 모든 국가들도 처벌 가능한 범죄로서 ICC와 관련당사국 쌍방의 법에 의해 처벌 가능한

---

671) 이한기, 국제법강의, p. 456.

672) Id.

범죄라고 할 수 있다.

(9) ICC로의 인도(surrender)와 국가간 범죄인인도(extradition)의 차이

로마규정상 ICC로의 범죄인인도는 독특한(sui generis) 성격을 가진 것으로서 기존의 국가간 범죄인 인도제도와 차이를 보이는 점이 있다. 그 주요 차이점으로는 다음과 같은 것을 들 수 있다.

1) 인도거절사유의 차이

앞에서 살펴본 바와 같이 로마규정상의 인도제도에는 기존의 국가간 범죄인 인도조약상의 인도거절사유인 정치범 불인도, 자국민 불인도, 순수군사범 불인도 등 원칙이 적용되지 않으며, 쌍방범죄성원칙, 공소시효제도도 적용되지 않는다. 또한 일사부재리원칙은 인도거절사유가 아닌 협의사유로써 인정되고 특정성의 원칙도 완화된 요건하에 적용되도록 하였다.

2) 인도 주체의 차이

ICC로의 인도는 범죄인 인도의 주체가 관련 당사국과 국제기구인 ICC로서 기존의 주권 국가 간의 범죄인 인도제도와 차이를 보인다고 할 수 있다. 또한 ICC로의 인도는 한 국가에서 이민법상 불법체류자의 송환(deportation) 등과도 다른 개념이다.

Ⅵ. 범죄인 인도 청구의 경합(Competing requests)(제90조)

1. 의 의

청구의 경합은 ICC의 인도청구와 다른 국가의 인도청구가 동일인에 대해 같이 이루어져서 피청구국이 범죄인을 어디에 인도해야 할지 결정해야 하는 경우를 의미한다. 범죄인 인도에 관한 UN 표준조약 제16조는 청구의 경합(Concurrent request)과 관련하여 “당사국이 동일인에 대하여 다른 당사국과 제3국으로부터 인도청구를 받았을 때, 이 당사국은 그 사람을 어느 국가에 인도할지 재량으로 결정해야 한다”고 규정하고 있다. 따라서 UN 표준협약은 인도청구의 경합 시 피청구국이 그 재량으로 범죄인을 인도할 국가를 결정하도록 하고 있다. 그러나 로마규

정은 아래에서 살펴보는 바와 같이 피청구국이 청구경합이 발생하는 경우 인도할 국가를 결정할 때 일정한 조건하에 ICC의 청구에 우선권을 주도록 하고 있다. 이는 ICC의 실효적인 기능수행을 위해 바람직한 것으로 보인다.

2. 동일인에 대한 동일한 행위를 근거로 한 인도청구 경합

(1) 청구경합의 통지

로마규정 제90조 1항은 제89조에 따라 재판소로부터 인도청구를 접수한 당사국이 재판소가 인도를 구하는 자의 범죄의 기초를 구성하는 것과 동일한 행위에 대하여 다른 국가로부터 범죄인인도청구를 접수한 경우, 그 당사국은 재판소와 그 청구국에게 그 사실을 통지하도록 하고 있다. 즉 피청구국은 청구경합이 발생한 것을 ICC와 범죄인 인도청구국에게 통지하여야 한다.

(2) 경합 청구국이 규정당사국이고 재판적격성이 있다고 결정한 경우

로마규정 제90조 2항은 ICC의 청구와 청구경합을 이루게 된 청구국이 규정당사국인 경우 “가. 재판소가 제18조 또는 제19조에 따라 인도가 청구된 사건에 대하여 재판적격성이 있다는 결정을 내렸고, 그 결정이 청구국이 범죄인 인도청구와 관련하여 수행한 수사 또는 기소를 고려한 경우, 또는 나. 재판소가 제1항에 따른 피청구국의 통지에 따라 가호에 기술된 결정을 내린 경우”에는 ICC의 청구에 우선권을 주도록 하고 있다.

즉 경합 청구국이 규정당사국인 경우, ICC가 당해사건이 재판적격성이 있다는 결정을 내리면 피청구국은 ICC의 청구에 우선권을 주어야 한다는 것이다. 이러한 피청구국의 의무는 청구경합시의 청구국이 규정당사국이라면 ICC의 재판적격성 인정결정을 존중한다는 의미에서 합리적인 것으로 보인다.

한편, 로마규정 제90조 2항과 관련하여 ICC가 재판적격성이 없다는 결정을 내린 사실이 그 자체로서 피청구국에게 대해 범죄인을 청구국에 인도해야 할 어떠한 국제적 의무도 발생시키지 않는다는 것에 참가국들 간의 일반적 합의가 있었음을 주의해야 한다. 즉 청구경합시 ICC가 관련사건이 재판적격성이 없다는 결정을 해도 그 결정이 피청구국이 범죄인을 경합청구국에 인도할지 여부를 결정함에 있어서 아무런 영향을 주지 않는다는 것이다. 따라서 피청구국은 사건이 ICC

에 의해 재판적격성이 없다는 결정이 있더라도 여러 요건을 검토한 후 경합 청구국에 대한 범죄인인도를 거절할 수 있는 것이다. 이러한 상황은 로마규정 제90조 8항에 규정되어 있다.

(3) 경합 청구국이 규정당사국이고 재판적격성 결정이 진행 중인 경우

로마규정 제90조 3항은 재판적격성 결정이 내려지지 않을 경우 피청구국은 그 재량으로 청구경합 시의 청구국의 범죄인인도청구의 처리를 진행할 수는 있으나, 재판소가 그 사건에 재판적격성이 없다고 결정할 때까지는 범죄인인도를 하지 않도록 하고 있다. 즉 ICC가 재판적격성 판단을 심리 중에 있을 때 신속한 범죄인인도청구의 처리를 위해 절차를 피청구국이 국내적으로 진행할 수는 있으나 범죄인인도 자체는 ICC가 재판적격성이 없다는 결정을 내린 후에 하도록 하고 있는 것이다. 또한 동 조항은 ICC의 재판적격성 결정은 신속히 이루어져야 한다고 규정하고 있다.

(4) 경합 청구국이 비규정당사국이고 피청구국의 국제적 의무가 없는 경우

로마규정 제90조 4항은 청구국이 비규정당사국이고 피청구국이 청구국에 범죄인인도를 하여야 할 국제적 의무를 부담하지 않는다면, ICC가 그 사건이 재판적격성이 있다고 결정할 경우 ICC의 인도청구에 우선권을 주도록 하고 있다.

그러나 동조 4항에서 ICC가 사건에 재판적격성이 있다고 결정하지 않은 경우, 동조 5항은 피청구국이 재량으로 청구국으로부터의 범죄인인도청구에 대한 처리 절차를 진행할 수 있도록 하고 있다.

(5) 경합 청구국이 비규정당사국이고 피청구국이 국제적 의무가 있는 경우

로마규정 제90조 6항은 청구국이 비규정당사국이고 피청구국이 청구국에 범죄인인도를 하여야 할 국제적 의무를 부담한다면, 피청구국이 범죄인을 ICC에 인도할 것인지 또는 청구국에 인도할 것인지를 결정하도록 하고 있다.

또한 동항은 그 결정을 함에 있어서 피청구국은 1) 각 청구일자, 2) 관련되는 경우, 범죄가 청구국의 영역 안에서 범하여졌는지 여부 및 피해자와 인도청구된 자의 국적을 포함한 청구국의 이해관계, 3) 재판소와 청구국간의 추후 인도가능성 등을 고려하도록 하고 있다.

3. 동일인에 대한 다른 행위를 근거로 범죄인 인도청구가 경합한 경우

로마규정 제90조 7항은 재판소로부터 인도청구를 받은 당사국이 다른 국가로부터 재판소가 인도를 구하는 범죄를 구성하는 행위 이외의 행위를 근거로 동일한 자에 대한 범죄인 인도청구를 받는 경우를 두 가지로 나누어 규정하고 있다.

첫째, 제90조 7항 가호는 피청구국이 청구국에 범죄인인도를 하여야 할 기존의 국제적 의무를 부담하지 않는 경우는 ICC의 청구에 우선권을 주도록 하고 있다.

둘째, 제90조 7항 나호는 피청구국이 청구국에 범죄인인도를 하여야 할 기존의 국제적 의무를 부담하고 있는 경우, ICC에 인도할 것인지 또는 청구국에 범죄인 인도를 할 것인지 피청구국이 결정하도록 하고 있다. 그 결정을 함에 있어서 피청구국은 각 청구일자 등 로마규정 제90조 6항에 열거된 사항 등 모든 관련 요소를 고려하되, 관련 행위의 상대적 성격과 중대성을 특별히 고려해야 한다.

4. ICC가 재판적격성이 없다는 결정을 내리고 경합 청구국에 대한 범죄인인도가 거절된 경우

이러한 경우, 로마규정 제90조 8항은 피청구국이 범죄인인도 거절결정을 ICC에 통지하도록 하고 있다. 이 경우 청구의 대상이 되었던 사람은 ICC와 청구국에서 절차를 모두 진행할 수 없으므로 석방될 수 있다.

그러나 로마회의 시 이러한 경우 ICC는 범죄인 인도거절통지를 받은 후 새로운 상황임을 근거로 사건의 재판적격성이 없다는 그 결정을 다시 고려할 수 있어야 한다는 주장이 표명되었다. 비록 8항이 ICC의 이러한 재결정권한에 관해 명시적으로 규정하고 있지 않으나, 범죄인의 불법상태를 방지한다는 차원에서 이러한 상황에서의 ICC의 재결정권한은 인정되는 것이 바람직하다고 생각된다.

Ⅶ. 체포 및 인도청구서의 내용(제91조)

1. 공통요건

로마규정 제91조는 체포 및 인도청구서의 내용을 인도청구인이 유죄판결을 받기 이전의 경우(2항)와 유죄판결을 받은 경우(3항)로 나누어서 체포 및 인도청구서의 내용을 규정하고 있다.

제91조 1항은 위의 두 경우에서 공통적으로 갖추어야 할 요건을 정하고 있다. 1항은 체포 및 인도의 청구는 서면으로 이루어져야 한다고 규정한다. 또한 긴급한 경우, 청구는 문자기록을 전달할 수 있는 어떠한 매체에 의하여도 이루어질 수 있으나 추후 외교경로 등 제87조 1항 가호에 규정된 경로를 통하여 확인되어야 한다고 규정하고 있다. 이때 문자기록은 전달할 수 있는 어떠한 매체에는 문자나, 이메일, 팩스 등을 통한 청구도 포함될 수 있을 것이다.

2. 유죄판결을 받기 이전인 자를 인도청구한 경우

로마규정 제91조 2항은 전심재판부가 제58조에 따라 체포영장을 발부한 자의 체포 및 인도청구의 경우, 그 청구는 1) 인도청구된 자의 신원확인에 충분하게 기술된 정보 및 인도청구된 자의 개연적 소재지에 관한 정보, 2) 체포영장의 사본, 3) 피청구국과 다른 국가간의 조약 등에 따른 범죄인인도 청구에 적용할 수 있는 것보다 부담이 더 크지 않은 피청구국에서의 인도절차상의 요건을 충족시키는 데 필요한 문서, 진술 또는 정보를 포함하여야 한다. 이러한 내용은 현재의 범죄인인도에 관한 국제관행을 볼 때 합리적인 것으로 평가된다.[673)]

3. 유죄판결을 받은 자를 인도청구한 경우

로마규정 제91조 3항은 이미 유죄판결을 받은 자에 대한 체포 및 인도청구의 경우, 1) 인도청구된 자에 대한 체포영장 사본, 2) 유죄판결문 사본, 3) 인도청구된 자가 유죄판결문에서 언급된 자임을 증명하는 정보, 4) 인도청구된 자가 형을 선고 받은 경우, 부과된 선고형량문의 사본과 징역형인 경우에는 이미 복역한 기간과 잔여형기에 대한 서술을 청구에 포함하여야 한다. 이러한 내용 역시 범죄인인도에 관한 국제관행과 유사한 것으로 보인다.[674)]

---

673) 범죄인인도에 관한 UN 표준협약 제5조 2항 (b) 참조.
674) Id. 제5조 2항 (c) 참조.

4. 당사국의 ICC에 대한 조언의무

로마규정 제91조 4항은 "재판소의 청구가 있으면 당사국은 일반적 또는 특정한 사안에 대하여 제2항 나호에 따라 적용될 수 있는 자국 국내법상의 요건에 관하여 재판소와 협의한다. 협의 중에 당사국은 자국 국내법상의 특별한 요건에 관하여 재판소에 조언한다"고 하고 있다.

이는 당사국에게 자국 국내법상의 특별한 요건에 관하여 ICC에 조언할 의무를 부과함으로써 ICC가 범죄인 인도를 위한 국내법상의 요건을 충족시키기 용이하게 하려는 것이다. 또한 자국 국내법상의 요건이 충족되지 못했다는 이유로 피청구국이 ICC의 청구를 거절하거나 지연시키지 못하도록 하는데도 도움이 될 것으로 보인다.

Ⅷ. 긴급인도구속(Provisional arrest)(제92조)

1. 긴급인도구속의 필요성

로마규정 제92조 1항은 긴급한 경우 재판소가 인도청구서 및 제91조에 명시된 청구증빙서류가 제출되기 전에 피청구자의 긴급인도구속을 청구할 수 있도록 하고 있다. 긴급인도구속은 임시구속으로서 피청구자의 도주 등을 방지하기 위해 그 필요성이 인정된다. 긴급인도구속의 필요성은 여러 가지 범죄인인도조약에서 긴급인도구속제도가 채택됨으로써 널리 인정되었다.[675]

2. 긴급인도구속청구의 내용 및 절차

로마규정 제92조 2항에 의하면, 긴급인도구속에 대한 청구는 문자기록을 전달할 수 있는 어떠한 매체에 의하여도 이루어질 수 있으며 1) 긴급인도구속이 청구된 자의 신원확인에 충분하게 기술된 정보 및 그 자의 개연적 소재지에 관한 정보, 2) 가능한 경우 범죄의 일시 및 장소를 포함하여 긴급인도구속이 청구된 자의 청구가 요청된 범죄와 그 범죄를 구성하는 것으로 주장되는 사실에 대한 간결

675) 범죄인인도에 관한 UN 표준조약 제9조, 범죄인인도에 관한 유럽협약 제16조 참조.

한 서술, 3) 긴급인도구속이 청구된 자에 대한 체포영장 또는 유죄판결문의 존재에 관한 서술, 4) 긴급인도구속이 청구된 자에 대한 인도청구가 뒤따를 것이라는 서술 등을 포함하여야 한다. 이러한 내용은 범죄인인도에 관한 UN 표준협약 제9조의 내용과 유사하다.[676)]

로마규정 제92조 3항은 피청구국이 절차 및 증거규칙에 명시된 시한 내에 인도청구서 및 제91조에 명시된 청구증빙서류를 접수받지 못하는 경우, 긴급인도구속된 자가 석방될 수 있음을 규정한다. 그러나 동항은 피청구국의 국내법상 허용되는 경우, 긴급인도구속된 자가 이 기간의 만료 전에 ICC로 인도되는 것에 동의할 수 있도록 하였다. 이 경우 피청구국은 가능한 한 신속히 그 자를 재판소에 인도하기 위하여 절차를 취하여야 한다.

한편 절차 및 증거규칙 188항은 긴급인도청구일자로부터 60일 안에 인도청구서와 청구증빙서류를 제출하여야 한다고 정하고 있다.

3. 기간만료 후에 도달된 인도청구서의 경우

로마규정 제92조 4항은 긴급인도구속이 청구된 자가 인도청구서와 청구증빙서류가 60일 이내에 접수되지 않을 경우 구금으로부터 석방되었다는 사실이 그 자에 대한 추후의 체포와 인도를 저해하지 않는다고 규정한다. 따라서 60일 이후에 인도청구서와 청구증빙서류가 접수되더라도 피청구국은 석방되었던 피청구자를 다시 체포하여 인도할 수도 있다.

이는 다른 범죄인인도조약에서도 인정된다. 예를 들어 범죄인인도에 관한 UN 표준협약 제9조 5항은 유사한 경우의 재체포 등을 규정하고 있다.[677)]

---

676) 동조 2항은 "2. The application shall contain a description of the person sought, a statement that extradition is to be requested, a statement of the existence of one of the documents mentioned in paragraph 2 of article 5 of the present Treaty, authorizing the apprehension of the person, a statement of the punishment that can be or has been imposed for the offence, including the time left to be served and a concise statement of the facts of the case, and a statement of the location, where known of the person"로 규정되어 있다.

677) 동항은 다음과 같다. "5. The release of the person pursuant to paragraph 4 of the present article shall not prevent rearrest and institution of proceedings with a view to extraditing the person sought if the request and supporting documents are subsequently received."

Ⅸ. 기타 형태의 협력(형사사법공조)(제93조)

1. 의 의

로마규정 제93조는 기타 형태의 협력을 규정하고 있다. 이는 범죄인을 ICC로 인도하는 것 이외의 여러 가지 형태의 사법협력을 의미한다. 전통적으로 국가 간 형사사법협력은 두 가지 범주로 나누어진다. 첫째는 증거수집, 서류송달 등 형사소송절차에서 협력하는 형사사법공조이며, 둘째는 형사사법공조의 가장 극단적 형태인 범죄인인도이다.

이러한 분류에 따라 각 국가는 형사사법공조조약(Treaty on the Mutual Legal Assistance in Criminal Matters)과 범죄인인도조약(Extradition Treaty)을 나누어 체결하는 관행을 가지고 있다.[678]

로마규정도 이러한 전통적인 관행에 따라 국가간 범죄인인도에 상응하는 인도(surrender)제도와 국가간 형사사법공조에 상응하는 '기타 형태의 협력' 제도를 나누어 규정하고 있다고 할 수 있다. 따라서 로마규정 제93조는 국가간 형사사법공조제도에 상응하는 국가와 ICC간의 형사사법공조에 관한 내용을 규정하고 있다고 할 수 있다. 그러나 로마규정 제93조의 내용은 다음에서 살펴보는 바와 같이 기존의 국가간 형사사법공조제도와 다른 점도 있음을 유의해야 한다.

2. 협력(사법공조)의 형태

로마규정 제93조 1항은 "당사국은 이 부의 규정과 국내법상의 절차에 따라 수사 또는 기소와 관련하여 다음 지원을 제공하도록 하는 재판소의 요청을 이행한다"고 하여 당사국의 사법공조의무를 규정하였다. 또한 동항은 협력의 형태로써 (가) 사람의 신원과 소재지 또는 물건의 소재지, (나) 선서된 증언을 포함한 증거의 수집과 재판소에 필요한 감정인의 의견 및 보고서를 포함한 증거의 제출, (다) 수사 또는 기소중인 자의 신문, (라) 재판서류를 포함한 서류의 송달, (마) 증

---

678) 우리나라도 범죄인인도조약과 별도로 형사사법공조조약을 체결하는 관행을 가지고 있으며, UN 표준조약도 범죄인인도에 관한 UN 표준조약과 형사사법공조에 관한 UN 표준조약을 각각 가지고 있다.

인 또는 감정인(experts)으로서의 자발적 재판소출석에 대한 편의제공, (바) 제7항에 규정된 자의 일시적 이송, (사) 매장장소의 발굴과 조사를 포함하여 장소나 현장의 조사, (아) 수색 및 압수의 집행, (자) 공적 기록 및 공문서를 포함한 기록과 서류의 제공, (차) 피해자 또는 증인의 보호 및 증거의 보전, (카) 선의의 제3자의 권리를 침해함이 없이, 궁극적으로 몰수를 위한 수익, 재산, 자산 및 범행도구의 확인, 추적 및 동결 또는 압수, (타) 재판소 관할범죄의 수사와 기소를 용이하게 하기 위한 것으로서 피요청국의 법에 금지되지 아니한 기타 형태의 지원을 규정하고 있다. 이러한 로마규정 제93조 1항 상의 사법공조형태는 형사사법공조에 관한 UN 표준조약 제1조 2항과 비교해 볼 때 국제관행과 대체로 부합한다고 볼 수 있다.[679]

3. 증인 또는 감정인의 보호

로마규정 제93조 2항은 ICC가 ICC에 출석하는 증인 또는 감정인이 피요청국을 떠나기 전에 행한 작위 또는 부작위에 관하여 ICC에 의하여 기소되거나 구금되거나 또는 어떠한 개인적 자유를 제한 받지 않는다는 점을 보증할 권한이 있다고 규정한다. 이 조항은 증인이나 감정인이 재판소에 출석할 때 ICC가 이 증인이나 감정인을 기소하거나 구금하지 않을 것을 보증함으로써 이들의 출석을 용이하게 할 수 있도록 한 것이다.

---

679) UN 표준조약 제1조 2항은 다음과 같다.

2. Mutual assistance to be afforded in accordance with the present Treaty may include:
   (a) Taking evidence or statements from persons:
   (b) Assisting in the availability of detained persons or others to give evidence or assist in investigations:
   (c) Effecting service of judicial documents:
   (d) Executing searches and seizures:
   (e) Examining objects and sites:
   (f) Providing information and evidentiary items:
   (g) Providing originals or certified copies of relevant documents and records, including bank, financial, corporate or business records.

4. "피요청국에서 일반적으로 적용되는 기존의 근본적 법원칙"상 지원이 금지되는 경우

로마규정 제93조 1항에 따라 제출된 요청에 기술된 특별한 지원조치의 이행이 피요청국에서 일반적으로 적용되는 기존의 근본적 법원칙상 금지되는 경우, 로마규정 제93조 3항은 피요청국에게 그 문제를 해결하기 위하여 신속히 재판소와 협의할 의무를 부과하고 있다. 동항은 또한 협의 시 그 지원이 다른 방식으로 또는 조건부로 제공될 수 있는지를 검토하도록 하고, 협의 후에도 그 문제가 해결될 수 없는 경우 재판소는 필요한 만큼 그 요청을 수정하도록 하고 있다.

이 항은 UN 헌장 제103조와 같이 "일반적으로 적용되는 기존의 근본적 법원칙(existing fundamental legal principle of general application)"을 위반하여 지원을 제공할 수는 없다는 점을 인정하면서도 피요청국이 이 법원칙을 근거로 요청을 거절(deny)하지 않고 재판소와 협의(consult)하도록 하였다는 점에서 의의가 있다고 할 수 있다.

통합초안 제90조 2항에는 "기존의 국제법 또는 조약상 의무(existing international law or treaty obligation)"라는 표현이 있었으나, 로마회의 시 이보다 엄격한 요건을 가진 "일반적으로 적용되는 기존의 근본적 법원칙"이라는 용어를 채택하여 로마규정에 포함시켰다.

5. 협력(사법공조) 거절사유

통합초안 제90조 2항은 협력거절사유를 규정하였다. 제2항 option 1은 협력거절사유가 없음을 규정하였고, 제2항의 option 2는 여러 가지 협력거절사유를 규정하였다.[680]

---

680) option 2의 협력거절사유를 원문인용하면 다음과 같다.
(a) it has not accepted the jurisdiction of the Court
(b) the national laws of the requested State prohibit the assistance
(c) execution of the request would seriously prejudice its national security, ordre public or other essential interests
(d) the request would disclose evidence relating to its national [security] [defence]
(e) execution of the request would interfere with an ongoing investigation or prosecution in the requested State or in another State
(f) compliance with the request would put it in breach of an existing [international law]

로마회의 시 일부국가는 협력거절사유가 없어야 한다고 주장하였고 일부국가는 협력거절사유를 포함하자고 주장하였으나, 협력거절사유를 포함하자는 국가들 간에도 구체적으로 어떠한 협력거절사유을 인정해야 하는가에 대해서는 이견이 있었다.

(1) 피요청국이 재판소의 관할권을 수락하지 않은 경우

통합초안 제90조 2항의 option 2 (a)는 피요청국이 재판소의 관할권을 수락하지 않을 경우에 피요청국이 협력요청을 거절할 수 있도록 하였다. 그러나 로마규정이 ICC의 당사국은 ICC의 관할권을 자동적으로 수락하는 자동적 관할권제도를 채택하게 되어 이 협력거절사유는 존재의의가 없어 삭제되었다.

(2) 피요청국 국내법이 협력을 금지하는 경우

통합초안 제90조 2항의 option 2 (b)는 피요청국 국내법이 협력제공을 금지하는 경우, 피요청국은 협력제공을 거절할 수 있도록 하였다. 이에 대해 로마회의 시 대표단들은 로마규정의 당사국은 국내법을 이유로 로마규정상의 협력의무를 회피할 수 없기 때문에, 이 협력거절사유는 삭제되어야 한다고 판단하여 이 거절사유는 삭제되었다.

더구나 로마규정 제88조가 "당사국은 이 부에 명시된 모든 형태의 협력에 이용 가능한 절차가 국내법에 포함되도록 한다"고 규정하여 당사국은 국내법으로 로마규정 제9부의 일부인 제93조에 명시된 협력제공을 금지해서는 안 될 것으로 보인다.

(3) 국가안보, 공서, 기타 본질적 이익

통합초안 제90조 2항의 option 2 (c)는 요청의 이행이 피요청국의 국가안보, 공서(ordere public, public order) 또는 기타 본질적 이익을 심각하게 침해하는 경우, 협력요청을 거절할 수 있도록 하였다. 이에 대해 우리나라, 캐나다 등 다수 국가가 "공서"의 개념이 협력거절사유로 사용하기에는 지나치게 넓고 국가마다 상이한 내용을 가진 개념이기 때문에 "공서"를 침해하는 경우는 삭제하자고 주장하여 삭제되었다.

[treaty] obligation undertaken to another [State][non－State Party].

또한 이들 국가는 option 2 (c) 전체를 삭제하기를 희망하였다. 더구나 option 2 (d) 항도 "국가안보"에 관한 것이기 때문에 대표단들은 이 두 항을 모두 삭제하고 로마규정 제93조 4항에 국가안보에 관해 별도로 규정하기로 하였다. 로마규정 제93조 4항은 피요청국이 국가안보에 관한 것을 이유로 협력요청을 거절할 수 있도록 하고 있다.

(4) 협력요청이행이 진행 중인 수사나 기소에 영향을 주는 경우

통합초안 제90조 2항의 option 2 (e)는 요청의 이행이 피요청국 또는 다른 국가에서 진행 중인 수사나 기소에 영향을 주는 경우, 피요청국은 협력요청을 거절할 수 있도록 하였다. 이에 대해 로마회의시 각국은 이 조항의 삭제여부를 두고 대립하다가 독일과 이스라엘이 공동으로 제안한 안이 일부수정을 거쳐 로마규정 제94조로 채택됨에 따라 이 조항은 삭제되었다.[681]

독일과 이스라엘의 제안은 협력요청의 즉각적 이행이 피요청국에서 진행 중인 수사나 기소에 영향을 주는 경우 피요청국은 협력요청을 '거절'하지 말고 '연기'할 수 있도록 한 것이다.

따라서 협력요청이행이 진행 중인 수사나 기소에 영향을 주는 경우 피요청국은 협력요청을 거절할 수 있는 것이 아니라 연기할 수 있게 된 것으로 보아야 할 것이다.

(5) 요청의 이행이 기존의 국제법 또는 조약상 의무에 위반되는 경우

통합초안 제90조 2항의 option 2 (f)는 요청의 이행이 피요청국이 다른 국가에 대해 부담하는 기존의 국제법 또는 조약상 의무에 위반되는 경우, 피요청국이 협력제공을 거절할 수 있도록 하였다. 이에 대해 다수국가들은 반대하였으나, 일부국가가 유지를 주장하였다. 궁극적으로 이 항은 삭제되었으나, 로마규정 제93조 3항이 채택되었다.

---

681) 1998년 7월 11일 비공식협의에서 독일과 이스라엘은 다음과 같은 제안을 하였다.
The requested State may postpone the execution of a request, if its immediate execution would interfere with an ongoing investigation or prosecution in the requested State. However the postponement shall be no longer that is necessary to complete the relevant investigation or prosecution in the requested State or for a period of six months, whichever shall be the earlier. Before making a decision to postpone, the requested State should consider whether the assistance may be immediately granted subjected to certain conditions.

동향은 앞에서 살펴본 바와 같이 "지원조치의 이행이 피요청국에서 일반적으로 적용되는 기존의 근본적 법원칙상 금지되는 경우"에 피요청국이 협력을 거절하지 말고 ICC와 '협의'하도록 하였다.

(6) 소 결

이상으로 통합초안에서 제시되었던 협력거절사유와 이 사유들이 로마규정에 어떻게 채택되었는지에 관해 살펴보았다. 앞에서 보았듯이 통합초안에 제시되었던 사유 중 "국가안보"에 관한 사항만이 로마규정 제93조 4항에 따라 협력거절사유로 인정된 것으로 보인다.

따라서 로마규정상 기타 형태의 협력(사법공조)도 기존의 국가간 형사사법공조에서 인정될 수 있는 공조거절사유의 대부분을 인정하지 않고 있는 것을 발견할 수 있다. 이는 로마규정상의 형사사법공조제도가 국가간 형사사법공조제도와 차이를 보이는 중요한 요소라고 판단된다.[682]

6. 국가안보를 사유로 협력요청의 거절 가능

로마규정 제93조 4항은 "당사국은 요청이 당사국의 국가안보와 관련된 문서의 제출 또는 증거의 공개와 관련되는 경우에만 제72조에 따라 요청의 전부 또는 일부를 거절할 수 있다"고 하여 국가안보와 관련된 협력요청을 거절할 수 있도록 하고 있다.

이 조항은 통합초안 제90조 2항의 option 2 (d)에서 국가안보를 협력거절사

682) 우리나라의 국제형사사법공조법 제6조는 공조의 제한사유를 다음과 같이 규정한다.
제6조(공조의 제한) 다음 각 호의 1에 해당하는 경우에는 공조를 하지 아니할 수 있다.
1. 대한민국의 주권, 국가안전보장, 안녕질서 또는 미풍양속을 해할 우려가 있는 경우
2. 인종·국적·성별·종교·사회적 신분 또는 특정 사회단체에 속한다는 사실이나 정치적 견해를 달리한다는 이유로 처벌되거나 형사상 불이익한 처분을 받을 우려가 있다고 인정되는 경우
3. 공조범죄가 정치적 성격을 지닌 범죄이거나 공조요청이 정치적 성격을 지닌 다른 범죄에 대한 수사 또는 재판을 할 목적으로 행하여진 것이라고 인정되는 경우
4. 공조범죄가 대한민국의 법률에 의하여 범죄를 구성하지 아니하거나 공소를 제기할 수 없는 범죄인 경우
5. 이 법에 요청국이 보증하도록 규정되어 있는데도 불구하고 요청국의 보증이 없는 경우

우리나라 법의 이러한 사유 중 국가안전보장을 해할 우려가 있는 경우만 ICC에 대한 형사사법공조를 거절할 수 있을 것이다. 따라서 국제형사사법공조법과 로마규정이 차이를 보이고 있으므로 이 문제도 로마규정의 국내 이행법률의 제정시 고려하여 해결해야 할 것이다.

유로 한 것에서 유래한 것이다. 로마규정 제72조는 "국가안보정보의 보호"에 관해 규정하고 있으며, 국가안보와 관련된 정보의 공개에 관해 자세한 절차를 규정하고 있다. 그런데 제72조 1항은 "이 조는 국가의 정보 또는 문서의 공개가 당해국의 판단으로 자국의 국가안보이익을 침해할 수 있는 모든 경우에 적용된다"고 하여 특정문서의 공개 등이 국가안보이익을 침해하는지의 여부는 당해 국가가 판단하도록 하고 있다.

따라서 로마규정 제93조 4항과 제72조를 종합하면, 피요청국이 자국의 국가안보를 침해한다는 명목하에 특정 정보에 대한 ICC의 접근가능성을 제약할 위험이 존재한다고 할 수 있다.

7. 조건부 지원 또는 대체지원

로마규정 제93조 5항은 "제1항 타호에 따른 지원요청을 거절하기 전, 피요청국은 지원이 특정한 조건부로 제공될 수 있는지 또는 지원이 추후에 또는 대체적인 방식으로 제공될 수 있는지를 검토한다. 단, 재판소 또는 소추관은 그 조건을 준수한다"고 하고 있다.

즉 이 조항은 피요청국이 제1항 타호에 따른 지원요청을 거절하기보다 조건부 지원(conditional assistance), 추후지원(later assistance), 또는 대체지원(alternative assistance)을 제공할 것을 검토하도록 하고 있다.

1항 타호는 '피요청국의 법에 금지되지 아니한 기타 형태의 지원'을 나타낸다. 그러면 1항 타호 이외의 1항상의 다른 여러 협력 및 지원에는 제93조 5항의 내용이 적용되는지 여부와 동 조항이 적용되지 않는다면 1항상 여러 협력형태에는 조건부 지원이나 대체지원 등은 불가능한가 등의 의문이 제기된다.

먼저 로마규정 제93조 5항의 문언상 1항 타호 이외의 협력 및 지원에는 동조 5항이 적용되지 않는다고 보아야 한다. 로마회의시 교섭과정에서도 일부 대표단은 로마규정 제93조 5항이 유래하게 된 통합초안 제90조 3항은 피요청국이 협력거절사유가 있을 때 협력을 거절하지 말고 조건부 협력이나 대체협력을 할 것을 의도한 것이며, 통합초안의 협력 거절사유가 삭제되었으므로 이 조항도 삭제되어야 한다는 입장을 취하였다. 그러나 다른 일부 대표단은 협력거절사유가 완전히 없어지지 않았기 때문에 이 조항은 유지되어야 한다고 주장하였다. 논의 끝에 타협안으로서 "제1항 타호에 따른 지원요청을 거절하기 전"에만 피요청국이 조건부 지원이나 대체지원을 할 수 있도록 하는 현재의 규정이 채택되었다. 따라서 로마규정 제93조 5항은 제93조 1항 타호에 따른 지원요청을 거절할 때에만 적용되고 제93조 1항의 다른 호에 따른 지원요청을 거절할 수가 없기 때문에 1항 타호 이외의 1항상의 지원요청에 대해서는 조건부 지원이나 대체지원을 할 수 없고 충실히 지원요청을 이행하여야 한다고 해석된다.

한편, 이러한 로마규정 제93조 5항의 해석론에도 불구하고 로마규정 제93조 4항에 따른 국가안보를 이유로 한 지원거절도 있을 수 있기 때문에, 국가안보를 이유로 한 지원거절 전에 피요청국이 지원거절 대신에 조건부 지원이나 대체지원을 하는 것은 가능할 것으로 보인다.

다시 말하면, 로마규정 제93조의 기타 형태의 협력을 당사국이 거절할 수 있는 경우는 동조 4항에 따라 '국가안보'를 이유로 하는 것과 동조 5항에 따라 1항 타호에 따른 지원(피요청국의 법에 금지되지 않는 기타 지원)요청을 거절하는 것의 두 가지 경우만이 있고 후자의 거절사유에 의한 지원거절 전에는 동조 5항에 명문으로 피요청국이 조건부 지원 또는 대체지원을 검토하도록 하였으나, 전자의 국가안보에 의한 지원거절 전에는 ICC의 효율적인 운영이라는 취지상 피요청국이 조건부 지원이나 대체지원을 검토하는 것도 해석상 가능하다는 것이 필자의 생각이다.

8. 지원요청 거절이유의 통지 의무

로마규정 제93조 6항은 "지원요청이 거절된 경우, 피요청당사국은 신속히 재판소 또는 소추관에게 그 이유를 통지한다"고 하여 피요청당사국이 지원요청을 거절할 경우 신속히 재판소 또는 소추관에게 그 이유를 통지하도록 하고 있다.

여기서 한 가지 유의해야 할 것은 우리 국문본에는 '피요청국'이라고 되어 있으나 영문본에는 '피요청당사국(the requested state party)'이라고 되어 있는 점이다. 따라서 로마규정의 당사국인 피요청국만이 지원요청을 거절할 경우 신속히 재판소 또는 소추관에게 그 이유를 통지할 의무를 부담한다고 보아야 한다.

9. 구금 중인 자의 일시적 이송 협력

로마규정 제93조 7항은 다음과 같이 구금 중인 자의 일시적 이송을 규정하고 있다.

> "7. 가. 재판소는 신원확인을 목적으로 또는 증언이나 기타 지원을 얻기 위하여 구금중인 자의 일시적 이송을 요청할 수 있다. 그 자는 다음 조건이 충족되는 경우 이송될 수 있다.
>
> (1) 그 자가 내용을 알고 자유로이 이송에 대하여 동의하고,
>
> (2) 피요청국과 재판소가 합의하는 조건에 따라 피요청국이 이송에 동의한 경우
>
> 나. 이송되는 자는 이송중 구금된다. 이송의 목적이 달성된 경우, 재판소는 그 자를 지체없이 피요청국으로 송환한다."

이 조항은 로마회의 시 새롭게 도입된 조항이다. 이 조항은 ICC가 증언이나 기타 지원을 얻는 데 구금 중인 자를 일시적으로 이송 받아 활용할 수 있으므로 ICC의 효율적인 기능수행을 위해 유용할 것으로 보인다. 또한 형사사법공조에 관한 UN 표준협약 제13조도 구금 중인 자의 일시적 이송을 규정하여 로마규정 제93조 7항과 유사한 내용이 국제적 관행으로 존재하고 있음을 보여준다.[683)]

10. 문서와 정보의 비밀보장

로마규정 제93조 8항은 문서와 정보의 비밀보장에 관해 규정한다. 동항 가호는 "재판소는 요청에 기재된 수사 및 절차에 필요한 경우를 제외하고는 문서 및

---

683) 형사사법공조에 관한 UN 표준협약 제13조를 원문 인용하면 다음과 같다.

1. Upon the request of the requesting State, and if the requested State agrees and its law so permits, a person in custody in the latter State may subject to his or her consent, be temporarily transferred to the requesting State to give evidence or to assist in the investigation.
2. While the person transferred is required to be held in custody under the law of the requested State, the requesting State shall hold that person in custody and shall return that person in custody to the requested State at the conclusion of the matter in relation to which transfer was sought or at such earlier time as the person's presence is no longer required.
3. Where the requested State advises the requesting State that the transferred person is no longer required to be held in custody, that person shall be set at liberty and be treated as a person referred to in article 14 of the present Treaty.

정보의 비밀을 보장한다"고 하여 요청시 기재된 수사 및 절차에 필요한 경우 이외에는 문서 및 정보의 비밀을 ICC가 보장할 것을 규정한다. 동항 나호는 "피요청국은 필요한 경우 문서 또는 정보를 비공개를 조건으로 소추관에게 전달할 수 있다. 이 경우 소추관은 오직 새로운 증거를 산출할 목적으로만 그것을 사용할 수 있다"고 하여 피요청국이 소추관에게 문서 또는 정보의 비공개를 조건으로 문서 등을 전달할 경우, 소추관은 오직 새로운 증거를 산출할 목적으로만 그 정보들을 사용할 수 있도록 하고 있다. 이는 지나치게 제한적인 조항으로 보인다. 왜냐하면 소추관이 이 비밀정보 등을 다른 증거를 보강하기 위한 것 등으로 사용하는 것이 조약 문언상 허용되지 않는 것으로 보이기 때문이다. 한편 8항 다호는 "피요청국은 스스로 또는 소추관의 요청에 따라 추후 그러한 문서나 정보의 공개에 동의할 수 있다. 이 경우 그것은 제5부 및 제6부의 절차및증거규칙에 따라 증거로 사용될 수 있다"라고 규정하여 피요청국이 비밀문서나 정보의 공개에 동의하는 경우 수사 및 재판절차에서 증거로 사용될 수 있도록 하고 있다.

로마규정 제93조 8항의 내용은 형사사법공조에 관한 UN 표준협약 제9조 (b) 등 국제관행과 대체로 부합하나 보다 자세하고 제한적인 것으로 보인다.[684]

11. 인도(surrender)나 범죄인 인도(extradition)가 아닌 다른 요청들의 경합하는 경우

로마규정 제93조 9항 가호는 당사국이 인도나 범죄인 인도가 아닌 다른 경합되는 요청을 ICC와 자신의 국제적 의무에 따라 다른 국가로부터 받는 경우 당해 당사국은 ICC와 다른 국가와 협의하여 필요한 경우 그 중 하나의 요청을 연기시키거나 또는 그 요청에 조건을 첨부함으로써 두 요청 모두를 충족시키도록 노력해야 한다고 규정하고 있다.

동 조항은 두 요청 모두를 충족시키려고 했으나 그렇게 할 수 없는 경우 로마규정 제90조에 규정된 원칙, 즉 인도청구가 경합되는 경우의 원칙에 따라 해결해야 한다고 규정하고 있다.

---

684) 형사사법공조에 관한 UN 표준협약 제9조 (b)는 다음과 같다.

(b) The requesting State shall keep confidential evidence and information provided by the requested State, except to the extent that the evidence and information is needed for the investigation and proceedings described in the request.

한편 동항 나호는 재판소의 요청이 국제협정에 의하여 제3국 또는 국제기구의 통제하에 있는 정보·재산 또는 사람과 관계된 경우, 피요청국은 재판소에 이를 통지하며 재판소는 그 제3국 또는 국제기구에 요청을 하도록 하고 있다.

12. 재판소에 의한 지원 제공

로마규정 제93조 10항은 재판소가 당사국에 대해 협력하거나 지원을 제공할 수 있음을 규정하고 있다. 즉 10항 가호는 "재판소는 요청이 있는 경우, 재판소 관할범죄를 구성하는 행위 또는 요청국의 국내법상 중대한 범죄를 구성하는 행위에 대하여 수사 또는 재판을 수행하는 당사국에 협력하거나 지원을 제공할 수 있다"고 규정한다. 여기서 유의할 점은 ICC가 당사국에 협력하는 것을 결정하는 것은 ICC가 재량으로 할 수 있다는 점이다.

이 점은 국가간의 형사사법공조조약이 당사국간 상호주의에 입각하여 상호 공조의무를 부담하는 점과 차이를 보이는 측면이다.

제93조 10항 나호는 ICC가 제공하는 협력으로서 특히 두 가지, 즉 "(가) 재판소가 수행하는 수사 또는 재판 과정에서 얻은 진술, 문서 또는 다른 형태의 증거의 송부, (나) 재판소의 명령으로 구금된 자에 대한 신문"을 규정하고 있다. 재판소가 다른 국가의 지원으로 문서 또는 다른 형태의 증거를 획득하였고 이러한 증거 등을 송부하는 경우, 재판소는 그 국가의 동의를 얻어야 한다.

재판소가 증인 또는 감정인에 의해 제공된 진술, 문서 또는 다른 형태의 증거를 송부한 경우는 로마규정 제68조의 규정에 따라야 한다. 제68조는 "피해자 및 증인의 보호와 절차 참여"를 규정하고 있다.

10항 다호는 ICC가 비규정당사국에 대한 지원요청도 허가할 수 있도록 하고 있다.

X. 진행 중인 수사 또는 기소와 관련된 요청의 이행연기(제94조)

로마규정 제94조는 진행 중인 수사 또는 기소와 관련된 요청의 이행연기를 다음과 같이 규정한다.

1. 요청의 즉각적인 이행이 요청과 관련된 사건 이외의 다른 사건에 대하여 진행 중인 수사나 기소를 방해하게 될 경우, 피요청국은 재판소와 합의한 기간 동안 요청의 이행을 연기할 수 있다. 그러나 연기는 피요청국이 관련 수사나 기소를 완료하는데 필요한 기간보다 더 길어서는 아니 된다. 연기 결정을 내리기 전, 피요청국은 지원이 일정한 조건부로 즉시 제공될 수 있는지 여부를 고려한다.
2. 제1항에 따라 연기결정이 내려진 경우, 소추관은 제93조 제1항 차호에 따라 증거를 보전하기 위한 조치를 구할 수 있다.

이 조항은 앞에서 보았듯이 로마회의 시 통합초안 제90조 2항 (e)의 협력거절사유를 연기사유로 대체하려는 독일과 이스라엘의 공동제안으로부터 유래한 것이다.

1항은 진행 중인 수사 또는 기소와 관련된 요청의 경우 지원의 연기와 조건부 지원을 피요청국이 할 수 있도록 한 것이다. 2항은 소추관이 증거보전조치를 구할 수 있도록 하고 있다.

로마규정 제94조는 형사사법공조에 관한 UN 표준조약 제4조 3항 등 국제관행과 부합한다고 할 수 있다.[685]

XI. 재판적격성에 대한 이의제기와 관련된 요청의 이행연기(제95조)

로마규정 제95조는 "재판소가 제18조 또는 제19조에 따라 재판적격성에 대한 이의제기를 심의중인 경우, 소추관이 제18조 또는 제19조에 따라 그러한 증거의 수집을 계속할 수 있다고 재판소가 명시적으로 명령하지 않는 한, 피요청국은 재판소의 결정이 계류 중인 동안 이 부에 따른 요청의 이행을 연기할 수 있다"고 규정한다.

이 조항은 관련사건에 관해 ICC가 재판적격성에 대한 이의제기를 심의 중인

685) 동조항은 다음과 같다.
"The requested State may postpone the execution of the request if its immediate execution would interfere with an ongoing investigation or prosecution in the requested State."

경우 ICC의 사법협력 요청의 이행을 피요청국이 연기할 수 있도록 하고 있다. 다만, 재판소가 명시적으로 소추관이 증거의 수집을 계속하도록 명령하는 경우는 사법협력 요청의 이행을 연기할 수 없다.

로마규정 제95조의 문언상 "이 부에 따른 요청(a request under this part)"이라는 표현을 사용하므로 제95조는 인도(surrender)에 관한 요청과 기타 형태의 협력(사법공조)요청에 모두 적용된다고 보아야 할 것이다. 이와 관련하여 로마규정 제89조 2항은 일사부재리원칙에 근거한 재판적격성 심사가 계류 중인 경우 결정이 이루어질 때까지 인도청구 이행을 연기할 수 있도록 하고 있는데 제95조와 제89조 2항과는 어떤 관련이 있는지 의문이 제기될 수 있다. 사견으로는 이 두 조항이 로마회의 시 관련되어 논의가 되었으며 동일한 상황에 동시에 적용될 수 있는 경우도 상상해 볼 수 있겠으나, 기본적으로 별개의 적용요건을 가진 것으로서 제95조가 제89조 2항의 상황을 포함하는 더 넓은 상황에 적용될 수 있다고 보아야 할 것 같다.

결론적으로, 로마규정 제95조는 재판적격성에 대한 이의제기를 제9부상의 범죄인 인도청구나 사법공조 요청에 대한 '거절사유'로서 허용하지는 않으나, 이러한 청구나 요청에 대한 '연기사유'로서 인정하고 있다.

XII. 제93조에 따른 기타 형태의 지원(사법공조)요청서의 내용(제96조)

로마규정 제96조 1항은 "제93조에 규정된 기타 형태의 지원 요청은 서면으로 한다. 긴급한 경우, 요청은 문자기록을 전달할 수 있는 어떠한 매체에 의하여도 이루어질 수 있으나 제87조 1항 가호에 규정된 경로를 통하여 확인되어야 한다"고 규정한다.

동조 2항은 요청에 포함될 내용을 다음과 같이 정하고 있다.

> 2. 요청은 해당하는 대로 다음을 포함하거나 또는 이에 의하여 증빙되어야 한다.
> 가. 요청의 법적 근거 및 이유를 포함하여 요청의 목적과 요청되는 지원에 대한 간결한 서술

나. 요청되는 지원이 제공되기 위하여 발견되거나 확인되어야 할 사람이나 장소의 소재 또는 신원에 대한 가능한 상세한 정보

다. 요청의 기초를 이루는 필수적인 사실에 대한 간결한 서술

라. 추후의 절차 또는 요건의 이유와 상세

마. 요청을 이행하기 위하여 피요청국의 법률에 따라 요구되는 정보

바. 요청되는 지원을 제공하는데 관련된 기타 정보

로마규정 제96조 2항의 내용은 형사사법공조에 관한 UN 표준조약과 우리나라의 국제형사사법공조법과 비교할 때 합리적인 것으로 보인다.[686] 우리나라 국제형사사법공조법 제12조는 다음과 같다.

제12조(공조요청서)

① 공조요청은 다음 각호의 사항을 기재한 서면(이하 “공조요청서”라 한다)에 의한다.

1. 공조요청과 관련된 수사 또는 재판을 담당하는 기관
2. 공조요청사건의 요지
3. 공조요청의 목적과 내용
4. 기타 공조를 실시하는 데 필요한 사항

② 증인신문, 물건의 인도, 요청국에서의 증언 등 협조에 관한 요청의 경우에는 그것이 수사 또는 재판에 반드시 필요하다는 요청국의 소명이 있어야 한다.

---

686) 형사사법공조법에 관한 UN 표준조약 제5조는 다음과 같다.

1. Requests for assistance shall include:
 (a) The name of the requesting office and the competent authority conducting the investigation or court proceedings to which the request relates:
 (b) The purpose of the request and a brief description of the assistance sought:
 (c) A description of the facts alleged to constitute the offence and a statement or text of the relevant laws, except in cases of a request for service of documents:
 (d) The name and address of the person to be served, where necessary:
 (e) The reason for and details of any particular procedure or requirement that the requesting State wishes to be followed, including a statement as to whether sworn or affirmed evidence or statements are required:
 (f) Specification of any time-limit within which compliance with the request is desired:
 (g) Such other information as is necessary for the proper execution of the request.
2. Requests, supporting documents and other communication made pursuant to the present Treaty shall be accompanied by a translation into the language of the requested State or another language acceptable to that State.
3. If the requested State considers that the information contained in the request is not sufficient to enable the request to be dealt with, it may request additional information.

로마규정 제96조 3항은 재판소의 요청에 따라 당사국에게 일반적 또는 특정한 문제에 대하여, 제2항 마호에 따라 적용될 수 있는 자국 국내법상의 특별한 요건에 관하여 재판소와 협의해야 할 의무를 부과하고 있다. 협의 중에 당사국은 자국 국내법상 특별한 요건에 관하여 재판소에 조언해야 한다. 이 조항은 요청을 이행하기 위하여 피요청국의 법률에 따라 적용될 수 있는 국내법상의 특별한 요건을 재판소가 잘 지킴으로써 피요청국의 협력을 원활히 얻기 위한 조항이다.

로마규정 제96조 4항은 "이 조의 규정은 적용 가능한 경우 재판소에 대한 지원요청에 관하여 적용된다"고 하여 재판소에 대한 지원요청이 있는 경우 재판소가 당사국 등에게 지원을 제공하는 경우를 상정하고 있다. 즉, ICC는 필요한 경우 당사국 등에게 증거수집, 서류송달 등 지원을 제공할 수 있을 것이다.

XIII. 협의(consultation)(제97조)

로마규정 제97조는 당사국이 제9부에 따라 받은 요청에 관하여 요청의 이행을 방해하거나 저지시킬 수 있는 문제점을 확인하는 경우 그 당사국은 그 사안을 해결하기 위하여 지체 없이 재판소와 협의하도록 규정한다. 그러한 문제점에는 다음과 같은 것이 포함된다.

> 가. 요청을 이행하기에 불충분한 정보
> 나. 인도청구의 경우, 최선의 노력에도 불구하고 인도청구된 자의 소재를 파악할 수 없거나 또는 수행된 수사 결과 피청구국 내에 있는 자는 영장에서 거명된 자가 명백히 아닌 것으로 판정된 사실
> 다. 현재 형태의 요청 이행은 피요청국이 다른 국가에 대하여 부담하는 기존의 조약상 의무를 위반하도록 요구한다는 사실

로마규정 제97조는 당사국이 ICC가 제9부에 따라 요청하는 것을 거절할 가능성을 줄이기 위한 것이다. 즉 당사국은 ICC의 요청을 이행하기 곤란한 사유가 발생하면 ICC의 요청을 거절하기보다 ICC와 협의해야 한다는 것이 제97조의 취지라고 할 것이다. 제97조는 로마회의 시 새로이 도입된 조항으로서 제9부에 따른 국가의 협력을 확보하는데 유용하고 혁신적인 수단이라고 평가할 수 있다.

XIV. 면제의 포기 및 인도동의에 관한 협력(제98조)

1. 제98조의 교섭과정

로마규정 제98조는 통합초안 제87조 6항이 인도청구의 경합을 규정하고 있었던 것에서 유래한다. 그러나 로마회의 시 대표단들은 외국군지위협정(Status of Forces Agreement, SOFA)을 고려하게 되었고, 이 문제는 청구경합의 문제라기 보다는 면제(immunity)와 관련된 문제라고 판단하였다. 그래서 통합초안 제87조 6항과는 별도의 조항을 작성하기 위한 논의를 시작했고 통합초안 제87조 6항에 관한 의장의 논의문서(chairman's discussion paper on Article 87, paragraph 6)에서는 "피청구국이 SOFA 협정상 제3국 군대의 구성원의 체포나 인도를 위해 그 제3국의 동의를 얻어야 하는 국제적 의무를 부담하고 있는 경우, 재판소는 그 동의를 주기 위한 제3국의 협력을 이 부에 따라 추가적으로 얻어야 한다(Where the requested State is under an international obligation to a third state under a Status of Forces Agreement pursuant to which the third state's consent is required for the arrest and surrender of a person who is a member of the armed forces of that third state, the Court shall in addition obtain under this Part the cooperation of that third state for the giving of that consent.)"고 하는 조항을 포함하였다. 그 후 이 조항은 제90조 quarter로서 논의되었고 싱가폴이 이에 대해 비공식협의 시에 추가적인 수정제안을 하였다.[687]

논의 끝에 궁극적으로 로마규정 제98조는 면제에 관한 내용을 규정하게 되었고, 동조 1항은 국가면제와 외교면제의 포기에 관해 규정하고, 동조 2항은 SOFA 협정상의 면제의 포기에 관해 규정하려는 의도로 채택되었다. 따라서 교섭과정을 볼 때 로마규정 제98조 2항에서의 "국제협정(international agreement)"은 외국군지위협정(SOFA)을 의미한다고 보아야 한다.

---

687) 싱가폴의 수정제안은 다음과 같다.
"The Court may not proceed with a request for surrender/cooperation which would require the requested State to act inconsistently with its obligation under international law with respect to the State or diplomatic immunity of person or property of a third sate or its obligations under international agreements pursuant to which the consent of a sending state is required to surrender a person of that state to the Court, unless the Court can first obtain the cooperation of the third state for the waiver of the immunity or of the sending state for the giving of consent for the surrender, as the case may be."

2. 제98조의 내용

동조 1항은 재판소가 피요청국이 제3국의 사람 또는 재산에 대하여 국가면제 또는 외교면제에 관한 국제법상의 의무에 부합되지 않게 행동하도록 하는 인도청구 또는 지원요청을 진행시키기 위해서는 먼저 그 제3국으로부터 면제의 포기를 위한 협력을 얻도록 하고 있다.

예를 들어 외교면제를 누리는 A국의 외교관을 ICC에 B국이 인도하려면 ICC가 A국의 면제포기를 위한 협력을 얻은 후에 B국이 인도절차를 진행시키도록 해야 한다는 것이다. 국가면제(state immunity)는 주권면제(sovereign immunity)와 유사한 개념으로서 기본적으로 일국의 재판소는 외국의 권력적 행위 등에 대해 재판관할권을 갖지 않는다는 원칙으로서 세계 각국은 국내법 등을 제정하거나 국내 판례로서 인정하고 있다.[688)]

외교면제는 외교사절의 특권면제 등을 나타내며 외교관계에 관한 비엔나협약, 영사관계에 관한 비엔나 협약 등 국제조약에 의해 인정되고 있는 면제제도이다. 그러나 이 외교면제의 향유주체는 외교관 개인이 아니라 외교관을 파견한 국가이므로 그 국가는 외교면제를 포기할 수 있고 이 외교면제를 포기할 경우 관련된 외교관 개인은 외교면제를 향유할 수 없게 된다.

한편 로마규정 제98조 2항은 재판소가 피청구국이 파견국의 사람을 재판소에 인도하기 위해서는 파견국의 동의를 요하는 국제협정상의 의무에 부합되지 않게 행동하도록 하는 인도청구를 진행시키려면, 먼저 파견국으로부터 인도동의를 주기위한 협력을 얻어야 한다고 규정한다. 예를 들어 ICC가 A국 군인을 B국으로부터 인도 받고자 하고 A국과 B국의 SOFA협정상 이러한 경우 A국의 동의가 필요한 경우, ICC는 먼저 A국의 동의를 위한 협력을 얻어야 한다는 것이다.

3. 미국의 제98조 2항 관련 양자협정 체결노력

미국은 로마규정이 2002년 7월 1일 발효하기 전 몇 달 전부터 미국민을 ICC

688) 예를 들어 미국은 Foreign Sovereign Immunity Act를 제정하여 미국의 재판소가 외국정부의 권력적 행위에 대해 관할권을 갖지 않도록 하고 있다. 그러나 동법은 외국정부의 상업적 행위에 대해서는 미국의 재판소가 관할권을 가질 수 있도록 하고 있다.

의 관할권으로부터 면제시키기 위해 제98조 2항에 언급된 "국제협정"에 해당하는 양자협정(소위 "제98조 협정") 체결을 세계 각국에 제의하였다. 이는 미국민이 로마규정 당사국 영토에서 ICC 관할대상범죄를 저질렀다고 주장되는 경우 로마규정 제12조의 규정상 ICC가 그 미국인에 대해 관할권을 행사할 수 있는데, 미국은 이러한 상황을 양자협정을 체결함으로써 피하려는 것이다.[689)]

689) 미국의 제안은 다음과 같으며, 조항 번호는 편의상 부여한 것이다.

Proposed Text of Article 98 Agreements with the United States
July 2002

A. Reaffirming the importance of bringing to justice those who commit genocide, crimes against humanity and war crimes,
B. Recalling that the Rome Statute of the International Criminal Court done at Rome on July 17, 1998 by the United Nations Diplomatic Conference of Plenipotentiaries on the Establishment of an International Criminal Court is intended to complement and not supplant national criminal jurisdiction,
C. Considering that the Government of the United States of America has expressed its intention to investigate and to prosecute where appropriate acts within the jurisdiction of the International Criminal Court alleged to have been committed by its officials, employees, military personnel, or other nationals,
D. Bearing in mind Article 98 of the Rome Statute,
E. Hereby agree as follows:
   1. For purposes of this agreement, "person" are current or former Government officials, employees (including contractors), or military personnel or nationals of one Party.
   2. Persons of one Party present in the territory of the other shall not, absent the expressed consent of the first Party,
      (a) be surrendered or transferred by any means to the International Criminal Court for any purpose, or
      (b) be surrendered or transferred by any means to any other entity or third country, or expelled to a third country, for the purpose of surrender to or transfer to the International Criminal Court.
   3. When the United States extradites, surrenders, or otherwise transfer a person of the other Party to a third country, the United States will not agree to the surrender or transfer of that person to the International Criminal Court by the third country, absent the expressed consent of the Government of X.
   4. When the Government of X extradites, surrenders, or otherwise transfers a person of the United States of America to a third country, the Government of X will not agree to the surrender or transfer of that person to the International Criminal Court by a third country, absent the expressed consent of the Government of the United States.
   5. This Agreement shall enter into force upon an exchange of notes confirming that each Party has completed the necessary domestic legal requirements to bring the Agreement into force. It will remain in force until one year after the date on which one Party notifies the other of its intent to terminate this Agreement. The provisions of this Agreement shall continue to apply with respect to any act occurring, or any allegation arising, before the effective date of termination.

이 미국의 양자협정체결 제의에 따라 루마니아, 이스라엘, 인도 등 10여 개국이 양자협정에 서명하였다. 이러한 미국의 양자협정 체결노력에 대해 국제사면기구(Amnesty International)는 제98조 2항은 기존의 SOFA 협정이 그 후 체결된 로마규정으로 인해 무효화되지 않도록 하기 위한 것이지, 로마규정의 전체 체계를 훼손하는 후속 양자협정을 체결하는 것을 허용하여 ICC로부터의 처벌을 피하기 위한 것이 아니라고 주장하면서 미국의 양자협정 체결노력을 비판하였다.[690]

생각건대, 미국의 이러한 양자협정 체결노력은 집단살해죄 등 ICC 관할범죄를 처벌하려는 로마규정의 의도와 취지를 훼손하는 것이며, 로마규정의 교섭과정상의 의도와도 다른 것으로서 판단된다.

4. 우리나라가 미국과 제98조 협정을 체결할 필요성 유무

우리나라가 미국인과 미군의 신병을 ICC에 인도하지 않겠다는 소위 제98조 협정을 체결할 필요성이 있는가의 의문이 제기된다. 앞에서 보았듯이 제98조 2항의 국제협정은 SOFA 협정을 의도한 것이었고, 또한 SOFA 협정으로 해석하는 것이 로마규정 전체의 목적과 취지에도 부합한다고 보인다. 더구나, 우리나라는 미국과 이미 SOFA 협정을 체결하고 있다. 따라서 우리나라는 미국이 다른 일부국가와 체결 추진 중인 제98조에 근거한 양자협정을 체결할 필요가 없다고 판단된다.

만약 우리나라가 미국과 이러한 양자협정을 체결한다면 로마규정의 당사국인 우리나라가 로마규정의 목적과 취지를 훼손하는 결과를 가져오고 이는 "유효한 모든 조약은 그 당사국을 구속하며 또한 당사국에 의하여 성실하게 이행되어야 한다"는 조약법에 관한 비엔나 협약 제26조상의 조약의 성실이행의무의 위반을 구성할 수도 있을 것이다.

한편, 우리나라는 미국과 한·미범죄인인도조약을 체결하고 있고 미국은 이 조약의 비준서에 양해사항을 부과하여 우리나라에 통보하였다. 그 내용은 이 조약 제15조의 특정성의 원칙의 내용에는 미국으로부터 인도받은 사람을 미국이 동의하지 않는 한 우리나라가 ICC로 재인도할 수 없으며, 미국은 로마규정이 미국에 대해서 발효하지 않는 한 우리나라가 ICC에 그 사람을 재인도하는 것을 동의

690) Amnesty International, International Criminal Court : U.S. efforts to obtain impunity for genocide, crimes against humanity and war crimes, (2002년 8월) 참조.

하지 않을 것이라는 양해(understanding)이다.[691]

이 양해사항의 법적 구속력에 관해서는 논란이 있을 수 있으나 적어도 우리나라가 미국으로부터 인도받은 사람을 ICC로 재인도하는 것은 곤란할 것으로 보인다. 또한 이러한 한미범죄인인도조약상의 제약을 고려할 때도 미국인에 대한 ICC의 관할권을 배제하려는 미국과의 양자협정을 체결할 필요성이 줄어들 것이다.

XV. 제93조와 제96조에 따른 요청(사법공조 요청)의 이행(제99조)

로마규정 제99조는 범죄인 인도를 제외한 기타 형태의 사법협력의 이행에 관

691) 동비준서의 전문은 아래와 같다.

WILLIAM J. CLINTON

President of the United States of America

TO ALL TO WHOM THESE PRESENTS SHALL COME, GREETING:

CONSIDERING THAT:

The Extradition Treaty between the Government of the United States of America and the Government of the Republic of Korea was signed at Washington on June 9, 1998; and

The Senate of the United States of America by its resolution of November 5, 1999, two-thirds of the Senators present concurring therein, gave its advice and consent to ratification of the Treaty, subject to the following understanding:

PROHIBITION ON EXTRADITION TO THE INTERNATIONAL CRIMINAL COURT.

The United States understands that the protections contained in Article 15 concerning the Rule of Speciality would preclude the resurrender of any person from the United States to the International Criminal Court agreed to in Rome, Italy, on July 17, 1998, unless the United States consents to such resurrender; and the United States shall not consent to the transfer of any person extradited to the Republic of Korea by the United States to the International Criminal Court agreed to in Rome, Italy, on July 17, 1998, unless the treaty establishing that Court has entered into force for the United States by and with the advice and consent of the Senate, as required by Article Ⅱ, section 2 of the United States Constitution.

Now, THEREFORE, I, William J. Clinton, President of the United States of America, ratify and confirm the Treaty, subject to the aforesaid understanding.

IN TESTIMONY WHEREOF, I have signed this instrument of ratification and caused the Seal of the United States of America to be affixed.

DONE at the city of Washington this ninth day of December in the year of our Lord one thousand nine hundred ninety-nine and of the Independence of the United States of America the two hundred

By the President : William J. Clinton

해 규정하고 있다.

1. 이행방식

로마규정 제99조 1항에 의하면, 지원요청은 피요청국법상의 관련절차에 따라 이행된다. 그리고 피요청국에서 금지되지 않는 한, 요청서에 명시된 방식으로 이행된다. 요청서에 명시된 방법에는 요청서에 약속된 절차에 따르거나 또는 요청서에 명시된 자가 이행과정에 출석하고 협력하도록 허용하는 것을 포함한다.

2. 긴급한 요청

제99조 2항은 긴급한 요청의 경우, 그에 응하여 제공되는 문서 또는 증거는 재판소의 요청이 있으면 신속히 전달되도록 하고 있다. 이 조항은 ICC가 긴급한 사건을 처리할 경우 유용한 조항으로 판단된다.

3. 회신언어와 양식

제99조 3항은 피요청국의 회신은 그 국가의 언어와 양식으로 작성, 송부한다고 규정한다. 로마회의시 피요청국의 회신을 ICC의 실무언어(working language)로 해야 하는지, 피요청국의 언어로 해야 하는지에 관해 논의가 있었다.

그런데 피요청국이 규정당사국인 경우도 있지만 비규정당사국인 경우도 있기 때문에 비규정당사국인 피요청국에게 재판소의 실무언어로 회신하도록 하는 것은 타당하지 않다는 주장이 우세하여 피요청국의 회신은 피요청국의 언어로 하게 한 것이다. 이는 재판소의 실무언어인 영어와 프랑스어로 피요청국이 회신하는 것이 재판소의 입장에서는 더 효율적이나 비당사국인 피요청국의 입장을 우선 고려한 조항이라고 할 수 있다.

한편, 예를 들어 당사국인 우리나라가 ICC로부터 제93조에 따른 요청을 받고 이에 대해 회신할 때는 제99조 3항에 따라 한국어로 회신하여야 할 것이다. 왜냐하면 제99조 3항이 피요청국은 당사국이든 비당사국이든 지원요청에 대한 회신을 피요청국의 언어와 양식으로 하도록 하고 있기 때문이다.

4. 비강제조치의 직접이행

로마규정 제99조 4항은 소추관이 피요청국의 영역에서 비강제적 조치로서 이행될 수 있는 요청을 직접 이행하는 것을 다음과 같이 규정하고 있다.

> 4. 이 부의 다른 규정을 침해함이 없이, 요청의 이행에 필수적이라면 피요청국 당국의 입회 없이 수사를 수행하는 것을 포함하여, 특정인과의 자발적인 면담 또는 그 자로부터의 증거 수집 및 공개된 장소 또는 기타 공공장소의 변형 없는 조사 등 강제조치 없이 이행될 수 있는 요청을 성공적으로 이행하는데 필요한 경우, 소추관은 그러한 요청을 다음과 같이 국가의 영역에서 직접 이행할 수 있다.
> 가. 피요청국이 그 영역 안에서 범죄가 범하여졌다는 혐의를 받는 국가이고 또한 제18조 또는 제19조에 따라 재판적격성이 있다고 결정된 경우, 소추관은 피요청국과 가능한 모든 협의를 거쳐 요청을 직접 이행할 수 있다.
> 나. 기타의 경우, 소추관은 피요청국과 협의를 거쳐 피요청국이 제기한 모든 합리적 조건이나 우려에 따를 것을 조건으로 요청을 이행할 수 있다. 피요청국이 이 호에 따른 요청의 이행에 대한 문제를 확인하는 경우, 피요청국은 그 문제를 해결하기 위하여 지체없이 재판소와 협의한다.

이 조항은 로마회의 시 캐나다가 필요한 경우 피요청국의 영역에서 소추관이 피요청국 국가 공무원의 입회 없이 비강제적으로 이행될 수 있는 면담 등을 직접 하는 것이 허용되어야 한다는 제안에서 유래하였다.[692)]

이 캐나다의 제안에 관해 일본 등은 이 제안의 내용은 피요청국의 주권을 침해할 수 있기 때문에 반대한다는 의견을 표명하였다. 그러나 독일, 영국 등 다수 국가가 캐나다의 제안을 지지하여 계속 협의한 결과 로마규정 제99조 4항이 채택

---

692) 캐나다의 제안은 UN Doc.A/CONF.183/C.1/WGIC/L. 12 (2 July 1998)의 문서로 제출되었으며, 통합초안 제91조 4항에 관한 것으로서 그 내용은 다음과 같다.

<u>Article 91 (4)</u>

(4) In the case of a request which can be executed without any compulsory measures, such as the interview of or taking of evidence from a person on a voluntary basis or the examination of a place or site which is accessible to the public, upon his or her request, the Prosecutor and other authorities within his or her office may conduct any such examination, interview or the taking of evidence, and may do so outside the presence of national authorities if that is essential for the request to be successfully executed.

되었다. 이 조항은 비록 많은 조건을 가지고 있지만 소추관이 직접 피요청국의 영역에서 증거수집 등을 할 수 있다는 점에서 중요성을 가진다고 할 수 있다.

5. 국가안보와 관련된 비밀정보

로마규정 제99조 5항은 제72조에 따라 국가안보와 관련된 비밀정보를 공개하는 것을 제한하는 것이 제99조에 따른 지원요청의 이행에도 적용된다고 규정하고 있다. 따라서 재판소에 의하여 조사 받는 자가 국가안보와 관련되었다는 이유로 정보의 공개를 거절할 수 있는 경우가 있을 것으로 보인다.

XVI. 비용(costs)(제100조)

로마규정 제100조 1항은 피요청국의 영역에서 요청을 이행하기 위한 일상적 비용(ordinary costs)을 피요청국이 부담하도록 하고 있다. 다만 다음과 같은 비용은 ICC가 부담하도록 한다.

가. 증인 및 감정인의 여행 및 안전, 또는 구금중인 자의 제93조에 따른 이송과 관련된 비용
나. 번역비, 통역비 및 복사비
다. 재판관, 소추관, 부소추관, 사무국장, 사무차장 및 재판소의 다른 기관 직원의 여비와 수당
라. 재판소가 요청한 감정인의 견해나 보고서의 비용
마. 구금국이 재판소로 인도하는 자의 이송 관련 비용
바. 협의에 따라, 요청의 이행으로부터 발생할 수 있는 특별비용

제100조 2항은 ICC가 당사국에 대해 협력하는 경우에 1항의 규정이 적용되며, 그 경우 ICC가 일상적인 이행비용을 부담한다고 하고 있다. 제100조의 비용부담 내용은 형사사법공조에 관한 UN 표준협약 제19조와 비교할 때 국제관행에 부합하는 것으로 보인다.[693]

693) 제19조는 다음과 같다.

XVII. 특정성의 원칙(Rules of Speciality)(제101조)

1. 특정성의 원칙의 완화

로마규정 제101조는 다음과 같이 특정성의 원칙을 규정하고 있다.

1. 이 규정에 따라 재판소에 인도된 자는 인도되게 된 범죄의 기초를 이루는 행위 또는 행위의 과정이 아닌, 인도 전에 범한 행위에 대하여 절차가 취해지거나 처벌 또는 구금되지 아니한다.
2. 재판소는 재판소에 인도를 행한 국가에 대해 제1항의 요건을 포기하도록 요청할 수 있으며, 필요한 경우 제91조에 따라 추가 정보를 제공할 수 있다. 당사국은 위 요건에 관하여 재판소에 포기할 권한을 가지며, 그렇게 하도록 노력한다.

특정성의 원칙은 인도된 범죄인 또는 피의자는 인도청구의 대상이 된 범죄행위에 한하여 소추되며 처벌된다는 원칙이다.[694] 이 원칙은 피의자의 인권보호라는 측면과 범죄인 인도국과 인도청구국간의 계약적인 측면을 모두 가지고 있다. 이 원칙을 엄격히 해석하는 입장에서는 범죄인은 그가 인도청구된 범죄(offense)에 대해서만 처벌을 받는다는 의미로서 인도청구서에 기재된 범죄의 명칭이 중요한 역할을 하게 된다. 그런데, ICC에 대해 범인을 인도하는 경우, 재판소의 관할대상범죄가 특정한 행위에 대해 중복하여 성립하는 가능성이 존재한다. 예를 들어, 피

The ordinary costs of executing a request shall be borne by the requested State, unless otherwise determined by the Parties. If expenses of a substantial or extraordinary nature are or will be required to execute the request, the Parties shall consult in advance to determine the terms and conditions under which the request shall be executed as well as the manner in which the costs shall be borne.

또한 제19조의 각주는 다음과 같이 설명한다.

"More detailed provisions may be included, for example, the requested State would meet the ordinary cost of fulfilling the request for assistance except that the requesting State would bear (a) the exceptional or extraordinary expenses required to fulfill the request, where required by the requested State and subject to previous consultations; (b) the expenses associated with conveying any person to or from the territory of the requested State, and any fees, allowances or expenses payable to that person while in the requesting State pursuant to a request under article 11, 13 or 14; (c) the expenses associated with conveying custodial or escorting officers; and (d) the expenses involved in obtaining reports of exports."

694) 이한기, 국제법강의, p. 456.

고인이 다수인을 살해했을 때 그는 인도에 반한 죄를 범한 것이 될 수도 있고, 일정한 조건이 충족되면 집단살해죄를 범한 것이 될 수도 있다. 이때 만일 ICC가 인도에 반한 죄로 범죄인을 인도청구하여 신병을 확보한 후 집단살해죄의 성립을 추가적으로 인정하여 처벌하려고 할 경우, 특정성의 원칙을 적용하면 ICC는 인도에 반한 죄로써만 범죄인을 처벌할 수 있고 집단살해죄로서는 처벌할 수 없는 결과가 발생할 것이다. 따라서 로마회의시 대표단들은 ICC로의 인도에도 특정성의 원칙을 적용해야 하는지에 관해 많은 논의를 하였다. 미국, 일본 등은 특정성의 원칙이 범죄인 인도조약상 잘 확립된 원칙이므로 ICC로의 인도에도 적용되어야 한다고 주장하였고, 스웨덴, 스위스 등은 특정성의 원칙이 적용되어서는 안 된다고 주장하였다. 논의결과 타협안이 도출되어 특정성의 원칙을 인정하되, ICC로의 인도에 적용되는 특정성의 원칙은 "죄명(name of offenses)"을 기준으로 할 것이 아니라 "범죄의 기초를 이루는 행위 또는 행위의 과정(the conduct or course of conduct which forms the basis of the crimes)"을 기준으로 사용하기로 하였다. 이는, 예를 들어 범죄인이 인도에 반한 죄로 인도청구되어 ICC로 인도된 후 인도에 반한 죄의 기초를 이루는 동일한 행위가 집단살해죄도 구성한다면 ICC가 집단살해죄로 처벌할 수 있다는 것을 의미한다. 따라서 로마규정 제101조 1항은 기존의 국가간 범죄인 인도조약에서 인정되고 있는 특정성의 원칙을 완화한 형태의 특정성 원칙을 규정하고 있다고 할 수 있다.

2. 특정성의 원칙의 포기(waiver)

로마규정 제101조 2항은 ICC가 ICC로 범죄인을 인도한 국가에 대해 특정성의 원칙을 지킬 것을 요구하는 것을 포기(waiver)하도록 요청할 수 있게 하였다. 그리고 필요하면 ICC가 추가정보를 제공함으로써 특정성의 원칙준수가 불합리한 결과, 예를 들어 범죄인의 불법상태를 초래할 수 있음을 관련국가에 설명할 수도 있을 것이다. 특히 규정당사국은 ICC의 포기요청을 따르도록 노력해야 한다고 동항은 규정한다.

앞서 설명하였듯이 특정성의 원칙은 범죄인의 인권보호의 측면과 관련 국가간의 계약적인 측면을 모두 가지고 있기 때문에 범죄인 인도를 한 국가가 특정성의 원칙준수 요구를 포기할 수 있을 것으로 판단된다. 특히 특정성의 원칙은 국제법상 국가간의 원칙이지 개인이 주장할 수 있는 권리를 내용으로 하지 않기 때문에, 국가가 특정성 원칙의 준수요구를 포기했다고 해서 범죄인 개인이 이에 대해 항변할 수는 없을 것이다.[695]

---

695) 백충현, 국제법상의 범죄인인도제도, p. 101(서울대학교 박사학위논문 1976).

제11장

해 양 법

Ⅰ. 의 의

바다는 지구 표면의 70%를 차지하고 있다. 더구나 우리나라는 삼면이 바다에 둘러싸여 있어서 바다의 중요성은 매우 크다고 할 수 있다. 해양법은 이러한 바다에 있는 다양한 수역을 규율하는 법으로서, 이 수역에는 연안국으로부터 바다에 가까운 순서로 내수, 영해, 접속수역, 배타적 경제수역, 대륙붕 등 다양한 형태를 가지고 있다. 일반적으로 연안국에 가까운 수역일수록 연안국의 주권과 통제권이 더 강하고 연안국에서 먼 수역일수록 연안국의 통제권이 약해지고 다른 국가의 자유가 더 강화된다고 할 수 있다.

1. 1950년대 이전의 해양법질서의 구조

1950년대 이전에는 해양법의 주요 원칙들은 주로 국제관습법에 기초하였다. 이 국제관습법은 그로티우스(Grotius)의 「자유해론(Mare Liberum)」에서 영향을 받아 성립되었다. 그로티우스는 1609년 그의 저서 「자유해론」에서 해양은 영유의 대상이 아닌 만민이 공유하는 것이라는 해양의 자유를 주장하였다.[696] 그에 비해 영국의 셀던(Selden)은 1635년 그의 저서인 「폐쇄해론(Mare Clausm)」에서 해양은 영유의 대상이 된다고 주장하였다.[697] 즉, 영국의 왕은 영국주변의 해양에 대해 지배권을 갖는다고 주장하였다. 그 후 중상주의, 통상자유주의가 강화됨에 따라 공해자유의 원칙이 확립되었다.[698]

696) 이한기, 국제법강의, pp. 324~325.
697) Id., p. 325.
698) Id.

이 시대의 해양법질서는 네덜란드의 법률가 빈커스후크(Bynkershoek)의 착탄거리설 등에 입각하여 연안국의 안전, 질서유지에 필요한 '좁은 영해'인 3해리(nautical mile, 1해리는 1,852미터임)의 영해제도와 선진 해양제국의 이익을 위한 '넓은 공해'의 공해제도를 기반으로 이원적인 구성을 하고 있었다.[699)]

2. 1950년대 이후의 해양법질서의 변동

(1) UN해양법회의와 해양법협약

1958년 UN은 제네바에서 제1차 해양법회의를 개최하고 제네바 4개 해양법협약을 채택하였는데, 이는 기본적으로 전통적인 해양법에 관한 국제관습법에 입각한 것이었다. 제네바 4개 해양법협약들은 '영해 및 접속수역에 관한 협약', '공해에 관한 협약', '대륙붕에 관한 협약', '어업과 공해의 생물자원에 관한 협약'이다. 앞의 3개 협약은 미국을 포함한 많은 국가가 비준하였고, 네 번째 협약은 비준국 수가 다른 협약보다 적다.

제1차 해양법회의는 상당히 성공적이었으나 영해의 폭에 관한 문제 등을 해결하지 못하여 UN은 제2차 해양법회의를 1960년에 소집하였다. 그러나 국가들의 견해 차이를 좁힐 수 없어서 이 회의는 실패하였다.

한편, 1960년대 후반부터 신생국가들이 전통적인 해양법 질서를 전면적으로 개정할 것을 주장하게 되었다. 대표적으로 1967년 몰타(Malta)의 외무장관 파르도(Pardo)는 대륙붕이원의 심해저가 '인류공동의 유산(Common Heritage of Mankind)'이라고 주장하면서 선진국의 독점물이 되어서는 안 된다고 주장하였다.[700)]

이러한 신생국가들의 주장에 따라 UN총회는 1970년 12월 결의로 제3차 해양법회의를 개최하기로 하였고, 1973년 회의를 개최하였다. 제3차 해양법회의는 9년 후인 1982년 4월 30일 'UN해양법협약'[701)]을 찬성 130, 반대 4, 기권 17로 채택하게 되었다.

이 협약은 해양의 이용에 관한 법적 체제를 수립하여 하나의 협약에 종합적으로 규정하였다는 점에서 의의가 크다. 또한, 이 협약은 기존의 4개 제네바협약

---

699) Id., p. 326.
700) Id., p. 327.
701) UN Convention on the Law of the Sea, 1833 UNTS 3, 397.

에서 미비된 점을 완성하였고, 나아가 심해저의 관리와 같은 새로운 주제도 규율하고 있다. 이 협약은 총 320개의 조문과 다수의 부속서들을 가진 방대한 조약이며, 2020년 7월 기준 168개 당사국이 있다. 29개 UN회원국이 비당사국이며, 비당사국에는 캄보디아, 콜롬비아, 엘살바도르, 에리트리아, 이란, 이스라엘, 리비아, 북한, 페루, 시리아, 튀르키에, 유나이티드 아랍에미레이트, 미국, 베네주엘라와 15개의 내륙국(Landlocked States)이 포함된다.[702)]

(2) UN해양법협약의 특징

이 협약에서는 영해를 12해리로 확장하였고, 영해와 공해 사이에 배타적 경제수역(exclusive economic zone)을 설정하여 해양에 영해도 아니고 공해도 아닌 독자적 수역을 추가하고 있다.[703)]

EEZ에서는 연안국이 자원의 탐사, 개발, 해양오염의 방지, 과학적 조사에 관한 주권적 권리의 행사 등을 할 수 있다.

또한 공해의 일부에 지나지 않았던 해역에 대해 연안국의 주권을 확대하는 반면, 통항의 자유를 확보함으로써 연안국의 이익과 해양국의 이익이 균형을 이루도록 하였다.[704)]

UN해양법협약은 서명을 위해 개방된 지 2년만에 159개국이 서명하였으나, 미국, 독일, 영국 등 선진국이 심해저에 관한 협약 제11부에 대한 우려로 서명하지 않았다. 이 문제를 해결하기 위해 제11부를 개정하는 '이행협정(implementing agreement)'[705)]이 1994년 UN총회에서 채택되었고, 대부분의 선진국들이 UN해양법협약을 비준하게 되어 협약은 1994년 11월 16일 발효하였다.[706)]

미국은 1994년 클린턴 대통령이 UN해양법협약과 1994년 이행협정에 서명하였고 이 조약들을 상원의 비준동의를 위해 상원에 보내었으나, 미국 상원은 현재 비준동의를 하지 않고 있다. 그러나 미국은 1958년 해양법에 관한 4개 제네바협약 중 3개 협약의 당사국으로서 이 협약들에 구속되고, UN해양법협약이 많은 조

702) Robin Churchill 외 2인, *The Law of the Sea* (4판, 2022), p. 30.

703) 이한기, 국제법강의, p. 329.

704) Id.

705) Agreement Relating to the Implementation of Part XI of the United Nations Convention on the Law of the Sea of 10 December 1982, July 28, 1994, 1836 UNTS 41.

706) Sean D. Murphy, supra note 26, pp. 339~340.

항의 국제관습법을 반영하고 있음도 인정하였다.[707]

Ⅱ. 내수 및 군도수역

1. 내수의 정의(internal waters)

내수는 영해의 기선의 육지측에 있는 모든 해역을 의미한다. 내수에는 항, 만, 하구 및 내해 등이 있다. 다만 군도국가는 군도기선을 기준으로 영해 등을 측정하기 때문에[708] 기선의 육지측 수역이 모두 내수가 아니고 군도수역을 포함할 수 있다. 운하, 하천 등의 내수면에는 별도의 제도가 적용되며 내수제도가 적용되지 않는다.

2. 영해의 기선(baseline)

(1) 통상기선(normal baseline)

영해의 기선은 내수와 영해의 경계를 구획하는 선이다. 기선은 보통의 해안에서 해안의 저조선이 되며, 이 기선으로부터 영해가 측정된다. UN해양법협약 제5조는 "영해의 폭을 측정하기 위한 통상기선은 이 협약에 달리 규정된 경우를 제외하고는 연안국이 공인한 대축척해도에 표시된 해안의 저조선으로 한다"고 규정하였다. 이 경우 해안의 저조선과 고조선 사이의 수역은 내수가 된다.

통상기선은 해안의 저조선으로서 해안선이 비교적 직선적이고 단순한 경우에 이것과 평행하여 그어진다.

(2) 직선기선(straight baseline)

직선기선은 해안선이 복잡하여 통상기선의 엄격한 적용이 곤란한 경우에는 그 대신 직선기선을 적용한다. 즉, 연안지역의 최외측에 있는 저조선상의 섬, 암초 등을 연결하는 직선을 기선으로 한다.

---

707) Id., p. 340.

708) UN해양법협약 제48조.

1951년 영국·노르웨이 어업분쟁 사건(The Anglo Norwegian Fisheries Cases)에서 ICJ는 노르웨이의 경계획정방법은 국제법에 불합치하지 않으며, 직선기선도 국제법에 합치하는 것이라고 판결하였다. 한편, 이 판결과 관련하여 영국은 노르웨이의 직선기선 칙령은 그 당시 국제관습법인 만구가 10해리를 넘어서는 안 된다는 것을 위반하였으므로 효력이 없다고 주장하였으나, ICJ는 노르웨이가 10마일 국제관습법을 계속 반대하여 왔으므로 노르웨이에는 10마일 법이 적용되지 않는다고 하여 '집요한 반대자 규칙(Persistent Objector Rule)'을 인정하였다.[709)]

영국과 노르웨이 간의 어업분쟁사건에서 내려진 국제사법재판소의 판결내용은 그 후 1958년 영해 및 접속수역에 관한 협약과 UN해양법협약에 많은 영향을 주었다. 특히 UN해양법협약 제7조 3항은 "직선기선은 해안의 일반적 방향으로부터 현저히 벗어나게 설정할 수 없으며, 직선기선 안에 있는 해역은 내수제도에 의하여 규율될 수 있을 만큼 육지와 밀접하게 관련되어야 한다"고 규정하였다.

3. 만(bay)

(1) 정 의

만은 삼면이 육지에 연하고 한 면의 입구에 의하여 해양에 접속한 수역이다. 만이 되기 위해서는 그 해안이 단일국가에 속하며, 만구의 폭이 24해리를 넘지 않아야 한다.[710)]

만의 입구가 광대한 것 또는 입구가 협소하여도 연안국이 복수인 경우에는 그 만은 내수가 되지 않으며 만내의 영해를 제외한 부분은 공해 또는 배타적 경제수역 등이 된다.[711)]

(2) 역사적 만(historic bay)

만구의 폭이 24해리를 넘더라도 연안국이 평온하게 장기에 걸쳐 주권을 행사해 왔고 타국의 반대도 없는 경우에는 이를 역사적 만이라고 하여, 국제관습법상 내수로 인정된다.[712)] UN해양법협약 제10조 6항도 "전항의 규정들은 이른바 '역사

709) Sean D. Murphy, supra note 26, p. 81.
710) 이한기, 국제법강의, p. 331, UN해양법협약 제10조.
711) Id.
712) Id., pp. 331~332.

적' 만에 대하여 또는 제7조에 규정된 직선기선제도가 적용되는 경우에는 적용하지 아니한다"고 하고 있다.

4. 내해와 항

(1) 항구(port)

항만체계의 불가분의 일부를 구성하는 가장 바깥의 영구적인 항만시설은 해안의 일부를 구성하는 것으로 본다.[713] 근해시설과 인공섬은 영구적인 항만시설로 보지 아니한다.[714] 영해는 항만시설의 외방으로부터 측정된다.

항구의 개방은 해당국가의 주권에 속하는 문제이나, 19세기 이래 국가들은 외국사선의 입항을 자유화하고 있다.[715]

(2) 내해(inland sea)

둘 이상의 입구로 배타적 경제수역 또는 공해에 접하는 바다로서, 주위가 동일국의 영토로 둘러싸이고 그 어느 입구도 24해리를 넘지 않는 경우에는 내해로 인정하여 그 국가의 내수로 인정된다.[716]

5. 내수의 지위

내수는 연안국의 영역의 일부를 구성하며 영토와 마찬가지로 연안국은 내수에 대해 완전한 영역주권을 행사한다. 연안국은 내수에서는 영해의 경우와 달리 외국선박에 대해 무해통항권을 보장할 의무가 없다. 그러나 연안국이 직선기선을 설정함으로써 종전에 내수가 아니었던 수역이 내수에 포함되는 경우, 그 수역에 있어서는 영해수준의 무해통항권을 보장해야 한다.[717]

---

713) UN해양법협약 제11조.
714) Id.
715) 이한기, 국제법강의, p. 332.
716) Id.
717) UN해양법협약 제8조 2항.

(1) 외국 사선의 지위

항구에 외국상선이 있는 경우 그에 대한 민사관할권과 형사관할권은 원칙적으로 연안국에 있다. 만일 연안국이 외국상선에 대해 관할권을 행사하지 않는 경우, 기국의 법원이 그 국내법을 적용하여 그 국민이 자국 선박에서 범한 범죄를 처벌하여야 한다.[718] 플로레스 사건[719]에서 미국 시민이 미국 상선에서 다른 미국인을 살해하였다. 그 상선은 벨기에령 콩고의 항구에 정박 중이었는데 벨기에는 이 사건을 처벌하기 위한 조치를 취하지 않았다. 미국 연방대법원은 이 사건에 대해 미국이 형사관할을 행사할 수 있다고 판시하였다.[720]

외국 공선 내의 범죄도 공선이 상업적 목적에 사용되고 연안국의 국민에 의하여 또는 연안국의 국민을 대상으로 발생한 것에 관하여는 연안국의 관할권을 인정한다.

입항, 정박 중의 외국사선에 대하여 연안국은 해양환경의 보전을 위한 특별한 관할권을 행사할 수 있으며 조사, 집행절차, 행정조치를 취할 수 있다.[721]

(2) 외국 공선의 지위

내수에서의 외국군함과 기타 비상업용의 정부선박은 주권면제를 누리므로 연안국의 내수에 있을지라도 그 관할권의 대상이 되지 않는다. 군함의 승무원이 항구 등 내수에 상륙하여 보급품을 구입하는 등 공적인 임무를 수행할 때에는 주권면제를 누리나, 사적인 관광이나 여행 등을 할 때에는 주권면제를 누리지 못한다.[722] 또한, 사적으로 여행 중인 승무원들이 연안국의 내수에서 범죄를 저지를 경우, 연안국은 이들을 처벌할 수 있다.[723] 그러나, 그들이 군함에 일단 승선하면 연안국에 군함에서 그들을 다시 인도할 때까지는 연안국이 처벌할 수 없다.[724] 연안국은 특별한 조약이 없는 한 외국군함의 입항을 인정할 의무가 없다.[725] 다

718) Louis B. Sohn & Kristen Gustafson, *The Law of the Sea*(2002), p. 90.

719) United States v. Flores, 289 U.S. 137, 158~59(1933).

720) Louis B. Sohn & Kristen Gustafson, *The Law of the Sea*(2002), p. 90~91.

721) 이한기, 국제법강의, p. 333.

722) Sir Robert Jennings and Sir Arthur Watts, *Oppenheim's International Law*(9th ed. 1996), pp. 1169~1170.

723) Id., p. 1170.

724) Id.

만, 국제관습법과 여러 조약상 해난 기타의 불가항력에 의한 입항을 필요로 하는 경우에는 인도적 이유에 의하여 그 입항을 인정할 의무가 있다.[726]

6. 군도수역(archipelagic waters)

군도국가는 군도의 외측에 있는 섬의 외측 점을 연결하는 직선인 군도기선을 그어서 그 내측을 군도수역으로 할 수 있다. 군도기선의 내측에 있는 수역의 면적과 육지의 면적과의 비율은 1 대 1 내지 9 대 1의 사이가 되어야 하며, 군도기선의 길이는 원칙적으로 100해리 이하가 되어야 한다.[727]

군도수역은 특별한 법적 지위를 가지고 있다. 이 수역은 내수도 아니고 영해도 아니지만, 영해에 보다 유사하다.[728] 군도국가의 주권은 군도수역의 깊이나 해안으로부터의 거리에 관계없이 군도기선에 의하여 둘러싸인 군도수역이라고 불리는 수역에 미친다.[729] 이러한 주권은 군도수역의 상공·해저와 하층토 및 이에 포함된 자원에까지 미친다.[730]

군도국가는 합리성의 원칙에 따라 군도수역에서 주권을 행사하여야 하고, 그 합리성의 원칙에는 필요성의 원칙과 비례성의 원칙이 포함된다. 2016년 두짓 인테그리티(Duzgit Integrity)호 사건 판결에서 중재재판소는 몰타의 선박인 두짓 인테그리티호와 그 선장이 상투메 프린시페(São Tomé and Principé)의 군도수역에서 허가 없이 선박간 급유를 하였다는 이유로 형벌을 부과받은 것은 합리성의 원칙에 위반된다고 결정하였다.[731]

군도수역에는 군도국가의 주권이 미치지만 타국과의 현행협정을 존중하고, 군도수역의 일정수역에 있어서 바로 이웃한 국가의 전통적인 어업권과 그 밖의 적법한 활동을 인정하여야 한다.[732] 군도국가는 다른 국가가 부설한 기존 해저전

725) Id., p. 334.
726) Sean D. Murphy, supra note 26, p. 343.
727) UN해양법협약 제47조 1항과 2항.
728) Robin Churchill외 2인, *The Law of the Sea*(4판, 2022), p. 192.
729) UN해양법협약 제49조 1항.
730) UN해양법협약 제49조 2항
731) Robin Churchill외 2인, *The Law of the Sea*(4판, 2022) p. 192. Duzgit Integrity Arbitration (Malta v. Sao Tome and Principe)(2016), PCA Case No. 2014−07.
732) UN해양법협약, 51조 1항.

선이 육지에 닿지 아니하고 자국수역을 통과하는 경우 이를 존중하며, 적절히 통지를 받은 경우, 그 전선의 유지와 교체를 허용하여야 한다.[733)]

군도수역의 통과방법으로는 무해통항권(right of innocent passage)과 군도항로대 통항권(right of archipelagic sea lanes passage)이 있다. 군도수역에서도 다른 국가들은 영해에서와 같은 무해통항권을 가진다.[734)] 이 무해통항은 '선박'에만 적용된다.

군도국가는 자국의 군도수역과 이와 인접한 영해나 그 상공을 통과하는 외국 선박과 항공기의 계속적이고 신속한 통항에 적합한 항로대와 항공로를 지정할 수 있다.[735)] 이를 군도항로대라고 부른다. 모든 선박과 항공기는 이러한 항로대와 항공로에서 군도항로대 통항권을 향유한다.[736)]

UN해양법협약 제51조 3항은 "군도항로대 통항이라 함은 공해나 배타적 경제수역의 어느 한 부분과 공해나 배타적 경제수역의 다른 부분과의 사이에서 오로지 계속적이고 신속하게 방해받지 아니하고 통과하기 위한 목적으로 통상적 방식의 항행권과 비행권을 이 협약에 따라 행사함을 말한다"고 규정하고 있다. 이는 군도항로대 통항권이 국제해협의 통과통항권과 비슷한 것을 의미하며 통과통항에 관한 UN해양법협약의 여러 조항이 군도항로대 통항권에 준용된다.[737)] 통과통항권을 행사하는 선박 또는 항공기 그리고 군도항로대 통항권를 행사하는 선박 또는 항공기를 연안국은 중단시킬 수 없다.[738)]

인도네시아, 필리핀, 바하마, 상투매 프린시페 등이 군도수역을 가지고 있다.

Ⅲ. 영해(territorial sea)

1. 영해의 폭과 법적 지위

UN해양법협약 제3조는 "모든 국가는 이 협약에 따라 결정된 기선으로부터

733) UN해양법협약 제51조 2항.
734) Oppenheim, supra note 142, p. 648; UN해양법협약 제52조.
735) UN해양법협약 제51조 1항.
736) UN해양법협약 제51조 2항.
737) Id., 제54조.
738) UN해양법협약 제44조는 "해협연안국은 통과통항권을 방해할 수 없으며 자국이 인지하고 있는 해협 내 또는 해협 상공에 있어서의 항행이나 비행에 관한 위협을 적절히 공표한다. 통과통항은 정지될 수 없다"고 규정한다.

12해리를 넘지 아니하는 범위에서 영해의 폭을 설정할 권리를 가진다"고 하여 영해가 12해리까지 설정될 수 있음을 규정하고 있다. 영해는 연안영토의 자연적 불가분의 종물이며 그 법적 지위는 영토의 득실에 자동적으로 부수된다.[739]

영해에는 연안국의 주권이 미치며, 영해의 상공, 해저 및 그 하층토까지 주권이 미친다.[740]

2. 영해에 대한 국가의 권능

영해에 대해 연안국은 (1) 배타적인 어업통제권 (2) 경찰권 (3) 연안무역의 권리 (4) 재판관할권 등의 권능을 가진다.[741] 영해에는 연안국의 주권이 미치기 때문에 내수나 육지영토에 대한 통제권과 유사한 통제권을 영해에서 연안국이 행사할 수 있으나, UN해양법협약은 영해에 대한 연안국의 권능을 일부 제한하고 있다.

3. 연안국 권능의 제한

UN해양법협약상 연안국은 i) 외국선박의 무해통항을 방해하지 않아야 하며 ii) 일정한 경우를 제외하고는 무해통항중인 외국선박 내에서의 범죄와 관련하여 형사관할권을 행사할 수 없고 iii) 외국선박이 연안국 수역을 항행하는 동안이나 그 수역을 항행하기 위하여 선박 스스로 부담하거나 초래한 의무 또는 책임에 관한 경우를 제외하고는 민사소송절차를 위하여 그 선박에 대한 강제집행이나 나포할 수 없다. 즉, 연안국은 그 영해에서 외국선박의 무해통항권을 보장하여야 하고, 영해 내에서 외국선박에 대한 형사관할권과 민사관할권의 행사에 있어 제한을 받게 된다.

4. 외국선박의 무해통항권(right of innocent passage)

무해통항권은 외국선박이 연안국의 평화, 공서 또는 안전을 해하지 않는 한

739) 이한기, 국제법강의, p. 335.
740) UN해양법협약 제2조.
741) 이한기, 국제법강의, pp. 335~336.

연안국의 영해를 자유로이 항행할 수 있는 권리를 말한다.[742] 연안국은 이 무해통항권을 보장해야 하므로 항해에 대한 위험을 알고 있으면, 이것을 적절히 공표할 의무가 있다.[743]

외국선박에 인정되는 무해통항의 구성요소 중 '통항(passage)'은 ⅰ) 내수에 들어가지 않고 영해를 횡단하는 것 ⅱ) 내수를 향하여 또는 내수로부터 항진하거나 또는 이러한 정박지나 항구시설에 기항하는 것 등을 말하는데, '계속적이고 신속하게(continuous and expedious)' 하여야 한다.[744] 다만, 정선이나 닻을 내리는 행위가 통상적인 항행에 부수되는 경우, 불가항력이나 조난으로 인하여 필요한 경우, 또는 위험하거나 조난상태에 있는 인명, 선박 또는 항공기를 구조하기 위한 경우에는 통항에 포함된다.[745]

'무해(innocent)'의 통항은 연안국의 평화, 공공질서 또는 안전을 해치지 않는 통항을 말한다.[746] 잠수함 기타의 잠수항행기기는 영해에서 해면위로 국기를 게양하고 항행하여야 한다.[747]

UN해양법협약 제19조 2항은 다음과 같은 행위를 하는 경우에는 무해한 통항으로 인정하지 않는다.

(a) 무력의 위협이나 무력의 행사
(b) 무기를 사용하는 훈련이나 연습
(c) 연안국의 국방이나 안전에 해가 되는 정보수집을 목적으로 하는 행위
(d) 연안국의 국방이나 안전에 해로운 영향을 미칠 것을 목적으로 하는 선전행위
(e) 항공기의 선상 발진, 착륙 또는 탑재
(f) 군사기기의 선상 발진, 착륙 또는 탑재
(g) 연안국의 관세, 재정, 출입국관리 또는 위생에 관한 법령위반의 물품이나 통화, 사람의 승선이나 하선
(h) 이 협약에 위배되는 고의적이고도 중대한 오염행위

742) UN해양법협약 제19조 1항.
743) UN해양법협약 제24조 2항; 코르푸해협사건 본안 판결.
744) UN해양법협약 제18조.
745) Id.
746) UN해양법협약 제19조 1항.
747) UN해양법협약 제20조.

(i) 어로활동

(j) 조사활동이나 측량활동의 수행

(k) 연안국의 통신체계 또는 기타 설비, 시설물에 대한 방해행위

(l) 통항과 직접 관련이 없는 그 밖의 활동

위의 마지막 항은 통항과 직접 관련이 없는 그 밖의 활동을 유해한 것으로서 규정하여 연안국의 평화, 공공질서 등을 해하지 않는 활동이라도 통항과 직접 관련이 없는 활동은 유해한 활동이라고 해석할 수 있도록 하고 있다.[748] 이러한 해석을 피하기 위해 1989년 미국과 소련은 무해통항에 관한 국제법의 '통일적 해석(uniform interpretation)'을 선언하여, UN해양법협약이 위에서 열거한 활동만이 유해한 활동이며 다른 활동을 하는 선박은 무해통항을 하고 있는 것이라는 입장을 밝혔다.[749] 그러나, 이한기 교수는 연안국이 통항의 요건을 직접적으로 충족하지 못한 모든 활동을 유해하다고 인정할 수 있는 광범위한 권능이 있다고 서술하고 있어, 이 문제에 관하여는 학설의 대립이 있다고 볼 수 있다.[750]

연안국은 무해하지 않는 통항을 방지하기 위하여 자국의 영해 내에서 필요한 조치를 취할 수 있다.[751] 또한, 연안국은 무기를 사용하는 훈련을 포함하여 자국의 안전보호상 긴요한 경우에는 영해의 지정된 수역에서 외국선박을 차별하지 아니하고 무해통항을 일시적으로 정지시킬 수 있다.[752]

무해한 활동을 판단함에 있어서 고의 또는 중대성을 판단하지 않기 때문에 경미한 기술적 위반에도 연안국은 통항을 금지시킬 수 있다.[753]

유조선이나 핵추진선 또는 핵물질이나 기타 유독물질을 운반하는 선박은 환경오염이나 안전상의 문제를 일으킬 위험이 크기 때문에, 연안국이 그러한 선박은 지정된 항로대만 통과하도록 요구할 수 있다.[754] 또한, 이러한 선박은 국제협정이 정한 특별예방조치를 준수할 의무가 있다.[755]

---

748) Sean D. Murphy, supra note 26, p. 345.

749) US/USSR Joint Statement of 23 September 1989, 28 I.L.M. 1444, para. 3(1989).

750) 이한기, 국제법강의, p. 339. 또한, Oppenheim, supra note 142, p. 616 참조.

751) UN해양법협약 제25조 1항.

752) Id., 3항.

753) 이한기, 국제법강의, p. 339.

754) UN해양법협약 제22조 2항.

755) UN해양법협약 제23조.

영해 위의 상공에 대한 연안국의 주권은 특별한 조약이 없는 한 무해통항권에 의해 제한되지 않는다.[756] 즉, 사전허가 없이 외국항공기나 비행체가 연안국의 사전 허가 없이 영공을 통과할 수 없는 것이 원칙이다. 국제민간한공협약 제8조는 풍선이나 무인기(드론)가 관련 국가의 허가 없이 영공을 비행하는 것을 금지하고 있다.

다만, 실제로는 대부분의 국가들이 민간항공협정 등을 통해 영해 위의 상공에 대한 민간항공기의 통과를 허용하고 있다.[757]

5. 군함의 무해통항권

UN해양법협약상 군함(warship)은 어느 한 국가의 군대에 속한 선박으로서, 그 국가의 국적을 구별할 수 있는 외부표지가 있으며, 그 국가의 정부에 의하여 정식으로 임명되고 그 성명이 그 국가의 적절한 군적부나 이와 동등한 명부에 등재되어 있는 장교의 지휘 아래 있으며 정규군 규율에 따르는 승무원이 배치된 선박을 말한다.[758]

(1) 학 설

1) 긍 정 설

군함의 무해통항권에 관해서 UN해양법협약은 명시적인 규정을 두고 있지 않다. UN해양법협약 제17조는 "연안국이거나 내륙국이거나 관계없이 모든 국가의 선박은 이 협약에 따라 영해에서 무해통항권을 향유한다"고 하여, 군함과 사선을 구별하지 않고 무해통항을 보장하고 있다고 해석될 수 있다.

2) 부 정 설

UN해양법협약 제19조 2항은 무기를 사용하는 훈련이나 연습, 항공기의 선상 발진, 착륙 또는 탑재 등을 무해한 통항으로 인정하지 않기 때문에 군함에게는 무해통항권이 인정되지 않는다는 입장이 가능하다.

---

756) Louis B. Sohn & Kristen Gustafson, *The Law of the Sea 105*(1984).

757) 국제민간항공협약(1944 Chicago Convention on International Civil Aviation) 제2조와 제5조.

758) UN해양법협약 제29조.

(2) 국가의 실행

우리나라를 비롯한 약 40여 개의 국가들은 외국군함이 그들의 영해에 들어올 때는 허가를 얻도록 요구하고 있다.[759] 이들 국가들은 무해하지 않은 통항을 방지할 수 있다는 UN해양법협약 제25조에 대한 해석선언 등을 통해 군함의 무해통항권을 제한하고 있다.[760] 이러한 해석에 대해 현행 국제법의 해석상 반대한다는 뜻의 선언을 한 국가도 있다. 특히 미국과 소련은 앞에서 언급한 공동선언을 통해 군함을 포함한 모든 선박이 무해통항권을 가진다는 입장을 밝혔다.

군함이 연안국의 법령을 준수하지 않고 준수요구를 무시하는 경우에는 연안국은 즉각 그 영해로부터 군함의 퇴거를 요구할 수 있다.[761]

6. 외국선박(상선과 상업용 정부선박)에 대한 관할권

(1) 형사관할권

영해에서 연안국은 특정한 경우에만 형사관할권을 행사하고 기타의 경우는 기국의 관할권에 맡기고 있다. 즉, ① 범죄의 결과가 연안국에 미치는 경우, ② 범죄가 연안국의 평화나 영해의 공공질서를 교란하는 종류의 것인 경우, ③ 선박의 선장이나 기국의 외교관 등의 원조요청이 있는 경우, ④ 마약 등의 불법거래를 진압하기 위한 경우에만 연안국은 그 영해에 있는 외국 선박에 대해 형사재판권을 행사할 수 있다.[762]

다만, 내수를 떠나 영해를 통항중인 외국선박에 대해서는 위의 규정이 적용되지 않고 연안국은 더 넓은 형사관할권을 행사할 수 있다.[763]

(2) 민사관할권

연안국은 영해를 통행중인 외국선박 내에 있는 사람에 대한 민사관할권을 행사하기 위하여 그 선박을 정지시키거나 항로를 변경시킬 수 없다.[764] 그러나 ①

759) Sean D. Murphy, supra note 26, p. 345.
760) 이한기, 국제법강의, p. 343.
761) UN해양법협약 제30조; 1958년 영해협약 제23조.
762) UN해양법협약 제27조 1항.
763) UN해양법협약 제27조 2항.

선박이 연안국의 내수, 영해를 항행하는 동안이나 그 수역을 항행하기 위하여 선박 스스로 부담하거나 초래한 의무 또는 책임이 있는 경우 ② 선박이 영해에 정박하고 있거나 내수를 나와 영해를 통항하고 있는 경우에는 민사소송절차를 위하여 그 선박에 대한 강제집행이나 나포를 할 수 있다.[765]

7. 군함과 비상업용 정부선박

이에 해당하는 선박은 주권면제가 부여되어 연안국은 형사 및 민사재판권을 행사할 수 없다.[766] 연안국은 법령준수를 요청할 수 있고, 이를 거부할 경우 영해를 즉시 떠날 것을 요구할 수 있다.[767] 군함 등이 연안국의 법령 및 국제법의 규칙을 준수하지 않아 손해를 연안국에 끼친 경우에는 기국이 국제법상의 책임을 진다.[768]

Ⅳ. 접속수역(Contiguous Zone)

연안국이 그 영토 또는 영해에서의 관세, 재정, 출입국관리, 위생상의 법령위반을 방지하고 처벌하기 위해 영해에 접속한 일정범위의 수역을 설정할 수 있는데, 이를 접속수역이라고 한다.

해양법이 법전화되기 전에 일부국가는 그들의 영해 밖의 수역에 대해 관할권을 주장하였다. 예를 들어, 미국은 1920년에서 1933년까지 금주법을 시행하여 미국의 영해 밖에 있는 선박에 대해서도 금주법을 집행하였다. 그러나 영국 등은 국제법상 그러한 접속수역은 허용되지 않는다고 주장하였다.[769]

UN해양법협약 제33조는 연안국이 영해에 접속해 있는 일정범위의 수역을 접속수역으로 정할 수 있고, 접속수역에서 "(a) 연안국의 영토나 영해에서의 관세, 재정,

764) UN해양법협약 제28조 1항.
765) UN해양법협약 제28조 2항과 3항.
766) UN해양법협약 제32조.
767) UN해양법협약 제30조.
768) UN해양법협약 제31조.
769) Sean D. Murphy, supra note 26, p. 345.

출입국관리 또는 위생에 관한 법령의 위반방지 (b) 연안국의 영토나 영해에서 발생한 위의 법령 위반에 대한 처벌"을 위하여 필요한 통제를 할 수 있도록 하고 있다.

연안국이 접속수역에서 취할 수 있는 조치는 선박을 정지시키고 승선하는 조치, 범죄혐의가 나타나는 경우 선박의 나포 및 항구로의 예인 조치 등을 할 수 있다.[770)]

UN해양법협약 제33조 2항상 접속수역의 범위는 영해기선으로부터 24해리 밖으로 확장될 수 없다. 또한, 국가들이 접속수역을 선포할 의무를 갖지는 않는다. 실제로 세계의 모든 연안국 중 3분의 1 정도만이 접속수역을 선포하였다. 우리나라도 '영해 및 접속수역법'을 제정하여 기선으로부터 24해리까지의 수역 중 영해를 제외한 수역을 접속수역으로 규정하였다.[771)]

Ⅴ. 국제해협의 통과통항권

1. 국제해협(Straits)

UN해양법협약 제37조는 통과통항제도가 '공해나 배타적 경제수역의 일부와 공해나 배타적 경제수역의 다른 부분' 간의 국제항행에 이용되는 해협에 적용된다고 규정한다. 해협은 보다 넓은 수역을 연결하는 좁은 수로이다. UN해양법협약에서 영해의 폭이 12해리로 정해지는 것으로 합의되자 종전의 공해지역이 상당부분 연안국의 영해로 되었고 이와 함께 중앙에 공해부분이 있던 세계 각지의 많은 해협도 연안국의 영해에 포함되게 되었다. 이에 따라 주요 해양강대국들은 그들의 항해의 자유를 위축받게 되었다고 주장하면서 통과통항제도가 UN해양법협약에 규정되게 되었다.

(1) 협약 제36조

통과통항제도는 해협의 폭이 적어서 배타적 경제수역이나 공해를 포함하지 않는 해협에 적용된다. 즉, UN해양법협약 제36조에 의하면 "항행상 및 수로상 특

---

770) Id.

771) 영해 및 접속수역법 제3조의 2, 1977년 12월 31일 법률 제3037호, 1995년 12월 6일 개정 법률 4986호.

성에서 유사한 편의가 있는 공해 통과항로나 배타적 경제수역 통과항로가 국제항행에 이용되는 해협 안에 있는 경우" 통과통항제도가 적용되지 않는다. 예를 들어, 대한해협에는 공해가 존재하여 통과통항제도가 적용되지 않는다.

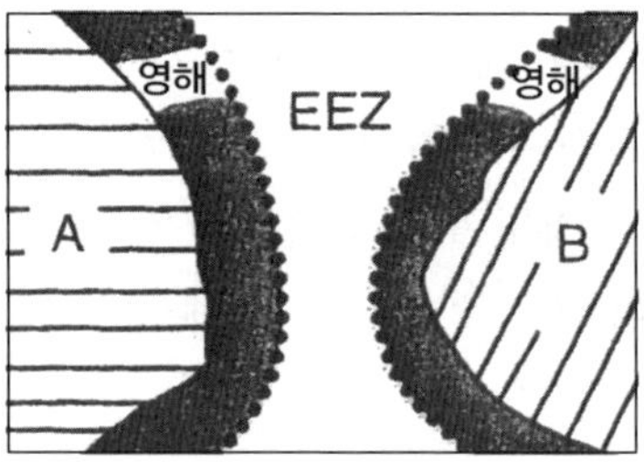

공해의 자유, 제36조

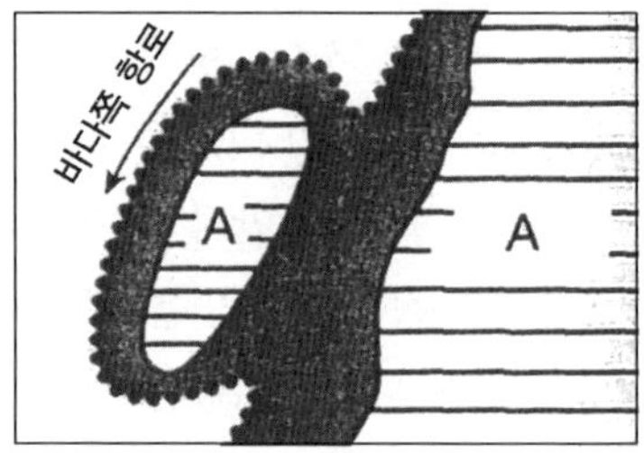

정지시킬 수 없는 무해통항
(공해의 자유), 제38조 1항

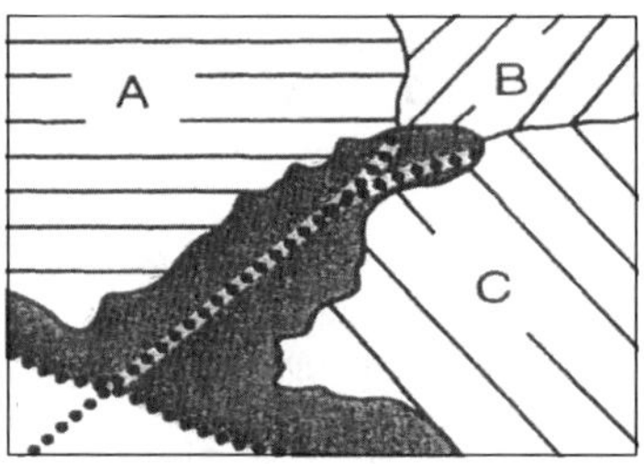

정지시킬 수 없는 무해통항, 제45조

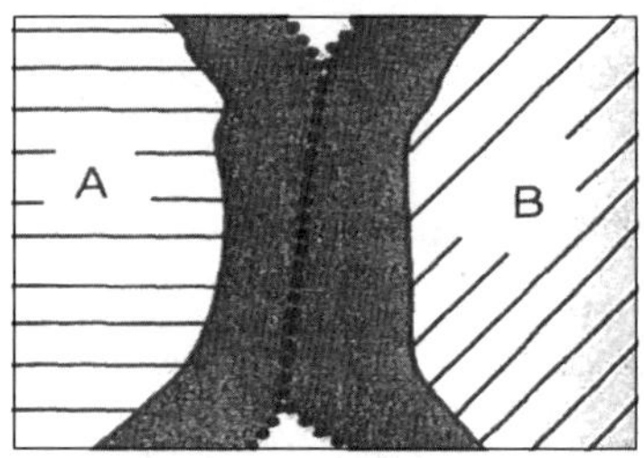

통과 통항, 제37조

검은 영역은 영해, 하얀 영역은 EEZ/공해,
빗금 친 영역은 국가의 영토를 나타냄

해협의 종류[772]

(2) 협약 제38조

또한, "해협이 해협연안국의 섬과 본토에 의하여 형성되어 있는 경우, 항행상 및 수로상 특성에서 유사한 편의가 있는 공해 통과항로나 배타적 경제수역 통과항로가 그 섬의 바다쪽에 있으면" 통과통항을 적용하지 않는다.[773] 즉, 공해나 배타적 경제수역에서는 항행의 자유가 인정되며, 섬과 본토 사이의 해협에서는 정지시킬 수 없는 무해통항의 권리가 인정된다.

772) Robin Churchill at al, The Law of the Sea(4th ed), p. 168(2022).
773) UN해양법협약 제38조 1항.

(3) 협약 제45조

협약 제38조 제1항에 규정된 통과통항제도가 적용되지 아니하는 해협과 "공해 또는 배타적 경제수역의 일부와 외국의 영해와의 사이에 있는 해협"은 통과통항제도가 적용되지 않고 무해통항제도가 적용되며, 이러한 해협을 통한 무해통항은 정지될 수 없다.[774] 예를 들어 티란 해협(Strait of Tiran)은 홍해(Red Sea)와 이집트의 영해와의 사이에 있는 해협으로서 통과통항제도가 적용되지 않고 정지시킬 수 없는 무해통항제도가 적용된다.[775]

(4) 통항 방법

협약 제36조의 경우에 해협의 공해나 배타적 경제수역 부분에서는 항행의 자유가 있으며, 영해 부분에서는 무해통항권이 보장된다. 제45조에 해당하는 경우에, 이러한 해협을 통한 무해통항은 정지될 수 없다.[776]

2. 통과통항(transit passage)

통과통항이라 함은 공해 또는 배타적 경제수역의 일부와 공해 또는 배타적 경제수역의 다른 부분 간의 해협을 오직 계속적으로 신속히 통과할 목적으로 항행과 상공비행의 자유를 행사함을 말한다.[777] 국제해협에서 외국의 '선박과 항공기'는 방해받지 않는 통과통항의 권리를 갖는다. 잠수함도 수면에 부상할 필요가 없다.

3. 통과통항중인 선박과 항공기의 의무

통과통항중인 선박과 항공기는 해협의 통과를 지체없이 하여야 하며, 무력에 의한 위협 또는 무력행사를 삼가고, 불가항력 또는 해난의 경우가 아닌 한 계속적이고 신속한 통과의 통상형태에 부수되는 활동 이외의 활동을 삼가며, 선박은 해

774) UN해양법협약 제45조.
775) R.R. Churcill & A.V. Lowe, *The Law of the Sea*(3rd. ed. 1999), p. 105.
776) UN해양법협약 제45조 2항.
777) UN해양법협약 제38조 2항.

상안전과 오염 등에 관한 국제규칙 등을 준수하여야 한다.[778]

또한, 외국선박은 통과통항중 해협연안국의 사전허가 없이 어떠한 조사활동이나 측량활동도 수행할 수 없다.[779]

4. 연안국의 권리, 의무

연안국은 국제해협에서 다음과 같은 권리와 의무를 가진다.

(1) 해협 내에 국제규칙에 적합한 항로대를 지정하고 통항분리 방식을 설정할 수 있다.[780]

(2) 오염방지, 어로금지, 관세, 재정, 출입국관리 등 특정사항에 관한 법령을 제정, 적용할 수가 있다.[781] 그러나 그 위반을 이유로 통과통항권의 부인 또는 통과통항의 정지를 초래할 수 없다.[782] 또한, 연안국은 자국이 인지하고 있는 해협 내 또는 해협 상공에 있어서의 항행이나 비행에 관한 위험을 적절히 공표하여야 한다.[783]

(3) 통과통항중의 선박 또는 항공기가 연안국의 법령을 준수하지 않거나 UN해양법협약상의 의무를 이행하지 않는 경우에는 기국 또는 등록국의 국가책임을 물을 수 있다.[784]

Ⅵ. 배타적 경제수역(Exclusive Economic Zone, EEZ)

1. 정　　의

배타적 경제수역은 영해의 외측에 접한 영해측정 기선으로부터 200해리까지의 해역을 말한다.[785] UN해양법협약이 채택되기 전에 이미 미국 등 많은 국가들

---

778) UN해양법협약 제39조.
779) UN해양법협약 제40조.
780) UN해양법협약 제41조
781) UN해양법협약 제42조.
782) UN해양법협약 제44조.
783) Id.
784) UN해양법협약 제42조.
785) UN해양법협약 제57조.

은 영해 밖의 수역에 '어업보존수역(fishery conservation zones)'을 선포하였다. 이러한 관행을 기초로 UN해양법회의에서 국가들은 배타적 경제수역제도의 도입에 합의하였다. UN해양법협약이 채택되자 미국은 1983년 3월 UN해양법협약에 서명도 하지 않았지만 200해리의 배타적 경제수역을 선포하였다.[786] 배타적 경제수역의 관념을 국가들이 신속히 수락하자, 국제사법재판소는 UN해양법협약이 발효되기 전인 1985년의 리비아와 몰타 간의 대륙붕사건 판결에서 배타적 경제수역제도가 국제관습법의 일부가 되었다고 판시하였다.[787]

2. 법적 지위

연안국은 이 수역에 대해 해저의 상부수역, 해저 및 그 하층토의 생물이나 비생물 등 천연자원의 탐사, 개발, 보존 및 관리를 목적으로 하는 주권적 권리(sovereign rights)와 이 수역의 경제적 개발과 탐사를 위한 활동에 관한 주권적 권리를 행사한다. 그 구체적 내용은 UN해양법협약의 규정에 따른다.

3. 연안국의 주요 권능

(1) 어족자원의 관리

연안국은 EEZ에서 수역 내의 각 어종에 관하여 허용어획량을 결정할 권능을 갖는다. 연안국은 자국의 어획가능량을 결정하고 그것을 초과하는 허용어획량의 잉여분에 대해서는 타국에 할당함으로써 입어의 기회를 주어야 한다.[788] 연안국은 자국이 이용가능한 최선의 과학적 증거를 고려하여, 남획으로 인하여 배타적 경제수역에서 생물자원의 유지가 위태롭게 되지 아니하도록 적절한 보존·관리 조치를 통하여 보장한다. 적절한 경우, 연안국과 권한 있는 소지역적·지역적 또는 지구적 국제기구는 이를 위하여 협력하여야 한다.[789] 이러한 조치는 최대지속생산량을 가져올 수 있는 수준으로 어획대상 어종의 자원량이 유지·회복되도록 계획한다. 이러한 조치를 취함에 있어서 연안어업지역의 경제적 필요와 개발도상

786) Proclamation No. 5030 of March 10, 1983, 48 Fed. Reg. 10,605(Mar. 14, 1983).

787) 리비아 대 몰타 간의 대륙붕사건 1985 ICJ 13, 34항(6월 3일).

788) UN해양법협약 제62조 2항.

789) UN해양법협약 제61조 2항.

국의 특별한 요구를 포함한 환경적·경제적 관련 요인에 의하여 입증되고 또한 어로방식·어족 간의 상호의존성 및 소지역적·지역적 또는 지구적 기준 등 어느 기준에서 보나 일반적으로 권고된 국제적 최소기준을 고려하여야 한다.790)

(2) 경제적 개발과 탐사를 위한 기타 활동에 관한 권리

연안국은 어업 이외에도 해저와 상부수역에 있어서의 생물 및 비생물 자원의 탐사, 개발 보존 및 관리의 목적을 가진 주권적 권리와 이 수역의 경제적 개발 및 탐사를 위한 활동에 관한 주권적 권리를 행사할 수 있다.791)

(3) 특정사항에 관한 관할권 행사

배타적 경제수역의 연안국은 인공섬, 시설 및 구조물의 설치와 사용, 해양과학조사, 해양환경의 보호와 보전에 대하여 관할권을 행사한다.792)

4. 외국어민의 의무

배타적 경제수역에서 어로행위를 하는 다른 국가의 국민은 연안국의 법령에 의하여 수립된 보존조치와 그 밖의 조건을 준수하여야 한다. 이러한 법령은 UN해양법협약에 부합되어야 하며, 관계법령에는 입어료, 허용어획량, 어구의 종류, 어선, 조업시기규제 등에 관한 입어조건, 시행절차 등을 규정할 수 있다.793)

5. 외국의 권리와 의무

배타적 경제수역에서 연안국이 아닌 다른 국가도 다음과 같은 권리를 가지며, 연안국은 이러한 외국의 권리를 존중하여야 한다.794)

790) UN해양법협약 제62조 3항.
791) UN해양법협약 제56조 1항(a).
792) UN해양법협약 제56조 1항(b).
793) UN해양법협약 제62조 4항.
794) UN해양법협약 제56조 2항.

(1) 항행 및 상공비행의 자유

모든 국가는 배타적 경제수역에서 항행 및 상공비행의 자유를 가진다. 항행과 상공비행의 자유는 배타적 경제수역과 공해에서 동일하게 인정된다.[795) 다만, 배타적 경제수역에서는 연안국이 오염을 통제하기 위한 법령을 제정할 수 있기 때문에 다른 국가는 연안국의 관계법령을 준수하여야 한다. 외국의 항공기도 배타적 경제수역의 상공을 비행할 자유가 있으나, 폐기물의 투기와 같은 문제에 관한 연안국의 법령을 준수하여야 한다.

(2) 해저전선(submarine cable) 및 관선(pipeline) 부설의 자유

UN해양법협약 제112조 1항은 "모든 국가는 대륙붕 밖의 공해 해저에서 해저전선과 관선을 부설할 수 있다"고 하고 있고, 이 조항은 협약 제58조에 의해 배타적 경제수역에도 적용된다. 따라서 외국은 배타적 경제수역에서 해저전선과 관선을 부설할 수 있다. 그러나 대륙붕에서 관선 부설경로의 설정은 연안국의 동의를 받아야 한다.[796) 또한, UN해양법협약 제113조부터 제115조는 공해와 대륙붕에서 해저전선 및 관선의 파괴와 관련하여 관련 선박과 사람의 형사책임과 민사책임, 손실보상 등을 규정하고 있다. 한편, 1907년 헤이그육전법규 제54조는 점령된 영토와 중립국 영토를 연결하는 해저전선은 절대적으로 필요한 경우 이외에는 압수하거나 파괴할 수 없다고 규정하고 있다.

(3) 외국의 의무

외국은 UN해양법협약상 배타적 경제수역에서 권리행사와 의무를 이행함에 있어서, 연안국의 권리와 의무를 적절하게 고려하고, 해양법협약과 기타 국제법 규칙에 따라 연안국이 채택한 법령을 준수하여야 한다.[797)

---

795) UN해양법협약 제58조와 제87조.
796) UN해양법협약 제79조 3항.
797) UN해양법협약 제58조 3항.

6. 경계획정

UN해양법협약이 200해리까지의 배타적 경제수역을 인정함에 따라 많은 국가들의 배타적 경제수역이 겹치게 되었다. 따라서 국가들은 인접국가와 양자조약 또는 다자조약을 체결하여 국가 간의 배타적 경제수역의 경계를 획정하였다. 국가 간의 경계에 관한 합의가 이루어지지 않을 때에는 국제사법재판소 등을 이용한 사법적 해결이 이루어지기도 한다.

(1) UN해양법협약상 경계획정원칙

영해의 경계획정은 기본적으로 중간선(median line)을 활용한다. UN해양법협약 제15조는 "두 국가의 해안이 서로 마주보고 있거나 인접하고 있는 경우, 양국간 달리 합의하지 않는 한 양국의 각각의 영해 기선상의 가장 가까운 점으로부터 같은 거리에 있는 모든 점을 연결한 중간선 밖으로 영해를 확장할 수 없다. 다만, 위의 규정은 역사적 권원이나 그 밖의 특별한 사정에 의하여 이와 다른 방법으로 양국의 영해의 경계를 획정할 필요가 있는 경우에는 적용하지 아니한다"고 하고 있다. 마주보고 있는 국가들의 경우에는 양국 연안의 가장 가까운 지점들로부터의 등거리선인 중간선이 된다. 인접하고 있는 국가들은 양국의 해안으로부터 바깥쪽으로 중간선이 그려지기도 하고, 단순한 수직선을 사용하여 경계를 획정하기도 한다.

배타적 경제수역과 대륙붕의 경계획정은 각각 UN해양법협약 제74조 1항과 제83조 1항의 형평의 원칙에 따라 해결한다. 동 조항은 모두 서로 마주보고 있거나 인접한 연안국 간의 배타적 경제수역이나 대륙붕의 경계획정은 공평한 해결에 이르기 위하여 국제사법재판소규정 제38조에 규정된 국제법을 기초로 하여 합의에 의하여 이루어진다고 규정하고 있다. 상당한 기간 내에 합의에 이르지 못할 경우, UN해양법협약 제15장의 분쟁해결조항에 따라 해결한다.[798]

(2) 북해대륙붕 사건(North Sea Continental Shelf Case)[799]

덴마크와 네덜란드가 대륙붕경계획정의 원칙으로서 1958년 대륙붕에 관한

---

798) UN해양법협약 제83조 2항.

799) 1969 ICJ Report 3.

제네바협약 제6조를 원용하여 등거리선 원칙을 주장하였으나, 독일이 이에 반대하였고, ICJ는 대륙붕이 육지의 자연적 연장이라는 '자연적 연장설'의 입장에서 등거리선 원칙을 부인하고 형평의 원칙을 따라야 한다고 판시하였다. 즉, ICJ는 대륙붕경계획정에 관한 원칙은 형평의 원칙(equitable principle)으로서 "모든 사정을 고려하여, 형평의 원칙에 따른 합의에 의한다"고 하였다.

한편, 1958년 대륙붕에 관한 제네바조약 제6조가 국제관습법으로서 비당사국인 독일도 이에 구속되어야 한다는 주장에 대해서도 ICJ는 이를 인정하지 않았다.

그 후 독일은 다시 교섭을 하여 보다 넓은 대륙붕을 얻게 되었다.

(3) 흑해 해상경계 획정사건

루마니아와 우크라이나 간의 흑해에서의 해상경계 획정사건(Maritime Delimitation in the Black Sea Case)[800]에서 국제사법재판소는 흑해에서 루마니아와 우크라이나 간의 EEZ와 대륙붕을 모두 포함하는 하나의 해상경계를 획정하였다. 이 사건에서 ICJ는 해상 경계획정과 관련하여 세 단계의 접근법을 취하였다. 즉, 1) 중간선을 잠정적인 경계선(provisional delimitation line)으로 하고 2) 형평한 결과에 도달하기 위해 잠정적인 경계선을 수정하기 위한 "관련 상황(relevant circumstance)"을 고려한 후 3) 잠정적인 경계선이, 수정된 후이든 수정되지 않았든, 국가들의 해안선 길이와 경계획정 결과 나타난 해양영역 간에 "현저한 불비례(marked disproportion)"가 나타나는지를 고려하는 방식이다.[801]

(4) 페루와 칠레 간의 해상분쟁 사건

2014년 페루와 칠레 간의 해상분쟁사건(Maritime Dispute case)에서 ICJ는 UN해양법협약 제74조 1항과 제83조 1항이 국제관습법을 반영하고 있다고 판시하였다. 또한, 재판소는 흑해 해상경계획정 사건에서 사용한 세 단계 접근법을 다시 적용하였다.[802]

800) ICJ Report(2009) 3.

801) Id., 115항. Rebecca MM Wallace & Olga Martin−Ortega, supra note 9, p. 188.

802) ICJ *Maritime Dispute*(*Peru v. Chile*) 2014년 1월 27일 General List No. 137, 180항.

(5) 세 단계 접근법의 평가

2012년 국제해양법재판소(ITLOS)는 그 첫 번째 경계획정 사건인 벵갈만(Bay of Bengal) 사건(Bangladesh/Myanmar)[803]에서 위의 세 단계 접근법을 인정하면서도 형평한 해결(equitable solution)의 중요성을 강조하였다,[804] 2012년 국제사법재판소도 니카라과 대 콜롬비아 영토 및 해양분쟁 사건[805]에서 "세 단계 접근법이 기계적으로 적용되어서는 안 되며 … 모든 사건에서 임시 등거리선/중간선을 가지고 시작하는 것은 적절하지 않다"고 하였다.[806]

이러한 판례들을 볼 때 '등거리선(equidistance)'보다는 '형평(equity)'이, 등거리선의 용어에 포함되어 있지만, 보다 더 주도적인 접근법으로 다시 등장하고 있음을 볼 수 있다.[807]

Ⅶ. 대륙붕(Continental Shelf)

1. 정 의

연안국의 대륙붕은 영해 밖으로 영토의 자연적 연장에 따라 대륙변계(continental margin)의 바깥 끝까지, 또는 대륙변계의 바깥 끝이 200해리에 미치지 아니하는 경우, 영해기선으로부터 200해리까지의 해저지역의 해저와 하층토로 이루어진다.[808] 즉, 다음 두 가지의 경우로 나누어서 대륙붕의 법적 정의를 할 수 있다.

(1) 대륙변계의 외연이 200해리 이하인 경우

대륙변계의 외연이 영해기선으로부터 200해리 이하인 경우 200해리까지의

803) Delimitation of the Maritime Boundary in the Bay of Bengal(Bangladesh/Myanmar)(Judgment)(2012)ITLOS Rep 12 (240).

804) Id. 235항. Donald Rothwell 외 4인 공저, The Oxford Handbook of The Law of the Sea (2017), p. 260.

805) Territorial and Maritime Dispute (Nicaragua v. Colombia)(Judgment)(2012) ICJ Rep 624.

806) Id. 194항.

807) Donald Rothwell 외 3인 공저, The Oxford Handbook of The Law of the Sea (2017), p. 260.

808) UN해양법협약 제76조 1항.

해저지역의 해저 및 하층토가 대륙붕이 된다. 이 경우 지리적인 대륙붕보다 넓게 법적 대륙붕이 정의된다.

(2) 대륙변계의 외연이 200해리를 초과하는 경우

대륙변계의 외연이 200해리를 초과하는 경우에는 영토의 자연적 연장에 따라 200해리를 넘어서 대륙변계의 바깥 끝까지가 대륙붕이 된다. 그러나 이 경우에도 대륙붕은 영해기선으로부터 350해리 또는 2,500미터 수심을 연결하는 선인 2,500미터 등심선으로부터 100해리를 넘을 수 없다.[809] 대륙변계의 외연이 200해리를 초과하는 경우에 연안국이 일차적으로 대륙붕의 바깥한계를 정할 수 있다. 그러나 이 경우 연안국은 200해리를 넘는 대륙붕의 한계에 관한 정보를 21명으로 구성된 '대륙붕한계위원회(Commission on the Limits of the Continental Shelf)'에 제출하여야 한다.[810] 위원회는 이 정보를 검토하고 대륙붕의 바깥한계 설정에 관련된 사항에 관하여 연안국에 권고한다. 연안국이 이 권고를 기초로 대륙붕의 한계를 확정할 경우, 이 한계는 최종적이며 구속력을 가진다.[811]

2. 연안국의 권리와 의무

(1) 연안국의 권리

연안국은 대륙붕을 탐사하고 그 천연자원을 개발할 수 있는 대륙붕에 대한 주권적 권리를 행사한다.[812] 이 권리는 연안국이 대륙붕을 탐사하지 아니하거나 그 천연자원을 개발하지 않더라도 다른 국가는 연안국의 명시적인 동의 없이는 이러한 활동을 할 수 없다는 의미에서 배타적 권리이다.[813] 대륙붕에 대한 연안국의 권리는 실효적이거나 관념적인 점유 또는 명시적 선언에 의존하지 않는다.[814]

대륙붕의 천연자원은 해저와 하층토의 광물, 그 밖의 무생물자원 및 정착성 어종에 속하는 생물체로 구성된다.[815] 즉, 석유등 광물자원이 중심이 되지만, 전

809) UN해양법협약 제76조 5항.
810) UN해양법협약 제76조 8항.
811) Id.
812) UN해양법협약 제77조 1항.
813) Id., 2항.
814) Id., 3항.
815) Id., 4항.

복 등 정착성의 어족 같은 생물자원도 포함된다.

(2) 연안국의 의무

대륙붕에 대한 연안국의 권리는 대륙붕의 상부수역이나 수역 상공의 법적 지위에 영향을 주지 않는다. 따라서 연안국은 다른 국가의 항해의 권리 및 UN해양법협약에서 규정한 권리와 자유를 침해하거나 부당하게 방해해서는 안 된다.[816)]

연안국은 영해기선으로부터 200해리 밖에 있는 대륙붕의 무생물 자원 개발에 관하여 금전을 지급하거나 현물을 국제해저기구(International Seabed Authority)에 공여하여야 하며, 국제해저기구는 이를 개발도상국 특히 개발도상국 중 최저개발국 및 내륙국의 이익과 필요를 고려하고 공평분배의 기준에 입각하여 협약 당사국에게 분배한다.[817)]

(3) 경계획정

배타적 경제수역의 경계획정과 대륙붕의 경계획정은 동일한 방식으로 이루어진다.

Ⅷ. 공해(high seas)

1. 의 의

UN해양법협약상 공해는 배타적 경제수역, 영해, 내수, 접속수역 또는 군도수역에 포함되지 않는 모든 해역을 말한다.[818)]

2. 공해자유의 원칙

(1) 귀속으로부터의 자유

공해는 국제관습법상 만민의 공유물이므로 특정국가의 귀속대상이 되지 않

816) UN해양법협약 제78조.
817) UN해양법협약 제82조.
818) UN해양법협약 제86조.

는다. UN해양법협약도 "공해는 연안국이거나 내륙국이거나 관계없이 모든 국가에게 개방된다"고 규정한다.[819] 또한, 동 협약 제89조는 "어떠한 국가라도 유효하게 공해의 어느 부분을 자국의 주권 아래 둘 수 없다"고 하고 있다.

(2) 사용의 자유

UN해양법협약 제87조는 공해의 자유로서 (a) 항행의 자유 (b) 상공비행의 자유 (c) 해저전선과 관선부설의 자유 (d) 인공섬과 그 밖의 시설건설의 자유 (e) 어로의 자유 (f) 과학조사의 자유를 예시하고 있다.

모든 국가는 이러한 자유를 행사함에 있어서 공해의 자유의 행사에 관한 다른 국가의 이익 및 심해저활동과 관련된 UN해양법협약상의 다른 국가의 권리를 적절히 고려하여야 한다.[820] 또한, 모든 국가는 공해수역에서 생물자원의 보존·관리를 위하여 서로 협력하여야 한다.[821] 이에 더하여 공해는 평화적 목적을 위해 사용되어야 한다.[822]

3. 공해에서 자국선박의 관할: 기국주의

원칙적으로 선박은 어느 한 국가의 국기만을 게양하고 항행하며 공해에서 그 국가(기국)의 배타적 관할권에 속한다.[823] 기국의 '배타적 관할권'의 범위와 관련하여 2가지 학설의 대립이 있다. 첫 번째는 기국의 배타적 관할권의 범위에 공해상의 선박에 대한 입법관할권(legislative jurisdiction)과 집행관할권(enforcement jurisdiction)이 모두 포함된다는 견해이다. 이 견해에 의할 때 공해상의 선박에 대해 비기국(non-flag state)은 입법관할권과 집행관할권을 모두 행사할 수 없다. 이 견해는 노스타(Norstar)호 사건[824]과 엔리카 렉시(Enrica Lexie)호 사건[825]에서 국제해양법재판

---

819) UN해양법협약 제87조 1항.

820) UN해양법협약 제87조 2항.

821) Id., 제118조.

822) Id., 제88조.

823) Id., 제92조 1항.

824) M/V "Norstar" (Panama v. Italy), Case No. 25, Judgment, 10 April 2019 ITLOS Reports 2018-2019, p. 10; International Legal Materials, vol. 58, pp. 673-737; www.itlos.org.

825) "Enrica Lexie" (Italy v. India), Case No. 24, Provisional Measures, Order, 24 August 2015, ITLOS Reports 2015, p. 182; www.itlos.org.

소의 다수의견이 채택한 견해이다.[826] 노스타호 사건에서 파나마 국적의 노스타호가 이태리에서 면세로 구입한 유류를 공해에서 다른 요트 등에 해상급유(bunkering)방식으로 판매하자, 이태리가 자국의 세금관련법 및 형법을 위반하였다는 이유로 노스타호의 선장 등에 대해 형사절차를 개시하고 압수명령 등을 발부한 후 스페인의 사법공조를 얻어 노스타호를 스페인 영해에서 나포한 사건이다. 이 사건에서 이태리가 공해상에 있던 파나마 국적의 노스타호에 입법관할권을 행사하고 그 결과 스페인이 집행관할권을 행사함으로써, 노스타호에 대해 UN해양법협약 제87조가 보장하고 있는 공해의 자유를 침해하였는지의 여부가 쟁점의 하나였다. 이에 대해 ITLOS의 다수의견은 공해상의 선박에 대해 비기국이 물리적 방해나 집행이 없더라도 다른 조약이나 관습법상의 근거가 없이 관할권을 행사하는 것은 해양법협약 제87조를 위반하는 것이라고 함으로써[827] 비기국은 공해상의 선박에 대해 집행관할권과 입법관할권을 모두 행사할 수 없다고 하였다.

한편, 기국의 배타적 관할권은 집행관할권만을 의미한다는 견해도 존재한다. 노스타호 사건에서 Cot 재판관 등 7인의 ITLOS 재판관은 공동반대의견을 제시하여 해양법협약의 제87조가 비기국이 공해상의 선박에 대해 입법관할권을 행사하는 것을 금지하지 않고 있기 때문에 비기국은 입법관할권을 행사할 수 있다고 주장하였다.[828] 동 반대의견은 각주 30에서 1927년 PCIJ의 LOTUS 호 판결의 일부를 인용하고 있는데, 이는 LOTUS호 판결에서 채택한 평시 국제법의 일반원칙으로서 "금지이론"(prohibitive theory)을 인용한 것이다. 이 금지이론에 의하면 독립국가에 대한 제한은 추정할 수 없고, 주권국가는 국제법상 금지되지 않은 것은 광범위한 재량권을 가지고 있다는 것이다.[829]

즉, 공동 반대의견은 해양법협약 제87조가 기국이외의 국가가 공해에서 입법관할권을 행사하는 것을 금지하지 않고 있기 때문에, 국가들은 평시 국제법의 원칙인 금지이론에 의해 입법관할권을 행사할 수 있다고 주장하는 것으로 파악된다.

---

826) Robin Churchill 외 2인 공저, The Law of the Sea (4th ed. Manchester University Press, 2022), p. 381.

827) 노스타호 본안판결 222항부터 224항.

828) Dissenting Opinion of Judges Cot, Pawlak, Yanai, Hoffmann, Kolodkin and Lijnzaad, and Judge ad hoc Treves, 19항.

829) 본서, 177~178쪽.

처칠(Chruchill) 등의 학자들도 기국의 배타적 관할권 원칙은 집행관할권만을 의미한다는 주장이 설득력이 있다고 인정하고, 비기국이 공해상의 선박에 대해 조약이나, 국제관습법(객관적 속지주의, 보편주의, 속인주의, 보호주의 원칙)에 따라 '입법관할권'을 행사할 수 있다고 서술하고 있다.[830]

한편, 평시 국제법의 원칙으로서 금지이론의 반대인 전시 국제법의 원칙으로서 "허용이론"(permissive theory), 즉 국가는 국제법이 허용하는 것만을 할 수 있다는 이론이 존재한다는 점도 유의하여야 한다.

선박은 진정한 소유권 이전 또는 등록변경의 경우를 제외하고는 항행중이나 기항중에 그 국기를 바꿀 수 없다.[831] 기국은 자국적의 선박에 대하여 행정상·기술상의 문제에 관하여 유효하게 관리할 책임이 있다. 모든 국가는 선박에 대한 자국국적의 부여, 자국영토에서의 선박의 등록 및 자국기를 게양할 권리에 관한 조건을 정한다.[832] UN과 같은 국제기구는 그 기구의 기를 게양하고 항해할 수 있다.[833]

기국과 선박 사이에는 '진정한 관련(genuine link)'이 있어야 한다.[834] 실질적인 관련이 없는 외국선박에 국적을 부여하는 것을 의미하는 편의치적(flag of convenience)은 국제법상 허용되지 않는다. 또한, 2국 이상의 국기를 사용하여 항행하는 선박은 다른 국가에 대하여 그 어느 국적도 주장할 수 없으며 무국적선으로 취급될 수 있다.[835]

그러나 국가들은 조세회피와 비용절감 등의 이유로 편의치적을 묵인하는 경우가 있으며, 쿠웨이트의 선박 등은 보호를 얻기 위해 미국의 국기를 게양하는 경우도 있었다.

4. 공해에서 외국선박에 대한 관할

(1) 해적행위

모든 국가의 군함(군용항공기 기타 정부선박)은 해적의 혐의가 있는 선박을 임

830) Robin Churchill 외 2인 공저, The Law of the Sea (4th ed. Manchester University Press, 2022), p. 381.
831) Id.
832) Id., 제91조 1항.
833) UN해양법협약 제93조.
834) Id.
835) Id., 제92조 2항.

검·수색·나포할 수 있다. 해적은 UN해양법협약상 민간선박 또는 민간항공기의 승무원이나 승객이 사적 목적으로 공해상의 다른 선박이나 항공기 또는 그 선박이나 항공기 내의 사람이나 재산 등에 대하여 범하는 불법적 폭력행위, 억류 또는 약탈행위를 의미한다.[836)]

확실히 해적선으로 판명된 선박의 경우에는 이 선박을 나포하여 자국법정에서 처벌할 권리가 인정된다.[837)] 이는 보편적관할권의 행사라고 볼 수 있다. 그러나 해적행위의 혐의가 있는 선박이나 항공기의 나포가 충분한 근거가 없이 행하여진 경우, 나포를 행한 국가는 그 선박이나 항공기의 국적국에 대하여 나포로 인한 손실 또는 손해에 대한 책임을 져야 한다.[838)]

"2004년 아시아에서의 해적행위 및 선박에 대한 무장강도행위 퇴치에 관한 지역협력협정(Regional Cooperation Agreement on Combating Piracy and Armed Robbery against Ships in Asia, ReCAAP)"[839)]은 우리나라를 포함한 20개국이 가입한 아시아 지역협정이다. 이 협정은 해적 등의 규제를 내수, 영해, 군도수역에까지 확장하였다.[840)]

(2) 마약 등의 불법거래

UN해양법협약 제108조는 공해에서의 마약이나 향정신성물질의 불법거래에 관해 다음과 같이 규정한다.

1. 모든 국가는 공해에서 선박에 의하여 국제협약을 위반하여 행하여지는 마약과 향정신성물질의 불법거래를 진압하기 위하여 협력한다.
2. 자국기를 게양한 선박이 마약이나 향정신성물질의 불법거래에 종사하고 있다고 믿을 만한 합리적인 근거를 가지고 있는 국가는 다른 국가에 대하여 이러한 거래의 진압을 위한 협력을 요청할 수 있다.

이 조항에 의할 때 공해상에서 마약 등의 불법거래에 종사하는 자국 선박을 기국이 진압하는 것이 원칙이나, 필요한 경우 다른 국가에 진압을 위한 협력을 요

836) UN해양법협약 제101조.
837) Id., 제105조.
838) Id., 제106조.
839) 44 ILM 2005, p. 829. 2004년 11월 11일 채택, 2006년 9월 4일 발효, 우리나라에 대한 발효일 2006년 9월 4일(조약 제1806호).
840) Rebecca MM Wallace & Olga Martin−Ortega, supra note 9, p. 179.

청할 수 있다. 이러한 경우, 요청을 받은 그 다른 국가는 마약 등의 불법거래에 종사하는 외국 선박에 대해 공해상에서 관할권을 행사할 여지가 있다.

이 조항은 1988년 마약 및 향정신성 물질의 불법거래방지에 관한 국제연합협약에 의해 보충되고 있다.[841)]

---

841) UN Doc. E/CONF.82/15(1998)/28 ILM 493 (1949). 마약 및 향정신성 물질의 불법거래방지에 관한 국제연합협약은 1988년 12월 20일 비엔나에서 채택되었고, 1990년 11월 11일 발효하였다. 우리나라는 1998년 12월 28일 가입하였다. 동 협약 제17조는 다음과 같이 규정한다.

제17조
해상불법거래

1. 당사국은 해양에 관한 국제법에 따라, 해상불법거래를 진압하기 위하여 가능한 최대한으로 협력하여야 한다.
2. 당사국은 자국 국기를 게양한 선박 또는 국기를 게양하지 아니하거나 등록표지를 부착하지 아니한 선박이 불법거래에 관여하고 있다고 의심할만한 합리적 근거가 있는 경우, 그 선박이 불법거래를 위하여 사용되는 것을 방지함에 있어 다른 당사국의 공조를 요청할 수 있다. 요청을 받은 당사국은 가능한 범위안에서 공조를 제공하여야 한다.
3. 당사국은, 국제법에 따라 자유통항권을 행사하며 다른 당사국의 국기를 게양하거나 등록표지를 부착한 선박이 불법거래에 관여하고 있다고 의심할만한 합리적 근거가 있는 경우, 기국(旗國)에 그 사실을 통보하고 등록확인을 요청할 수 있으며, 이것이 확인된 경우에는 기국(旗國)에 대하여 당해 선박에 관하여 적절한 조치를 취할 수 있도록 허가해 줄 것을 요청할 수 있다.
4. 기국(旗國)은, 제3항의 규정이나 당사국 사이에 발효중인 조약 또는 당사국 사이에 달리 합의된 협정이나 약정에 따라 요청국에 대하여 특히 다음사항을 허가할 수 있다.
   가. 선박에의 승선
   나. 선박의 수색
   다. 불법거래에 관여한 증거가 발견되는 경우, 선박, 승선자 및 화물에 대한 적절한 조치의 강구
5. 이 조에 의한 조치를 취하는 경우, 관계당사국은 해상에서의 인명, 선박 및 화물의 안전을 위태롭게 하거나 기국 기타 관계국의 상업적, 법률적 이익을 침해하지 아니하도록 하는데 필요한 조치를 적절히 고려하여야 한다.
6. 이 조 제1항에 규정된 의무와 일치하는 범위안에서, 기국은 허가를 함에 있어 책임에 관한 조건을 포함하여, 자국과 요청당사국 사이에 상호 합의된 조건을 부과할 수 있다.
7. 이 조 제3항 및 제4항의 적용에 있어, 당사국은 자국 국기를 게양한 선박의 국기게양 자격여부를 결정하기 위한 다른 당사국의 요청 및 제3항에 의한 허가요청에 대하여 신속히 회신하여야 한다. 당사국은 본협정 가입시, 이러한 요청을 접수하고 이에 대하여 회신을 할 하나 또는 필요한 경우 둘 이상의 당국을 지정하여야 한다. 그 지정사실은 지정후 1개월 이내에 사무총장을 통하여 다른 모든 당사국에 통보되어야 한다.
8. 이 조에 따라 조치를 취한 당사국은, 그 조치결과를 관련 기국에 신속히 통보하여야 한다.
9. 당사국은 이 조의 규정을 이행하거나 그 실효성을 제고하기 위하여 양자간 또는 지역간 협정이나 약정의 체결을 고려하여야 한다.
10. 이 조 제4항에 따른 조치는, 군함, 군항공기 기타 정부의 공무에 사용중이며 그러한 조치를 취할 권한이 부여되어 있다고 명백히 표시되고 식별되는 선박 또는 항공기에 의하여서만 취할 수 있다.
11. 이 조에 따른 조치를 취함에 있어, 해양에 관한 국제법에 따른 연안국의 권리와 의무 및 재판관할권 행사를 방해하거나 이에 영향을 미치지 아니하도록 적절히 고려하여야 한다.

(3) 무허가방송

공해로부터의 무허가방송에 대해서 UN해양법협약은 기국이 아닌 국가도 관할권을 행사할 수 있도록 하고 있다. 즉 선박의 기국, 시설의 등록국, 종사자의 국적국, 송신이 수신될 수 있는 국가 또는 허가된 무선통신이 방해받는 국가의 법원이 무허가방송에 종사하는 사람이나 선박을 공해에서 체포하거나 나포하고 방송기기를 압수할 수 있다.[842] UN해양법협약에서 무허가방송은 "국제규정을 위배하여 일반대중의 수신을 목적으로 공해상의 선박이나 시설로부터 음성무선방송이나 텔레비전방송을 송신함"을 의미한다.

(4) 국기의 심사(임검)

군함은 공해상에서 해적행위, 노예거래, 무허가방송 등에 종사하는 상선에 대하여 또는 무국적선이나 선박이 외국기를 게양하고 있으나 실질적으로 군함과 같은 국적을 보유한 사선에 대해 그 국기를 심사할 권한을 가진다.[843] 이러한 목적을 위하여 군함은 혐의선박에 대하여 장교의 지휘 아래 보조선을 파견할 수 있고, 서류를 검열한 후에도 혐의가 남아있는 경우 그 선박 내에서 계속하여 검사를 진행할 수 있다.[844]

그러나 그러한 혐의가 근거가 없는 것이 판명된 경우 그 선박은 손실이나 피해에 대하여 보상을 받을 권리가 있다.[845] 오늘날에는 군용항공기 또는 정부의 공무에 종사하는 기타 선박, 항공기도 임검을 할 수 있다.[846]

(5) 선박의 충돌

공해상에서 국적을 달리하는 선박이 충돌한 경우에 1927년 PCIJ의 Lotus호 사건에서 가해국과 피해국의 선적국 모두가 형사재판권을 갖는다고 판시하였다(이 사건을 계기로 소위 '금지이론'이 채택되었는데, 이는 국제법이 명시적으로 금지하지 않는 분야에 대해서는 주권국가가 행동의 자유를 갖는다는 이론이다).

---

842) UN해양법협약 제109조.
843) Id., 제110조 1항
844) Id., 제110조 2항.
845) Id., 제110조 3항.
846) Id., 제110조 4항과 5항.

그러나 그 후 1952년의 브뤼셀외교관회의에서 '충돌 또는 기타 항해사고로 인한 형사재판관할권에 관한 국제조약'을 채택하여(1955년 11월 발효) 형사관할권은 가해선의 기국만이 행사할 수 있는 것으로 규정하였다. 그 목적은 피해선 선적국에서의 가혹한 형사처벌을 방지하기 위한 것이었다.

UN해양법협약도 브뤼셀협약의 내용을 따르고 있다. 즉, UN해양법협약 제97조 1항은 "공해에서 발생한 선박의 충돌 또는 선박에 관련된 그 밖의 항행사고로 인하여 선장 또는 그 선박에 근무하는 그 밖의 사람의 형사책임이나 징계책임이 발생하는 경우, 관련자에 대한 형사 또는 징계절차는 그 선박의 기국이나 그 관련자의 국적국의 사법 또는 행정당국 외에서는 제기될 수 없다"고 규정한다.

(6) **추적권**(right of hot pursuit)

해양법을 집행하기 어려운 점의 하나는 선박 등의 이동성이다. 선박들은 빠르게 움직이기 때문에 한 국가의 내수나 영해 등에서 관련 법령을 위반하고 도주할 경우, 연안국이 그 법령을 집행하기가 곤란할 것이다. 이에 따라 국가들은 군함의 추적권을 국제관습법으로서 인정하여 왔다. UN해양법협약은 이러한 국제관습법을 법전화한 것으로 볼 수 있다.

연안국은 자국의 내수, 군도수역, 영해, 접속수역, 배타적 경제수역 또는 대륙붕의 상부수역에서 외국선박이 관련 법령을 위반하였다고 믿을 만한 충분한 이유가 있는 경우, 이 선박을 나포하기 위해 공해까지 추적하여 체포할 수 있는데 이를 추적권이라고 한다.

추적은 중단 없이 계속하여야 하고 추적선은 연안국의 영해 또는 접속수역에 있지 않아도 좋다.[847] 그러나 피의선박이 능히 보고 들을 수 있는 거리에서 시각이나 음향 정선신호를 한 후에 추적할 수 있다.[848]

추적권은 군함, 군용항공기 또는 정부용 선박 및 항공기만이 행사할 수 있으며, 추적권은 피의선박이 기국 또는 제3국의 영해 내로 도주하여 들어갔을 때 종료된다.[849] 정선명령에 복종하지 않는 밀수용 선박에 대한 총격, 격침은 과잉이며

847) UN해양법협약 제111조 1항.
848) UN해양법협약 제111조 4항.
849) UN해양법협약 제111조 3항과 5항.

위법이다(The I'M ALONE 사건, 캐나다–미국 특별공동위원회 1933; 1935).

5. 섬의 지위

UN해양법협약 제121조 1항은 "섬이라 함은 바닷물로 둘러싸여 있으며, 밀물일 때에도 수면위에 있는, 자연적으로 형성된 육지지역을 말한다"고 섬(Island)을 정의하고 있다. 이에 비해 동조 3항은 섬이 아닌 암석(Rocks)은 배타적 경제수역이나 대륙붕을 가지지 아니한다고 규정하면서 섬인지 암석인지 여부의 판단기준은 인간이 거주할 수 없거나 독자적인 경제활동을 유지할 수 있는지 여부를 기준으로 삼고 있다.

제121조 2항에 의하면 암석이 아닌 섬은 영해, 접속수역, 배타적 경제수역 및 대륙붕을 가질 수 있다. 암석은 영해와 접속수역을 가질 수 있으나 배타적 경제수역과 대륙붕을 가질 수 없다.[850)]

협약 제13조 1항에 의하면 간조노출지(low–tide elevation)는 썰물일 때에는 물로 둘러싸여 물위에 노출되나 밀물일 때에는 물에 잠기는 자연적으로 형성된 육지지역을 말한다. 간조노출지의 전부 또는 일부가 본토나 섬으로부터 영해의 폭을 넘지 아니하는 거리에 위치하는 경우, 그 간조노출지의 저조선을 영해기선으로 사용할 수 있다.

협약 제13조 2항에 의하면, 간조노출지 전부가 본토나 섬으로부터 영해의 폭을 넘는 거리에 위치하는 경우, 그 간조노출지는 자체의 영해를 갖지 않는다.

6. 심해저와 국제해저기구

(1) 심해저(Deep Seabed)

심해저는 공해 아래에 있는 해저를 의미한다. 심해저와 그 하층토는 망간 단괴 등 광물자원이 풍부하다. 심해저는 UN해양법협약 제11부와 제11부의 이행을 위한 1994년 이행협정(Implement Agreement)에 의해 규율된다. 이 체제는 선진국과 개발도상국 간의 타협의 산물이다.

850) Rebecca MM Wallace & Olga Martin–Ortega, International Law(8th ed. 2016) p. 166.

(2) 국제해저기구(International Seabed Authority)

심해저의 탐사와 개발은 해저기구에 의하여 인류전체를 위하여 조직 · 수행 · 통제된다.[851] 그 개발의 이익은 해저기구에 의해 공평히 분배되어야 한다.

국제해저기구의 기관은 총회(Assembly), 이사회(Council)와 사무국(Secretariat)이다. 총회는 각 회원국의 대표로 구성되며, 최고 정책결정 기구로서 3분의 2 다수결로 결정을 채택한다. 이사회는 총회에 의해 선출된 36개 회원국으로 구성되며, 해저기구의 집행기관으로서 사안에 따라 3분의 2 다수결, 4분의 3 다수결 또는 컨센서스로 결정을 채택한다. 이사회의 기관으로 경제기획위원회와 법률 · 기술위원회가 있다.

사무국은 해저기구의 활동에 필요한 일을 수행한다. 사무국은 사무총장 및 해저기구가 필요로 하는 직원으로 구성된다.

7. 해양환경의 보호

(1) 유류 등에 의한 오염의 방지

1954년 유류에 의한 해양의 오염방지를 위한 국제협약(International Convention for the Prevention of Pollution of the Sea by Oil, 1954 as amended in 1962 and in 1969, OILPOL)[852]은 유조선 등 이 협약이 적용되는 선박으로부터의 유류 또는 유성혼합물의 배출은, 일정한 조건이 모두 충족되는 경우를 제외하고는 이를 금지한다.[853] 이 협약의 위반은 선박의 소속국(state of registration)의 법령에 의해 처벌받는 범죄가 된다.[854] 1958년 공해에 관한 제네바협약(1958 Geneva Convention on the High Seas) 제24조는 선박, 파이프라인 또는 해저와 그 하층토의 개발과 탐사로 인한 유류 배출에 의한 해양오염을 방지하기 위해, 모든 국가가 이 문제에 관한 현행 조약 규정을 고려하여 국내 법령을 제정하도록 하고 있다.

그 이후 유류 오염과 배상에 관한 다수의 조약들이 체결되었다. 이러한 조약

851) UN해양법협약 제153조.

852) 327 UNTS 3. 1954년 5월 12일 런던에서 작성, 1958년 7월 26일 발효, 1978년 10월 31일(조약 제657호) 우리나라에 대해 발효.

853) OILPOL 협약 제3조.

854) OILPOL 협약 제6조.

중 중요한 것으로는 1969년 유류오염사고시 공해에서의 개입에 관한 협약(1969 Convention relating Intervention on the High Seas in Cases of Oil Pollution Casualties, 1969 Intervention Convention)[855]과, 이 협약을 보충하는 1973년 유류 이외의 물질에 의한 오염시 공해에 대한 개입에 관한 의정서(1973 Protocol Relating to Intervention on the High Seas in Cases of Pollution by Substances Other than Oil)[856]를 들 수 있다. 1969년 개입협약은 당사국이 해양오염 또는 해양오염의 위협으로부터 그들의 연안 또는 다른 관련 이익에 대한 '중대하고 임박한 위험'을 예방, 감소, 또는 제거하기 위하여 필요한 조치를 취할 수 있도록 하고 있다.

1969년 유류오염손해에 대한 민사책임에 관한 국제협약(International Convention on Civil Liability for Oil Pollution Damage, CLC)[857]은 사고 당시의 선박 소유자가 사고의 결과로써 선박으로부터 유출 또는 배출된 유류에 의하여 야기된 오염손해에 대하여 책임을 지도록 하고 있다.

(2) 선박으로부터의 오염방지

1973년 선박으로부터의 오염방지를 위한 국제협약(1973 Convention for the Prevention of Pollution from Ships, MARPOL)[858]은 선박으로부터의 유류 배출로 인한 오염뿐만 아니라, 하수, 쓰레기 기타 유해물질의 배출로 인한 오염의 방지를 규율하고 있다. MARPOL 협약은 선박으로부터의 오염을 다루는 데 있어서 가장 중요한 국제협약이며, 1978년 MARPOL 의정서와 다수의 개정(Amendments)이 국제해사기구(IMO) 총회에서 채택되었다.

(3) 해양투기(Dumping)로 인한 오염방지

1958년 공해에 관한 제네바협약 제25조는 국가들에게 방사능폐기물의 투기로 인한 오염을 방지하기 위해 조치를 취할 것을 요구하고 있다.

855) 9 I.L.M. 25(1969).

856) 13 I.L.M. 605(1974).

857) 9 I.L.M. 45(1970). 1969년 11월 29일 브뤼셀에서 채택, 1975년 6월 19일 발효. 1979년 3월 18일(조약 제678호)로 우리나라에 대해 발효하였으나, 우리나라는 1998년 5월 15일 탈퇴(1997년 3월 7일 탈퇴선언서 기탁). 우리나라는 1969년 유류오염손해에 대한 민사책임에 관한 국제협약을 개정하는 1992년 의정서(CLC PROT, 1992)에 가입하는 가입서를 1997년 3월 7일 IMO에 기탁하여 당사국이 되었고, 1992년 의정서의 당사국들 간에는 1998년 5월 16일부터 1969년 협약이 아닌 1992년 의정서가 적용되도록 되어 1969년 협약을 탈퇴하였다.

858) 12 I.L.M 1319(1973).

1972년 폐기물 및 그 밖의 물질의 투기에 의한 해양오염방지에 관한 협약(1972 London Convention on the Prevention of Marine Pollution by Dumping of Wastes and Other Material, 런던덤핑협약)[859)]은 수은, 카드뮴, 지속성 플라스틱류, 원유 폐기물, 고준위 방사성물질 등을 바다에 투기하는 것을 금지하였다. 런던덤핑협약은 폐기물의 투기를 규제하는 전세계적차원에서의 종합적인 체제를 수립하였다.

런던덤핑협약을 개선하기 위한 1996년 런던의정서(폐기물 및 그 밖의 물질의 투기에 의한 해양오염방지에 관한 1972년 협약에 대한 1996년 의정서, 1996 Protocol to the Convention on the Prevention of Marine Pollution by Dumping of Wastes and Other Matter, 1972)[860)]에 의하면 런던덤핑협약의 당사국이면서 동시에 런던의정서의 당사국들 간에는 런던의정서가 런던덤핑협약을 대체하도록 하고 있다.[861)] 런던협약이 투기가 금지되는 물질을 규정한 것과는 달리, 런던의정서 원칙적으로 투기를 금지하되 예외적으로 투기가 허용되는 물질을 규정함으로써, 소위 "역 목록(reverse list)" 방식을 채택하였다. 즉, 런던의정서 4조 1.1항은 "체약당사국은 부속서 1에 열거된 물질을 제외한 모든 폐기물이나 그 밖의 물질의 투기를 금지한다"고 규정하고 있다.

또한, 런던의정서는 제3조 1항에서 "이 의정서를 이행하는데 있어 체약당사국은 해양에 투입된 폐기물이나 그 밖의 물질이 위해를 초래할 가능성이 있는 경우, 투입된 물질과 그 영향 간의 인과관계를 증명하는 결정적인 증거가 없더라도 폐기물이나 그 밖의 물질의 투기로 인한 환경 보호를 위하여 적절한 사전조치를 취하는 예방적 접근방식을 적용한다"고 규정하여 "예방적 접근방식(precautionary approach)"을 적용하고 있다. 런던의정서 제3조 2항은 "오염자가 원칙적으로 오염의 비용을 부담하는 접근방식을 고려하고, 각 체약당사국은 공익을 적절히 고려하여 투기 또는 해양소각을 위임한 자가 위임받은 행위에 관한 오염 방지와 제어 요건을 충족시키는 비용을 부담하는 관행을 증진하기 위하여 노력한다"고 규정하여 "오염자 부담원칙(polluter-pays principle)"을 적용하고 있다. 런던의정서 체제는 최고 의사결정 기구로서 당사국회의(Meeting of Contracting Parties)가 있으며, 그 보조기관으로 과학그룹(Scientific Group)과 준수그룹(Compliance Group)을 두고 있다. 런던

859) 11 I.L.M 1291(1972). 1972년 12월 29일 런던, 멕시코, 모스크바, 워싱턴에서 작성, 1975년 8월 30일 발효. 1994년 1월 20일(조약 제1211호) 우리나라에 대해 발효.

860) 1996년 11월 7일 런던에서 작성, 2006년 3월 24일 발효, 2009년 2월 21일(조약 제1933호) 우리나라에 대해 발효.

861) 런던의정서 제23조.

의정서 제11조 1항이 "이 의정서의 발효 후 2년 이내에, 체약당사국 회의는 이 의정서에 대한 준수를 평가하고 촉진하기 위하여 필요한 절차와 장치를 마련한다. 이러한 절차와 장치는 정보의 전면적이고 공개적인 교환을 할 수 있도록 건설적인 방법으로 개발된다"고 규정하고 있기 때문에 2007년 당사국회의는 런던의정서의 준수를 평가하고 촉진하기 위해 준수그룹을 설립하였다.[862] 한국해양기술원의 홍기훈 전 원장이 런던의정서의 당사국회의와 과학그룹의 의장 등으로서 활동하였으며, 저자가 런던의정서 준수그룹의 위원 및 부의장으로서 활동한 바 있다.

런던덤핑협약 및 런던의정서 이외에도 해양투기 또는 육상기원 오염원으로 인한 해양오염을 방지하기 위한 조약이 다수 존재한다. 예를 들어, 1972년 선박과 항공기로부터의 투기에 의한 해양오염 방지를 위한 오슬로협약(1972 Oslo Convention for the Prevention of Marine Pollution by Dumping from Ships and Aircraft),[863] 1974년 육상기원 오염원으로 인한 해양오염방지를 위한 파리협약(1974 Paris Convention for the Prevention of Marine Pollution from Land-based Sources),[864] 1976년 오염으로부터 지중해를 보호하기 위한 바르셀로나협약(1976 Barcelona Convention for the Protection of the Mediterranean agaisnt Pollution)[865] 1992년 발틱 해의 해양환경보호를 위한 헬싱키협약(Convention on the Protection of the Marine Environment of the Baltic Sea Area, 1992, Helsinki Convention) 위의 오슬로협약과 파리협약을 결합하고 보완한 1992년 북동대서양해양환경보호를 위한 협약(Convention for the Protection of the Marine Environment of the North-East Atlantic, OSPAR협약) 등이 있다.

(4) UN해양법협약상의 환경보호 조항

1982년 UN해양법협약은 제12부(해양환경의 보호와 보전, 제192조부터 제238조까지)에서 해양환경의 보호를 위한 포괄적인 체제를 수립하였다. 협약 제192조는 "각국은 해양환경을 보호하고 보전할 의무를 진다"고 규정하고 있다. 또한, UN해양법협약은 지구적·지역적 협력, 오염대비 비상계획, 연구조사, 정보 및 자료교환, 개도국에 대한 과학, 기술협력 등을 규정하고 있다. UN해양법상 국가들은 1) 육상오염원에 의한 오염,[866] 2) 자국의 관할권 아래에 있는 해저활동으로

862) Report of the 29th Consultative Meeting, IMO Doc, LC 29/17(2007) 5항과 Annex 7.
863) 11 I.L.M. 262(1972).
864) 13 I.L.M. 352(1974).
865) 15 I.L.M. 290(1976).

부터 또는 이와 관련하여 발생하는 해양환경의 오염 및 자국 관할권 내에 건설된 인공섬, 설비 및 구조물로부터 발생하는 해양환경의 오염,[867] 3) 심해저 활동으로 인한 오염,[868] 4) 투기에 의한 오염,[869] 5) 선박에 의한 오염,[870] 6) 대기에 의한 또는 대기를 통한 오염[871]을 방지, 경감 및 통제하기 위한 법령을 제정하여야 한다.

(5) 런던의정서 체제와 기후변화 및 해양환경보호

런던의정서와 런던협약으로 구성된 국제조약 체제(런던의정서 체제, LP/LC)는 모든 오염원으로부터 해양환경을 보호하기 위하여, 전세계적이며 투명한 규제절차를 규정하고 있다. 런던의정서 체제는 해양환경의 보호와 기후변화에 대응하기 위한 조치들 사이의 균형을 장려한다.

국가들은 런던의정서 체제(LP/LC)를 통해 대기중 이산화탄소(CO_2)의 증가로 인한 효과를 감소시키기 위해 탄소의 포집 및 해저저장(CCS)을 규율하기 위한 조치를 취하였고,[872] 해양환경에 광범위하거나 장기간 지속되거나 심각한 영향을 줄 수 있는 해양시비(Ocean Fertilization)나 다른 해양지구공학 활동(MGE, Marine Geoengineering Activities)을 규율하기 위하여 2013년 런던의정서를 개정하였다.[873]

또한, 2019년부터 런던의정서 준수그룹회의와 당사국총회에서는 일본의 후쿠시마 원전 방사능 오염수의 해양배출이 런던의정서가 제2조가 규정한 '모든 오염원으로부터 해양환경을 보호할 의무'를 위반하는지 여부, 오염수의 해저터널을 통한 배출이 제4조의 '덤핑(투기)'에 해당하여 런던의정서의 금지대상인지 여부 등에 관한 국가들의 이견을 논의하고 있다.[874]

866) UN해양법협약 제207조.
867) UN해양법협약 제208조.
868) UN해양법협약 제209조.
869) UN해양법협약 제210조.
870) UN해양법협약 제211조.
871) UN해양법협약 제212조.
872) 자세한 내용은 김영석, "이산화탄소의 포집 및 저장(CCS)과 런던의정서의 준수", 이화여자대학교 법학논집 제28권 제3호 통권 제85호(2024. 3) 참조.
873) 김영석, "해양지구공학관련 1996년 런던의정서 개정에 대한 고찰", 이화여자대학교 법학논집 제18권 제3호(2014. 3) 참조.
874) 김영석, "일본의 후쿠시마 방사능 오염수 해양방류에 대한 런던의정서의 적용 검토", 이화여자대학교 법학논집 제27권 제1호 통권 제79호(2022. 9).

Ⅸ. 분쟁해결

1. 분쟁해결 수단 및 절차

UN해양법협약은 협약의 해석이나 적용에 관한 당사국 간의 모든 분쟁을 평화적 수단에 의해 해결하여야 한다고 규정한다.[875] 분쟁이 발생하는 경우 분쟁당사자는 교섭이나 그 밖의 평화적 수단에 의한 분쟁의 해결에 관한 의견을 신속히 교환하고, 당사자가 합의한 분쟁해결 수단에 의해 분쟁을 해결하여야 한다. 이것이 불가능할 경우에는 한 분쟁당사자는 다른 분쟁당사자에게 제5부속서 제1절에 규정된 조정절차나 다른 조정절차에 따라 분쟁을 조정에 회부할 것을 요청할 수 있다.[876] 조정절차는 분쟁당사국이 각각 2인의 조정위원을 조정위원명부로부터 지명하고 이 중 1인은 자국민인 조정위원을 지명할 수 있다. 이렇게 지명된 4인의 조정위원이 1인의 조정위원장을 선출한다. 조정위원회는 양국의 입장을 고려한 후에 조정의견을 채택한 보고서를 제출하며 이 보고서는 법적 구속력은 없는 권고적인 효력을 갖는다.

만일 위에서 언급한 제15부 제1절에 의한 분쟁해결이 이루어지지 않는 경우 제2절의 구속력 있는 결정을 수반하는 강제절차에 의한 해결을 당사국들은 추구할 수 있다. 다만, 제2절의 강제절차는 제3절에서 규정한 예외 등에는 적용되지 않는다. 예를 들어, 배타적 경제수역에서의 생물자원에 대한 연안국의 주권적 권리 및 그 행사에 관련된 분쟁에는 제2절의 강제절차가 적용되지 않는다.[877]

제2절에 의한 강제절차는 다음 4가지의 수단을 통해 이루어진다: (1) 제6부속서에 따라 설립된 국제해양법재판소; (2) 국제사법재판소; (3) 제7부속서에 의해 구성된 일반적 중재재판소; (4) 제8부속서에 의해 구성된 특별중재재판소, 이 특별중재재판소는 어업, 환경보호, 해양과학조사 또는 항해에 관한 분쟁을 다루는 중재재판소이다. 특정 국가는 UN해양법협약의 서명, 비준, 가입시 또는 그 이후 언제라도 서면선언에 의하여 위의 4가지 수단 중 어느 하나 또는 그 이상을 강제적 분쟁해결의 수단으로서 선택할 수 있다.[878] 만일 어느 수단을 선택하지 않

875) UN해양법협약 제279조.
876) UN해양법협약 제284조와 제5부속서.
877) UN해양법협약 제297조 3항.
878) UN해양법협약 제287조 1항.

으면 제7부속서에 의해 구성된 일반적 중재재판소를 선택한 것으로 간주된다.[879]

분쟁당사자가 그 분쟁에 관하여 동일한 분쟁해결절차를 수락한 경우, 당사자 간 달리 합의하지 않는 한, 그 분쟁은 그 절차에만 회부될 수 있다.[880] 만일 분쟁당사자가 그 분쟁에 관하여 동일한 분쟁절차를 수락하지 않은 경우, 당사자 간 달리 합의하지 않는 한, 그 분쟁은 제7부속서에 따른 중재에만 회부될 수 있다.[881] 위의 모든 재판소는 UN해양법협약과 여타의 국제법을 적용하며, 이 재판소들의 판결은 종국적이며 분쟁당사자에 의하여 준수되어야 한다.[882] 실제로 많은 UN해양법협약 당사국들이 재판소를 선택하지 않았으나, 아르헨티나 등은 UN해양법재판소(ITLOS)를 선택하였고, 독일 등은 국제사법재판소를 선택하였다.[883]

2. 국제해양법재판소(International Tribunal for the Law of the Sea, ITLOS)

국제해양법재판소는 UN해양법협약 제6부속서에 따라 설립된 재판소이다. 재판소는 (1) 협약 제15부에 따라 재판소에 회부되는 UN해양법협약의 해석이나 적용에 관한 분쟁 (2) UN해양법협약의 목적과 관련된 국제협정의 해석이나 적용에 관한 분쟁으로서 그 국제협정에 따라 재판소에 회부된 분쟁 (3) 제6부속서에 따라 설립된 국제해양법재판소 해저분쟁재판부와 제11부 제5절에 언급된 그 밖의 모든 재판부나 중재재판소에 제11부 제5절에 따라 회부된 모든 문제에 대하여 관할권을 가진다.[884] 재판소가 관할권을 가지는지 여부에 관한 분쟁이 있는 경우, 그 문제는 그 재판소의 결정에 의하여 해결한다.[885]

재판소의 소재지는 독일 함부르크이며, 재판관의 수는 21명이다. 이 글을 쓰는 현재 우리나라의 백진현 서울대 교수가 국제해양법재판소의 재판관으로 근무하고 있다.

현재까지 23개의 사건이 재판소에 회부되었는데, 대표적으로 아일랜드와 영국 간의 혼합산화물 연료사건(mixed oxide fuel, MOX case)을 들 수 있다. 혼합산화

879) Sean D. Murphy, supra note 26, p. 363.
880) UN해양법협약 제287조 4항.
881) Id., 제287조 5항.
882) UN해양법협약 제293조와 제296조.
883) Sean D. Murphy, supra note 26, p. 364.
884) UN해양법협약 제288조.
885) UN해양법협약 제288조 4항.

물 연료는 사용 후 핵연료를 재처리한 연료로서, 아일랜드는 영국의 셀라필드(Sellafield) 지역에 있는 핵연료 시설이 아일랜드의 해양환경에 해로운 영향을 줄 수 있다고 주장하였다.[886] 아일랜드의 제소로 인해 영국과 아일랜드 간에 중재재판소를 구성하게 되었고, 아일랜드는 중재재판소가 구성되는 기간 동안 해양환경이 악화되지 않도록 가보전조치(provisional measure)를 명하여 줄 것을 ITLOS에 요청하였다. 아일랜드의 요청에 의해 ITLOS는 2001년 12월 18일 가보전조치 명령을 내렸고, 그 가보전조치는 양 분쟁당사국에게 협력하고, 협의하며, 정보를 교환하고 관련된 위험성을 감시할 것 등을 요구하였다.

886) Rebecca MM Wallace & Olga Martin－Ortega, International Law(8th ed. 2016), p. 198.

제12장

조 약

제12장
조　　약

Ⅰ. 조약의 유보(Reservation)

1. 의　　의

유보는 자구 또는 명칭에 관계없이 조약의 서명, 비준, 수락, 승인 또는 가입시에 국가가 그 조약을 자국에 적용함에 있어서 그 조약의 일부 규정의 법적 효과를 배제하거나 또는 변경시키고자 의도하는 경우에 그 국가가 행하는 일방적 선언을 말한다.[887]

유보는 명칭에 관계없는 일방적 선언이기 때문에 국가의 "해석선언(interpretative declation)"이 유보가 되기도 한다. 베릴로스 사건(Belilos V. Switzerland, ECHR Ser. A(1988))에서 유럽인권재판소는 스위스의 유럽인권협약 제6조에 대한 해석선언을 유보로 인정하였으나, 그 범위가 너무 넓기 때문에 무효인 유보라고 판정하였다. 이 사건에서 베릴로스는 스위스가 협약 제6조를 위반하여 자신의 공정한 재판을 받을 권리를 침해하였다고 주장하였고, 유럽인권재판소는 비록 어느 나라도 스위스의 해석선언에 반대하지 않았지만, 동 해석선언이 무효이기 때문에 베릴로스의 권리가 침해되었다고 판정하였다. 그러나 유보가 아닌 해석선언이나 양해(understanding) 등은 국제법적 효력이 없고, 그 해석선언 등을 한 국가의 국내문제로 보아야 한다.

887) 조약법조약 제2조 1항 (d). 유보와 "양해"의 차이점은 본서 제13장 Ⅰ. 8. 룻의 중재협약들 참조.

2. 유보의 종류

(1) 조항의 유보: 조약의 일정 조항을 유보하는 것으로서 이 조항의 적용을 배제하는 것이다.
(2) 해석의 유보: 어느 조항을 특정의 의미로 해석하는 것으로서, 동 조항을 적용은 하되 특정한 의미로만 적용을 하는 것이다.
(3) 적용지역의 유보: 영역의 일부에 대한 조약의 적용을 배제하는 것으로서 과거 일부국가들이 식민지 영역에 대해서는 자국이 체결한 조약의 적용을 배제하는 유보를 한 사례가 있다.

3. 유보의 장단점

유보는 다수국 간 조약의 성립을 용이하게 하고, 그 조약에 보다 많은 국가의 참가를 얻기 쉽게 하여 조약의 보편성을 확보하는 장점이 있는 반면, 조약의 통일적 적용을 어렵게 하고 국가 간의 법률관계를 복잡하게 하는 등 조약의 일체성을 약화시키는 단점이 있다.

4. 유보의 유효성

일국(A)이 조약규정에 붙인 유보(R)가 유효한 것이 되기 위해서는 다른 체약당사국(B, C, D)이 이 유보를 허용하여야 하는가의 문제에 관해 견해의 대립이 있어 왔다.

(1) 국제연맹방식

유보에는 다른 모든 체약국의 동의가 필요하며 한 국가라도 반대하면 유보는 무효가 되어 유보국(A)은 조약의 당사국이 될 수 없다는 방식이다.[888)]

(2) 범미주연합(Pan American Union) 방식

범미주연합은 1889년 워싱턴에서 개최된 제1차 국제미주회의에서 설립이 권

888) 이한기, 국제법강의, p. 510.

고되어 1890년 설립되었다. 1932년 제7차 국제미주회의에서는 유보에 관한 방식으로 범미주연합방식을 채택하였다.

범미주연합방식은 비준시에 A국이 붙인 유보(R)는 다른 모든 당사국이 모두 반대한 경우에 한하여 무효이지만 한 당사국(B)이라도 유보에 동의하면 A국은 조약의 당사국이 되며 A국의 유보에 반대한 C국 D국과의 사이에는 조약이 적용되지 않는다는 방식이다.[889)]

(3) ICJ의 권고적 의견

제노사이드(Genocide) 협약의 유보에 관한 권고적 의견[890)]에서 1948년의 집단살해죄의 방지와 처벌에 관한 협약이 20개국의 비준으로 발효하게 되었고, 이 협약에는 유보에 관한 규정이 없었는데 일부국가가 유보를 하였고 다른 일부국가는 이에 반대하였다. UN 총회는 ICJ에 이러한 유보의 합법성과 효과에 관하여 권고적 의견을 요청하였다. ICJ는 1) 협약의 취지와 목적에 양립하는 유보를 행한 국가는 당사국으로 볼 수 있다고 하고 2) 양립성의 판단은 당사국들에게 맡겨서 유보가 협약의 취지와 목적에 양립되지 않는다고 판단하는 국가는 유보를 행한 국가를 협약의 당사국으로 인정하지 않을 수 있고, 유보가 협약의 취지와 목적에 양립한다고 판단한 국가는 유보를 행한 국가를 당사국으로 인정할 수 있다고 하였으며 3) 서명국이 유보에 반대한 것은 비준 후에야 반대의 효력이 있다고 판시하였다.

따라서 ICJ는 "유보가 협약의 취지와 목적에 양립(compatible)하고 일부 당사국이 유보에 반대하지 않는다면, 그러한 유보를 행한 국가는 협약의 당사국으로 볼 수 있다"고 하여, 범미연합방식을 취하고 국제연맹방식은 폐기하였다.

그런데 국가마다 양립성의 판단결과가 다르기 때문에 유보를 행한 국가에 대해 일부국가는 협약당사국으로 인정하고 일부국가는 협약당사국으로 인정하지 않는 결과가 발생하게 된다.

889) Id.

890) Advisory Opinion on Reservations to the Convention on Genocide, ICJ Report 15(1951).

5. 1969년 조약법에 관한 비엔나협약상의 유보관련 규정

조약법조약은 원칙적으로 범미연합방식과 ICJ의 권고적 의견에 따라 유보의 요건을 완화하였다.

(1) 유보의 형성

유보하려는 조약에 금지규정이 없는 한 조약의 목적에 반하지 않는 범위 내에서 국가는 서명, 비준 또는 가입시에 유보를 할 수 있다(제19조).

다자조약 중에는 명문의 규정으로 또는 묵시적으로 유보를 일체 금지하는 조약이 있다. 예를 들어, ICC 규정 제120조는 ICC 규정에 대해 유보를 금지하고 있다. UN해양법협약 제309조도 협약에 대한 유보를 금지하고 있다. 어떤 조약은 특정한 조항에 대해서만 유보를 할 수 있다고 정하기도 하고, 어떤 조약은 특정한 조항에 대해서는 유보를 할 수 없다고 규정하기도 한다.

이러한 조약상의 규정이 없을 때 하는 유보 또는 유보를 금지하지 않은 조항에 대한 유보를 할 때는 양립성의 원칙에 따라 다른 협약 당사국이 유보의 유효성을 결정하게 된다.

(2) 유보의 수락 및 유보에 대한 이의

조약에 의하여 명시적으로 인정되고 있는 유보는 타 당사국의 수락이 필요없다(제20조 1항). 조약 전체가 전 당사국에 적용되는 것이 불가결한 조건이 되는 조약은 다른 모든 당사국의 동의가 없는 한 유보가 허용되지 않는다(제20조 2항). 국제기구의 구성조약에 유보를 하고자 할 때는 원칙적으로 그 기구의 권한 있는 기관의 수락을 필요로 한다(제20조 3항).

제20조 1항부터 3항에 해당되지 않은 경우에 조약이 달리 규정하지 아니하는 한 다음의 규칙이 적용된다(제20조 4항).

(a) 다른 체약국에 의한 유보의 수락은, 그 조약이 유보국과 다른 유보 수락국에 대하여 유효한 경우에 또한 유효한 기간 동안, 유보국이 그 다른 유보 수락국과의 관계에 있어서 조약의 당사국이 되도록 한다.

(b) 유보에 다른 체약국의 이의는 이의 제기국이 확정적으로 반대의사를 표시하지 아니하는 한, 이의제기국과 유보국간에 있어서의 조약의 발효를

배제하지 아니한다.

(c) 조약에 대한 국가의 기속적 동의를 표시하며 또한 유보를 포함하는 행위는 적어도 하나의 다른 체약국이 그 유보를 수락한 경우에 유효하다.

조약이 달리 규정하지 아니하는 한 국가가 유보의 통고를 받은 후 12개월의 기간이 끝날 때까지나 또는 그 조약에 대한 그 국가의 기속적 동의를 표시한 일자까지 중 어느 것이든 나중의 시기까지 그 유보에 대하여 이의를 제기하지 아니한 경우에는 유보가 그 국가에 의하여 수락된 것으로 간주된다(제20조 5항).

이와 관련 사례로 우리나라가 시민적, 정치적 권리에 관한 국제인권규약에 대해 1990년 4가지 사항의 유보를 하였는데, 영국은 1991년 5월 24일 한국이 유보한 내용에 대해 정확히 파악하기 어렵다고 하면서 정확한 내용을 알 때까지 그들의 협약상 권리를 유지하겠다고 서면을 제출하여 우리나라의 유보에 반대할 수 있는 시간을 확보하였다.[891] 그 시점으로부터 우리나라는 4개 중 2개의 유보를 철회하였다.[892]

(3) 유보와 유보에 대한 이의의 법적 효과

유보는 유보를 한 국가와 유보를 수락한 국가 간에 조약을 변경한다(제21조 1항). 유보는 상호적인 효과를 가지므로 유보한 국가는 이 유보를 수락한 국가에 대하여 자국이 유보에 의하여 면제된 조약상의 의무를 이행할 것을 요구할 수 없다. 유보는 다른 국가들 간의 조약규정을 변경하지는 않는다(제21조 2항). 유보에 대하여 이의를 제기하는 국가가 동 이의제기국과 유보국 간의 조약의 발효에 반대하지 아니하는 경우에, 유보에 관련되는 규정은 그 유보의 범위 내에서 양국 간에 적용되지 아니한다(제21조 3항).

(4) 유보절차

유보, 유보의 명시적 수락 및 유보에 대한 이의는 서면으로 하여야 하며 또한 체약국 및 조약의 당사국이 될 수 있는 권리를 가진 국가에 통고되어야 한다(제23조 1항). 유보가 비준·수락 또는 승인에 따를 것으로 하여 조약에 서명한 때

891) Anthony Aust, Modern Treaty Law and Practice (3rd ed. 2013), p. 133.

892) Id.

에 형성된 경우에는 유보국이 그 조약에 대한 비준 등 기속적 동의를 표시하는 때에 형성된 것으로 간주된다(제23조 2항).

(5) 유보의 철회

조약이 달리 규정하지 아니하는 한, 유보는 언제든지 철회될 수 있으며 또한 그 철회를 위해서는 동 유보를 수락한 국가의 동의가 필요하지 않다(제22조 1항). 조약이 달리 규정하지 아니하는 한, 유보에 대한 이의는 언제든지 철회될 수 있다(제22조 2항).

조약법조약 제22조 3항에 의하면 조약이 달리 규정하지 아니하는 한 또는 달리 합의되지 아니하는 한, 다음 규칙이 적용된다. "(a) 유보의 철회는 다른 체약국이 그 통고를 접수한 때에만 그 체약국에 관하여 시행된다. (b) 유보에 대한 이의의 철회는 동 유보를 형성한 국가가 그 통고를 접수한 때에만 시행된다."

즉, 유보의 철회는 서면으로 당사국에 통보되어야 하며, UN사무총장이 조약의 기탁처인 경우에는 UN사무총장에게 통보하여야 효력이 발생한다. 콩고(Democratic Republic of Congo)와 르완다(Rwanda) 간의 콩고영역에서의 무력활동에 관한 사건(Case concerning Armed Activities on the territory of the Congo)[893]에서 2002년 콩고가 르완다를 집단살해방지협약의 제9조 등을 근거로 ICJ에 일방적으로 제소하였다. ICJ는 2006년 2월 3일 판결을 통해 콩고의 일방적 제소가 근거가 없다고 결정하였다. 그 이유로서 ICJ는 르완다가 집단살해방지협약 제9조에 대해 유보를 하였기 때문에 이 조항은 ICJ의 관할권 행사 근거가 될 수 없다고 하였다. 특히, 르완다가 그 국내법으로 모든 유보를 철회하였지만, UN사무총장에게 유보의 철회 통지를 하지 않았기 때문에 유보 철회의 국제적 효력이 발생하지 않았고, 집단살해방지협약 제9조에 대한 르완다의 유보는 여전히 유효하다고 판시하였다.

6. 조약유보에 관한 실행지침

2011년 국제법위원회(ILC)는 「조약유보에 관한 실행지침」(Guide to Practice on Reservation to Treaties)을 채택하였다. 이 지침은 조약의 유보에 관해 상세한 규정을 두었으며, 특히 허용불가능한 유보는 무효이며 어떠한 법적 효과도 갖지 못한다

893) ICJ Report(2006), p. 6.

고 지침 제4.5.1항에서 밝히고 있다. 또한 동 지침 제4.5.2항은 무효인 유보의 무효성은 조약 당사국의 반대 또는 수락에 의존하지 않는다고 규정하고 있다. 이는 앞에서 언급한 베릴로스 사건 판결의 원칙을 반영하고 있는 것으로 보인다. 이 지침은 1969년 조약법조약의 유보관련 조항을 보완하고 있다.

Ⅱ. 조약의 효력

1. 당사국 간의 효력

조약은 원칙적으로 당사국 간에만 효력이 있다. 조약은 그 조약이 정한 바에 따라 또는 교섭국이 합의한 방법과 일시에 그 효력이 발생한다(제24조 1항). 비준을 필요로 하는 조약이 잠정 적용(Provisional Application)되는 경우도 있다(제25조). 비준되어야 하는 조약에 서명한 국가는 그 조약의 당사국이 되지 아니하고자 하는 의사를 명백히 표시할 때까지 조약의 대상과 목적을 저해하게 되는 행위를 삼가야 하는 의무를 진다(제18조).

조약은 효력의 발생(발효)과 더불어 당사국을 구속하며, 당사국은 그 조약을 성실하게 이행하여야 한다(제26조, pacta sunt servanda).

조약은 체약국의 별도의 의사표시가 없는 경우 체약국의 영역 전체에 적용된다(제29조). 조약의 시간적 적용범위는 체약국이 결정할 수 있으나, 별도의 합의가 없는 한 조약불소급의 원칙이 적용된다(제28조). 그러나 조약 발효 이전에 시작된 상황이 조약의 발효 이후에도 계속되는 경우에는 조약이 적용될 수 있다.[894] 예를 들어, UN인권위원회(Human Rights Committee)는 세케이라 사건[895]에서 인권규약의 발효 이전에 발생한 규약 위반행위를 인권위원회가 판단할 수 없지만, 그 위반행위가 규약의 발효 이후에도 계속되거나, 그 위반행위의 효과가 인권규약에 위배될 때는 개인의 통보를 접수할 수 있다고 하였다.[896] 인권위원회는 이 사건에서 신속한 재판을 받을 권리를 보장한 시민적, 정치적 권리규약 제9조 3항 등을 우루과이가 위반하였다고 확인하였다.[897]

894) Oppenheim, supra note 142, p. 1249.
895) Sequeira v. Uruguay, 1980년 7월 29일, Com. no. 6/1977.
896) Id., 16항.

2. 제3국에 대한 효력

조약은 당사국 간의 약속이므로 그 조약의 효력은 당사국에만 한정되고 제3국에 미치지 않는다는 것이 원칙이다(제34조). 그러나 예외적으로 다음의 경우에는 제3국에 대해 조약의 효력이 미칠 수 있다.

(1) 제3국에 의무를 부과하는 조약

조약당사국이 조약규정으로 제3국에 의무를 부과할 것을 의도하고, 제3국이 서면으로써 명시적으로 그 의무를 수락한 경우에 제3국에 의무를 부과할 수 있다(제35조). 또한, 그 의무의 변경 또는 취소도 조약의 당사국과 제3국의 동의를 필요로 한다(제37조).

그러나 제3국이 특정 조약의 특정 의무를 수락한 경우에도 이 제3국은 조약의 당사국이 되지 않는다.

예를 들어 구유고재판소(ICTY)는 1997년 10월 29일 판결에서 당시 UN의 비회원국인 스위스도 ICTY규정 제29조를 명시적으로 수락함으로써 제29조상의 의무를 준수하여야 한다고 하면서, 스위스의 관련 국내법 제정이 명시적 수락의 증거라고 하였다.

(2) 제3국에 권리를 부여하는 조약

조약의 당사국이 제3국에 권리를 부여하는 경우 제3국이 여기에 동의하면 제3국의 권리가 발생한다. 이 경우의 제3국의 동의는 반대의 의사표시가 없는 한 존재하는 것으로 추정된다. 따라서 제3국의 동의는 묵시적으로도 부여가 가능하다(제36조 1항).

1차 대전 후 베르사이유조약은 패전국들이 제3국에 대해 가지고 있는 채권을 포기하도록 하였는데, 이때의 제3국(덴마크 등)은 채권을 변제하지 않아도 되는 권리를 부여받았다.

그러나 수에즈운하에 관한 콘스탄티노플조약에 의해 제3국의 선박이 누리는 항행의 자유는 '권리'가 아닌 '반사적 이익'이며, 만약 조약당사국이 제3국에 대해 그 선박의 자유항행을 금지한 경우 이것을 조약위반으로서 제3국이 추궁하거나

897) Id.

또는 구제를 요구할 수 없다.[898]

한편 조약법조약 제36조 2항은 제3국에 대하여 권리를 규정하는 조약에 의거하여 권리를 행사하는 국가는 조약에 규정되어 있거나 또는 조약에 의거하여 확정되는 그 권리행사의 조건에 따라야 한다고 하여, 제3국이 관련 조약에 부과된 조건을 준수해야 할 의무를 부과하고 있다.

(3) 조약이 국제관습법을 규정한 경우

이러한 조약은 제3국에도 적용된다. 그러나 이는 조약의 효력이 제3국에 미친 것이 아니고 제3국이 국제관습법의 구속을 받기 때문이다(제38조).

1899년과 1907년의 헤이그 육전법규 협약, 조약법에 관한 비엔나 협약 등이 국제관습법을 규정한 조약으로 인정된다.

Ⅲ. 조약의 무효

1. 조약의 무효원인

1969년 조약법에 관한 비엔나협약은 무효원인을 8가지 사유로 한정하였다. 그리고 이것 이외의 원인으로는 조약의 무효를 주장할 수 없다고 하였다(제42조 1항).

2. 진정한 합의의 결여

(1) 조약체결에 관한 국내법규의 위반

조약 체결권에 관한 국내법 규정의 위반이 명백하며 또한 근본적으로 중요한 국내법 규칙에 관련되지 아니하는 한 국가는 조약에 대한 기속적 동의를 무효화하기 위하여 그 동의가 그 국내법 규정에 위반하여 표시되었다는 사실을 원용할 수 없다(제46조 1항).

위반이 명백하다는 것은 "통상의 관행에 의거하고 또한 성실하게 행동하는 어느 국가에 대해서도 위반이 객관적으로 분명한 경우"를 말한다(제46조 2항).

898) 이한기, 국제법강의, p. 515.

(2) 대표자의 권한에 대한 제한의 불준수

조약체결을 위한 국가의 대표자가 그 권한에 대한 제한을 준수하지 않고, 권한을 일탈하여 기속적 동의를 한 경우, 기속적 동의를 표시하기 전에 그 제한을 다른 교섭국에 통고하지 않는 한 동의의 무효를 주장하기 위하여 원용할 수 없다고 규정하였다(제47조).

그러나 이것은 대표자의 서명만으로 발효하는 조약에 대해서만 해당하는 것이며, 서명 후 본국의 비준·수락·승인 등에 의하여 체결되는 조약은 권한 일탈의 서명행위 등을 본국이 부인할 기회가 있으므로 이러한 조약에는 조약무효원인으로 원용할 수 없다.[899]

(3) 착오(error)

조약법조약 제48조는 착오를 무효원인으로 인정한다. 조약상의 착오는 그 조약이 체결된 당시에 존재한 것으로 국가가 추정한 사실 또는 사태로서, 그 조약에 대한 국가의 기속적 동의의 본질적 기초를 구성한 것에 관한 경우에 국가는 그러한 착오를 조약의 무효원인으로 원용할 수 있다(제48조 1항).

국가가 자신의 행동에 의하여 착오를 유발하였거나 또는 그 국가가 있을 수 있는 착오를 감지할 수 있는 등의 사정 하에 있는 경우에는 그 착오를 무효원인으로 인정하지 않는다(제48조 2항). 1962년 캄보디아와 태국 간의 프레비히어사원사건(Case Concerning the Temple of Preah Vihear, ICJ Reports 1962)에서 태국정부는 잘못된 국경을 나타내는 지도의 내용에 상당기간 반대하지 않았고 인정하였기 때문에 ICJ는 이러한 경우 태국정부가 착오를 주장할 수 없다고 하였다. 즉, ICJ는 "당사자가 그 스스로의 행위로 착오발생에 기여했거나, 착오를 피할 수 있었거나, 착오를 알 수 있는 상황일 경우에는 착오를 주장할 수 없는 것이 확립된 법의 규칙이다"라고 판시하였다. 이 사건은 또한 금반언의 원칙과도 관련된다.

(4) 사기(Fraud)와 부정(corruption)

국가가 허위의 의사표시 또는 방법에 의하여 상대국의 동의를 얻어내어 조약을 체결한 경우(사기 또는 기만), 그 상대국은 그 기속적 동의를 무효화하기 위해

---

899) Id., p. 517.

그 사기를 원용할 수 있다(제49조).

매수(부정)는 상대국의 대표의 판단에 실질적인 영향을 미치게 하기 위하여 행해진 행위를 말하며, 그 대표자의 본국은 그 기속적 동의를 무효화하기 위하여 부정행위를 원용할 수 있다(제50조).

(5) 강박(coercion)에 의한 동의

강박은 국가 대표 개인에 대한 강박과 국가 자체에 대한 강박으로 나눌 수 있다. 첫째, 국가의 대표 개인에게 강박을 가하여 체결한 조약은 법적 효력을 갖지 않는다(제51조). 즉, 그 대표가 강박에 의해 조약을 체결한 경우에는 국가가 그 사유를 원용하지 않더라도 당연히 무효가 된다. 1905년 을사보호조약은 대한제국의 대표들이 강박을 당하여 체결한 조약으로서 처음부터 법적 효력이 없었다.

둘째, 국가 자체에 대한 강박은 과거에 유효한 것으로 일부 인정되었으나,[900] 오늘날의 국제법상 "국제연합헌장에 구현된 국제법의 제 원칙을 위반하여 무력의 위협 또는 무력행사에 의하여 조약의 체결이 이루어진 경우에 그 조약은 무효이다"(제52조).

즉, 국가 자체에 대한 강박에 의해 조약을 체결한 경우에도 그 조약은 당연히 무효이다.

3. 강행규범위반(jus cogens, peremptory norm)

강행규범에 위반되는 조약은 당사국 간에 합의가 있고 절차상 하자가 없어도 절대적으로 무효이다(제53조). 조약법조약 제53조는 강행규범을 "그 이탈이 허용되지 아니하며 또한 동일한 성질을 가진 일반국제법의 추후의 규범에 의해서만 변경될 수 있는 규범으로 국제사회 전체에 의하여 수락되며 또한 승인된 규범"으로 하였으나 구체적으로 그 예를 제시하지는 않았다.

그러나 ICJ의 바르셀로나 전력회사사건(1970년)에서 집단살해금지, 침략행위금지 등을 강행규범으로 인정하였다. 따라서 조약에서 집단살해를 범하는 것을 합의하는 것은 절대적으로 무효이다.

900) Id., p. 518.

4. 조약의 무효화절차

조약의 무효를 주장하는 당사국은 그 이유를 다른 당사국에 통고하여 동의를 구하고, 이의가 있는 경우에는 조정 또는 UN헌장 제33조에 규정된 분쟁의 평화적 해결수단에 따라 처리해야 한다(제65, 66조).

일방당사국이 무효의 원인을 원용한 후 일정기간까지 다른 당사자에게서 이의신청이 없을 때에는 다른 당사자에게 정식의 문서를 전달하여 필요한 조치를 취할 수 있다.

그러나 다른 당사자가 무효의 원용에 대해 이의를 제기하면, 분쟁은 평화적 해결수단에 회부된다. 분쟁이 평화적 해결수단에 회부된 후 12개월 이내에 해결되지 못한 경우에는 i) 강행규범에 관한 분쟁은 ICJ에 일방적으로 회부할 수 있고 ii) 기타의 무효, 종료원인에 관한 분쟁은 부속서에 규정된 의무적 조정(Conciliation)절차에 부탁할 수 있다(제66조). 의무적 조정절차에 의하면, 분쟁당사국이 UN사무총장에게 조정요구서를 제출하고, 각 당사국이 2명씩 조정위원을 임명한다. 이렇게 임명된 4인의 조정위원이 조정위원회의 의장을 임명하고, 만일 의장의 임명에 합의하지 못할 때는 UN사무총장이 조정위원회의 의장을 임명한다.[901)]

5. 조약의 절대적 무효와 상대적 무효

조약의 무효는 절대적 무효와 상대적 무효로 나누어 볼 수 있다. 그 차이점은 다음과 같다.

(1) 무효의 효과

절대적 무효는 당연 무효(void)로서 무효의 원인을 원용할 필요가 없지만, 상대적 무효는 원용할 때 무효(voidable)로서 무효의 원인을 원용하여 무효로 하여야 한다.[902)]

---

901) 조약법조약 부속서 2항.

902) Oppenheim, supra note 142, p. 1294.

(2) 무효의 원인

절대적 무효의 원인은 1) 국가의 대표 개인에 대한 강박 2) 국가에 대한 강박 3) 강행규범의 위반이나, 상대적 무효의 원인은 1) 조약체결에 관한 국내법규의 위반 2) 대표자의 권한에 대한 제한의 불준수 3) 착오 4) 사기 5) 부정이다.[903)]

(3) 무효 주장 국가

절대적 무효는 모든 국가가 조약의 무효를 주장할 수 있으나, 상대적 무효는 무효의 원인과 관련된 당사국만이 조약의 무효를 주장할 수 있다.[904)] 또한 조약법조약 제71조는 강행규범에 위반되는 조약은 무효로서 조약의 당사국이 그 조약에 의존하여 행하여진 결과를 가능한 한 제거할 의무를 부과하고 있다.

(4) 추인 여부

절대적 무효는 추인을 통하여 조약을 유효하게 할 수 없으나, 상대적 무효는 추인을 통해 조약을 유효하게 할 수 있다.[905)] 조약법조약 제45조는 상대적 무효인 조약을 추인을 통해 유효하게 할 수 있도록 하고 있다.

(5) 조약의 일부 유효 가능성

절대적 무효는 조약 전체가 무효이나, 상대적 무효는 조약의 일부는 유효할 수 있다.[906)] 조약법조약 제44조 3항은 조약의 무효 등 사유가 특정의 조항에만 관련되는 경우에는, 당해 조항이 그 조약의 잔여부분으로부터 분리될 수 있거나, 다른 당사국의 기속적 동의의 기초가 아니거나, 조약의 잔여부분 계속이행이 부당하지 않은 경우, 그러한 조항에 관해서만 원용될 수 있도록 하고 있다. 그러나 동조 5항은 강박에 의한 조약이나 강행규범위반조약의 경우에는 조약규정의 분리가 허용되지 않도록 규정하고 있다.

903) Id., p. 1295.
904) Id., p. 1295 no. 5.
905) Id., p. 1295 no. 5.
906) Id., p. 1295 no. 5.

Ⅳ. 조약의 종료, 정지, 개정, 승계

1. 조약의 종료(termination)와 정지(suspension)

조약의 종료는 모든 당사국에 대해 조약의 효력이 상실하는 것을 말한다.

조약의 정지(suspension)는 조약 그 자체는 소멸되지 않으나 효력이 정지되는 것을 말한다. 조약의 폐기(denunciation)는 보통 양자조약에서 일방의 당사국이 조약을 종료시키려는 의사를 일방적으로 표명하는 경우를 말한다. 조약의 탈퇴(withdrawal)는 다자조약에서 당사국이 이탈하는 경우에 사용된다. 이 경우 조약은 탈퇴한 당사국에 대해서만 효력을 상실한다.

2. 종료규정 또는 정지규정이 있는 경우

조약의 종료 또는 정지는 그러한 규정이 있는 경우 그것에 따라 발생한다(제54조 (a), 제57조 (a)). 유효기간을 정한 조약은 기한만료와 더불어 자동적으로 종료한다.

종료에 관한 규정을 포함하지 아니하며 또한 폐기 또는 탈퇴를 규정하고 있지 아니하는 조약은, 다음의 경우에 해당되지 아니하는 한, 폐기 또는 탈퇴가 인정되지 아니한다.

(a) 당사국이 폐기 또는 탈퇴의 가능성을 인정하고자 하였음이 확정되는 경우, 또는

(b) 폐기 또는 탈퇴의 권리가 조약의 성질상 묵시되는 경우

당사국은 상기 1항에 따라 조약의 폐기 또는 탈퇴 의사를 적어도 12개월 전에 통고하여야 한다.[907]

3. 폐기, 탈퇴의 경우

조약의 성질상 강화조약이나 국경획정조약은 폐기, 탈퇴가 허용되지 않는다.

907) 조약법조약 제56조.

국제연맹 규약과 달리, UN헌장은 탈퇴에 관한 명문의 규정을 두고 있지 않다. 그러나 헌장 제정시에 탈퇴에 관한 선언이 채택되었고, 1965년 인도네시아가 탈퇴한 예가 있다.[908]

4. 신조약의 체결에 의한 종료, 정지

새로운 조약을 체결하였을 때 당사국이 해당사항을 신조약에 의해 규율할 것을 의도하거나, 또는 신조약 규정이 구조약 규정과 근본적으로 양립되기 어려운 경우에는 구조약이 종료된 것으로 본다(제59조).

5. 중대한 위반에 의한 종료

양자조약에서 당사국의 한쪽이 중대한 조약위반을 했을 경우, 다른 당사국은 폐기권에 관한 규정이 없을지라도 폐기권을 가진다(제60조 1항).

다자조약의 한 당사국이 중대한 조약위반을 한 경우에는 타 당사국은 전원일치의 합의에 의하여 위반국과의 관계에서만 조약을 종료시킬 수 있고, 조약 자체를 종료시킬 수도 있다(제60조 2항).

그러나 인도적 성격(humanitarian character)의 조약에 포함된 인신의 보호에 관한 규정, 특히 그러한 조약에 의하여 보호를 받는 자에 대한 복구를 금지하는 조항에는 위의 폐기권 등을 원용하지 않는다(제60조 5항). 이는 인도적 성격의 조약을 종료시키는 것이 바람직하지 않기 때문이며, 위반국에 대해서는 다른 제재수단을 통하여 제재할 수 있을 것이기 때문이다.

6. 후발적 이행불능

조약의 실시에 불가결한 목적물이 소멸되거나 파괴된 결과 그 조약이 이행불능이 된 경우, 당사국은 그 이행불능을 조약종료의 원인으로 원용할 수 있다(제61조 1항).

그러나 그 이행불능이 자국의 조약의무위반에 기인한 경우에는 원용의 자격

908) 이한기, 국제법강의, p. 521.

을 상실한다(제61조 2항).

7. 사정변경의 원칙

조약법조약은 사정변경의 원칙을 국제법상의 원칙으로서 다음과 같은 조건하에 인정하고 있다. i) 그 사정의 존재가 당사국의 조약에 대한 당사국의 기속적 동의의 본질적 기초를 구성한 것이며, 또한 ii) 사정변경의 결과, 조약상 이행해야 할 의무의 범위가 급격하게 변화한 경우에만 이 원칙을 원용할 수 있다고 규정하였다(제62조 1항).

그러나 국경을 확정하는 조약 또는 사정변경이 이를 원용하는 국가의 조약위반에 기인한 경우에는 이 원칙을 원용할 수 없다(제62조 2항).

8. 신강행규범의 출현

강행규범이 새로이 출현한 경우, 그 규범에 저촉하는 현재의 조약은 무효가 되어 종료한다(제64조).

9. 외교, 영사관계의 단절

전쟁 등으로 외교, 영사관계가 단절되는 것이 관련국 간에 확립된 조약에 영향을 미치지 아니한다. 다만 외교, 영사관계의 존재가 조약의 적용에 불가결인 경우에는 예외이다(제63조).

10. 침략국의 경우

침략국에 대해서는 조약법조약의 여러 규정의 적용이 배제될 수 있다(제75조). 즉, 제75조는 “이 협약의 규정은 국제연합헌장에 의거하여 침략국의 침략에 관하여 취해진 조치의 결과로서 그 침략국에 대하여 발생될 수 있는 조약상의 의무를 침해하지 아니한다”고 규정하고 있다. 예를 들어, 이 조항에 의할 때 UN에 의해 침략국으로 인정된 국가에 대해, 그 침략국의 동의 없이 그 국가가 당사국이 아닌 조약상의 의무를 부과하는 경우, 조약법조약 제35조의 서면 동의 요건이 배제될 수 있다는 해석이 가능하다. 특히 UN헌장 제103조가 "국제연합회원국의 헌장상의 의무와 다른 국제협정상의 의무가 상충되는 경우에는 이 헌장상의 의무가 우선하다"고 규정하고 있는 점을 감안하면 위의 해석은 더 설득력이 있게 된다.

11. 평화적 변경(peaceful change)

국제연맹 규약 제19조는 "연맹총회는 적용불능이 된 조약의 재심의를 수시로 연맹국에 권고할 수 있다"고 규정하여 조약을 평화적 방법으로 변경할 것을 장려하였다. 그러나 이 조항은 두 가지 중대한 제한이 있었다. 첫째, 연맹총회는 조약 재심의에 대한 권고만을 할 수 있다. 둘째, 권고의 표결절차는 당사국을 포함한 만장일치로 이루어져야 한다.[909)]

UN헌장 제14조는 총회의 권한으로서 "기인에 관계없이 일반적 복지 또는 각국가 간의 우호관계를 해칠 우려가 있다고 인정되는 모든 사태를 평화적으로 조정하기 위한 조치를 권고할 수 있다"고 규정하여, "조약"에 한정하지 않고 보다 넓은 '사태'라는 말을 사용하고 있다. 그러나 총회의 권고는 구속력이 없다는 점과 헌장 제12조에 따라 안보리가 심의중에 있을 때에는 이 문제를 취급할 수 없다는 등의 한계가 있다.[910)]

12. 조약의 승계

1978년 조약에 관한 국가승계협약(Vienna Convention on Succession of States in respect of Treaties)은 1996년 발효되었는바, 동 협약은 기본적으로 승계국이 "백지상태"(clean-slate)에서 출발하는 것으로 인정한다. 즉 승계국은 과거 피승계국의 조약상 의무에 구속받지 않는다.

승계국은 피승계국의 조약을 승계할 수도 있고 승계하지 않을 수도 있다. 다만 국경획정조약이나 영토관련 조항에는 "백지상태" 원칙이 적용되지 않고 승계국은 이러한 조약을 승계하여야 한다.

909) Id., pp. 524~525.

910) Id.

Ⅴ. 조약의 해석

1. 조약의 해석이론

(1) 객관적 해석(textual approach)

객관적 해석 이론은 조약문을 중시하고 해당 용어의 자연적 내지 통상적 의미내용에 따라 조약을 해석해야 한다는 입장이다. 1948년 UN가맹승인사건[911] 등 국제판례도 이러한 해석방법을 확립된 법이라고 인정한 경우가 많다. UN가맹승인사건에서 ICJ는 UN에 가맹하는데 있어 조건을 붙일 수 있다는 내용이 UN헌장 문언에 없기 때문에 조건을 붙일 수 없다고 하였다.

(2) 주관적 해석(intentional approach)

조약당사자의 의사는 반드시 조약문에 충분히 반영되는 것이 아니며, 그 교섭시의 여러 사정도 고려하여 종합적으로 해석해야 한다는 입장이다. 이 입장에 의할 때 조약교섭 과정에서의 제안문서나 초안, 조약의 준비작업 등이 조약 해석시 중요한 의미를 가진다.

(3) 목적론적 해석(teleological approach, 실효성의 규칙, 기능적 효과설)

조약의 취지, 목적에 비추어 가장 적절하고 실효적인 해석을 선정해야 한다는 입장이다. 국제판례는 이 규칙을 부정하기도 하나, 조약문의 문언의 의미가 불명확한 경우에는 인정하기도 한다.

1950년에 시작된 한국전쟁 당시 1949년 포로의 대우에 관한 제네바협약 제118조의 해석문제가 중요한 쟁점이 되었다. 동조에 의하면 포로는 적대행위의 종료 후에 지체 없이 석방되고 송환되어야 한다고 규정되어 있다. 미국 등 서방측은 이 조항을 목적론적 해석을 하여 제네바협약의 기본원칙이 인도주의에 기초하는 것이므로 포로의 의사에 반한 강제송환은 되지 않는다고 주장하였으나, 중국 등 공산측은 제118조를 객관적 해석을 하여 포로가 송환되어야 한다고 주장하였다. 이 문제는 양측의 휴전협상을 2년 가까이 지연시키는 사유가 되었다. 마침내 1953년 6월 8일 UN군측과 공산측이 포로교환협정에 합의하였고, 그 결과 복귀를

911) Admission of a State to Membership in the U.N., ICJ 권고적 의견, ICJ Reports 1948, 57.

원하는 포로는 60일 이내에 송환하고, 송환을 원하지 않는 포로들의 신병을 중립국 송환위원회로 인계하기로 하였다.[912] 6.25 전쟁에서의 포로처리 방식은 결과적으로 국제인권법의 정신에 부합하며, 제네바 제3협약 제118조 해석의 중요한 관련사례가 된다.[913]

2. 조약법조약의 해석기준

(1) 일반원칙(제31조)

조약법조약 제31조(해석의 일반 규칙) 1항은 "조약은 조약문의 문맥에서 그리고 조약의 대상 및 목적에 비추어, 그 조약의 문언에 부여되는 통상적 의미에 따라 신의에 좇아 성실하게 해석되어야 한다."고 규정한다. 즉, 조약은 성실의 원칙하에(in good faith) 그 문맥(context)과 목적(object and purpose)에 비추어 조약의 문언(terms)에 부여되는 '통상의 의미(ordinary meaning)'에 따라 해석한다.

따라서 조약해석 시 성실의 원칙을 적용하며, 객관적 해석(textual approach)을 우선하면서, 조약의 취지, 목적에 비추어 실효성의 규칙 범위 내에서 목적론적 해석을 할 수 있다. 조약의 해석이 그 조약의 대상과 목적에 양립하지 않는다면, 그 해석은 잘못된 것이다.[914] 그러나 조약법조약은 목적론적 해석보다는 객관적 해석 방법에 더 우선권을 주고 있다.[915]

(2) 조약의 문맥(제31조 2항)

조약의 문맥(context)은 서문(preamble), 부속서(annex), 조약체결과 관련되는 협정, 관련 문서 등을 포함한다. 조약을 해석할 때는 서문, 부속서, 관련 협정이나 문서 등 문맥을 함께 살펴보아야 한다.

제31조 2항은 다음과 같이 규정한다.

> "2. 조약 해석의 목적상, 문맥은 조약의 전문 및 부속서를 포함한 조약문에 추가하여 다음으로 구성된다.

912) 정인섭, 신국제법강의(박영사, 2017), p. 1167.
913) Id., p. 1168.
914) Anthony Aust, Modern Treaty Law and Practice (3rd ed. 2013), p. 209.
915) Id.

가. 조약 체결과 연계되어 모든 당사자 간에 이루어진 조약에 관한 합의
나. 조약 체결과 연계되어 하나 또는 그 이상의 당사자가 작성하고, 다른 당사자가 모두 그 조약에 관련된 문서로 수락한 문서”

예를 들어, 1996년 포괄적 핵실험금지조약(CTBT, Comprehensive Nuclear-Test-Ban Treaty) 제1조는 ‘어떠한 핵무기 실험 폭발 또는 다른 어떠한 핵폭발’(any nuclear weapon test explosion or any other nuclear explosion)도 금지한다고 하여, CTBT가 핵실험뿐만 아니라 핵무기의 사용까지 금지하는 것으로 해석될 수 있는데, 이러한 해석은 그 조약의 명칭과 전문에 나타난 핵군축(nulear disarmament)을 희망한다는 표현 등 문맥을 고려할 때 타당하지 않다고 할 수 있다.[916)]

문맥에 포함되는 조약체결과 관련되는 협정 등은 조약의 일부를 구성해야만 하는 것은 아니나 체결 당사국들의 의사를 명확히 보여주는 것이어야 한다.[917)]

그러나 문맥을 고려해도 조약의 해석이 명확해지지 않을 수도 있고, 제31조 2항의 의미도 명확하지 않을 때도 있다.[918)]

(3) 조약이후의 ‘후속 합의’ 등 고려(제31조 3항)

조약법조약 제31조 3항은 문맥과 함께 다음이 고려된다고 규정한다.

가. 조약 해석 또는 조약 규정 적용에 관한 당사자 간 후속 합의
나. 조약 해석에 관한 당사자의 합의를 증명하는 그 조약 적용에 있어서의 후속 관행
다. 당사자 간의 관계에 적용될 수 있는 관련 국제법 규칙

즉, 제31조 3항에 의하면 문맥과 함께, 조약이후의 ‘후속 합의’(subsequent agreements), ‘후속 관행’(subsequent practice)과 관련 국제법 규칙 등을 고려하도록 하고 있다.

후속 합의의 사례로, 1951년 난민협약의 제1조 F(c)가 ‘UN의 목적과 원칙에 반하는 행위를 한 사람’은 난민이 될 수 없다고 하는데, 1996년 12월 17일 UN총회

916) Anthony Aust, Modern Treaty Law and Practice (3rd ed. 2013), p. 210.
917) Id
918) Id.

가 테러리즘은 UN의 목적과 원칙에 반하는 것이라는 선언을 한 바 있다. 이 UN 총회의 결의는 UN헌장의 해석과 난민협약의 해석 시에 고려해야할 '후속 합의'라고 볼 수 있다.[919)]

후속 관행의 사례로 1950년 한국전의 초기에 소련 대표가 안보리의 회의에 불참한 가운데 안보리의 결의가 채택되었다. 소련은 그 후 안보리에 참석하여 안보리 회의에 불참한 것은 거부권을 행사한 것이라는 주장을 하였으나, 받아들여지지 않았고, 안보리 회의에 불참한 것은 거부권을 행사한 것이 아닌 기권으로 인정되게 되었다. 이 후속 관행은 나미비아 사건에서 확인한 바 있다.[920)]

'관련 국제법 규칙'으로는 예를 들어 대륙붕에 관한 조약을 해석할 때는 1958년 대륙붕에 관한 제네바협약뿐만 아니라 1982년 UN해양법협약도 고려하여야 한다는 것을 들 수 있다.[921)]

(4) 특별한 의미(제31조 4항)

제31조 4항은 조약의 당사자가 조약의 특정 용어에 특별한 의미를 부여하기로 의도하였음이 증명되는 경우에는 그러한 의미가 부여된다고 규정한다. 예를 들어 특정 조약의 당사국총회에서 조약의 특정 용어에 특별한 의미를 부여하기로 결정한 경우, 그 조약의 용어는 당사국총회에서 결정한 의미로 해석된다.

(5) 보충적 해석수단(제32조)

위의 제31조에 의한 일반원칙에 의해 해석을 하였으나 의미가 불명확한 경우나 해석결과가 명확히 불합리한 경우에는 조약의 준비작업(preparatory work, travaux préparatoires, 각국제안 등)과 체결시의 여러 사정을 보조수단으로 사용할 수 있다(제32조).

(6) 국제관습법의 지위

국제사법재판소는 리비아와 차드 간의 영토분쟁사건(Territonal Dispute Case, ICJ Rep. 1994. 6) 제41항에서 조약법조약 제31조가 국제관습법의 지위를 가지고 있다고 판시하였다.

---

919) Anthony Aust, Modern Treaty Law and Practice (3rd ed. 2013) p. 213.

920) Id. p. 216. ICJ Reports (1971), p. 3. paras. 20－2.

921) Anthony Aust, Modern Treaty Law and Practice (3rd ed. 2013) pp. 216~217.

제13장

국제분쟁의 평화적 해결

제13장
국제분쟁의 평화적 해결

Ⅰ. 국제분쟁의 중재(Arbitration)

1. 의　　의

중재(arbitration)는 분쟁당사자가 중재재판관을 선임하여 중재재판소를 구성하고 분쟁을 회부한 후 그 중재재판소의 중재판정에 따라 분쟁을 해결하는 제도이다. 19세기 말과 20세기 초 동안 미국에서, 국제정치에서 많은 실제 경험을 가진 사람들이 국제분쟁의 강제중재를 위한 효율적인 체계를 수립하는 것으로서 국가간의 전쟁에 의존하는 것을 대체할 수 있을 것이라고 진실로 믿었다.[922]

1898년부터 1914년간의 국제관계는 20세기 국제중재운동의 전성기였다. 국가들은 합리적인 자기 이익을 이유로 중재에 의존하고 중재판정을 의무적으로 지켰기 때문에 중재판정을 집행하는 데 거의 문제가 없었다.[923] 오늘날도 국가들은 중재판정에 따르는 기록이 상당히 좋다.

2. 초기 선례들

(1) 미국과 영국의 1794년 제이 조약(Jay Treaty)

이 조약은 미국의 독립 전쟁으로부터 남겨진 영국과의 많은 문제들을 해결하였다. 제이 조약에 의해 세워진 혼합청구위원회들은 그 후 미국과 영국 간의 알라바마(Alabama)호 사건의 해결을 위한 선례가 되었다.[924]

---

922) 프란시스 앤서니 보일, 세계질서의 기초, p. 43.
923) Id.

(2) 알라바마호 사건(the Alabama Claims)

알라바마호 사건은 미국 남북전쟁 동안 영국이 영국령 항구에 있던 미국 남부반군의 선박 건조와 무장을 도와주었던 행위로 인한 손해배상을 미국이 청구한 사건이다. 미국은 영국이 남부반군의 선박이었던 알라바마호를 무장시켜줌으로써 미국 북군에 대해 많은 피해를 주었다고 주장하면서, 많은 액수의 손해배상을 청구하였다. 영국은 처음에 미국의 손해배상 청구를 인정하지 않았다.

그러나 그 후 1871년 5월 8일 미국과 영국 간에 서명된 워싱턴 조약은 제네바에 중재재판소를 설립하도록 하였고 이 중재재판소는 궁극적으로 남부반군이 연방 상업에 끼친 직접적 손해를 위해 미국이 1,550만 달러를 받도록 판정하였다.[925]

분쟁이 장기화되면 적대행위로 발전할 수도 있었던 미국과 영국 간의 이 중대한 분쟁을 제네바재판소가 해결하는 데 성공한 것이 19세기의 남은 기간 동안 그리고 아마도 1차 헤이그평화회의까지의, 국제분쟁의 강제중재를 위한 국제적 움직임의 추진 원동력이 되었다.[926]

제네바 중재는 또한 국제법학회(Institute of International Law)와 세계국제법협회(International Law Association)를 탄생시켰다.[927]

(3) 올니-폰스포트 조약(1897년)[928]

'제네바 정신'을 따라, 미국과 영국은 클리브랜드(Cleveland) 행정부 동안인 1897년 1월 11일 올니-폰스포트(Olney-Pauncefote) 조약에 서명하였다. 이 조약은 양국 간에 발생가능한 거의 모든 종류의 분쟁을 다루기 위한 양국 간의 일반적 중재합의조약이었다.

그러나 미국 상원 외교위원회는 그 조약을 개정하여 그 존재 의의를 없게 하였다. 특정 분쟁을 폰스포트 조약에 따른 중재에 회부하기 위해서는 상원의 2/3가 추가적으로 권고와 동의를 하여야 한다는 요건이 특히 그러하였다. 다시 말하면,

924) Id., p. 44.
925) Id.
926) Id., p. 45.
927) Id.
928) Id., pp. 45~46에서 부분 인용.

일반 중재 조약으로는 충분하지 않고 특별한 조약이 별도로 요구되는 것이었다.

그 후 이어지는 20세기 동안 내내, 미국 상원은 반복하여 연방헌법 제2조 2항 2절에 있는 그 헌법상 권한을 이렇게 좁고 근시안적으로 해석하는 것을 고집스럽게 신봉하고 있음을 보여주었다.

이러한 시기심 많고 이기적인 태도는 올니－폰스포트 조약과 다른 많은 국제분쟁의 평화적 해결을 위한 국제협정들 그리고 베르사이유 조약, 국제연맹규약 그리고 상설국제사법재판소를 포함하는 국제법과 기구가 발전하는 것을 방해하는 것이었다.

3. 제1차 헤이그평화회의(1899년)[929]

제1차 헤이그평화회의는 러시아의 황제 니콜라스 2세의 제안으로 소집되었다. 회의계획을 나타내는 1898년 12월 30일자 러시아 외무장관의 회람각서 제7조는 주선, 중개 그리고 '국가 간의 무력충돌을 예방하기 위해서 가능한 사건의 임의중재'의 사용을 '원칙적으로 수락'할 것을 요구하였다.

미국 상원이 얼마 전에 영국과의 올니－폰스포트 조약을 거부했음에도 불구하고, 맥킨리 정부의 국무장관인 존 헤이(John Hay)는 열정적으로 러시아의 제안을 지지했으며 제1차 헤이그 평화회의에 참가한 미국 대표단에게 미국 연방대법원과 같은 형태를 따라 조직되는 상설국제재판소 설립안을 제안하도록 지시했다.

그러나 제1차 헤이그평화회의는 실제 소송을 위해 필요한 때를 제외하고는 회기중이 아닌 재판관단을 선출하자는 영국의 제안을 선호하였다. 이 영국의 제안은 그 후 채택된 헤이그 상설중재재판소(Permanent Court of Arbitration, PCA)의 기초가 되었다. 그러나 미국안의 몇 가지 요소들도 PCA 설립에 반영되었다.

독일은 분쟁의 강제중재원칙에 강하게 반대하였다. 독일이 반대한 것은 군사적인 고려 때문이었다. 독일은 그의 잠재적인 적들보다 빠르게 전쟁을 위해 군대를 동원할 수 있었다. 그러므로 독일이 강제중재를 수락하면 중재가 진행되는 동안 적들에게 군대를 동원할 시간을 더 주게 되고, 이는 독일을 전략적으로 불리하게 만든다는 것이다. 그 결과, 제1차 헤이그평화회의는 완전히 자발적인 상설중재

929) Id., pp. 46~50에서 부분 인용. 다음의 4. 상설중재재판소와 5. 주선과 중개를 위한 국제사무국의 내용은 「세계질서의 기초」, pp. 50~54에서 부분 인용함.

재판소를 설립하는 것으로 만족해야 하였다.

PCA는 제1차 헤이그평화회의에서 채택된 '1899년 국제 분쟁의 평화적 해결을 위한 협약'에 의해 설립되었다.

이 1899년 협약은 1907년 국제분쟁의 평화적 해결을 위한 협약으로 개정되었고, 우리나라는 1997년에 1907년 협약에 가입하였다.

4. 상설중재재판소(Permanent Court of Arbitration, PCA)

PCA는 1900년에 설립되어 1902년부터 기능을 수행하였다.

PCA는 진정한 중재 '재판소'가 아니었으며 협약당사국에 의해 임명된 저명한 법률가의 명부(list)에 불과하였다. 그리고 현재도 그러하다. 이 명부는 각 협약당사국이 선정한 임기 6년의 4인을 포함하고 있다(1907년 협약 제44조). 이들을 국별재판관단이라고 부르며 국별재판관단은 자국의 국제사법재판소(ICJ) 재판관, 국제형사재판소(ICC) 재판관의 추천에 있어서 중요한 역할을 담당한다.

당사국들이 중재재판소 구성에 합의하지 못하는 경우 각 당사국은 2인씩의 중재재판관들을 임명하고 이들 중재재판관들이 합동으로 1인의 상급중재재판관(중재재판장)을 선임한다. 만약 4인의 중재재판관이 중재재판장을 선임하지 못하면, 중재재판장의 선임을 당사국들이 합의하여 선정한 제3국이 맡게 된다. 만약 당사국들이 제3국 선정에 합의하지 못하면, 각 당사국은 각기 다른 국가를 하나씩 선정하고, 이들 국가가 협조하여 중재재판장을 선임한다(제45조).

중재재판소가 구성이 되면, 이 중재재판소는 분쟁당사국들이 정한 날에 주로 헤이그에서 개최된다(제60조).

1907년 협약 제52조에 따라, PCA의 중재를 받기 위해서는 분쟁당사국 간에 분쟁의 내용과 중재인의 권한범위가 명시적으로 정의된 별도의 합의(compromis: 중재합의 또는 관할합의)가 있어야 한다. 중재재판소는 중재합의 및 원용할 수 있는 다른 조약을 해석하고 법의 원칙을 적용할 권한을 선언할 수 있다(제73조). 이는 중재재판소가 중재합의를 해석할 수 있다는 것으로서 스스로의 권한범위를 해석할 수 있다는 것을 의미하며 '권한 있는 자의 권한(compétence de la compétence)'으로 지칭되는 것이다.

1907년 협약 제38조에 따라, 체약당사국은 법적 성격의 문제, 특히 국제협약의 해석과 적용에 있어서, 중재가 외교수단으로 해결할 수 없는 분쟁을 해결하는 가장 효과적이고 공평한 수단임을 승인하고 있다.

중재의 당사국은 어떠한 중재 판정에도 '충실히 따를(submit in good faith to the Award)' 의무를 진다.

중재판정은 다수결로 결정이 되며, 판정이유가 수록되고 중재재판소의 각 중재인이 서명한다(제79조). 중재판정은 분쟁을 최종적으로 종료시키며, 관할합의(compromis)에 당사국이 중재판정의 수정 요구권을 유보해 놓지 않는 한 중재판정에 대해 항소할 수 없다(제81조와 제83조).

5. 주선과 중개를 위한 국제사무국

1899년 국제분쟁의 평화적 해결을 위한 협약은 PCA를 위한 기록 유지 사무실로 사용하기 위해 헤이그에 국제사무국(International Bureau)을 설치하였다(제22조, 1907년 협약 제43조).

이 사무국은 네덜란드 외무부장관에게 신임장을 제정한 체약당사국의 외교관 대표들로 구성되는 상설집행위원회(Permanent Administrative Council)의 지휘와 감독을 받았다(제28조, 1907년 협약 제49조).

1899년 협약 제27조에 의하면, 체약당사국 간에 심각한 분쟁이 발생할 우려가 있는 경우, 다른 체약당사국들은 분쟁가능 당사국들에게 PCA가 그들에게 개방되어 있음을 상기시킬 의무가 있으며, 이러한 상기행위는 분쟁국들에 의해 비우호적인 간섭행위로 여겨져서는 안 된다.

제2차 헤이그평화회의에서 1899년 국제분쟁의 평화적 해결을 위한 협약을 수정할 때에, 제27조의 내용은 1907년 협약의 제48조로 이동하였다. 이 제48조는 두 체약 당사국 간에 분쟁이 있는 경우, 일방 체약당사국이 그 국가가 분쟁을 중재에 회부할 준비가 되어 있음을 선언하는 문서를 언제든지 국제사무국에 보낼 수 있고, 사무국은 즉시 타방 당사국에 그 선언을 통지해야 한다는 조항을 추가로 보완하고 있다.

6. 헤이(Hay)의 중재협약들930)

강제중재를 위한 일반조약의 제안이 채택되지 않았음에도 불구하고, 1899년 협약 제19조는 체약당사국들이 그들 간의 강제중재를 위한 일반조약 또는 특별조약을 체결할 권리를 유보함으로써 강제중재를 권장하려 하였다.

비록 제19조가 채택 당시에는 큰 중요성이 없어 보였으나, 1899년 제1차 헤이그평화회의와 1908년 사이의 기간 동안 약 77개의 중재조약이 세계 여러 국가들 간에 체결되었고, 모두 12개 조약이 PCA에 분쟁을 회부한다는 조항이 있었다.

PCA에 분쟁 회부를 규정하고 있는 조약은 대체로 특정 분쟁의 종류에 관한 유보에 의해 제한되어 있었는데, 그 유보는 주로 국가의 독립, 사활적 이익, 명예, 주권 또는 비체약당사국의 권리에 관한 문제들을 중재로부터 배제시키는 것이었다.

1898년 협약의 제19조에 따라, 1904년 11월과 1905년 2월 사이에, 미국의 국무장관 존 헤이(John Hay)는 프랑스, 독일, 영국 등 11개 외국 정부와의 일련의 중재조약에 미국 정부를 대표하여 서명하였다. 이 조약들은 강제 중재로부터의 통상적인 면제 조항과 함께, "법률적 성격의 입장 차이 또는 양 체약당사국 간에 존재하는 조약의 해석과 관련된 입장 차이"들을 PCA에 회부할 것을 규정하고 있었다.

그러나 헤이 중재조약에 공통된 제2조는 1899년 협약 제31조에서 요구하는 중재합의(compromis)를 협정(agreement)이라는 용어를 사용하여 나타내고 있었다. 이 용어는 미국 상원의 권고와 동의를 구할 필요없이 대통령과 국무장관이 외국정부와 단순히 외교각서를 교환함으로써 중재관할합의(compromis)를 체결할 수 있도록 하는 것이었다.

미국 상원은 10개의 헤이 중재조약 비준에 대한 권고와 동의를 부여하면서, 국제협정에 관한 그 헌법상 권한을 지나치게 의식하여, 헤이 조약의 공통된 제2조의 협정(agreement)이라는 용어를 조약(treaty)이라는 용어로 개정하였다. 이로써, 명시적으로 미국 상원은 어떠한 중재 관할합의(compromis)도 미국 상원의 권고와 동의를 받도록 요구한 것이다.

테오도어 루즈벨트(Theodore Roosevelt) 대통령은 상원의 개정은 조약 비준 동의의 거절이나 같다고 간주하여, 개정된 헤이 중재조약에 비준할 수 없다고 생각

930) 프란시스 앤서니 보일, 세계질서의 기초, pp. 55~57에서 부분 인용.

하였다. 외국 체약당사국의 입장에서 볼 때, 미국 상원이 관할합의 또는 특별협정(compromis)에 권고와 동의를 하지 않으면 그리고 하기 전에는 중재절차가 시작도 되지 않는다면 분쟁의 강제중재를 요구하는 조약은 상징적인 의미밖에 없는 것이었다.

다시 말하면, 상원의 개정은 미국의 중재의무를 합의하는 데 합의하는 수준으로 축소시킴으로써 헤이의 중재조약들을 효과적으로 무력화시킨 것이었다. 게다가, 루즈벨트는 상원의 개정을 중재와 관련된 국제협정을 교섭하고 체결하는 대통령의 헌법상 행동의 자유를 침해한 것으로 간주하였다.

7. 제2차 헤이그평화회의와 1907년 국제분쟁의 평화적 해결 협약

제2차 헤이그평화회의에서는 독일이 강제중재원칙에 대한 그 반대 입장을 철회하였으나, 일반적인 다자조약 대신에 이해 관계국 간에 일련의 양자 중재조약을 교섭해야 한다고 주장하였다.[931] 독일과 영국 및 미국과의 이 문제에 대한 대립으로, 제2차 헤이그평화회의는 이 문제에 관한 만장일치의 선언을 하는 것으로 만족해야 했다.[932] 이 선언은 강제중재의 원칙을 수락하고 국제협약 조항들의 해석과 적용에 관한 차이들은 아무 제한 없이 강제중재에 회부될 수 있다고 규정하고 있다.[933] 그러므로 PCA에 관해서는 1899년 국제분쟁의 평화적 해결을 위한 협약이 1907년의 개정으로 실질적으로 변한 것이 없었다.[934]

그러나 1907년 협약은 국제조사위원회에 관한 22개의 조항을 1899년 협약에 추가하였다.[935]

8. 룻(Root)의 중재협약들[936]

1907년 강제중재에 관한 선언의 요구는, 특히 강제중재를 선호하는 국가들이

931) Id., pp. 57~58.
932) Id.
933) Id.
934) Id.
935) Id., p. 144.
936) Id., pp. 59~61에서 부분 인용.

헤이그회의 체계 밖에서도 그들 간에 특별한 강제중재조약을 체결할 수 있도록 하기 위해 선택된 것이었다.

이 선언에 따라, 엘리후 룻 국무장관은 25개의 일반 중재조약을 비준되지 않았던 헤이 중재조약의 예를 따라 미국을 대표하여 즉시 교섭하였다. 그러나 룻의 중재조약들의 공통된 제2조는 "미국측에게는 그러한 특별 협정(즉 compromis, Special Agreement)이 미국 대통령과 그에 대한 상원의 권고와 조언에 의해 체결될 것으로 이해된다"라고 명시적으로 규정하고 있다.

비록 이 타협적인 문구의 추가가 중재조약의 교섭과 체결에 있어 대통령의 독립적인 역할을 확인하고 있지만, 그것은 특별협정(compromis)에 대한 상원의 공식 권고와 승인을 얻기 위해 대통령이 상원에 굴복한 것을 나타내었다.

룻의 중재조약들은 모두 상원에 의해 비준 동의를 받았고, 22개 조약이 궁극적으로 발효하였다.

루즈벨트가 수정된 헤이의 중재조약들을 비준할 것을 거부한 후, 잠시 동안, 룻은 미국 정부가 이러한 성격의 중재 조약들의 당사국이 되는 것이 정치적, 법적으로 유익하다고 대통령을 설득했다.

무엇보다도 일단 비준되면, 룻의 중재조약들은 미국 상원이 단순히 환상으로 취급할 수 없는 것이었다. 그 권고와 동의를 중재조약에 부여함으로써, 상원은 분쟁시 외국 체약당사국이 수락할 만한 특별협정(중재 관할합의, compromis))에 어떤 형태로든 미리 공식적으로 약속을 한 것이 된다는 것이다.

그러므로 룻의 중재조약들이 국제법상 무효라는 해석은 잘못된 것이다. 왜냐하면, 이 조약들이 중재하겠다는 명확한 합의로서 합의를 위한 공상적인 합의에 불과한 것이 아니기 때문이다.

더구나 외국의 입장에서 볼 때, 룻의 중재조약 중 특별협정에 관련된 용어는 미국측의 공식 개정(amendment)이나 유보(reservation)가 아닌 '이해(understanding)'의 형태로 작성되었다. 따라서 체약당사국인 외국은 이 이해를 미국정부의 국내헌법상 절차적 요건을 명확히 한 해석으로 간주할 수 있고 이러한 이해가 "계약은 지켜져야 한다(pacta sunt servanda)"라는 국제법의 근본원칙에 따라 미국이 중재해야 할 의무를 벗어나게 하거나 요건을 완화하는 것이 아니라고 해석할 수 있었다. 외국에 관한 한, 중재합의에 대한 상원의 권고와 동의를 얻는 것은 미국 헌법의 특수성으로 인한 순전히 국내문제였다. 그 국내문제는 국제법적

중요성이 없는 것이었다.[937]

9. 강제 관할합의를 위한 실패한 계획

1907년 협약 제53조는 분쟁당사국들이 당해 재판소에 위임하기로 합의한 경우 새로운 제52조에서 상정하는 중재합의(compromis)를 정할 권한을 PCA에 부여하였다.[938]

즉, 제53조는 합의에 도달하기 위한 외교경로를 통한 모든 노력이 실패했을 경우, PCA는 다음의 경우에 당사국 중 일방만이 신청을 할 때에도 중재합의를 정할 권능을 가진다고 규정한다.

(1) 이 협약 발효 후에 체결 또는 갱신되는 일반 중재조약으로서 모든 분쟁에 대하여 중재합의를 예정하고 명시적으로나 묵시적으로나 중재합의를 정하는 상설중재재판소의 권능을 배제하지 아니하는 조약의 적용범위에 속하는 분쟁. 다만, 분쟁당사국 중 타방 당사국이 자국의 견해로는 당해 분쟁이 의무적으로 중재재판에 회부되는 범주에 속하지 아니한다고 선언한 경우에, 중재조약이 이 선결문제를 결정할 권한을 중재법정에 부여하지 아니하는 한, PCA가 중재합의를 작성할 권한이 없다.

(2) 체약국 중 일방국이 자국 국민에게 타방국이 지불해야 한다고 주장하는 계약상의 채무로부터 발생하는 분쟁으로서, 그 해결을 위하여 중재재판 제의가 수락된 분쟁. 이 규정은 그 수락이 중재합의를 다른 방법으로 정할 것을 조건으로 이루어진 경우에는 적용되지 아니한다.

그러나 이러한 분쟁의 강제 중재 원칙의 약간의 발전에도 불구하고, 미국의 1907년 협약 비준 법률은 조약에 달리 명시적으로 규정되지 않는 한, 모든 경우에 PCA가 관할 합의를 작성하는 것을 하지 못하도록 하는 제53조에서 언급된 선언을 하였다.[939] 제53조 절차에 따른 중재합의는 한 번도 작성된 적이 없다.[940]

937) 조약법조약 제27조.
938) 프란시스 앤서니 보일, 세계질서의 기초, p. 62.
939) Id.
940) Id.

10. 근대 국제중재의 전성기[941)]

1914년 제1차 세계대전이 발발하기 전에, 일련의 선례적 또는 중요한 국제분쟁이 헤이그의 PCA에 회부되었다. 이 분쟁들은 파이어스 펀드(Pious Fund) 사건(멕시코 대 미국),[942)] 베네수엘라 채무(Venezuelan Preferential) 사건(독일 · 영국 · 이태리 대 베네수엘라),[943)] 카사블랑카(Casablanca) 사건(프랑스 대 독일)[944)] 그리스바다르나(Grisba-darna) 사건(노르웨이 대 스웨덴)[945)] 북대서양 어업(North Atlantic Fisheries) 사건(영국 대 미국),[946)] 오리노코 증기선회사(Orinoco Steamship Company) 사건(미국 대 베네수엘

941) Id., pp. 63~68에서 부분 인용.

942) Hague Ct. Rep., at 1(Perm. Ct. Arb. 1902) 참조. 따라서 미국 정부는 헤이그재판소에 첫번째 사건을 제소하는 영예를 얻었다.
사건 설명: 캘리포니아 교회를 위한 기금(Pious Fund of Californias)은 17세기에 조성되었는데 캘리포니아의 북부지방이 1848년 2월 2일의 과달루페 이달고(Guadalupe Hidalgo) 조약에 의해 미국의 영토가 되면서 멕시코와 이 기금을 둘러싼 분쟁이 발생하였다. 1875년의 중재판정에서는 멕시코에게 캘리포니아의 가톨릭교회에 대해 21년 동안의 기금에서 발생한 이자를 지급할 것을 명하였는데 멕시코는 이를 거부하였다.
이에 따라 미국이 가톨릭교회를 위하여 청구를 하였고 PCA는 1902년 10월 14일 멕시코가 이전 중재판정에 따라 지급해야 하는 채무와 이자를 지급할 것을 판정하였다.

943) Hague Ct. Rep., at 55(Perm. Ct. Arb. 1904).

944) Hague Ct. Rep., at 110(Perm. Ct. Arb. 1909). Scott, The Casablanca Arbitration, 3 AJIL 946 (1909).

945) Hague Ct. Rep., at 121(Perm. Ct. Arb. 1909). Editorial Comment, The Norway-Sweden Boundary Arbitration, 4 AJIL 186~87(1910) 참조.
사건 설명: 노르웨이와 스웨덴 간의 1661년의 조약의 해상경계획정과 관련하여 분쟁이 발생하였다. 이 분쟁은 특히 그리스바다르나(Grisbadarna) 뱅크(bank)와 관련하여 중요한 어업상의 이해관계가 걸려 있는 분쟁이었다.
PCA는 1909년 10월 23일 판정을 통해 그리스바다르나 뱅크가 스웨덴의 영역에 포함된다고 판시하면서 1661년 당시의 경계획정원칙을 적용해야 하며, 오랜 기간 존속되어 온 현상유지(status quo)를 존중해야 한다고 하였고, 영토를 할양하면 그 영토의 '불가분의 부속물(in-separable appurtenance)'을 구성하는 해양영역도 함께 할양되는 것이라고 하였다.

946) North Atlantic Fisheries Case(Gr. Brit. v. U.S.), Hague Ct. Rep.(Scott) 141(Perm. Ct. Arb. 1910). Scott, The Final Settlement of the North Atlantic Coast Fisheries Controversy, 7 AJIL 140~44(1913); Scott, The United States at the Hague Court of Arbitration, 4 AJIL 675~77(1910) 참조. 또한 Anderson, Our Northern Boundary, 2 AJIL 634~37(1908)(미국-캐나다 중재재판소) 참조.
사건 설명: 1818년 10월 20일의 미국과 영국 간의 협약 제1조는 뉴펀드랜드(Newfoundland)와 래브래도(Labrador)의 영국령 해안에서 미국 어민에게 영국 어민과 동일한 권리를 부여하고 있었는데, 이 조항의 해석과 관련하여 미국과 영국 간의 분쟁이 발생하였다. 특히 영국이 미국의 동의 없이 협약이 부여한 권리를 '합리적으로' 제한할 수 있는지와 미국은 미국국민이 아닌 사람을 선원으로 고용할 수 있는지 등의 문제가 제기되었다.
1910년 9월 7일 PCA는 영국이 협약상의 어업권을 합리적으로 제한할 수 있으며, 미국이 미국국민이 아닌 사람을 선원으로 고용할 수 있다고 판시하였다.

라)[947]과 사바카르(Savarkar) 사건(영국 대 프랑스)[948] 등이 포함되어 있었다.

1902년부터 1914년 사이에, PCA에 14개의 중재가 회부되었고 약 50개의 국제중재가 PCA 밖에서 이루어졌다. 국제평화와 안전의 유지라는 관점에서, 가장 중요한 PCA의 중재는 베네수엘라 채무(Venezuelan Preferential) 사건과 카사블랑카(Casablanca) 사건이었다.

루즈벨트 대통령이 베네수엘라의 공적 채무 불이행을 둘러싼 분쟁 중 일부는 PCA의 중재에 회부하고 나머지 분쟁은 혼합위원회에 회부하도록 압력을 행사한 것이 베네수엘라 정부를 상대로 독일, 이태리, 영국이 각자 국민들의 금전 채권을 강제로 환수하기 위해 행사하고 있던 무력사용을 성공적으로 중단시키는 데 도움이 되었다.

그러한 무력사용 때문에 먼로 독트린의 예상되는 위반으로부터 베네수엘라를 보호하기 위해 미국이 직접 무력충돌에 말려들 위험이 있었던 것이었다.

확실히 베네수엘라 채무 사건에서 PCA의 결정에 대해 중대한 법률적 비판이 있었다. 왜냐하면 그 결정은 무력에 의존한 국가들의 청구에 대해 다른 채권국들의 청구보다 우선권을 주었기 때문이다.

이는 다른 국가에 대해 공적 채무를 환수하기 위해서 채권국들에게 무력 사

947) Hague Ct. Rep., at 226(Perm. Ct. Arb. 1910). W. Dennis, The Orinoco Steamship Company Case before the Hague Tribunal, 5 AJIL 35(1911) 참조.
사건 설명: 미국국민이 베네수엘라를 상대로 제기한 청구를 결정하기 위해 혼합청구위원회가 1903년에 구성되었다. 1904년 2월 22일 오리노코 증기선회사가 제기한 청구를 혼합위원회에서 결정하였는데 미국은 이에 불복하고 베네수엘라와 합의하여 PCA에 사건을 회부하였다.
1910년 10월 25일 PCA는 혼합청구위원회의 결정 중 일부가 무효라고 판정하고, 베네수엘라에게 미국이 청구한 변호사비용 등을 지급할 것과 청구일자로부터 연체이자를 지급할 것을 판정하였는데 베네수엘라의 국내법상 법정이자율인 3%의 낮은 이자율을 적용하였다.

948) Hague Ct. Rep., at 275(Perm. Ct. Arb. 1911). Scott, The Savarkar Case, 5 AJIL 208~10(1911) 참조.
사건 설명: 1910년 7월 인도계 영국인인 사바카르가 살인교사 혐의로 재판받기 위해 영국에서 인도로 이송되던 중에 그를 승선시킨 프랑스의 선박이 마르세이유항에 도착하였다. 영국경찰은 프랑스경찰에 그의 통과에 관해 알리고 협조를 요청하였다. 프랑스경찰은 이에 대해 협조하여 경찰관을 영국선박에 파견하고 감시하였으나, 사바카르는 배에서 탈출하여 수영을 해서 육지에 상륙하였다. 이때 사바카르의 신분을 모르던 프랑스의 해양경찰이 그를 체포하여 영국관헌에게 인도하였고 영국선박은 프랑스경찰의 지휘자에게 알리지 않고 다음날 출항하였다.
그 후 프랑스정부는 이러한 상황에 대해 불만을 제기하고 사바카르는 범죄인인도(extradition) 절차에 따라 인도하여야 하기 때문에 영국이 그를 프랑스에 다시 인도할 것을 요구하였다. 이 문제로 양국 간 외교적 분쟁이 발생하여 양국은 PCA에 이 문제를 회부하였고, PCA는 1911년 2월 24일 영국은 프랑스에 사바카르를 인도할 필요가 없다고 판정하면서 이러한 경우 국제법은 범죄인을 다시 인도할 것을 요구하지 않는다고 하였다.

용을 장려할 뿐이라고 주장되었다. 그러나 이러한 비판은 루즈벨트 행정부가 분쟁을 해결함에 있어서 그 분쟁을 국제중재와 PCA에 회부하는 것이 가졌던 중요한 역할의 가치를 감소시킬 수는 없었다. 더 강한 국가가 덜 강한 국가에 대한 채권을 변제받기 위해 무력을 사용하는 오래된 문제는 제2차 헤이그평화회의에서 미국이 주도한 1907년 계약상의 채무회수를 위한 병력사용의 제한에 관한 협약(포터협약, convention respecting the limitation of the employment of force for the recovery of contract debts)으로 해결될 것이었다.

1908년 카사블랑카(Casablanca) 사건은 일반적으로 프랑스와 독일의 '명예'에 관한 사건으로 간주되었다. 명예는 일반적으로 그 당시 국제중재에 적합하지 않은 것으로 생각되었다. 이 사건에서, 프랑스의 모로코 점령군이 그 곳의 독일 영사관의 외교적 비호 아래 있던 프랑스 외인군단으로부터 탈영한 사람들을 체포·구금하였다. 독일은 이들 병사들을 선박을 이용해 탈출시키려고 하였었다. PCA는 프랑스에게 유리한 판정을 후에 내려서 이 사건을 해결하였다. 양국 모두에서의 강력한 여론과 그 당시의 고조된 군사적 분위기를 고려할 때, 이 사건을 해결하지 못한다면 양국 간에 군사적 충돌이 발생할 수 있었다. 이 양국은 각각 경쟁적인 동맹체계에 속해 있었기 때문에, 이러한 양국 간의 충돌은 유럽에서 전체적이고 체계적인 전쟁으로 급속히 확대될 수 있었다.

따라서 그 태생적 한계에도 불구하고, PCA는 하나의 연합 군사작전을 종료시키고 적어도 하나의 전쟁을 예방하는 데 기여하였다. 그 결과, 역사는 PCA를 제1차 세계대전 이전에 전반적으로 폭력적인 국제정치 환경을 완화시키는 데 있어서 국제법과 국제기구가 행한 긍정적인 역할의 좋은 예로서 평가하여야 한다.

그리고 상설국제사법재판소와 그 후의 국제사법재판소에 의해 그 빛을 잃었지만, 헤이그 상설중재재판소(PCA)는 오늘날도 계속 존재하며 기능하고 있다.

11. 결 론[949]

국제중재제도는 오늘날 존재하는 무력사용과 위협에 대한 국제법과 국제기구의 일반적인 체제를 구성하는 본질적이고 중요한 구성요소를 형성한다고 말할 수 있다. 이 국제중재라는 하부체제는 두 분쟁하는 국가가 중요한 분쟁을, 먼저

949) 프란시스 앤서니 보일, 세계질서의 기초, pp. 68~69에서 부분 인용.

'법률화(즉, compromis에 포함될 결정규칙들을 교섭하는 것)'하고 다음으로 '제도화(즉, 분쟁을 중재재판소에 결정을 위해 회부하는 것)'함으로써, 비정치화하게 할 수 있다.

국제중재라는 하부체제에 의존하는 두 분쟁국가는 그 문제를 '냉정하게(on ice)' 둠으로써 국제분쟁에 관한 각자의 국내 여론을 효과적으로 완화시킬 수 있다. 이러한 반복되는 현상은 20세기 동안 내내 계속되는 국제분쟁의 평화적 해결을 위해 사용가능한 하부체제(subregime)로서의 국제중재의 가치를 입증해 주었다.

Ⅱ. 국제사법재판소

1. 의 의

국제사법재판소에 의한 국제분쟁의 해결은 중재재판보다는 보다 엄격한 법절차에 따라 분쟁을 해결하는 것으로서 사법적 해결(judicial settlement)이라고도 불린다.

카사블랑카(Casablanca) 사건과 북대서양어업(North Atlantic Fisheries) 사건에 대해 PCA가 결정을 내릴 때, 이들 중재판정의 '타협적' 성격의 타당성에 관한 열띤 공개논쟁이 미국에서 발생하였다.[950] 그러한 근거로서, 미국 국제법 법률가들은 국제중재의 주요 판정은 엄격히 법에 따라 권리와 의무를 공평하게 심사하는 사법적 절차보다는 편의에 따른 교섭과 타협이라는 본질적으로 정치적 절차의 형태를 취하는 경향이 있다는 것이다.[951]

그들이 예정한 국제사법재판소는 미국 헌법 제3조 2항에 따라 미국의 다른 주의 시민 간 또는 미국시민과 외국인 간의 문제를 결정할 때의 미국 연방대법원과 기능적으로 유사한 방식으로 작동하는 것이었다.[952]

미국 법률가들은 PCA의 절차를 1781년 미국 연방헌법(Article of Confederation) 제9조를 모방하여 작성하였고, 제9조는 미국의 주(state)들 간의 분쟁해결을 위한 중재절차를 창설하였었다.[953]

950) 프란시스 앤서니 보일, 세계질서의 기초, p. 71.
951) Id.
952) Id., pp. 71~72.
953) Id.

현재의 미국 연방헌법이 1789년에 1781년 연방헌법을 대체하였고 이 중재절차는 주들 간의 분쟁에 대한 미국 연방대법원의 재판관할권으로 대치되었다.954)

법률가들이 볼 때, 준주권적(semi sovereign) 정치실체를 위한 분쟁해결 기술의 발달에 있어 이러한 성공적 경험은 국제분쟁의 해결을 위한 재판소가 중재재판에서 사법재판으로 발전한 선례가 되었다.955)

역시 유사하게, 국제사법재판소의 존재는 국제재판소들의 미래의 판단을 지도할 구속적 선례를 발전시키게 되고, 분쟁의 평화적 해결을 돕는 국가들 사이의 법적 안정성을 창설할 수 있을 것이다.956) 중재판정은 본질상 임시적이기 때문에, 선례적 중요성을 거의 가지지 않는 것으로 예상되었다.957) 오직 실제 세계재판소(world court)를 창설함으로써만, 국제 분쟁의 평화적 해결을 위한 국제법적 결정의 체계적인 법철학(jurisprudence)이 발전할 수 있다고 생각되었다.958)

2. 중재 대 사법재판959)

미국 국제법 법률가들은, 국제사법재판보다 국제중재를 열등한 수단으로 집단적으로 경시하면서, 1차 세계대전 이전에 국제분쟁의 평화적 해결을 위한 하부체제로서 중재가 매우 성공적이었던 이유 중 하나가 바로 그 정치적 측면이었다는 것에 대해 거의 인식하지 못하였다. 예를 들어, 국내 법원에 두 사적 당사자 간의 분쟁이 제소된 경우, 보통 한쪽의 분명한 승자와 한쪽의 분명한 패자가 있게 마련이다. 그 반대로, 국제중재재판소는 분쟁중인 두 주권국가가 각각 일정한 측면에서 승소하여 완전히 패소하지 않도록 일부러 융통성 있는 관할합의(compromis)에 기초하여 그 중재판정을 창조적으로 작성할 수 있었다.

국제충돌의 과정 동안, 국내 여론과 국제적 위신 때문에, 특정 정부는 중재를 사법재판보다 선호할 것이다. 왜냐하면 한 주관적인 비용이익 분석은 중재에 의한 일부패소와 일부승소의 높은 가능성을 유지하는 것이 사법재판에 의한 완전승

954) Id.
955) Id., pp. 72~73.
956) Id., p. 73.
957) Id.
958) Id.
959) Id., pp. 73~75에서 부분 인용.

소 가능성도 있으나 완전패소의 위험을 감수하는 것보다 정치적으로 유리하다는 것을 보여주기 때문이다. 현대의 국제정치학 문헌에 의하면, 국제적 충돌을 제로섬 게임으로 분석하면서 합리적인 정부정책 결정자는 이득을 최대화하는 정책보다 피해를 최소화하는 정책을 추구하는 경향이 있다고 한다.[960] 따라서 정부 정책결정자들은 사법재판보다 중재를 선호하게 된다.

물론 다른 조건이 동일하다면, 국제법 규칙이 더 잘 정립되어 있을수록 강한 법적 위치를 가진 분쟁당사자는 중재보다 사법재판을 선호할 것이다. 그래서 유럽의 국제공법체계가 기본적으로 조약법이 아닌 관습법이고 실제 세계재판소가 아직 존재하지 않았던 제1차 세계대전 이전 기간의 국제관계에서 20세기의 국제중재의 전성기가 나타난 것이다. 반면에, 제1차 대전 이후에는 상설국제사법재판소가 1921년에 설립되고 1920년대와 1930년대 초에 국제법의 발전적인 법전화(codification) 운동이 가속화되면서, 심각한 국제분쟁의 평화적 해결을 위한 하부체제로서의 국제중재는 예상할 수 있던 것처럼 상대적으로 그 중요성이 현저히 감소하였다.

이러한 것은 미국 정부가 제2차 헤이그평화회의에서 국제사법재판소를 설립할 것을 지지할 때에 정확히 의도된 결과였다. 그러므로 헤이그 PCA가 1차 세계대전 이후 국제분쟁의 평화적 해결을 위한 하부구조로서 효율성을 잃었다고 비판하는 것은 매우 불공정한 것이다. 더구나 오늘날의 정부 정책결정자들은 위에서 언급한 이유들로 PCA에 의한 것이든 또는 다른 중재재판소에 의한 것이든 오늘날 국제분쟁의 평화적 해결을 위한 하부체제로서의 국제중재가 현재도 실제적으로 계속 유용하다는 것을 명심하여야 한다.

3. 중재사법재판소(Court of Arbitral Justice, CAJ)를 위한 계획

제1차 헤이그평화에서 미국대표단이 제안했던 국제사법재판소의 설립계획은 실패하였지만 미국은 제2차 헤이그평화회의에서 중재사법재판소(CAJ)의 설립을 제안하였다. 이 CAJ는 12년 임기의 판사로 구성되며 인원과 선출방법은 미정이었다.[961]

960) Thomas C. Schelling, The Strategy of Conflict 48~49(1960)(미니맥스 이론).
961) 프란시스 앤서니 보일, 세계질서의 기초, p. 75.

CAJ협약 초안 제1조에 의하면, CAJ는 PCA를 대체하는 것이 아니라 PCA와 병존하는 것으로 계획되었다.[962] 그러나 CAJ가 국제분쟁의 평화적 해결을 위한 보다 효과적인 체계를 창설하려는 국가들의 중대한 국가 안보이익에 부합하기 때문에 국가들은 중재보다 사법재판을 더 쉽게 선호하게 될 것이라는 의미를 함축하고 있었다.[963]

4. CAJ 대 PCA[964]

이론적으로, 두 기구의 주요 차이점은 국가들이 '정치적' 분쟁으로 인식되는 것은 PCA에 계속 회부하면서, 본질적으로 '법적'인 또는 '재판할 수 있는' 분쟁으로 생각되는 것은 CAJ에 회부하는 것을 선택할 수 있다는 개념에서 나타난다.

그러나 만약 실제로 창설되었다면, CAJ는 상설적인 국제중재재판소와 유사하게 기능하는 기구로 등장하였을 것이다.

CAJ 판사들이 — 중재재판소와 비슷하게 — 체약국 정부에 의해 직접 임명되도록 된 사실이 특히 문제가 되었다. 이러한 절차가 재판관의 독립성을 약화시키고 따라서 재판소의 공정성에 의문을 갖게 할 수 있었다.

심지어 그 명칭도 중재사법재판소(CAJ)로서 중재와 사법재판의 양 성격을 혼합하려 했던 국제재판소의 불가피한 혼합적 성격을 나타내었다(제1조).

분명히, 진정한 세계재판소를 창설하려는 관점에서는, CAJ는 소위 PCA보다 발전된 것이었다. CAJ는 엘리후 룻이 제2차 헤이그평화회의의 미국 대표단에게 제안하도록 지시한 내용에 따라 구성된 기구였다. CAJ는 사법관리로서 기능하고, 적정한 보수를 받고, 다른 직업을 갖지 않고, 국제사건의 재판에 전적으로 종사하며, 사법적 책임감을 가지고 활동하는 판사들로 구성된 상설재판소로서 계획되었던 것이다.

이러한 이유들로, 중재사법재판소의 설립과 관련된 협약 초안은 제2차 헤이그평화회의에서 상대적으로 초보적인 1899년의 PCA로부터 훨씬 더 세련된 1921년의 상설국제사법재판소(현재 국제사법재판소의 전신) 사이의 국제분쟁의 해결을

---

962) Id., p. 76.

963) Id.

964) Id., pp. 81~83에서 부분 인용.

위한 재판소의 발전과정에 있어서 중요한 중간단계를 의미하는 기구의 설립계획을 채택할 것을 권고하였던 것이다.

실제로, 1907년 CAJ 협약 초안과 1920년 PCIJ 규정 작성에 깊이 관여한 미국의 국제법 학자이며 외교관이었던 제임스 브라운 스코트(James Brown Scott)의 의견에 의하면, PCIJ는 "대부분의 의도와 목적이 1907년 초안과 동일하지는 않더라도 유사하였다."

5. 세계재판소의 판사 선출에 관한 교착상태와 미국의 노력[965)]

제2차 헤이그 평화 회의에서 CAJ를 실제 설립하는 데 있어 주요 장애물은 CAJ 판사 선출방식에 관한 깰 수 없는 교착상태였다. 특히, 강대국은 CAJ에 자국의 판사 지명자를 항상 포함시킬 수 있는 반면에 약소국들은 그들 중에서 판사를 돌아가면서 선출할 수 있도록 한 것에 대해 약소국들이 — 특히 브라질이 주도하는 남미국가들 — 반대하였다.

최종 결과로서 제2차 헤이그평화회의는 서명국들이 첨부된 중재사법재판소 설립에 관한 협약 초안을 판사의 선출과 재판소의 설립에 관한 합의가 도달되는 대로 채택할 것을 권고하는 것으로 만족해야 했다. 이 표현은 많은 국가들이 제2차 헤이그평화회의 직후에 통상적인 외교 경로를 통해 남미국가들의 판사임명절차에 관한 반대를 무시하고 그들 간에 CAJ를 설립하기를 희망하여 의도적으로 선택된 것이었다.

제2차 헤이그평화회의의 권고에 따라, 미국정부는 룻의 임시 계승자인 국무장관 로버트 베이컨(Robert Bacon)의 지도 하에, 1908년 런던해양회의(London Naval Conference, 독일, 미국, 오스트리아, 헝가리, 스페인, 프랑스, 영국, 이태리, 일본, 네덜란드, 러시아 참석)에 참석한 강대국들에게 제안된 국제포획재판소(IPC)가 CAJ의 관할권과 절차들을 부여받고, 1907년 CAJ 협약 초안에 동의하는 국가들에게는 IPC가 이 초안을 사용하도록 하자고 제안함으로써 판사임명 분쟁을 처리하려고 하였다.

미국 정부는 기존 기구의 관할권을 확장하는 것이 새로운 기구를 설립하는 것보다 항상 쉽다고 주장하였다. 그러나 런던해양회의에 참가한 각국 대표는 미국의 제안이 그들의 권한 범위를 벗어난 것으로 판단하였고, 이 문제에 관해 회의

965) Id., pp. 83~90.

에서 아무런 조치가 취해지지 않았다.

미국은 그 후 세계재판소를 설립하기 위한 노력을 계속하였고, 궁극적으로 1910년 3월 미국, 영국, 독일과 프랑스의 대표들이 모인 파리회의에서 국제포획재판소(IPC)의 윤번제적 판사 선출방식을 수락할 의사가 있는 국가들 간에 CAJ를 실제로 창설할 것을 고려하도록 하였다. 이는 과거 미국이 제안했던 IPC에 CAJ의 권한과 절차를 부여하는 단순한 방법을 대체하는 것이었다.

파리회의에서는 제2차 헤이그평화회의에서 채택이 권고된 CAJ 협약 초안을 발효시키기 위한 4개국 협약 초안을 작성하였다. 이러한 형식으로 중재사법재판소 자체가 일부 국가들에 의해 창설될 수 있었다. 4개국 협약 초안에 의하면 CAJ는 15명의 판사로 구성되며 의결정족수는 9명이었다. 4개국 협약 초안은 18개국이 이를 비준하고 9명의 판사와 9명의 교체판사를 선출하면 발효될 예정이었다.

이 4개국 협약 초안은 1910년 7월 헤이그에서 당사국들에 의해 추가로 개정되었다.

1910년 협약 초안을 작성한 4개국 대표들은, 비록 문서상 명시적으로 나타나지는 않지만, IPC의 성공적 사전 설립에 그들의 계획이 기초하고 있다고 믿었다. 그 후 영국이 런던선언(Declaration of London)과 IPC 협약을 거부함에 따라 CAJ 설립을 위한 4개국의 계획은 실패하였다.

그러나 아직 기가 꺾이지 않은 태프트(William Howard Taft) 대통령의 국무장관 필랜더 녹스(Phailander C. Knox)는 제임스 브라운 스코트(James Brown Scott)에게 유럽에 가서 중지된 IPC와는 독립적인 CAJ의 형성에 관한 교섭을 시작하라고 요청하였다. 스코트는 제2차 헤이그평화회의의 미국의 전문가 대표이며 미국 국무부 변호사를 역임하였고, 1910년 파리회의의 미국 대표였으며 미국국제법학회지(AJIL)의 주 편집인이었다. 그러나 어느 방향으로든지 모든 추가적인 진전은 1914년 여름 유럽에서의 대규모적인 전쟁의 발발로 중단되었다.

6. 상설국제사법재판소의 창설[966)]

1차 세계대전 이전의 국제사법재판소를 설립하려는 미국 정부의 노력은 궁극적으로 국제연맹규약 제14조에서 열매를 맺었다. 우드로 윌슨(Woodrow Wilson)

966) Id., pp. 90~91.

대통령의 첫 번째 연맹규약 초안에는 국제사법재판소에 관한 규정이 없었다. 그러나 유럽의 동맹국, 특히 영국은 규약 제14조에 상설국제사법재판소 설립에 관한 규정을 포함시키도록 윌슨 대통령을 설득하였다. 또한 제2차 헤이그평화회의의 작업과 어느 정도의 연속성을 제공하면서, 제임스 브라운 스코트 당시 파리강화회의 법률자문관도 상설국제사법재판소 설립을 요구하는 규정을 국제연맹규약에 포함시킬 것을 주장하였다.

연맹규약 제14조는 명시적으로 다음과 같이 규정하고 있다 “이사회는 연맹 회원국들에게 채택을 위한 상설국제사법재판소 설립계획을 작성하여 제출한다. 재판소는 분쟁당사자가 재판소에 제출한 국제적 성격의 어떤 분쟁도 심리하고 결정할 권한을 가진다. 재판소는 또한 이사회 또는 총회에 의해 회부된 어떤 분쟁이나 문제에 관한 권고적 의견을 줄 수 있다.”

먼저 제14조가 실제로 직접 PCIJ를 창설한 것은 아니라는 것을 주목해야 한다. PCIJ는 그 후에 창설되었다. 또한 ‘재판소에 분쟁당사자가 제출한’이라는 허용적인 표현은 재판소가 국가들에 대해 강제관할권을 갖지 않도록 하고 있다고 볼 수 있었다.

마지막으로 연맹기관의 요청에 따라 권고적 의견(advisory opinion)을 줄 수 있도록 한 것은 PCIJ가 진정한 ‘세계재판소’가 아닌 ‘연맹의 재판소’에 불과하기 때문에 PCIJ를 반대하고 있던 미국 정치가들에게 중요한 반대논리를 제공하는 것이었다.

7. PCIJ 판사의 선출[967)]

국제연맹규약 제14조에 따라, 1920년 2월 국제연맹이사회는 PCIJ 설립계획을 준비하고 이사회에 보고하도록 법률가자문위원회(Advisory Committee of Jurists)를 구성하였다.

자문위원회가 직면한 주요 문제는 국가의 주권평등원칙을 약화시키지 않는 방법으로 세계재판소의 판사를 선출하는 문제였다. 이 문제와 관련된 오래된 교착상태는 자문위원회의 미국 대표로 참여하였던 엘리후 룻의 제안에 의해 해소되

967) Id., pp. 91~93. 다음 8. 강대국의 거부권 항의 내용은 프랜시스 앤서니 보일, 「세계질서의 기초」, pp. 94~95에서 인용함.

었다. 룻은 PCIJ 판사가 연맹이사회와 연맹총회의 경합적 조치에 의해 선출되도록 하는 안을 제안하고, 의견 불일치를 해결하기 위해 양 기관의 대표자로 구성되는 공동위원회(joint committee)를 설립하는 절차를 함께 제안하였다.

룻은 이 두 단계 절차에 관한 생각을 제임스 브라운 스코트에게서 얻었고, 스코트는 미국 상원과 하원에서의 크고 작은 주들이 대표되는 체계를 분석함으로써 이 생각을 도출하였다. 미국의 법률안은 상하 양원에서 각자 승인하여야 하고 회의 위원회(conference committee)가 의견 차이를 해결한다.

상설국제사법재판소 규정 제3조는 PCIJ가 11명의 판사와 4명의 부판사인 15명의 판사로 구성되도록 규정하였다. 제4조에 의하면, PCIJ 판사는 총회와 이사회에 의해 PCA의 국별재판관단(National group)에 의해 지명된 명단으로부터 선출된다. 국제연맹 회원국이면서 PCA에서 대표되지 않는 국가에 대한 조항도 함께 규정되어 있었다. 국별재판관단은 4인을 초과하여 후보자를 지명할 수 없고 그 중 2인을 초과하여 자국민을 지명하여도 안 되었다(제5조). 즉 2인까지 자국민을 지명할 수 있다. 어떤 경우에도 하나의 국별재판관단이 지명하는 후보자의 수는 충원할 재판관석 수의 2배를 초과하여서는 안 되었다.

국제연맹 사무총장은 이와 같이 지명된 모든 후보자의 명부를 알파벳순으로 작성하고 총회와 이사회에 제출한다(제7조). 총회와 이사회는 다음으로 독자적으로 판사를 먼저 선출하고 부판사를 선출한다(제8조). 총회와 이사회에서 절대 다수표를 얻은 후보자가 당선된 것으로 본다(제10조).

선거를 위하여 개최된 제1차 회의 후에도 충원되어야 할 재판관석이 한 석 이상 남는 경우에는 제2차 회의가, 또한 필요한 경우 제3차 회의가 개최된다(제11조). 제3차 회의 후에도 충원되지 아니한 한 석 또는 그 이상의 재판관석이 여전히 남는 경우에는, 3인은 총회가, 3인은 이사회가 임명하는 6명으로 구성되는 공동협의회(joint conference)가 각 공석당 1인을 선출하기 위해 총회 또는 이사회 중 어느 일방의 요청에 의하여 설치될 수 있고, 선출된 명단은 총회와 이사회가 각각 수락하도록 제출된다(제12조). 만약 공동협의회가 당선자를 확보할 수 없다고 인정하는 경우에는 이미 선출된 재판소의 재판관들이 총회 또는 이사회에서 득표한 후보자 중에서 선정하여 공석을 충원하게 된다.

비록 번거롭지만, 룻 스코트 장치는 PCIJ 판사 선출과 관련된 분쟁을 끝냈을 뿐만 아니라, 판사들이 그들 정부로부터 직접 임명되지 않도록 보장하였다. 이는 분명히 PCA(분쟁국가가 그들 스스로의 '판사'를 선출)와 CAJ(CAJ 협약당사국이 판사를 임명)보다 진전된 것이었다.

외견상으로만 보면, PCIJ 판사 선출절차는 그들 각자의 국적국으로부터 세계재판소 판사의 독립성을 확립하려고 고안된 것이었다. 그러나 국제사법재판소(ICJ)에서 소송을 수행한 보일 교수의 경험에 비추어 볼 때, 세계재판소 판사는 그들의 국적국 정부의 관점으로부터 자유로운 경우가 거의 없다고 말할 수 있다.

8. 강대국의 거부권

PCIJ 규정 제9조는 총회와 이사회에서 선거하는 국가들에게 모든 피선거인이 필요한 자격을 가져야 할 뿐만 아니라 전체적인 재판관단이 세계의 주요 문명형태와 주요 국제법 체계를 대표하도록 보장하여야 함을 요구하고 있었다. 그러나 룻 스코트 장치는 이사회에서 대표되는 강대국과 총회에서 대표되는 약소국 모두에게 판사 선출과 관련된 거부권을 인정하고 있었다.

문자적으로는 이 절차가 강대국에게 PCIJ에 자국적 판사를 항상 임명할 권리를 명시적으로 보장하지 않기 때문에 국가의 주권평등원칙을 훼손하는 것이 아니었다. 그러나 기능적으로는 국제연맹규약 제4조 1항이 이사회가 주요 연합국들(영국, 프랑스, 이태리, 일본, 미국)과 총회에서 선출된 다른 연맹회원국들로 항상 구성되도록 규정하고 있기 때문에 이 투표장치가 효과적으로 강대국 국적의 판사가 항상 임명되는 결과를 가져왔다.

틀림없이 이 절차는 간접적으로 PCIJ 판사의 선출에 있어서 강대국의 희망을 우선적으로 대우한 것이었다. 그러나 헤이그 법률가자문위원회에서 이러한 반대에 대해 그의 주장을 옹호하면서 엘리후 룻은 이러한 국가주권 평등의 원칙에 대한 약간의 타협은 국제사법재판소에 의해 약소국들에게 제공될 강대국으로부터의 보호에 대한 공정한 대가라고 설득력 있게 주장하였다.

9. 선택조항(Optional Clause)의 기원[968]

법률가자문위원회에서 다루어질 다른 주요 주제는 PCIJ가 국가에 대해 어떤

968) Id., pp. 95~99.

형태로든 강제관할권을 행사해야 하는가의 문제였다. 룻은 재판소가 강제관할권을 가져야 한다고 법률가위원회의 다수를 설득하였다.

그의 제안에 의하면, 재판소는 — 추가적인 특별협약 없이 — 회원국 간의 (1) 조약의 해석; (2) 국제법상의 문제; (3) 확인되는 경우, 국제의무의 위반에 해당하는 사실의 존재; (4) 국제의무의 위반에 대하여 이루어지는 배상의 성질 또는 범위; (5) 재판소가 내린 판결의 해석과 관련된 법적 성격의 사건을 심리할 수 있는 강제관할권을 갖도록 되어 있었다.

또한 이러한 명시된 범주에 어떤 사건이 해당하는지 여부에 관한 분쟁도 재판소 자체의 결정에 의해 해결되도록 되어 있었다. 이들 강제적 사법해결에 적합하다고 간주되는 다섯 가지 범주의 분쟁은 마지막 범주를 뺀 모두가 국제연맹규약 제13조 2항으로부터 유래한 것이었다.

1920년 늦가을, 국제연맹이사회와 총회는 PCIJ에 위의 다섯 가지 범주의 분쟁에 대한 강제관할권을 부여하는 법률가자문위원회의 제안을 거절하였다. 영국의 주도 하에 연맹이사회의 강대국들이 반대한 것이었다.

강대국은 그들의 분쟁을 그들의 우세한 힘을 강조할 수 있는 외교적 수단을 통해 해결하는 것을 재판소에서 해결하는 것보다 선호한다. 재판소에서는 그러한 힘의 차이가 완전히 없어지지는 않으나 축소될 수 있기 때문이다.

그러나 공정성을 기하기 위하여 언급한다면, 그 당시 논쟁 중에서 또한 연맹규약 제14조의 허용적인 표현은 재판소가 어떤 형태의 강제적 관할권을 갖지 않는 것을 상정한 것이라는 점이 제기되었다. 만약 연맹이사회에 의해 승인되었다면, 법률가위원회의 제안은 사실상 연맹규약을 개정하는 것이 되었을 것이다. 연맹규약은 제12조, 제13조, 제14조, 제15조에 대한 그들의 분쟁을 이사회에 회부하거나, 중재에 회부하거나 또는 사법적 해결에 회부할 수 있는 선택권을 부여하였기 때문이다. 최종적으로 이러한 법적 주장이 우세하게 되었다.

따라서 PCIJ 규정 제36조는 재판소의 관할은 당사자가 재판소에 회부하는 모든 사건과 현행의 조약과 협약에 특별히 규정된 모든 사항에 미친다고 규정하였다.

연맹 총회의 약소국가들은 세계재판소의 강제관할권을 삭제한 것에 반대하였다. 강제관할권이 없이는 재판소는 국제중재재판소와 크게 다르지 않을 것이라고 그들은 주장하였다. 그러나 약소국들은 임박한 재앙의 조짐(handwriting on the wall)을 보았고[969] 이 문제에 관해 강대국의 희망을 따라갔다.

그러나 하나의 타협안으로, 브라질 대표는 대안을 제시하였다. 그렇게, 특정한 범주의 법적 분쟁에서 세계재판소의 강제관할권 수락을 원하는 국가들은 강제관할권을 수락할 수 있었고, 또한 그들의 강제관할권 수락을 제한하는 유보를 할 수 있는 능력도 가질 수 있게 되었다. 이러한 자발적인 재판소의 강제관할권 수락은 PCIJ 규정에 추가되었으며 '선택 조항(Optional clause)'으로 알려지게 되었다.

따라서 전체적으로, PCIJ 규정 제36조는 다음과 같다.

> "재판소의 관할은 당사자가 재판소에 회부하는 모든 사건과 현행 조약과 협약에서 특별히 규정된 모든 사항에 미친다.
>
> 국제연맹 회원국과 규약 부록에 명시된 국가는 이 규정의 부속의정서(Protocol)에 서명 또는 비준시 또는 그 이후에 다음 사항에 관한 모든 또는 어떤 범주의 법률적 분쟁에 대하여 재판소의 관할을, 동일한 의무를 수락하는 다른 회원국 또는 국가와의 관계에 있어서 당연히 또는 특별한 합의 없이도 강제적인 것으로 인정한다는 것을 선언할 수 있다.
>
> (a) 조약의 해석
>
> (b) 국제법상의 문제
>
> (c) 확인되는 경우, 국제의무의 위반에 해당하는 사실의 존재
>
> (d) 국제의무의 위반에 대하여 이루어지는 배상의 성질 또는 범위
>
> 위에 규정된 선언은 무조건으로, 수개 또는 일정 회원국 또는 국가와 상호주의의 조건으로, 또는 일정한 기간을 정하여 할 수 있다.
>
> 재판소가 관할권을 가지는지의 여부에 관하여 분쟁이 있는 경우에는, 그 문제는 재판소의 결정에 의하여 해결된다."

1921년 말까지, 18개 국가가 선택조항에 따른 선언을 하였으나, 그 때까지 강대국은 한 나라도 그러한 선언을 하지 않았다.

2차 세계대전 후, 선택조항 절차는 UN헌장의 불가분의 일부인 국제사법재판소(ICJ) 규정 제36조 2항으로 이동하였다. ICJ 규정을 작성할 때에, 미국과 소련은 세계재판소에 어떤 형태의 강제관할권도 부여하는 것을 반대했고, 대신 선택조항 절차에 따라 세계재판소에 분쟁을 자발적으로 회부하는 체계를 유지할 것을 선호

969) 성경의 다니엘서 5장에 있는 표현으로서, 메소포타미아의 벨사살 왕이 예루살렘 성전에서 가져온 금그릇으로 술을 마시는데, 사람의 손가락이 벽에 나타나 글을 썼다. 그리고 그날 밤 그는 죽음을 당하였는데, 이 표현은 재앙의 조짐을 나타낸다.

하였다. 다시 한 번, 강대국들은 세계의 다른 국가들이 법적 분쟁의 강제적 사법심사를 수립하는 체계로 나아가는 것을 막았던 것이다. 1945년의 강대국들이 강제관할권에 대해 가졌던 근시안적이고 이기적인 이유들은 1920년의 이유들과 여전히 동일한 것이었다.

10. 상설국제사법재판소(PCIJ)에 대한 미국의 반대[970]

PCIJ 규정은 1920년 12월 15일 국제연맹 총회가 만장일치로 승인하였다. PCIJ를 설립하는 의정서는 1921년 6월 20일 발효하였고, 재판소는 1922년 2월 15일 헤이그에 정식으로 설립되었다.

판사들은 모두 5대 강대국으로부터 선출되었다. 이 가운데는 미국 출신의 존 배셋 무어(John Bassett Moore)가 포함되어 있었는데, 미국 정부는 국제연맹에 가입하지도 않았고 PCIJ 규정 서명의정서(Protocol Signature for PCIJ)도 비준하지 않았다. 무어의 판사 선출은 판사후보 지명 기구가 미국이 가입해 있던 헤이그의 PCA의 국별 재판관단이었으며, 각국별 재판관단은 4명의 후보자를 추천하고 그 중 2명만이 자국적 후보자일 수 있는 것 때문에 가능했다. 엘리후 룻은 PCIJ 판사직 제의를 나이 때문에 사양했다.

물론, 미국 정부는 미국 상원의 고립주의자 상원의원들이 계속 제기한 두 기구에 대한 반대 때문에 국제연맹에 가입하지 않았고 PCIJ 규정 당사국이 되지도 않았다. 국제연맹 비회원국이 국제연맹에 가입하지 않고도 PCIJ 규정을 비준할 수 있도록 PCIJ 규정 서명의정서를 채택하여 재판소와 연맹을 기술적으로 분리시켰으나, 미국 상원은 의정서에 대해 다른 체약당사국들이 수락할 만한 조건으로는 권고 및 동의를 부여하지 않았다. 실제로, PCIJ 규정은 미국이 국제연맹에 가입하지 않더라도 세계재판소에 참가할 수 있도록 하기 위한 명시적인 목적을 가지고 작성되었다. 그러나 아무 소용이 없었다.

국제연맹의 반대자들은 PCIJ는 '세계재판소'가 아니라 '연맹의 재판소'라고 주장하였다. 또한 연맹의 찬성자나 반대자 모두 미국이 PCIJ에 참여하는 것은 궁극적으로 연맹에 미국이 가입하는 길을 여는 것으로 보았다. PCIJ는 많은 사람들이 볼 때 국제연맹의 '뒷문(backdoor)'이었다.

---

970) 프란시스 앤서니 보일, 세계질서의 기초, pp. 99~102.

국제연맹 자체에 대해서는, 많은 미국 국제법 공동체의 회원들이 미국의 연맹 참가를 선호하였는데, 이는 그들이 제1차 헤이그평화회의 때부터 개척해 온 국제정치에 있어 법률가적 전쟁방지계획의 궁극적인 완성으로서 국제연맹을 인식하였기 때문이다. 한편, 유력한 소수의 미국 국제법 법률가들은 연맹규약 제10조가 독일보다 프랑스가 우위를 차지하고 있는 기본적으로 불공정한 유럽에서의 현상유지(status quo)의 존재를 보장하고 있기 때문에 국제연맹에 미국이 가입하는 것을 반대하였다. 그러나 미국 국제법 공동체의 압도적인 다수는 미국이 연맹에 가입하지 않더라도 PCIJ에는 참가할 것을 연합하여 열렬히 지지하였다. 예를 들어, 무어는 미국이 연맹에 가입하는 것을 반대하였으나 PCIJ 판사직을 수락하였다. 물론, 일부 미국 법률가는 연맹과 PCIJ에 모두 강력히 반대하기도 하였다.

11. 상설국제사법재판소(PCIJ)와 국제사법재판소(ICJ)의 비교[971]

미국의 세계재판소와 일정 형태의 '평화를 집행하기 위한 연맹'에의 가입은 2차 세계대전의 비극적 경험 이후에야 그리고 그 직접적 결과로서 이루어졌다. 1945년 샌프란시스코 강화회의에서 UN헌장의 작성자들은 국제사법재판소(ICJ)를 헌장 제7조상 UN의 6개 '주요 기관(principal organs)'의 하나로서 설립할 것을 결정하였다. 그리고 ICJ 규정(the ICJ Statute)은 제92조에 따라 UN헌장의 '불가분의 일부(integral part)'가 되었다. 그러므로 UN회원국은 자동적으로 ICJ 규정 당사국이 되며, 따라서 두 기구는 불가분의 관계로 연결되었다. 특정국가는 ICJ 체계에 가입하지 않고는 UN에 가입할 수가 없게 되었다. 실제로, UN헌장 제92조는 ICJ를 UN의 '주요 사법기관(principal judicial organ)'으로 지정하고 있다.

이와 비교하면, PCIJ 규정은 연맹규약의 불가분의 일부가 아니었다. 특정국가는 PCIJ에 가입하지 않고 연맹에 가입할 수 있었고, 그 반대의 경우도 가능하였다. 그러나 명백히 세계재판소의 관할권은 PCIJ 규정 제36조와 같이 ICJ 규정 제36조에서도 임의적인 것으로 남아 있었다.

ICJ 규정은 1929년에 개정된 PCIJ 규정과 유사하였는데 개정된 PCIJ 규정은 1936년에 발효하였다. ICJ 규정은 또한 두 기구 간의 어느 정도의 공식적인 연속성을 수립하였다. ICJ 규정 제37조는 현행의 조약 또는 협약이 국제연맹이 설치한

971) Id., pp. 102~104.

재판소 또는 상설국제사법재판소에 어떤 사항을 회부하는 것을 규정하고 있는 경우에 그 사항은 ICJ 규정의 당사국 사이에서는 ICJ에 회부된다고 규정하였다.

또한 ICJ 규정 제36조 5항은 앞에서 언급한 상설국제사법재판소 규정 제36조의 선택조항에 의해 이루어진 선언으로서 계속 효력을 가지는 것은 ICJ 규정의 당사국 사이에서는 이 선언이 이후 존속하여야 할 기간 동안 이 선언의 조건에 따라 ICJ의 강제관할권을 수락한 것으로 본다고 규정하고 있다.

실제로, 오늘날 ICJ는 PCIJ가 내린 결정들을 그 선례적 중요성 때문에 일상적으로 언급하고 의존하고 있다. 그러나 분명한 정치적 이유들 때문에 UN기구는 그 전체로서 실패한 국제연맹의 공식적인 법적 후계자로 간주된 적이 없다. 1946년 국제연맹 총회는 그 자신과 PCIJ를 단순히 해산시켰고, 그 문서와 재산을 UN에 이관하였다.

1898년부터 1922년까지, 미국 국제법 법률가들은 국제적 충돌과 분쟁의 회피와 관리를 위한 기구를 설립할 필요성을 명쾌하게 예측하였고 그 주장을 옹호하였다. 상습적으로 심술궂은 미국 상원이 국제연맹규약과 PCIJ 규정 서명의정서에 구체화된 국제정치를 위한 미국 국제법 공동체의 전쟁방지계획의 구성요소를 이행할 것을 거부했던 것이 그들의 잘못은 아니었다.

만약 상원이 이러한 노력에 협조했더라면, 2차 세계대전은 발발하지 않았을 것이다. 어쨌든 이 초기 미국 법률가의 두 기구(국제연맹과 PCIJ)의 직계 후속기구들(UN과 ICJ)은 1945년 이래 세계의 질서, 평화, 정의, 안정과 번영유지에 실질적인 책임을 맡고 있다.

12. 국제사법재판소(International Court of Justice)

(1) 구 성

ICJ는 15인의 재판관으로 구성된다. 다만, 2인 이상이 동일국의 국민이어서는 안 된다(규정 제3조). 재판관의 선임절차는 상설중재재판소(PCA)의 국별재판관단이 4인 이내의 재판관후보자를 지명하면, 지명된 후보자 중에서 UN총회와 안전보장이사회가 개별적으로 선거를 행하고 이 양자에서 모두 절대다수를 얻은 자가 당선된다(규정 제4조에서 제8조, 제10조).

재판관은 세계의 주요 문명형태 및 주요 법체계를 대표하도록 하고 있다(규정 제9조). 재판관의 임기는 9년이며 3년마다 실시되는 선거에 의해 5명씩 갱신되고 재선도 허용된다(제13조). 재판관은 재판소의 업무에 종사하는 동안 외교특권 및 면제를 향유한다(제19조). 재판소는 3년 임기로 재판소장 및 재판소부소장을 선출할 수 있으며, 재판소장 등은 재선될 수 있다(제21조).

분쟁사건에서 분쟁당사국의 국적을 가진 재판관이 국제사법재판소의 재판관 중에 없을 때, 그 분쟁당사국은 당해사건을 위해 임시재판관(ad hoc judge) 또는 국적재판관(national judge)을 선임할 수 있다(제31조). 그러나 임시재판관은 그를 선임하는 분쟁당사국의 국적을 가질 필요는 없고, 다른 국가의 국민이라도 임시재판관이 될 수 있다. 예를 들어, 코르푸해협사건에서 알바니아는 체코의 국적을 가진 사람을 임시재판관으로 선임한 사례가 있다.

재판관은 스스로 재판을 회피할 수 있고(제24조 1항), 분쟁당사국이 재판소장에게 기피신청을 할 수도 있다(규정 제24조 2항과 재판소규칙 제34조). 재판소규칙(Rule) 제34조는 분쟁당사국이 재판소장에게 기피사유 등을 서면으로 비밀리에 통지할 수 있도록 하고 있다.

(2) 소재판부(chambers)의 설치

국제사법재판소는 분쟁당사국이 전원재판정에 의한 분쟁의 해결을 요청하는 것 이외에 재판소에 의해 비밀투표로 선출된 일부 재판관들로 구성되는 소재판부에 의한 분쟁해결을 요청할 수 있도록 하고 있다. 소재판부의 판결은 전원재판정에 의한 재판소의 판결과 같은 효력을 가진다.

재판소는 다음 세 가지 형태의 소재판부를 구성할 수 있다.

1) 간이소송절차 소재판부: 이 소재판부는 규정 제29조에 의해 분쟁당사국이 요청하는 경우 간이소송절차로 사건을 심리하고 결정할 수 있는 소재판부이다. 이 소재판부는 5인의 재판관으로 구성되며, 출석할 수 없는 재판관을 교체하기 위해 2인의 재판관을 선정한다.

2) 노동사건 등을 위한 소재판부: 이 소재판부는 규정 제26조 1항에 의해 설치될 수 있는 소재판부로서 노동사건과 통과 및 운수 통신에 관한 사건을 처리하기 위하여 3인 이상의 재판관으로 구성되는 소재판부이다.

3) 특별소재판부 또는 임시소재판부(ad hoc chamber): 이 소재판부는 규정 제26조 2항에 근거한 소재판부로서 동항은 "재판소는 특정사건을 처리하기 위한 소

재판부를 언제든지 설치할 수 있다. 그러한 소재판부를 구성하는 재판부의 수는 당사자의 승인을 얻어 재판소가 결정한다"고 규정한다. 따라서 재판소는 분쟁당사국들과 소재판부의 재판관 수에 대해 공식적으로 협의하고, 비공식적으로 재판관의 지정에 대해 협의한 후 소재판부를 설치할 수 있다. 이렇게 선임된 재판관들은 최종판결이 날 때까지 사건의 모든 단계에 참여하며, 재판관의 임기가 그 기간에 종료되어도 소재판부에 참여하게 된다.[972]

위의 3개 소재판부 중 처음 2개의 소재판부, 즉 간이소송절차 소재판부와 노동사건 등의 소재판부에서 사건이 다루어진 적은 아직 없다. 그러나 세 번째의 특별소재판부에서는 2004년까지 다음 6개의 사건이 다루어졌다. 첫 번째 소재판부는 1982년에 캐나다와 미국 간의 메인만 사건(the case concerning the Delimitation of the Maritime Boundray in the Gulf of Main Area)[973]에서 구성되었다. 두 번째 소재판부는 1985년 부르키나파소와 말리 간의 국경분쟁(Frontier Dispute) 사건[974]에서 구성되었다. 세 번째는 1987년 3월 미국과 이태리 간의 Elettronica Sicula S.p.A.(ELSI) 사건[975]에서 구성되었다. 네 번째는 1987년 5월 엘살바도르와 온두라스 간의 국경분쟁사건(case concerning the Land, Island and Maritime Frontier Dispute)에서 구성되었다. 다섯 번째는 2002년 베넹과 니제르 간의 국경분쟁(Frontier Dispute)에서 구성되었고, 여섯 번째는 2002년 엘살바도르와 온두라스 간의 국경분쟁에 관한 사건의 1992년 9월 11일자 판결의 개정을 위한 신청 사건(Application for Revision of the Judgment of 11 September 1992 in the Case concerning the Land, Island and Maritime Frontier Dispute)에서 구성되었다. 이 모든 사건에서 소재판부는 5명의 재판관으로 구성되었다.

한편, 이러한 특별소재판부의 운영이 ICJ가 중재재판소화한 것이 아닌가라는 의문이 제기되었다. 즉, 특별소재판부는 실질적으로 분쟁당사국이 재판관을 선임하는 것이 되어 중재재판에 가까운 것이 되었다는 주장이다.[976] 그러나 이러한 비판에 대해 김대순 교수는 특별소재판부를 ICJ로 국가들을 유인하기 위한 불가피한 방안의 하나로서 평가하고 있다. 필자도 김대순 교수의 의견에 동의하면서 중재재판소와 특별소재판부의 가장 실제적인 차이점으로서 중재재판에서는 분쟁

---

972) ICJ, The International Court of Justice(5th ed. 2004), 32.
973) ICJ Report(1982), p. 3.
974) ICJ Report(1985), p. 6.
975) ICJ Report(1987), p. 3.
976) 김대순, 국제법론(제10판), 2004, pp. 973~977.

당사국들이 재판소의 행정비용, 통역비용 등을 부담해야 하지만, ICJ의 특별소재판부의 행정비용, 통역비용 등은 UN이 부담하게 된다. 이 점은 분쟁국가들의 입장에서 볼 때 중재재판보다 특별소재판부를 이용하는 것을 선호하게 하는 것이 될 것이다.

(3) 국제재판의 의무화(강제관할권)

ICJ의 관할권은 원칙적으로 임의관할권이다. 즉, ICJ 규정 제36조 1항은 "재판소의 관할은 당사자가 재판소에 회부하는 모든 사건과 국제연합헌장 또는 현행의 제조약 및 협약에서 특별히 규정된 모든 사항에 미친다"고 규정하고 있다. 따라서 ICJ 규정의 당사국이라고 하더라도 ICJ에서 재판을 받기 위해서는 별도로 그 국가의 동의가 필요하다. 2005년 현재 191개 국가가 UN의 회원국이자 ICJ의 당사국이지만 한 번도 ICJ의 분쟁사건의 당사국이 되지 않은 국가가 대부분인 것은 바로 ICJ의 임의관할권 제도 때문이다. 우리나라도 현재까지 ICJ에서 분쟁사건의 당사국으로 참여한 적이 없다.

그러나 예외적으로 현재의 ICJ가 강제관할권을 가질 수 있는 경우를 다음 4가지 경우로 볼 수 있다.

1) 재판조약이 있는 경우

이 경우는 분쟁당사자 간에 ICJ에 의한 재판을 규정한 독립적인 재판조약 또는 명시적 합의가 있는 경우이다. 이는 당사자 간의 일정한 분쟁을 재판에 의하여 해결하도록 미리 약속해 두는 형식이다.[977] 재판조약에 정한 분쟁이 발생하고, 일방 당사국이 ICJ에 사건을 조약에 따라 제소한 경우에는 상대방 당사국은 ICJ에 의한 재판을 거부할 수 없고 강제적으로 재판을 받아야 한다.

2) 재판회부조항(compromissory clause)이 있는 경우

우호통상항해조약(기본조약) 또는 1951년 난민협약, 1948년 집단살해 방지협약 등과 같이 양자 또는 다자조약에 ICJ에 의한 재판을 규정한 조항, 즉 재판회부조항이 있는 경우에 ICJ는 강제관할권을 행사할 수 있다. 예를 들어, 집단살해방지협약 제9조는 "본 협약의 해석, 적용 또는 이행에 관한 체약국 간의 분쟁은 집단살해 또는 제3조에 열거된 기타행위의 어떤 것이라도 이에 대한 국가책임에 관한 분쟁을 포함하여 분쟁당사국의 요구에 의하여 국제사법재판소에 부탁한다"

977) 이한기, 국제법강의, p. 668.

고 규정하고 있다. 예를 들어 1993년 집단살해죄 방지와 처벌에 관한 협약의 적용사건(Application of the Convention on the Prevention and Punishment of the Crime of Genocide)(Bosnia and Herzegovina v. Serbia and Montenegro)에서 보스니아는 세르비아를 집단살해방지협약 제9조에 따라 ICJ에 제소하였고 ICJ는 이 사건에 대한 ICJ의 관할권을 행사하였다.

또한, 니카라과 사건에서 니카라과는 1956년 미국과 니카라과 간의 우호통상항해조약 제24조 2항의 재판회부조항을 관할권을 인정하는 근거로 주장하였다. 이 사건에서 니카라과는 선택조항의 수락선언을 강제관할권의 1차적인 근거로, 재판회부 조항을 2차적인 근거로 사용하였다.

재판회부조항에 의한 강제관할권은 기본적으로 특정조약의 해석과 적용에 관한 관할권으로서 특정내용에 대한 제한적인 관할권이다. 또한, 재판회부조항에 대해서도 국가들은 유보할 수 있고, 재판회부조항에 대해 유보한 국가에 대해서는 ICJ가 강제관할권을 행사할 수 없다. 중국은 난민협약의정서상의 재판회부조항을 유보하였으며, 미국은 집단살해방지협약상의 재판회부조항에 대해 유보를 하였다. 1999년 코소보와 관련하여 NATO가 세르비아를 폭격한 사건(Legality of Use of Force)(Yugo v. U.S.)[978]과 관련하여 세르비아가 미국을 ICJ에 제소한 사건에서, ICJ는 미국의 집단살해방지협약의 유보로 인해 관할권이 없다고 하면서 사건을 각하하였다.[979]

한편 1949년에 개정된 1928년 국제분쟁의 평화적 해결을 위한 일반의정서(1928 General Act for the Pacific Settlement of International Disputes)는 사법적 해결을 위한 재판회부조항뿐만 아니라 조정과 중재 등의 활용도 규정하고 있다.

3) 선택조항(optional clause) 수락선언

선택조항은 ICJ 규정 제36조 2항을 의미하며, ICJ 규정 당사국은 동일한 의무를 수락한 다른 국가에 대하여 ICJ의 관할권을 당연히(ipso facto) 그리고 특별한 협정이 없이도 강제적인 것으로 승인하는 일방적인 선언을 할 수 있다. 이렇게 선택조항상의 수락선언을 한 국가들에 대해서 ICJ는 강제관할권을 행사할 수 있다. 이 경우의 ICJ의 관할권은 일반적인 내용에 대한 관할권을 수락한다는 점에서 특정조약의 해석과 적용에 관한 분쟁에 적용되는 재판회부조항에 의한 관할권과 차이를 보인다.

니카라과 사건(Case concerning military and paramilitary activities in and against Nicaragua:

978) 1999 I.C.J 916(June 2).

979) Sean D. Murphy, supra note 26, p. 127.

Nicaragua v. USA, Jurisdiction and Admissibility, 1984년 11월 26일)에서 니카라과는 1929년 PCIJ 규정상의 선택조항을 통해 강제관할권 수락선언을 하였고, ICJ 규정 제36조 5항에 의해 ICJ의 강제관할권을 수락한 것으로 인정되었다. 미국은 1946년의 선언으로 ICJ의 강제관할권을 수락하였다. 미국은 니카라과 사건이 발생하자 1984년 4월 니카라과에 대해 강제관할권 수락선언이 적용되지 않는다는 서한을 UN사무총장에게 보내고, 강제관할권 수락선언시에 붙였던 '다자조약의 유보(다자조약의 경우 미국이 동의해야 관할권을 행사할 수 있다는 내용)'를 원용하였으나 ICJ는 이를 인정하지 않았다. 즉, ICJ는 니카라과와 미국의 선택조항상의 선언을 그 관할권의 인정근거로 사용하였다.

선택조항에 따른 수락선언을 하면서 많은 국가는 유보와 기한을 붙인다. 대표적인 것이 자동적 유보(automatic reservation)인데, 이는 국내관할사항은 선택조항에 따른 관할권 수락의 예외로서 유보하면서, 국내관할사항인지 여부를 자국이 결정하겠다는 유보이다.[980] 1946년 미국, 프랑스 등이 이러한 유보를 한 바 있다.

니카라과 사건 이후 미국은 1986년 4월부터 선택조항에 의한 ICJ 강제관할권 수락문서를 종료시켰다. 2005년 현재 191개 UN회원국 중 65개국만이 선택조항에 의한 강제관할권을 인정하고 있고, 많은 경우 조건과 유보를 붙이고 있다.[981]

4) 확대관할권(forum prorogatum, 응소관할권)

분쟁당사국 간에 재판조약이나 재판회부조항이 없고, 선택조항상의 강제관할권이 인정되지 않더라도, 일방 당사국이 사건을 ICJ에 일방적으로 부탁하고 상대방 당사국이 이에 대하여 절차를 개시할 것에 반대하지 않으면서 재판소에 출정하든가 또는 소송절차에 참가하는 경우에는 이러한 개별적이고 연속적인 행동에 의해 ICJ의 관할권이 성립된다.[982] 이러한 관할권을 확대관할권(forum prorogatum)이라고 하며 코르푸 해협 사건(The Corfu Channel Case)에서의 알바니아의 행동이 그 예라고 할 수 있다.

코르푸 해협 사건은 선결적 항변에 관한 판결과 본안에 관한 판결이 있다. 선결적 항변에 관한 판결은 다음과 같다.[983] 1946년 10월, 2척의 영국 군함이 코르푸 해협을 지나다가 수뢰에 부딪혀서 승무원이 다치고 피해를 입었다. 1946년

980) 이한기, 국제법강의, p. 669.
981) Sean D. Murphy, supra note 26, p. 128.
982) 이한기, 국제법강의, p. 72.
983) 코르푸 해협 사건(preliminary objection) ICJ Rep. 1948, p. 15.

11월 영국 해군은 알바니아의 동의 없이 알바니아의 영해 내에 있던 코르푸 해협의 일부분에서 수뢰제거를 실시하였다. 영국은 또한 이 문제를 안전보장이사회에 제기하였고, 안전보장이사회는 두 당사국이 이 문제를 ICJ에 회부할 것을 권고하였다. 그러자 영국은 이 문제를 일방적으로 ICJ에 회부하였다. 알바니아는 이에 대해 반대하면서 안보리 결의는 양 당사국이 합의하여야 ICJ에 분쟁을 회부할 수 있도록 하고 있다고 주장하였다. 그러나 알바니아는 ICJ 법정에 출두할 준비가 되어 있다고 의견서에서 말하고, 1947년 7월 2일자 서한에서는 알바니아가 안보리의 권고결의를 완전히 수락한다고 밝혔다. 또한, ICJ 규정 제31조 2항에 따라, 체코국적자로 임시재판관을 임명하였다.

이 사건에서 ICJ는 15 대 1로서, 알바니아의 주장을 배척하였다. 즉, ICJ는 알바니아의 행위를 묵시적으로 ICJ의 관할권을 수락한 것으로 간주하여 관할권을 행사하였다. 이렇게 분쟁당사국의 일방이 제소하고 타방이 명확하게 부인하지 않고 애매한 태도를 취하는 경우, ICJ는 이러한 태도를 묵시적 관할권 합의로 간주하여 ICJ의 관할권을 확대하였다. 이러한 것을 확대관할권이라고 한다.

또한, ICJ 규정 제36조 6항은 재판소가 관할권을 가지는지의 여부에 관하여 분쟁이 있는 경우에는 그 문제는 재판소의 결정에 의해 해결된다고 규정한다(Compétence de la compétence). 이 조항이 확대관할권의 근거로서 사용되었다고 볼 수 있고 이는 PCIJ 규정 제36조도 유사하다.

그 후 알바니아의 선결적 항변 패소로 본안(merits)에 관한 재판이 진행되었는바, 재판소는 11 대 5로 알바니아는 수뢰가 폭발하여 영국이 피해를 입은 것에 대해 책임이 있다고 판결하고, 만장일치로 영국은 알바니아의 주권을 11월의 사건으로 침해했다고 판결하였다.[984)]

알바니아는 영국에 대해 손해를 배상해야 한다고 판정하고, 영국이 알바니아의 주권을 침해한 것에 대해서는 이 판결자체가 만족스러운 구제수단이라고 하였다.

확대관할권과 관련하여 ICJ는 1978년 재판소의 규칙 제38조 5항을 채택하였다. 그 조항은 "신청을 받은 국가의 동의가 아직 부여되거나 표명되지 않은 경우에 그 동의를 관할권의 근거로 제안하는 신청국의 경우, 그 신청은 신청을 받은 국가에 전달된다. 그러나 그 신청은 신청을 받은 국가가 그 사건을 위한 재판소의

984) 코르푸 해협 사건(Merits) ICJ Rep. 1949, p. 4.

관할권에 대해 동의를 부여하지 않는 한 재판소의 사건목록(General List)에 등재되지 않고 후속절차도 진행되지 않는다"고 규정하고 있다.

(4) 국제재판의 당사자(인적 관할)

중재나 사법적 재판 모두 원칙적으로 국제재판의 당사자는 국가이다. ICJ는 당사자 능력을 국가에만 한정시키고 있다(규정 제34조 1항). ICJ의 당사자와 관련하여 다음과 같이 정리할 수 있다. ⅰ) UN회원국은 당연히 ICJ 규정 당사국이며 무조건으로 소송능력을 가진다.[985] ⅱ) UN회원국이 아닌 국가는 개개의 경우에 총회가 안보리의 권고에 입각하여 결정하는 조건에 따라 ICJ 규정 당사국이 될 수 있다.[986] ⅲ) ICJ 규정 비당사국도 안보리가 정한 조건을 수락하는 경우에는 소송능력을 가질 수 있다(규정 제35조 2항). ⅳ) 개인은 ICJ의 소송당사자가 될 수 없다. 그러나 1907년 중미사법재판소, 국제포획재판소, 유럽인권재판소 등에서 예외적으로 개인의 출소권을 인정하였다.

(5) ICJ의 물적 관할

ICJ에 부탁되는 분쟁은 재판사건(contentious cases)과 권고적 의견(advisory opinion)이 있다. 1946년부터 2004년 7월까지 재판소는 106개의 재판사건을 다루어 80개의 판결(judgment)을 내렸고, 25개의 권고적 의견을 내렸다.[987]

재판사건에는 당사국의 동의가 원칙적으로 필요하나 권고적 의견에 대해서는 관계국의 동의를 요구하지 않는다. UN은 재판사건의 출소권이 없고 총회와 안보리를 통해 권고적 의견을 요청할 수 있다. UN 전문기관도 총회의 허가를 얻어 자신의 활동범위 내에서 발생한 법률문제에 관해 권고적 의견을 요청할 수 있다(WHO). 국가는 ICJ에 대해 권고적 의견을 요청할 수 없고 재판사건의 출소권을 가진다.

(6) 국제재판의 절차

1) 선결적 항변(preliminary objection)

선결적 항변은 ICJ가 본안심리에 들어가기 전에 분쟁당사국이 미리 일정한

985) 이한기, 국제법강의, p. 669.

986) Id.

987) The International Court of Justice, supra note 972, p. 21.

사항을 결정해 줄 것을 청구함으로써 ICJ의 본안심리를 배제하려는 절차이다.[988]

ICJ의 실행상 선택조항 수락선언이나 선언당시 유보에 대한 해석, 재판부탁을 규정한 조약의 해석, 재판부탁 이전에 국내적 구제완료 등과 같은 선행조건이 완수되지 않았다는 주장 등으로 ICJ의 관할권을 부인하려는 것이다.[989]

2) 소송참가(Intervention)와 Monetary Gold 판결 원칙

ICJ규정 제62조에 의하면, ICJ의 사건 결정에 의해 영향을 받을 수 있는 법률적 이해(interest of a legal nature)가 있는 국가는 ICJ에 소송참가를 신청할 수 있다. 소송참가의 신청에 대해서는 ICJ가 허가여부를 결정한다. 소송참가를 하더라도 소송의 비당사자로 참여한 경우에는 ICJ규정 제59조가 적용되며, 동조는 ICJ의 판결이 분쟁당사국과 그 특정사건에 관해서만 구속력이 있다고 규정한다.

법률적 이해가 있는 국가가 소송참가를 신청하지 않더라도, ICJ는 그 결정이 소송에 참가하지 않은 국가에 줄 수 있는 영향을 평가하여야 한다. 이 원칙은 통화용 금괴(Monetary Gold) 사건[990]에서 명확히 제시되었는데, 이 사건과 관련된 4개국(영국, 미국, 프랑스, 이태리)이 모두 ICJ의 관할권을 수락했지만, ICJ가 사법적 판단을 거부했던 이유는 이 금괴가 자국 소유라고 주장하던 알바니아가 ICJ의 소송에 참가하지 않았기 때문이었다.[991] 재판소는 이 사건에서처럼, 제3국의 국제책임이 해결되어야 할 핵심쟁점인 사건에 관하여는, 그 제3국의 동의 없이, 그 제3국이든 재판에 참여한 국가든 어떠한 국가에게도 구속력이 있는 결정을 내릴 수 없다고 하였다.[992]

3) 가보전조치 또는 잠정조치(interim measure of protection, provisional measure)

가보전조치는 규정 제41조에 근거하여 사건이 재판소에 부탁된 후 당사국의 권리를 보전하기 위하여 판결이 있기 전까지 취할 긴급조치를 재판소가 명령에 의해 지시하는 것을 말한다.

가보전조치로 지시되는 내용은 대개 분쟁을 확대하거나 상대국의 권리를 해칠 우려가 있는 어떠한 조치도 억제하는 것이다. 보스니아 대 세르비아의 집단살해방지협약의 적용 사건(Application of the Convention on the Prevention and Punishment of

---

988) 이한기, 국제법강의, pp. 672~673.

989) Id., p. 673.

990) Monetary Gold Removed from Rome in 1943, Judgment (1954) ICJ Rep. 19.

991) J.G. Merrills 지음/강병근 옮김, 국제분쟁해결(제6판, 2022), pp. 173-174.

992) Monetary Gold Removed from Rome in 1943, Judgment (1954) ICJ Rep. 19. 33항.

the Crime of Genocide)에서 프란시스 보일 교수가 보스니아의 소송대리인으로 참여하여 집단살해방지협약 제9조의 재판회부조항에 의해 ICJ에 세르비아를 상대로 보스니아를 위해 제소하였다. ICJ는 이 사건에서 1993년 4월 1차 가보전조치명령, 1993년 9월 2차 가보전조치명령을 내렸다.[993)]

가보전조치는 분쟁당사국에 대해 법적 구속력을 가진다. ICJ는 라그랑 사건(LaGrand Case, 독일 V. 미국)의 2001년 6월 27일 본안판결에서 이 점을 명확히 확인하였다. 이 사건에서 독일이 영사관계에 관한 비엔나협약 제36조를 위반한 혐의로 미국을 ICJ에 제소하였다. 제소근거는 영사협약의 선택의정서(Optional Protocol Concerning the Compulsory Settlement of Disputes, 1963년 4월 24일, 596 UNTS 487)이었으며 독일과 미국이 모두 이 의정서를 수락하였다. 1999년 3월 3일 ICJ는 미국에 대해 가보전조치(provisional measure)를 명령하였다. 독일은 이 명령이 있은 후 미국 연방대법원에 아리조나주에 대해 금지명령(injunction)을 내려줄 것을 요청하였다. 미국 연방대법원은 관할권(original jurisdiction)이 없다는 이유로 이를 거부하였고, 이 결정이 내려진 후 월터 라그랑(Walter LaGrand)은 아리조나주 가스실에서 사형이 집행되었다. ICJ는 본안에서 미국이 영사협약을 위반하였고 법적 구속력이 있는 ICJ의 가보전조치(provisional measure) 명령을 위반하였다고 판결하였다.

4) 심리절차

ICJ의 공용어는 프랑스어와 영어이고 심리는 서면절차를 먼저 하고 다음으로 구두절차로 진행된다. 서면절차는 진술서, 답변서 등을 제출하는 절차이며, 구두절차는 대리인, 증인, 전문가 등의 진술을 청취하는 절차이다. 구두절차는 재판소의 심리(hearing) 중에 진행되는데 원칙적으로 심리는 공개된다(규정 제46조). 그러나 재판관들의 평의(deliberations)는 비공개이다(규정 제54조). 판결 등 결정은 출석한 재판관의 과반수에 의한다(규정 제55조 1항). 가부동수인 경우 재판장이 결정투표권을 가지게 된다(제55조 2항). 단 재판장은 결정투표권을 행사하지 않을 수도 있다.

판결은 대리인에게 적절히 통지된 후 공개된 법정에서 낭독된다(제58조).

또한 재판관의 개별의견(separate opinion),[994)] 반대의견(dissenting opinion), 선언(declaration)이 허용된다. 개별의견은 판결의 결론에는 동의하나, 판결이유에 대해

993) ICJ, supra note 972, p. 156.
994) ICJ 규정 제57조.

차이를 보이는 재판관이 작성하는 의견이다. 반대의견은 판결의 결론에 대해 반대하는 재판관이 작성한 의견이다. 선언은 보통 일부찬성이나 반대를 간략하게 재판관이 나타내는 것이다.

(7) 재판의 준칙

ICJ 규정 제38조 1항에 규정된 바와 같이 조약, 국제관습법, 법의 일반원칙을 재판준칙으로 한다. 국제판례와 학설은 법칙결정의 보조수단으로 사용된다.

당사국이 특별히 합의한 경우에는 규정 제38조 2항에 의해 형평과 선(ex aequo et bono)에 따라 재판할 수 있다. 이때는 특정한 법을 적용하지 않고 형평과 선이라는 구체적 정의에 입각하여 재판한다.

(8) 판결의 효력

ICJ의 판결은 분쟁당사국과 그 특정사건에 관해서만 구속력을 갖는다(규정 제59조). 당사국은 판결을 이행할 의무를 진다. 따라서 ICJ 판결에 대해 선례구속의 원칙이 인정되지 않는다. 그러나 ICJ의 판결은 사실상 매우 중요하다.

국제판결은 일심으로 종결되고 상소할 수 없다(제60조). 그러나 판결이 선고될 당시 알려지지 않은 사실로서 결정적인 요소가 될 성질의 사실일 때만 이를 이유로 재심을 청구할 수 있다(규정 제61조).

ICJ의 판결은 대체로 잘 이행된다. 그러나 분쟁당사국이 판결을 잘 이행하지 않을 때에는 타방 당사국이 안전보장이사회에 이를 제기할 수 있다(UN헌장 제94조 2항).

13. 기타 분쟁의 평화적 해결수단

(1) UN헌장 제2조 3항과 제33조

UN헌장 제2조 3항과 제33조 1항은 UN회원국들에게 분쟁을 평화적으로 해결할 의무를 부과한다. 제2조 3항은 "모든 회원국은 그들의 국제분쟁을 국제평화와 안전 그리고 정의를 위태롭게 하지 아니하는 방식으로 평화적 수단에 의하여 해결한다"고 규정한다.

또한, 제33조 1항은 분쟁의 평화적 해결수단으로서 교섭(negotiations), 심사

(inquiry), 중개(mediation), 조정(conciliation), 중재재판(arbitration), 사법적 해결(judicial settlement), 지역적 기관 또는 다른 평화적 수단을 제시하고 있다.

(2) 교 섭

북해대륙붕사건에서 국제사법재판소는 분쟁의 당사자가 "그들의 교섭이 의미있는 것이 되도록 행동할 의무(obligation so to conduct themselves that the negotiations are meaningful)"가 있다고 하였다.[995] 분쟁 당사자는 그가 긍정적인 결과를 도출할 수 없다고 판단하거나[996] 또는 다른 당사자가 그 기존의 입장을 고수하면서 그 입장을 변경하려고 하지 않을 때[997]에는 교섭을 계속하지 않아도 된다.

(3) 주선과 중개

주선(good offices)과 중개(mediation)는 모두 제3자가 분쟁당사국 간에 개입하는 분쟁해결방식인데, 보통 그 개입의 정도에 의하여 구별된다.

주선은 제3자가 분쟁의 내용에는 개입하지 않고 당사자 간의 외교교섭의 타결에 조력하는 것(외교교섭권고, 회의장 제공 등)이며 알선이라고도 한다. 예를 들어, 러일전쟁시 테오도어 루즈벨트 대통령의 주선으로 1905년 포츠머스평화조약이 체결된 것을 들 수 있다.[998]

중개는 주선보다 제3자가 보다 깊이 개입하여 분쟁내용에도 개입하며 양 당사국 간의 의견을 조정하거나 또는 스스로 분쟁해결방안을 제시하는 것이다. 중개는 칠레와 아르헨티나 간의 비글해협(Beagle Channel) 관련 분쟁 등에서 활용된 바 있다. 비글해협판정[999]의 이행과 관련된 칠레와 아르헨티나간의 분쟁에서, 양측은 교황의 제안으로 안토니오 사모레(Antonio Samoré) 추기경을 중개자로 수락하였다.[1000] 중개자의 해결방안은 법적 구속력을 갖지 않는다.

---

995) ICJ Reports 1969, 3, at 47.
996) Arctic Sunrise, PCA Case No. 2014-02, Award of 14 August 2015, para. 154.
997) 북해대륙붕사건, ICJ Reports 1969, 47.
998) 프란시스 앤서니 보일, 세계질서의 기초, p. 142.
999) Beagle Channel Arbitration, ILM 17 (1978), 632.
1000) Alexander Orakhelashvili, Akehurst's Modern Introduction to International Law (9th ed. 2022) p. 576.

(4) 심사와 조정

심사(inquiry)와 조정(conciliation)은 개입의 주체가 국가가 아니고 심사위원회나 조정위원회와 같은 독립적인 국제기관이 분쟁에 개입하는 분쟁해결방식이다. 예를 들어 국제민간항공기구(ICAO)는 1983년 대한항공 여객기(KE007)가 소련 영공에서 격추된 사건과 관련하여 사실심사를 개시한 바 있다.

심사는 1899년 국제분쟁의 평화적 해결조약에 의해 처음으로 창설된 것으로서 이것이 발전하여 조정제도가 성립되었다.

심사는 당사국 간에 다투어지는 사실문제를 명백히 하는 절차를 말한다. 이 제도가 성공한 예로는 도거 뱅크 사건(The Dogger Bank Case)이 있다.[1001] 이 사건은 영국과 러시아간의 분쟁으로서 러시아함대의 사령관이었던 로즈데스트벤스키 제독은 도거 뱅크에서 영국 어선을 일본의 잠수함으로 믿고서 이에 대해 발포하였다. 두 명의 어부가 사망하고 상당한 피해가 발생하였는데 1899년 국제분쟁의 평화적 해결에 관한 협약에 의해 창설된 국제조사위원회(International Commission of Inquiry)가 1905년 이 사건을 조사한 결과 러시아가 손해를 배상하도록 하였고, 동시에 영국이 요구했던 제독의 처벌은 하지 않도록 하였다.[1002]

조정은 국제조정위원회를 설치하여 분쟁사실을 심사하는 동시에 그 해결조건까지도 제시함으로써 분쟁의 평화적 해결을 도모하는 방식이다. 조정안은 중재판정과 같은 구속력이 없다. 조정은 1969년 조약법조약[1003]과 1982년 UN해양법협약[1004]에서 분쟁해결수단으로서 규정하고 있다.

1001) Id., pp. 143~145.

1002) 아르투어 누스바움 저, 김영석 편역, 국제법의 역사: 전쟁과 평화와 국제법(박영사, 2019), p. 266.

1003) 조약법조약 제66조와 동 조약 부속서.

1004) UN해양법협약 제284조와 제5부속서.

제14장

무력사용의 규제와 군축

제14장
무력사용의 규제와 군축

Ⅰ. 무력사용의 규제에 관한 국제법

1. 의　　의

무력사용의 규제를 위한 국제법은 크게 두 가지로 분류된다. 첫째는 전쟁을 행할 권리에 관한 법인 jus ad bellum(전쟁개시법)이며 둘째는 전쟁과정에 있어서의 법인 jus in bello(전쟁수행법)이다. 전쟁개시법은 주로 전쟁을 국제법상 합법적으로 어떤 경우에 시작할 수 있는가에 관한 법이며, 전쟁수행법은 일단 전쟁 또는 무력충돌이 시작된 상황에서 전투행위의 참여자 등이 준수해야 하는 법이다. 전자는 주로 오늘날 UN헌장의 조항과 그 해석에 관련되어 있으며, 후자는 무력충돌시 상병자, 포로, 민간주민 등의 보호와 관련되어 있고 주로 국제인도법(International Humaitarian Law, IHL)의 규율대상이다. 이 장에서는 주로 UN헌장상의 관련 조항 등을 중심으로 전쟁개시법(jus ad bellum)에 관해 살펴보고자 한다.

2. UN헌장상의 집단적 안전보장과 무력사용의 원칙적 금지

(1) 안전보장의 정의

안전보장이란 전쟁방지와 진압을 위한 제도이다.[1005] 이는 국제분쟁의 평화적 해결, 군비축소, 국제법상 무력사용의 규제와 관련된 개념이다. 안전보장에는 두 가지 방식이 있다.

1005) 이한기, 국제법강의, p. 682.

1) 개별적 안전보장

이 방식은 개별국가가 스스로의 안전을 추구하는 방식으로 특정국가 간의 전쟁에 대해 제3국은 원칙적으로 관여하지 않는다.[1006] 이는 근대 유럽국가들의 안전보장방식이며 세력균형과 동맹, 군비확장이 그 행동양식이다. 개별적 안전보장의 방식에 의하면, 중립제도가 중요한 역할을 하였으나 1차 세계대전으로 개별적 안전보장의 실패가 입증되었다.

2) 집단적 안전보장

이는 대립관계에 있는 국가들을 포함하여 관계국 모두가 상호불가침을 약속하고 침략이 발생한 경우 관계국이 힘을 모아 침략을 방지하고 진압하는 제도이다.[1007] 1차 세계대전 이후 국가들은 중립법과 제도가 전쟁의 범위를 제한하려는 목적을 달성하는 데 실패했다고 인식하였다. 또한, 한 국가의 국제법상 권리는 모든 국가에 관련된 권리로서 취급되어야 하며, 국가안보는 단지 개별국가의 문제가 아니고, 함께 조직된 전체 국제공동체가 공유하는 집단적 책임으로 인식하게 되었다. 아울러, 특정국가 간의 전쟁에 대해 제3국도 공통이익의 관념 하에 관여하게 되었다.

집단적 안전보장의 방식은 국제연맹과 UN에서 추구하는 안전보장 방식이다. 국제연맹의 실패로 2차 대전이 발발하였으나, 2차 대전 이후 성립된 UN에 의한 집단안전보장은 어느 정도 세계평화 유지에 기여하였다고 볼 수 있다. UN 설립 이래 지난 60여 년간 3차 세계대전이 일어나지 않은 이유에는 UN의 역할도 포함되어야 한다.

(2) 무력사용의 일반적 금지

집단적 안전보장제도를 택하고 있는 현재의 UN헌장은 제2조 4항에서 UN회원국 간의 무력사용 등을 원칙적으로 금지하고 있다. "모든 회원국은 그 국제관계에 있어서 다른 국가의 영토보전이나 정치적 독립에 대하여 또는 국제연합의 목적과 양립하지 아니하는 어떠한 기타 방식으로 무력의 위협이나 무력행사를 삼간다." 또한, 헌장 제2조 5항은 모든 회원국이 헌장에 따라 취하는 어떠한 조치에도 모든 원조를 다하며, UN이 취하는 강제조치의 대상이 되는 국가에 대하여 원조를

1006) Id., pp. 682~683.
1007) Id., p. 683.

삼가야 할 의무를 회원국에 부과하고 있다.

3. 전쟁의 불법화

(1) 제1차 대전 이전의 전쟁

그로티우스 등 근세 초기의 국제법학자들은 정전(Just War)론을 주장하였고, 정전이론의 발명은 국제법의 역사에서 로마가 기여한 가장 중요한 것이다.[1008] 정전론은 정당한 원인에 입각한 전쟁만이 합법적이라는 것이다. 18세기 중엽 이후 무차별전쟁관이 정전론을 대신하여 등장하였는데, 예를 들어 독일 사람 폰 마르텐스(Georg Friedrich von Martens, 1756－1821)는 국가간의 전쟁에 있어서 적국민의 대우, 군사적 준비와 평화문제에 관하여는 쌍방이 모두 정당하다는 주장을 하였다.[1009] 무차별전쟁관에 의하면 전쟁에 있어서 누가 정당한 전쟁원인을 가지는지를 판정할 수 없고, 교전자 쌍방이 모두 평등하게 취급되어야 한다. 국제인도법(IHL)이나 중립법은 무차별전쟁관에 기초하고 있다.

1832년 칼 폰 클라우제비츠는 그의 전쟁론(on war)에서 "전쟁은 국가정책 수단의 하나이다"라고 주장하였다.[1010] 이 철학이 1차 세계대전을 일으키는 데 책임이 있다고 평가된다.

(2) 전쟁불법화의 계보

1) 1907년 계약상의 채무회수를 위한 병력사용의 제한에 관한 조약(포터 협약)

이 협약에 의해 전쟁이 실정법상 최초로 금지되었다. 즉, 이 협약은 채무국가가 중재에 응하지 않는 경우 등 외는 병력을 사용해서는 안 된다고 규정하였다.

2) 국제연맹규약

국제연맹규약은 일정한 경우의 전쟁을 금지하였다. 그러나 전쟁을 완전히 금지한 것은 아니었다. 예를 들어, 규약 제12조는 중재판정이나 이사회의 조사에 분쟁을 회부한 후, 그 문제의 판정이 내려진 다음 3개월까지는 전쟁을 하지 않도록

1008) Id., p. 689. 또한, 아르투어 누스바움 저, 김영석 편역, 국제법의 역사 (박영사, 2019), p. 17.
1009) Id., p. 690. 아르투어 누스바움 저, 김영석 편역, 국제법의 역사 (박영사, 2019), pp. 220~221.
1010) Id., p. 207.

하였다. 그러나 3개월이 지난 후에는 이론상 전쟁이 가능하다.

3) 1928년 부전조약(Kellogg－Briand 조약 또는 파리조약)

이 조약은 미국과 프랑스가 주도하여 체결한 다자조약으로서 국가분쟁을 해결하기 위한 전쟁과 국가정책 수단으로서 행해지는 전쟁을 금지하였다. 이 조약은 침략전쟁을 금지한 것이며 연맹규약보다 전쟁의 불법화의 범위를 확대한 것이다. 연맹과는 별도로 존재하며 지금도 유효하다.

4) 1932년 스팀슨 독트린(Stimson Doctrine)

미국은 일본의 만주침공에 대해 켈로그－브리앙조약의 위반으로부터 발생하는 모든 법적 효과를 유효한 것으로 승인하지 않겠다는 선언을 하였다. 이 선언은 당시 미국 국무장관이던 스팀슨이 한 것으로서, 스팀슨 독트린이라고 불리게 되었다.

스팀슨 독트린은 국제법상 위법행위의 결과로 성립된 만주국에 대한 불승인주의로서, 1932년 3월 11일 국제연맹 총회에서 만장일치로 채택되고 승인되었다. 스팀슨 독트린은 후에 뉘른베르그 재판소와 동경재판소에 의해 인정되었다.

5) UN헌장

UN헌장은 제2조 3항에서 회원국은 국제분쟁을 평화적 수단에 의하여 해결할 것을 규정하고, 제33조 1항에서 주선, 중개, 중재, 사법적 해결 등 분쟁의 평화적 해결 수단과 해결의무를 규정함으로써 분쟁의 평화적 해결원칙을 규정하고 있다. 또한, 제2조 4항은 무력행사 및 무력에 의한 위협을 타국에 가하지 않을 것을 규정하며, 동 조항은 '전쟁'에만 적용되는 것이 아니라 무력행사 전체에 적용된다. 그러나 헌장 제51조는 예외적으로 자위권의 발동에 의한 무력사용을 허용한다.

4. 전쟁의 범죄화

전쟁이 불법화함에 따라 불법전쟁을 저지른 사람은 침략범죄를 범한 사람으로서 처벌된다. 뉘른베르그 재판과 동경재판에서는 '평화에 반한 죄(crime against peace)'로서 개인을 처벌하였다.

ICC 규정도 관할대상 범죄로서 '침략범죄'를 규정하고 있으나, 이 범죄의 정의와 관할권 행사의 조건에 관한 규정이 채택되지 않아 ICC가 실제로 관할권을 행사할 수는 없었다.

그러나 2010년 우간다의 캄팔라에서 개최된 ICC의 재검토회의(Review Conference)에서 국제형사재판소 규정상의 침략범죄의 정의와 관할권행사 요건을 정한 조항이 채택되었다.[1011] 그리고 2018년 7월 17일 이후부터는 ICC가 침략범죄에 대한 관할권을 행사할 수 있게 되었다.[1012]

5. 집단적 안전보장과 강제조치

(1) 국제연맹규약

규약 제11조에서 "전쟁 또는 전쟁위협은 어느 연맹가맹국에게 직접적인 영향이 있는지를 불문하고 연맹 전체의 이해관계사항이다"고 하여 집단안전보장의 원칙을 선언하였다.

그러나 국제연맹은 미국이 가입하지 않았고 독일, 이태리, 일본은 탈퇴, 소련은 제명당하여 보편성을 갖지 못하고 실패하였다.

(2) UN헌장

UN의 집단안전보장제도는 안전보장이사회에서 첫째, 침략의 존재를 인정하고, 둘째, 침략을 실력으로써 배제하기 위한 강제조치를 취하는 2단계의 조치에 의하여 이행된다.[1013]

1) 침략 등의 존재 인정

UN헌장 제7장은 평화에 대한 위협, 평화의 파괴 및 침략행위에 관한 조치를 규정하고 제6장은 분쟁의 평화적 해결을 규정하였다.

제7장 제39조는 "안전보장이사회는 평화에 대한 위협, 평화의 파괴 또는 침략행위의 존재를 결정하고, 국제평화와 안전을 유지하거나 이를 회복하기 위하여 권고하거나 또는 제41조 및 제42조에 따라 어떠한 조치를 취할 것인지를 결정한다"고 규정한다.

안보리는 침략행위뿐만 아니라 평화의 위협, 평화의 파괴도 결정할 수 있다.

그러나 침략행위 등의 결정에 5대 상임이사국이 거부권을 행사할 수 있다(UN

1011) 김영석, 국제형사재판소규정상의 침략범죄에 관한 최근 논의 고찰, 서울국제법연구 제16권 1호, pp. 1~28, 본서 제9장의 침략범죄 참조.

1012) ICC－ASP/16/Res.5, Activation of the jurisdiction of the Court over the crime of aggression (14 December 2017).

1013) 이한기, 국제법강의, p. 695.

헌장 第27조 3항). 헌장 第27조 3항은 "3. 그 외 모든 사항에 관한 안전보장이사회의 결정은 상임이사국의 동의투표를 포함한 9개 이사국의 찬성투표로써 한다. 다만, 제6장 및 제52조 제3항에 의한 결정에 있어서는 분쟁당사국은 투표를 기권한다"고 규정하고 있다. 제29조 2항이 절차사항(Procedural Measure)에 관한 안전보장이사회의 결정은 9개 이사국의 찬성투표로써 한다고 규정하여 절차사항에 관한 결정에는 안보리의 거부권이 인정되지 않는다. 또한 제27조 3항의 후단에 의하면 헌장 제6장 및 제52조 3항(지역적 기관에 의한 분쟁의 평화적 해결)에 의한 결정에 있어서는 분쟁당사국(a party to a dispute)은 투표를 기권하여야 한다. 예를 들어, 1983년 대한항공 여객기가 소련에 의해 격추되었을 때 이 격추사건의 조사(investigation)에 관한 안보리의 결의는 헌장 7장상의 결의가 아니고 9개 이사국의 동의를 얻었지만 소련의 거부권행사로 채택되지 못하였다.[1014] 이 결의안은 헌장 6장상의 결의였고, 소련은 이 분쟁의 당사국이었음에도 소련의 기권 의무를 언급한 안보리 이사국이 없었고, 소련이 실제로 거부권을 행사하였다는 점은 매우 잘못된 것으로 판단된다.[1015]

침략행위 등의 존재를 인정하는 결정을 내리지 못하면 강제조치를 취할 수 없다.

2) 강제조치

헌장 제40조는 안보리가 잠정조치(provisional measure)를 취할 수 있도록 하였다. 제41조는 안보리가 경제관계 및 외교관계의 단절을 포함하는 비군사적 조치를 취할 수 있도록 하고 있다. 제42조는 제41조의 비군사적 조치가 불충분할 경우에 공군, 해군 또는 육군에 의한 군사적 조치를 취할 수 있도록 하였다. 제43조는 특별협정(special agreement)을 체결하여 안전보장이사회가 이용할 수 있는 'UN상비군'을 설치하도록 하였다. 그러나 이 특별협정은 체결되지 못하였고, 제43조가 예정하였던 UN상비군은 설치되지 않았다.

3) 자위권(Self-Defense)

헌장 제51조는 "이 헌장의 어떠한 규정도 국제연합회원국에 대하여 무력공격이 발생한 경우, 안전보장이사회가 국제평화와 안전을 유지하기 위하여 필요한 조치를 취할 때까지 개별적 또는 집단적 자위의 고유한 권리를 침해하지 아니한다. 자위권을 행사함에 있어서 회원국이 취한 조치는 즉시 안전보장이사회에 보

1014) Benedetto Conforti, The Law and Practice of the United Nations (Third Revised Edition, 2005), p. 80.

1015) Id.

고된다. 또한 이 조치는, 안전보장이사회가 국제평화와 안전의 유지 또는 회복을 위하여 필요하다고 인정하는 조치를 언제든지 취한다는, 이 헌장에 의한 안전보장이사회의 권한과 책임에 어떠한 영향도 미치지 아니한다"고 규정하여 개별적 또는 집단적 자위권을 허용하였다.

i) **예방적 자위권**(anticipatory self－defense)

예방적 자위권은 현재 UN헌장상 인정되는가? 이에 대한 답은 1842년 캐롤라인호 사건에서 미국의 웹스터(Webster) 국무장관이 밝힌 엄격한 기준 하에 허용될 수 있다. 즉 예방적 자위권은 "필요성이 긴급하고, 압도적이며, 다른 수단을 선택할 여지나 숙고할 시간이 없을 때" 정당화될 수 있다(might be justified when "the necessity of that self defense is instant, overwhelming, and leaving no choice of means, and no moment for deliberation").[1016] 1837년 캐나다의 반란군에게 미국 영토로부터 캐나다로 인력과 물자를 나이아가라 강을 통해 운송하던 캐롤라인호를 영국해군이 지휘하던 캐나다 민병대가 미국 영토까지 넘어와서 공격하여 이 배가 나이아가라 폭포에서 침몰하고 2명의 미국인 사망하였다. 이 사건과 관련하여 미국과 영국은 서한을 주고받으며 교섭하였는데, 1942년 미국 국무장관 다니엘 웹스터가 위와 같은 예방적 자위권의 요건을 주장한 것이다. 또한, 그는 자위권을 위한 조치는 '비합리적이거나 과도한'(unreasonable or excessive)한 것이어서는 안 된다고 주장하였다.[1017]

캐롤라인호에서 주장된 이러한 원칙은 뉘른베르그 재판의 판결에서도 정당한 원칙으로 승인되었다.[1018]

또한 UN헌장의 영어본이 실제무력공격(actual armed attack)이 발생하였을 때 자위권이 허용된다고 규정한 반면, 영어본과 동등하게 정본인 프랑스어본은 실제무력침략(actual aggression armée)이 발생했을 때 자위권이 허용된다고 함으로써, 예방적 자위권을 인정하는 것으로 보인다.[1019]

ii) **자위권의 한계**

UN헌장 제51조상 자위권은 안보리가 필요한 조치를 취할 때까지 행사할 수 있으며, 자위권에 의한 조치는 안보리에 보고할 의무가 있고, 자위권에 의한 조치는 안보리의 권한에 영향을 주지 않는다는 한계가 있다. 따라서 안보리가 자위권

1016) Andrew Clapham, Brierly's Law of Nations (Oxford Univesity Press, 2012), pp. 469－470.
1017) Id. p.470.
1018) Id.
1019) 프란시스 앤서니 보일, 세계질서의 기초, pp. 297~298.

에 의한 조치와 다른 행동을 취할 수도 있다.

4) 한국전쟁

북한의 남침에 대해 안보리는 소련이 결석한 가운데 북한당국의 무력공격을 '평화의 파괴'로 인정하여 즉시 정전, 북한병력의 퇴거, UN가맹국은 UN을 원조할 것 등을 결의(6.25일 결의)하고, 한국에게 군사원조를 제공하고(6.27일 결의), 군대를 제공할 것을 가맹국에게 권고(7.7일 결의, UN기 사용허가)하였다.[1020]

소련은 8. 1일 안보리에 복귀하여 그 이후 모든 한국관계 결의안에 대해 거부권을 행사하면서 이전의 결의가 무효라고 주장하였다.[1021] 소련의 결석은 거부권행사라는 주장이었으나 받아들여지지 않았고, 그 이후 결석은 기권으로 보게 되었다. 헌장 제28조는 안보리 이사국에게 기구의 소재지에 대표를 항상 둘 것을 요구하고 있으므로, 소련의 결석은 제28조 위반이라는 주장이 유력한 논리였다. 그 후 소련이 계속 거부권을 행사하자 UN 총회에서는 '평화를 위한 단결결의(Uniting for Peace Resolution)'를 채택하여 한국에 대한 지원을 계속하였다.

5) 평화를 위한 단결결의 합법성

그 후 UN 등에서는 평화를 위한 단결결의가 합법인지 여부를 두고 논란이 있었으며, 주로 다음 쟁점이 논의되었다.

i) 평화유지 기능이 안보리의 전속적 권능인가 여부(24조)

헌장 제39조는 평화의 위협, 평화의 파괴, 침략행위의 존재를 안보리가 결정하도록 하고 있고, 헌장 제24조는 안보리의 임무와 권한으로 '국제평화와 안전의 유지를 위한 일차적 책임'을 부여하고 있다. 여기서 '일차적 책임'은 primary responsibility로서 안보리가 거부권행사 등으로 결정을 내리는 데 실패했을 때 이차적 책임(secondary responsibility)을 안보리가 아닌 다른 기관이 가질 수 있음을 나타낸다.

UN총회는 제10조에 따라 "헌장의 범위 안에 있거나 또는 이 헌장에 규정된 어떠한 기관의 권한 및 임무에 관한 어떠한 문제 또는 어떠한 사항도 토의할 수 있으며 제12조에 규정한 경우를 제외하고 회원국 또는 안보리에 권고할 수 있다." 이를 총회의 일반적 권능이라고 한다.

한편, 제12조는 안보리가 임무를 수행하고 있는 동안에는 총회가 어떠한 권고도 하지 않도록 하고 있다. 따라서 안보리가 거부권행사 등으로 그 임무를 수행하

1020) 이한기, 국제법강의, p. 698.
1021) Id., p. 699.

지 못할 때에는 총회가 2차적으로 평화유지임무를 수행할 수 있다고 보아야 한다.

ii) 헌장 제11조 2항상의 행동(조치, action)이 강제조치(헌장 제41, 42조상의 조치)만을 의미하는가 아니면 권고조치(헌장 제39, 40조, 6장상의 조치)도 포함하는가?

헌장 제11조 2항은 국제평화와 안전의 유지에 관한 문제로서 '조치'를 필요로 하는 것은 토의의 전 또는 후에 총회에 의하여 안전보장이사회에 회부된다고 규정하였다.

평화를 위한 단결결의의 합법성을 부인하는 국가들은 '조치'를 필요로 하는 모든 사항은 안보리에 회부되어야 한다고 주장하면서, '조치'를 넓게 해석하였다.

그러나 ICJ는 '조치'가 헌장 제7장상의 강제조치(즉, 제41, 42조에 의한 조치)만을 의미하며, 권고조치(헌장 제6장상의 조치, 예를 들어 제38조의 조치)는 총회도 취할 수 있다고 하였다.

헌장 제38조는 안보리가 분쟁의 평화적 해결을 위해 당사자에게 권고할 수 있다고 규정하고 있다. 또한, 제39조와 제40조에 의한 조치도 안전보장이사회의 결의가 권고에 의한 것일 때는 권고조치가 될 수도 있다.

ICJ는 평화유지활동(PKO)은 헌장 제7장상의 조치가 아니기 때문에 총회도 안보리를 대신하여 할 수 있다고 하였다.

iii) 결 론

이와 같이 평화를 위한 단결결의는 합법적인 것으로 인정되고 있다. 이를 인정하는 판례로는 ICJ의 권고적 의견인 '특정경비사건'을 들 수 있다.

6) 특정경비사건(certain expenses of the UN), 1962년 ICJ 권고적 의견

콩고(ONUC, 안보리 결의에 의한 PKO)와 수에즈 운하에서의 평화유지활동(UNEF, 총회결의에 의한 PKO)에서의 평화유지활동 비용에 대해 프랑스와 소련 등이 이 비용은 UN헌장 제17조 2항상 회원국이 부담해야 할 비용이 아니므로 비용을 부담하지 않겠다고 하여 분쟁이 발생하였다.

UNEF는 이집트가 수에즈 운하의 국유화를 선포하자 영국과 프랑스가 무력개입한 사건이 발생하였으나 안보리에서 이 문제를 해결할 수 없게 되자 캐나다의 외무장관이 '평화를 위한 단결결의'에 따라 평화유지군인 UNEF를 파견할 것을 주장하여 창설되었다. 1956년에서 1967년까지 UNEF Ⅰ은 적대행위의 중단을 임무로 하였고 이로서 무력분쟁이 중단되고 캐나다의 외무장관은 노벨평화상을 받았다.

ICJ는 권고적 의견에서 이 경비가 UN헌장 제17조 2항상의 비용이라고 판정

하였다.

소련은 헌장 제11조 2항이 '조치(action)'를 필요로 하는 것은 안전보장이사회에 회부하도록 하고 있으므로 '조치'는 안보리의 독점적 권한이라고 주장하였다.

ICJ는 '조치'는 헌장 제7장상의 강제조치를 의미하며, UNEF와 ONUC는 평화유지활동이기 때문에 헌장의 위반이 아니라고 하였다. 이 의견은 평화를 위한 단결결의의 합법성을 인정하는 판례로 볼 수 있다.

(3) 침략의 정의

UN총회는 1974년 결의 3314로서 '침략의 정의'를 채택하였다. 이 결의는 UN안보리가 침략행위를 결정하는 데 하나의 지침(guidance)을 제공하기 위한 것이다. 결의 제1조는 "침략이라고 하는 것은 일국에 의해 타국의 주권, 영토보전 또는 정치적 독립에 대하여 행해지는 무력행사 또는 UN헌장과 양립되지 않는 기타 모든 방법에 의해 행해지는 일련의 무력행사이다"고 규정하고 있다. 따라서 무력의 위협은 침략을 구성하지는 않는다. 제2조는 UN헌장에 위반되는 일국의 선제병력사용은 일응(prima facie) 침략행위의 증거가 된다고 규정하고 있다. 제3조는 선전포고의 유무에 관계없이 (a) 타국 영토에 대한 무력침입(invasion), 공격(attack) 또는 이에 따르는 군사점령, 무력행사에 의한 합병 (b) 타국의 영토에 대한 무력 폭격(bombardment) (c) 타국 연안이나 항구에 대한 무력봉쇄 (d) 타국의 육・해・공군에 대한 무력공격 (e) 주둔협정을 위반하는 기지사용 잔류 (f) 타국이 제3국에 대한 침략행위를 범하도록 자국의 영토를 이용하는 것을 허가하는 행위 (g) 일국이 타국에 대해 무력사용행위를 수행하도록 무장집단, 비정규병력, 용병을 보내는 행위는 침략행위가 될 수 있다(qualify as an act of aggression)고 규정하고 있다. (g)에 해당하는 것이 니카라과 사건에서의 미국의 행위이다. 안보리는 기타 행위도 침략행위를 인정할 수 있다(제4조).

(4) 평화유지활동(PKO, Peace Keeping Operation)

UN헌장 제43조의 특별협정이 체결되지 못함에 따라 UN헌장이 예정한 UN군은 성립하지 못하였다. 따라서 현재 이른바 UN군은 헌장상의 강제조치에 종사하는 본래의 UN군이 아니고 UN안보리 또는 총회의 결의에 입각하여 정전・분쟁의 평화적 해결, 또는 국내치안유지 이행을 감시할 목적으로 파견된 군대이다.[1022] 이러한 군대를 평화유지활동군(Peace-Keeping Operation: PKO)이라고 한다.

6. 지역적 안전보장(UN헌장 제8장 제52~54조)

(1) UN과 지역적 협정(OAS, AU 등)

UN헌장 제52조 1항은 "이 헌장의 어떠한 규정도, 국제평화와 안전의 유지에 관한 사항으로서 지역적 조치에 적합한 사항을 처리하기 위하여 지역적 약정 또는 지역적 기관이 존재하는 것을 배제하지 아니한다. 다만, 이 약정 또는 기관 및 그 활동이 국제연합의 목적과 원칙에 일치하는 것을 조건으로 한다"고 규정하여 지역적 협정과 기관의 존재를 인정한다.

지역기구의 강제조치는 안보리의 허가를 받아야 하나, 구적국에 대한 조치는 허가를 받지 않았다. 그러나 제53조 1항은 "안전보장이사회는 그 권위 하에 취하여지는 강제조치를 위하여 적절한 경우에는 그러한 지역적 약정 또는 지역적 기관을 이용한다. 다만, 안전보장이사회의 허가 없이는 어떠한 강제조치도 지역적 약정 또는 지역적 기관에 의하여 취하여져서는 아니 된다. 그러나 이 조 제2항에 규정된 어떠한 적국에 대한 조치이든지 제107조에 따라 규정된 것 또는 적국에 의한 침략정책의 재현에 대비한 지역적 약정에 규정된 것은, 관계정부의 요청에 따라 기구가 그 적국에 의한 새로운 침략을 방지할 책임을 질 때까지는 예외로 한다"고 규정하고 있다.

(2) 사 례

미주기구(OAS)의 평화유지활동은 1976년 온두라스와 엘살바도르 간 분쟁의 정전(cease-fire) 감시를 위한 것 등 7건 정도 있었다. 대규모 PKO는 도미니카 공화국에 1965년 미국이 2만명 정도 OAS의 사후승인을 얻어 파병한 예가 있다.

1022) 이한기, 국제법강의, pp. 701~702.

7. UN의 허가를 요하지 않는 강제행동

(1) 제53조 1항 2문의 구적국에 대한 조치

제53조상의 구적국(enemy state)에 대해서는 UN헌장 제107조상의 조치(2차 대전의 결과로 취한 조치)를 취할 때와 구적국의 침략정책의 재현에 대비하여 지역기구가 조치를 취할 때는 안전보장이사회의 허가를 받지 않아도 된다. 연합군의 일본점령은 안보리의 허가를 받지 않았다. 그러나 이러한 조치에 대해 안보리가 심사할 수도 있다.

(2) 제51조의 자위권

제51조의 자위권에 의한 조치는 안전보장이사회의 허가를 얻지 않고 취할 수 있다. 그러나 이 조치는 안보리에 보고되고, 안보리가 조치를 취할 때까지 허용되는 것이다. 한편 개별국가의 자위권 이외에 NATO 등의 지역기구가 집단적 자위권을 행사할 수도 있다.

8. UN의 무력사용 승인형태

국제법상 무력사용을 규제하기 위해 UN이 무력사용을 승인하는 형태를 정리해 보면 (1) UN헌장 제7장에 따른 안보리의 강제조치(Enforcement Action) (2) 헌장 제8장과 제53조에 따른 안보리의 승인을 얻은 지역기구의 강제조치 (3) 안보리의 결의로 조직된 PKO군 (4) 평화를 위한 단결결의(Uniting for Peace Resolution)에 따른 UN총회의 권능 하에 있는 PKO (5) 지역기구의 설립조약에 근거하여 지역기구가 배치한 PKO로 나누어 볼 수 있다.

Ⅱ. 군비축소

1. 연맹규약과 UN헌장의 군축규정

UN헌장은 국제연맹과 같이 군축의무를 가맹국에게 가하지 않고, 총회와 안전보장이사회의 임무로 군축을 규정하고 있다.

UN헌장 제11조 1항은 "총회는 국제평화와 안전의 유지에 있어서의 협력의 일반원칙을, 군비축소 및 군비규제를 규율하는 원칙을 포함하여 심의하고, 그러한 원칙과 관련하여 회원국이나 안전보장이사회 또는 이 양자에 대하여 권고할 수 있다"고 규정하고 있다.

UN헌장 제26조는 "세계의 인적 및 경제적 자원을 군비를 위하여 최소한으로 전용함으로써 국제평화와 안전의 확립 및 유지를 촉진하기 위하여, 안전보장이사회는 군비규제의 확립을 위하여 국제연합회원국에 제출되는 계획을 제47조에 규정된 군사참모위원회의 원조를 받아 작성할 책임을 진다"고 규정하였다.

집단안전보장체제가 불완전한 연맹에서는 군축 자체가 주요한 안전보장의 지주인 데 비하여 UN헌장에서는 군축이 부차적인 의의를 갖는다.[1023]

미국의 법률가들은 군축을 분쟁의 평화적 해결을 위한 다른 수단을 통해 국제적 긴장이 완화된 후에 이루어질 수 있다고 판단했다.[1024]

UN의 집단안전보장체제가 유효하게 기능하지 못하는 경우에는 군축의 의의가 중요해진다고 할 수 있다.

2. 군축의 원칙

군비축소는 국제법상 국가에 부과되고 있는 의무로서 확립되어 있는가?

UN 창설 25주년을 기념한 총회에서 컨센서스로 채택된 우호관계선언(Declaration on Principles of International Law Concerning Friendly Relations and Cooperation Among States in Accordance with the Charter of the United Nations, 1970. 10)에서 "모든 국가는 일반적이고 완전한 군축에 관한 조약을 체결하기 위해 성실히 교섭해야 한다"고

1023) 이한기, 국제법강의, p. 684.
1024) 프란시스 앤서니 보일, 세계질서의 기초, p. 276.

규정함으로써 모든 국가에게 군축을 위하여 성실히 교섭할 의무를 부과하고 있다.

또한, 일반적이고 완전한 군축에 관한 조약(treaty on general and complete disarmament)을 체결하기 위해 교섭하도록 한 것은 군축이 모든 국가의 의무임을 표현한 것으로 볼 수 있다.

이 UN총회 결의는 국제관습법상의 법적 확신을 표현한 것으로 보아, 군축에 관한 국제관습법이 성립되어 있는 것으로 볼 수도 있다.[1025)]

3. 군축을 위한 기관

(1) UN군축위원회(UN Disarmament Commission)

1952년에 설립되었으나 1965년에서 1978년까지 활동이 중단되었다가 1978년에 다시 활동을 재개하였다.

(2) 제네바 군축회의(Conference on Disarmament)

군축회의는 화학무기금지협약(Chemical Weapons Convention)과 포괄적 핵실험금지조약(Comprehensive Nuclear Test Ban Treaty)을 채택하는 데 기여하였다.

Ⅲ. 핵무기체계의 규제

1. 핵실험의 규제

(1) 부분적 핵실험금지조약(Partial Test Ban Treaty): 1963년 8월 5일 '대기권 내, 우주공간 및 수중에 있어서의 핵무기실험을 금지하는 조약'이 성립하였다. 이 조약은 핵실험을 부분적으로 금지한 것으로서 지하 핵실험에는 적용되지 않는다.

(2) 군축회의(Conference of Disarmament)에서 1995년 9월 포괄적 핵실험금지조약(CTBT, Comprehensive Nuclear Test Ban Treaty)이 채택되었다. 이 조약은 지하 핵실험 등 모든 형태의 핵실험을 금지하는 조약이다. 그러나 이 조약이 발효하기 위해서는 군축회의에 참석하고 핵발전소가 있다고 IAEA에 등록한 44개국이 모두 조약

1025) 이한기, 국제법강의, p. 685.

을 비준하여야 한다. 인도, 파키스탄이 비준하지 않았고 미국도 1998년 상원이 비준을 거부하여 발효가 어려운 상황이다. 그러나 이 조약의 내용에 명백히 위반한 경우 안보리가 그 문제를 다룰 수 있다.

2. 핵확산방지조약

1968년 핵무기의 비확산에 관한 조약(NPT, Treaty on the Non Proliferation of Nuclear Weapons)[1026]이 체결되었다. 이 조약은 핵무기 소유국을 5개국(미국, 영국, 소련, 프랑스, 중국)으로 한정하고 새로운 핵무기국의 증가를 방지하려고 하고 있다.[1027]

(1) 세 가지 원칙

NPT체제를 이루는 세 가지 기둥이 되는 권리와 의무는 다음과 같다.

첫째, 핵비확산이다. 핵무기는 5개 핵무기 보유국(미국, 러시아, 영국, 프랑스, 중국)만 보유하고 이러한 핵무기 보유국은 이에 대한 관리를 양도하거나 제조 등을 원조하지 않으며(NPT 제1조), 핵무기 비보유국은 핵무기 등의 관리를 양도받지 않고 핵무기 또는 기타 핵폭발장치를 제조하거나 획득하지 않으며 이를 제조함에 있어서 원조를 구하거나 받지 아니한다(NPT 제2조).

둘째, 원자력의 평화적 이용이다. 평화적 목적을 위하여 핵 기술의 평화적 이용의 이익은 핵무기 보유국이거나 비보유국이거나를 불문하고, NPT의 모든 당사국에 제공되어야 한다는 원칙이다(NPT 서문, 제4조 및 제5조). NPT 제4조 1항은 "본 조약의 어떠한 규정도 차별없이 또한 본 조약 제1조 및 제2조에 의거한 평화적 목적을 위한 원자력의 연구생산 및 사용을 개발시킬 수 있는 모든 조약당사국의 불가양의 권리에 영향을 주는 것으로 해석되어서는 아니된다"고 하여 모든 국가가 원자력을 평화적으로 이용할 권리가 있음을 규정하고 있다. 즉 핵무기 비보유국은 핵무기를 제조하거나 획득하지는 않지만, 원자력을 평화적으로 이용할 권리는 가진다.

셋째, 핵군비 축소이다. 조약당사국은 핵무기 경쟁중지 및 핵군비 축소를 위한 효과적 조치에 관한 교섭 및 일반적이고 완전한 군축에 관한 조약 체결을 위

1026) 1975년 4월 23일(조약 제533호) 우리나라에 대해 발효.
1027) NPT 제1, 2, 3조.

한 교섭을 성실히 추구해야 한다(NPT 제6조). 핵무기를 보유할 수 있는 5개 핵무기 보유국도 영구적으로 핵무기를 보유할 수 있는 것이 아니라 핵군비 축소를 위해 노력해야 하며 궁극적으로 완전한 군축에 도달할 것을 목표로 한다.

(2) NPT 제1조, 제2조, 제3조의 분석

핵무기의 수평적 확산방지에 관한 내용은 NPT 제1조, 제2조 및 제3조에 규정되어 있다. 제1조는 핵보유국의 의무를 규정하고 있고, 제2조는 핵비보유국의 의무를 규정하고 있다.

NPT 제1조와 제2조는 핵무기보유 조약당사국과 핵무기 비보유 조약당사국 각자의 기본적인 비확산 의무를 규정하고 있다. 다만, 이 조항들은 "핵무기(Nuclear Weapon)"의 정의를 하지 않고 있고, "제조(manufacture)"라는 용어의 불확실성으로 인해 모호하다는 지적이 있어 왔으나, NPT 조약의 채택 이후 국제적 관행은 이러한 모호함을 제거하였다는 평가를 받는다.[1028]

첫째로, 핵무기의 정의 조항이 NPT에는 없으나 다수의 비핵지대조약[1029]과 미국의 원자력법(US Atomic Energy Act of 1954) 등 국내법령에는 존재한다.[1030] 따라서, 핵무기의 정의와 관련한 모호함은 거의 존재하지 않는다.

1028) Tom Coppen, The Law of Arms Control and the International Non−Proliferation Regime: Preventing the Spread of Nuclear Weapons (Brill, 2017) pp. 127~128.

1029) 예를 들어 TREATY FOR THE PROHIBITION OF NUCLEAR WEAPONS IN LATIN AMERICA AND THE CARIBBEAN(Treaty of Tlatelolco) 조약 제5조는 다음과 같다.

> **"Definition of nuclear weapons**
>
> Article 5
>
> For the purposes of this Treaty, a nuclear weapon is any device which is capable of releasing nuclear energy in an uncontrolled manner and which has a group of characteristics that are appropriate for use for warlike purposes. An instrument that may be used for the transport or propulsion of the device is not included in this definition if it is separable from the device and not an indivisible part thereof."

또한, South Pacific Nuclear−Free Zone (SPNFZ) (Treaty of Rarotonga) 제1조(c), Southeast Asian Nuclear−Weapon−Free−Zone (SEANWFZ) Treaty (Bangkok Treaty) 제1조(c), CENTRAL ASIAN NUCLEAR−WEAPON−FREE ZONE 제1조 (b) 등에 핵무기의 정의 규정이 있다.

1030) Section 11(d) of the US Atomic Energy Act 는 다음과 같다. "d. The term 'atomic weapon' means any device utilizing atomic energy, exclusive of the means for transporting or propelling the device (where such means is a separable and divisible part of the device), the principal purpose of which is for use as, or for development of, a weapon, a weapon prototype, or a weapon test device."

둘째로, 핵무기 등의 "제조"라는 용어와 관련하여 어느 단계부터 핵무기의 제조가 되는지에 대한 명확한 기준이 없다는 비판이 제기되어 왔다.[1031] 이 문제는 원자력의 평화적 이용을 보장하는 NPT 조약 제4조에 의해 보호되는 행위가 어느 순간부터 제2조에 의해 금지되는 "제조"행위가 되는지에 관한 것이다. 이에 대한 명확한 답은 아직 없지만 "평화적 핵폭발(Peaceful Nuclear Explosion, PNE)을 제외하고, 다른 모든 원자력행위(Nuclear Activities)는 안전조치의 대상이 된다면 모두 제4조에 의해 보호되는 행위라고 할 수 있다.[1032] 따라서, 제2조의 "제조"라는 용어가 모든 원자력 기술에 대한 접근을 전체적으로 제한하고 있다고 보아서는 안 된다. 이러한 입장은 우리나라와 스위스 등이 2005년 NPT 회의에서 개진한 바 있다.[1033]

3. 북한의 핵문제

1993년 북한의 NPT탈퇴선언으로 인해 한반도가 위기에 놓이기도 하였다. 북한은 1985년 12월 NPT에 가입하였다. 그 후 1993년 NPT탈퇴선언을 하였다가 선언의 효력을 중단시켰으며, 2003년 다시 탈퇴선언을 하였다. NPT 제10조 1항은 3개월의 통보기간 후에 탈퇴를 허용하고 있다. 북한은 1974년 IAEA 규정의 당사국이 되었다가 1994년 IAEA를 탈퇴하였다. 또한, 북한은 1992년 IAEA와 안전협정을 체결하였다. NPT 회원국은 국제원자력기구(IAEA)와 안전협정(Safeguard Agreement)을 체결하여야 한다(NPT 3조). 그러나 NPT에서 탈퇴하면 안전협정은 무효가 된다. 북한이 2003년 다시 NPT로부터 탈퇴선언을 하여 북한과 IAEA 간에 1992년에 체결된 안전협정은 무효가 되었다.[1034]

4. 미소 간의 핵무기감축협정

미소 간에 NPT의 군축의무에 따라 1972년 전략무기제한협상(Strategic Arms Limitation Talks, SALT Ⅰ)이 진행되었다. 그 이후 1972년 ABM(Anti-Ballistic Missile

1031) Tom Coppen, supra note 1028, p. 124.
1032) Id., p. 160.
1033) NPT/CONF.2005/MC.III/SR.2 §26, 52~53.
1034) 김영석, "국제법을 통한 한반도의 평화와 안전보장", 서울국제법연구 제10권 2호(2003), pp. 50~51.

Systems) 조약이 미소 간에 체결되었다. ABM 조약은 방어체제를 제약하려는 조약이며 SALT Ⅰ과 SALT Ⅱ는 공격용 핵무기를 제한하려는 것이다. ABM 조약에 의하면 조약당사국은 2개의 ABM 배치지역만을 건설할 수 있으며 그 후에는 ABM 조약 의정서에 의해 1개의 지역으로 축소되었다.

그러나 미국은 1983년 SDI(Strategic Defence Initiative)를 발표하고 지상과 우주공간에서 ABM 체제를 연구하고, 개발하며, 실험할 것을 나타냈다. 우주공간에서 ABM 체제를 연구하는 것 이외에 개발과 실험하는 것은 ABM 조약의 위반이라고 보아야 한다.

1987년 12월 미소 간에 중거리핵전력전폐조약(Intermediate Nuclear Forces Treaty, INF)이 체결되어 1991년 미소 간 지상발사 중거리미사일의 전폐가 완료되었다.[1035)]

1991년 미소는 제1차 전략무기삭감조약(Strategic Arms Reduction Talks, START Ⅰ)과 1993년 제2차 전략무기삭감조약(START Ⅱ)을 서명하였다. 이 조약들에 따라 양국이 보유하고 있는 핵무기를 3분의 1 수준으로 삭감하기로 하였다.[1036)] START Ⅰ은 2006년까지 미국과 소련이 각각 핵탄두를 6,000개까지로 축소할 의무를 규정하였다.[1037)] START Ⅱ는 미국과 소련이 각각 3,500개까지로 축소할 의무를 부과하였다.[1038)] 그러나 START Ⅰ이 1994년 발효한 반면 START Ⅱ는 발효되지 않았다.[1039)]

2001년 12월 13일 미국의 부시행정부는 ABM 조약으로부터 탈퇴를 선언하였다. 이는 미국이 추진하던 미사일방어계획(National Missle Defense)이 ABM 조약에 배치되기 때문이다.

2002년 5월 미국과 러시아는 전략공격무기감축조약(Treaty on Stratigic Offensive Reductions, START Ⅲ)에 서명하였다. START Ⅲ에 의하면 양국은 발사체에 있는 핵탄두를 1,700개에서 2,200개로 감축하여야 한다.[1040)]

1035) 이한기, 국제법강의, p. 687.
1036) Id., p. 688.
1037) Sean D. Murphy, supra note 26, p. 471.
1038) Id.
1039) Id.
1040) Sean D. Murphy, supra note 26, p. 471.

Ⅳ. 국제법상 테러행위의 규제

1. 테러행위 규제를 위한 국제사회의 논의의 역사적 고찰

테러행위에 관한 논의가 최근에만 국한된 것은 아니며, 테러행위의 규제를 위한 국제적인 노력은 이미 국제연맹의 시대에도 존재하였다. 국제테러행위에 대한 첫 번째 주요 국제문서는 1937년의 '테러의 방지와 처벌을 위한 협약(Convention for the Prevention and Punishment of Terrorism)'으로서 국제연맹의 주관 하에 작성되었다.[1041] 이 협약이 채택되게 된 계기는 1934년 유고슬라비아의 알렉산더 3세와 프랑스의 외무장관이 암살된 사건이었는데, 이태리는 암살범들을 프랑스로 인도하는 것을 이들이 정치범이라는 이유로 양국 간의 범죄인인도조약이 있음에도 불구하고 거절하였다. 이에 따라 프랑스는 테러범죄자의 처벌을 위해 양국 간의 범죄인인도조약보다도 더 보편적인 다자조약을 필요로 하였고, 이러한 점이 국제연맹에서 테러방지협약을 채택하는 계기가 되었다고 주장된다.[1042] 국제연맹의 테러방지협약은 국제연맹의 '국제형사재판소의 설립을 위한 협약(Convention for the Creation of the International Criminal Court)'과 동시에 채택되었다. 그리고 테러방지협약을 서명하고 비준한 국가만이 국제연맹의 국제형사재판소설립협약에 서명하고 비준할 수 있었다.[1043] 그러나 두 협약 모두 발효하지 못하였고, 특히 국제형사재판소설립협약은 2차 세계대전 이전까지 인도 1개국만이 비준하였다.[1044]

제2차 세계대전 이후에 설립된 UN도 테러행위의 규제를 위해 계속 관심을 가지고 노력하였다. 그 결과 테러규제를 위한 많은 국제협약을 채택하는 등의 성과를 거두었으나, 다음에 살펴보는 바와 같이 테러행위의 정의(definition)에 관한 국가들 간의 견해차이로 테러행위의 정의를 채택하지 못하였고, 테러행위의 정의가 현행 국제법상 존재하지 않는다는 점이 테러행위의 규제를 위한 가장 큰 장애요인 중의 하나로서 남아 있다. 그 결과, 현재의 국제법은 테러행위의 정의를 포괄적으로 규정하고 있는 소위 '테러행위 규제를 위한 포괄적 협약(Comprehensive Convention on the Suppression of Terrorism)'을 가지고 있지 못하고, 항공기납

1041) Id., p. 211.
1042) Id.
1043) Id.
1044) Id., 또한, 김영석, 국제형사재판소법강의(법문사, 2014), p. 14 참조.

치행위나 인질억류행위 등 특정한 유형의 테러행위를 규제하기 위한 국제협약들을 가지고 있을 뿐이다. 테러규제를 위한 접근방식을 크게 둘로 나누어 볼 때 이러한 접근방식을 '특정주제별 접근방식(Issue Specific Approach)'이라고 하고, 포괄적 협약에 의한 테러규제방식을 '포괄적 접근방식(Comprehensive Approach)'으로 구별할 수 있을 것이다. 이러한 배경 하에 이 글에서는 일단 테러행위의 개념으로서 다음과 같은 미국의 공식적 개념정의를 논의의 출발점으로서 사용하고자 한다.

> 테러행위는 (A) 폭력적 행위 또는 인간생명을 위태롭게 하는 행위로서 미국이나 다른 국가의 형법에 위반되며, 또는 미국이나 다른 국가의 관할권 내에서 범하여졌다면 형법적 위반이 되는 행위이며; 그리고 (B) (ⅰ) 민간인 주민을 위협하거나 강제하는 것; (ⅱ) 위협이나 강제에 의해 정부의 정책에 영향을 주는 것; 또는 (ⅲ) 암살이나 납치를 통해 정부의 행동에 영향을 주는 것을 의도한 것으로 보이는 행위와 관련된 활동이다.[1045]

2. 테러행위의 규제를 위한 국제적 규범

(1) 테러행위의 정의 문제

테러행위의 규제가 어려운 가장 큰 이유로는 현재까지 국제사회가 테러행위의 정의에 대한 합의를 이루지 못하고 있다는 점이다. 대부분의 제3세계 국가들은 민족자결권(self determination) 행사를 위한 무력사용행위는 테러행위로 인정되지 않아야 한다는 입장인 반면, 서구국가들은 이에 반대하면서 민족자결권 행사를 위한 무력사용을 합법화하려고 하지 않는다. "한 당사자에게는 테러범죄자이지만 다른 당사자에게는 민족해방투사이다"라는 표현은 이러한 상황을 나타내는 표현이라고 할 수 있다. 예를 들어, 서방세계는 팔레스타인해방기구(PLO) 등이 저지르는 살상행위 등을 테러행위라고 파악하는 반면, 팔레스타인과 아랍국가 등 제3세계는 민족자결권의 정당한 행사라고 주장하고 있다.[1046]

테러범죄의 정의와 관련된 국가 간의 의견대립은 1998년에 로마에서 개최된

1045) United States Code Congressional and Administrative News, 98th Congress, Second Session, 1984, October 19, volume 2; par. 3077, 98 STAT. 2707. Noam Chomsky, Pirates and Emperors, Old and New, 120(South End Press, 2002)에서 재인용.

1046) Noam Chomsky, Pirates and Emperors, Old and New, 138~140(South End Press, 2002).

국제형사재판소설립을 위한 UN전권외교회의(로마회의)에서도 나타나서, 국제형사재판소(International Criminal Court, ICC) 규정의 초안에는 테러범죄가 ICC가 관할하는 범죄로서 포함되어 있었으나, 국가들이 테러범죄의 정의에 대해 합의를 도출할 수 없었고, 기존의 테러관련 조약으로 테러행위에 대한 대처가 가능할 것으로 판단되었기 때문에 테러범죄를 ICC의 관할범죄에서 제외시켰다.

현재도 이러한 테러행위와 민족자결권 행사를 위한 합법적인 무력사용을 구별하는 것에 관한 의견대립이 계속되고 있어, '테러규제에 관한 포괄적 협약(Comprehensive Convention on Combating Terrorism)'의 성안에 장애물로 남아 있다.

(2) 특정한 형태의 테러행위 규제를 위한 보편적 국제협약

1) 의　　의

위에서 살펴본 바와 같이 국제사회는 테러행위의 정의에 관해 합의를 이룰 수 없었기 때문에 특정한 주제와 관련된 전세계적인 차원의 보편적 협약 또는 지역적인 협약들을 체결함으로써 테러행위를 규제하려고 하였다. 현재 전세계적인 차원의 테러규제관련 협약은 다음의 12개 협약을 들 수 있다. 또한, 지역적 차원의 협약으로서 다음에 언급되는 7개의 협약이 있다. 우리나라는 다음에서 살펴보는 12개의 전세계적인 차원의 국제협약에 모두 비준 또는 가입하였다.

그런데 이 협약들은 주로 평화시에 발생하는 테러행위의 규제를 목적으로 한다는 점에 유의할 필요가 있다. 이에 비해 다음에 살펴볼 국제인도법(International Humanitarian Law)은 무력충돌과 관련하여 발생한 테러행위를 억제하고 처벌한다는 점에서 구별된다.

2) 항공기 내에서 범한 범죄 및 기타 행위에 관한 협약(The 1963 Tokyo Convention on Offenses and Certain Other Acts committed on Board Aircraft, 동경조약)

이 조약은 일명 동경조약으로 불리며, 1963년 일본 동경에서 채택되었고 1969년 12월 4일 국제적으로 발효하였다. 동경조약은 제1조에서 '형사법에 위반하는 범죄'와 '범죄의 구성 여부를 불문하고 항공기와 기내의 인명 및 재산의 안전을 위태롭게 할 수 있거나 하는 행위 또는 기내의 질서 및 규율을 위협하는 행위'에 대해 조약이 적용된다고 규정하고, 제3조에서 항공기의 등록국이 동 항공기 내에서 범하여진 범죄나 위와 같은 항공기 등의 안전을 위태롭게 하는 행위에 대해 재판관할권을 행사하도록 하고 있다. 또한, 동경조약은 항공기의 기장에게 비행중의 항공기 내에서 승객이 범죄 또는 안전위해행위를 할 때는 그 승객을 감금하거나 기타 필요한 조치를 취하며, 그 승객을 강제하기(强制下機)시키거나 착륙국 당국에 인도할 수 있는 권한을 부여하였다(제5조에서 제15조). 동경조약은 항공기의 안전을 위태롭게 하는 테러행위를 방지하고 규제하기 위한 조약이라고 할 수 있다.

3) 항공기불법납치억제조약(The 1970 Hague Convention for the Suppression of Unlawful Seizure of Aircraft, 헤이그조약)

이 조약은 일명 헤이그조약 또는 하이재킹방지조약으로 불리며, 1970년 헤이그에서 작성되고 1971년 10월 14일 발효하였다. 동경조약으로는 그 후에 급속히 증대된 항공기의 불법납치를 유효하게 방지 또는 처벌하기가 곤란하였기 때문에 이 조약이 채택되었다.[1047)]

이 조약은 항공기의 불법납치를 한 범인의 처벌에 관한 국제협력체제를 확립하려는 것으로서 직접적으로 하이재킹의 방지를 목표로 하고 있다. 헤이그조약 제1조는 "비행중에 있는 항공기에 탑승한 여하한 자도 … 폭력 또는 그 위협에 의하여 또는 그 밖의 어떠한 다른 형태의 협박에 의하여 불법적으로 항공기를 납치 또는 점거하거나 또는 그와 같은 행위를 하고자 시도하는 경우 … 죄를 범한 것으로 한다"고 규정한다. 그리고 이 조약 제7조는 범죄혐의자를 발견한 체약국은 그 자를 재판권이 있는 타국에 인도하지 않는 경우에는 예외 없이, 또한 그 영토 내에서 범죄가 행하여진 것인지 여부를 불문하고 소추를 하기 위하여 권한 있는 당국에 동 사건을 회부해야 한다고 규정하여, "인도하지 않으면 기소해야 한다(aut dedere aut judicare)"는 원칙을 선언하고 있다.

헤이그조약은 하이재킹 범인이 세계 어디로 도망을 가든 처벌할 수 있는 체제를 구축한 조약으로서 획기적인 조약이다.

4) 민간항공의 안전에 대한 불법적 행위의 억제를 위한 협약(The 1971 Montreal Convention for the Suppression of Unlawful Acts Against the Safety of Civil Aviation, 몬트리올 조약)

이 조약은 일명 몬트리올 조약 또는 '민간항공불법행위억제조약'으로 불리며, 1971년 캐나다의 몬트리올에서 작성되고 1973년 1월 26일 발효되었다. 헤이그조약은 항공기의 불법납치행위를 규정하고 있으나 항공기의 폭파행위는 규율하고

1047) 이한기, 국제법강의, p. 407.

있지 않기 때문에, 항공기의 폭파행위 등을 독립된 범죄로서 규정하기 위해 몬트리올 조약이 채택되었다. 몬트리올 조약 제1조 1항에 의하면, 1) 비행중인 항공기에 탑승한 자에 대하여 폭력행위를 행하고 그 행위가 그 항공기의 안전에 위해를 가할 가능성이 있는 경우, 또는 2) 운항중인 항공기를 파괴하는 경우 또는 그러한 비행기를 훼손하여 비행을 불가능하게 하거나 또는 비행의 안전에 위해를 줄 가능성이 있는 경우, 또는 3) 여하한 방법에 의하여서라도 운항중인 항공기상에 그 항공기를 파괴할 가능성이 있거나 또는 그 항공기를 훼손하여 비행을 불가능하게 할 가능성이 있거나 또는 그 항공기를 훼손하여 비행의 안전에 위해를 줄 가능성이 있는 장치나 물질을 설치하거나 또는 설치되도록 하는 경우, 또는 4) 항공시설을 파괴 혹은 손상하거나 또는 그 운용을 방해하고 그러한 행위가 비행중인 항공기의 안전에 위해를 줄 가능성이 있는 경우, 또는 5) 그가 허위임을 아는 정보를 교신하여 그에 의하여 비행중인 항공기의 안전에 위해를 주는 경우에는 항공기의 불법납치에 의한 테러범죄를 범한 것으로 규정한다.

그리고 이 조약은 제5조에서 헤이그조약과 같이 범죄행위지국, 항공기등록국, 용의자를 태운 항공기의 착륙국, 항공기의 임차국에 대하여 이 범죄에 대한 관할권을 확립하기 위해 필요한 조치를 취하도록 하고 있다. 또한, 제7조에서 범인을 타국에 인도하지 않으면 자국에서 처벌하도록 하고 있다.

5) 1988년 국제민간항공에서 사용되는 공항에서의 불법적 폭력행위의 억제를 위한 의정서(1988 Protocol for the Suppression of Unlawful Acts of Violence at Airports Serving International Civil Aviation, 몬트리올 의정서)

이 의정서는 정식명칭이 '1971년 9월 23일 몬트리올에서 채택된 민간항공의 안전에 대한 불법적 행위의 억제를 위한 협약을 보충하는, 국제민간항공에 사용되는 공항에서의 불법적 폭력행위의 억제를 위한 의정서'이며, 일명 몬트리올 의정서라고 불린다. 이 의정서는 1988년 몬트리올에서 작성되었고, 1989년 8월 6일 발효하였다. 이 의정서의 당사국 간에는 몬트리올 협약과 이 의정서는 함께 단일 문서로 취급되고 해석된다(몬트리올 의정서 제1조).

6) 외교관 등 국제적 보호인물에 대한 범죄의 예방 및 처벌에 관한 협약(The 1973 UN Convention on the Prevention and Punishment of Crimes Against Internationally Protected Persons, Including Diplomatic Agents, 뉴욕협약)

이 협약은 일명 뉴욕협약으로 불리며, 1973년 뉴욕에서 채택되고 1977년 2월

20일에 발효하였다. 이 협약의 제1조는 '국제적 보호인물'을 1) 국가원수, 정부수반 또는 외무부장관으로서 그들이 외국에 체류할 모든 경우 및 그들과 동행하는 가족의 구성원, 또는 2) 일국의 대표나 공무원 또는 정부 간 성격을 지닌 국제기구의 직원 또는 기타 대리인으로서 범죄가 이들 본인, 그의 공관, 그의 사저 또는 그의 교통수단에 대하여 행해진 시기와 장소에서 국제법에 따라 그의 신체, 자유 또는 존엄에 대한 공격으로부터 특별한 보호를 받을 자격이 있는 자 및 그의 세대의 일부를 구성하는 가족의 구성원으로 정의하고 있다.

또한, 이 협약의 제2조는 1항은 1) 국제적 보호인물의 살해, 납치 또는 그의 신체나 자유에 대한 기타 가해행위 2) 국제적 보호인물의 신체나 자유를 위태롭게 할 수 있는 그의 공관, 사저 또는 교통수단에 대한 폭력적 가해행위 3) 그러한 행위의 범행 위협, 미수 또는 공범행위를 각 당사국이 국내법상의 범죄로 규정하도록 하고 있다.

한편, 뉴욕협약의 제7조는 이 협약상의 범죄혐의자를 타국에 인도하지 않을 경우 자국에서 처벌해야 한다는 의무를 당사국에게 부과하고 있다. 또한, 제8조는 제2조의 범죄행위를 당사국 간에 현존하는 범죄인인도조약상의 인도범죄로 등재되어 있지 않더라도 인도범죄로 할 것을 규정하고 있다.

7) 인질억류방지에 관한 국제협약(The 1979 UN Convention Against the Taking of Hostages)

이 협약은 1979년 뉴욕에서 채택되었으며, 1983년 6월 3일 발효하였다. 이 협약은 국제테러리즘의 표현으로서의 일체의 인질억류행위를 방지, 기소 및 처벌하기 위한 실효적 조치를 강구하기 위하여 작성되었다. 이 협약 제1조 1항은 인질억류범죄를 행하는 자를 "제3자, 즉 국가, 정부 간 국제기구, 자연인, 법인 또는 집단에 대해 인질석방을 위한 명시적 또는 묵시적 조건으로서 어떠한 작위 또는 부작위를 강요할 목적으로 타인(인질)을 억류 또는 감금하여 살해, 상해 또는 계속 감금하겠다고 협박하는 자"로서 정의하고 있다. 이 협약 제8조는 "자국의 영토 내에서 인질억류 범죄혐의자를 적발한 당사국은 동 혐의자를 인도하지 않는 경우 예외 없이 그리고 동 인질억류 범죄가 자국 영토 내에서 행해졌는가의 여부를 불문하고 국내법상의 절차를 통한 기소를 위하여 자국의 권한 있는 당국에 사건을 회부하여야 한다"고 규정하여 '인도하지 않으면 처벌할' 의무를 부과하고 있다. 이 협약 제10조는 인질억류행위를 당사국 간에 범죄인인도의 대상이 되는 범죄로 인정하고 있다. 이 협약 제12조는 다음과 같이 규정한다.

> 전쟁희생자 보호를 위한 1949년 제네바 제 협약 또는 동 협약 추가의정서가 특정 인질억류행위에 적용될 수 있고, 또한 본 협약의 당사국이 상기 협약상 인질억류범을 기소 또는 인계해야 할 의무가 있는 범위 내에서는 국제연합헌장 및 국제연합헌장에 의거한 제국 간 우호관계와 협력에 관한 국제법원칙의 선언에 규정된 바와 같이 민족자결권의 행사로서 식민지배, 외국점령 및 인종주의적 정권에 대항하여 항쟁하는 1977년 제1추가의정서 제1조 4항에 언급된 무력충돌을 포함하여 1949년 제네바 제 협약 및 동 의정서에 정의된 무력충돌 과정에서 행해진 인질억류행위에 대해서는 본 협약이 적용되지 아니한다.

제12조의 내용을 볼 때, 첫째로 무력충돌시의 인질억류행위에는 국제인도법인 1949년 제네바 4개 협약과 제네바협약에 대한 1977년 2개의 추가의정서들이 적용될 수 있다는 점과 둘째로, 1977년 제1추가의정서 제1조 4항에 언급된 '민족해방운동(National Liberation Movement)' 과정의 인질억류행위에는 이 협약이 적용되지 않는다는 점을 알 수 있다. 따라서 인질억류협약은 기본적으로 무력충돌상황이 아닌 평화시의 인질억류행위를 규율하고 있고, 인질억류행위를 국제테러리즘의 표현으로 보아 처벌하려 하면서도 민족해방운동 과정에서의 인질억류행위에 대해서는 국제인도법의 영역에 맡기고 있음을 알 수 있다. 그러면 국제인도법에서는 인질억류행위를 어떻게 처벌하는가? 국제인도법에서는 무력충돌 과정에서 인질억류행위를 범하는 자를 전쟁범죄자로 처벌한다. 국제인도법상 인질억류행위의 처벌에 관해서는 이후에 자세히 설명한다.

한편, 인질억류방지협약 제13조는 "본 협약은 인질억류 범죄가 일국 내에서 행해지고 인질 및 인질억류 범죄혐의자가 동국 국민이며 동 혐의자가 동국 영토 내에 있는 경우에는 적용되지 아니한다"고 규정하여 인질억류행위가 국제적 성격을 띠는 경우에만 이 협약이 적용되도록 하고 있다.

8) 핵물질의 방호에 관한 협약(The 1980 IAEA Convention on the Physical Protection of Nuclear Material)

이 협약은 국제원자력기구(IAEA)가 중심이 되어 1980년 비엔나에서 작성하였고, 1987년 2월 8일 발효하였다. 이 협약은 핵물질에 관한 범죄를 예방, 탐지 및 처벌하기 위하여 채택되었다. 이 협약 제7조는 핵물질에 관한 범죄로서 1) 핵물질의 수령, 소유, 사용, 이전, 개조, 처분 또는 분산을 구성하며 또한 사망 또는 인명에 대한 중대한 상해 또는 재산에 대한 본질적 손해를 야기하거나 야기할 우려가 있는 합법적 권원이 없는 행위 2) 핵물질의 절도 또는 강탈 3) 핵물질의 유용 또는 사취 4) 위협 또는 무력의 사용 또는 기타 형태의 협박에 의해 핵물질에 대한 요구를 구성하는 행위를 규정하고 있다.

한편, 이 협약 제10조는 피의자를 인도하지 않으면 처벌할 의무를 규정하고 있다. 또한, 제11조는 제7조에 규정된 핵물질에 관한 범죄를 당사국간의 범죄인인도조약상의 인도대상범죄로 규정하고 있다.

핵물질의 절도는 핵물질이 위험한 인물들의 수중에 들어갔을 때 발생할 수 있는 피해 때문에 국제적 관심사가 되었다. 이 협약은 국가들에게 적용되는 것이지만 간접적으로 개인의 행위를 규율함으로써 개인에게도 적용된다. 이 협약은 또한 핵물질의 사용으로 인한 환경파괴의 피해도 방지하고자 하는 환경보호의 측면도 가지고 있다.

9) 항해의 안전에 대한 불법행위의 억제를 위한 협약(The 1988 IMO International Convention for the Suppression of Unlawful Acts Against the Safety of Maritime Navigation, SUA 협약)

이 협약은 일명 SUA 협약으로 불리며, 1988년 국제해사기구(IMO)가 중심적 역할을 하여 로마에서 채택되었고, 1992년 3월 2일 발효하였다. 이 협약 제3조 1항은 1) 무력 또는 무력의 위협 또는 기타 형태의 협박에 의해 선박을 억류하거나 선박에 대한 통제를 행사하는 행위, 또는 2) 선박상의 사람에 대하여 그 선박의 안전운항을 위험에 빠뜨릴 가능성이 있는 폭력행위를 실행하는 행위, 또는 3) 선박을 파괴하거나 선박 또는 그 화물을 훼손하는 행위로서 그 선박의 안전운항을 위험에 빠뜨릴 가능성이 있는 행위, 또는 4) 선박을 파괴할 가능성이 있는 장치나 물질을 어떻게 해서라도 선박에 설치하거나 설치되도록 하거나 또는 그 선박 또는 그 선박의 화물을 훼손하는 행위로서 그 선박의 안전운항을 위험에 빠뜨리거나 위험에 빠뜨릴 가능성이 있는 행위, 또는 5) 항해시설을 파괴하거나 혹은 심각하게 손상시키거나 그 운용을 심각하게 방해하는 행위로서 선박의 안전운항을 위험에 빠뜨릴 가능성이 있는 행위, 또는 6) 자신이 허위임을 아는 정보를 교신함으로써 선박의 안전운항을 위험에 빠뜨리는 행위, 또는 7) 위에 규정된 모든 범죄행위 또는 그 미수와 관련하여 사람에 상해를 입히거나 살인하는 행위를 항해의 안전에 대한 범죄로서 처벌하도록 하고 있다.

이 협약을 채택하게 된 배경이 되는 사건은 1985년 10월 7일에 발생한 아칠레 라우로(Achille Lauro)호 사건이다. 이 배는 이탈리아 국적으로서 알렉산드리아에서 포트 사이드(Port Said)로 항해하던 중에 팔레스타인해방전선(Palestine Liberation Front)의 대원들에게 해상에서 납치되었다. 납치범들은 이스라엘이 50명의 팔레스타인인 죄수를 석방할 것을 요구하였으나, 그들의 요구가 받아들여지지 않자, 미국 국적의 유대인인 레온 클링호퍼(Leon Klinghoffer)를 살해하여 그 시신을 바다에 던졌다.[1048] 이 사건은 국제사회에 해상테러에 대한 관심을 환기시켰고, 그 결과로서 이 협약이 탄생하게 되었다.

이 협약의 특징으로서 크게 두 가지를 들 수 있다. 첫째로, 이 협약은 위의 제3조 1항에서 규정된 바와 같이 선박의 해상납치와 관련하여 범하여진 살인행위 자체를 범죄로서 규정하고 있다. 그 이전의 항공기납치에 관한 헤이그협약은 항공기 납치행위를 범죄로서 규정하고, 몬트리올 협약은 "비행중인 항공기에 탑승한 자에 대하여 폭력행위를 행하고 그 행위가 그 항공기의 안전에 위해를 가할 가능성이 있는 경우"를 범죄로 하고 있기 때문에, 두 협약은 모두 살해행위 자체를 범죄로서 규정하고 있지 않았다.[1049] 인질억류방지협약도 "타인(인질)을 억류 또는 감금하여 살해, 상해 또는 계속 감금하겠다고 협박하는 자"를 처벌하고 있기 때문에 인질의 살해행위 자체를 범죄화하고 있다고 볼 수 없다.[1050] 이에 비해 SUA 협약은 살해행위 자체를 범죄화하고 있다는 점에서 기존의 테러규제협약보다 진전된 것이라고 할 수 있다.

둘째로, 이 협약 제6조는 협약상의 범죄를 처벌하는 관할권의 근거로서 속지주의, 능동적 속인주의(active personality principle)와 기국주의(flag state principle) 이외에 피해자의 국적국이 관할권을 행사하는 수동적 속인주의(passive nationality principle)를 명시적으로 규정하고 있다. 즉, 제6조는 제1항에서 해상에서의 선박납치와 관련하여 그 영해 등에서 납치행위가 발생한 국가는 속지주의에 의해, 납치범의 국적국은 능동적 속인주의에 의해, 납치된 선박의 기국은 기국주의에 의해 관할권을 행사한다고 규정하고 있을 뿐만 아니라, 제2항에서 피해자의 국적국과 작

1048) Malvina Halberstam, International Maritime Navigation and Installations on the High Seas, in The International Criminal Law 819, 819(M. Cherif Bassiouni ed., Vol. 1, 1999).

1049) Id., p. 822. .

1050) Id.

위 또는 부작위를 강요하는 특정국가, 소위 '목표국가(target state)'가 관할권을 행사할 수 있도록 하였다.[1051] 아칠로 라우로 사건의 예를 든다면 이스라엘이 목표국가가 될 것이며, 미국이 피해자의 국적국이 될 것이다.

이 협약 제10조는 자국의 영토 안에서 범죄혐의자를 발견한 당사국은 범죄혐의자를 인도하거나 처벌하도록 하고 있다. 제11조는 위에 규정된 제3조의 범죄를 당사국 간의 범죄인인도조약상의 인도대상범죄로 할 것을 규정하고 있다.

결론적으로, 이 협약은 해상테러를 국제범죄로 규정하였다는 점에서 그 의의를 가진다고 할 수 있다.

10) 대륙붕상에 고정된 플랫폼의 안전에 대한 불법적 행위의 억제를 위한 의정서(Protocol on the Suppression of Unlawful Acts Against the Safety of Fixed Platforms Located on the Continental Shelf)

이 의정서는 항해의 안전에 대한 불법적 행위의 억제를 위한 협약을 보충하기 위한 것으로서 1988년 로마에서 채택되었고, 1992년 3월 1일 발효하였다. 이 협약 제1조에 의하면 이 의정서의 목적상 '고정된 플랫폼'은 자원의 탐사 또는 개발목적 또는 기타 경제적 목적을 위하여 해저에 영구적으로 부착된 인공섬, 시설 또는 구조물을 말한다. 이 협약의 제2조 1항은 무력 또는 무력의 위협 또는 기타 형태의 협박에 의해 고정된 플랫폼을 억류하거나 고정된 플랫폼에 대한 통제를 행사하는 행위 등을 범죄로서 처벌하도록 하고 있다.

11) 가소성 폭약의 탐지를 위한 식별조치에 관한 협약(The Convention on the Marking of Plastic Explosives for the Purpose of Detection)

이 협약은 1991년 몬트리올에서 작성되었고, 1998년 6월 21일 발효하였다. 이 협약은 항공기 등의 테러행위에 가소성 폭약(Plastic Explosives)이 사용되어 왔기 때문에, 제2조에서 이러한 가소성 폭약에 적절하게 식별조치를 당사국이 하도록 하고 있다. '식별조치'는 이 협약의 기술부속서에 따라 폭약에 탐지제를 첨가하는 것을 말한다. 일반적으로 '가소성 폭약'은 유연하거나 탄력적인 박판형의 폭약 등을 의미한다. 이 협약에서는 특정한 행위를 범한 사람의 형사처벌을 규정하고 있지는 않다. 다만, 당사국들에게 비식별조치 폭약이 자국 영토의 내외로 이동하는 것을 금지・방지하기 위하여 필요한 조치를 취할 의무 등을 부과하고 있다.

1051) Id., pp. 823~828.

12) 폭탄테러의 억제를 위한 국제협약(The International Convention for the Suppression of Terrorist Bombings, 폭탄테러방지협약)

이 협약은 1997년 뉴욕에서 채택되고, 2001년 5월 23일 발효하였다. 이 협약은 일명 폭탄테러방지협약으로도 불린다. 이 협약은 폭발성 장치나 기타 치명적 장치를 사용하는 테러공격이 점차 확산됨에 따라 그러한 테러행위를 방지하고 그러한 범죄행위자를 기소·처벌하기 위한 효과적이고 실행 가능한 조치를 취하기 위해 채택되었다. 이 협약의 제2조 1항은 "사망 혹은 중상을 야기하려는 의도나 중대한 경제적 손실의 결과를 가져올 의도 등을 가지고 공공장소, 국가 또는 정부시설, 공공교통시설 또는 기간시설에서나 그 내로 또는 그에 대하여 폭발성 장치 또는 그 밖의 치명적 장치를 위법하고 고의적으로 전달·배치·방출·폭발시킨 자"를 폭탄테러행위를 범한 자로 처벌하도록 하였다.

동조 2항과 3항은 1항에 규정된 범죄의 미수범과 공범을 처벌하도록 하고 있다. 제3조는 단일국가 안에서 행하여지는 범죄로서 그 범죄의 피의자와 피해자가 그 국가의 국민이며, 피의자가 그 영역에 소재하며, 다른 어떤 국가도 관할권을 행사할 근거를 갖고 있지 아니한 경우에는 이 협약이 적용되지 않는다고 규정한다. 제8조는 범죄혐의자가 자국의 영역에 소재하는 당사국에게 그 자를 인도하거나 기소할 의무를 부과하고 있다. 또한, 제9조는 폭탄테러행위가 당사국 간의 범죄인인도조약상의 인도대상범죄에 포함되는 것으로 간주된다고 규정한다.

한편, 이 협약 제19조 2항은 "국제인도법의 규율대상인 무력충돌시 무장병력의 활동은 그러한 용어가 국제인도법상에서 이해되는 대로 이 협약의 규율대상이 아니며, 공적 임무의 수행을 위하여 국가의 군대에 의하여 취해진 활동은 국제법의 다른 규범의 규율대상인 한 이 협약에 의하여 규율되지 아니한다"고 하여, 무력충돌시의 무장병력의 활동에는 이 협약이 적용되지 않음이 원칙이며 국제인도법이 적용됨을 선언하였다.

13) 테러자금조달의 억제를 위한 국제협약(The International Convention for the Suppression of Financing of Terrorism)

이 협약은 1999년 뉴욕에서 채택되었고, 2002년 4월 10일 발효하였다. 이 협약은 국제테러행위의 횟수 및 정도가 테러분자가 획득할 수 있는 자금조달에 의존하고 있음에 주목하면서, 테러자금조달의 방지와 그러한 범죄 행위자의 기소·처벌을 위하여 채택되었다. 이 협약 제9조는 범죄자의 기소나 인도의무를 당사국에 부과하고 있다. 제11조는 테러자금조달범죄를 이 협약 당사국 간에 존재하는 모든 범죄인인도조약상의 인도대상범죄에 포함되는 것으로 간주한다고 규정한다.

이 협약은 다른 테러협약과 비교해 볼 때, 다른 협약이 테러행위자를 사후적으로 처벌하는 측면에 초점을 두고 있는 것에 비해, 테러행위를 사전에 예방하는 측면을 강조하는 협약이라고 할 수 있다.

(3) 테러행위 규제를 위한 지역적 국제협약

테러행위 규제를 위한 지역적 차원의 국제협약으로는 다음과 같은 7개 협약을 들 수 있다. 이러한 지역적 협약은 (1) 1971년의 테러행위 예방과 처벌을 위한 미주기구협약(The 1971 OAS Convention to Prevent and Punish Acts of Terrorism Taking the Form of Crimes Against Persons and Related Extortion that are of International Significance);[1052] (2) 1977년 테러리즘 억제에 관한 유럽협약(The 1977 European Convention on the Suppression of Terrorism);[1053] (3) 테러리즘 억제에 관한 남아시아지역협력협의체(SAARC) 지역협약(South Asian Association for Regional Cooperation(SAARC) Regional Convention on the Suppression of Terrorism);[1054] (4) 테러리즘에 대항하기 위한 독립국가연합(CIS) 국가 간의 협력에 관한 조약(Treaty on Cooperation among State Members of the Commonwealth of Independent States in Combating Terrorism);[1055] (5) 테러리즘 억제에 관한 아랍협약(Arab Convention on the Suppression of Terrorism);[1056] (6) 국제테러리즘 규제에 관한 이슬람회의기구(OIC) 협약(Convention of the Organization of the Islamic Conference on Combating International Terrorism);[1057] (7) 테러리즘 방지와 규제에 관한 아프리카기구(OAU) 협약(OAU Convention on the Prevention and Combating of Terrorism)[1058] 이다.

(4) 포괄적 테러협약을 위한 노력

1996년 UN총회에서 인도는 테러리즘억제에 관한 포괄적 협약안(a draft Com-

1052) 10 ILM 225(1971), 1973년 10월 16일 발효.
1053) ETS no. 90(1977), 1978년 8월 4일 발효.
1054) 1987년 11월 4일 카트만두에서 서명, 1988년 8월 22일 발효.
1055) 1999년 6월 4일 민스크에서 채택.
1056) 1998년 4월 22일 카이로에서 채택.
1057) 1999년 7월 1일 채택.
1058) 1999년 7월 14일 채택.

prehensive Convention on the Suppression of Terrorism)을 제안하였다.[1059] 이 협약안은 총 27개조로 되어 있으며, 제2조에서 테러리즘을 정의하고 있다. 이 포괄적 협약은 채택이 된다면, 기존의 특정주제에 한정된 테러억제협약이 포함하지 못하는 다양한 형태의 테러행위를 규제하는 데 있어서 더욱 효과적일 것이다. 또한, 국가의 테러규제와 관련된 다양한 협약상의 의무들을 각 협약마다 찾아볼 필요 없이 하나의 통합된 협약상의 의무와 절차를 준수하면 될 것이다.[1060] 더구나 바시우니 교수는 포괄적 협약의 필요성을 강조하면서, 테러규제에 관한 특정 주제별 협약방식이 계속된다면, 이러한 주제별 테러협약이 끝없이 채택되어야 한다고 주장한 바 있다.[1061]

그러나 현재까지도 각국들은 크게 두 가지 쟁점에 대한 이견 때문에 포괄적 협약을 채택하지 못하고 있다. 첫째는 테러리즘의 정의에 대한 국가 간의 견해차이이다. 제3세계 국가들과 아랍국가들은 민족자결권의 행사를 테러리즘에서 제외시키는 정의를 선호하는 반면, 서구국가들은 테러리즘의 정의에서 민족자결권(right to self determination)을 언급하지 않는 것을 선호한다.[1062] 둘째로는 포괄적 협약과 기존의 특정 주제별 테러협약과의 관계를 둘러싼 국가 간의 견해차이가 있다. 서구국가들은 포괄적 협약이 기존의 테러협약들을 보충하는(complementary) 성격의 협약이 될 것을 선호하며, 포괄적 협약은 기존의 협약의 법적 흠결을 보완하는 역할을 하여야 한다고 주장한다.[1063] 그러나 다른 국가들은 기존의 협약과 포괄적 협약이 충돌할 때는 포괄적 협약이 우선하도록 하여, 포괄적 협약이 테러 관련 협약들의 모협약(umbrella convention)이 되도록 하여야 한다고 주장한다.[1064] 이러한 이유들로 테러행위 억제를 위한 포괄적 협약안은 UN에서 논의는 계속되고 있으나, 아직 정식으로 채택되지 못하고 있다.

1059) UN Doc. A/C.6/51/6, 1996년 11월 11일.

1060) M. Cherif Bassiouni, International Terrorism in The International Criminal Law 765, 770(M. Cherif Bassiouni ed., Vol. 1, 1999).

1061) Id.

1062) Bibi T. van Ginkel, Bibi T. van Ginkel, The United Nations: Towards a Comprehensive Convention on Combating Terrorism, in Confronting Terrorism 224(M. van Leeuwen ed., 2003).

1063) Id., p. 220.

1064) Id.

(5) 국제인도법(International Humanitarian Law)과 테러행위

1) 의 의

국제인도법은 무력충돌시의 테러행위를 금지하고 있다. 국제인도법의 근본 원칙은 전투원과 비전투원을 구별하는 것이며, 민간인을 직접적인 공격의 대상으로 하는 것을 금지하고 있다. 이러한 점에서 민간인을 직접 공격대상으로 하는 테러행위는 국제인도법상 금지되는 행위라고 할 수 있다. 또한, 다음의 예에서 알 수 있듯이 무력충돌시에 민간인에 대한 테러행위나 인질억류행위를 하는 자는 국제인도법을 위반한 것으로서 전쟁범죄자로서 처벌받게 된다.

2) 민간인에 대한 테러행위 금지

전시민간인의 보호를 위한 제네바 제4협약은 제33조에서 "피보호자는 그 자신이 행하지 않은 위반행위로 인하여 처벌되어서는 아니 된다. 단체벌 및 모든 협박 또는 테러행위(terrorism)에 의한 조치는 금지된다 … "고 규정하고 있다. 따라서 무력충돌시 민간인에 대한 테러행위를 하는 자는 제네바 제4협약을 위반한 것으로 처벌받을 수 있다.

3) 무력충돌시 인질억류행위 금지

제네바 제4협약 제34조는 인질억류행위를 금지하고 있다. 또한, 인질억류행위는 제네바 제4협약(전시민간인 보호에 관한 협약) 제147조상의 중대한 위반행위이며, 제네바 4개 협약의 공통 제3조의 위반이다. 그리고 국제형사재판소(ICC) 규정 제8조도 '인질행위'를 전쟁범죄로서 처벌하도록 하고 있다.

4) 구 유고전범재판소(ICTY)의 갈리치(Galic) 판결

구 유고전범재판소(ICTY)는 보스니아 세르비아군(Bosnian Serb Army)의 사령관을 역임한 스타니스라프 갈리치(Stanislav Galic) 장군이 1992년 9월부터 1994년 8월까지 사라예보 지역을 공격하면서 민간인을 공격하고 저격(sniping)함으로써 민간인 주민에 대한 테러행위를 하였다는 이유로 20년 형을 선고하였다.[1065] 구체적으로 ICTY는 갈리치가 1977년 제1추가의정서(1949년 8월 12일자 제네바 제 협약에 대한 추가 및 국제적 무력충돌의 희생자보호에 관한 의정서, Protocol Ⅰ) 제51조 2항을 위반하였다고 인정하여 그를 전쟁범죄자로 처벌하였다. 동항은 "민간개인은 물론 민간주민도 공격의 대상이 되지 아니한다. 민간주민 사이에 테러를 만연시킴을

1065) IT-98-29, 2001년 12월 3일부터 2003년 5월 9일까지 심리, 2003년 12월 5일 판결.

주목적으로 하는 폭력행위 및 위협은 금지된다"고 규정하고 있다. 한편, 제1추가의정서는 국제적 무력분쟁에 적용되는 것이나, 이 사건에서는 분쟁당사자 간의 합의에 의하여 적용된다고 ICTY는 판결하였다.

(6) 국제형사재판소 규정(International Criminal Court, ICC)

1) ICC에 의한 테러범죄의 처벌가능성

국제형사재판소는 그 관할범죄로서 집단살해죄(crime of genocide), 인도에 반한 죄(crime against humanity), 전쟁범죄(war crime), 침략범죄(crime of aggression)만을 규정할 뿐이며, 테러범죄를 직접 규정하고 있지는 않다. 그러나 테러행위의 과정에서 범하여진 민간인에 대한 공격이나 살해행위 등이 국제형사재판소가 관할권을 가지는 인도에 반한 죄나 전쟁범죄를 구성하는 경우에는 국제형사재판소가 관할권을 가지고 처벌할 수 있다.

ICC 규정 제7조는 인도에 반한 죄를 "민간인 주민에 대한 광범위하거나 체계적인 공격의 일부로서 그 공격에 대한 인식을 가지고 범하여진" 살해·절멸·고문 등의 행위를 말한다고 정의하고 있다. 따라서 평화시에 민간인 주민을 광범위하거나 체계적인 공격의 일부로서 살해하는 등의 행위를 테러행위로서 범하였다면, 그 행위는 인도에 반한 죄로 처벌받을 수 있다.

ICC 규정 제8조는 전쟁범죄를 규정하고 있는데, 이에 의하면 1949년 제네바 4개 협약의 규정 하에 보호되는 사람을 고의적으로 살해하는 등 제네바협약의 중대한 위반과 기타 국제적 무력충돌에서 적용되는 법과 관습에 대한 중대한 위반(주로 제1추가의정서 위반), 제네바 4개 협약 공통 제3조의 중대한 위반과 기타 비국제적 성격의 무력충돌에 적용되는 법과 관습에 대한 중대한 위반행위(주로 제2추가의정서 위반)를 전쟁범죄로 정의하고 있다. 따라서 무력충돌시에 민간인에 대한 테러행위나 인질억류행위 등을 하는 자는 ICC 규정 제8조상의 전쟁범죄를 범한 것으로서 국제형사재판소에 의해 처벌받을 가능성이 있다.

따라서 ICC는 현재의 ICC 규정을 개정하지 않고도 테러범죄를 인도에 반한 죄나 전쟁범죄로서 처벌할 수 있다.[1066)]

그러나 ICC는 '보충성의 원칙'에 의해 테러행위를 처벌할 수 있는 관련국가가

1066) 같은 취지의 논문으로서 Vincent-Joel Proulx, *Rethinking the Jurisdiction of the International Criminal Court in the Post-September 11th Era*, 19 Am. U. Int'l L. Rev. 1009(2004).

테러행위자를 처벌할 능력이 없거나 의사가 없을 때에만 관할권을 행사할 수 있기 때문에, ICC가 테러범죄자에 대한 관할권을 가지는 빈도는 그렇게 크지 않을 가능성이 높다.

2) 9.11테러행위와 국제형사재판소

2001. 9. 11. 미국에서는 납치된 항공기가 세계무역센터에 충돌하는 등의 행위에 의해 수천명의 사람들이 사망하는 대참사가 발생하였다. 그러면 이러한 9.11테러행위는 로마규정상의 인도에 반한 죄를 구성할 수 있는지 살펴볼 필요가 있다. 먼저, 9.11테러행위는 불특정 민간인에 대한 공격 및 살인행위였다. 또한, 9.11테러공격행위는 동시다발적이고 체계적인 것으로 보인다. 더구나 로마규정 제7조 2항(a)는 '민간인에 대한 공격'이 국가뿐만 아니라 테러조직의 정책을 수행하기 위한 것의 일부인 경우도 포함하고 있기 때문에 이번 테러공격도 '알카에다'라는 테러조직의 정책을 수행하기 위한 것으로서 로마규정 제7조의 인도에 반한 죄의 성립요건을 충족하는 것으로 보인다. 이를 볼 때, 9.11테러공격은 로마규정 제7조의 "민간인에 대한 광범위한 또는 체계적인 공격의 일부로서 행해진 살해"로서 인도에 반한 죄를 구성한다고 볼 수 있을 것 같다.

그러나 국제형사재판소가 9.11테러행위를 범한 자들을 인도에 반한 죄 또는 집단살해죄로서 심판하기가 어려운 이유가 한 가지 있다. 그것은 로마규정 제11조가 재판소의 시간적 관할권으로서 "재판소는 이 규정이 발효된 이후에 행하여진 범죄에 대하여만 관할권을 가진다"고 규정하고 있고 9.11테러행위 발생 당시에는 ICC 규정이 발효되지 않았으므로, 9.11테러에 대해서는 관할권을 행사할 수가 없기 때문이다.

제15장

외교특권과 면제

제15장
외교특권과 면제

Ⅰ. 외교사절

1. 의 의

외교사절 또는 외교사절단(diplomatic mission)은 외국에서 본국을 대표하여 외교관계를 처리하는 국가의 주요 기관이다.1067) 1961년 외교관계에 관한 비엔나협약(Vienna Convention on Diplomatic Relation, 외교관계협약)은 기존의 외교관계에 관한 관습법규를 법전화하여 외교관계에 관한 포괄적인 성문법규를 성립시켰다. 외교관계협약 제3조에 의하면 외교사절은 접수국에서 파견국을 대표하고, 접수국에서 파견국과 그 국민의 이익을 보호하며, 접수국 정부와 교섭하고, 접수국의 사정 등을 파견국에 보고하며, 접수국과 파견국의 우호관계 증진 등의 직무를 수행한다.

2. 외교관계의 설정

외교관계는 국제관계를 유지 · 발전시키기 위한 정규의 절차이며, 국가는 일반국제법상 외교관계를 보전할 의무를 가진다.1068) 국가 간의 외교관계의 수립 및 상설외교공관의 설치는 상호 합의에 의하여 이루어진다(외교관계협약 제2조).

이와 관련, 승인과 외교관계의 설정은 별개의 행위로서, 어느 국가를 승인하는 것과 그 국가와 외교관계를 설정하는 것은 반드시 같은 행위가 아니다.1069) 특

1067) 이한기, 국제법강의, p. 529.
1068) Id.
1069) Id., p. 531.

정국가와 외교관계를 수립하면 그 국가를 승인한 것이 되나 승인을 하였다고 해서 피승인국과 외교관계가 자동적으로 설정되는 것은 아니기 때문이다.

한편, 외교관계를 유지하면서도 외교사절단을 상주시키지 않는 경우도 있는데, 이러한 경우에는 인근 국가의 외교사절단이 외교사절단이 없는 국가에 대해 파견국을 겸임하여 대표하도록 한다(협약 제5, 6조).

외교관계의 종료는 일방국가가 상대방의 동의 없이 행할 수 있다.[1070] 접수국은 외교사절단의 장(공관장)이나 기타 공관의 외교직원이 '좋지 않은 인물(persona non grata)'이라고 파견국에 통고할 수 있고, 파견국은 그를 소환하거나 그의 공관직무를 정지시킬 수 있다(협약 제9조).

3. 외교사절의 종류, 파견, 직무종료

(1) 종　　류

외교사절에는 상주사절과 특정 임무를 가지고 임시로 외국에 파견되는 일시적 사절(특별사절)이 있다. 이 중 중요한 것은 외국에 상주하는 상주사절로서 상주외교사절은 공관장(Head of Mission)과 공관의 외교직원, 행정 및 기능직원 그리고 노무직원으로 구성된다(협약 제1조). '외교관'은 공관장이나 공관의 외교직원을 말한다(협약 제1조(e)). 특별사절은 1969년 특별사절에 관한 협약(Convention on Special Missions)에 의해 외교사절에 준하는 특권과 면제가 인정된다.[1071]

(2) 외교사절의 파견

파견국은 공관장으로 파견하고자 제의한 사람에 대하여 접수국의 아그레망(agrément)이 부여되었음을 확인하여야 한다(협약 제4조 1항). 접수국은 아그레망을 거절한 이유를 파견국에 제시하지 않아도 된다(협약 제4조 2항).

공관장은 일률적으로 적용되는 접수국의 일반적 관행에 따라 자기의 신임장(credential)을 제정하였을 때 또는 그의 도착을 통고하고 신임장의 진정등본(true copy)을 접수국의 외무부 또는 합의된 기타 부처에 제출하였을 때에 접수국에서 그의 직무를 개시한 것으로 본다(협약 13조). 다만, 외교사절의 특권과 면제를 향유

1070) Id., p. 532.
1071) Id., p. 535.

하기 시작하는 것은 외교관이 접수국의 관할 구역에 들어갔을 때 개시된다.[1072]

(3) 직무의 종료

외교관의 직무는 특히 1) 파견국이 당해 외교관의 직무가 종료되었음을 접수국에 통고한 때 2) 접수국이 당해 외교관을 적합하지 않은 인물로 통고한 때 종료된다.[1073] 이 이외에도 본국으로부터의 소환(recall)이나 외교관 자신의 사망 등이 그 직무의 종료사유가 된다.[1074]

Ⅱ. 외교사절의 특권, 면제

외교관의 특권면제는 외교면제(diplomatic immunity)라고 칭하여 국가가 다른 국가의 사법권에 복종하지 않는다는 국가면제(state immunity) 또는 주권면제(sovereign immunity)와 구별하고 있다.

1. 특권면제의 근거 학설

(1) 기능적 필요설(functional necessity theory)

기능적 필요설은 외교사절이 임무를 능률적으로 수행하기 위하여 특권, 면제가 필요하다는 설이다.

(2) 대표성설

대표성설은 외교사절이 파견국의 국가대표로서의 성격을 가지고 있기 때문에 특권면제를 향유한다는 설이다.

(3) 치외법권설(영토외적 성질설)

치외법권설은 외교사절은 접수국의 치외법권 하에 영토외적 성질을 가지고

1072) Id., p. 537. 협약 제39조.

1073) 협약 제43조.

1074) 이한기, 국제법강의, p. 539.

있기 때문에 특권, 면제를 누린다는 설이다. 이 학설에 의하면 파견국의 외교공관은 파견국의 '주권적 영토'로 간주된다.

2. 외교관계에 관한 비엔나협약

외교관계 협약은 주로 기능설의 입장을 따르고, 대표성설도 일부반영하고 있으나 치외법권설은 배척하고 있다. 따라서 외교공관은 파견국의 '주권적 영토'로서 치외법권지역이 아니다. 예를 들어, 협약 제27조에 의하면, 공관은 접수국의 동의를 얻어야만 무선송신기를 설치하고 사용할 수 있다.

3. 외교사절의 특권, 면제 포기

외교사절의 특권면제의 원용 또는 포기는 외교관 개인의 권리가 아니라 파견국의 권리이다. 따라서 파견국은 특정 외교관의 특권, 면제를 포기할 수도 있다(협약 제32조). 실제로 미국에서 음주운전으로 미국 소녀를 죽게 한 그루지아 외교관에 대해 미국은 특권면제의 포기를 그루지아에 요청하였고 그루지아는 그 외교관의 특권면제를 포기한 사례가 있다.

4. 외교특권 면제의 종류와 내용

외교사절의 특권 면제는 외교사절단의 특권 면제와 외교관 개인의 특권 면제로 구별된다.

(1) 외교사절의 특권 면제

외교사절의 특권 면제는 1) 사절단의 공관의 불가침(협약 제22조) 2) 사절단의 공문서, 서류의 불가침(제24조) 3) 이동, 여행의 자유(제26조) 4) 통신의 자유, 공용통신과 외교행낭의 불가침(제27조) 5) 국기, 국장을 사용할 권리(제20조) 6) 접수국으로부터 시설취득 및 임무수행의 편의를 받을 권리(제21조) 7) 공관에 대한 과세면제(제23조)이다.

사절단의 공관은 불가침이며 접수국의 관리는 사절단의 장의 동의 없이는 공관에 들어갈 수 없다. 그러나 방화, 방역 기타 접수국의 인명이나 공중위생, 재산 등을 지키기 위해 긴급한 필요가 있는 경우 사절의 동의를 구했으나 얻지 못하였을 때 또는 동의를 얻을 시간적 여유가 없었을 때에는 사절의 동의 없이도 관헌은 공관에 들어갈 수 있다.[1075] 이는 국제관습법상 허용되나 비엔나협약에는 명시되지 않았다.[1076] 이란 인질 사건(US Diplomatic and Consular Staff in Tehran Case, Iran Hostages Case 1980)에서 ICJ는 만일 미국대사관이 이란에서 불법행위를 하고 있는 것이 확실하다고 하여도 이란의 행동을 정당화할 수 없다고 하였다. 왜냐하면, 외교관이 불법행위를 하면 추방하거나 외교관계를 단절하는 조치 등을 하면 되도록 외교관계법이 규정하고 있기 때문에 시위대의 미국대사관 진입은 공관의 불가침권을 침해하는 것이라고 하였다.

한편, 공관의 비호권(right of asylum)은 이를 영토적 비호와 구별하여 외교적 비호라고 하는데, 외교적 비호권은 국제관습법상의 권리로 확립되어 있지 않다(비호권사건 ICJ 1950).

외교행낭(diplomatic bag)은 개봉되거나 유치되지 않는다(외교관계협약 제27조 3항). 영사행낭(consular bags)은 외교행낭에 비해 보호의 정도가 약간 약하다. 즉, 영사행낭은 행낭 속에 승인되지 않은 물품이 있다고 믿을 만한 중대한 이유를 접수국이 가지고 있는 경우, 그 입회하에 파견국의 대표가 영사행낭을 개봉하도록 요청할 수 있다. 동 요청을 파견국의 당국이 거부하는 경우에 동 행낭은 발송지로 반송된다(영사관계협약 제35조 3항).

(2) 외교관의 특권 면제

외교관 개인의 특권 면제는 1) 신체 · 주거의 불가침(제29, 30조) 2) 형사재판권으로부터의 면제(제31조) 3) 일정한 경우를 제외하고 민사재판권 · 행정재판권으로부터도 면제되며 증인으로서 증언할 의무의 면제(제31조) 4) 사회보장규정의 면제, 과세 · 역무 · 관세 및 검사 등의 면제(제33~36조)이다.

외교관의 세대를 구성하는 그의 가족은, 접수국 국민이 아닌 경우 외교관과 동일한 특권면제를 누린다(제37조 1항). 외교관이 아닌 공관의 행정 및 기능직원과 그 가족은 외교관의 특권면제보다 제한된 특권면제를 누린다(제37조 2항). 공관의

1075) Id., pp. 540~541.

1076) Id.

노무직원은 공무수행 중의 행위에 대한 재판관할권, 고용에 따른 보수에 대한 조세, 사회보장규정의 면제만이 인정된다(제37조 3항).

외교관 등 특권면제자는 자신이 부임하기 위하여 영토에 들어갔을 때부터 특권면제를 누리며, 직무가 종료한 경우에도 접수국을 떠나는 데 필요한 상당한 기간 동안 특권면제가 인정된다(제39, 40조). 또한 외교관과 그 가족은 부임 또는 귀국시 제3국을 통과하는 경우에도 불가침권과 통과에 필요한 기타 면제를 누린다(제40조 1항).

Ⅲ. 영사(Consul)의 특권과 면제

1963년 영사관계에 관한 비엔나협약(Vienna Convention on Consular Relations)에 의해 영사의 특권 면제가 성문화되어 있다. 이 협약은 160개 국가 이상이 비준하였다.

이 협약에 의하면 영사는 외교사절에 비해 기능적 필요성을 엄격하게 적용하여 특권면제가 제한되어 있으나, 대체로 외교특권 면제와 유사한 특권 면제를 누리고 있다.

"영사기관"이라 함은 총영사관, 영사관, 부영사관, 또는 영사대리사무소를 의미한다. "영사관원"이라 함은 영사기관장을 포함하여 그러한 자격으로 영사직무의 수행을 위임받은 자를 의미한다. 영사관원은 직업영사관원과 명예영사관원의 두 가지 범주로 구분된다.

영사협약 제5조에 의하면 영사의 기능은 다음과 같다.

(a) 국제법이 인정하는 범위내에서 파견국의 이익과 개인 및 법인을 포함한 그 국민의 이익을 접수국내에서 보호하는 것.

(b) 파견국과 접수국간의 통상, 경제, 문화 및 과학관계의 발전을 증진하며 또한 기타의 방법으로 이 협약의 규정에 따라 그들간의 우호관계를 촉진하는 것.

(c) 모든 합법적 수단에 의하여 접수국의 통상, 경제, 문화 및 과학적 생활의 제조건 및 발전을 조사하고, 이에 관하여 파견국 정부에 보고하며 또한 이해 관계자에게 정보를 제공하는 것.

(d) 파견국의 국민에게 여권과 여행증서를 발급하며, 또한 파견국에 여행하

기를 원하는 자에게 사증 또는 적당한 증서를 발급하는 것.

(e) 개인과 법인을 포함한 파견국 국민을 도와주며 협조하는 것.

(f) 접수국의 법령에 위배되지 아니할 것을 조건으로 공증인 및 민사업무 서기로서 또한 유사한 종류의 자격으로 행동하며, 또한 행정적 성질의 일정한 기능을 수행하는 것.

(g) 접수국의 영역내에서의 사망에 의한 상속의 경우에 접수국의 법령에 의거하여 개인과 법인을 포함한 파견국 국민의 이익을 보호하는 것.

(h) 파견국의 국민으로서 미성년자와 완전한 능력을 결하고 있는 기타의 자들 특히 후견 또는 재산관리가 필요한 경우에, 접수국의 법령에 정해진 범위내에서, 그들의 이익을 보호하는 것.

(i) 접수국내의 관행과 절차에 따를 것을 조건으로 하여, 파견국의 국민이 부재 또는 기타의 사유로 적절한 시기에 그 권리와 이익의 방어를 맡을 수 없는 경우에 접수국의 법령에 따라, 그러한 국민의 권리와 이익의 보전을 위한 가처분을 받을 목적으로 접수국의 재판소 및 기타의 당국에서 파견국의 국민을 위하여 적당한 대리행위를 행하거나 또는 동 대리행위를 주선하는 것.

(j) 유효한 국제협정에 의거하여 또는 그러한 국제협정이 없는 경우에는 접수국의 법령과 양립하는 기타의 방법으로, 파견국의 법원을 위하여 소송서류 또는 소송이외의 서류를 송달하거나 또는 증거조사 의뢰서 또는 증거조사 위임장을 집행하는 것.

(k) 파견국의 국적을 가진 선박과 파견국에 등록된 항공기 및 그 승무원에 대하여 파견국의 법령에 규정된 감독 및 검사권을 행사하는 것.

(l) 본조 세항(k)에 언급된 선박과 항공기 및 그 승무원에게 협조를 제공하는 것, 선박의 항행에 관하여 진술을 받는 것, 선박의 서류를 검사하고 이에 날인하는 것, 접수국 당국의 권한을 침해함이 없이 항해중에 발생한 사고에 대하여 조사하는 것, 또는 파견국의 법령에 의하여 인정되는 경우에 선장, 직원 및 속원간의 여하한 종류의 분쟁을 해결하는 것.

(m) 파견국이 영사기관에 위임한 기타의 기능으로서 접수국의 법령에 의하여 금지되지 아니하거나 또는 접수국이 이의를 제기하지 아니하거나 또는 접수국과 파견국간의 유효한 국제협정에 언급된 기능을 수행하는 것.

영사관사는 불가침이며, 접수국 당국은 영사기관장 또는 그가 지정한 자 또는 파견국의 외교공관장의 동의를 받는 경우를 제외하고, 전적으로 영사기관의 활동을 위하여 사용되는 영사관사의 부분에 들어가서는 안 된다. 다만, 화재 또는 신속한 보호조치를 필요로 하는 기타 재난의 경우에는 영사기관장의 동의가 있는 것으로 추정될 수 있다(영사협약 제31조). 영사관사 및 직업 영사기관장의 관저는 조세나 부과금으로부터 면제된다(제32조). 영사서류와 문서는 언제 어디서나 불가침이다(제33조). 국가안보상의 이유에서 그 출입이 금지되거나 또는 규제되고 있는 지역에 관한 접수국의 법령에 따를 것으로 하여, 접수국은 모든 영사기관원에 대하여 접수국 영역내의 이전 및 여행의 자유를 보장한다(제34조).

접수국은 영사기관에 대하여 모든 공용 목적을 위한 통신의 자유를 허용하며 또한 보호하여야 한다. 영사기관은, 파견국 정부 및 그 소재지에 관계없이 파견국의 외교공관 및 다른 그 영사기관과 통신함에 있어서 외교 또는 영사신서사 외교 또는 영사행낭 및 기호 또는 전신암호에 의한 통신물을 포함한 모든 적절한 수단을 사용할 수 있다. 다만, 영사기관은 접수국의 동의를 받는 경우에만 무선 송신기를 설치하여 사용할 수 있다(제35조 1항).

영사행낭은 개방되거나 또는 억류되지 아니한다. 다만, 영사행낭 속에 공용 서한과 서류 또는 전적으로 공용을 위한 물품을 제외한 기타의 것이 포함되어 있다고 믿을 만한 중대한 이유를 접수국의 권한 있는 당국이 가지고 있는 경우에, 동 당국은 그 입회하에 파견국이 인정한 대표가 동 행낭을 개방하도록 요청할 수 있다. 동 요청을 파견국의 당국이 거부하는 경우에 동 행낭은 발송지로 반송된다(제35조 3항과 4항).

영사관원(Consular officer)의 신체는 불가침이며, 영사관원은 중대한 범죄의 경우에 권한 있는 사법당국에 의한 결정에 따르는 것을 제외하고, 재판에 회부되기 전에 체포되거나 구속되지 않는다(영사협약 제41조). 재판에 회부되기 전에 영사직원을 체포하거나 또는 구속하는 경우 또는 동 영사관원에 대하여 형사소송절차가 개시되는 경우에, 접수국은 즉시 영사기관장에게 통고하여야 한다(제42조). 영사관원과 사무직원은 영사업무의 수행 중에 행한 행위에 대하여 접수국의 사법 또는 행정당국의 관할권에 복종할 의무를 지지 않는다(제43조).

파견국은 영사기관원의 특권과 면제를 포기할 수 있다(제45조).

영사관원과 사무직원 및 그 세대의 일부를 이루는 가족은 외국인등록 및 거주허가에 관하여 접수국의 법령에 따른 모든 의무로부터 면제된다(제46조 1항).

영사기관원 등은 취업허가로부터의 면제(제47조), 사회보장상의 면제(제48조), 과세로부터의 면제(제49조), 관세 및 검사로부터의 면제(제50조), 인적 역무 및 부담금으로부터의 면제(제52조)를 받는다.

영사기관원은 부임하기 위하여 접수국의 영역에 입국하는 때부터, 또는 이미 접수국의 영역 내에 있을 경우에는, 영사기관에서 그의 직무를 개시하는 때부터 이 협약에 규정된 특권과 면제를 향유한다(제53조).

특권과 면제를 향유하는 모든 자는, 그들의 특권과 면제를 침해함이 없이, 접수국의 법령을 존중할 의무를 진다. 그들은 또한 접수국의 국내문제에 관여해서는 안 된다(제55조 1항).

영사의 기능수행에 중요한 접수국의 의무로서, 영사관계 협약은 접수국이 파견국의 국민을 체포하거나 재판에 회부되기 전에 구금 또는 유치하는 경우 등에 그 국민이 자국의 영사기관에 통보할 것을 요청하면, 접수국은 지체없이 통보하여야 한다(제36조 1항(b)). 영사관원은 구금, 유치 또는 구속되어 있는 파견국의 국민을 방문하며 또한 동 국민과 면담하고 교신하며 또한 그의 법적 대리를 주선할 권리를 가진다(제36조 1항(c)).

제16장

국제인권법

제16장
국제인권법

Ⅰ. 서 론

1. 인권(human rights)의 정의

인권은 사회에 대한 개인의 권리들을 의미한다.[1077] 모든 사람은 그가 살고 있는 사회에 대해 특정한 권리들을 가지고 있거나 요구할 수 있다. 이러한 권리들은 추상적인 것이 아닌 구체적인 것으로서 그 내용은 특히 세계인권선언(Universal Declaration of Human Rights)과 국제인권규약 등 주요한 국제인권조약들에 규정되어 있다.

인권은 먼저 권리(right)로서 개인이 사회에 대해 요구하는 것이다. 인권은 단순한 희망이나 시혜의 요청이 아니라 법적 권리이다. 따라서 사회는 이러한 개인의 권리를 충족시켜 주어야 할 의무가 있다고 할 수 있다. 국가는 개인의 인권을 보장하기 위한 법과 제도, 절차를 개발하고 필요한 물질적 지원도 하여야 할 의무가 있다.

다음으로 인권은 보편적(universal)인 것이다. 인권은 전세계의 모든 인류에게 성별·인종·연령·종교 등에 의한 차별 없이 적용되는 것이며 인간인 이상 누릴 수 있는 권리이다. 또한, 인권은 불가침이며 자의적으로 박탈할 수 없는 권리이다. 다만, 특정한 국가의 국민에게만 부여하는 권리, 공직에 선출된 사람의 공직자로서의 권리 등은 모든 사람의 인권이라고 할 수는 없고 특정한 사람에게만 주어지는 추가적인 권리라고 보아야 한다.[1078]

1077) Louis Henkin et al, Human Rights 3(Foundation Press, 1999).
1078) Id.

2. 인권과 국제인권법

국제인권법(International Human Rights Law)은 인권을 정의하고 인권의 존중·장려·이행 등을 규정한 국제법과 인권관련 국제기구에 관한 법을 의미한다. 국제인권법은 국제법의 일부이며 주요 국제인권조약과 국제관습법 그리고 인권과 관련된 법의 일반원칙(general principle of law on human rights)이 포함된다.

국제인권법은 세계 각국의 헌법, 법률, 사법판결, 국가의 인권정책 등에 많은 영향을 주고 있고, 또한, 각 국가의 헌법 등 국내법률과 인권정책 및 실행은 국제인권법의 형성과정에 중요한 역할을 하고 있다.

Ⅱ. 국제인권법의 발전과정

1. 제2차 세계대전 이전의 국제인권법의 발전과정

(1) 국제법의 객체로서의 개인

전통적으로 국제법은 국가 간의 법으로서 국가 간의 관계를 규율하는 것으로 인식되었음에도 불구하고, 국제법이 개인의 보호에 관하여도 규율하는 경우가 있었다. 국제법이 발전하기 시작한 초기단계에서도 외교사절의 보호나 전쟁 중 전투원과 비전투원을 지나친 전쟁의 피해로부터 보호하려는 것이 국제법의 중요한 내용을 구성하였다.[1079] 또한, 국제법은 한 국가의 다른 나라 국민에 대한 대우문제, 즉 외국인의 손해에 대한 국가책임문제를 계속하여 다루어왔다.[1080] 그러나 이러한 외국인의 보호는 한 국가의 외국인의 본국에 대한 의무로서 인식되어 왔고, 피해 외국인에 대한 직접적인 의무로서 인식되지는 않았다. 소위 바텔의 의제(Vattel's fiction)에 따라 외국인이 손해를 입은 경우에는 그 외국인의 본국이 손해를 입은 것으로 간주하며, 외국인의 본국은 피해를 입은 개인의 권리를 행사하는 것이 아닌 국가 자신의 권리로서 외교적 보호권을 행사하는 것이다. 따라서 개인은 국제법상 불법행위에 대해 청구를 할 수 있는 권리가 원칙적으로 없었다.

1079) Sean D. Murphy, supra note 26, p. 293.

1080) Id.

(2) 국내문제로서의 인권문제와 인도적 개입

전통적인 국제법은 또한 개인을 그들의 본국 정부로부터 보호하는 문제를 다루었다. 한 국가가 다른 국가의 국민을 보호하기 위해 개입하는 이론, 즉 오늘날의 인도적 개입(humanitarian intervention)에 가까운 이론은 그로티우스나 바텔과 같은 초기의 국제법학자들이 제안한 바 있다. 그로티우스는 만일 통치자가 그의 신민에게 부당하게 고통을 가하고 있다면 그 통치자에 대해 전쟁을 사용하는 것이 자연법적으로나 국제법적으로 합법이라고 주장하였다.[1081] 실제로 1800년대까지 유럽국가들은 프랑스가 1860년에서 1861년 간 시리아에 무력개입한 것과 같이 오토만제국 내의 기독교인을 박해로부터 보호하기 위한 개입을 하였다.[1082] 그 결과 오토만제국은 그 제국 내의 소수자의 보호를 위한 여러 가지 양보를 하였고, 그러한 양보는 1856년 파리조약[1083]과 1878년 베를린조약[1084]에 규정되게 되었다.[1085] 이 조약들은 터키가 그 신민들을 종교적으로나 인종적으로 차별하지 않을 것을 규정하고 있다.[1086]

그러나 오늘날의 인도적 개입이론에 의하면 한 국가의 다른 국가에 대한 일방적인 인도적 개입은 허용되지 않으며, UN안전보장이사회나 총회의 승인을 얻어 국제사회의 합의가 이루어진 인도적 개입만이 허용된다고 보는 점에서 전통적인 인도적 개입이론보다 엄격한 기준을 채용하고 있다고 보아야 한다.[1087]

(3) 인권보호조약의 출현

1800년대에 인권의 보호를 위한 조약이 산발적으로 나타났다. 그러한 조약으로 노예제와 노예무역의 폐지에 관한 조약들,[1088] 1864년 상병자의 보호에 관한

1081) Id.

1082) Id.

1083) General Treaty for the Re-establishment of Peace(1850년 3월 30일).

1084) Treaty for the Settlement of Affairs in the East(1878년 7월 13일).

1085) Sean D. Murphy, supra note 26, p. 293.

1086) Id., p. 294.

1087) 김영석, 인도적 개입과 국제법, 국제법평론 통권 제22호(2005), pp. 43~87, Young Sok Kim, Responsibility to Protect, Humanitarian Intervention and North Korea, 5 Journal of International Business and Law 74 (2006) 참조.

1088) General Act of the Conference of Berlin Concerning the Congo, 1885년 2월 26일, 3 AJIL Supp. 7(1909); General Act for the Repression of the African Slave Trade, 1890년 7월 2일,

제네바 협약,[1089] 1868년 400그램 이하의 작열탄 및 소이탄의 금지에 관한 세인트 피터스버그 협약[1090] 등을 들 수 있다.

1900년대에 인권의 보호에 관한 조약이 보다 증가하였다. 1899년과 1907년에 헤이그에서 개최된 만국평화회의는 무력충돌 과정에서 민간인에 대한 공격과 노략행위 등을 금지하는 국제인도법상의 소위 '헤이그 법'을 제정하였다.

1919년 국제노동기구(International Labor Organization, ILO)가 설립되었고, 국제노동기구는 강제노역금지에 관한 협약(Convention Concerning Forced or Compulsory Labour)[1091] 등 수십 개의 근로기준과 사회복지에 관한 조약들을 채택하였다.[1092]

1926년에는 노예제폐지 등에 관한 협약이 체결되었고, 그 후 1956년 이 협약의 보충협약이 체결되어 채무로 인한 신체구금행위나 아동의 불법교역행위 등의 행위로부터 개인을 보호하는 데 기여하였다.[1093]

2. 제2차 세계대전 이후의 발전

제2차 세계대전이 끝나고 미국, 영국, 프랑스, 소련은 국제군사재판소(International Military Tribunal, IMT)를 독일 뉘른베르그에 설치하고 독일의 지도자들을 전쟁범죄, 인도에 반한 죄, 평화에 반한 죄로 처벌하였다. 극동에서도 일본의 지도자들을 유사한 범죄로서 동경재판을 통해 처벌하였다. 뉘른베르그 재판과 동경재판의 사례는 국제법을 위반한 개인을 국제재판소가 직접 처벌한 사례로서 국제법을 위반한 개인의 형사책임을 인정한 것이다. 또한, 이 재판은 독일과 일본의 전범들이 개인의 인권을 중대하게 침해한 행위에 대해 국제사회가 나서서 책임을 추구한 사례가 된다. 뉘른베르그와 동경재판 이후로 국제인권법은 질적으로나 양적으로 크게 발전하여 현재의 국제인권법을 구성하고 있다.

버겐탈 교수는 현대 국제인권법은 제2차 세계대전 이후의 현상이며, 국제인

27 Stat. 886.

1089) Geneva Convention for the Amelioration of the Condition of the Wounded in Armies in the Field, 1864년 8월 22일, 22 Stat. 940.

1090) St. Petersburg Declaration Renouncing the Use, in Time of War, of Explosive Projectiles Under 400 Grammes Weight, 1868년 12월 11일, 2 AJIL Supp(1907).

1091) ILO Convention No. 29, 1930년 6월 28일, 39 UNTS 55.

1092) Sean D. Murphy, supra note 26, pp. 294~295.

1093) Id., p. 295.

권법의 발달은 히틀러시대의 가공할 만한 인권침해와 국제연맹시절에 인권보호를 위한 효과적인 국제제도를 가지고 있었더라면 이러한 침해와 아마도 그 전쟁 자체를 예방할 수 있었을 것이라는 확신 때문에 가능했다고 평가한다.[1094]

Ⅲ. 전세계적으로 적용되는 국제인권법 규범

1. UN헌장상 인권규정

(1) 샌프란시스코 회의와 인권

1941년에 미국의 프랭클린 루즈벨트 대통령은 그의 유명한 '네 가지 자유'에 관한 연설에서, 네 가지의 근본적인 자유에 기반을 둔 세계를 천명했다. 그가 천명한 4가지는 '언론과 표현의 자유', '모든 사람이 자신의 방식으로 신을 섬길 자유', '궁핍으로부터의 자유' 그리고 '공포로부터의 자유'이다. 그러나 최종적으로 UN헌장에 들어간 인권조항들은 루즈벨트의 이상과 기대에는 훨씬 못 미치는 것이었다.[1095]

이것은 예견된 일이었다. 왜냐하면 주요 전승국들은 각기 자국 내에 인권문제를 가지고 있었기 때문이다. 소련은 '굴락(Gulag, 옛 소련의 교정 노동 수용소 관리국)'을 가지고 있었고, 미국은 인종차별이 법률상 용인되고 있었으며, 프랑스와 영국은 식민지를 가지고 있었다.[1096] 주요 전승국들은 인권에 관하여 각각 약점을 가지고 있었기 때문에, 다른 일부 약소국들이 주장한 것과 같은 효과적인 인권보호제도를 창설하는 것이 정치적으로 이득이 되지 않는다고 판단하였다. 이러한 강대국들이 샌프란시스코 회의(The San Francisco Conference)에서 그와 같은 보호제도의 창설을 막기는 하였지만, 그럼에도 불구하고 UN헌장은 현대 국제인권법의 발전을 위한 법적이고 관념적인 기초를 마련하였다.[1097]

1094) Thomas Buergenthal et al., International Human Rights(3rd ed. 2002), p. 27[이하 '버겐탈, 국제인권법'이라 약칭함].

1095) 버겐탈, 국제인권법, p. 28. 또한, J. Robinson, Human Rights and Fundamental Freedoms in the Charter of the United Nations: A Commentary(1946).

1096) 버겐탈, 국제인권법, p. 28.

1097) 버겐탈, 국제인권법, pp. 28~29. Sohn, "The New International Law: Protection of the Rights of Individuals Rather that States," 32 Am. U. L. Rev. 1(1982).

(2) UN헌장의 인권조항 내용

1) 제1조 3항

UN헌장 제1조 3항은 "경제적 · 사회적 · 문화적 또는 인도적 성격의 국제문제를 해결하고 또한 인종 · 성별 · 언어 또는 종교에 따른 차별 없이 모든 사람의 인권 및 기본적 자유에 대한 존중을 촉진하고 장려함에 있어 국제적 협력을 달성한다"고 규정하여 UN의 목적 중 하나가 인권존중을 촉진하고 장려함에 있어 국제적 협력을 달성하는 것이라고 하였다.

2) 제55조

UN헌장 제55조에 의하면 UN은 "가. 보다 높은 생활수준, 완전고용 그리고 경제적 및 사회적 진보와 발전의 조건, 나. 경제, 사회, 보건 및 관련 국제문제의 해결 그리고 문화 및 교육상의 국제협력, 다. 인종 · 성별 · 언어 또는 종교에 관한 차별이 없는 모든 사람을 위한 인권 및 기본적 자유의 보편적 존중과 준수를 촉진한다고 규정한다.

제55조를 보면 UN이 다루는 주요한 사업이 광범위하게 서술되었지만 UN헌장은 UN에게 매우 제한된 권한만을 부여하고 있다. 즉, 그 권한은 이러한 사업을 '촉진(promote)'하도록 하는 데 불과하고, 유엔총회(the UN General Assembly)와 경제사회이사회(the Economic and Social Council)가 이와 관련한 임무를 담당하도록 하였는데, 이러한 문제에 대한 이들 두 기관의 결의(resolution)는 법적인 구속력이 없고 권고적인 효력만이 있기 때문이다.[1098]

한편, UN헌장은 제55조에서 규정하고 있는 '인권 및 기본적 자유'가 무엇을 의미하는지 정의를 내리지 않고 있다. 그러나 제55조 다호는 차별대우를 금지하고 있고, 이를 제56조와 함께 해석하면 UN회원국과 UN기구가 인종 · 성별 · 언어 또는 종교에 관한 차별이 없는 인권과 기본적 자유를 촉진시킬 책임을 진다는 점은 명확하다.

3) 제56조

제56조는 회원국들에게 제55조에서 서술한 목적의 달성을 위해 "기구와 협력하여 공동의 조치 및 개별적 조치를 취할 것을" 요구한다. 이러한 협력을 촉진하기 위해서 헌장 제13조 제1항은 유엔총회가 "나. … 인종 · 성별 · 언어 또는 종교

1098) 버겐탈, 국제인권법, p. 30.

에 관한 차별 없이 모든 사람을 위하여 인권 및 기본적 자유를 실현하는 데 있어 원조하는 것"을 위하여 '연구를 발의하고 권고'하도록 하고 있다. UN헌장은 유사한 권한을 UN경제사회이사회(the UN Economic and Social Council: ECOSOC)에 부여하고 있다.

4) 제13조 1항

헌장 제13조 1항에 따라 총회는 다음의 목적을 위하여 연구를 발의하고 권고한다.

가. 정치적 분야에 있어서 국제협력을 촉진하고, 국제법의 점진적 발달 및 그 법전화를 장려하는 것

나. 경제 · 사회 · 문화 · 교육 및 보건 분야에 있어서 국제협력을 촉진하며 그리고 인종 · 성별 · 언어 또는 종교에 관한 차별 없이 모든 사람을 위하여 인권 및 기본적 자유를 실현하는 데 있어 원조하는 것

5) 제62조 2항

헌장 제62조 2항에 의해 ECOSOC은 인권존중과 준수를 촉진하기 위해 권고할 수 있다. 즉, UN헌장은 UN경제사회이사회에 "모든 사람을 위한 인권 및 기본적 자유의 존중과 준수를 촉진하기 위하여 권고"할 수 있는 권한을 주고 있다.

6) 제68조

헌장 제68조에 따라 경제사회이사회는 경제적 및 사회적 분야의 위원회, 인권의 신장을 위한 위원회 및 이사회의 임무수행에 필요한 다른 위원회를 설치하여야 한다.

(3) UN헌장의 인권조항의 의의

1) 인권의 국제화

유엔헌장은 인권을 '국제화(internationalized)'했다고 평가된다.[1099] 다자조약인 UN헌장에서 인권을 규정함으로써 더 이상 인권이 국내문제가 아닌 국제문제임을 나타낸 것이다. 다시 말해서 다자조약인 UN헌장에 인권을 규정함으로써, 인권은 국제적 관심의 대상이 되었고, 더 이상 인권문제가 각국의 배타적 국내관할권(exclusive domestic jurisdiction) 내에 있지 않다고 인정되게 된 것이다. 이러한 해석의 타당성은 유엔의 초창기에는 몇몇 나라에서 종종 도전받기도 하였지만, 오늘날에

1099) 버겐탈, 국제인권법, p. 31.

는 더 이상 이런 논쟁은 존재하지 않는다.[1100]

그러나 UN헌장을 비준한 나라는 인권이 자신의 배타적 국내 관할사항이라고 주장할 수 없다는 사실이 UN회원국에 의한 모든 인권침해 행위가 국제적인 관심의 대상이 된다는 것을 의미하는 것은 아니다.[1101] 관련되는 인권침해가 국제적인 관심사가 될 만한 정도의 중대성이 있어야 할 것이다.

그럼에도 불구하고, UN헌장을 비준하였다는 것이 의미하는 바는 다른 조약상의 의무가 없더라도 UN회원국은 더 이상 자국의 국민들에 대한 인권침해를 자국의 배타적 국내관할권 내에 있다고 주장할 수는 없다는 의미를 가진다.[1102]

2) UN회원국의 인권증진을 위한 협력의무 부과

UN헌장 제56조에 따라 UN회원국은 인권과 기본적 자유를 증진하기 위하여 UN과 협력하여야 할 의무가 있다. UN헌장 제55조와 제56조에 근거하여 UN은 세계인권선언, 국제인권규약 등 많은 국제인권규범을 채택하였다. UN회원국은 이러한 UN의 인권규범을 준수하고 이행하는 데 협력하여야 한다.

UN이 채택한 국제인권규범은 UN헌장상의 '인권 및 기본적 자유'라는 용어의 의미를 구체화하고 헌장 제55조와 제56조에서 부과하는 의무를 명확히 하는 법률규범들(legal norms)이라고 할 수 있다.[1103]

3) 자국 내에서 인권을 보호하고 신장할 의무부과

UN헌장 제56조는 모든 회원국이 제55조에 규정된 목적의 달성을 위하여 UN과 협력하여 공동조치 또는 개별적 조치를 취할 것을 약속한다고 규정하고 있다. 따라서 UN회원국은 자국 내에서 인권을 보호하고 신장할 의무가 있으며, 국제적으로 보장되는 인권을 계속적으로 침해할 경우 UN헌장을 위반한 것이 된다.

UN은 지난 수십년 간 회원국들의 인권을 증진시킬 의무의 내용을 분명하게 하고, 그 범위를 확대하고 또한 UN헌장에 기초하여 회원국들이 이 의무들을 준수하도록 담보하는 제도들을 창설하는 일들을 성공적으로 수행해왔다. 예를 들어,

---

1100) Id., p. 32.

1101) Id.

1102) Id., 또한, R. Higgins, The Development of International Law through the Political Organs of the United Nations 58(1963); L. Sohn & T. Buergenthal, International Protection of Human Rights 556(1973); L. Sohn, Rights in Conflict: The United Nations and South Africa 48 and 63(1994). See also Cassese, "The General Assembly: Historical Perspective 1945－1989," in P. Alston(ed.), The United Nations and Human Rights: A Critical Appraisal 25(1992) 참조.

1103) 버겐탈, 국제인권법, pp. 32~33.

국제적으로 인정된 인권을 대규모적으로 침해한 UN회원국은 이러한 인권을 일반적으로 존중하고 증진시켜야 할 의무를 지키지 않은 것이고, 결과적으로 UN헌장의 위반이라는 것이 오늘날 일반적으로 받아들여지고 있다.[1104)]

UN은 일정한 국가에게 그러한 침해를 중지할 것을 요구하는 결의를 채택하거나 UN인권위원회(UN Commission on Human Rights)나 그 하부기관들에게 인권침해를 조사하도록 함으로써 UN회원국이 자국 내에서 인권을 보호하고 증진하도록 노력해왔다.[1105)]

2. 국제인권장전(the International Bill of Human Rights)

(1) 서 론

국제인권장전은 UN헌장상의 인권조항, 세계인권선언(the Universal Declaration of Human Rights)과 국제인권규약(International Covenants on Human Rights), 즉 경제적·사회적·문화적 권리에 관한 규약(A규약, ICESC)과 시민적·정치적 권리에 관한 규약(B규약, ICCPR) 그리고 시민적·정치적 권리에 관한 규약의 선택의정서(First Optional Protocol)를 의미한다.[1106)]

'권리장전(Bill of Rights)'이나 '인간의 기본적 권리선언(Declaration of the Essential Rights of Man)'이 헌장에 부속서로 추가되어야 한다는 제안은 있었지만, 샌프란시스코 회의에서는 채택되지 못했다.[1107)] 이러한 노력들은 유엔의 첫 번째 회의에서 다시 거론되었고 신설된 인권위원회(Commission on Human Rights)가 '인권의 권리장전'의 초안을 담당하게 되었다.[1108)]

그러나 인권위원회는 곧 법적으로 구속력을 가지는 조약을 채택하는 것보다 권고적 성격의 문서를 채택하는 것이 보다 쉽다는 것을 인식하게 되었고, 그 결과 1948년 12월에 UN총회의 결의로서 세계인권선언을 채택하게 되었다.[1109)] 그 후 18년이 지난 1966년 국제인권규약과 선택의정서가 UN총회에서 채택되고 서명을

1104) 버겐탈, 국제인권법, p. 33.
1105) Id.
1106) 버겐탈, 국제인권법, p. 34 및 Sean D. Murphy, supra note 26, p. 305 참조.
1107) 버겐탈, 국제인권법, p. 34.
1108) Id.
1109) Id., UN Gen. Ass.Res.217A(Ⅲ). N. Robinson, The Universal Declaration of Human Rights: Its Origin, Significance, and Interpretation(1958) 참조.

위해 개방되었다.[1110] 국제인권규약은 세계인권선언과 달리 국제조약으로서 채택되었고 채택 후 10년 후인 1976년에 발효하게 되었다.

(2) 세계인권선언

1) 의 의

세계인권선언은 전세계적인 국제기구에 의해 선언된 최초의 포괄적인 인권문서이다.[1111] 세계인권선언은 자유와 인간의 존엄성을 위한 인류의 투쟁에 있어서 기념비적인 것으로서 영국의 권리장전(Magna Carta), 프랑스의 인간의 권리선언(Declaration of the Rights of Man), 미국의 독립선언(Declaration of Independence) 등과 같은 지위를 차지한다.[1112]

세계인권선언은 과거의 역사적으로 유명한 다른 선언들의 영향을 받았다.[1113] 세계인권선언의 제1조가 "모든 사람은 태어날 때부터 자유롭고 존엄성과 권리에 있어서 평등하다"고 선언하고 있고, 제28조는 "모든 사람은 이 선언에 제시된 권리와 자유가 완전히 실현될 수 있는 사회적 및 국제적 질서에 대한 권리를 가진다"고 규정하고 있는 점 등이 다른 인권선언의 영향을 나타낸다.

2) 세계인권선언이 보장하는 권리와 자유

세계선언은 크게 두 가지로 권리들을 분류하고 있는데, 하나는 시민적 및 정치적 권리들이고, 다른 하나는 경제적·사회적 및 문화적 권리들이다. 시민적·정치적 권리들은 생명권과 신체의 자유와 안전을 누릴 권리(제3조), 노예제도의 금지(제4조), 고문이나 잔혹한 대우의 금지(제5조), 법 앞에 인간으로서 인정받을 권리(제6조), 평등한 보호를 받을 권리(제7조), 효과적인 구제를 받을 권리(제8조), 자의적인 체포·구금 또는 추방을 당하지 않을 권리(제9조), 공정한 재판을 받을 권리(제10조), 무죄추정 및 죄형법정주의(제11조), 사생활에 대해 자의적인 간섭을 받지 않을 권리(제12조), 이전과 거주의 권리(제13조), 타국에서 피난처를 구하고 비호를 향유할 권리(제14조), 국적을 가질 권리(제15조), 혼인하여 가정을 이룰 권리(제16

1110) For the drafting history of These documents, see Sohn, "A Short History of United Nations Documents on Human Rights," in The United Nations and Human Rights 101(18th Report of the Commission to Study the Organization of Peace, 1968).

1111) 버겐탈, 국제인권법, p. 35.

1112) Id., pp. 35~36.

1113) Id., p. 36.

조), 재산을 소유할 권리(제17조), 사상 · 양심 및 종교의 자유에 대한 권리(제18조), 표현의 자유에 관한 권리(제19조), 집회와 결사의 자유에 관한 권리(제20조), 참정권 및 공무담임권(제21조) 등이 포함된다.

경제적 · 사회적 및 문화적 권리는 세계인권선언 제22조에서 제27조에 규정되어 있다. 제22조는 "모든 사람은 사회의 일원으로서 사회보장제도에 관한 권리를 가지며, 국가적 노력과 국제적 협력을 통하여 그리고 각국의 조직과 자원에 따라 자신의 존엄성과 인격의 자유로운 발전을 위하여 불가결한 경제적 · 사회적 및 문화적 권리의 실현에 관한 권리를 가진다"고 규정한다.

이어서 세계인권선언 제23조는 모든 사람의 근로의 권리, 실업으로부터 보호를 받을 권리, 동등한 노동에 대하여 동등한 보수를 받을 권리와 '자신과 가족에게 인간적 존엄에 합당한 생활을 보장'할 수 있는 정당하고 유리한 보수를 받을 권리, 노동조합을 결성하고 가입할 권리를 가진다고 규정한다. 제24조는 근로시간의 합리적 제한과 정기적인 유급휴일을 포함한 휴식과 여가에 관한 권리를 보장한다.

세계인권선언 제25조는 모든 사람이 식량, 의복, 주택, 의료, 필수적인 사회역무 등 자신 및 가족의 건강과 안녕에 적합한 충분한 생활수준을 누릴 권리를 가진다고 규정한다. 제25조는 또한 개인에게 "실업, 질병, 불구, 배우자와의 사별, 노령 그 밖의 자신이 통제할 수 없는 상황에서 사회보장을 받을" 권리를 인정하고 있다. 따라서 제25조는 식량권(right to food), 주거권(right to housing), 의료권(right to health), 노인의 권리 등을 인권으로서 보장하고 있다고 할 수 있다.

교육을 받을 권리(right to education)는 세계인권선언 제26조에서 다루어지고 있는데, 여기에서는 교육은 "최소한 초등기초단계에 있어서는 무상이어야 한다"고 규정한다.

세계인권선언 제27조는 문화적 권리들을 규정한다. 동조 1항은 모든 사람은 공동체의 문화생활에 자유롭게 참여하고, 예술을 감상하며, 과학의 진보와 그 혜택을 향유할 권리를 가진다고 규정한다.

3) 세계인권선언상의 의무

세계인권선언이 보장하는 권리들은 절대적인 것은 아니다. 선언 제29조 1항은 "모든 사람은 그 안에서만 자신의 인격을 자유롭고 완전하게 발전시킬 수 있는 공동체에 대하여 의무를 부담한다"고 규정한다. 즉, 개인은 자신의 인격이 발전할 수 있는 공동체에 대하여 의무를 부담하고 있다.

또한, 동조 2항은 "모든 사람은 자신의 권리와 자유를 행사함에 있어서, 타인의 권리와 자유에 대한 적절한 인정과 존중을 보장하고, 민주사회에서의 도덕심, 공공질서, 일반의 복지를 위하여 정당한 필요를 충족시키기 위한 목적에서만 법률에 규정된 제한을 받는다"고 규정한다. 이는 모든 사람이 타인의 권리와 자유를 인정하고 존중하여야 하는 의무를 나타내는 것이며, 국가도 민주사회에서의 도덕심, 공공질서, 일반의 복지를 위한 정당한 목적을 이유로 법률에 의해서만 개인의 인권을 제한할 수 있음을 나타낸다.

선언 제30조는 국가가 개인의 인권을 제한할 수 있는 권한을 더욱 제한하고 있다.[1114] 제30조는 "이 선언의 그 어떠한 조항도 특정 국가, 집단 또는 개인이 이 선언에 규정된 어떠한 권리와 자유를 파괴할 목적의 활동에 종사하거나 또는 그와 같은 행위를 행할 어떠한 권리도 가지는 것으로 해석되지 아니한다"고 규정하고 있다. 다시 말해서 한 국가의 정부가 특정한 인권의 행사를 제한하거나 한정하도록 하는 법률을 제정하는 것이 단순히 이러한 권리들을 부정하기 위한 핑계에 불과하다면 그것은 세계인권선언에 위반하는 것이 된다.[1115]

4) 세계인권선언의 법적 효력과 정치적 중요성

세계인권선언은 조약이 아닌 UN총회의 결의(resolution)로서 채택되었다. UN총회의 결의는 원칙적으로 법적 구속력을 가지지 않고 권고적 효력만을 가진다. 그러나 현재 세계인권선언이 법적 구속력이 없다고 주장하는 국제법 학자는 소수에 불과하다.[1116] 세계인권선언은 1948년 채택된 이래 법적 구속력이 있는 규범으로 변천하였다.

세계인권선언이 법적 구속력을 가진다고 주장하는 학자들의 견해는 크게 세 가지 나누어진다. 즉, ① 세계인권선언이 UN헌장에 규정되어 있는 인권관련 조항에 대한 유권적인 해석으로서의 지위를 가지므로 법적 구속력이 있다는 입장, ② 세계인권선언이 국제관습법의 지위를 가지므로 법적 구속력이 있다는 입장, ③ 세계인권선언이 법의 일반원칙으로서 법적 구속력을 갖는다는 입장이 있다.[1117] 첫째 견해에 의하면 세계인권선언은 UN헌장의 인권조항을 해석할 때 UN 등이

1114) Id., p. 38.
1115) Id., p. 39.
1116) Id.
1117) Id., pp. 39~43.

지속적으로 의존하는 것으로서 UN헌장의 권위 있는 해석이며, 세계인권선언을 위반하는 것이 곧 UN헌장을 위반하는 것이기 때문에 선언이 법적 구속력이 있다는 견해이다. 둘째 견해에 의하면, 세계인권선언을 국가들과 국제기구가 계속 적용하고 언급하는 것이 국제관행(international practice)과 법적 확신(opinio juris)을 갖추어서 세계인권선언이 국제관습법(customary international law)의 지위를 갖게 되었으며, 따라서 법적 구속력이 있다는 것이다. 셋째 견해를 취하는 학자들은 세계인권선언이 법의 일반원칙(general principle of law)의 지위를 가지며 따라서 법적 구속력이 있다고 주장한다.[1118)]

구속력 없는 권고에 불과했던 세계인권선언이 법적 효력이 있는 문서로 변천되어야 할 필요성은 세계인권선언이 채택된 후 UN에서 두 개의 인권규약을 채택하려는 노력이 거의 20년간이나 지연되고 있었기 때문이었다. 이 기간 동안 UN회원국들이 준수해야 하는 인권에 대한 의무들을 해석하는 유권적 기준(authoritative standards)의 필요가 더욱 절실하였다. 국가들이나 UN 또는 다른 국제기구들은 인권규범을 주장하기 원하거나 또는 타국의 인권침해를 비난할 때마다, 적절한 기준으로서 세계인권선언을 언급하고 제시하여 왔다.[1119)]

한편, 미국의 국내재판소도 필라티가(Filatiga) 사건에서 세계인권선언이 고문을 금지하고 있는 것이 국제관습법이라고 판시한 바 있다.[1120)]

(3) 국제인권규약: 서론

세계인권선언을 완성한 후 UN인권위원회는 법적 구속력이 있는 인권문서를 만들기 위한 작업을 시작하였다. 이 작업은 오랜 시간과 국가들 간의 어려운 교섭이 필요한 것이었다. 마침내 경제적 · 사회적 및 문화적 권리에 관한 국제규약(경제사회권 규약, ICESCR, A규약)과 시민적 및 정치적 권리에 관한 국제규약(시민정치권 규약, ICCPR, B규약)은 1966년 12월에 UN총회에서 채택되었고 서명을 위해 개방(opened for signature)되었다.[1121)] 그 후 10년이 더 지나서 규약이 발효되는 데 필요

1118) Simma & Alston, "The Source of Human Rights Law: Custom, Jus Cogens, and General Principles," 12 Australian Y.B. Int'l L. 82(1992). See also Charney, "Universal International Law," 87 Am. J. Int'l L. 529, 549(1993).

1119) Id., p. 40.

1120) Filartiga v. Pena-Irala, 630 F. 2d. 876, 882(2nd Cir. 1980). Sean D. Murphy, supra note 26, pp. 304~305.

1121) 버겐탈, 국제인권법, pp. 43~44.

로 하는 숫자인 35개국이 양 규약에 비준했다. 이 숫자는 최근에 비약적으로 증가해서, 2017년도에 시민정치권 규약의 당사국(the States Parties)은 169개국이 되었고 미국도 1992년에 이 규약을 비준하였다. 경제사회권 규약의 당사국은 2017년도 기준으로 165개국이며 미국은 경제사회권 규약을 비준하지 않았다.

국제인권규약은 조약이므로 당사국들에게 법적인 의무를 부과한다. 따라서 당사국들은 국제인권규약상의 인권을 존중하고 준수해야 할 법적 의무가 있다. 또한, 당사국들 간에는 이 규약들에 의하여 보장된 권리의 준수와 보장은 더 이상 그들 국가의 국내문제만이 아니고, 국제적인 관심사이다.

이 규약들은 다수의 공통된 규정들(common substantive provisions)을 가지고 있다. 이들 두 규약은 '인민(peoples)'의 또는 '집단적인(collective)' 권리라고 할 수 있는 권리들을 다루고 있다. 양 규약의 제1조 1항은 "모든 인민(all peoples)은 자결권(self-determination)을 가진다"고 선언하고 있다.[1122]

양 규약은 제1조 2항에서 모든 인민(all peoples)이 그들의 천연의 부와 자원을 자유로이 처분할 수 있다는 것과 "어떠한 경우에도 인민은 그들의 생존수단을 박탈당하지 아니한다"는 것을 인정하고 있다.[1123] 이 규약들은 또한 인종, 피부색, 성, 언어, 종교, 정치적 또는 기타의 의견, 민족적 또는 사회적 출신, 재산, 출생 기타의 신분에 의한 차별을 금지하고 있다.[1124]

각각의 규약은 당사국들이 그들의 의무를 이행하도록 보장하기 위하여 독특한 국제적인 이행제도를 수립한다. 시민적·정치적 권리규약의 경우에는 이러한 소위 이행조치(measures of implementation)가 동 규약의 선택의정서에 의해서 강화되었다. 즉, 시민정치권 규약의 선택의정서는 개인에게 이 규약에서 인정되는 자신의 권리가 침해되었다고 주장하는 청원서를 제출할 수 있도록 한다.[1125]

(4) 시민적 및 정치적 권리에 관한 국제규약(시민정치권 규약, ICCPR, B규약)

1) 세계인권선언과의 비교

시민적 및 정치적 권리에 관한 국제규약은 세계인권선언상의 정치적·사회적 권리를 보장하기 위한 목적으로 제정되었다고 할 수 있다. 그러나 이 규약에

1122) Id., p. 44. 또한, Hannum, "Rethinking Self-Determination," 34 Va. J. Int'l L. 1, 17~18(1993).
1123) 버겐탈, 국제인권법, p. 44.
1124) B규약 제2조 1항과 A규약 제2조 2항.
1125) 버겐탈, 국제인권법, p. 45.

열거된 시민적 및 정치적 권리들의 목록은 세계인권선언보다 법적으로 훨씬 자세하게 기초되었고, 더 많은 권리들을 열거하였다.

세계인권선언에는 규정되지 않고 ICCPR에만 있는 주요 권리로는 자유를 박탈당한 모든 사람이 인도적으로 또한 인간의 고유한 존엄성을 존중하여 취급받을 권리(제10조), 계약상 의무의 불이행만을 이유로 구금되지 않을 자유(제11조) 그리고 모든 어린이의 '미성년자로서의 지위로 인하여 요구되는 보호조치'를 받을 권리(제24조 1항)와 '국적을 취득할' 권리(제24조 3항)가 있다. 또한, 인종적·종교적 또는 언어적 소수집단의 구성원들이 "그 집단의 다른 구성원들과 함께 그들 자신의 문화를 향유하고, 그들 자신의 종교를 표명하고 실행하거나 또는 그들 자신의 언어를 사용할"(제27조) 권리가 국가에 의해서 부인되지 않도록 하는 보장(the undertaking)도 B규약에 새롭게 추가된 내용이다.[1126]

규약 제27조는 UN에서 채택된 "국가적·민족적·종교적 및 언어적 소수집단의 구성원의 권리에 대한 선언(the Declaration on the Rights of Persons Belonging to National or Ethnic Religious and Linguistic Minorities)" 채택에 영향을 주었다.[1127]

한편, 재산을 소유할 권리(right to own property), 망명을 구할 권리(to seek and enjoy asylum)와 국적을 가질 권리(right to a nationality)는 세계인권선언에서는 인정되나 국제인권규약에는 규정되지 않는다.

2) 예외조항

시민정치권 규약 제4조는 '예외조항(derogation clause)'으로서 국민의 생존을 위협하는 공공의 비상사태의 경우에 있어서 고문을 받지 않을 권리 등의 7가지의 가장 중대한 권리를 제외하고 규약상의 의무를 위반하는 조치를 취할 수 있다고 규정한다(제4조 1항과 2항). 의무를 위반하는 조치를 취할 권리를 행사하는 이 규약의 당사국은, 위반하는 규정 및 위반하게 된 이유를, UN사무총장을 통하여 이 규약의 타 당사국들에게 즉시 통지하여야 한다(제4조 3항). 예외조항에 의해서도 위반할 수 없는 근본적인 권리들은 ① 생명권 ② 고문당하지 않을 권리 ③ 노예적 상태에 처하지 않을 권리 ④ 채무불이행을 인하여 구금당하지 않을 권리 ⑤ 사후입법에 의하여 유죄판결을 받지 않을 권리 ⑥ 법 앞에 인간으로서 인정받을 권리

1126) 버겐탈, 국제인권법, p. 45.

1127) Id., p. 46. A. Philips & A. Rosas(eds.), The UN Minority Rights Declaration(1993); Human Rights Committee(hereafter HRC), General Comment No. 23(50)(art. 27), Doc. CCPR/C/21/Rev. 1/Add. 5(1994) 참조.

⑦ 사상, 양심 및 종교의 자유에 대한 권리이다.

또한, 규약 제18조 3항은 “자신의 종교나 신념을 표명하는 자유는, 법률에 규정되고 공공의 안전, 질서, 공중보건, 도덕 또는 타인의 기본적 권리 및 자유를 보호하기 위하여 필요한 경우에만 제한받을 수 있다”고 규정하고 있다. 따라서 마약을 흡연할 것을 요구하는 종교나 개를 죽일 것을 요구하는 종교는 도덕 또는 공중보건을 이유로 제한할 수 있을 것이다.[1128)]

그러나 이러한 예외조항들은 규약 제5조 1항에 의해 제한되어야 한다. 동 조항은 “이 규약의 어떠한 규정도 국가, 집단 또는 개인이 이 규약에서 인정되는 권리 및 자유를 파괴하거나, 또는 이 규약에서 규정된 제한의 범위를 넘어 제한하려는 것을 목적으로 하는 활동에 종사하거나 또는 그와 같은 것을 목적으로 하는 행위를 행할 권리를 가지는 것으로 해석되지 아니한다”고 규정하고 있다.

3) 시민적·정치적 권리규약 당사국의 의무범위

시민적 · 정치적 권리규약 제2조 1항은 “이 규약의 당사국은 자국의 영토 내에 있으며, 그 관할권 하에 있는 모든 개인에 대하여 인종, 피부색, 성, 언어, 종교, 정치적 또는 기타의 의견, 민족적 또는 사회적 출신, 재산, 출생 또는 기타의 신분 등에 의한 어떠한 종류의 차별도 없이 이 규약에서 인정되는 권리들을 존중하고 확보할 것을 약속한다”고 규정하고 있다. 이 조항과 관련하여 당사국의 의무범위와 관련하여 최근 논쟁이 제기되었다. 즉, 규약의 당사국은 “자국의 영토 내에 있으며 그 관할권 하에 있는 모든 개인”에 대해 시민정치권 규약상의 권리들을 존중하고 확보할 의무가 있기 때문에 그 국가의 영토 밖에 있는 개인에 대해서는 동 규약상의 권리를 존중하고 확보할 의무가 없다는 주장이 제기되었다. 미국 정부는 이런 주장에 근거하여 쿠바의 관타나모 만에 있는 미군기지에 구금되어 있는 알카에다와 탈레반 조직원들에 대해서는 시민정치권 규약이 적용되지 않는다고 하였다.[1129)] 그러나 이런 주장에 대해 시민정치권 규약 제2조의 용어를 넓게 해석하여 규약당사국의 영토 내에 있거나 또는 그 관할권 하에 있는 모든 개인(either within a state’s territory or under its jurisdiction)에 적용되어야 한다는 입장을 취하는 반론이 있다.[1130)]

1128) Sean D. Murphy, supra note 26, p. 306.
1129) Id., p. 306.
1130) Id.

4) 선택의정서들

시민적 · 정치적 권리규약에 대해서는 두 개의 선택의정서가 있다. '시민적 및 정치적 권리에 관한 국제규약 선택의정서(제1선택의정서)'[1131]는 개인이 인권위원회(Human Rights Committee)에 개인통보(communication)를 제출할 수 있는 절차를 규정하고 있다. 현재 116개 국가가 제1선택의정서의 당사국이다.

'사형폐지를 위한 시민적 및 정치적 권리에 관한 국제규약 제2선택의정서(제2선택의정서)'[1132]는 명시적으로 사형제를 폐지하였기 때문에 이 선택의정서의 당사국들은 사형제를 폐지하여야 한다. 다만, 동 의정서 제2조에 의해 의정서의 당사국은 "전쟁 중 범행된 군사적 성격의 극히 중대한 범죄에 대한 유죄판결에 의하여 전쟁시에는 사형을 적용할 수 있다는 유보"를 비준 또는 가입시에 할 수 있다. 제2선택의정서에는 현재 84개국의 당사국이 있다.

5) 우리나라의 유보

시민적 및 정치적 권리에 관한 국제규약에 대해 우리나라는 다음과 같은 유보를 하였다: "대한민국 정부는 동 규약을 심의한 후, 동 규약의 제14조 5항, 제14조 7항, 제22조 및 제23조 4항의 규정이 대한민국 헌법을 포함한 관련 국내법 규정에 일치되도록 적용할 것임과 동 규약 제41조상의 인권이사회의 권한을 인정함을 선언하며, 이에 동 규약에 가입한다."[1133] 이 유보선언에 대해 우리나라는 동 규약 제23조 4항을 1991년 3월 15일 유보철회하였으며(조약 제1042호), 제14조 7항에 대해 1993년 1월 21일 유보철회하였다(조약 제1122호).[1134] 또한 제14조 5항에 대한 유보는 2007년 4월 2일(조약 제1840호) 철회하였다. 제22조에 대한 우리나라의 유보는 아직 철회되지 않았다.[1135]

1131) 1966년 12월 16일 채택, 1976년 3월 23일 발효, 대한민국 적용일 1990년 7월 10일, 999 U.N.T.S. 302, 6 ILM 393.

1132) 1989년 12월 15일 채택, 1991년 7월 11일 발효, 대한민국 미가입, 29 ILM 1464.

1133) 정인섭, 국제인권조약집(사람생각, 2000), p. 41.

1134) Id.

1135) 규약 제22조는 다음과 같다.

1. 모든 사람은 자기의 이익을 보호하기 위하여 노동조합을 결성하고 이에 가입하는 권리를 포함하여 다른 사람과의 결사의 자유에 대한 권리를 갖는다.
2. 이 권리의 행사에 대하여는 법률에 의하여 규정되고, 국가안보 또는 공공의 안전, 공공질서, 공중보건 또는 도덕의 보호 또는 타인의 권리 및 자유의 보호를 위하여 민주사회에서 필요한 것 이외의 어떠한 제한도 과하여져서는 아니된다. 이 조는 군대와 경찰의 구성원이 이 권리를 행사하는 데 대하여 합법적인 제한을 부과하는 것을 방해하지 아니한다.

(5) 경제적·사회적 및 문화적 권리에 관한 국제규약(A규약)

1) 보장되는 권리의 내용과 특징

이 협약은 1966년 12월 16일 채택되었고, 1976년 1월 3일 발효되었다. 우리나라에 대해서는 1990년 7월 10일부로 적용되었다. 이 협약은 세계인권선언보다 훨씬 포괄적인 경제적·사회적·문화적 권리를 규정하고 있다. 그 권리들은 근로의 권리(제6조), 공정하고 유리한 근로조건을 향유할 권리(제7조), 노동조합을 결성하고 가입할 권리(제8조), 사회보장에 대한 권리(제9조), 가정의 보호를 받을 권리(제10조), 적당한 생활수준을 누릴 권리(제11조), 도달 가능한 최고 수준의 신체적·정신적 건강을 향유할 권리(제12조), 교육에 대한 권리(제13조), 문화생활에 참여할 권리(제15조) 등을 규정하고 있다.

그러나 A규약에 비준함으로써, 당사국이 A규약에서 규정하고 있는 권리를 즉시 이행할 의무를 부담하는 것은 아니다.[1136] 제2조 1항은 "이 규약의 각 당사국은 특히 입법조치의 채택을 포함한 모든 적절한 수단에 의하여 이 규약에서 인정된 권리의 완전한 실현을 점진적으로 달성하기 위하여, 개별적으로 또한 특히 경제적·기술적인 국제지원과 국제협력을 통하여, 자국의 가용자원이 허용하는 최대한도까지 조치를 취할 것을 약속한다"고 규정하고 있다.

이는 A규약에 대한 당사국들의 의무들이 '점진적 또는 프로그램적(programmatic)'인 것이라는 것을 나타낸다. A규약상의 모든 권리를 즉각적으로 보장하라고 하는 것은 비현실적인 것이기 때문이다. A규약의 당사국은 자국의 가용자원이 허용하는 최대한도까지의 조치를 취할 의무가 있을 뿐이다.

그러나 A규약상의 권리가 모두 다 프로그램적인 것은 아니며, 제2조 2항의 권리의 행사가 차별 없이 이루어지도록 할 의무, 즉 비차별의 의무와 제2조 1항의 '조치를 취할 의무' 등은 즉각적인 효과를 가지는 의무라고 할 수 있다.[1137]

2) 의무이행 확보 수단

A규약은 국가 간 통보제도나 개인통보제도를 가지고 있지 않다. 단지 당사

---

3. 이 조의 어떠한 규정도 결사의 자유 및 단결권의 보호에 관한 1948년의 국제노동기구협약의 당사국이 동 협약에 규정하는 보장을 저해하려는 입법조치를 취하도록 하거나 또는 이를 저해하려는 방법으로 법률을 적용할 것을 허용하는 것은 아니다.

1136) 버겐탈, 국제인권법, pp. 65~66.

1137) Id., p. 68. Rebecca MM Wallace, supra note 9, p. 257.

국들에게 '권리의 준수를 실현하기 위하여 취한 조치와 성취된 진전사항에 관한 보고서'를 제출하도록 하고 있다(제16조). 하지만, 2008년 12월 10일 경제적, 사회적 및 문화적 권리에 관한 선택의정서(Optional Protocol to the Covenant on Economic, Social and Cultural Rights)가 채택되었고, 이 선택의정서는 2013년 5월 5일 발효하여 A규약도 개인통보제도를 갖게 되었다.[1138]

1985년 UN경제사회이사회는 18인의 전문가로 구성된 '경제적 · 사회적 · 문화적 권리에 관한 위원회(Committee on Economic, Social and Cultural Rights)'를 설립하였고, 1987년에 처음으로 이 위원회는 회의를 개최하였다.[1139] A규약위원회는 국가별 보고서를 검토하고, 일반논평을 발표하며, 신설된 개인통보제도를 통하여 A규약의 이행을 확보한다.

3. 다른 주요 인권조약

(1) 집단살해죄의 방지와 처벌에 관한 협약(Convention on the Prevention and Punishment of the Crime of Genocide)

이 협약은 1948년 12월 9일 채택되었고 1951년 1월 12일 발효하였다. 우리나라에는 1951년 12월 12일부로 적용되었다.[1140] 이 협약 제1조는 "체약국은 집단살해가 평시에 행하여졌든가 전시에 행하여졌든가를 불문하고 이것을 방지하고 처벌할 것을 약속하는 국제법상의 범죄임을 확인한다"고 규정한다.

집단살해죄는 독일의 나치정권이 약 600만명의 유대인을 대량학살했던 잔혹한 역사적 경험을 기초로 탄생한 범죄이다. 제2차 세계대전 후에 국제연합 총회는 1947년 12월 11일의 결의 96(1)에서 집단살해는 국제연합의 정신과 목적에 반하며 또한 문명세계에서 죄악으로 단정한 국제법상의 범죄라고 선언하였다. 이러한 UN총회의 결의를 고려하여 1948년 집단살해죄 방지협약이 채택되어 집단살해죄의 방지와 처벌을 위한 국제협력을 도모하게 되었다.

이 협약 제2조는 집단살해를 "국민적 · 인종적 · 민족적 또는 종교적 집단을 전부 또는 일부 파괴할 의도로서" 집단구성원을 살해하거나, 중대한 육체적 또는

1138) Id., p. 69.

1139) Id., pp. 69~70.

1140) 정인섭, 국제인권조약집(사람생각, 2000), p. 152.

정신적인 위해를 가하는 것 또는 집단의 아동을 강제적으로 타 집단에 이동시키는 것 등으로 규정하고 있다. 예를 들어, 1998년 9월 르완다 국제재판소(ICTR)는 르완다의 한 도시의 시장이었던 장 폴 아카에수(Jean Paul Akayesu)가 집단살해죄, 인도에 반한 죄, 전쟁범죄를 범하였다고 판결하였다.[1141] ICTR은 아카에수가 시장으로 있던 도시에서 2,000명 이상의 투치족 사람들이 사망하였으며, 아카에수는 많은 투치족 사람들을 죽이는 데 직접 관여하였고 투치족의 살해를 방지하기 위한 조치를 전혀 취하지 않았다고 판시하였다.[1142] ICTR은 사형을 부과하지 않기 때문에 아카에수는 종신형을 1998년에 선고받았다.[1143]

2017년 현재 143개국이 집단살해죄방지협약의 당사국이며, 미국도 많은 유보와 선언을 하였지만 1988년에 이 협약에 비준하였다.[1144] 미국은 1987년 집단살해협약 이행법률(the Genocide Convention Implementation Act of 1987)을 제정하여 이 협약을 미국 내에서 이행하고 있다.[1145] 그러나 일본은 집단살해방지협약의 당사국이 아니다.

오늘날 집단살해죄에 대해서는 모든 국가의 국내법원이 보편적 관할권을 행사할 수 있다고 인정되고 있다.[1146] 국제형사재판소규정 제6조도 집단살해죄를 국제형사재판소의 관할범죄로 규정하고 있다.

(2) 모든 형태의 인종차별 철폐에 관한 국제협약(International Convention on the Elimination of All Forms of Racial Discrimination)[1147]

이 조약은 UN총회에서 1965년에 채택되고 1969년에 발효되었다. 이 협약은 "인종적 평등에 관한 조약 중 가장 포괄적이고 명료하다"고 평가된 바 있다. 이 협약은 '인종차별'을 금지하며 이 협약에 의해 금지되는 인종차별은 "인종·피부색·가문 또는 민족이나 종족의 기원에 근거를 둔 어떠한 구별·배척·제한 또는 우선권을 말하며 이는 정치·경제·사회·문화 또는 기타 어떠한 공공생활의 분

1141) Prosecutor v. Akayesu, Judgment, Case No. ICTR-96-4-T(ICTR 1998년 9월 2일), Sean D. Murphy, supra note 26, p. 309.
1142) Id.
1143) Id.
1144) Id.
1145) Id., 18 U.S.C § 1091(2000).
1146) 버겐탈, 국제인권법, p. 74.
1147) 이 항은 버겐탈, 국제인권법, pp. 74~80을 발췌 번역하여 인용한 것임.

야에 있어서든 평등하게 인권과 기본적 자유의 인정·향유 또는 행사를 무효화시키거나 침해하는 목적 또는 효과를 가지고 있는 경우이다"로 정의된다(제1조).

국제사법재판소는 이러한 인종차별의 정의가 UN헌장상의 차별금지조항의 의미와 범위를 권위 있게 해석한 것이라고 보고 있다.

이 협약의 당사국들은 그 영토 안에서 인종차별을 철폐할 법적인 의무를 가지며, 여러 인권의 행사와 향유에 있어서 차별을 금지하도록 보장하는 법률을 제정해야 한다. 또한 이러한 의무가 적용되는 기본적인 시민적·정치적·경제적·사회적·문화적 권리를 나열하고 있으며, 여기에는 세계인권선언과 두 개의 규약에서 정하고 있는 권리들이 포함되어 있다(제5조).

이 협약은 정부당국에 의한 인종차별의 금지 이외에도 각 당사국이 "어느 인간, 집단, 또는 조직에 의한 인종차별을 해당 사정에 따라 입법을 포함한 모든 적절한 수단으로써 금지하고 종결"시킬 것을 요구하고 있다(제2조 1항 (d)).

한편, 적극적 조치(affirmative action)에 관해, 협약은 다음과 같이 선언하고 있다(제1조 4항).

> 어떤 특정 인종 또는 종족의 집단이나 개인의 적절한 진보를 확보하기 위한 유일한 목적으로 취해진 특별한 조치는 그러한 집단이나 개인이 인권과 기본적 자유의 동등한 향유와 행사를 확보하는 데 필요한 보호를 요청할 때에는 인종차별로 간주되지 않는다. 단, 그러한 조치가 결과적으로 상이한 인종집단에게 별개의 권리를 존속시키는 결과를 초래하여서는 아니 되며 또한 이러한 조치는 소기의 목적이 달성된 후에는 계속되어서는 아니 된다.

이 표현은 임시적인 적극적 조치와 소수자 집단을 위한 우선적 할당제도가 과거의 인종차별의 결과에 대한 구제책이며 또 다른 형태의 인종차별을 가져오지 않는다면, 이러한 조치가 합법적이라는 것을 나타낸다.

협약의 집행기구는 18명으로 이루어진 인종차별철폐위원회(Committee on the Elimination of Racial Discrimination, CERD)이다. CERD의 위원은 당사국에 의해 선출되지만 개인자격으로 업무를 수행한다. 협약은 CERD에 많은 기능을 부여한다. 이러한 기능에는 당사국들이 "협약의 규정에 효력을 부여하기 위하여 취한 입법·사법·행정 혹은 다른 조치들"에 관해 준비하여야 하는 정기보고서(periodic report)의

검토가 포함되어 있다(제9조). 또한, CERD는 국가 간 통보제도와 개인통보제도(communication)를 다룰 수 있는 권능이 있다(제11조와 제14조).

CERD는 최초의 UN조약기구로서 국가의 보고서 검토를 이용하여 활발한 이행방법으로서 활용하는 많은 긍정적인 제도를 개발하였다. CERD의 관행은 인권위원회(Human Rights Committee) 같은 다른 기구들의 모델이 되었다. 그러나 일부 UN조약기구들, 특히 인권위원회는 보고제도를 더욱 강화하고, 조약의무를 이행하도록 당사국에 압력을 가하는 새로운 방법들을 도입하는 일에 CERD보다 더 큰 성과를 보였다.

인종차별철폐협약을 비준함으로써 국가는 자동적으로 국가 간 통보제도에 대한 관할권을 CERD에 부여하는 것이 된다(제11조). 따라서 시민적·정치적 권리에 관한 규약의 경우와는 달리 인종협약상의 국가 간 통보제도는 선택적인 것이 아니다. 이러한 통보를 다루는 절차는 두 가지 단계를 거친다. 먼저 CERD는 분쟁의 사건적격성을 심사한 후 모든 관련정보를 모은다. 그 후 임시조정위원회(ad hoc Conciliation Commission)가 열리고, 여기에서 분쟁에 관한 보고서를 준비하고, 관련국가에 적절한 권고를 한다(제12조와 제13조). 그러나 국가 간 통보제도는 아직 활용된 적이 없다.

인종협약에 의한 개인통보제도는 선택적인 것이므로, 당사국이 별도의 선언으로 CERD가 개인통보를 접수할 권한을 인정해야 한다(제14조). 국가 간의 통보제도와 달리 CERD는 개인통보제도의 경우에는 임시조정위원회를 열지 않는다. 관련국가와 청원자로부터 받은 자료를 연구한 후에 CERD는 그 결정을 발표하고 적절한 권고를 하며 이것이 UN총회의 연례보고서에 게재된다.

인종협약이 1969년에 발효되었으나 1982년까지 개인청원제도를 발효시키기 위한 10개 국가의 선언이 이루어지지 않았다. 더구나 177개 국가들이 이 협약을 비준하였지만 58개 국가만이 개인청원제도를 수락하고 있다. 오늘날까지 CERD는 58개의 개인통보사건을 다루었다.[1148)]

인종협약은 또한 당사국 간의 분쟁해결을 다룰 수 있도록 국제사법재판소(ICJ)에 관할권을 부여하고 있다. 관련규정(제22조)은 다음과 같다.

> 이 협약의 해석이나 또는 적용에 대하여 2개 또는 그 이상의 체약국 간 분쟁이나

1148) Buergenthal, International Human Rights in a nutshell (5th ed. 2017), p. 99.

교섭이나 또는 이 협약에 명시적으로 규정된 절차에 의하여 해결되지 않을 때 이 분쟁은 분쟁당사국이 해결방법에 합의하지 않는 한, 한 분쟁당사국 중 어느 일방의 요청에 따라 국제사법재판소에 회부하여 판결하도록 한다.

따라서 이 협약을 비준한 국가는 조약과 관련하여 발생한 분쟁에 대해 국제사법재판소의 재판관할권을 수락한 것으로 간주된다. 2002년 콩고가 르완다를 인종차별철폐협약을 이용하여 ICJ에 제소하였으나 ICJ는 2006년 2월 3일 이 사건을 각하하였다.[1149] 2008년 그루지아가 러시아를 인종차별철폐협약을 위반하였다고 ICJ에 제소하였으나,[1150] ICJ는 협약 제22조가, 당사국들이 ICJ에 사건을 유지하기 위해서는 교섭 등을 통해 분쟁 해결을 시도하는 것이 요구된다고 하면서 당사국들이 협약 제11조의 조정 절차나 다른 교섭을 추구하지 않았기 때문에, 관할권이 없다는 이유로 이 사건을 각하하였다.[1151]

그러나 미국을 포함한 많은 당사국들은 국제사법재판소에 분쟁을 회부하기 위해서는 양 당사국의 동의를 요구하는 내용의 유보를 제22조에 붙인 채 협약을 비준함으로써, 제22조의 적용을 배제시키고 있다.

(3) 인종차별(아파르트헤이트) 범죄의 진압 및 처벌을 위한 국제협약

이 협약(International convention on the Suppression and the Punishment of the crime of Apartheid)은 1973년 11월 3일 UN총회에 의해 채택·승인되었으며, 1976년 7월 18일 발효되었고, 100개국 이상이 비준하였다.[1152]

이 협약의 명칭에서 알 수 있듯이 그 목적은 인종차별을 억제하고, 처벌하는 것이다. 협약 제1조는 “인종차별이라 함은 인종·피부색·가문 또는 민족이나 종족의 기원에 근거를 둔 어떠한 구별·배척·제한 또는 우선권을 말하며 이는 정치·경제·사회·문화 또는 기타 어떠한 공공생활의 분야에 있어서든 평등하게 인권과 기본적 자유의 인정·향유 또는 행사를 무효화시키거나 침해하는 목적 또는 효과를 가지고 있는 경우이다”라고 규정한다.

1149) Armed Activities on the Territory of the Congo (New Application 2002)(DRC v. Rwanda) 2006 ICJ Rep.

1150) Case Concerning Application of the International Convention on the Elimination of All Forms of Racial Discrimination (Georgia v. Russian Federation) 2011 ICJ Rep. 70.

1151) Buergenthal, International Human Rights in a nutshell (5th ed. 2017), p. 100.

1152) Id., p. 80.

협약 제3조는 특히 '남아프리카의 인종차별정책'을 규탄하고 있으나, 협약 제2조는 남아프리카 이외에서의 인종차별도 규탄하고 금지하고 있다. 인종차별에 대해 책임이 있는 자는 직접 행위를 한한 '개인, 기관의 구성원, 국가의 대표'뿐 아니라 '직접적으로 교사하고 원조하거나 협력하는' 사람을 포함한다.[1153]

한편 1998년 국제형사재판소규정이 채택되고, 동 규정 제7조가 인도에 반한 죄로서 인종차별범죄를 규정하고 있기 때문에 국제형사재판소가 인종차별을 행한 개인을 인도에 반한 죄로서 처벌할 수 있을 것이다.

협약에 의해 마련된 이행의 수단은 18인의 위원으로 구성되는 인종차별철폐위원회와 당사국에 의한 정기적인 보고서 등으로 이루어진다(제8조에서 제16조). 협약 제22조는 ICJ에 대한 재판회부조항을 규정한다.

(4) 모든 유형의 여성차별철폐를 위한 협약

이 협약(Convention on the Elimination of All Forms of Discrimination Against Women)은 1979년 12월 18일 채택되었으며 1981년 9월 3일 발효하였다. 이 협약은 189개국이 비준하였으며, 제1조는 "'여성에 대한 차별'이라 함은 정치적・경제적・사회적・문화적・시민적 또는 기타의 분야에 있어서 결혼 여부에 관계없이 남녀동등의 기초 위에서 인권과 기본적 자유를 인식・향유 또는 행사하는 것을 저해하거나 무효화하는 효과 또는 목적을 가지는 성에 근거한 모든 구별・배제 또는 제한을 의미한다"고 규정한다.

협약 제2조는 여성차별을 규탄하고 당사국은 "남녀평등의 원칙을 헌법이나 다른 법규정에 포함시키고 이 원칙의 실제적 실현을 확보하여야 한다"고 규정한다.

협약 제4조 1항은 남성과 여성 사이의 사실상의 평등을 촉진할 목적으로 당사국이 채택한 잠정적 특별조치는 본 협약에서 정의한 차별로 보지 아니한다고 하여 소위 '적극적 조치(affirmative action)'를 허용하고 있다.

협약 제5조는 "(가) 일방의 성이 열등 또는 우수하다는 관념 또는 남성과 여성의 고정적 역할에 근거한 편견, 관습 및 기타 모든 관행들을 없앨 목적으로, 남성과 여성의 사회적 및 문화적 행동양식을 수정할 것"을 위해 당사국은 모든 적합한 수단을 채택하도록 하고 있다.

1153) Id., p. 81.

협약 제28조에는 “협약의 대상 및 목적과 양립하지 아니하는 유보는 허용되지 아니한다”고 규정하고 있으나, 많은 국가들이 광범위한 유보를 하여, 협약의 실효성이 약화되었다.

협약의 이행수단으로서 협약은 당사국으로 하여금 협약의 규정을 효과적으로 수행할 수 있는 입법·사법·행정적 혹은 다른 수단과 관련된 정기보고서를 제출하도록 하고(제18조), 이 보고서들은 23명의 전문가로 구성된 여성차별철폐위원회(Committee on the Elimination of Discrimination against Women)가 검토하도록 하고 있다(제17조). 위원회는 검토결과 등을 협약당사국들, UN 여성의 지위에 관한 위원회(UN Commission on the Status of Women) 그리고 UN총회에 보고한다.[1154]

한편, 협약은 본래 국가 간 통보제도나 개인통보제도를 설치하지 않고 있었다. 그러나 2000년 12월 22일 발효한 여성차별철폐협약선택의정서(Optional Protocol to the Convention on the Elimination of All Forms of Discrimination against Women)에 의해 개인통보제도를 인정하게 되었다. 우리나라도 이 선택의정서에 2006년 가입하였다. 이 의정서에 108개국이 비준했으며, 이 의정서는 제8조에서 여성차별철폐위원회가 신뢰할 만한 정보가 있을 경우 당사국에 대한 비밀 조사(inquiry)를 할 수 있도록 하고 있다.[1155] 위원회는 멕시코, 캐나다, 필리핀에 대해 이러한 조사를 수행하였다.[1156]

협약 제29조는 ICJ에 협약의 해석·적용에 관한 당사국 간의 분쟁을 제소할 수 있는 재판회부조항을 규정하고 있다.

(5) 고문 및 잔인하고 비인간적인 또는 인격손상적 처우에 반대하는 협약

이 협약(Convention Against Torture and Other Cruel, Inhuman or Degrading Treatment)은 1984년 12월 10일 UN총회에서 채택되었고, 20번째의 국가가 서명한 후인 1987년 6월 28일부터 발효되었다. 이 협약은 160개국이 비준하였다.

협약 제1조는 “‘고문’이라 함은 공무원이나 그 밖의 공무 수행자가 직접 또는 이러한 자의 교사·동의·묵인 아래, 어떤 개인이나 제3자로부터 정보나 자백을

1154) Id., p. 85.
1155) Buergenthal, International Human Rights in a nutshell (5th ed. 2017), p. 107.
1156) Id.

얻어내기 위한 목적으로, 개인이나 제3자가 실행하였거나 실행한 혐의가 있는 행위에 대하여 처벌을 하기 위한 목적으로, 개인이나 제3자를 협박·강요할 목적으로 또는 모든 종류의 차별에 기초한 이유로, 개인에게 고의로 극심한 신체적·정신적 고통을 가하는 행위를 말한다"고 규정한다. 그러나 합법적 제재조치로부터 초래되거나, 이에 내재하거나 이에 부수되는 고통은 고문에 포함되지 아니한다(제1조 단서).

당사국은 영토 내의 관할권이 미치는 고문을 막기 위한 '실효적인 입법·행정·사법적 또는 그 밖의 조치'를 취해야 하며(제2조 1항), 또한 모든 형태의 고문이 범죄가 되도록 형법에 규정하도록 하고 있다(제4조 1항).

당사국은 고문을 범죄인인도의 대상범죄(extraditable offense)에 포함시킬 것과(제8조), 특정인이 '고문을 받을 수 있는 위험이 있는' 지역으로 추방·송환되지 않도록 하고 있다(제3조 1항).

또한, 전쟁이나 국내정치의 불안정 등 어떠한 상황에서도 고문은 정당화될 수 없으며(제2조 2항), 상관 또는 당국의 명령도 고문을 정당화시킬 수는 없다고 선언하고 있다(제2조 3항).

고문방지협약에서 제시하고 있는 이행방법은 고문방지위원회(CAT)에 의해 감독되고 있다. 위원회는 협약당사국에 의해 선출된 10인의 독립된 전문가로 구성된다. 이행방법으로 의무적 보고제도(제19조), 선택적인 국가 간 통보제도(제21조), 개인통보제도(제22조)가 있다.

또한, 고문방지협약은 위원회로 하여금 자발적으로 조사에 착수할 수 있도록 하는데, 제20조에 따르면 어떤 당사국의 영토 내에서 고문이 체계적으로 행해지고 있다는 믿을 만한 정보를 입수한 경우에 그 권한 하에 조사에 착수할 수 있다. 이러한 조사가 비공개로 행해지고, 관련된 국가의 협조를 요청해야 하도록 되어 있더라도, 제20조에 따르면 그 국가가 협력을 거절한다고 해서 위원회가 조사를 계속해 나갈 권리를 자동적으로 박탈당하는 것은 아니라고 한다. 그러나 위원회는 그 영토 내에서 혐의사실을 조사하기 위해서는 그 국가의 동의를 얻어야 한다(제20조 3항).

조사가 끝나면 위원회는 연례보고에 조사내용을 요약해서 실을 수 있다. 그 보고서는 관계 국가들과 유엔총회에 제출된다. 하지만 당사국은 제20조가 고문방지위원회에 부여하는 이러한 권한의 적용을 회피할 수 있다. 제28조에 따라, 각

국가는 이 협약에 서명 또는 비준할 때에 위원회의 그러한 권한을 인정하지 않는다고 선언할 수 있다.

동 협약은 또한 당사국 사이에 조약의 적용과 해석에 관련한 분쟁에 대해 국제사법재판소에 제소할 수 있다(제30조 1항). 그러나 제30조 2항은 이 조항의 적용에서 제외되는 것을 당사국에게 허용하고 있고, 많은 국가들이 그렇게 하고 있다.

고문방지협약의 선택의정서(The Optional Protocol for the Prevention of Torture, OPCAT)는 2006년 발효하였고 83개국이 비준하였다. OPCAT는 추가 모니터링 메커니즘을 규정한다. 먼저 당사국은 국가 예방 절차라고 불리는 구금 장소를 방문하고 보고할 권한이 있는 국내 기구를 설립해야 한다(제3조). 또한 별도의 기구인 고문방지 소위원회(Subcommittee for the Prevention of Torture, SPT)를 설립하고, 25명의 전문가를 위원으로 구성하여 개인 자격으로 역할을 수행하도록 한다. OPCAT는 당사국이 국가 예방 절차와 SPT가 그 관할권 하에 있는 모든 구금 장소에 제한없이 접근할 수 있도록 요구하고 있다.[1157]

(6) 아동의 권리에 관한 협약

이 조약은 유엔총회에 의해 1989년 11월 20일에 채택되었고, 1990년 9월 2일 발효되었으며, 2001년까지 191개 국가들이 이 협약을 비준하였다. 이 협약의 비준에 의해 당사국은 "아동, 그 부모 혹은 그 법정대리인의 인종·피부색·성별·언어·종교, 정치적 혹은 다른 견해, 민족이나 종족적 혹은 사회적 기원, 재산, 장애, 출생의 지위 등에 관계없이 아동의 시민·정치·경제·문화적인 권리"들을 보장할 의무를 진다(제2조 1항). 협약은 아동이란 '18세 미만의 사람'으로 정의하고 있다(제1조). 협약 제3조 1항에서는 "아동에 관한 모든 활동에 있어서 아동의 최선의 이익이 최우선적으로" 고려되어야 한다.

협약이 선언하고 있는 많은 권리들이 국제 인권조약에 어떤 형태로든지 기술되어 있다고 하더라도, 아동에 관해서 국제법적인 권리와 보호의 대상으로서 독자적인 법률로 된 것은 처음 있는 일이다. 협약은 아동복지를 해할 위험이 있는 수많은 행태들, 즉 경제적 착취, 약물의 남용, 성적 학대, 아동학대와 매매 등에 대항해서 아동을 보호하려하고 있다. 협약은 또한 15세 미만의 아동을 입대시키는 것을 금지하고 있다(제38조).

1157) Buergenthal, International Human Rights in a nutshell (5th ed. 2017), pp. 113~114.

협약은 아동의 권리에 관한 위원회를 설치하여 당사국이 협약에서 제시하고 있는 의무를 제대로 수행하고 있는지의 여부를 조사할 책임을 지우고 있다(제43조). 위원회는 10명으로 구성되는데 이들은 개인자격으로 임무를 수행한다(제43조). 위원회의 주된 임무는 당사국이 협약이행에 필요한 방법들에 대해 위원회에 제출하도록 요구되는 보고서를 검토하는 것이다(제44조). 위원회는 개인 혹은 국가 간 통보를 접수할 권한을 가지고 있지 않다.

2002년 2월 12일 발효한 아동의 무력분쟁 참여에 관한 선택의정서 (18세 미만의 사람을 징집하는 것 금지)와 2002년 1월 18일 발효한 아동매매, 아동매춘 및 아동음란물에 관한 선택의정서가 있다. 우리나라는 이 두 선택의정서의 당사국이다.

Ⅳ. UN헌장에 근거한 인권보호제도

1. UN총회와 경제사회이사회(Economic and Social Council)

이미 살펴본 바와 같이 UN총회와 경제사회이사회는 UN헌장에 따라 인권보호임무를 가진다. 2006년 UN총회는 총회의 보조기관으로서 인권이사회(Human Rights Council)와 자문위원회(Advisory Committe)를 설치하여, 모든 인권과 근본적 자유의 보장에 대한 보편적 존중을 장려하는 등의 임무를 수행하며, 총회에 연례보고를 하도록 하였다(Resolution adopted by the General Assembly, A/RES/60/251, 2006년 4월 3일).

2. 인권이사회(Human Rights Council)와 자문위원회(Advisory Committee)

UN헌장을 근거로 한 인권감독기구로서 인권이사회와 자문위원회를 먼저 들 수 있다. 이 두 기관은 2006년 설립되었고 기존의 인권위원회(Commission on Human Rights)와 인권증진 및 보호에 관한 소위원회(Sub-Commission on Promotion and Protection of Human Rights, 과거이름은 소수집단 차별방지 및 보호에 관한 분과 위원회, 1947년 설립)를 대체하였다. 인권이사회의 이사국은 총회에서 선출되는 47개국이며, 자문위원회는 18명의 위원으로 구성되어 있다.

UN헌장 제68조는 경제사회이사회에 '경제사회 분야 및 인권증진을 위한 위원회'를 설치할 것을 명하고 있다. 경제사회이사회는 1946년 인권위원회를 만들었는데, 초기에는 18개국으로 시작했던 것이 점차 확대되어 2006년 해체될 때에는 53개국의 대표들로 구성되어 있다. 각국이 자국의 대표를 지명하면 그들은 개인자격이 아니라 정부의 대표로서 활동한다. 53개국은 전세계의 다른 지역 간에 지리적으로 공평하게 분배되어야 함에 따라 경제사회이사회에 의해 지명된다. 위원회는 국제인권기구, 소수집단의 보호와 차별방지, 인권에 관한 문제 등에 관한 제안서, 보고서, 추천서 등을 경제이사회에 제출하고, 또한 UN의 인권활동을 협력해야 하였다.

현재는 인권이사회가 대체로 인권위원회의 직무와 유사한 직무를 수행하되, 국가별 정례인권검토(Universal Periodic Review, UPR)제도와 같은 새로운 제도를 도입하여 인권의 보호와 증진을 도모하고 있다. 인권이사회는 2011년 모든 UN 회원국의 인권상황에 대한 1차 검토를 마치고 2016년에는 2차 검토를 마쳤다. 또한 인권이사회는 주제별(Themaitc), 국가별(Country) 특별절차(Special Procedure)를 운영하고 있다. 주제별 특별절차에는 강제실종, 자의적 구금, 교육권, 식량권, 아동매춘, 토착주민(indigenous population)의 인권상황 등이 있다. 국가별 특별절차에는 부룬디, 캄보디아, 아이티, 미얀마, 북한, 팔레스타인, 소말리아, 수단 등이 있다. 특별절차에는 개인을 특별보고관(Special Rapporteur) 등으로 임명하는 경우와 작업반(Working Group)을 구성하는 경우가 있다. 이때 작업반은 보통 5명으로 구성된다.

3. UN인권고등판무관(UN High Commissioner for Human Rights)

인권고등판무관은 1994년 UN사무총장의 지휘 아래 인권위반을 방지하기 위하여 신설되었다. 인권고등판무관은 UN의 인권관련 문제를 총괄하여 인권의 황제(Czar)라고 불린다. 그러나 인권고등판무관은 총회, 경제사회이사회, 인권이사회의 결정에 따라야 한다. 한편 인권고등판무관실은 인권이사회 등의 사무국의 역할도 수행한다.

4. 1235절차와 1503절차

ECOSOC 아래 UN인권위원회 인권증진 및 보호에 관한 소위원회(Sub-Commission on the Promotion and Protection of Human Rights, 소위원회)가 설치되었었다. 소위원회는 인권위원회가 선출하는 26명의 위원으로 구성되었으며 위원은 4년 임기로 재선도 가능하였다.

1967년 6월 6일 경제사회이사회 결의 1235(ECOSOC Resolution 1235)에 의해 특정한 인권의 중대한 위반을 UN인권위원회(UN HR Commission)와 소위원회(Sub-Commission)가 조사할 수 있도록 하였다. 이 1235절차는 공개적 절차이다. 처음에는 인종차별(apartheid)을 심사하려고 의도되었으나, 그 후 다른 중대한 인권위반도 조사가능하였다.

1970년 5월 27일 경제사회이사회 결의1503(ECOSOC Resolution 1503)에 의해 인권위원회는 인권위반의 계속적 형태가 있음을 나타내는 고발을 다루는 제한적인 청원제도(petition system)를 수립하였다. 이 절차는 개인적인 권리구제를 목적으로 하는 개인청원제도와 다른데, 그 이유는 이 절차에서는 인권위반의 계속적 형태를 입증해야 하기 때문이다. 1503절차는 개인의 진정서(communication)를 심사하는 5명을 넘지 않는 소위원회 작업반(Working Group)을 소위원회가 구성할 수 있도록 하고 있다. 1503절차는 비공개적 청원심사제도이며, 소위작업반은 정부답변서를 검토한 후 소위원회에 보고하고 소위원회는 인권위원회에 회부하게 된다. 인권위원회는 '사태작업반(working group on situation)'을 통해 검토 후 전체위원회에서 심사한 다음 이 문제를 ECOSOC에 보고하면, ECOSOC은 총회에 보고하고 총회에서 관련국에 대해 관련 상황의 개선을 촉구할 수 있다.

2006년 이후에는 18인으로 구성되는 자문위원회가 소위원회를 대신하여 이러한 임무를 수행하고 있다. 인권이사회 체제에서는 청원을 먼저 '청원작업반(Working Group on Communication)'에서 검토한 후 '사태작업반(Working Group on Situations)'에서 검토한다.

Ⅴ. 인권조약상의 인권감독기구

1. 국제인권규약의 인권위원회(Human Rights Committee)

인권위원회는 국제인권규약 B규약에 의해 창설된 조약상의 기구로서 18인의 위원으로 구성되어 있다. 위원은 국가의 대표가 아닌 전문가 개인자격으로 위원회에 참석한다. 인권위원회는 1) 국가별 보고절차(Reporting Procedure) 2) 일반논평(General Comment) 3) 국가 간 통보제도(Inter-State Communications) 4) 개인통보제도(individual communications) 등을 이용하여 B규약의 이행상항을 감독한다.[1158)]

인권위원회는 개인의 청원사건을 다룰 수 있다. 우리나라의 경우에도 인권위원회는 수차례 우리나라의 인권규약 위반을 판정하였다. 그러나 이에 대해 우리나라는 인권위원회의 의견을 이행하는 국내조치를 거의 시행하지 않고 있다. 이는 인권위원회의 견해가 법적 구속력이 없는 권고적 효력을 갖기 때문이다. 그러나 많은 인권선진국들은 인권위원회의 견해를 존중하여 그 견해를 성실하게 이행하고 있다. 예를 들어 인권위원회는 1981년 러브리스(Lovelace) 사건에서 인디언 여성이 인디언이 아닌 사람과 이혼한 후 그녀의 고향인 인디언 보호구역으로 돌아가는 것을 막았던 캐나다의 인디언법이 시민적·정치적 권리규약 제27조를 위반하고 있다고 판정하였고, 캐나다는 인권위원회의 견해를 반영하여 해당 법령을 개정하였다.

2. 기타 주요 조약상 기구

고문방지협약에 의해 창설된 고문방지위원회(Committee against Torture)는 10명의 전문가로 구성되어 있고, 개인의 청원을 접수할 수 있다. 인종차별철폐위원회, 여성차별철폐위원회, 아동권리위원회, 강제실종방지위원회 등 다수의 조약상 기구가 있다. 고문방지위원회는 2017년 5월 12일 우리나라에 대해 2015년 한일위안부합의를 수정할 것을 요구하는 보고서를 발표하였다. 이 보고서에서 고문방지위원회는 “제2차 세계대전 동안의 성노예(sexual slavery) 피해자 중 생존자에 대한 보상과 명예회복, 진실규명, 배상과 재발방지 약속 등이 고문방지협약 제14조에 따

1158) 자세한 내용은 정인섭, 국제인권규약과 개인통보제도(사람생각, 2000) 참조.

라 제공될 수 있도록 한일 간의 2015년 12월 28일자 합의가 수정돼야 한다"고 촉구했다.

Ⅵ. 난민과 망명자와 비호권

1. 난민, 망명자의 정의

난민이란 광의로 국적국에 대한 충성관계를 포기하고 법률상 또는 사실상 그 외교적 보호를 받을 수 없는 자를 말한다. 즉, 난민은 정치적·종교적 사유 등으로 본국에서 박해를 받을 우려가 있는 자이다. 그러나 다음에 해당하는 사람은 난민의 지위를 부여받지 못한다: (1) 평화에 대한 죄, 전쟁범죄 또는 인도에 반한 죄를 범한 사람 (2) 중대한 비정치적 범죄를 범한 사람 (3) UN의 목적 및 원칙에 반하는 행위를 행한 사람 등이다.

2. 난민의 보호

국제연맹이 1921년 노르웨이의 난센을 난민고등판무관에 임명하였고 러시아 난민에 대해 난센 Passport를 발급하는 협정을 체결함으로써 대규모 난민의 보호사례가 나타났다. 그 후 1933년 독일난민고등판무관을 설치하였고, 1950년 UN난민고등판무관(UNHCR) 사무소 규정에 의해 난민고등판무관이 설치되었다. 1951년에는 UN 난민의 지위에 관한 협약이 체결되었고, 1967년 난민의 지위에 관한 의정서가 채택되었다. 난민협약 제33조는 추방, 송환금지의 원칙(NON－REFOULEMENT 원칙)을 규정함으로써, 난민으로 인정받지 못하는 사람도 그 생명·신체가 위협을 받는 지역으로 추방·송환할 수 없도록 하였다.

이 추방송환금지원칙이 난민협약상의 권리인가 아니면 국제관습법인가에 대해서는 학설이 대립하고 있다.

3. 비 호 권

(1) 영역 내 비호(territorial asylum)

영역 내 비호는 난민이 국가의 영역 내에 있을 때 비호를 부여하는 것이다. 영역주의 원칙상 망명자 또는 난민에게 입국을 허가하고 비호를 부여하는 여부를 국가가 결정할 수 있다. 즉 국가는 자국 영역 내에 있는 난민에 대해 비호를 할 권리가 있다. 비호권의 법적 성질에 대해서는 국가의 권리이며 개인의 권리가 아니라는 것이 전통적 입장이다. 근래에는 비호권이 국가의 완전한 자유재량에 속하는 것이 아니라 국가가 비호하고 존중할 의무와 개인이 향유할 권리를 동시에 포함하는 것이라고 한다.

(2) 영역 외 비호(extraterritorial asylum)

영역 외 비호에는 외교적 비호(diplomatic asylum)와 영사관, 군함, 군대의 비호가 있다. 영역 외 비호는 오늘날 국제법에 의해 일반적으로 인정된 것이 아니다. 다만, 외국의 공관이나 군함 등은 불가침이기 때문에 도망쳐 들어온 사람의 체포를 위해 영역국의 경찰은 들어갈 수가 없으며, 인도요구나 외교관원의 책임에 대해 항의할 수 있을 뿐이다.

그러나 중남미제국은 비호에 관한 조약을 체결하여 정치범에 대한 외교적 비호를 인정하여 왔다. 그러나 1950년 콜롬비아, 페루 간의 비호권 사건(Asylum Case)과 1951년 아야 데 라 토레(Haya de la Torre) 사건에서 ICJ는 외교적 비호가 미주제국 간의 국제관습법으로 성립되지 않았다고 판시한 바 있다.[1159]

(3) 아야 데 라 토레 사건

1950년 ICJ가 판결을 내린 콜롬비아, 페루 간의 비호권사건과 1951년 ICJ가 판결을 내린 아야 데 라 토레 사건으로 구성된다.

1) 비호권 사건(asylum case)

1948년 페루에서 혁명을 일으켰으나 실패한 토레가 콜롬비아 대사관에 비호를 얻었다. 콜롬비아 대사는 토레의 국외퇴거를 위하여 페루 정부에 그의 출국을

1159) 이한기, 국제법강의, pp. 453~454.

위한 안도권(safe conduct)을 요구하였다.[1160]

페루는 이를 거부하였고 콜롬비아와 페루는 이 사건을 ICJ에 부탁하였다.

이 사건의 쟁점은 (a) 토레의 지위에 관한 콜롬비아의 결정은 페루를 구속하는가 (b) 비호의 부여는 1928년 비호에 관한 하바나 조약에 일치하는가의 문제였다.

ICJ는 (a) 콜롬비아의 결정이 페루를 구속하지 못하며 (b) 하바나 조약은 영토국이 망명자의 출국을 요구할 때만 안도권을 부여하도록 하고 있다고 하여 콜롬비아의 주장이 하바나 조약과 일치하지 않는다고 하여 외교적 비호의 구속력을 배척하였다. 만일 외교적 비호권이 국제관습법이라면 하바나 조약의 일치 여부와 관계없이 콜롬비아의 비호 결정이 페루를 구속하고 페루는 안도권을 발급해야 했을 것이다.

콜롬비아는 판결 후 즉시 토레의 페루에의 인도의무에 관해 판결의 해석을 청구하였으나 ICJ는 인도문제가 재판소에 부탁된 문제의 내용에 포함되지 않았다는 이유로 그 청구를 각하하였다.[1161]

2) 아야 데 라 토레 사건

페루는 위의 판결에 입각하여 토레를 인도해 줄 것을 콜롬비아에 요구하였으나 콜롬비아는 인도의무가 없다고 거절하였다.[1162]

이에 다시 ICJ가 재판하여 외교공관은 정치망명자에 대하여 비호를 부여할 권리는 없으나 당사자를 인도할 것인가의 여부는 당사자 간의 교섭에 의하여 결정되는 것이라고 할 수 있다고 판시하였다. 즉 콜롬비아가 페루에 토레를 인도할 의무는 없다고 하였다. 토레는 판결 후 5년간 콜롬비아 대사관에 비호되어 양국 간의 교섭의 결과 국외로 퇴거하였고, ICJ의 판결에 불만이었던 남미국가들은 1954년 카라카스에서 외교적 비호권에 관한 새로운 조약을 체결하였다.[1163]

1160) Id.
1161) Id.
1162) Id.
1163) Id.

제17장

국제통상법

제17장
국제통상법

Ⅰ. 서 론

1944년 미국, 소련, 중국, 영국, 프랑스 등 44개국의 대표들은 미국의 브레튼 우즈(Bretton Woods)에 모여 국제경제의 안정성을 증진시키기 위한 회의를 개최하였다. 이 브레튼 우즈 회의를 통해 국제통화기금(International Monetary Fund, IMF)과 세계은행(World Bank, 정식이름은 International Bank for Reconstruction and Development, IBRD임)의 설립문서가 채택되고, 이 두 기구의 설립문서가 1945년 12월 27일 발효하였다. 국제통화기금은 통화의 교환성과 환율 등을 감시하여 국제통화체제의 안정성을 유지하는 것을 목적으로 하고 있고, 세계은행은 국가들의 재건과 발전을 위한 지원을 목적으로 하고 있다.

한편, 국제통상(international trade)을 담당하는 기구의 설립을 위한 교섭은 별도로 진행되어 1947년 UN은 하바나헌장(Havana Charter)을 채택하고 국제무역기구(International Trade Organization, ITO)를 설립하기로 하였다. 동시에 관세를 줄이기 위한 교섭을 위해 1947년 제네바 라운드를 개최하고, 그 결과 관세 및 무역에 관한 일반협정(General Agreement on Tariffs and Trade, GATT)을 채택하였다.

그 후 1950년 미국이 하바나헌장에 비준하지 않기로 하고 ITO의 설립 여부도 불투명하여졌으나 GATT는 1948년부터 하바나헌장과 ITO의 설립을 조건으로 잠정적으로 적용되었다. GATT의 잠정적용은 1995년 세계무역기구(World Trade Organization, WTO)가 설립될 때까지 계속되었다. GATT는 우루과이라운드 등 모두 8차례의 다자간 무역협상을 주도하였고, GATT의 체약국(Contracting Parties) 회의는 국제무역정책의 주요 토론장의 역할을 하였다.[1164] GATT는 엄밀한 법적

1164) 정인섭 외 13인, 국제법(한국방송통신대학교출판부, 2006), p. 342.

의미에서 국제기구라고 보기 어려우나, 사무국, 총회, 이사회 등을 통한 그 후의 운영에 의해 사실상 국제무역기구로서 역할을 수행하여 왔다고 할 수 있다.[1165]

1994년 4월 15일 모로코의 마라케시(Marrakesh)에서 113개국이 '우루과이 라운드 최종의정서'에 서명함으로써 우루과이 라운드협상이 정식으로 종결되었고, UR 최종의정서와 불가분의 관계에 있는 WTO 설립협정이 1995년 1월 1일자로 발효됨에 따라 WTO가 설립되었다.[1166] WTO는 기존의 국제기구로서의 GATT와 그 관련기관은 폐지하거나 대체하였으나, 국제협정으로서 GATT는 '1994년 GATT'의 형태로 WTO 관할 하의 UR 최종협정에 저촉되지 않는 범위 내에서 계속 효력을 갖게 된다.[1167]

세계은행, IMF와 GATT의 설립은 국제경제체제를 강대국이 약소국을 희생시키면서 번영하는 힘에 기초한 체제에서 법에 기초한 체제로 변경시키려는 중요한 시도라고 평가된다.[1168]

다음에서는 주로 GATT와 WTO체제의 주요 원칙과 그 예외에 대해 살펴보고자 한다. 또한, WTO체제 하에서의 분쟁해결절차에 대해서도 간략히 살펴본다.

Ⅱ. GATT와 WTO체제

1. 주요 원칙

WTO체제라 함은 WTO 설립협정에 부속된 다자간무역협정들을 포함한 WTO 협정과 WTO법에 따라 WTO를 중심으로 운영되는 국제무역체제를 말하며, UR 최종협정문은 크게 UR 최종의정서(Final Act Embodying the Results of the Uruguay Round of Multilateral Trade Negotiations), WTO 설립협정(Agreement Establishing the World Trade Organization), 각료결정 및 선언(Ministerial Decisions and Declarations)으로 구성되어 있고, 농업협정, 위생 및 검역협정 등 각 분야별 다자간무역협정들이 WTO 설립협정에 부속되어 있다.[1169] 이 WTO체제에는 GATT도 1994년 개정된 내용을 반영하

1165) Id.
1166) Id., p. 343.
1167) Id.
1168) Vaughan Lowe, International Law 194 (2007).

여 포함된다. GATT와 WTO체제는 다음에서 살펴볼 몇 가지 명확한 원칙들을 가지고 있다.

(1) 자유무역(Free Trade)주의 원칙

GATT와 WTO의 첫 번째 주요 원칙은 국제통상에 대한 제한은 최소화되어야 하고 투명하여야 한다는 원칙이다. 이는 자유무역주의의 원칙이라고 할 수 있다. 통상에 대한 제한은 관세(Tariff)를 부과하는 것만이 허용되고 이 관세는 공개되어야 한다(1994년 GATT 제2조, 관세양허규정). 관세양허(tariff concession)란 특정제품별로 합의된 최고세율 이내로 관세를 제한하겠다는 약속이다.[1170] WTO회원국은 품목별로 관세율의 상한을 정해 이를 표로 작성한 관세양허표(Schedule of Concession)를 첨부하여 WTO협정을 비준한다. 이 양허표는 최혜국 대우 원칙에 따라 모든 회원국에게 공통으로 적용된다.[1171] 각 국가의 양허표는 자동적으로 WTO 협정의 일부가 되며 법적 구속력이 있고, 일방적으로 변경할 수 없다.[1172] 따라서, 트럼프 전 미국 대통령이 2017년 멕시코, 2018년 캐나다, 2019년 중국으로부터의 수입품에 대해 더 높은 관세를 일방적으로 도입한 것은 이 규칙을 위반한 것으로 보인다.[1173]

GATT 제2조 1항(a)는 "각 체약당사자는 다른 체약당사자의 상거래에 대하여 이 협정에 부속된 해당 양허표의 해당 부에 제시된 대우보다 불리하지 아니한 대우를 부여한다."고 규정하고 있다. 이 조항은 국가들이 양허표에 미리 제시된 대우(관세 또는 다른 무역의 장벽들)보다 불리하지 않은 대우를 다른 국가에게 부여할 의무를 부과한다.

미국에서는 미국 국제무역위원회(International Trade Commission)가 미국 관세율표(Harmonized Tariff Schedule, HTS)를 공표한다. 관세율 자체는 미국과 그 통상 상대국사이의 교섭에 의하여 결정된다. 국가들 사이의 이러한 교섭과 양허는 정기적인 WTO회의의 "라운드(rounds)"에서 이루어진다. 가장 최근의 도하(Doha)라운드는 2001년에 시작되었는데 2000년대 후반에 중단되어 아직 결론을 내지 못하고 있

1169) 정인섭외, supra note 1164, pp. 343~344.
1170) 정인섭, 신국제법강의(박영사, 2017), p. 1054.
1171) Id.
1172) Ian Hurd, International Organizations (4th ed. 2021) p. 114.
1173) Id.

다.[1174]

수량제한(quotas)이나 수출입허가제 등 국제통상에 대한 비관세장벽은 GATT 체약국들에게는 원칙적으로 허용되지 않는다(GATT 제11조, 수량제한금지규정).

(2) 공정무역(fair trade)주의 원칙

공정무역이란 덤핑행위, 보조금지급 등과 같은 차별적이고 제한적인 불공정 무역관행을 제거함으로써 국제무역규범에 합치되는 자유롭고 공정한 경쟁조건을 보장하는 무역을 말한다.[1175] WTO의 설립취지 중의 하나가 공정무역이며 반덤핑관세협정, 보조금 및 상계조치협정, 기술장벽협정 등 WTO가 관할하는 각종 다자간무역협정은 결국 자유무역과 공정무역을 실현하기 위한 국제무역규범이라고 할 수 있다.[1176]

(3) 다자주의(multilateralism)와 최혜국(Most Favored Nation)대우 원칙

다음 원칙은 통상과 관련된 양허는 다자간협상을 통해 해결하여야 한다는 다자주의의 원칙이다. 다자주의의 원칙은 관세수준과 기타 무역제한수준 등과 같은 각종 국제무역규범의 제정・변경・적용 및 집행은 모든 관련국가의 참여하에 논의되고 결정되어야 하며, 협정당사국간에 분쟁이 발생한 경우에도 일방적 해결이 아닌 관련국가가 모두 참여한 다자협상을 통하여 해결되어야 한다는 원칙이라고 설명된다.[1177]

이 다자주의원칙은 최혜국대우원칙과 매우 밀접한 관련을 가진다. GATT 제1조는 최혜국대우(MFN Treatment)를 규정하고 있다, 제1조 1항은 다음과 같다.

> 1. 수입 또는 수출에 대하여 또는 수입 또는 수출과 관련하여 부과되거나 수입 또는 수출에 대한 지급의 국제적 이전에 대하여 부과되는 관세 및 모든 종류의 과징금에 관하여, 동 관세 및 과징금의 부과방법에 관하여, 수입 또는 수출과 관련된 모든 규칙 및 절차에 관하여, 그리고 제3조 제2항 및 제4항에 언급된 모든 사항에 관하여 체약당사자가 타국을 원산지로 하거나 행선지로 하는 상품에 대하여 부여하는 제반 편의, 호의, 특권 또는 면제는 다른 모든 체약당사자의 영토를 원산지로 하거나 행선

1174) Ian Hurd, International Organizations (4th ed. 2021), p. 116.
1175) 정인섭외, supra note 1164, p. 358.
1176) Id., p. 359.
1177) Id.

지로 하는 동종 상품에 대하여 즉시 그리고 무조건적으로 부여되어야 한다.

이에 따라 GATT의 체약당사자는 타국을 원산지로 하거나 행선지로 하는 상품에 대해 부여하는 제반 편의·호의·특권 또는 면제는 다른 모든 체약당사자의 영토를 원산지로 하거나 행선지로 하는 동종 상품에 대하여 즉시 그리고 무조건적으로 부여하여야 한다. 즉, 최혜국대우는 국가가 자국영역 내에 있는 외국 또는 외국인 및 외국제품을 제3의 국가 또는 국민 및 제품보다 불리하지 않게 대우하는 것을 말한다.[1178)]

관세인하에 관한 양자교섭은 매우 어려운 것이 현실이다. 일단 국가들의 수가 매우 많고, A국과 B국 간의 무역관계와 A국과 C국 간의 무역관계가 다르기 때문이다. 예를 들어, A국이 B국에게 특정물품에 대해 10%의 관세를 부과하기로 하고 B국은 이에 상응하는 혜택을 A국에게 주기로 하였다면 C국도 최혜국대우에 의해 동종 물품에 10%의 관세를 부과받게 된다. 그런데 만일 A국, B국, C국이 모여서 함께 교섭을 하면 A국은 B국 이외에 C국이 제공할 수 있는 혜택을 고려하여 특정물품에 대한 관세를 5%까지 낮출 수 있다. 따라서 다자협상을 하고 최혜국대우원칙을 적용하면 한 국가의 관세를 최저수준으로 수렴시킬 수 있다. 특정 상품의 주요 생산국과 소비국들이 모여서 교섭을 하고 관세양허표를 만들면 이 양허표는 최혜국대우조항에 의해 모든 국가들에 적용될 것이다. 그래서 GATT의 체약당사자들은 여러 차례의 라운드(Round)를 통해 양허표를 교섭하고 이 양허표는 체약당사자를 구속하는 효력이 있는 GATT의 부속서로 첨부되었다.

또한, 제1조가 "제반 편의·호의·특권 또는 면제"를 규정하고 있기 때문에 관세뿐만 아니라 국제통상에 영향을 줄 수 있는 다른 정책 등도 최혜국대우원칙을 준수하는지 여부의 판단대상이 될 수 있다. 예를 들어 미국은 새우-거북(Shrimp-Turtle) 사건[1179)]에서 최혜국대우를 위반하였다고 판정을 받았는데, 이 사건에서 미국은 1989년 입법을 통해 바다거북을 보호하기 위한 장치 등을 하지 않은 국가로부터의 새우 수입을 금지하였고, 인도, 말레이시아, 태국 등 국가들이 이 법에 반대하여 카리브해 국가들에 비해 아시아 국가들이 차별을 받았다고 주

1178) Id., p. 360.

1179) US-Shrimp(1998), United States-Import Prohibition of Certain Shrimp and Shrimp Products, WT/DS58.

장하면서 1996년부터 WTO에서 공식 분쟁이 시작되었다. 분쟁결과 궁극적으로 미국이 카리브해 국가들에 비해 아시아 국가들을 차별하여 최혜국대우를 규정한 제1조를 위반하였다는 판정이 내려졌다.[1180]

최혜국대우에는 일정한 예외가 허용되는데 1) GATT체결 당시 유효한 관세특혜(제1조 2항) 2) 관세동맹 및 자유무역지대(Free-trade areas)의 결성, 국경무역(제24조) 3) 개발도상국에 대한 특혜 4) 기타 특정상품에 대한 긴급조치(Safeguard)의 적용(제19조) 5) GATT의 일반적 예외조치(제20조) 6) 국가안보로 인한 예외조치(제21조), 7) 반덤핑 또는 상계관세의 부과 8) 분쟁해결절차에 따른 보복조치를 발동하는 경우 등에는 최혜국대우의 의무가 적용되지 않는다.[1181]

특히 자유무역지대는 최혜국대우 원칙과 상반되는데, 자유무역지대를 명시적으로 허용하는 GATT 제24조는 최혜국대우 원칙의 이상과 특정지역의 무역상대국들이 상호간에서만 관세를 제거하고자 하는 현실의 타협이라고 볼 수 있다.[1182]

(4) 내국민(National Treatment)대우 원칙

내국민대우는 체약당사자가 자국의 영역 내에서 다른 당사자의 국민 및 제품에 대하여 자국민 및 자국 제품에 부여하는 것과 동등한 권리를 부여하는 것을 말하며, 내외국인평등대우라고도 불린다.[1183] 이 원칙은 일단 상품이 국가의 영역 내에 들어오면 동종의 국내상품과 같은 대우를 받아야 한다는 원칙이라고 할 수 있다. GATT 제3조가 내국민대우를 규정하고 있으며, 특히 동조 2항은 "다른 체약당사자의 영토 내로 수입되는 체약당사자 영토의 상품은 동종의 국내상품에 직접적 또는 간접적으로 적용되는 내국세 또는 그 밖의 모든 종류의 내국과징금을 초과하는 내국세 또는 그 밖의 모든 종류의 내부과징금의 부과 대상이 직접적으로든 간접적으로든 되지 아니한다"고 규정한다.

그런데 동종 상품(like products)이 무엇인가에 대해서는 많은 논란과 연구가 진행되어 왔다.[1184] 특정 상품이 동종 상품인가의 여부는 WTO의 분쟁해결절차에

1180) Ian Hurd, International Organizations (4th ed. 2021), pp. 132~133.

1181) 정인섭, 신국제법강의(박영사, 2017), p. 1054.

1182) Ian Hurd, International Organizations (4th ed. 2021), pp. 121~122.

1183) 정인섭외, supra note 1164, p. 360.

1184) 이와 관련 Won-Mog Choi, 'Like Products' in International Trade Law(Oxford University Press, 2003) 참조.

있어서 중요한 쟁점이 되어 왔다. 동종 상품은 동일한 상품(identical products)과 매우 유사한 상품(very closely similar)을 포함하는 개념이며, GATT 패널은 동종 상품의 해당 여부를 판정하는 데 있어 상품의 물리적 특성 및 품질, 최종용도, 구성성분, 제조방법, 소비자의 기호 및 습관, 일반적으로 통일된 관세품목분류기준, 제3조의 목적(국내산업보호) 등을 고려하여야 한다고 하고 있다.[1185)]

한편, 내국세(internal taxes)는 동종 상품은 물론 '직접적으로 경쟁관계에 있거나 대체가능한 상품(directly competitive or substitutable product)'에 대해서도 적용되며, 내국세와 기타 과징금을 국내산업을 보호하기 위하여 부과할 수 없기 때문에(GATT 제3조 2항 2문), 경쟁제품(소형차에 대한 대형차, 사과에 대한 오렌지 등)에 대한 차별과세가 국내산업을 보호하기 위한 목적으로 부과되는 경우 내국민대우조항에 위반될 수 있다.[1186)]

또한, 미국과 캐나다는 오랜 기간 여러 사건에서 캐나다의 환경정책과 관련하여 분쟁하였다. 캐나다의 여러 주는 병에 있는 맥주보다 캔맥주에 대해 더 많은 환경부과금을 부과하였는데, 미국산 맥주는 주로 캔맥주의 형태로 판매되고 있었다. 미국은 캐나다가 내국민대우 원칙을 위반하였다고 주장하였고, 미국이 승소하였다.[1187)]

GATT는 내국민대우에 있어서도 일정한 예외를 인정한다. 예를 들어 정부조달물품의 구매(제3조 8항 a목), 국내산업에 대한 보조금의 지급(제3조 8항 b목), 영화필름에 대한 스크린 쿼터제의 운영(제3조 10항), 일반적 예외조치(제20조), 국가안보를 위한 조치(제21조) 등이 있다.[1188)]

다만, 정부조달물품과 관련하여 WTO의 선택의정서인 1979년 정부조달협정(Government Procurement Agreement)은 원칙적으로 정부조달물품의 구입에 있어서도 비차별 원칙을 요구하고 있다. 이 협정은 미국, EU, 일본 등 주요 국가가 비준하였다.

1185) 정인섭 외 supra note 1164, p. 362.

1186) Id.

1187) GATT Panel Report, *Canada–Import, Distribution and Sale of Certain Alcoholic Drinks by Provincial Marketing Agencies*, DS17/R. Ian Hurd, International Organizations (4th ed. 2021), p. 123.

1188) 정인섭, 신국제법강의(박영사, 2017), p. 1059.

(5) 수량제한 금지

수량제한은 일반적으로 특정기간 내에 수입 또는 수출되는 특정물품의 상한선을 정하는 방법에 의한 무역규제이다.[1189] GATT 제11조는 수량제한을 비롯하여 수출입허가 등 다른 조치를 통한 무역규제를 금지하고 있다.

다만, 수량금지제한에도 일정한 예외가 있다. 특히 제11조 2항에 의하면 수량금지제한 규정은 1) 식료품 또는 수출 체약국에 불가결한 산품의 위급한 부족을 방지하거나 완화하기 위하여 일시적으로 적용한 수출금지 또는 제한 2) 국제무역에 있어서 상품의 분류, 등급 또는 판매에 관한 기준 또는 규칙의 적용을 위하여 필요한 수입 및 수출의 금지 또는 제한 3) 농업 또는 어업 산품에 대하여 수입형식의 여하를 불문한 수입제한으로서 농수산물가격의 안정을 위한 정부조치의 실시에 필요한 경우에는 적용되지 않는다.

2. 주요 예외

위의 주요 원칙들에는 상당히 광범위한 예외들이 존재하며 주요 예외로는 다음과 같은 예외들을 들 수 있다.

(1) GATT 제20조의 일반적 예외

GATT 제20조는 국가 간에 자의적이거나 정당화할 수 없는 차별의 수단을 구성하거나 국제무역에 대한 위장된 제한을 구성하는 방식으로 적용되지 아니한다는 요건을 조건으로, 체약당사자가 다음의 조치를 취하는 것을 허용하고 있다: (a) 공중도덕을 보호하기 위하여 필요한 조치; (b) 인간, 동물 또는 식물의 생명 또는 건강을 보호하기 위하여 필요한 조치; (c) 금 또는 은의 수출입에 관련된 조치; (d) GATT 규정에 불합치하지 않는 법률 또는 규정의 준수를 확보하기 위하여 필요한 조치; (e) 교도소 노동 상품과 관련된 조치; (f) 예술적 · 역사적 또는 고고학적 가치가 있는 국보의 보호를 위하여 부과되는 조치; (g) 고갈될 수 있는 천연자원의 보존과 관련된 조치; (h) 체약당사자단(WTO 각료회의)에 제출되어 그에 의하여 불승인되지 아니한 기준에 합치되는 정부 간 상품협정 또는 그 자체가

1189) Id., p. 1063.

체약당사자단에 제출되어 그에 의하여 불승인되지 아니한 정부 간 상품협정하의 의무에 따라 취하여지는 조치; (i) 국내 원료를 확보하기 위하여 필요한 국내 원료의 수출에 대한 제한을 수반하는 조치 단, 동 제한은 이러한 국내산업의 수출 또는 이러한 국내산업에 부여되는 보호를 증가시키도록 운영되어서는 아니 되며 무차별과 관련된 이 협정의 규정으로부터 이탈하여서는 안 된다; (j) 일반적 또는 지역적으로 공급이 부족한 상품의 획득 또는 분배에 필수적인 조치 등이 규정되어 있다.

특히 (b)와 (g)호를 원용하여 환경보호를 이유로 수출입제한조치를 정당화할 수 있다. 새우－거북사건에서도 미국은 새우 수입금지의 정당화근거로 제20조(g)를 원용하고자 하였다.[1190)]

이렇게 일반적 예외규정은 매우 광범위하며, 예외요건의 충족에 관한 입증책임은 예외를 원용하는 당사국이 부담한다.[1191)]

(2) 안보상의 예외

GATT 제21조는 안보상의 이유로 통상을 제한하는 것을 허용한다. 예를 들어 체약당사국은 동조 3항에 의해 무기, 탄약 및 전쟁도구의 거래에 관한 조치 등을 취하여 이러한 물품들의 수출을 금지할 수 있다.

(3) 관세동맹 및 자유무역지역의 예외

GATT 제24조는 체약당사자들이 일정한 조건 하에 관세동맹(customs union)이나 자유무역지역(free－trade area)을 형성하는 것을 허용한다. 다만, 동 조 4항은 "체약당사자는 관세동맹 또는 자유무역지역의 목적이 구성 영토 간의 무역을 원활화하는 것이어야 하며 다른 체약당사자의 동 영토와의 무역에 대한 장벽을 세우는 것이어서는 아니 된다는 것을 또한 인정한다"고 규정하고 있다.

(4) 국제수지의 보호를 위한 제한

GATT 제12조는 체약당사자가 자신의 대외 금융상황 및 국제수지의 보호를 위하여 일정한 조건 하에 수입이 허가되는 상품의 물량 또는 금액을 제한할 수

1190) Ian Hurd, International Organizations (4th ed. 2021), p. 133.
1191) 정인섭 외, supra note 1164, p. 368.

있도록 하고 있다.

(5) 긴급조치에 의한 예외

GATT 제19조는 특정상품의 수입에 대한 긴급조치를 규정하고 있다. 이 조는 안전조치조항(safeguards clause) 또는 도피조항(escape clause)이라고도 불린다. 동조 1항은 예견하지 못한 특정상품의 수입증가로 동종 또는 경쟁적인 국내상품의 국내생산자가 심각한 피해를 입을 경우, 체약당사자가 그 상품의 수입을 제한할 수 있도록 하고 있다. 그러나 실제로는 제19조의 긴급조치가 실시되는 일은 드물고, 자발적 수출제한(Voluntary Export Restraints, VER)조치와 같은 회색지대(gray area)조치가 주로 취해진다.

(6) 의무면제(Waiver)

의무면제는 특정 회원국이 일정한 요건을 충족하는 경우 GATT 및 WTO 협정상의 의무로부터 면제시켜주는 것을 의미한다. GATT 제25조 5항과 1994년 GATT 의무면제에 관한 양해 그리고 WTO 설립협정 제9조 3항에 의할 때 의무면제는 1) GATT 및 WTO협정에 달리 규정되지 아니한 예외적인 사정 하에서 2) WTO 회원국의 3/4의 찬성투표를 얻은 특정 회원국에 대해 예외적으로 WTO협정상의 일정한 의무를 일시적으로 면제시켜 주도록 하고 있다.[1192]

WTO 설립협정과 관련된 면제요청은 각료회의에 제출되며, 90일 이내의 기간 동안 총의(Consensus)에 의해 면제부여가 결정되지 않으면 3/4 다수결로 결정한다.[1193]

WTO 설립협정의 부속서에 첨부된 다자간무역협정과 관련된 면제요청은 90일 이내의 기간 동안의 검토를 위하여 상품무역이사회, 서비스무역이사회 또는 무역관련지적재산권이사회에 각각 제출되며, 동 기간의 만료시 관련이사회는 각료회의에 보고서를 제출한다(WTO 설립협정 제9조 3항 나.).

면제를 부여하는 각료회의의 결정은 동 결정을 정당화하는 예외적인 상황, 면제의 적용을 규율하는 제반 조건 및 면제종료 일자를 명시한다.[1194] 1년보다 긴

1192) Id., p. 366.
1193) Id., WTO 설립협정 제9조 3항 가.
1194) WTO 설립협정 제9조 4항.

기간 동안 부여되는 면제의 경우 각료회의는 면제부여 후 1년 이내 및 그 이후 면제종료시까지 매년 면제를 검토한다.[1195] 각료회의는 매 검토시마다 의무면제 부여를 정당화하는 예외적인 상황이 계속 존재하는지 여부 및 면제에 첨부된 조건이 충족되었는지 여부를 조사한다.[1196] 각료회의는 연례검토를 기초로 면제를 연장·수정 또는 종료할 수 있다.[1197]

Ⅲ. WTO체제에서의 분쟁해결

1. 분쟁해결기구와 법원

WTO체제에서의 분쟁해결은 '분쟁해결규칙 및 절차에 관한 양해(Understanding on Rules and Procedures Governing the Settlement of Disputes, DSU)'에 따라 해결되며, 분쟁해결기구(Dispute Settlement Body, DSB)가 분쟁해결의 임무를 맡고 있다. DSB는 모든 WTO회원국이 이사국으로 있는 일반이사회(General Council)의 특별총회의 하나이다.

WTO의 분쟁해결제도는 기존의 GATT의 분쟁해결제도를 발전시킨 것인데, GATT의 분쟁해결제도는 단 2개의 조문 위에 비공식적이고 실용적인 협정의 형태로 발전하여 왔으나, WTO의 분쟁해결양해는 27개의 조문과 4개의 부속서로 이루어진 정교한 조약으로 이루어졌다.[1198] 특히 WTO의 분쟁해결제도는 2가지의 혁신적 개선이 이루어졌는데, 하나는 상설 항소기관에 의한 패널결정의 항소제도이고, 다른 하나는 피고측의 위반에 대한 보상 및 보복절차를 규정한 것이다.[1199]

DSU가 WTO체제 하의 여러 협정에 모두 적용되지만 섬유협정이나 위생협정 등 각 개별협정에서 특별한 규정이 있을 경우에는 그 특별규정이 DSU의 일반규정보다 우선적으로 적용된다.

1195) Id.
1196) Id.
1197) Id.
1198) 성재호, 국제경제법(박영사, 2003), p. 104.
1199) Id.

2. 분쟁해결절차

WTO체제에서의 분쟁해결절차는 크게 다음 단계로 이루어진다.

(1) 협의(Consultation)

어느 WTO회원국도 다른 회원국의 조치가 WTO체제의 협정에 위반된다고 판단하는 경우에 그 조치들에 관한 협의를 요청할 수 있다. 협의요청을 받은 국가(피소국)는 별도의 합의가 없는 한 요청 접수일로부터 10일 이내에 답변하며, 요청접수일로부터 30일 이내에 상호 만족할 만한 해결책에 도달하기 위하여 성실하게 협의에 응하여야 한다.[1200] 피소국이 요청접수일로부터 10일 이내에 답변하지 않거나 30일 이내의 기간 내에 또는 달리 상호 합의한 기간 내에 협의에 응하지 않는 경우, 협의를 요청한 회원국(제소국)은 직접 패널의 설치를 요구할 수 있다.[1201]

일단 협의가 시작되면, 당사국들은 60일의 기간 동안 분쟁해결에 합의할 수 있다. 그러나 60일 이내에 협의를 통한 분쟁해결에 실패하는 경우, 제소국은 패널의 설치를 요청할 수 있다.[1202]

개최되는 협의에 대해 실질적인 무역상의 이해관계를 갖고 있는 제3국은 협의요청문서가 배부된 날로부터 10일 이내에 협의 회원국 및 분쟁해결기구에 협의에 참여할 의사가 있음을 통보할 수 있고, 협의 회원국이 동의하는 경우 협의에 참여할 수 있다.[1203] 제3국의 협의 참여요청이 거절되는 경우, 제3국은 관련 회원국에 대해 그 자신의 협의 개시를 요청할 수 있다.[1204]

분쟁당사자가 합의하는 경우 주선, 조정 및 중개를 통해 분쟁을 해결할 수 있으며, 이러한 절차를 통해 분쟁해결에 실패하였다고 판단되는 경우, 제소국은 패널의 설치를 요구할 수 있다.[1205]

1200) DSU 제4조 3항.
1201) Id.
1202) DSU 제4조 7항.
1203) DSU 제4조 11항.
1204) Id.
1205) DSU 제5조.

(2) 패널의 설치, 조사와 보고

협의에 의해 분쟁을 해결하지 못하는 경우 제소국은 분쟁의 조사와 보고 및 해결을 위한 패널의 설치를 요청할 수 있다. 제소국이 요청하는 경우, 패널 설치 요청이 의제로 상정되는 첫 번째 분쟁해결기구(DSB)회의에서 컨센서스로 패널을 설치하지 아니하기로 결정하지 않는 한, 늦어도 그 분쟁해결기구 회의의 다음번에 개최되는 분쟁해결기구회의에서 패널이 설치된다.[1206] DSB에서 컨센서스로 패널을 설치하지 않기로 결정하는 것을 '역총의 제도(inverted consensus)'라고 표현하며, 패널 설치에 대해 제소국도 반대하지 않아야만 역총의가 성립되기 때문에 패널 설치는 거의 이루어진다고 보아야 한다. 1995년 이후 현재까지 수백개의 패널이 설치되었다.

WTO 사무국은 자격요건을 갖춘 정부 및 비정부인사의 명부를 유지하며, 패널은 보통 양 분쟁당사자의 국민이 아닌 3명의 위원으로 구성된다.[1207] 그러나 분쟁당사자들은 5인의 위원으로 구성된 패널의 설치에 합의할 수 있고, 분쟁당사자의 국민을 패널위원으로 임명하는 것에도 합의할 수 있다. 사무국은 분쟁당사자에게 패널위원 후보자를 제의한다. 분쟁당사자는 불가피한 사유를 제외하고는 동 패널위원 후보자를 거부하지 않는다.[1208] 패널 설치일로부터 20일 이내에 패널위원에 대한 합의가 이루어지지 아니하는 경우, WTO 사무총장은 DSB의 의장 등과 협의를 거쳐 패널 위원을 임명한다.

패널위원은 정부대표나 기구의 대표가 아닌 개인자격으로 임무를 수행한다. 따라서 회원국은 패널에 계류 중인 사안과 관련하여 패널위원에게 지시를 내려서는 안 되며, 개인자격인 패널위원에게 영향력을 행사해서도 안 된다.[1209]

패널은 그 설치 후 6개월 이내에 최종 서면보고서를 DSB에 제출하여야 한다(제12조 8항). 분쟁당사자가 상호 만족할 만한 해결책을 강구하는 데 실패하는 경우, 패널보고서는 사실에 대한 조사결과, 관련 규정의 적용가능성 및 자신이 내린 조사결과와 권고에 대한 근본적인 이유를 명시하여야 한다.[1210] 분쟁당사자 간에

1206) DSU 제6조 1항.
1207) DSU 제8조.
1208) Id.
1209) Id., 9항.
1210) DSU 제12조 7항.

해결책이 발견된 경우 패널보고서는 사안의 간략한 서술과 해결책이 도달되었다는 사실을 보고하는 데 국한된다.[1211]

패널은 최종보고서를 제출하기 전에 잠정보고서(interim report)를 분쟁당사자에게 제시한다. 이는 분쟁당사자에게 패널의 분쟁쟁점에 대한 분석에 대해 논평을 제출할 수 있는 기회를 주기 위해서이다. 패널이 분쟁당사자의 논평이 이유가 있다고 판단하는 경우에는 잠정보고서를 수정할 수 있으나, 이유가 없다고 판단하는 경우에는 잠정보고서를 수정 없이 최종보고서로 채택할 수 있다. 그러나 이 경우에는 수정하지 않은 이유를 명시하여야 한다. 패널의 보고서는 사실에 관한 쟁점(issues of fact)은 최종적인 것이나, 법률에 관한 쟁점(issues of law)에 대해서는 최종적인 것이 아니고 상소기구(Appellate Body)의 판단대상이 된다.

(3) 패널보고서의 상소 심의

패널보고서의 상소 심의(Appellate Review)는 DSB가 역총의제로 반대하지 않는 한 분쟁당사자의 일방의 요청에 따라 이루어진다. 따라서 대부분의 패널보고서가 상소 심의의 대상이 된다. 그러나 상소기구는 패널보고서의 법률문제에 대해서만 심의를 할 수 있다. 상소기구는 4년 임기의 7인으로 구성되며, 이들 중 3인이 하나의 사건을 담당한다.[1212] 상소기구 위원은 교대로 업무를 담당하며, 이러한 교대는 상소기구의 작업절차에 정해진다. 따라서 분쟁당사자는 특정한 보고서의 상소심의를 담당하는 위원을 정하는 데 영향력을 행사할 수 없다.

상소기구 위원은 1차에 한하여 연임이 가능하며, 법률, 국제무역 및 대상협정 전반의 주제에 대하여 입증된 전문 지식을 갖춘 권위자이어야 한다.

상소기구는 분쟁당사자로부터 서면진술을 받으며, 60일 또는 90일 이내에 그 결정을 내려야 한다. 상소기구의 심의과정은 공개되지 않으며, 상소기구 보고서에 표명된 개별 상소기구 위원의 견해는 익명으로 한다. 상소기구는 패널의 법률적인 조사결과와 결론을 확정·변경 또는 파기할 수 있다.[1213]

1211) Id.

1212) DSU 제17조.

1213) DSU 제17조 13항.

(4) 패널보고서 또는 상소기구 결정의 채택

상소의 대상이 되지 않은 패널보고서 또는 상소기구의 결정은 DSB에 제출되어야 한다. 이러한 보고서나 결정이 DSB에 제출되면 DSB는 역총의제의 형태로 모든 DSB 회원국이 반대하지 않는 한 그 보고서나 결정을 자동적으로 변경 없이 채택하여야 한다.[1214)]

지금까지 설명한 분쟁해결 절차 중 (2) 패널의 설치·조사·보고 (3) 상소심의 (4) 패널보고서 또는 상소기구 결정의 채택절차는 분쟁당사자가 합의하는 경우 중재(Arbitration)절차로 대신할 수 있다.[1215)] 중재는 당사자에 대해 구속력이 있고, 중재판정에 대해서는 DSB에 상소심의를 요청할 수 없다.[1216)]

(5) 권고 및 판정의 이행

패널이나 상소기구의 결정이 DSB에서 채택이 되면, DSB의 권고와 판정을 이행하는 것은 3단계로 진행된다. 첫 번째 단계는 WTO의 의무를 위반하였다고 판정을 받은 국가가 위반조치 등을 WTO체제상의 의무에 합치하도록 합리적인 기간(보통 15개월) 내에 변경하는 것이다. 이러한 구제조치가 선호되는 방식이며 대부분의 분쟁이 이러한 방식으로 해결되었다.

만일 위반조치를 변경하는 조치가 이루어 지지 않는 경우 두 번째 단계의 이행조치로서 의무 위반국이 '보상(compensation)'하는 것을 합의하기 위한 교섭을 시작하게 된다. 그러나 이러한 보상합의는 그 내용을 정하기가 어렵기 때문에 실제로는 한 번도 이러한 보상합의가 이루어지지 않았다.[1217)]

세 번째 단계는 승인된 보복(authorized retaliation)조치이다. 분쟁당사자가 만족할 만한 보상액에 대해 합리적인 기간이 종료된 날로부터 20일 이내에 합의하지 못한 경우, 제소국은 대상협정에 따른 양허 또는 그 밖의 의무를 관련 의무위반 회원국에 대해 적용을 정지하기 위한 승인을 분쟁해결기구에 요청할 수 있다.[1218)]

이러한 요청이 있는 경우, DSB는 컨센서스로 동 요청을 거부하기로 결정하지

1214) DSU 제16조 4항.

1215) Ralph H. Folsom et al, International Trade and Economic Relations 65(3rd. ed. 2004).

1216) DSU 제25조.

1217) Ralph H. Folsom et al., supra note 1215, p. 66.

1218) DSU 제22조 2항.

않는 한, 합리적인 기간의 종료로부터 30일 이내에 양허 또는 그 밖의 의무의 정지를 승인하여야 한다.[1219] 그러나 관련 당사국이 제안된 정지의 수준에 대하여 이의를 제기하는 경우 동 사안은 중재에 회부된다.[1220] 분쟁당사국은 중재인의 판정을 최종적인 것으로 수락하며 관련 당사자는 제2차 중재를 추구할 수 없다.[1221]

양허 또는 그 밖의 의무의 정지는 잠정적이며, 대상협정 위반 판정을 받은 조치가 철폐되거나 권고 또는 판정을 이행하여야 하는 회원국이 이익의 무효화 또는 침해에 대한 해결책을 제시하거나 상호 만족할 만한 해결에 도달하는 등의 시점까지만 적용된다.[1222]

실제 보복의 사례로서 미국과 EU 간의 Bananas 사건과 Beef Hormones 사건에서 미국은 EU가 WTO의 결정을 따르지 않고 있다고 하면서 7억달러에 가까운 보복관세를 부과할 것을 요청하였으나, 중재판정은 미국의 요청을 수락하지 않고, Bananas 사건결정에 대해 1억달러, Beef Hormones 사건결정에 대해 2억달러의 보복관세를 허용한 사례가 있다.[1223]

1219) DSU 제22조 6항.
1220) Id.
1221) Id., 7항.
1222) Id., 8항.
1223) Ralph H. Folsum et al., supra note 1215, pp. 68~69.

제18장

국제환경법

제18장
국제환경법

Ⅰ. 의　　의

국제환경법은 지구의 환경을 보존하고 개선시키는 것과 관련된 국제법의 분야이다. 오늘날 환경의 중요성이 부각되면서 국제환경법은 국제법의 분야중 비교적 근래에 발전한 분야이다. 기후변화, 오존층의 파괴, 생물다양성의 상실, 해양오염, 대기의 오염 등 초국경적 환경문제에 대응하기 위하여, 국가들은 국제조약과 국제기구들, 국제환경법 분야에 독특한 법원칙 및 기술 등을 개발하여왔다. 국제환경법은 이러한 환경관련 조약, 국제관습법, 법원칙(Legal Principles), 환경 관련 국제기구 등을 포함하는 국제법 분야라고 할 수 있다.

19세기와 20세기 초기에는 국제적 어업이나 특정한 동물이나 식물을 보호하는 조약들이 체결되기 시작하였다. 미주리 대 홀란드(Missouri v. Holland) 사건[1224]에서 쟁점이 되었던 조약은 미국과 캐나다 사이를 이동하는 철새의 보호에 관한 조약이었다. 또한, 1940년 서반구에서의 자연보호와 야생보존에 관한 협약(Convention on Nature Protection and Wildlife Preservation in the Western Hemisphere)은 국립공원과 야생보호구역을 설립함으로써 자연 등의 보존을 장려하고 있다.[1225] 이 협약의 당사국들은 또한 협약부속서에 있는 철새 등 일정한 종류의 생물을 보호하는 것이 중요하다는 데 동의하고 있다.[1226]

이 시기에 국가들은 국경에 있는 물의 사용을 규율하는 협정을 체결하기도 하였다. 예를 들어 미국과 영국은 1909년 캐나다와 미국사이의 국경수역과 국경

1224) 252 U.S. 416 (1920).
1225) 161 U.N.T.S. 193, Oct. 12, 1940. Art. Ⅱ (1).
1226) Id. Art. Ⅷ.

에서 발생하는 문제에 관한 조약(Treaty Relating to the Boundary Waters and Questions Arising Along the Boundary between Canada and the United States)[1227]을 체결하고 양국이 공유하는 수자원과 관련된 분쟁들을 해결하기 위한 제도를 수립하였고, 이 조약은 현재도 유효하다.[1228]

Ⅱ. 국제환경법의 발전과정

1. 스톡홀름 회의

1968년 UN총회는 인간환경에 관한 범세계적인 회의를 스웨덴의 스톡홀름에서 개최할 것을 제안하였다.[1229] 1972년 스톡홀름 회의는 지구의 환경을 논의하기 위해 113개국의 대표와 수백 개의 정부간기구, 비정부간기구(NGO) 등이 참석하였다.

스톡홀름 회의는 두 개의 핵심적인 성과를 달성했다. 첫째는 스톡홀름 회의는 '인간 환경에 관한 선언'(Declaration on Human Environment, 스톡홀름 선언)[1230]을 채택하였다. 스톡홀름 선언은 국가 정부들과 그 국민들이 지켜야 하는 정치적인 구속력을 가진 인간 환경을 보존하고 개선시키기 위한 26개의 원칙들을 규정하고 있다. 스톡홀름 선언은 인간 환경의 보호를 위한 윤리적, 도덕적 가치들의 중요성을 강조하면서도, 한편으로는 환경보호를 위해 취할 수 있는 조치들을 제한하는 경제적, 과학적인 현실도 인정하고 있다.[1231] 예를 들어 스톡홀름 선언의 제2원칙은 "자연 생태계를 대표하는 공기, 물, 토양, 동식물과 같이 이 지구상의 천연자원은 적절하고 주의깊게 계획 또는 준비되어서 현재와 미래세대를 위하여 보호되어야 한다."고 규정하고 있는데, 천연자원이 현재와 미래세대의 이익을 위하여야 보호되어야 한다고 한 점은 '지속가능한 개발'(Sustainable Development, SD)의 개념과 연관되어 있다고 볼 수 있다.

1227) U.S.－U.K., Jan. 11, 1909, 36 Stat. 2448.
1228) Sean D. Murphy, Principles of International Law (2nd. ed. 2012), pp. 415~416.
1229) UNGA Res. 2398 (Dec. 3, 1968).
1230) 11 I.L.M 1426 (1972).
1231) Louis Sohn, *The Stockholm Declaration on the Human Environment*, 14 Harv. Int'l. L.J 423 (1973); Sean D. Murphy, Principles of International Law (2nd. ed. 2012), p. 416.

둘째, 스톡홀름 회의는 국제환경문제를 해결하기 위하여 수행하여야 할 109개의 권고사항을 포함하는 행동계획(Action Plan)을 채택하였다.[1232] 이 행동계획은 정치적인 구속력을 가진 문서로 환경위협을 인식하고 대응할 것과 이러한 위협에 재정적이고 제도적으로 대처해야 할 것을 강조하였다. 이 행동 계획의 결과로서 UN총회는 1972년 케냐의 나이로비에 UN환경계획(UN Environment Programme, UNEP)을 설립하였다.

2. 스톡홀름 회의부터 리우 회의까지

1972년 스톡홀름 회의에서 1992년 리우 회의까지인 20년 동안 국가들은 다음과 같은 주요 환경조약들을 체결하면서 국제환경법을 신속하게 발전시켰다.

(1) 1971년 물새 서식지로서 국제적으로 중요한 습지에 관한 협약(람사르 협약)

이 기간에 생태계의 보호에 관한 조약들이 계속 체결되었다. 특히, 1971년 이란의 람사르에서 체결된 람사르 협약(Ramsar Convention, Convention on Wetlands of International Importance Especially as Waterfowl Habitat)[1233]은 특히 습지를 보호하려고 하며, "물새에게 국제적으로 중요한" 지역(람사르 협약 제2조 2항)을 보호하는 데 중점을 두고 있다. 람사르 협약은 국제적으로 중요한 습지 목록, 즉 람사르 목록이라고 불리는 보호 구역 목록을 제정하였다. 2020년 시점을 기준으로, 람사르 목록에는 2,406개의 습지가 등재되어 있다.[1234]

협약의 당사국들이 람사르 목록에 포함할 지역을 지정하면 람사르 당사국총회는 등록된 습지의 승인(및 삭제)에 대해 투표를 한다(람사르 협약 제6조 2(b)항). 협약의 정식 당사국이 되기 위해서는 각 체약국이 람사르 목록에 보호를 위한 습지를 최소한 하나를 지정해야 한다(제2조 4항). 그러나 이러한 요구사항은 개발도상국이 가입을 위해 보호구역을 설치하는 데 드는 비용을 감당하기 힘든 경우가 있

1232) Sean D. Murphy, Principles of International Law (2nd. ed. 2012), p. 416.

1233) Feb. 2, 1971, 996 U.N.T.S. 243, 11 I.L.M. 963, 969. 1983년 12월 3일 파리 의정서에 의해 개정된 협약은 22 I.L.M. 698 참조.

1234) Lakshman Guruswamy & Elizabeth Neville, International Environmental Law in a nutshell (6h ed. 2022), p. 236.

기 때문에 람사르 협약은 1990년에 람사르 습지 보전 기금을 설립하였고, 이러한 노력 등으로 현재 회원국 수는 169개이다.[1235)]

람사르 협약은 당사국들이 환경영향평가, 습지의 목록 작성, 자연보호구역 설치, 습지관리자의 교육, 당사국들간의 협의, 협약 운영의 협조 등을 통해 습지의 "현명한 이용"(wise use)을 할 것을 요구하고 있다.[1236)]

람사르 협약 제3조 1항은 보존 의무와 상충될 가능성이 있는 상황에서 당사국들이 "자국 영토 내 습지의 현명한 이용을 최대한 촉진하기 위한 계획을 수립하고 이행해야 한다"고 규정하고 있다. 1987년 람사르 당사국 총회는 "현명한 이용"을 "지속가능한 이용"(sustainable utilization)의 관점에서 정의했으며, 이후 이를 위한 여러 요건을 공표했다. 특히 당사국들은 국가습지 정책 수립을 포함하여 현명한 이용 개념 이행을 위한 람사르 당사국 총회 지침을 채택하고 적용해야 한다. 람사르 당사국 총회는 또한 국가 습지의 어떠한 개발 계획에 앞서 환경영향평가에 대한 규정을 제정했다.[1237)]

또한 2015년 제12차 람사르 당사국 총회에서 채택되어 2016년부터 2024년까지의 기간을 포괄하는 람사르 협약 제4차 전략 계획은 국제 협력을 지침 원칙으로 명시적으로 포함하고 있다. 주목할 점은 제4차 전략 계획이 생물다양성 협약에 따른 아이치 생물다양성 목표를 명시적으로 언급할 뿐만 아니라 제4차 전략계획의 목표와 아이치 생물다양성 목표 간의 시너지 효과를 설명하는 부록을 첨부하여 두 조약 간의 통합과 협력을 더욱 강조한다는 것이다.[1238)]

(2) 1972년 유네스코 세계문화유산 및 자연유산 보호협약(세계유산 협약)

1972년 유네스코 세계문화 및 자연유산 보호에 관한 협약(세계유산 협약)[1239)]은 '문화' 및 '자연'유산의 사례를 인정하고 보호함으로써 생물다양성 보존에 있어 작지만 중요한 역할을 하고 있다. 람사르 협약과 마찬가지로, 세계유산협약은 세계유산목록이라 불리는 보호지역 목록을 관리한다. 세계유산 목록에 등재되려면

1235) Id., pp. 236~237.

1236) Sean D. Murphy, Principles of International Law (2nd. ed. 2012), p. 417.

1237) Lakshman Guruswamy & Elizabeth Neville, International Environmental Law in a nutshell (6h ed. 2022), pp. 237~238

1238) Id., p. 239.

1239) Convention Concerning the Protection of the World Cultural and Natural Heritage (World Heritage Convention), 1972년 11월 23일, 1037 U.N.T.S. 151.

각 국가가 국내 유산을 신청하고, 21개 당사국으로 구성된 세계유산위원회가 국제자연보전연맹(IUCN, International Union for Conservation of Nature)의 지원과 전문지식을 바탕으로 심사를 진행한다.[1240]

"자연유산"의 예는 다음 범주 중 하나에 해당해야 한다.

> 무기적 또는 생물학적 생성물들로부터 이룩된 자연의 기념물로서 관상상 또는 과학상 현저한 보편적 가치를 갖는 것; 지질학적 및 지문학적 생성물과 이와 함께 위협에 처해 있는 동물 및 생물의 종의 생식지 및 자생지로서 특히 특정 구역에서 과학상, 보존상 나아가서 자연의 미관상 현저한 보편적 가치를 갖는 것; 과학, 보존, 자연미의 시각에서 볼 때 뛰어난 보편적 가치를 주는 정확히 드러난 자연지역이나 자연유적지(제2조).

2020년 10월 기준, 개발도상국 유적지와 미국에 있는 에버글레이즈와 옐로스톤 국립공원을 포함하여 213개의 자연 유적지와 39개의 혼합 문화/자연 유적지가 세계유산 목록에 등재되어 있다.[1241] 보존이 가장 필요한 람사르 유적지 기록과 유사하게 세계유산위원회는 또한 위험에 처한 세계유산 목록을 관리하는데, 이 목록은 "급격한 악화로 인한 소멸 위협 등 심각하고 명확한 위험에 직면한" 유적지로 구성된다(제11조 4항). 세계유산협약은 또한 세계유산기금을 창설하여 개발도상국이 목록에 있는 유적지를 설립하고 유지하는 데 도움을 주고 있다.

(3) 1972년 폐기물 및 그 밖의 물질의 투기에 의한 해양오염방지에 관한 협약(런던덤핑협약 또는 런던협약)

1972년 런던협약은 수은, 카드뮴, 고준위 방사능 물질 등을 바다에 투기하는 것을 금지하고 폐기물의 해양투기를 규제하는 전세계적인 차원에서의 종합적인 체제를 수립하였다. 런던협약을 개선하기 위한 1996년 런던의정서가 채택이 되었고, 런던의정서는 그 부속서 I에 열거된 물질을 제외한 모든 폐기물이나 그 밖의 물질의 투기를 금지하고 있다.[1242]

1240) Lakshman Guruswamy & Elizabeth Neville, International Environmental Law in a nutshell (6h ed. 2022), pp. 239~240.

1241) Id., p. 240.

1242) 보다 자세한 내용은 본서의 해양투기로 인한 오염방지 부분 참조.

(4) 1973년 멸종위기에 처한 야생동식물종의 국제거래에 관한 협약(CITES)

CITES 협약[1243]은 멸종위기에 처한 동식물종의 거래를 엄격히 금지하고 멸종이 될 수 있거나 우려가 되는 동식물종의 거래를 제한하는 국제적인 제도를 수립하고 있다. CITES 협약은 세계에서 가장 널리 수용된 국제 환경 조약 중 하나로, 현재 183개 당사국을 보유하고 있다.

CITES는 당사국에 몇 가지 주요 의무를 부과한다. 우선, 당사국은 협약의 규정을 시행하고 이를 위반하는 표본의 거래를 금지하기 위하여 처벌, 몰수, 반송 등 적절한 조치를 취하여야 한다(제8조 1항). 또한, 매년 허가서 발급 건수와 유형을 문서화한 보고서를 사무국에 제출하고, 2년에 한 번씩 협약 집행을 위한 입법, 규제, 행정 조치를 보고해야 한다(제8조 7항). 각 당사국은 '관리당국(Management Authority)'과 '과학당국(Scientific Authority)'을 설치하여 허가 제도를 운영해야 한다(제9조).

전반적으로, CITES 체계는 제한된 자원과 광범위한 영역에도 불구하고 좋은 성과를 내고 있다고 평가된다.[1244] 그러나 당사국총회가 인정하듯, 가장 수요가 많은 종의 불법무역은 여전히 심각한 수준으로 계속되고 있고, 조약의 궁극적인 성공 여부는 산업화된 국가들의 개발도상국 내 엄격한 집행을 촉진하는 재정적 지원에 달려 있다고 할 수 있다.[1245]

(5) 1979년 국경을 넘는 장거리 대기오염물질에 관한 협약(Convention on Long-Range Transboundary Air Pollution, 장거리 대기오염물질협약)[1246]

대기오염과 관련하여 유럽국가들과 미국은 장거리 대기오염물질협약을 채택하였다. 이 협약에는 대부분의 북반구 국가들이 참여하였고, 미국, 캐나다, 러시아, 교황청 도 협약의 당사국이다. 이 협약은 이산화황(SO2), 아산화질소(NOx), 다른 장거리 대기오염물질을 7개의 의정서들을 통해 규제하고 있다.

1243) Convention on International Trade in Endangered Species of Wild Fauna and Flora (CITES) 협약은 1973년 3월 3일 채택되었다. 993 U.N.T.S. 243.

1244) Lakshman Guruswamy & Elizabeth Neville, International Environmental Law in a nutshell (6h ed. 2022), p. 249.

1245) Id.

1246) 1979년 11월 13일 채택, 1302 U.N.T.S., 217.

이 협약은 산성비(acid rain)를 대응하는 것에 초점을 맞추고 있고, 당사국들이 국경을 넘는 손해를 초래하지 않을 의무가 있음을 밝히고 있다(서문). 또한, 당사국들은 장거리 대기오염물질을 포함하여 대기오염물질을 제한하고 감축하며 예방하기 위하여 노력할 의무가 있다(제2조).

(6) 1982년 UN해양법협약

1982년 채택되어 1994년 발효한 UN해양법협약은 제12부(제192조부터 제238조까지)에서 해양환경의 보호와 보전에 관한 포괄적인 체제를 수립하고 있다. 근래에는 해양환경이 기후변화의 영향을 받아 피해를 입고 있다는 주장이 제기되면서 UN해양법협약이 기후변화(Climate Change)에 대응하기 위해 활용될 수 있다는 관한 논의도 진행되고 있다.[1247]

UN해양법협약 제1조 1항 (4)호는 "'해양환경오염'이라 함은 생물자원과 해양생물에 대한 손상, 인간의 건강에 대한 위험(is likely to result in such deleterious effects as to human health), 어업과 그밖의 적법한 해양이용을 포함한 해양활동의 장애, 해수이용을 위한 수질의 악화 및 쾌적도 감소 등과 같은 해로운 결과를 가져오거나 가져올 가능성이 있는 물질이나 에너지를 인간이 직접적으로 또는 간접적으로 하구(estuaries)를 포함한 해양환경에 들여오는 것을 말한다."고 규정한다.

이 정의에 따를 때 육상에서 유해한 미세먼지가 발생시켜 "대기(atmosphere)" 등을 통하여 해양환경에 들어오게 하는 것은 해양환경오염에 해당한다고 할 수 있다.[1248]

또한, 육상에서 이산화탄소 등 온실가스를 배출하는 것도 UN해양법협약 제194조, 제207조, 제212조 등이 적용되어, UN해양법협약이 온실가스(Green House Gas, GHC)로 인한 기후변화(Climate Change)로부터 해양환경을 보호하는 데 역할을 할 수 있을 것으로 보인다.[1249] 즉, 제194조(해양환경 오염의 방지, 경감 및 통제를 위한 조치) 3항은 "3. 이 부에 따라 취하여진 조치는 해양환경의 모든 오염원을 다룬다. 이러한 조치는 특히 다음의 사항을 가능한 한 가장 극소화시키기 위한 조치를

1247) Elise Johansen et al, The Law of the Sea and Climate Change (2021), pp. 1~21.

1248) 김영석, UN해양법협약을 통한 미세먼지 문제의 해결방안 분석, 이화여자대학교 법학논집 제22권 제1호(2017. 9), p. 269.

1249) Alan Boyle, *Protecting the Marine Environment from Climate Change*, in Elise Johansen et al, The Law of the Sea and Climate Change (2021) pp. 86~87.

포함한다. (a) 육상오염원으로부터, 대기로부터, 대기를 통하여 또는 투기에 의하여 특히 지속성 있는 유독·유해하거나 해로운 물질의 배출"이라고 규정하고 있기 때문에 육상에서의 온실가스의 배출도 제194조의 적용대상이라고 볼 수 있다.[1250]

따라서, UN해양법협약의 당사국들은 해양환경을 오염시키거나 다른 국가의 해양환경에 피해를 줄 수 있는 온실가스나 대기오염물질을, 그 오염원의 형태를 불문하고, 통제하고 경감시킬 의무를 제194조에 따라 가지고 있다고 할 수 있다.[1251]

(7) 1989년 바젤협약

위의 언급한 협약들이외에 이 시기에 체결된 협약으로 1989년 유해폐기물의 국가간 이동 및 그 처리의 통제에 관한 바젤협약(바젤협약, Basel Convention on the Control of Transboundary Movements of Hazardous Wastes and Their Disposal)이 있다.[1252] 이 협약은 유해폐기물 등을 환경적으로 건전하게 처리하고, 국경간의 이동 및 처리는 통지와 동의절차를 통해 이루어지도록 하는 체제를 수립하였다(협약 제4조, 제6조).

3. 리우 회의

스톡홀름 회의가 개최된 지 20년이 지난 1992년 6월 브라질의 리우데자네이로에서 개최된 UN환경개발회의(UN Conference on Environment and Development, 리우회의 또는 지구환경정상회담, earth summit)는 172개 국가와 수천 개의 국제기구 및 NGO들이 참여하였다. 리우회의는 처음부터 선진국들과 개도국들 사이에 긴장이 존재했다. 선진국들은 보다 강한 국제적 환경규제를 원했고, 개도국들은 환경규제가 그들의 경제발전에 방해가 된다면 그러한 규제에 대해 반대하는 입장을 가지고 있었다. 그 결과 환경보호와 경제발전의 두 가지 목표를 조화시키려는 노력이 리우 회의 내내 지속되었다. 궁극적으로 리우 회의는 3가지 주요 성과를 이루어냈다.

1250) Id. p. 86.

1251) Id. p. 88.

1252) 1989년 3월 22일 스위스 바젤에서 채택, 1673 U.N.T.S 57, 1994. 5. 29 우리나라에 대해 발효.

(1) 기후변화협약, 생물다양성협약과 산림원칙 채택

리우 회의는 기후변화협약(UN Framework Convention on Climate Change, UNFCCC)[1253]과 생물다양성협약(Convention on Biological Diversity, Biodiversity Convention)[1254]을 채택하였다. 리우 회의는 또한 정치적으로 구속력이 있는 산림의 보존과 운영에 관한 산림원칙[1255]을 채택하였다. 기후변화협약과 생물다양성협약에 대해서는 후에 더 설명하기로 한다.

(2) 환경과 개발에 관한 리우선언의 채택

리우 회의는 "환경과 개발에 관한 리우선언"(Rio Declaration on Environment and Development)[1256]을 채택하였다. 리우선언은 27개의 원칙들을 포함하고 있는데, 스톡홀름 선언에 기초하면서도 '지속가능한 개발'(sustainable developments)를 강조하고 있다. 즉, 리우선언의 원칙 4는 "지속 가능한 개발을 성취하기 위하여, 환경 보호는 개발 과정의 중요한 일부를 구성하며 개발 과정과 분리시켜 고려되어서는 아니 된다"고 하고 있다.

한편, 리우선언의 원칙 2는 자국의 관할권 또는 통제 범위 내에서의 활동이 다른 국가나 관할권 밖에 있는 지역의 환경에 피해를 끼치지 않도록 할 책임이 있다고 선언함으로써 스톡홀름 선언에서 규정된 월경 피해 금지의 원칙을 확인하고 있다.

또한, 리우선언 원칙 13도 "각 국가는 오염과 다른 환경피해를 입은 피해자에 대한 책임과 배상에 관한 국내법을 발전시켜야 한다. 각 국가는 자국의 관할권 또는 통제 내의 활동이 자국의 관할권 밖에 있는 지역에 초래된 악영향에 대한 책임과 배상에 관한 국제법을 보다 발전시키기 위하여 신속하고 확실한 방법으로 협력하여야 한다고 규정하고 있다.[1257]

리우선언은 스톡홀름 선언과 같이 법적 구속력은 없지만 국가들의 정치적 약

1253) 1992년 5월 9일 채택, 1771 U.N.T.S. 107.

1254) 1992년 5월 9일 채택, 1760 U.N.T.S. 79.

1255) Non-Legally Binding Authoritative Statement of Principles for a Global Consensus on the Management, Conservation and Sustainable Development of All Types of Forest, 31 ILM 881 (1992).

1256) Rio Declaration on Environment and Development, 31 ILM 874 (1992).

1257) 김홍균, 국제환경법(홍문사, 2015), 586면.

속을 권위 있게 표현하고 있는 것으로 볼 수 있다.

(3) 의제 21(Agenda 21)의 채택

리우 회의는 21세기를 위한 행동계획으로서 소위 '의제 21'을 채택하였다. 의제 21은 40장(Chapter)에 걸쳐 100개가 넘는 국제적 환경관련 주제를 해결하기 위한 권고사항들을 규정하고 있다. 그 다루는 주제로는 소비 형태의 변경(제4장), 담수의 수자원(제18장), 국제적 기구(제38장), 국제법과 장치(제39장) 등이다. 특히 의제 21을 이행상황을 평가하고 독려하기 위한 UN의 고위급 위원회를 설치할 것을 리우 회의가 요구하였는데, 그 결과 뉴욕에 있는 UN지속개발위원회(UN Sustainable Development Commission, UNCSD)가 설립되었다. 이 위원회는 UN경제사회이사회의 산하기구이다.

4. 리우 회의 이후의 발전

(1) 리우 회의 이후 체결된 주요 환경 조약

1992년 리우 회의 이후 국가들은 새로운 국제조약들과 기존 조약의 의정서들을 계속 체결함으로써 국제환경법을 발전시켰다. 즉, 1994년 국가들은 "UN 사막화 방지 협약(United Nations Convention to Combat Desertification, UNCCD)"[1258]을 채택하였고, 이 협약은 1996년에 발효되었다.

2000년에는 콜롬비아의 카르타헤나에서 국가들은 바이오안전성에 관한 생물다양성협약 카르타헤나 의정서(Cartagena Protocol on Biosafety to the Convention on Biological Diversity, 카르타헤나 의정서)[1259]를 채택하였다. 이 의정서는 환경과 개발에 관한 리우선언의 제15원칙에 포함된 사전주의적 접근방식에 따라 인체건강에 미치는 위해를 고려하고 특히 국가간 이동에 초점을 두면서 생물다양성의 보전 및 지속가능한 이용에 부정적 영향을 미칠 수 있는 현대생명공학기술로부터 나온 유전자변형생물체(Living, Genetically-Modified Organisms, LMO)의 안전한 이동, 취급 및 이용에 있어 적절한 보호수준을 보장하는 데에 기여하는 것을 목적으로 한다(의정서 제1조). 유전자변형생물체(LMO)는 예를 들어 파종을 하려는 유전자변형종자

1258) 1994년 6월 17일 채택, 1954 U.N.T.S. 3.
1259) 2000년 1월 29일 채택, 39 ILM 1027. 2008년 1월 1일 우리나라에 대해 발효.

(genetically-modified seeds) 등이 해당된다.

유전자변형생물체를 수출하려는 당사국은 유전자변형생물체의 의도적 국가간 이동전에 수입당사국의 국가책임기관에 서면통보하거나 수출자에게 반드시 서면으로 통보하여야 하며, 통보문에는 최소한 부속서 I에 명시된 정보가 포함된다(의정서 제8조). 수입당사국은 위해성평가 등을 한 후 수입을 결정한다(의정서 제15조).

2010년에는 '나고야-쿠알라룸푸르 생물안전에 관한 카르타헤나 의정서의 책임 및 구제에 관한 추가 의정서'(Nagoya-Kuala Lumpur Supplementary Protocol on Liability and Redress to the Cartagena Protocol on Biosafety. 나고야-쿠알라룸푸르 추가의정서)[1260] 가 채택되었다. 이 추가의정서는 유전자변형생물체(Living Modified Organisms, LMO)로부터 생물다양성에 손해가 발생한 경우 그 책임에 관한 규칙을 수립하였다.

(2) 국제환경법 관련 주요 국제 판례

1) 핵무기의 위협 또는 사용의 합법성에 관한 권고적 의견

1996년 국제사법재판소는 핵무기 사용의 불법성을 다루는 위의 권고적 의견에서 국제환경법과 관련하여 다음과 같은 선언을 한 바 있다: "국가들이 그들 관할권과 통제 내의 활동이 다른 국가들의 환경이나 국가들의 통제 밖의 영역의 환경을 존중하도록 보장하여야 할 일반적인 의무가 있다는 것이 이제는 환경과 관련한 국제법 체제의 일부가 되었다".[1261]

2) 가브치코보-나지마로스 계획 사건[1262]

1997년 국제사법재판소는 가브치코보-나지마로스 계획과 관련된 헝가리와 슬로바키아 간의 분쟁을 판단하였다. 이 사건은 헝가리와 체코슬로바키아 간의 1971년 조약에 관련된 것이었는데 이 조약은 다뉴브강에 수문과 댐을 건설하는 내용을 규정하였고, 체코와 슬로바키아가 분리되면서 슬로바키아가 이 조약을 승계하였다.

이 계획의 환경적 결과와 관련한 증거가 나타나면서, 헝가리는 이 계획에 관여하는 것을 중단하였다. 그러나 ICJ는 헝가리가 조약을 위반했다고 판단하면서,

1260) 2010년 10월 15일 나고야에서 채택, 2018년 3월 5일 발효, 50 ILM 105 (2011).

1261) Advisory Opinion on the Legality of the Threat or Use of Nuclear Weapons, 1996 ICJ 226, 241, 29항(7월 8일).

1262) Gabcikovo-Nagymaros Project (Hung./Slovk.), 1997 ICJ 7(9월 25일).

헝가리의 조약 위반이 '생태학적 필요성(Ecological Necessity)'에 의해 충분히 정당화 되지 않는다고 하였다. 동시에 ICJ는 슬로바키아는 가브치코보 계획의 변형을 스스로 추진함으로써 조약상의 의무를 위반했다고 하였다. 결론적으로 ICJ는 1971년 조약이 여전히 유효하며, 당사국들은 그들의 분쟁을 해결하기 위해 신의성실하게 교섭해야 한다고 판결하였다.[1263] 이러한 당사국들의 교섭과 관련하여 ICJ는 다음과 같은 내용을 언급하였다: "오랜 세월동안 인류는 경제적인 이유 등으로 자연에 계속 개입하여 왔다. 과거에는 환경에 대한 영향을 고려하지 않고 그렇게 하였다. 과학적 발견이 새롭게 되고, 그러한 개입을 분별없이 추구하는 것이 현재와 미래 세대의 인류에게 가져올 위험에 대해 점차 인식하게 됨으로써, 지난 20년동안 많은 국제문서들에서 새로운 규범과 기준이 채택되고 발전하게 되었다. … 경제적 발전과 환경의 보호를 조화시킬 이러한 필요성은 지속가능한 개발이라는 개념에 잘 표현되어 있다."[1264]

3) 2018년 코스타리카 대 니카라과 사건

2018년 국제사법재판소는 코스타리카 대 니카라과 사건[1265]에서 처음으로 환경피해에 대한 배상을 판결하였다. 이 사건은 코스타리카와 니카라과 사이에 영토분쟁에서 발생하였다. 2010년 니카라과는 코스타리카와 영토분쟁이 있는 지역에서 해협을 굴착하는 공사를 하였고 군대를 주둔시켰다. 2015년 ICJ는 분쟁지역이 코스타리카의 소유라고 판정하면서, 니카라과가 이 지역에서 해협을 굴착하고 군대를 주둔시킴으로써 코스타리카의 주권을 침해했다고 하였다. 그리고 니카라과는 환경피해를 포함하여 그 행위 때문에 발생한 손해에 대해 배상하여야 한다고 판시하였다. 이 판결은 처음으로 환경피해에 대한 배상을 명한 판결이면서, 또한 생물다양성의 중요성을 인정하고, 환경피해에 생태계(Ecosystem)의 피해를 포함하였다는 점에서 중요한 의미가 있다.[1266]

1263) Sean D. Murphy, Principles of International Law (2nd. ed. 2012), p, 422.

1264) Gabcikovo－Nagymaros Project (Hung./Slovk.), 1997 ICJ 7 (9월 25일), 140항..

1265) *Certain Activities Carried Out by Nicaragua in the Border Area (Costa Rica v. Nicaragua), Compensation, Judgment* [2018] ICJ Report 15.

1266) Rebecca Wallace et al., International Law (9th ed. 2020), pp. 390~391.

Ⅲ. 국제환경법의 주요 원칙

1. 인류공동의 유산(Common Heritage of Humankind) 원칙과 인류공동의 관심(Common Concern of Humankind) 원칙

인류공동의 유산 원칙은 공해, 심해저, 남극, 우주 등 국가들의 영역 밖에 위치한 자원들에 대해 모든 인류가 일정한 이해(stake)를 가지고 있다고 주장한다.[1267] 따라서, 어떠한 국가도 이러한 지구의 공유자원을 모두 소진할 수 없으며, 모두가 그러한 자원을 관리하기 위해 평화적으로 협력해야 할 의무가 있다.[1268]

이에 비해 인류공동 관심의 원칙은 국가들의 내부에 있는 자원들을 대상으로 유사한 관념을 주장한다. 즉, 대부분의 생물다양성이 국가들의 내부에 존재하지만, 생물다양성협약은 그 전문(Preamble)에서 "생물다양성의 보존이 인류공동의 관심사(a common concern of humankind)"라고 주장한다.[1269]

2. 월경 오염 피해 방지의 원칙

1) 스톡홀름 선언과 리우 선언

스톡홀름 선언 원칙 21은 "각국은 자국의 관할권 또는 통제 내의 활동이 다른 국가나 국가관할권의 한계를 벗어난 지역의 환경에 피해를 끼치지 않도록 할 책임이 있다"고 선언하고 있다. 또한, 스톡홀름 선언 원칙 22는 각 국가들이 환경오염 피해에 대한 책임 및 보상 문제와 관련한 국제법 원칙을 더욱 발전시켜야 함을 규정하고 있다.

리우선언의 원칙 2는 자국의 관할권 또는 통제 범위 내에서의 할동이 다른 국가나 관할권 밖에 있는 지역의 환경에 피해를 끼치지 않도록 할 책임이 있다고 선언함으로써 스톡홀름 선언에서 규정된 월경 피해 금지의 원칙을 확인하고 있다.

1267) Sean D. Murphy, Principles of International Law (2nd. ed. 2012), p. 425.

1268) Treaty on Principles Governing the Activities of States in the Exploration and Use of Outer Space, Including the Moon and Other Celestial Bodies, 1967년 1월 27일 채택, 610 UNTS 205.

1269) Convention on Biological Diversity, preamble, 1760 UNTS 79.

2) 2001년 유해한 활동으로 인한 월경 피해의 방지 초안

2001년 국제법위원회(ILC)는 "유해한 활동으로 인한 월경 피해의 방지 초안"(Draft Articles on Prevention of Transboundary Harm from Hazardous Activities, 월경피해방지초안)[1270]을 채택하였다. 이 초안은 상당한 월경 피해를 줄 수 있는 유해한 활동의 승인과 규제와 관련하여 예방(Prevention)의 개념을 다루고 있다. 특히 월경 피해의 예방이 피해 이후의 배상보다 더 선호되는 정책임을 명확히 하고 있다. 왜냐하면, 피해를 배상한다고 해서 피해 이전의 상황으로 원상회복이 되지 않는 경우가 많기 때문이다. 즉, 월경 피해가 발생하면 그에 대한 국가책임을 부담하여야 하지만, 월경 피해가 발생하지 않도록 사전에 예방하는 것이 더 바람직할 것이다.[1271]

3) 1941년 트레일 제련소 사건(Trail Smelter Case)[1272]

캐나다 브리티시 컬럼비아 내 트레일에 소재하고 있는 트레일제련소는 다량의 납과 아연을 제련하고 있었는데, 이 제련소는 미국과의 국경 약 18km 지점에 위치하고 있었다.[1273] 이 제련소는 납과 아연의 제련과정에서 다량의 아황산가스를 배출하여 인근 미국에 심각한 피해를 주었다. 이로 인해서 1928년 미국-캐나다 국경하천협정에 의하여 설립된 국제합동위원회(International Joint Commission)는 1932년 그해 1월 1일까지 발생한 손해에 대하여 캐나다가 미국에 35만 달러를 보상하고록 권고하였다. 그러나 이후에도 피해가 계속되자, 미국의 항의 결과 1935년 미국과 캐나다는 이 사건을 중재재판에 회부하기로 합의하였고, 중재재판부는 1941년 중재판정을 내렸다.

이 트레일 제련소 사건의 판정은 월경 오염 문제와 관련하여 국제관습법상 중요한 요소의 기초를 제공하고 있다. 즉, 1) 국가가 개인에 의해 유발된, 다른 국가에 손해를 발생시킨 오염행위에 대해 국가책임을 부담할 수 있다; 2) 오염원이 위치한 국가는 유해한 월경 오염을 위해 자신의 영토를 사용하는 것을 허가하여서는 안 된다; 3) 국가책임이 발생하기 위해서는 그 사건이 중대한 결과를 초래하여야 한다; 4) 피해를 입었다고 주장하는 국가가 명백하고 확실한 증거에 의해 피

1270) Official Records of the General Assembly, Fifth-sixth Session, Supplement No. 10, UN Doc. A/56/10.(이하 월경피해방지초안이라고 함).

1271) 김영석, UN해양법협약을 통한 미세먼지 문제의 해결방안 분석, 이화여자대학교 법학논집 제22권 제1호(2017. 9), p. 274.

1272) USA/CANADA, 3 RIAA 1905 (1941).

1273) 정인섭 외, 국제법판례 100선(박영사, 2012), p. 377.

해를 입증할 책임이 있다.[1274)]

트레일 제련소 사건은 그 후 스톡홀름 선언과 리우 선언 등에 영향을 주어 월경 오염피해 방지의 원칙이 국제관습법으로 발전하는데 크게 기여한 사건이다.

4) 1957년 라누 호수 중재 사건(Lake Lanoux arbitration)[1275)]

이 사건은 스페인과 프랑스간의 중재사건으로서 스페인은 프랑스의 특정 시설이 완성이 되면 스페인으로 흘러오는 담수의 흐름에 영향을 줄 수 있을 것을 우려하여, 프랑스가 그 계획과 관련하여 스페인의 동의(Consent)를 받아야 한다고 주장하였다. 그러나 중재재판부는 스페인의 주장을 배척하였다. 다만, 프랑스는 스페인에 영향을 줄 수 있는 사업계획과 관련하여 스페인과 '협의할 의무'(Duty to Consult)를 가지고 있다고 하였다.[1276)] 또한, 만약 프랑스가 스페인으로 유입되는 물에 부정적인 영향을 주었다면, 프랑스가 스페인의 권리를 침해하는 것이 될 것이라고 하였다.[1277)]

이 사건도 월경 오염피해 방지 원칙을 지지하는 사례로 인용되고 있다.

3. 사전주의의 원칙(Precautionary Principle)

사전주의 원칙은 특정 조치를 취하는 것이 중대하거나 회복 불가능한 피해를 초래할 우려가 있을 때, 그 조치가 과학적으로 안전하다는 것이 입증되기 전까지는 그 조치를 시행하지 않는다는 원칙이다. 1990년 이후로 체결되는 거의 모든 조약이 사전주의 원칙을 규정하고 있다.

예를 들어 1996년 런던의정서 제3조 1항은 "1. 이 의정서를 이행하는 데 있어 체약당사국은 해양에 투입된 폐기물이나 그 밖의 물질이 위해를 초래할 가능성이 있는 경우, 투입된 물질과 그 영향 간의 인과관계를 증명하는 결정적인 증거가 없더라도 폐기물이나 그 밖의 물질의 투기로 인한 환경 보호를 위하여 적절한 사전조치를 취하는 예방적 접근방식을 적용한다."고 규정한다.

1274) 김홍균, 국제환경법 (홍문사, 2015), p. 18.
1275) 12 R.I.A.A. 281.
1276) Sean D. Murphy, Principles of International Law (2nd. ed. 2012), pp. 129~130.
1277) Sean D. Murphy, Principles of International Law (2nd. ed. 2012), p. 426.

4. 오염자 부담의 원칙(Polluter Pays Principle)

오염자 부담의 원칙은 다른 사람이 아닌 환경을 오염시키는 사람에게 비용을 부담시키는 것으로서, 잠재적인 오염자에게 특정 조치에 수반되는 비용을 계산할 때 환경적인 측면을 고려하도록 하기 위한 것이다. 예를 들어 1996년 런던의정서 제3조 2항은 "2. 오염자가 원칙적으로 오염의 비용을 부담하는 접근방식을 고려하고, 각 체약당사국은 공익을 적절히 고려하여 투기 또는 해양소각을 위임한 자가 위임 받은 행위에 관한 오염 방지와 제어 요건을 충족시키는 비용을 부담하는 관행을 증진하기 위하여 노력한다."고 규정하여 오염자 부담의 원칙을 규정하고 있다.

5. 비차별의 원칙(Principle of Non-Discrimination)

이 원칙은 각 국가들이 그 환경보호제도가 그 국가에게 영향을 주는 오염과 다른 국가에 영향을 주는 오염을 차별하지 않도록 보장하여야 한다는 원칙이다. 예를 들어, '국경을 넘는 환경영향평가에 관한 협약'(이스푸 협약, Espoo Convention)[1278]은 국가들에게 환경영향평가를 하면서 그들의 관할권내에 있는 사업계획의 역외 환경영향과 국내 환경영향을 동일한 방식으로 평가하도록 하고 있다.

6. 공통의 차별적인 원칙(Principle of Common but Differentiated Responsibilities, CBDR)

이 원칙은 선진국과 개도국이 환경보호와 관련하여 공통의 책임을 지지만, 선진국들이 산업화 과정에서 환경의 손상에 더 많은 역할을 했으며, 재정적, 기술적 자원을 더 많이 가지고 있으므로, 지구의 지속 가능한 개발을 위해 더 많은 부담을 져야 한다는 원칙이다.[1279]

리우 선언 제7원칙은 "각 국가는 지구 생태계의 건강과 안전성을 보존, 보호

1278) Convention on Environmental Impact Assessment in a Transboundary Context, 핀란드 이스푸에서 1991년 2월 25일 채택, 30 ILM 800.

1279) Sean D. Murphy, Principles of International Law (2nd. ed. 2012), p. 427.

및 회복시키기 위하여 범세계적인 동반자 정신으로 협력해야 한다. 지구의 환경 악화에 대한 제각기 다른 책임을 고려하여, 각 국가는 공통된 그러나 차별적인 책임을 가진다. 선진국들은 그들이 지구 환경에 끼친 영향과 그들이 소유하고 있는 기술 및 재정적 자원을 고려하여 지속 가능한 개발을 추구하기 위한 국제적 노력에 있어서 분담하여야 할 책임을 인식해야 한다."고 선언하고 있다.

1990년 이후 채택된 전세계적 국제환경조약은 거의 모두 이 원칙을 반영하고 있다.

7. 세대간 형평의 원칙(Principle of Intergenerational Equity)

이 원칙은 현재 세대의 요구를 충족시키면서, 미래 세대의 요구를 희생해서는 안 된다는 점을 강조한다. 리우 선언의 제3원칙은 "개발의 권리는 개발과 환경에 대한 현세대와 차세대의 요구를 공평하게 충족할 수 있도록 실현되어야 한다."고 선언하고 있다.

Ⅳ. 국제환경법의 주요 분야

1. 생물다양성 보존

(1) 의 의

"생물다양성(biodiversity)"이란 다음 세 가지 개념을 포함한다: 1) 각 종 내의 유전 다양성; 2) 종 간의 다양성; 그리고 3) 지역 내 생태계들의 다양성. 지역 내 생물다양성이 클수록, 그 지역은 생명을 유지하고 변화하는 조건에 적응하는 능력이 커진다고 할 수 있다.[1280]

생물다양성의 감소에 대한 우려는 경제적, 생태적, 그리고 미적 틀 내에서 종과 생태계의 '이용가치(use−value)'에 근거하고 있다. 생물 자원과 생태계들은 다양한 서비스를 제공한다. 생태계는 식량, 물, 목재, 섬유 등을 공급하고; 기후, 홍수, 질병, 수질 등을 조절하며; 미적, 정신적인 편익을 제공하고; 그리고 토양 형성, 광

1280) Lakshman Guruswamy & Elizabeth Neville, International Environmental Law in a nutshell (6h ed. 2022), p. 199.

합성, 영양 순환과 같은 생명을 유지하는 역할을 한다.[1281]

따라서, 생물 다양성 보존의 가치는 결국 생태계 서비스로부터 얻을 수 있는 헤아릴 수 없이 많은 가치를 기반으로 하며, 생물다양성은 인간 건강과도 연결되어 있다. 일부 종은 인간에게 치료 효과가 있는 화합물을 포함하거나 현대 및 전통 의학의 중요한 구성 요소를 제공하기도 한다.[1282]

남아 있는 가장 풍부한 생물다양성 지역은 열대 우림, 산호초 및 연안 습지이며, 열대 우림은 지구 표면의 불과 7%를 차지하고 있지만, 지구에 살고 있는 약 1천만 종의 총 생물체 중 50% 이상이 포함된 것으로 추정되어, 세계 환경과 인간의 건강에 크게 기여하고 있다. "지구의 허파"로서 열대 우림은 이산화탄소(CO2)를 산소로 바꾸어 기후변화의 부정적인 영향을 줄이고, 철저히 식별되고 연구되지 않은 많은 종을 포함하고 있기 때문에, 열대 우림은 잠재적인 의학 연구의 보고이기도 하다.[1283]

생물다양성 손실의 주요 원인은 자연 서식지 파괴이다. 또한, 공기, 물, 토양의 오염은 민감한 종들의 감소와 멸종을 초래하였다.

(2) 1992년 생물다양성 협약(Biodiversity Convention)

생물다양성 협약은 기본조약(framework treaty)으로서 다른 협약의 집행기구들로부터 '적절한 형태의 협력'을 추구하는 힘만을 갖고 있다(협약 제22조 제1항 및 제23조 제4항).

생물다양성협약의 조항을 요약하면 1) 형평성과 자원 이전 및 2) 지속가능한 개발(SD)이라는 두 가지 원칙을 반영하고 있다고 할 수 있다.

1) 형평성과 자원 이전

선진국들은 이미 자국의 생물학적 자원의 상당한 정도를 소모하였고, 남아있는 대부분의 생물다양성이 개발도상국 내에 존재해 있기 때문에, 개발도상국들은 생물다양성 보호의 명분으로 자국의 개발을 제한하는 비용을 산업화된 국가들이 부담하는 것이 형평하다고 주장하였다.

반대로, 선진국들은 생물 다양성 협약에서의 보호를 과거의 잘못이라는 관점

1281) Id.
1282) Id., p. 200.
1283) Id., pp. 203~204.

에서 보기보다는 현재의 전지구적 문제로서 보려는 경향이 있었다. 즉, 선진국들은 개발도상국이 생물다양성 보호에 대한 노력으로 어느 정도의 재정적 도움을 받아야 한다는 것을 인식하고 있었지만, 재정적 이전 및 지불능력과 무관하게, 생물다양성의 보호는 각 전세계 공동체의 전면적인 의무로 보았다.

궁극적으로 생물다양성 협약은 "선진국인 당사자는 개발도상국인 당사자가 이 협약의 의무를 이행하는 조치를 취하는 데 따르는 합의된 만큼의 총 부가비용에 충당할 수 있도록 그리고 협약의 규정에 따라 혜택을 받을수 있도록 신규의 추가적인 재원을 제공한다."고 규정한다(협약 제20조 제2항). 이는 1992년 리우 선언의 원칙 7의 '공통적이지만 차별화된 책임'(CBDR) 원칙과 산업화된 국가들이 글로벌 환경 악화를 해결하는 데 있어 더 큰 재정적 책임을 인정하고 수용하는 유엔기후변화협약(UNFCCC)의 제3조 1항을 확인하는 것이다.

2) 지속 가능한 개발(SD)

생물다양성협약 제2조는 "지속가능한 이용"이라 함은 장기적으로 생물다양성의 감소를 유발하지 아니하는 방식과 속도로 생물다양성의 구성요소를 이용함으로써 현재 세대와 미래 세대의 필요와 욕망을 충족시키기 위한 잠재력을 유지하는 것을 말한다고 정의한다.

실제로 지난 10년 동안 생물다양성에 대한 국제사회의 접근 방식이 변화했다. 보존과 개발은 더 이상 상충되는 목표가 아니라 상호 의존적인 것으로 간주되며, 생물다양성은 빈곤 퇴치와 지속가능발전(SD) 달성을 위한 노력의 필수적인 부분으로 간주되고 있다.[1284)]

2020년 기준으로 생물다양성 협약 당사국 196개 중 192개 당사국이 최소한 하나의 국가적 생물다양성 전략과 행동 계획을 세웠으며, 이는 국가 차원에서 생물다양성 협약을 이행하기 위한 기본 수단이다.[1285)]

지속가능한개발(SD)과 생물다양성의 내용은 2012년에 UN밀레니엄개발목표(MDGs, Millennium Development Goals)를 대체하기 위해 채택된 UN 지속가능발전목표(SDGs, Sustainable Development Goals)에서도 확인된다. SDG 14(해양 생태계)와 SDG 15(육상 생태계)는 특히 생물다양성을 다룬다. SDG 14는 바다, 해양, 해양 자원의

1284) Lakshman Guruswamy & Elizabeth Neville, International Environmental Law in a nutshell (6h ed. 2022), p. 218.

1285) Id., p. 220.

보존과 지속가능한 이용을 다루며, 지속가능발전목표(SDG) 달성에 있어 주요 초점 분야는 해양 생물다양성 지역을 보호하고, 지속 가능한 어업 관행을 촉진하며, 해양 산성화를 방지하는 것이다.[1286)]

SDG 15는 육지의 생명을 다루며, 지속 가능한 방식으로 산림을 관리하고, 사막화를 방지하며, 토지 황폐화를 중단하고 회복하며, 불법야생동물 밀매를 예방하고, 생물다양성 손실을 막는 것을 목표로 한다. [1287)]

이와 유사한 합의는 제10차 유엔 생물다양성 회의(COP−10)에서 제시된 2011~2020년 기간을 위한 생물다양성 전략 계획에 포함되어 있었으며, 이 계획에는 "아이치 생물다양성 목표"(Aichi Biodiversity Targets)라 불리는 20개의 목표로 구성되었으나, 이 목표는 2020년까지 달성되지 못했다.[1288)]

3) 다른 협정들과의 관계

국제사회는 생물다양성 관련 주제에 대한 다수의 국제 및 지역적 조약을 체결했으나, 특정 조약에 따른 권리와 의무의 행사가 "생물다양성에 심각한 피해 또는 위협을 초래할 경우에는" 생물다양성협약은 WTO협정을 포함한 다른 모든 협정보다 우선한다(협약 제22조). 이에 대한 유일한 예외는 해양 환경과 관련된 것으로, 생물다양성 협약의 권리와 의무는 유엔해양법협약(UNCLOS)에서 규정된 권리와 의무와 충돌될 수 없다.[1289)] 따라서, 생물다양성을 다루는 두 개의 주요 환경조약, 즉 육상의 생물다양성을 위해서는 생물다양성 협약이, 해양의 생물다양성을 위해서는 유엔해양법협약이 있다고 말할 수 있다.

(3) 2000년 바이오안전성에 관한 카르타헤나 의정서

카르타헤나 의정서는 현대 생명공학으로 인해 생겨난 유전자변형생물체(LMO)가 국가간 이동하는 것을 규제하는 협약이다. 이 의정서는 2000년 1월 29일에 생물다양성 협약에 대한 부속 의정서로 채택되었으며, 2003년 9월 11일에 발효되었다. 당사국총회(COP)는 부속 의정서를 채택하면서 생물다양성 협약 제19조 3항을 특별히 고려하였다.[1290)]

1286) Id., p. 221.
1287) Id.
1288) Id.
1289) Id. p. 226.
1290) Id. p. 227.

동 조항은 다음과 같이 규정되었다: 당사국은 생물다양성의 보전과 지속 가능한 이용에 부정적인 효과를 미칠 수 있는 생명공학에 기인한 변형된 생물체의 안전한 이전·취급 및 사용의 분야에서 특히 사전 통보 동의 등을 포함한 적절한 절차를 명시하는 의정서의 필요성과 그 양식을 검토한다.

즉, 카르타헤나 의정서는 유전자변형생물체가 인간의 건강을 포함한 생물다양성의 보존 등에 나쁜 영향을 주지 않도록 그 이전이나 사용을 규제하려는 것이다.

1) 사전주의적 접근

카르타헤나 의정서는 사전주의적 접근(Precautionary Approach)에 대한 언급을 포함하고 있으며, 리우 선언(Rio Declaration) 제15원칙의 사전주의적 용어를 재확인하고 있다. 카르타헤나 의정서에 따르면, 국가는 GMO 수입을 허용할지 여부를 공인된 위험 평가 기술에 기초한 과학적인 방식으로 위해성평가를 실시하여 결정해야 한다(제15조). 그러나 관련 과학적 정보가 부족한 경우 국가는 사전주의적 접근 방식을 적용하여 GMO가 자국 영토로 수입되는 것을 거부할 수 있다(제10조 6항). 카르타헤나 의정서는 또한 GMO 수입에 대한 결정을 내릴 때 토착 및 지역사회의 생물다양성 가치와 같은 사회경제적 고려 사항을 고려할 수 있는 수입국의 권리를 인정해 주었다(제26조 1항).

2) 사전 통보 동의 절차(Advance Informed Agreement, AIA)

카르타헤나 의정서의 사전 통보 동의 절차(AIA)는 유전자변형생물체(GMO) 수출당사국에게 의무를 부과한다. 수입당사국이 명시적으로 포기하지 않는 한, 수입국이 GMO에 수반될 수 있는 위험을 평가한 후 수입에 동의할 수 있도록 특정 절차를 적용해야 한다(의정서 제7조).

수출당사국은 수입당사국에 GMO에 대한 자세한 서면 설명을 제공해야 하며, 수입당사국은 90일 이내에 통보문을 접수했음을 확인해 주어야 한다. 수입당사국은 270일 이내에 해당 사항을 명시적으로 승인하거나 거부 사유를 알려야 한다. 응답이 없다고 하여 동의를 의미하는 것은 아니다.[1291)]

그러나 일부 GMO는 사전 통보 동의 절차(AIA)에서 특별히 제외된다. 이에 해당하는 것은 경유 중인 GMO(제6조), 밀폐사용을 목적으로 하는 GMO(제6조), 식용, 사료로 직접 사용하거나 가공용으로 하는 GMO(제7조 2항)이다. 이러한 종류의

1291) Lakshman Guruswamy & Elizabeth Neville, International Environmental Law in a nutshell (6h ed. 2022), p. 228.

GMO는 카르타헤나 의정서의 특정 사전 통보 동의 절차(AIA)에서 제외되지만, 이는 국가가 해당 GMO의 수입을 규제하지 않아도 된다는 것을 의미하지는 않는다.[1292]

또한 2004년 당사국총회(COP)는 GMO에 대한 라벨링 요구 사항을 채택하였다. 라벨에는 배송물품이 GMO를 함유하고 있다는 사실, 생물체를 식별하고 취급 및 보관에 대한 요구사항을 제공해야 하며, 추가 정보를 위한 연락처도 제공해야 한다.[1293]

3) 바이오 안전성 정보센터

카르타헤나 의정서는 또한 GMO에 관한 과학적, 기술적, 환경적, 법률적 정보 교환을 촉진하고 당사국들이 의정서를 이행하도록 지원하기 위해 바이오 안전성 정보센터를 설립하였다(제20조 1항). 최근 당사국총회(COP)에서는 이러한 과정을 간소화하고 온라인과 오프라인에서 더 널리 이용할 수 있도록 많은 노력을 기울이고 있다.

사료나 식품으로 직접 사용하거나 가공용으로 하는 GMO의 경우, 카르타헤나 의정서는 국가들이 바이오 안전성 정보센터를 통해 조기에 정보를 교환하도록 요구하는 특별 절차를 수립하였다.[1294] 예를 들면, 국가는 GMO에 대한 국내 허가에 관해 바이오 안전성 정보센터에 통보해야 하며, 이러한 GMO에 관한 국내법과 규정 사본을 제공해야 한다(제11조).

4) 준수(Compliance)

당사국은 GMO의 불법 운송 및 우발적 방출을 방지하기 위한 국가적 조치를 취해야 하며, 비의도적인 방출이 발생한 경우 영향을 받거나 영향을 받을 가능성이 있는 국가에 통보해야 한다.[1295] 당사국총회는 국가 간 GMO 운송으로 인한 피해를 처리하기 위한 책임 및 구제 제도에 대한 규칙과 절차를 개발하는 업무를 담당하는 실무 그룹을 설립했지만, 최근에 들어서 구속력 있는 제도가 마련되었다.[1296]

2010년 나고야 의정서는 국가가 국내법을 사용하여 관할권 경계 내에서 구제를 부여할 수 있는 권한을 부여하였다(나고야 의정서 제3조).

1292) Id.
1293) Id., pp. 228~229.
1294) Id., p. 229.
1295) Id., p. 230.
1296) Id.,

(4) 2010년 나고야-쿠알라룸푸르 생물안전에 관한 카르타헤나 의정서의 책임 및 구제에 관한 추가 의정서

추가 의정서는 2010년 10월 15일에 채택되었고, 2011년 3월 7일에 서명을 위해 개방되었으며, 2018년 3월 5일에 발효되었다. 새로운 나고야 의정서 추가 조항은 유전자변형생물체(LMO)로 인해 발생하는 생물다양성 피해에 대한 책임과 구제에 관한 국제적 규칙과 절차를 규정하였다.

위반 행위에 대한 책임의 관점에서 볼 때, 나고야 의정서는 국제적 불법 행위에 대한 국가책임(State Responsibility)의 규칙을 그대로 다루고 있다고 볼 수 있다. 또한, 국가의 책임을 추구하는 대신 카르타헤나 의정서를 위반한 법인이나 개인에 대해 책임을 추구하는 민사책임(Civil Liability)제도도 수립하고 있다.[1297]

(5) 아이치 생물다양성 목표와 2020년 이후 생물다양성 프레임워크

생물다양성 협약 당사국총회(COP)의 최근 활동의 비전은 “자연과 조화롭게 사는 것”이다. 이러한 구호는 2050년을 현재의 현상 유지에서 획기적으로 벗어나 중요한 생물다양성 보존 및 생태계 서비스 목표의 목표 연도로 설정한 것이다.[1298]

이러한 비전을 위하여 COP는 2010년 제10차 회의에서 2011~2020년을 위한 생물다양성 전략 계획을 채택하였다. 계획은 5가지 전략적 목표를 달성하기 위한 20가지 생물다양성 목표로 구성되었고, 이를 “아이치 생물다양성 목표”라고 한다.[1299]

(6) 국가관할권밖 영역 해양생물다양성의 보존과 지속적 사용에 관한 이행 협정(BBNJ 협정)

2023년 UN해양법협약의 당사국들은 국가관할권 밖 영역 해양생물다양성의 보존과 지속적 사용에 관한 이행 협정(Agreement on the conservation and sustainable use of marine biological diversity of areas beyond national jurisdiction, BBNJ 협정)[1300]을 채택하였다.

BBNJ 협정의 주요 목표는 해양법협약의 관련 조항을 효율적으로 이행하고,

1297) Id. pp. 234~235.
1298) Id., p. 235.
1299) Id.
1300) UN Doc. A/CONF.232/2023/4* (June 19, 2023).

공해를 포함하는 해양보호수역을 개발하는 등 국제적 협력과 조정으로 국가관할권 밖의 해양생물다양성을 보존하고 지속적으로 사용하도록 하는 것이다.[1301]

2. 전세계적 기후변화(Climate Change)

(1) 의 의

태양 복사(Sun's Radiation)의 약 3분의 1은 지구에 도달하자마자 구름, 대기 및 지표면에 의해 바로 반사되고, 나머지 3분의 2는 지구 표면을 가열하며, 가열된 표면은 일부 열을 다시 대기와 우주로 복사한다.[1302] 지구의 기후를 안정적으로 유지하려면 유입되는 태양 복사와 방출되는 태양 복사 사이의 균형이 필요하다. 온실가스(GHGs)는 대기 중 극히 적은 양을 차지하지만, 태양 복사 균형을 유지하는 데 결정적인 역할을 한다. 예를 들어, 온실가스가 지나치게 많은 금성은 너무 뜨겁고, 온실가스가 거의 없는 화성은 너무 차가운 반면, 지구에서는 적절한 양의 온실가스가 지표면의 온도를 약 60°F(약 15.5℃) 정도로 일정하게 유지함으로써 생명과 생태계를 유지하는 데 도움을 준다.[1303]

대기 중 1% 정도를 차지하는 수증기와 약 0.019% 수준의 이산화탄소(CO2)는 가장 일반적인 온실가스이며, 메탄(CH4), 아산화질소(N2O), 오존(O3) 등도 온실가스들로서 양은 적지만 온실효과에 미치는 영향력이 강하다.[1304]

1998년 UN환경계획(UNEP)과 세계기상기구(World Meteorological Organization, WMO)은 공동으로 기후변화에 관한 정부간 패널(Intergovernmental Panel on Climate Change, IPCC)를 설립하였고, IPCC는 기후변화에 관한 평가보고서를 제출하여 왔다.[1305] IPCC는 2018년 「지구온난화 1.5°C 특별보고서」에서 새로운 분류 기준인 "우려의 다섯 가지 이유(Five Reasons for Concern, RFCs)"를 도입하였다. 여기에는 (1) 고유하고 위협받는 생태계, (2) 극단적 기상현상, (3) 불균등한 영향, (4) 전 지구적 총체 영향, (5) 대규모 특이 사건이 포함된다.[1306]

1301) Sean Murphy, Principles of International Law (4th ed., 2025), p. 565.

1302) Lakshman Guruswamy & Elizabeth Neville, International Environmental Law in a nutshell (6h ed. 2022), p. 265.

1303) Id.

1304) Id., p. 266.

1305) Id., p. 267.

1306) Id., pp. 274~275.

기후변화는 대기오염 및 탄소의 배출과 직접적으로 관련이 있다. 구테흐스(Antonia Guterres) UN사무총장은 2019년 제25차 당사국총회에서 지구는 '회복 불가능한 지점에 가까이 있다'고 하면서 국가들이 오염물질의 배출을 줄이는데 '더 야심적'이 될 것을 요청하였다.[1307]

기후변화에 대한 국제법적 대응은 주로 유엔기후변화협약(UNFCCC, 1992년)과 교토의정서(Kyoto Protocol, 1997년) 그리고 파리협정(2015년)을 통해 이루어졌다.

(2) 유엔기후변화협약(UNFCCC)

유엔기후변화협약은 1980년대 후반 기후 변화에 대한 과학적 우려가 증대하면서 국제적 관심이 집중되어 1992년 리우 회의에서 채택되었다. 이 협약은 주요 목표는 기후 시스템에 대한 위험한 인위적 간섭을 방지할 수 있는 수준으로 대기 중 온실가스 농도를 안정화하는 것이다. 이는 생태계가 자연적으로 적응하고 식량 생산이 위협받지 않으며 경제 개발이 지속 가능한 방식으로 진행될 수 있는 기간 내에 달성되어야 한다.

기후변화협약은 배출량의 감축에 관한 구속력이 있는 조항을 부과하고 있지는 않으나, 국가들이 온실가스 배출을 제한하는 국내적 조치들을 채택할 것을 요구하고 있다.[1308]

(3) 교토의정서

기후변화협약에 대한 교토의정서(Kyoto Protocol)는 1997년 12월 10일 채택되었고, 2001년 마라케쉬 합의와 선언(Marrakesh Accords and Declarations)에 의해 개정되었으며 2005년 2월 16일 발효하였다. 교토의정서에 의하면, 국가들은 선진국과 개도국 여부에 따라 차이가 있는 개별적인 목표를 정하고, 이에 따라 온실가스 배출을 제한하거나 감축하여야 하는데, 이 개별적인 목표는 법적으로 구속력이 있는 것이다.[1309]

교토의정서의 첫 번째 공약 기간은 2008년에 시작되어 2012년에 종료되었다. 2012년에 도하 수정안으로 알려진 두 번째 공약 기간이 합의되었으나 도하

1307) Rebecca Wallace et al., International Law (9th ed. 2020), p. 375.
1308) Id.
1309) Id.

수정안은 아직 발효되지 않았으며 비준되지 않은 상태로 남아있다. 그 이후 파리 협정이 체결되어 기후변화에 대응하게 되었다.[1310]

(4) 2015 파리 협정

2015년 12월 196개국이 기후변화협약과 교토의정서에 의한 약속을 다시 이행하기 위하여 파리 기후정상회의(Paris Climate Summit)에 참가하였다. 국가들은 컨센서스로 파리 협정(Paris Agreement)을 채택하였고, 이 협정은 2016년 11월 4일 발효하였다.[1311] 현재 이 협정은 195개의 당사국이 있다.

파리 협정은 국제법상 조약이며, 미국 법률상으로도 조약으로 간주된다. 미국 국무부의 기준에 따르면, 파리 협정은 국가 전체에 영향을 미치는 약속과 위험을 포함하며, 상당한 재정 지출을 수반하고, 5년마다 온실가스 감축을 위한 국가결정기여(NDC)를 수립 및 발표하며, 재원을 제공해야 한다.[1312]

국가들은 산업화 전 수준 대비 지구 평균 기온 상승을 섭씨 2도보다 현저히 낮은 수준으로 유지하는 것 및 산업화 전 수준 대비 지구 평균 기온 상승을 섭씨 1.5도로 제한하기 위한 노력을 추구하여야 한다(협정 제2조). 파리협정은 "금세기의 하반기에 온실가스의 배출원에 의한 인위적 배출과 흡수원에 의한 제거 간에 균형을 달성할 수 있도록" 할 것을 당사국들에게 요구하고(협정 제4조 1항), 각 당사국은 달성하고자 하는 차기 국가결정기여(Nationally Determined Contributions, NDC)를 준비하고, 통보하며, 유지하여야 하며, 그러한 국가결정기여의 목적을 달성하기 위하여 국내적 완화 조치를 추구하여야 한다(협정 제4조 2항).

선진국 당사국은 기후변화협약상의 자신의 기존 의무의 연속선상에서 완화 및 적응 모두와 관련하여 개발도상국 당사국을 지원하기 위하여 재원을 제공하여야 한다(협정 제9조). 파리협정은 상호 신뢰와 확신을 구축하고 효과적 이행을 촉진하기 위하여, 당사자의 상이한 역량을 고려하고 공동의 경험에서 비롯된 유연성을 내재하고 있는, 행동 및 지원을 위하여 강화된 투명성 프레임워크를 설립하

1310) Id., p. 375. Lakshman Guruswamy & Elizabeth Neville, International Environmental Law in a nutshell (6h ed. 2022), pp. 297~298.

1311) Rebecca Wallace et al., International Law (9th ed. 2020), p. 375. 우리나라에 대해서는 2016년 12월 3일 발효.

1312) Lakshman Guruswamy & Elizabeth Neville, International Environmental Law in a nutshell (6h ed. 2022), p. 316.

였다(협정 제13조).

당사국총회는 이 협정의 목적과 그 장기적 목표의 달성을 위한 공동의 진전을 평가하기 위하여 이 협정의 이행을 정기적으로 점검("전지구적 이행점검")을 하여야 하며, 국가들의 노력이 기온 상승을 1.5 C 이하로 제한하는데 충분하였는지 여부를 판단하기 위하여 5년마다 전지구적 이행점검을 한다(협정 제14조).

파리협정의 관련 조항들을 고려하지 않은 것이 2020년 영국법원이 런던의 히드로 공항(Heathrow Airport)의 제3활주로 건설 계획이 불법이라고 판결하게 한 사례가 있다. 즉, 이 판결에서는 기후위기에 대응하고 탄소배출을 감축하여야 할 영국의 기여를 그 계획이 적절히 고려하지 않았다고 판단하였다.[1313)]

(5) 기후변화에 대한 대응으로서 이산화탄소 포집 및 저장(CCS)

이산화탄소의 포집 및 저장(Carbon Capture and Storage, CCS)은 온실가스배출 특히 이산화탄소의 배출을 감축하기 위한 기술로서 인정을 받고 있다.[1314)] CCS는 발전소, 선박 등 이산화탄소의 배출시설에서 이산화탄소를 포집하고, 압축하여 저장소로 운송하고 주입하는 과정 등을 포함한다. CCS 사업은 육지 또는 바다에서 이루어질 수 있다. 해저에 이산화탄소를 저장하는 사업의 장점은 육지 지하수에 영향을 줄 우려가 없고, 인근 주민과 지역공동체의 반대가 없으며, 관찰기술(monitoring technique)을 적용하는 비용이 저렴할 수 있다는 것을 들 수 있다.[1315)] 그러나, 해저에 이산화탄소를 저장하는 사업의 단점으로는 비용의 증가와 사업수행의 위험성 그리고 희박하지만 저장된 이산화탄소가 누출되어 해양환경을 오염시킬 수 있는 우려 등이 제기되고 있다.[1316)]

노르웨이, 덴마크 등 여러 국가가 CCS 사업을 추진 중에 있고, 우리나라도 국회에서 2024년 1월 9일 본회의를 통과한 「이산화탄소 포집·수송·저장 및 활용에 관한 법률(이하 CCUS법)안」도 이산화탄소의 포집, 수송, 저장과 활용에 관해 규정하여 CCS 사업을 위한 법적 기반을 수립하고 있다.

1313) *R.(on the applicant of Plan B Earth) v. Secretary of State for Transport* [2020] EWCA Civ 214. Rebecca Wallace at al., International Law (9th ed. 2020), p. 376 참조.

1314) Elise Johansen & Signe Veierud Busch & Ingvild Ulrikke Jakobsen, The Law Of The Sea And Climate Change 160 (2021).

1315) Id., p. 163.

1316) Id.

CCS 사업을 추진하는 각국의 동향을 잘 살펴보면서 CCS에 관해 중요한 국제법적 함의를 가지고 있는 1996년 런던의정서의 규칙을 잘 이해하고, 런던의정서의 과학그룹(Scientific Group), 준수그룹(Compliance Group), 당사국총회(Meeting of the Contracting Parties) 등에서의 CCS 관련 논의 동향을 지속적으로 파악하는 것이 필요할 것으로 보인다.[1317)]

3. 대기 오염

1979년 국경을 넘는 장거리 대기오염물질에 관한 협약은 국경을 넘는 오염에 대한 첫 번째 다자조약으로 볼 수 있다. 이 조약은 추후에 체결된 8개의 의정서에 의해 보완이 되고 있다. 이들 의정서는 모두 발효되었다. 이 협약은 국경을 넘는 오염에 대한 책임 문제를 다루지는 않고, 연구와 정보의 교환을 주로 강조하고 있다.[1318)]

초국경적 환경문제에 대응하기 위해, UN은 환경영향평가에 관한 협약(Convention on Environmental Impact Assessment)을 1991년 채택하였다.[1319)] 협약 제2조 1항은 "당사국들이 계획된 활동으로부터 심각하게 부정적인 초국경적 환경 영향을 예방, 감축, 통제하기 위한 모든 적절하고 효과적인 조치들을 개별적 또는 공동으로 취해야 한다"고 규정하고 있다.[1320)]

1980년대 지구온난화와 오존층의 파괴가 국가들에게 널리 인식이 되어, 오존층의 보호를 위한 조약들이 체결되었다. 1985년 오존층의 보호를 위한 비엔나협약(Vienna Convention for the Protection of the Ozone Layer),[1321)] 1987년 오존층 파괴물질에 관한 몬트리올 의정서(Montreal Protocol on Substances that Deplete the Ozone Layer)[1322)] 그리고 1989년 오존층보호에 관한 헬싱키선언(Helsinki Declaration on the Protection of the Ozone Layer)[1323)]이 그러한 조약들이다.

1987년 몬트리올 의정서는 1990년 발효되어 염화불화탄소(CFC, chloro-

1317) 보다 자세한 논의는 김영석, 이산화탄소의 포집 및 저장(CCS)과 런던의정서의 준수, 이화여자대학교 법학논집 제28권 제3호 통권 제85호(2024. 3) 참조.

1318) Rebecca Wallace et al., International Law (9th ed. 2020), p. 373.

1319) 30 ILM 800 (1991).

1320) Rebecca Wallace et al., International Law (9th ed. 2020), p. 373.

1321) 26 ILM 1516 (1987). 1992. 5. 27 우리나라에 대해 발효.

1322) 26 ILM 1541 (1987). 1992. 5. 27 우리나라에 대해 발효

1323) 28 ILM 1335 (1989).

fluorocarbon)의 총소비량을 규제하고, 할론(halon)의 사용을 동결시킬 의무를 부과하였다.[1324] 그러나, 헬싱키선언은 2000년까지 CFC의 생산 및 소비를 단계적으로 폐지하고 가능한 한 조속한 시기에 오존을 파괴하는 다른 물질의 생산 및 소비를 단계적으로 폐지할 것을 요구하고 있다.[1325]

오존층의 보호를 위한 노력은 상당히 성공적인 것으로 평가된다. 이는 국제협력을 통해 환경문제를 해결한 매우 드문 성공 사례라고 할 수 있다.

4. 원자력(Nuclear Energy)과 환경

국제원자력기구(International Atomic Energy Agency, IAEA)는 1957년 설립되어, 원자력의 평화적 이용을 증진하고 핵무기의 사용 등 원자력의 군사적 이용을 방지하는 것을 목표로 하고 있다. IAEA는 독립적인 국제기구이나 UN총회와 안전보장이사회에 보고를 한다.

1986년 체르노빌(Chernobyl)사건은 비군사적인 원자력이라도 위험성이 있으며, 원자력의 안전에 관한 국제제도가 부족함을 보여주었다. 이에 대한 대응으로 국제사회는 1986년 핵사고 조기통보에 관한 협약(Convention on Early Notification of a Nuclear Accident: Notification Convention)[1326]과 1986년 핵사고 또는 방사능 긴급사태시 지원에 관한 협약(Convention on Assistance in the Case of a Nuclear Accident or Radiological Emergency: Assistance Convention)[1327]을 채택하였다.

1994년에는 원자력안전에 관한 협약(Convention on Nuclear Safety)[1328]이 서명을 위해 개방되었다. 이 협약은 기본적으로 골격협약(Framework Convention)으로 의도되었으며, 국가들이 협약상 의무를 이행하기 위한 적절한 조치를 취하는 책임제도를 도입하였다.[1329] 이 협약에 의하면 원자력 안전에 관한 책임은 핵시설(nuclear installation), 예를 들어 원자력발전소 등에 대해 관할권을 가진 국가에게 있다.

2011년 일본의 후쿠시마 원자력발전소 사고로 방사능 물질이 누출되자, 원자

1324) Rebecca Wallace et al., International Law (9th ed. 2020), p. 374.
1325) Id.
1326) 25 ILM 1370 (1986).
1327) 25 ILM 1377 (1986).
1328) 33 ILM 1514 (1994). 1996. 10. 24. 우리나라에 대해 발효.
1329) Rebecca Wallace et al., International Law (9th ed. 2020), pp. 381~382.

력의 국제적 규제제도를 강화하여야 한다는 논의가 다시 제기되었고, IAEA는 국제법적 제도의 효율성을 증진시키기 위한 필요성을 규정한 원자력안전에 관한 행동계획(Action Plan on Nuclear Safety)을 같은 해 출판하였다.[1330] 2015년에 IAEA는 원자력 안전에 관한 비엔나 선언(Vienna Declaration on Nuclear Safety)[1331]을 승인하였는데, 이 선언은 IAEA 안전기준을 반영하기 위한, 안전평가와 국내법에 적용할 지도원칙(Guiding Principles)들을 규정하고 있다.[1332]

국제적으로 많은 조약 등이 체결되었지만, 방사능 폐기물의 처리(disposal)를 위한 법적 제도와 관련하여 상당한 간격이 여전히 존재하고 있다. 고준위 방사능 폐기물과 핵폐기물의 지질학적 또는 지하(subsurface) 처리에 대해서도 기존의 원자력 책임조항들이 적용되는지에 대해서는 확실하지 않다.[1333] 1963년 핵 피해의 민사책임에 관한 비엔나 협약(Vienna Convention on Civil Liability for Nuclear Damage)[1334]은 핵 피해가 증명될 경우 "원자력 시설(nuclear installation)"의 운영자에게 엄격 책임(strict liability)을 부과하고 있는데, 이 "원자력 시설"에는 "원자로(nuclear reactor)", "원자력 발전소(nuclear factory)" 또는 핵물질이 보관된(stored) 다른 시설을 포함한다.[1335] 그러나, 이 협약에는 방사능물질의 "처리(disposal)" 시설에 관한 명시적인 언급이 없다. 즉, 방사능 물질의 보관과 영구적 처리는 법적으로 구별되기 때문에 방사능 물질의 보관 시설과 처리 시설에 모두 이 협약규정이 적용될 수 있는지 명확하지 않다.[1336]

5. 극지(Polar Regions)의 보호

(1) 북극(The Arctic)

북극지역의 환경보호는 지구의 생존을 위해 가장 중요한 사항에 속한다. 북극지역의 환경을 보호하기 위한 국가 간의 협력을 규정한 다수의 선언이 존재한다. 예를 들어, 1993년 북극의 환경과 개발을 위한 누크 선언(Nuuk Declaration on the

---

1330) Id., p. 382.
1331) CNS/DC/2015/2/Rev.1.
1332) Rebecca Wallace et al., International Law (9th ed. 2020), p. 382.
1333) Id.
1334) 1963년 5월 21일 채택, 1977년 11월 12일 발효.
1335) Rebecca Wallace et al., International Law (9th ed. 2020), p. 382.
1336) Id.

Environment and Development in the Arctic)와 1997년 북극환경보호전략에 관한 알타 선언(Alta Declaration on the Arctic Environmental Protection Strategy (AEPS))이 있다.[1337]

1996년 북극이사회(Arctic Council)가 구성이 되었고, 2011년 북극이사회(Arctic Council) 8개 회원국이 그린란드 수도 누크(Nuuk)에서 북극지역 항공해상 수색 및 구조에 관한 협정(Aeronautical and Maritime Search and Rescue(SAR))을 채택하였고, 이 협정은 2013년 발효하였다. 또한, 북극이사회는 북극에서의 해양유류오염 대비와 대응 협력에 관한 협정(Agreement on Cooperation on Marine Oil Pollution Preparedness and Response in the Arctic)에 2013년 서명하였다.[1338]

북극은 세계에서 가장 많은 가스와 석유가 매장되어 있는 것으로 추정되어, 많은 에너지 기업들이 탐사 및 개발을 하려고 하고 있다. 특히 매장된 석유의 대부분이 북극의 얕은 바다와 대륙붕에 있고, 이 수역은 생물학적으로 중요한 수역이라서, 이 수역의 탐사와 개발은 북극의 환경에 파괴적인 영향을 줄 수 있고, 전 지구적 기후변화에도 부정적인 영향을 줄 수 있다는 우려가 제기되고 있다.[1339]

(2) 남극(Antarctica)

남극의 환경과 관련하여 가장 광범위한 조약은 1991년 '남극조약과 4개 부속서에 대한 환경보호에 관한 마드리드 의정서'(Madrid Protocol on Environmental Protection to the Antarctic Treaty and the four annexes, 환경보호에 관한 남극조약 의정서)[1340]이다. 환경보호에 관한 남극조약 의정서는 1991년 채택되었고 1998년 1월 14일 발효하였으며, 우리나라도 당사국이다. 이 의정서의 핵심조항은 제7조로서, 제7조는 과학적 연구 이외에 광물자원과 관련한 어떠한 활동도 금지하고 있다.[1341] 동 의정서 제24조는 동 의정서에 대한 유보를 허용하지 않고 있다.[1342]

이 의정서는 남극의 토착 동식물군을 보호하고(제3조), 비토착 종, 기생충 및 질병의 반입을 금지한다(제4조). 의정서의 당사국들은 남극조약지역에 있는 토착 포유동물, 새, 식물 및 무척추동물의 상태에 관한 정보와 종 또는 개체군의 보호

1337) Id., p. 387.

1338) Id., p. 388.

1339) Id.

1340) 30 ILM 1460 (1991). 4개의 부속서는 1. 환경영향평가, 2. 남극 동식물군 보존, 3. 폐기물 처리 및 관리, 4. 해양오염방지에 관한 부속서이다.

1341) Rebecca Wallace et al., International Law (9th ed. 2020), p. 388.

1342) Id., p. 389.

필요 정도에 관한 정보의 획득 및 교환을 하여야 한다(제6조).

남극조약지역으로부터 제거된 폐기물은 가능한 한 최대한도로 폐기물을 발생시킨 활동을 계획한 국가 또는 관련 국제협약에 따라 그러한 폐기물의 처리를 위한 준비가 이루어진 국가로 반송된다(제3부속서 폐기물 처리 및 관리, 제1조). 해양환경에 유해한 정도의 양 또는 농축된 유해 액체물질과 그밖의 다른 화학 또는 기타 물질의 해양으로의 배출은 금지된다(제4부속서 해양오염방지 제4조). 이 의정서는 취약한 남극 생태계의 환경보호를 위해 통합적인 접근방식을 채택하고 있다.[1343)]

1343) Sean D. Murphy, Principles of International Law (2nd. ed. 2012), p. 418.

부 록

1. 국제위법행위에 대한 국가책임 최종 초안
2. 조약법에 관한 비엔나협약
3. 국제형사재판소에 관한 로마규정(주요 규정)
4. 국제연합헌장
5. 국제사법재판소규정
6. 국제분쟁의 평화적 해결을 위한 협약
7. 외교관계에 관한 비엔나협약
8. 영사관계에 관한 비엔나협약
8-1. 국적취득 관련 영사관계에 관한 비엔나협약 선택의정서
9. 핵무기 비확산에 관한 조약
10. 집단살해죄의 방지와 처벌에 관한 협약
11. 국가정책 수단으로서 전쟁의 부인을 규정한 조약(부전조약)
12. 세계인권선언
13. 경제적·사회적 및 문화적 권리에 관한 국제규약
13-1. 경제적·사회적 및 문화적 권리에 관한 국제규약 선택의정서
14. 시민적 및 정치적 권리에 관한 국제규약
14-1. 시민적 및 정치적 권리에 관한 국제규약 선택의정서
14-2. 시민적 및 정치적 권리에 관한 국제규약 제2선택의정서
15. 세계무역기구(WTO) 설립협정
16. 1947년 관세 및 무역에 관한 일반협정(주요 규정)
17. 정부대표 및 특별사절의 임명과 권한에 관한 법률
18. 국제형사재판소 관할 범죄의 처벌 등에 관한 법률
19. 외교적 보호에 관한 초안
20. 조약의 유보에 관한 실행지침

1. 국제위법행위에 대한 국가책임 최종 초안

영문명: Draft Articles on Responsibility of States for Internationally Wrongful Acts
출 처: Report of the International Law Commission on the work of its fifty third session, pp. 26~30.

PART ONE
THE INTERNATIONALLY WRONGFUL ACT OF A STATE
CHAPTER I
GENERAL PRINCIPLES

Article 1

Responsibility of a State for its internationally wrongful acts

Every internationally wrongful act of a State entails the international responsibility of that State.

Article 2

Elements of an internationally wrongful act of a State

There is an internationally wrongful act of a State when conduct consisting of an action or omission:

(a) Is attributable to the State under international law; and

(b) Constitutes a breach of an international obligation of the State.

Article 3

Characterization of an act of a State as internationally wrongful

The characterization of an act of a State as internationally wrongful is governed by international law. Such characterization is not affected by the characterization of the same act as lawful by internal law.

CHAPTER II
ATTRIBUTION OF CONDUCT TO A STATE

Article 4

Conduct of organs of a State

1. The conduct of any State organ shall be considered an act of that State under international law, whether the organ exercises legislative, executive, judicial or any other

functions, whatever position it holds in the organization of the State, and whatever its character as an organ of the central Government or of a territorial unit of the State.

2. An organ includes any person or entity which has that status in accordance with the internal law of the State.

Article 5

Conduct of persons or entities exercising elements of governmental authority

The conduct of a person or entity which is not an organ of the State under article 4 but which is empowered by the law of that State to exercise elements of the governmental authority shall be considered an act of the State under international law, provided the person or entity is acting in that capacity in the particular instance.

Article 6

Conduct of organs placed at the disposal of a State by another State

The conduct of an organ placed at the disposal of a State by another State shall be considered an act of the former State under international law if the organ is acting in the exercise of elements of the governmental authority of the State at whose disposal it is placed.

Article 7

Excess of authority or contravention of instructions

The conduct of an organ of a State or of a person or entity empowered to exercise elements of the governmental authority shall be considered an act of the State under international law if the organ, person or entity acts in that capacity, even if it exceeds its authority or contravenes instructions.

Article 8

Conduct directed or controlled by a State

The conduct of a person or group of persons shall be considered an act of a State under international law if the person or group of persons is in fact acting on the instructions of, or under the direction or control of, that State in carrying out the conduct.

Article 9

Conduct carried out in the absence or default of the official authorities

The conduct of a person or group of persons shall be considered an act of a State under international law if the person or group of persons is in fact exercising elements of the governmental authority in the absence or default of the official authorities and in circumstances such as to call for the exercise of those elements of authority.

Article 10

Conduct of an insurrectional or other movement

1. The conduct of an insurrectional movement which becomes the new Government of a State shall be considered an act of that State under international law.

2. The conduct of a movement, insurrectional or other, which succeeds in establishing a new State in part of the territory of a pre existing State or in a territory under its administration shall be considered an act of the new State under international law.

3. This article is without prejudice to the attribution to a State of any conduct, however related to that of the movement concerned, which is to be considered an act of that State by virtue of articles 4 to 9.

Article 11

Conduct acknowledged and adopted by a State as its own

Conduct which is not attributable to a State under the preceding articles shall nevertheless be considered an act of that State under international law if and to the extent that the State acknowledges and adopts the conduct in question as its own.

CHAPTER Ⅲ
BREACH OF AN INTERNATIONAL OBLIGATION

Article 12

Existence of a breach of an international obligation

There is a breach of an international obligation by a State when an act of that State is not in conformity with what is required of it by that obligation, regardless of its origin or character.

Article 13

International obligation in force for a State

An act of a State does not constitute a breach of an international obligation unless the State is bound by the obligation in question at the time the act occurs.

Article 14

Extension in time of the breach of an international obligation

1. The breach of an international obligation by an act of a State not having a continuing character occurs at the moment when the act is performed, even if its effects

continue.

2. The breach of an international obligation by an act of a State having a continuing character extends over the entire period during which the act continues and remains not in conformity with the international obligation.

3. The breach of an international obligation requiring a State to prevent a given event occurs when the event occurs and extends over the entire period during which the event continues and remains not in conformity with that obligation.

Article 15

Breach consisting of a composite act

1. The breach of an international obligation by a State through a series of actions or omissions defined in aggregate as wrongful occurs when the action or omission occurs which, taken with the other actions or omissions, is sufficient to constitute the wrongful act.

2. In such a case, the breach extends over the entire period starting with the first of the actions or omissions of the series and lasts for as long as these actions or omissions are repeated and remain not in conformity with the international obligation.

CHAPTER Ⅳ
RESPONSIBILITY OF A STATE IN CONNECTION WITH THE ACT OF ANOTHER STATE

Article 16

Aid or assistance in the commission of an internationally wrongful act

A State which aids or assists another State in the commission of an internationally wrongful act by the latter is internationally responsible for doing so if:

(a) That State does so with knowledge of the circumstances of the internationally wrongful act; and

(b) The act would be internationally wrongful if committed by that State.

Article 17

Direction and control exercised over the commission of an internationally wrongful act

A State which directs and controls another State in the commission of an internationally wrongful act by the latter is internationally responsible for that act if:

(a) That State does so with knowledge of the circumstances of the internationally wrongful act; and

(b) The act would be internationally wrongful if committed by that State.

Article 18

Coercion of another State

A State which coerces another State to commit an act is internationally responsible for that act if:

(a) The act would, but for the coercion, be an internationally wrongful act of the coerced State; and

(b) The coercing State does so with knowledge of the circumstances of the act.

Article 19

Effect of this chapter

This chapter is without prejudice to the international responsibility, under other provisions of these articles, of the State which commits the act in question, or of any other State.

CHAPTER V
CIRCUMSTANCES PRECLUDING WRONGFULNESS

Article 20

Consent

Valid consent by a State to the commission of a given act by another State precludes the wrongfulness of that act in relation to the former State to the extent that the act remains within the limits of that consent.

Article 21

Self defence

The wrongfulness of an act of a State is precluded if the act constitutes a lawful measure of self defence taken in conformity with the Charter of the United Nations.

Article 22

Countermeasures in respect of an internationally wrongful act

The wrongfulness of an act of a State not in conformity with an international obligation towards another State is precluded if and to the extent that the act constitutes a countermeasure taken against the latter State in accordance with chapter II of part three.

Article 23

Force majeure

1. The wrongfulness of an act of a State not in conformity with an international

obligation of that State is precluded if the act is due to force majeure, that is the occurrence of an irresistible force or of an unforeseen event, beyond the control of the State, making it materially impossible in the circumstances to perform the obligation.

2. Paragraph 1 does not apply if:

(a) The situation of force majeure is due, either alone or in combination with other factors, to the conduct of the State invoking it; or

(b) The State has assumed the risk of that situation occurring.

Article 24

Distress

1. The wrongfulness of an act of a State not in conformity with an international obligation of that State is precluded if the author of the act in question has no other reasonable way, in a situation of distress, of saving the author's life or the lives of other persons entrusted to the author's care.

2. Paragraph 1 does not apply if:

(a) The situation of distress is due, either alone or in combination with other factors, to the conduct of the State invoking it; or

(b) The act in question is likely to create a comparable or greater peril.

Article 25

Necessity

1. Necessity may not be invoked by a State as a ground for precluding the wrongfulness of an act not in conformity with an international obligation of that State unless the act:

(a) Is the only way for the State to safeguard an essential interest against a grave and imminent peril; and

(b) Does not seriously impair an essential interest of the State or States towards which the obligation exists, or of the international community as a whole.

2. In any case, necessity may not be invoked by a State as a ground for precluding wrongfulness if:

(a) The international obligation in question excludes the possibility of invoking necessity; or

(b) The State has contributed to the situation of necessity.

Article 26

Compliance with peremptory norms

Nothing in this chapter precludes the wrongfulness of any act of a State which is not in conformity with an obligation arising under a peremptory norm of general international law.

Article 27

Consequences of invoking a circumstance precluding wrongfulness

The invocation of a circumstance precluding wrongfulness in accordance with this chapter is without prejudice to:

(a) Compliance with the obligation in question, if and to the extent that the circumstance precluding wrongfulness no longer exists;

(b) The question of compensation for any material loss caused by the act in question.

PART TWO
CONTENT OF THE INTERNATIONAL RESPONSIBILITY OF A STATE
CHAPTER Ⅰ
GENERAL PRINCIPLES

Article 28

Legal consequences of an internationally wrongful act

The international responsibility of a State which is entailed by an internationally wrongful act in accordance with the provisions of part one involves legal consequences as set out in this part.

Article 29

Continued duty of performance

The legal consequences of an internationally wrongful act under this part do not affect the continued duty of the responsible State to perform the obligation breached.

Article 30

Cessation and non repetition

The State responsible for the internationally wrongful act is under an obligation:

(a) To cease that act, if it is continuing;

(b) To offer appropriate assurances and guarantees of non repetition, if circumstances so require.

Article 31

Reparation

1. The responsible State is under an obligation to make full reparation for the injury

caused by the internationally wrongful act.

2. Injury includes any damage, whether material or moral, caused by the internationally wrongful act of a State.

Article 32

Irrelevance of internal law

The responsible State may not rely on the provisions of its internal law as justification for failure to comply with its obligations under this part.

Article 33

Scope of international obligations set out in this part

1. The obligations of the responsible State set out in this part may be owed to another State, to several States, or to the international community as a whole, depending in particular on the character and content of the international obligation and on the circumstances of the breach.

2. This part is without prejudice to any right, arising from the international responsibility of a State, which may accrue directly to any person or entity other than a State.

CHAPTER II
REPARATION FOR INJURY

Article 34

Forms of reparation

Full reparation for the injury caused by the internationally wrongful act shall take the form of restitution, compensation and satisfaction, either singly or in combination, in accordance with the provisions of this chapter.

Article 35

Restitution

A State responsible for an internationally wrongful act is under an obligation to make restitution, that is, to re establish the situation which existed before the wrongful act was committed, provided and to the extent that restitution:

(a) Is not materially impossible;

(b) Does not involve a burden out of all proportion to the benefit deriving from restitution instead of compensation.

Article 36

Compensation

1. The State responsible for an internationally wrongful act is under an obligation to compensate for the damage caused thereby, insofar as such damage is not made good by restitution.

2. The compensation shall cover any financially assessable damage including loss of profits insofar as it is established.

Article 37

Satisfaction

1. The State responsible for an internationally wrongful act is under an obligation to give satisfaction for the injury caused by that act insofar as it cannot be made good by restitution or compensation.

2. Satisfaction may consist in an acknowledgement of the breach, an expression of regret, a formal apology or another appropriate modality.

3. Satisfaction shall not be out of proportion to the injury and may not take a form humiliating to the responsible State.

Article 38

Interest

1. Interest on any principal sum due under this chapter shall be payable when necessary in order to ensure full reparation. The interest rate and mode of calculation shall be set so as to achieve that result.

2. Interest runs from the date when the principal sum should have been paid until the date the obligation to pay is fulfilled.

Article 39

Contribution to the injury

In the determination of reparation, account shall be taken of the contribution to the injury by wilful or negligent action or omission of the injured State or any person or entity in relation to whom reparation is sought.

CHAPTER Ⅲ
SERIOUS BREACHES OF OBLIGATIONS UNDER PEREMPTORY NORMS OF GENERAL INTERNATIONAL LAW

Article 40

Application of this chapter

1. This chapter applies to the international responsibility which is entailed by a serious breach by a State of an obligation arising under a peremptory norm of general international law.

2. A breach of such an obligation is serious if it involves a gross or systematic failure by the responsible State to fulfil the obligation.

Article 41

Particular consequences of a serious breach of an obligation under this chapter

1. States shall cooperate to bring to an end through lawful means any serious breach within the meaning of article 40.

2. No State shall recognize as lawful a situation created by a serious breach within the meaning of article 40, nor render aid or assistance in maintaining that situation.

3. This article is without prejudice to the other consequences referred to in this part and to such further consequences that a breach to which this chapter applies may entail under international law.

PART THREE
THE IMPLEMENTATION OF THE INTERNATIONAL RESPONSIBILITY OF A STATE
CHAPTER I
INVOCATION OF THE RESPONSIBILITY OF A STATE

Article 42

Invocation of responsibility by an injured State

A State is entitled as an injured State to invoke the responsibility of another State if the obligation breached is owed to:

(a) That State individually; or

(b) A group of States including that State, or the international community as a whole, and the breach of the obligation:

(i) Specially affects that State; or

(ii) Is of such a character as radically to change the position of all the other States to which the obligation is owed with respect to the further performance of the obligation.

Article 43

Notice of claim by an injured State

1. An injured State which invokes the responsibility of another State shall give notice of its claim to that State.

2. The injured State may specify in particular:

(a) The conduct that the responsible State should take in order to cease the wrongful act, if it is continuing;

(b) What form reparation should take in accordance with the provisions of part two.

Article 44

Admissibility of claims

The responsibility of a State may not be invoked if:

(a) The claim is not brought in accordance with any applicable rule relating to the nationality of claims;

(b) The claim is one to which the rule of exhaustion of local remedies applies and any available and effective local remedy has not been exhausted.

Article 45

Loss of the right to invoke responsibility

The responsibility of a State may not be invoked if:

(a) The injured State has validly waived the claim;

(b) The injured State is to be considered as having, by reason of its conduct, validly acquiesced in the lapse of the claim.

Article 46

Plurality of injured States

Where several States are injured by the same internationally wrongful act, each injured State may separately invoke the responsibility of the State which has committed the internationally wrongful act.

Article 47

Plurality of responsible States

1. Where several States are responsible for the same internationally wrongful act, the responsibility of each State may be invoked in relation to that act.

2. Paragraph 1:

(a) Does not permit any injured State to recover, by way of compensation, more than the damage it has suffered;

(b) Is without prejudice to any right of recourse against the other responsible States.

Article 48

Invocation of responsibility by a State other than an injured State

1. Any State other than an injured State is entitled to invoke the responsibility of another State in accordance with paragraph 2 if:

(a) The obligation breached is owed to a group of States including that State, and is established for the protection of a collective interest of the group; or

(b) The obligation breached is owed to the international community as a whole.

2. Any State entitled to invoke responsibility under paragraph 1 may claim from the responsible State:

(a) Cessation of the internationally wrongful act, and assurances and guarantees of non repetition in accordance with article 30; and

(b) Performance of the obligation of reparation in accordance with the preceding articles, in the interest of the injured State or of the beneficiaries of the obligation breached.

3. The requirements for the invocation of responsibility by an injured State under articles 43, 44 and 45 apply to an invocation of responsibility by a State entitled to do so under paragraph 1.

CHAPTER II
COUNTERMEASURES

Article 49

Object and limits of countermeasures

1. An injured State may only take countermeasures against a State which is responsible for an internationally wrongful act in order to induce that State to comply with its obligations under part two.

2. Countermeasures are limited to the non performance for the time being of international obligations of the State taking the measures towards the responsible State.

3. Countermeasures shall, as far as possible, be taken in such a way as to permit the resumption of performance of the obligations in question.

Article 50

Obligations not affected by countermeasures

1. Countermeasures shall not affect:

(a) The obligation to refrain from the threat or use of force as embodied in the Charter of the United Nations;

(b) Obligations for the protection of fundamental human rights;

(c) Obligations of a humanitarian character prohibiting reprisals;

(d) Other obligations under peremptory norms of general international law.

2. A State taking countermeasures is not relieved from fulfilling its obligations:

(a) Under any dispute settlement procedure applicable between it and the responsible State;

(b) To respect the inviolability of diplomatic or consular agents, premises, archives and documents.

Article 51

Proportionality

Countermeasures must be commensurate with the injury suffered, taking into account the gravity of the internationally wrongful act and the rights in question.

Article 52

Conditions relating to resort to countermeasures

1. Before taking countermeasures, an injured State shall:

(a) Call upon the responsible State, in accordance with article 43, to fulfil its obligations under part two;

(b) Notify the responsible State of any decision to take countermeasures and offer to negotiate with that State.

2. Notwithstanding paragraph 1 (b), the injured State may take such urgent countermeasures as are necessary to preserve its rights.

3. Countermeasures may not be taken, and if already taken must be suspended without undue delay if:

(a) The internationally wrongful act has ceased; and

(b) The dispute is pending before a court or tribunal which has the authority to make decisions binding on the parties.

4. Paragraph 3 does not apply if the responsible State fails to implement the dispute settlement procedures in good faith.

Article 53

Termination of countermeasures

Countermeasures shall be terminated as soon as the responsible State has complied with its obligations under part two in relation to the internationally wrongful act.

Article 54

Measures taken by States other than an injured State

This chapter does not prejudice the right of any State, entitled under article 48, paragraph 1, to invoke the responsibility of another State, to take lawful measures against that State to ensure cessation of the breach and reparation in the interest of the injured State or of the beneficiaries of the obligation breached.

PART FOUR
GENERAL PROVISIONS

Article 55

Lex specialis

These articles do not apply where and to the extent that the conditions for the existence of an internationally wrongful act or the content or implementation of the international responsibility of a State are governed by special rules of international law.

Article 56

Questions of State responsibility not regulated by these articles

The applicable rules of international law continue to govern questions concerning the responsibility of a State for an internationally wrongful act to the extent that they are not regulated by these articles.

Article 57

Responsibility of an international organization

These articles are without prejudice to any question of the responsibility under international law of an international organization, or of any State for the conduct of an international organization.

Article 58

Individual responsibility

These articles are without prejudice to any question of the individual responsibility under international law of any person acting on behalf of a State.

Article 59

Charter of the United Nations

These articles are without prejudice to the Charter of the United Nations.

2. 조약법에 관한 비엔나협약

영문명: Vienna Convention on the Law of Treaties
체결일: 1969년 5월 23일
발효일: 1980년 1월 27일

The States Parties to the present Convention,

Considering the fundamental role of treaties in the history of international relations,

Recognizing the ever increasing importance of treaties as a source of international law and as a means of developing peaceful cooperation among nations, whatever their constitutional and social systems,

Noting that the principles of free consent and of good faith and the pacta sunt servanda rule are universally recognized,

Affirming that disputes concerning treaties, like other international disputes, should be settled by peaceful means and in conformity with the principles of justice and international law,

Recalling the determination of the peoples of the United Nations to establish conditions under which justice and respect for the obligations arising from treaties can be maintained,

Having in mind the principles of international law embodied in the Charter of the United Nations, such as the principles of the equal rights and self determination of peoples, of the sovereign equality and independence of all States, of non interference in the domestic affairs of States, of the prohibition of the threat or use of force and of universal respect for, and observance of, human rights and fundamental freedoms for all,

Believing that the codification and progressive development of the law of treaties achieved in the present Convention will promote the purposes of the United Nations set forth in the Charter, namely, the

maintenance of international peace and security, the development of friendly relations and the achievement of cooperation among nations,

Affirming that the rules of customary international law will continue to govern questions not regulated by the provisions of the present Convention,

Have agreed as follows:

PART Ⅰ.
INTRODUCTION

Article 1
Scope of the present Convention

The present Convention applies to treaties between States.

Article 2
Use of terms

1. For the purposes of the present Convention:

(a) "treaty" means an international agreement concluded between States in written form and governed by international law, whether embodied in a single instrument or in two or more related instruments and whatever its particular designation;

(b) "ratification", "acceptance", "approval" and "accession" mean in each case the international act so named whereby a State establishes on the international plane its consent to be bound by a treaty;

(c) "full powers" means a document emanating from the competent authority of a State designating a person or persons to represent the State for negotiating, adopting or authenticating the text of a treaty, for expressing the consent of the State to be bound by a treaty, or for accomplishing any other act with respect to a treaty;

(d) "reservation" means a unilateral statement, however phrased or named, made by a State, when signing, ratifying, accepting, approving or acceding to a treaty, whereby it purports to exclude or to modify the legal effect of certain provisions of the treaty in their application to that State;

(e) "negotiating State" means a State which took part in the drawing up and adoption of the text of the treaty;

(f) "contracting State" means a State which has consented to be bound by the treaty, whether or not the treaty has entered into force;

(g) "party" means a State which has consented to be bound by the treaty and for which the treaty is in force;

(h) "third State" means a State not a party to the treaty;

(i) "international organization" means an intergovernmental organization.

2. The provisions of paragraph 1 regarding the use of terms in the present Convention are without prejudice to the use of those terms or to the meanings which may be given to them in the internal law of any State.

Article 3

International agreements not within the scope of the present Convention

The fact that the present Convention does not apply to international agreements concluded between States and other subjects of international law or between such other subjects of international law, or to international agreements not in written form, shall not affect:

(a) the legal force of such agreements;

(b) the application to them of any of the rules set forth in the present Convention to which they would be subject under international law independently of the Convention;

(c) the application of the Convention to the relations of States as between themselves under international agreements to which other subjects of international law are also parties.

Article 4

Non retroactivity of the present Convention

Without prejudice to the application of any rules set forth in the present Convention to which treaties would be subject under international law independently of the Convention, the Convention applies only to treaties which are concluded by States after the entry into force of the present Convention with regard to such States.

Article 5

Treaties constituting international organizations and treaties adopted within an international organization

The present Convention applies to any treaty which is the constituent instrument of an international organization and to any treaty adopted within an international organization without prejudice to any relevant rules of the organization.

PART Ⅱ.

CONCLUSION AND ENTRY INTO FORCE OF TREATIES

SECTION 1. CONCLUSION OF TREATIES

Article 6

Capacity of States to conclude treaties

Every State possesses capacity to conclude treaties.

Article 7
Full powers

1. A person is considered as representing a State for the purpose of adopting or authenticating the text of a treaty or for the purpose of expressing the consent of the State to be bound by a treaty if:

(a) he produces appropriate full powers; or

(b) it appears from the practice of the States concerned or from other circumstances that their intention was to consider that person as representing the State for such purposes and to dispense with full powers.

2. In virtue of their functions and without having to produce full powers, the following are considered as representing their State:

(a) Heads of State, Heads of Government and Ministers for Foreign Affairs, for the purpose of performing all acts relating to the conclusion of a treaty;

(b) heads of diplomatic missions, for the purpose of adopting the text of a treaty between the accrediting State and the State to which they are accredited;

(c) representatives accredited by States to an international conference or to an international organization or one of its organs, for the purpose of adopting the text of a treaty in that conference, organization or organ.

Article 8
Subsequent confirmation of an act performed without authorization

An act relating to the conclusion of a treaty performed by a person who cannot be considered under article 7 as authorized to represent a State for that purpose is without legal effect unless afterwards confirmed by that State.

Article 9
Adoption of the text

1. The adoption of the text of a treaty takes place by the consent of all the States participating in its drawing up except as provided in paragraph 2.

2. The adoption of the text of a treaty at an international conference takes place by the vote of two thirds of the States present and voting, unless by the same majority they shall decide to apply a different rule.

Article 10
Authentication of the text

The text of a treaty is established as authentic and definitive:

(a) by such procedure as may be provided for in the text or agreed upon by the States participating in its drawing up; or

(b) failing such procedure, by the signature, signature ad referendum or initialling by the representatives of those States of the text of the treaty or of the Final Act of a conference incorporating the text.

Article 11

Means of expressing consent to be bound by a treaty

The consent of a State to be bound by a treaty may be expressed by signature, exchange of instruments constituting a treaty, ratification, acceptance, approval or accession, or by any other means if so agreed.

Article 12

Consent to be bound by a treaty expressed by signature

1. The consent of a State to be bound by a treaty is expressed by the signature of its representative when:

(a) the treaty provides that signature shall have that effect;

(b) it is otherwise established that the negotiating States were agreed that signature should have that effect; or

(c) the intention of the State to give that effect to the signature appears from the full powers of its representative or was expressed during the negotiation.

2. For the purposes of paragraph 1:

(a) the initialling of a text constitutes a signature of the treaty when it is established that the negotiating States so agreed;

(b) the signature ad referendum of a treaty by a representative, if confirmed by his State, constitutes a full signature of the treaty.

Article 13

Consent to be bound by a treaty expressed by an exchange of instruments constituting a treaty

The consent of States to be bound by a treaty constituted by instruments exchanged between them is expressed by that exchange when:

(a) the instruments provide that their exchange shall have that effect; or

(b) it is otherwise established that those States were agreed that the exchange of instruments should have that effect.

Article 14

Consent to be bound by a treaty expressed by ratification, acceptance or approval

1. The consent of a State to be bound by a treaty is expressed by ratification when:

(a) the treaty provides for such consent to be expressed by means of ratification;

(b) it is otherwise established that the negotiating States were agreed that ratification should be required;

(c) the representative of the State has signed the treaty subject to ratification; or

(d) the intention of the State to sign the treaty subject to ratification appears from the full powers of its representative or was expressed during the negotiation.

2. The consent of a State to be bound by a treaty is expressed by acceptance or approval under conditions similar to those which apply to ratification.

Article 15

Consent to be bound by a treaty expressed by accession

The consent of a State to be bound by a treaty is expressed by accession when:

(a) the treaty provides that such consent may be expressed by that State by means of accession;

(b) it is otherwise established that the negotiating States were agreed that such consent may be

expressed by that State by means of accession; or

(c) all the parties have subsequently agreed that such consent may be expressed by that State by means of accession.

Article 16

Exchange or deposit of instruments of ratification, acceptance, approval or accession

Unless the treaty otherwise provides, instruments of ratification, acceptance, approval or accession establish the consent of a State to be bound by a treaty upon:

(a) their exchange between the contracting States;

(b) their deposit with the depositary; or

(c) their notification to the contracting States or to the depositary, if so agreed.

Article 17

Consent to be bound by part of a treaty and choice of differing provisions

1. Without prejudice to articles 19 to 23, the consent of a State to be bound by part of a treaty is effective only if the treaty so permits or the other contracting States so agree.

2. The consent of a State to be bound by a treaty which permits a choice between differing provisions is effective only if it is made clear to which of the provisions the consent relates.

Article 18

Obligation not to defeat the object and purpose of a treaty prior to its entry into force

A State is obliged to refrain from acts which would defeat the object and purpose of a treaty when:

(a) it has signed the treaty or has exchanged instruments constituting the treaty subject to ratification, acceptance or approval, until it shall have made its intention clear not to become a party to the treaty; or

(b) it has expressed its consent to be bound by the treaty, pending the entry into force of the treaty and provided that such entry into force is not unduly delayed.

SECTION 2. RESERVATIONS

Article 19
Formulation of reservations

A State may, when signing, ratifying, accepting, approving or acceding to a treaty, formulate a reservation unless:

(a) the reservation is prohibited by the treaty;

(b) the treaty provides that only specified reservations, which do not include the reservation in question, may be made; or

(c) in cases not failing under subparagraphs (a) and (b), the reservation is incompatible with the object and purpose of the treaty.

Article 20
Acceptance of and objection to reservations

1. A reservation expressly authorized by a treaty does not require any subsequent acceptance by the other contracting States unless the treaty so provides.

2. When it appears from the limited number of the negotiating States and the object and purpose of a treaty that the application of the treaty in its entirety between all the parties is an essential condition of the consent of each one to be bound by the treaty, a reservation requires acceptance by all the parties.

3. When a treaty is a constituent instrument of an international organization and unless it otherwise provides, a reservation requires the acceptance of the competent organ of that organization.

4. In cases not falling under the preceding paragraphs and unless the treaty otherwise provides:

(a) acceptance by another contracting State of a reservation constitutes the reserving State a party to the treaty in relation to that other State if or when the treaty is in force for those States;

(b) an objection by another contracting State to a reservation does not preclude the entry into force of the treaty as between the objecting and reserving States unless a contrary intention is definitely expressed by the objecting State;

(c) an act expressing a State's consent to be bound by the treaty and containing a reservation is effective as soon as at least one other contracting State has accepted the reservation.

5. For the purposes of paragraphs 2 and 4 and unless the treaty otherwise provides, a reservation is considered to have been accepted by a State if it shall have raised no objection to the reservation by the end of a period of twelve months after it was notified of the reservation or by the date on which it expressed its consent to be bound by the treaty, whichever is later.

Article 21

Legal elects of reservations and of objections to reservations

1. A reservation established with regard to another party in accordance with articles 19, 20 and 23:

(a) modifies for the reserving State in its relations with that other party the provisions of the treaty to

which the reservation relates to the extent of the reservation; and

(b) modifies those provisions to the same extent for that other party in its relations with the reserving State.

2. The reservation does not modify the provisions of the treaty for the other parties to the treaty inter se.

3. When a State objecting to a reservation has not opposed the entry into force of the treaty between itself and the reserving State, the provisions to which the reservation relates do not apply as between the two States to the extent of the reservation.

Article 22

Withdrawal of reservations and of objections to reservations

1. Unless the treaty otherwise provides, a reservation may be withdrawn at any time and the consent of a State which has accepted the reservation is not required for its withdrawal.

2. Unless the treaty otherwise provides, an objection to a reservation may be withdrawn at any time.

3. Unless the treaty otherwise provides, or it is otherwise agreed:

(a) the withdrawal of a reservation becomes operative in relation to another contracting State only when notice of it has been received by that State;

(b) the withdrawal of an objection to a reservation becomes operative only when notice of it has been received by the State which formulated the reservation.

Article 23

Procedure regarding reservations

1. A reservation, an express acceptance of a reservation and an objection to a reservation must be formulated in writing and communicated to the contracting States and other States entitled to become parties to the treaty.

2. If formulated when signing the treaty subject to ratification, acceptance or approval, a reservation must be formally confirmed by the reserving State when expressing its consent to be bound by the treaty. In such a case the reservation shall be considered as having been made on the date of its confirmation.

3. An express acceptance of, or an objection to, a reservation made previously to confirmation of the reservation does not itself require confirmation.

4. The withdrawal of a reservation or of an objection to a reservation must be formulated in writing.

SECTION 3. ENTRY INTO FORCE AND PROVISIONAL, APPLICATION OF TREATIES

Article 24

Entry into force

1. A treaty enters into force in such manner and upon such date as it may provide or as the negotiating States may agree.

2. Failing any such provision or agreement, a treaty enters into force as soon as consent to be bound by the treaty has been established for all the negotiating States.

3. When the consent of a State to be bound by a treaty is established on a date after the treaty has come into force, the treaty enters into force for that State on that date, unless the treaty otherwise provides.

4. The provisions of a treaty regulating the authentication of its text, the establishment of the consent of States to be bound by the treaty, the manner or date of its entry into force, reservations, the functions of the depositary and other matters arising necessarily before the entry into force of the treaty apply from the time of the adoption of its text.

Article 25

Provisional application

1. A treaty or a part of a treaty is applied provisionally pending its entry into force if:

(a) the treaty itself so provides; or

(b) the negotiating States have in some other manner so agreed.

2. Unless the treaty otherwise provides or the negotiating States have otherwise agreed, the provisional application of a treaty or a part of a treaty with respect to a State shall be terminated if that State notifies the other States between which the treaty is being applied provisionally of its intention not to become a party to the treaty.

PART Ⅲ.
OBSERVANCE, APPLICATION AND INTERPRETATION OF TREATIES

SECTION 1. OBSERVANCE OF TREATIES

Article 26

"Pacta sunt servanda"

Every treaty in force is binding upon the parties to it and must be performed by them in good faith.

Article 27

Internal law and observance of treaties

A party may not invoke the provisions of its internal law as justification for its failure to perform a treaty. This rule is without prejudice to article 46.

SECTION 2. APPLICATION OF TREATIES

Article 28

Non retroactivity of treaties

Unless a different intention appears from the treaty or is otherwise established, its provisions do

not bind a party in relation to any act or fact which took place or any situation which ceased to exist

before the date of the entry into force of the treaty with respect to that party.

Article 29

Territorial scope of treaties

Unless a different intention appears from the treaty or is otherwise established, a treaty is binding

upon each party in respect of its entire territory.

Article 30

Application of successive treaties relating to the same subject matter

1. Subject to Article 103 of the Charter of the United Nations, the rights and obligations of States Parties to successive treaties relating to the same subject matter shall be determined in accordance with the following paragraphs.

2. When a treaty specifies that it is subject to, or that it is not to be considered as incompatible with, an earlier or later treaty, the provisions of that other treaty prevail.

3. When all the parties to the earlier treaty are parties also to the later treaty but the earlier treaty is not terminated or suspended in operation under article 59, the earlier treaty applies only to the extent that its provisions are compatible with those of the later treaty.

4. When the parties to the later treaty do not include all the parties to the earlier one:

(a) as between States Parties to both treaties the same rule applies as in paragraph 3;

(b) as between a State party to both treaties and a State party to only one of the treaties, the treaty to which both States are parties governs their mutual rights and obligations.

5. Paragraph 4 is without prejudice to article 41, or to any question of the termination or suspension of the operation of a treaty under article 60 or to any question of responsibility which may arise for a State from the conclusion or application of a treaty the provisions of which are incompatible with its obligations towards another State under another treaty.

SECTION 3. INTERPRETATION OF TREATIES

Article 31

General rule of interpretation

1. A treaty shall be interpreted in good faith in accordance with the ordinary meaning to be given to the terms of the treaty in their context and in the light of its object and purpose.

2. The context for the purpose of the interpretation of a treaty shall comprise, in addition to the text, including its preamble and annexes:

(a) any agreement relating to the treaty which was made between all the parties in connection with the conclusion of the treaty;

(b) any instrument which was made by one or more parties in connection with the conclusion of the treaty and accepted by the other parties as an instrument related to the treaty.

3. There shall be taken into account, together with the context:

(a) any subsequent agreement between the parties regarding the interpretation of the treaty or the application of its provisions;

(b) any subsequent practice in the application of the treaty which establishes the agreement of the parties regarding its interpretation;

(c) any relevant rules of international law applicable in the relations between the parties.

4. A special meaning shall be given to a term if it is established that the parties so intended.

Article 32

Supplementary means of interpretation

Recourse may be had to supplementary means of interpretation, including the preparatory work of the treaty and the circumstances of its conclusion, in order to confirm the meaning resulting from the application of article 31, or to determine the meaning when the interpretation according to article 31:

(a) leaves the meaning ambiguous or obscure; or

(b) leads to a result which is manifestly absurd or unreasonable.

Article 33

Interpretation of treaties authenticated in two or more languages

1. When a treaty has been authenticated in two or more languages, the text is equally authoritative in each language, unless the treaty provides or the parties agree that, in case of divergence, a particular text shall prevail.

2. A version of the treaty in a language other than one of those in which the text was authenticated shall be considered an authentic text only if the treaty so provides or the parties so agree.

3. The terms of the treaty are presumed to have the same meaning in each authentic text.

4. Except where a particular text prevails in accordance with paragraph 1, when a comparison of the authentic texts discloses a difference of meaning which the application of articles 31 and 32 does not remove, the meaning which best reconciles the texts, having regard to the object and purpose of the treaty, shall be adopted.

SECTION 4. TREATIES AND THIRD STATES

Article 34

General rule regarding third States

A treaty does not create either obligations or rights for a third State without its consent.

Article 35

Treaties providing for obligations for third States

An obligation arises for a third State from a provision of a treaty if the parties to the treaty intend

the provision to be the means of establishing the obligation and the third State expressly accepts that

obligation in writing.

Article 36

Treaties providing for rights for third States

1. A right arises for a third State from a provision of a treaty if the parties to the treaty intend the provision to accord that right either to the third State, or to a group of States to which it belongs, or to all States, and the third State assents thereto. Its assent shall be presumed so long as the contrary is not indicated, unless the treaty otherwise provides.

2. A State exercising a right in accordance with paragraph 1 shall comply with the conditions for its exercise provided for in the treaty or established in conformity with the treaty.

Article 37

Revocation or modification of obligations or rights of third States

1. When an obligation has arisen for a third State in conformity with article 35, the obligation may be revoked or modified only with the consent of the parties to the treaty and of the third State, unless it is established that they had otherwise agreed.

2. When a right has arisen for a third State in conformity with article 36, the right may not be revoked or modified by the parties if it is established that the right was intended not to be revocable or subject to modification without the consent of the third State.

Article 38

Rules in a treaty becoming binding on third States through international custom

Nothing in articles 34 to 37 precludes a rule set forth in a treaty from becoming binding upon a third State as a customary rule of international law, recognized as such.

PART Ⅳ.
AMENDMENT AND MODIFICATION OF TREATIES

Article 39

General rule regarding the amendment of treaties

A treaty may be amended by agreement between the parties. The rules laid down in Part II apply to such an agreement except insofar as the treaty may otherwise provide.

Article 40

Amendment of multilateral treaties

1. Unless the treaty otherwise provides, the amendment of multilateral treaties shall be governed by the following paragraphs.

2. Any proposal to amend a multilateral treaty as between all the parties must be notified to all the contracting States, each one of which shall have the right to take part in:

(a) the decision as to the action to be taken in regard to such proposal;

(b) the negotiation and conclusion of any agreement for the amendment of the treaty.

3. Every State entitled to become a party to the treaty shall also be entitled to become a party to the treaty as amended.

4. The amending agreement does not bind any State already a party to the treaty which does not become a party to the amending agreement; article 30, paragraph 4 (b), applies in relation to such State.

5. Any State which becomes a party to the treaty after the entry into force of the amending agreement shall, failing an expression of a different intention by that State:

(a) be considered as a party to the treaty as amended; and

(b) be considered as a party to the unamended treaty in relation to any party to the treaty not bound by the amending agreement.

Article 41

Agreements to modify multilateral treaties between certain of the parties only

1. Two or more of the parties to a multilateral treaty may conclude an agreement to modify the treaty as between themselves alone if:

(a) the possibility of such a modification is provided for by the treaty; or

(b) the modification in question is not prohibited by the treaty and:

(i) does not affect the enjoyment by the other parties of their rights under the treaty or the performance of their obligations;

(ii) does not relate to a provision, derogation from which is incompatible with the effective execution of the object and purpose of the treaty as a whole.

2. Unless in a case falling under paragraph 1 (a) the treaty otherwise provides, the parties in question shall notify the other parties of their intention to conclude the agreement and of the modification to the treaty for which it provides.

PART Ⅴ. INVALIDITY, TERMINATION AND SUSPENSION OF THE OPERATION OF TREATIES

SECTION 1. GENERAL PROVISIONS

Article 42

Validity and continuance in force of treaties

1. The validity of a treaty or of the consent of a State to be bound by a treaty may be impeached only through the application of the present Convention.

2. The termination of a treaty, its denunciation or the withdrawal of a party, may take place only as a result of the application of the provisions of the treaty or of the present Convention. The same rule applies to suspension of the operation of a treaty.

Article 43

Obligations imposed by international law independently of a treaty

The invalidity, termination or denunciation of a treaty, the withdrawal of a party from it, or the suspension of its operation, as a result of the application of the present Convention or of the provisions of the treaty, shall not in any way impair the duty of any State to fulfil any obligation embodied in the treaty to which it would be subject under international law independently of the treaty.

Article 44

Separability of treaty provisions

1. A right of a party, provided for in a treaty or arising under article 56, to denounce, withdraw from or suspend the operation of the treaty may be exercised only with respect to the whole treaty unless the treaty otherwise provides or the parties otherwise agree.

2. A ground for invalidating, terminating, withdrawing from or suspending the operation of a treaty recognized in the present Convention may be invoked only with respect to the whole treaty except as provided in the following paragraphs or in article 60.

3. If the ground relates solely to particular clauses, it may be invoked only with respect to those clauses where:

(a) the said clauses are separable from the remainder of the treaty with regard to their application;

(b) it appears from the treaty or is otherwise established that acceptance of those clauses was not an essential basis of the consent of the other party or parties to be bound by the treaty as a whole; and

(c) continued performance of the remainder of the treaty would not be unjust.

4. In cases falling under articles 49 and 50, the State entitled to invoke the fraud or corruption may

do so with respect either to the whole treaty or, subject to paragraph 3, to the particular clauses alone.

5. In cases falling under articles 51, 52 and 53, no separation of the provisions of the treaty is permitted.

Article 45

Loss of a right to invoke a ground for invalidating, terminating,

withdrawing from or suspending the operation of a treaty

A State may no longer invoke a ground for invalidating, terminating, withdrawing from or suspending the operation of a treaty under articles 46 to 50 or articles 60 and 62 if, after becoming aware of the facts:

(a) it shall have expressly agreed that the treaty is valid or remains in force or continues in operation, as the case may be; or

(b) it must by reason of its conduct be considered as having acquiesced in the validity of the treaty or in its maintenance in force or in operation, as the case may be.

SECTION 2. INVALIDITY OF TREATIES

Article 46

Provisions of internal law regarding competence to conclude treaties

1. A State may not invoke the fact that its consent to be bound by a treaty has been expressed in violation of a provision of its internal law regarding competence to conclude treaties as invalidating its consent unless that violation was manifest and concerned a rule of its internal law of fundamental importance.

2. A violation is manifest if it would be objectively evident to any State conducting itself in the matter in accordance with normal practice and in good faith.

Article 47

Specific restrictions on authority to express the consent of a State

If the authority of a representative to express the consent of a State to be bound by a particular treaty has been made subject to a specific restriction, his omission to observe that restriction may not be invoked as invalidating the consent expressed by him unless the restriction was notified to the other negotiating States prior to his expressing such consent.

Article 48

Error

1. A State may invoke an error in a treaty as invalidating its consent to be bound by the treaty if the error relates to a fact or situation which was assumed by that State to exist at the time when the treaty was concluded and formed an essential basis of its consent to be bound by the treaty.

2. Paragraph 1 shall not apply if the State in question contributed by its own conduct to the error or if the circumstances were such as to put that State on notice of a possible error.

3. An error relating only to the wording of the text of a treaty does not affect its validity; article 79 then applies.

Article 49

Fraud

If a State has been induced to conclude a treaty by the fraudulent conduct of another negotiating State, the State may invoke the fraud as invalidating its consent to be bound by the treaty.

Article 50

Corruption of a representative of a State

If the expression of a State's consent to be bound by a treaty has been procured through the corruption of its representative directly or indirectly by another negotiating State, the State may invoke such corruption as invalidating its consent to be bound by the treaty.

Article 51

Coercion of a representative of a State

The expression of a State's consent to be bound by a treaty which has been procured by the coercion of its representative through acts or threats directed against him shall be without any legal effect.

Article 52

Coercion of a State by the threat or use of force

A treaty is void if its conclusion has been procured by the threat or use of force in violation of the principles of international law embodied in the Charter of the United Nations.

Article 53

Treaties conflicting with a peremptory norm of general international law ("jus cogens")

A treaty is void if, at the time of its conclusion, it conflicts with a peremptory norm of general international law. For the purposes of the present Convention, a peremptory norm of general international law is a norm accepted and recognized by the international community of States as a whole as a norm from which no derogation is permitted and which can be modified only by a subsequent norm of general international law having the same character.

SECTION 3. TERMINATION AND SUSPENSION OF THE OPERATION OF TREATIES

Article 54

Termination of or withdrawal from a treaty under its provisions or by consent of the parties

The termination of a treaty or the withdrawal of a party may take place:

(a) in conformity with the provisions of the treaty; or

(b) at any time by consent of all the parties after consultation with the other contracting States.

Article 55

Reduction of the parties to a multilateral treaty below the number necessary for its entry into force

Unless the treaty otherwise provides, a multilateral treaty does not terminate by reason only of the fact that the number of the parties falls below the number necessary for its entry into force.

Article 56

Denunciation of or withdrawal from a treaty containing no

provision regarding termination, denunciation or withdrawal

1. A treaty which contains no provision regarding its termination and which does not provide for denunciation or withdrawal is not subject to denunciation or withdrawal unless:

(a) it is established that the parties intended to admit the possibility of denunciation or withdrawal; or

(b) a right of denunciation or withdrawal may be implied by the nature of the treaty.

2. A party shall give not less than twelve months' notice of its intention to denounce or withdraw from a treaty under paragraph 1.

Article 57

Suspension of the operation of a treaty under its provisions or by consent of the parties

The operation of a treaty in regard to all the parties or to a particular party may be suspended:

(a) in conformity with the provisions of the treaty; or

(b) at any time by consent of all the parties after consultation with the other contracting States.

Article 58

Suspension of the operation of a multilateral treaty by agreement between certain of the parties only

1. Two or more parties to a multilateral treaty may conclude an agreement to suspend the operation of provisions of the treaty, temporarily and as between themselves alone, if:

(a) the possibility of such a suspension is provided for by the treaty; or

(b) the suspension in question is not prohibited by the treaty and:

(i) does not affect the enjoyment by the other parties of their rights under the treaty or the performance of their obligations;

(ii) is not incompatible with the object and purpose of the treaty.

2. Unless in a case falling under paragraph 1 (a) the treaty otherwise provides, the parties in question shall notify the other parties of their intention to conclude the agreement and of those provisions of the treaty the operation of which they intend to suspend.

Article 59

Termination or suspension of the operation of a treaty implied by conclusion of a later treaty

1. A treaty shall be considered as terminated if all the parties to it conclude a later treaty relating to the same subject matter and:

(a) it appears from the later treaty or is otherwise established that the parties intended that the matter should be governed by that treaty; or

(b) the provisions of the later treaty are so far incompatible with those of the earlier one that the two treaties are not capable of being applied at the same time.

2. The earlier treaty shall be considered as only suspended in operation if it appears from the later treaty or is otherwise established that such was the intention of the parties.

Article 60

Termination or suspension of the operation of a treaty as a consequence of its breach

1. A material breach of a bilateral treaty by one of the parties entitles the other to invoke the breach as a ground for terminating the treaty or suspending its operation in whole or in part.

2. A material breach of a multilateral treaty by one of the parties entitles:

(a) the other parties by unanimous agreement to suspend the operation of the treaty in whole or in part or to terminate it either:

(i) in the relations between themselves and the defaulting State; or

(ii) as between all the parties;

(b) a party specially affected by the breach to invoke it as a ground for suspending the operation of the treaty in whole or in part in the relations between itself and the defaulting State;

(c) any party other than the defaulting State to invoke the breach as a ground for suspending the operation of the treaty in whole or in part with respect to itself if the treaty is of such a character that a material breach of its provisions by one party radically changes the position of every party with respect to the further performance of its obligations under the treaty.

3. A material breach of a treaty, for the purposes of this article, consists in:

(a) a repudiation of the treaty not sanctioned by the present Convention; or

(b) the violation of a provision essential to the accomplishment of the object or purpose of the treaty.

4. The foregoing paragraphs are without prejudice to any provision in the treaty applicable in the event of a breach.

5. Paragraphs 1 to 3 do not apply to provisions relating to the protection of the human person contained in treaties of a humanitarian character, in particular to provisions prohibiting any form of reprisals against persons protected by such treaties.

Article 61

Supervening impossibility of performance

1. A party may invoke the impossibility of performing a treaty as a ground for terminating or withdrawing from it if the impossibility results from the permanent disappearance or destruction of an object indispensable for the execution of the treaty. If the impossibility is temporary, it may be invoked only as a ground for suspending the operation of the treaty.

2. Impossibility of performance may not be invoked by a party as a ground for terminating, withdrawing from or suspending the operation of a treaty if the impossibility is the result of a breach by that party either of an obligation under the treaty or of any other international obligation owed to any other party to the treaty.

Article 62
Fundamental change of circumstances

1. A fundamental change of circumstances which has occurred with regard to those existing at the time of the conclusion of a treaty, and which was not foreseen by the parties, may not be invoked as a ground for terminating or withdrawing from the treaty unless:

(a) the existence of those circumstances constituted an essential basis of the consent of the parties to be bound by the treaty; and

(b) the effect of the change is radically to transform the extent of obligations still to be performed under the treaty.

2. A fundamental change of circumstances may not be invoked as a ground for terminating or withdrawing from a treaty:

(a) if the treaty establishes a boundary; or

(b) if the fundamental change is the result of a breach by the party invoking it either of an obligation under the treaty or of any other international obligation owed to any other party to the treaty.

3. If, under the foregoing paragraphs, a party may invoke a fundamental change of circumstances as a ground for terminating or withdrawing from a treaty it may also invoke the change as a ground for suspending the operation of the treaty.

Article 63
Severance of diplomatic or consular relations

The severance of diplomatic or consular relations between parties to a treaty does not affect the legal relations established between them by the treaty except insofar as the existence of diplomatic or consular relations is indispensable for the application of the treaty.

Article 64
Emergence of a new peremptory norm of general international law ("jus cogens")

If a new peremptory norm of general international law emerges, any existing treaty which is in conflict with that norm becomes void and terminates.

SECTION 4. PROCEDURE

Article 65

Procedure to be followed with respect to invalidity,
termination, withdrawal from or suspension of the operation of a treaty

1. A party which, under the provisions of the present Convention, invokes either a defect in its consent to be bound by a treaty or a ground for impeaching the validity of a treaty, terminating it, withdrawing from it or suspending its operation, must notify the other parties of its claim. The notification shall indicate the measure proposed to be taken with respect to the treaty and the reasons therefor.

2. If, after the expiry of a period which, except in cases of special urgency, shall not be less than three months after the receipt of the notification, no party has raised any objection, the party making the notification may carry out in the manner provided in article 67 the measure which it has proposed.

3. If, however, objection has been raised by any other party, the parties shall seek a solution through the means indicated in Article 33 of the Charter of the United Nations.

4. Nothing in the foregoing paragraphs shall affect the rights or obligations of the parties under any provisions in force binding the parties with regard to the settlement of disputes.

5. Without prejudice to article 45, the fact that a State has not previously made the notification prescribed in paragraph 1 shall not prevent it from making such notification in answer to another party claiming performance of the treaty or alleging its violation.

Article 66

Procedures for judicial settlement, arbitration and conciliation

If, under paragraph 3 of article 65, no solution has been reached within a period of 12 months following the date on which the objection was raised, the following procedures shall be followed:

(a) any one of the parties to a dispute concerning the application or the interpretation of article 53 or 64 may, by a written application, submit it to the International Court of Justice for a decision unless the parties by common consent agree to submit the dispute to arbitration;

(b) any one of the parties to a dispute concerning the application or the interpretation of any of the other articles in part V of the present Convention may set in motion the procedure specified in the Annex to the Convention by submitting a request to that effect to the Secretary General of the United Nations.

Article 67

Instruments for declaring invalid, terminating, withdrawing from or suspending the operation of a treaty

1. The notification provided for under article 65, paragraph 1, must be made in writing.

2. Any act of declaring invalid, terminating, withdrawing from or suspending the operation of a treaty pursuant to the provisions of the treaty or of paragraphs 2 or 3 of article 65 shall be carried out through an instrument communicated to the other parties. If the instrument is not signed by the Head of State, Head of Government or Minister for Foreign Affairs, the representative of the State communicating it may be called upon to produce full powers.

Article 68

Revocation of notifications and instruments provided for in articles 65 and 67

A notification or instrument provided for in article 65 or 67 may be revoked at any time before it takes effect.

SECTION 5. CONSEQUENCES OF THE INVALIDITY, TERMINATION OR SUSPENSION OF THE OPERATION OF A TREATY

Article 69

Consequences of the invalidity of a treaty

1. A treaty the invalidity of which is established under the present Convention is void. The provisions of a void treaty have no legal force.

2. If acts have nevertheless been performed in reliance on such a treaty:

(a) each party may require any other party to establish as far as possible in their mutual relations the position that would have existed if the acts had not been performed;

(b) acts performed in good faith before the invalidity was invoked are not rendered unlawful by reason only of the invalidity of the treaty.

3. In cases falling under article 49, 50, 51 or 52, paragraph 2 does not apply with respect to the party to which the fraud, the act of corruption or the coercion is imputable.

4. In the case of the invalidity of a particular State's consent to be bound by a multilateral treaty, the foregoing rules apply in the relations between that State and the parties to the treaty.

Article 70

Consequences of the termination of a treaty

1. Unless the treaty otherwise provides or the parties otherwise agree, the termination of a treaty under its provisions or in accordance with the present Convention:

(a) releases the parties from any obligation further to perform the treaty;

(b) does not affect any right, obligation or legal situation of the parties created through the execution of the treaty prior to its termination.

2. If a State denounces or withdraws from a multilateral treaty, paragraph 1 applies in the relations between that State and each of the other parties to the treaty from the date when such denunciation or withdrawal takes effect.

Article 71

Consequences of the invalidity of a treaty which conflicts

with a peremptory norm of general international law

1. In the case of a treaty which is void under article 53 the parties shall:

(a) eliminate as far as possible the consequences of any act performed in reliance on any provision which conflicts with the peremptory norm of general international law; and

(b) bring their mutual relations into conformity with the peremptory norm of general international law.

2. In the case of a treaty which becomes void and terminates under article 64, the termination of the treaty:

(a) releases the parties from any obligation further to perform the treaty;

(b) does not affect any right, obligation or legal situation of the parties created through the execution of the treaty prior to its termination, provided that those rights, obligations or situations may thereafter be maintained only to the extent that their maintenance is not in itself in conflict with the new peremptory norm of general international law.

Article 72

Consequences of the suspension of the operation of a treaty

1. Unless the treaty otherwise provides or the parties otherwise agree, the suspension of the operation of a treaty under its provisions or in accordance with the present Convention:

(a) releases the parties between which the operation of the treaty is suspended from the obligation to perform the treaty in their mutual relations during the period of the suspension;

(b) does not otherwise affect the legal relations between the parties established by the treaty.

2. During the period of the suspension the parties shall refrain from acts tending to obstruct the resumption of the operation of the treaty.

PART Ⅵ.
MISCELLANEOUS PROVISIONS

Article 73
Cases of State succession, State responsibility and outbreak of hostilities

The provisions of the present Convention shall not prejudge any question that may arise in regard to a treaty from a succession of States or from the international responsibility of a State or from the outbreak of hostilities between States.

Article 74
Diplomatic and consular relations and the conclusion of treaties

The severance or absence of diplomatic or consular relations between two or more States does not prevent the conclusion of treaties between those States. The conclusion of a treaty does not in itself affect the situation in regard to diplomatic or consular relations.

Article 75
Case of an aggressor State

The provisions of the present Convention are without prejudice to any obligation in relation to a treaty which may arise for an aggressor State in consequence of measures taken in conformity with the Charter of the United Nations with reference to that State's aggression.

PART Ⅶ.
DEPOSITARIES, NOTIFICATIONS, CORRECTIONS AND REGISTRATION

Article 76
Depositaries of treaties

1. The designation of the depositary of a treaty may be made by the negotiating States, either in the treaty itself or in some other manner. The depositary may be one or more States, an international organization or the chief administrative officer of the organization.

2. The functions of the depositary of a treaty are international in character and the depositary is under an obligation to act impartially in their performance. In particular, the

fact that a treaty has not entered into force between certain of the parties or that a difference has appeared between a State and a depositary with regard to the performance of the latter's functions shall not affect that obligation.

Article 77

Functions of depositaries

1. The functions of a depositary, unless otherwise provided in the treaty or agreed by the contracting States, comprise in particular:

(a) keeping custody of the original text of the treaty and of any full powers delivered to the depositary;

(b) preparing certified copies of the original text and preparing any further text of the treaty in such additional languages as may be required by the treaty and transmitting them to the parties and to the States entitled to become parties to the treaty;

(c) receiving any signatures to the treaty and receiving and keeping custody of any instruments, notifications and communications relating to it;

(d) examining whether the signature or any instrument, notification or communication relating to the treaty is in due and proper form and, if need be, bringing the matter to the attention of the State in question;

(e) informing the parties and the States entitled to become parties to the treaty of acts, notifications and communications relating to the treaty;

(f) informing the States entitled to become parties to the treaty when the number of signatures or of instruments of ratification, acceptance, approval or accession required for the entry into force of the treaty has been received or deposited;

(g) registering the treaty with the Secretariat of the United Nations;

(h) performing the functions specified in other provisions of the present Convention.

2. In the event of any difference appearing between a State and the depositary as to the performance of the latter's functions, the depositary shall bring the question to the attention of the signatory States and the contracting States or, where appropriate, of the competent organ of the international organization concerned.

Article 78

Notifications and communications

Except as the treaty or the present Convention otherwise provide, any notification or communication to be made by any State under the present Convention shall:

(a) if there is no depositary, be transmitted direct to the States for which it is intended, or if there is a depositary, to the latter;

(b) be considered as having been made by the State in question only upon its receipt by the State to which it was transmitted or, as the case may be, upon its receipt by the depositary;

(c) if transmitted to a depositary, be considered as received by the State for which it was intended only when the latter State has been informed by the depositary in accordance with article 77, paragraph 1 (e).

Article 79

Correction of errors in texts or in certified copies of treaties

1. Where, after the authentication of the text of a treaty, the signatory States and the contracting States are agreed that it contains an error, the error shall, unless they decide upon some other means of correction, be corrected:

(a) by having the appropriate correction made in the text and causing the correction to be initialled by duly authorized representatives;

(b) by executing or exchanging an instrument or instruments setting out the correction which it has been agreed to make; or

(c) by executing a corrected text of the whole treaty by the same procedure as in the case of the original text.

2. Where the treaty is one for which there is a depositary, the latter shall notify the signatory States and the contracting States of the error and of the proposal to correct it and shall specify an appropriate time limit within which objection to the proposed correction may be raised. If, on the expiry of the time limit:

(a) no objection has been raised, the depositary shall make and initial the correction in the text and shall execute a procès verbal of the rectification of the text and communicate a copy of it to the parties and to the States entitled to become parties to the treaty;

(b) an objection has been raised, the depositary shall communicate the objection to the signatory States and to the contracting States.

3. The rules in paragraphs I and 2 apply also where the text has been authenticated in two or more

languages and it appears that there is a lack of concordance which the signatory States and the contracting States agree should be corrected.

4. The corrected text replaces the defective text ab initio, unless the signatory States and the contracting States otherwise decide.

5. The correction of the text of a treaty that has been registered shall be notified to the Secretariat of the United Nations.

6. Where an error is discovered in a certified copy of a treaty, the depositary shall execute a procès verbal specifying the rectification and communicate a copy of it to the signatory States and to the contracting States.

Article 80

Registration and publication of treaties

1. Treaties shall, after their entry into force, be transmitted to the Secretariat of the United Nations for registration or filing and recording, as the case may be, and for publication.

2. The designation of a depositary shall constitute authorization for it to perform the acts specified in the preceding paragraph.

PART Ⅷ.
FINAL PROVISIONS

Article 81

Signature

The present Convention shall be open for signature by all States Members of the United Nations or of any of the specialized agencies or of the International Atomic Energy Agency or parties to the Statute of the International Court of Justice, and by any other State invited by the General Assembly of the United Nations to become a party to the Convention, as follows: until 30 November 1969, at the Federal Ministry for Foreign Affairs of the Republic of Austria, and subsequently, until 30 April 1970, at United Nations Headquarters, New York.

Article 82

Ratification

The present Convention is subject to ratification. The instruments of ratification shall be deposited with the Secretary General of the United Nations.

Article 83

Accession

The present Convention shall remain open for accession by any State belonging to any of the categories mentioned in article 81. The instruments of accession shall be deposited with the Secretary General of the United Nations.

Article 84

Entry into force

1. The present Convention shall enter into force on the thirtieth day following the date of deposit of the thirty fifth instrument of ratification or accession.

2. For each State ratifying or acceding to the Convention after the deposit of the

thirty fifth instrument of ratification or accession, the Convention shall enter into force on the thirtieth day after deposit by such State of its instrument of ratification or accession.

Article 85

Authentic texts

The original of the present Convention, of which the Chinese, English, French, Russian and Spanish texts are equally authentic, shall be deposited with the Secretary General of the United Nations.

IN WITNESS WHEREOF the undersigned Plenipotentiaries, being duly authorized thereto by their respective Governments, have signed the present Convention.

DONE at Vienna this twenty third day of May, one thousand nine hundred and sixty-nine.

ANNEX

1. A list of conciliators consisting of qualified jurists shall be drawn up and maintained by the Secretary General of the United Nations. To this end, every State which is a Member of the United Nations or a party to the present Convention shall be invited to nominate two conciliators, and the names of the persons so nominated shall constitute the list. The term of a conciliator, including that of any conciliator nominated to fill a casual vacancy, shall be five years and may be renewed. A conciliator whose term expires shall continue to fulfil any function for which he shall have been chosen under the following paragraph.

2. When a request has been made to the Secretary General under article 66, the Secretary General shall bring the dispute before a conciliation commission constituted as follows:

The State or States constituting one of the parties to the dispute shall appoint:

(a) one conciliator of the nationality of that State or of one of those States, who may or may not be chosen from the list referred to in paragraph 1; and

(b) one conciliator not of the nationality of that State or of any of those States, who shall be chosen from the list.

The State or States constituting the other party to the dispute shall appoint two conciliators in the same way. The four conciliators chosen by the parties shall be appointed within sixty days following the date on which the Secretary General receives the request.

The four conciliators shall, within sixty days following the date of the last of their own appointments, appoint a fifth conciliator chosen from the list, who shall be chairman.

If the appointment of the chairman or of any of the other conciliators has not been made within the

period prescribed above for such appointment, it shall be made by the Secretary General within sixty days following the expiry of that period. The appointment of the chairman may be made by the Secretary General either from the list or from the membership of the International Law Commission. Any of the periods within which appointments must be made may be extended by agreement between the parties to the dispute.

Any vacancy shall be filled in the manner prescribed for the initial appointment.

3. The Conciliation Commission shall decide its own procedure. The Commission, with the consent of the parties to the dispute, may invite any party to the treaty to submit to it its views orally or in writing. Decisions and recommendations of the Commission shall be made by a majority vote of the five members.

4. The Commission may draw the attention of the parties to the dispute to any measures which might facilitate an amicable settlement.

5. The Commission shall hear the parties, examine the claims and objections, and make proposals to the parties with a view to reaching an amicable settlement of the dispute.

6. The Commission shall report within twelve months of its constitution. Its report shall be deposited with the Secretary General and transmitted to the parties to the dispute. The report of the Commission, including any conclusions stated therein regarding the facts or questions of law, shall not be binding upon the parties and it shall have no other character than that of recommendations submitted for the consideration of the parties in order to facilitate an amicable settlement of the dispute.

7. The Secretary General shall provide the Commission with such assistance and facilities as it may require. The expenses of the Commission shall be borne by the United Nations.

3. 국제형사재판소에 관한 로마규정

영문명: Rome Statute of the International Criminal Court
체결일: 1998년 7월 17일
발효일: 2002년 7월 1일

Preamble

The States Parties to this Statute,

Conscious that all peoples are united by common bonds, their cultures pieced together in a shared heritage, and concerned that this delicate mosaic may be shattered at any time,

Mindful that during this century millions of children, women and men have been victims of unimaginable atrocities that deeply shock the conscience of humanity,

Recognizing that such grave crimes threaten the peace, security and well being of the world,

Affirming that the most serious crimes of concern to the international community as a whole must not go unpunished and that their effective prosecution must be ensured by taking measures at the national level and by enhancing international cooperation,

Determined to put an end to impunity for the perpetrators of these crimes and thus to contribute to the prevention of such crimes,

Recalling that it is the duty of every State to exercise its criminal jurisdiction over those responsible for international crimes,

Reaffirming the Purposes and Principles of the Charter of the United Nations, and in particular that all States shall refrain from the threat or use of force against the territorial integrity or political independence of any State, or in any other manner inconsistent with the Purposes of the United Nations,

Emphasizing in this connection that nothing in this Statute shall be taken as authorizing any State Party to intervene in an armed conflict or in the internal affairs of any State,

Determined to these ends and for the sake of present and future generations, to establish an independent permanent International Criminal Court in relationship with the United Nations system, with jurisdiction over the most serious crimes of concern to the international community as a whole,

Emphasizing that the International Criminal Court established under this Statute shall be complementary to national criminal jurisdictions,

Resolved to guarantee lasting respect for and the enforcement of international justice,
Have agreed as follows:

Part Ⅰ Establishment of the Court

Article 1
The Court

An International Criminal Court ('the Court') is hereby established. It shall be a permanent institution and shall have the power to exercise its jurisdiction over persons for the most serious crimes of international concern, as referred to in this Statute, and shall be complementary to national criminal jurisdictions. The jurisdiction and functioning of the Court shall be governed by the provisions of this Statute.

Article 2
Relationship of the Court with the United Nations

The Court shall be brought into relationship with the United Nations through an agreement to be approved by the Assembly of States Parties to this Statute and thereafter concluded by the President of the Court on its behalf.

Article 3
Seat of the Court

1. The seat of the Court shall be established at The Hague in the Netherlands ('the host State').

2. The Court shall enter into a headquarters agreement with the host State, to be approved by the assembly of States Parties and thereafter concluded by the President of the Court on its behalf.

3. The Court may sit elsewhere, whenever it considers it desirable, as provided in this Statute.

Article 4
Legal status and powers of the Court

1. The Court shall have international legal personality. It shall also have such legal capacity as may be necessary for the exercise of its functions and the fulfilment of its purposes.

2. The Court may exercise its functions and powers, as provided in this Statute, on the territory of any State Party and, by special agreement, on the territory of any other State.

Part Ⅱ Jurisdiction, admissibility and applicable law

Article 5
Crimes within the jurisdiction of the Court

1. The jurisdiction of the Court shall be limited to the most serious crimes of concern to the international community as a whole. The Court has jurisdiction in accordance with this Statute with respect to the following crimes:

(a) The crime of genocide;

(b) Crimes against humanity;

(c) War crimes;

(d) The crime of aggression.

2. The Court shall exercise jurisdiction over the crime of aggression once a provision is adopted in accordance with articles 121 and 123 defining the crime and setting out the conditions under which the Court shall exercise jurisdiction with respect to this crime. Such a provision shall be consistent with the relevant provisions of the Charter of the United Nations.

Article 6
Genocide

For the purpose of this Statute, 'genocide' means any of the following acts committed with intent to destroy, in whole or in part, a national, ethnical, racial or religious group, as such:

(a) Killing members of the group;

(b) Causing serious bodily or mental harm to members of the group;

(c) Deliberately inflicting on the group conditions of life calculated to bring about its physical

destruction in whole or in part;

(d) Imposing measures intended to prevent births within the group;

(e) Forcibly transferring children of the group to another group.

Article 7
Crimes against humanity

1. For the purpose of this Statute, 'crime against humanity' means any of the following acts when committed as part of a widespread or systematic attack directed against any civilian population, with knowledge of the attack:

(a) Murder;

(b) Extermination;

(c) Enslavement;

(d) Deportation or forcible transfer of population;

(e) Imprisonment or other severe deprivation of physical liberty in violation of fundamental rules of international law;

(f) Torture;

(g) Rape, sexual slavery, enforced prostitution, forced pregnancy, enforced sterilization, or any other form of sexual violence of comparable gravity;

(h) Persecution against any identifiable group or collectivity on political, racial, national, ethnic, cultural, religious, gender as defined in paragraph 3, or other grounds that are universally recognized as impermissible under international law, in connection with any act referred to in this paragraph or any crime within the jurisdiction of the Court;

(i) Enforced disappearance of persons;

(j) The crime of apartheid;

(k) Other inhumane acts of a similar character intentionally causing great suffering, or serious injury to body or to mental or physical health.

2. For the purpose of paragraph 1:

(a) 'Attack directed against any civilian population' means a course of conduct involving the multiple commission of acts referred to in paragraph 1 against any civilian population, pursuant to or in furtherance of a State or organizational policy to commit such attack;

(b) 'Extermination' includes the intentional infliction of conditions of life, inter alia the deprivation of access to food and medicine, calculated to bring about the destruction of part of a population;

(c) 'Enslavement' means the exercise of any or all of the powers attaching to the right of ownership over a person and includes the exercise of such power in the course of trafficking in persons, in particular women and children;

(d) 'Deportation or forcible transfer of population' means forced displacement of the persons concerned by expulsion or other coercive acts from the area in which they are lawfully present, without grounds permitted under international law;

(e) 'Torture' means the intentional infliction of severe pain or suffering, whether physical or mental, upon a person in the custody or under the control of the accused; except that torture shall not include pain or suffering arising only from, inherent in or incidental to, lawful sanctions;

(f) 'Forced pregnancy' means the unlawful confinement of a woman forcibly made pregnant, with the intent of affecting the ethnic composition of any population or carrying out other grave violations of international law. This definition shall not in any way be interpreted as affecting national laws relating to pregnancy;

(g) 'Persecution' means the intentional and severe deprivation of fundamental rights contrary to international law by reason of the identity of the group or collectivity;

(h) 'The crime of apartheid' means inhumane acts of a character similar to those referred to in paragraph 1, committed in the context of an institutionalized regime of systematic oppression and domination by one racial group over any other racial group or groups and committed with the intention of maintaining that regime;

(i) 'Enforced disappearance of persons' means the arrest, detention or abduction of persons by, or with the authorization, support or acquiescence of, a State or a political organization, followed by a refusal to acknowledge that deprivation of freedom or to give information on the fate or whereabouts of those persons, with the intention of removing them from the protection of the law for a prolonged period of time.

3. For the purpose of this Statute, it is understood that the term 'gender' refers to the two sexes, male and female, within the context of society. The term 'gender' does not indicate any meaning different from the above.

Article 8

War crimes

1. The Court shall have jurisdiction in respect of war crimes in particular when committed as part of a plan or policy or as part of a large scale commission of such crimes.

2. For the purpose of this Statute, 'war crimes' means:

(a) Grave breaches of the Geneva Conventions of 12 August 1949, namely, any of the following acts against persons or property protected under the provisions of the relevant Geneva Convention:

(i) Wilful killing;

(ii) Torture or inhuman treatment, including biological experiments;

(iii) Wilfully causing great suffering, or serious injury to body or health;

(iv) Extensive destruction and appropriation of property, not justified by military necessity and carried out unlawfully and wantonly;

(v) Compelling a prisoner of war or other protected person to serve in the forces of a hostile Power;

(vi) Wilfully depriving a prisoner of war or other protected person of the rights of fair and regular trial;

(vii) Unlawful deportation or transfer or unlawful confinement;

(viii) Taking of hostages.

(b) Other serious violations of the laws and customs applicable in international armed conflict, within the established framework of international law, namely, any of the following acts:

(i) Intentionally directing attacks against the civilian population as such or against individual civilians not taking direct part in hostilities;

(ii) Intentionally directing attacks against civilian objects, that is, objects which are not military objectives;

(iii) Intentionally directing attacks against personnel, installations, material, units or vehicles involved in a humanitarian assistance or peacekeeping mission in accordance with the Charter of the United Nations, as long as they are entitled to the protection given to civilians or civilian objects under the international law of armed conflict;

(iv) Intentionally launching an attack in the knowledge that such attack will cause incidental loss of life or injury to civilians or damage to civilian objects or widespread, long term and severe damage to the natural environment which would be clearly excessive in relation to the concrete and direct overall military advantage anticipated;

(v) Attacking or bombarding, by whatever means, towns, villages, dwellings or buildings which are undefended and which are not military objectives;

(vi) Killing or wounding a combatant who, having laid down his arms or having no longer means of defence, has surrendered at discretion;

(vii) Making improper use of a flag of truce, of the flag or of the military insignia and uniform of the enemy or of the United Nations, as well as of the distinctive emblems of the Geneva Conventions, resulting in death or serious personal injury;

(viii) The transfer, directly or indirectly, by the Occupying Power of parts of its own civilian population into the territory it occupies, or the deportation or transfer of all or parts of the population of the occupied territory within or outside this territory;

(ix) Intentionally directing attacks against buildings dedicated to religion, education, art, science or charitable purposes, historic monuments, hospitals and places where the sick and wounded are collected, provided they are not military objectives;

(x) Subjecting persons who are in the power of an adverse party to physical mutilation or to medical or scientific experiments of any kind which are neither justified by the medical, dental or hospital treatment of the person concerned nor carried out in his or her interest, and which cause death to or seriously endanger the health of such person or persons;

(xi) Killing or wounding treacherously individuals belonging to the hostile nation or army;

(xii) Declaring that no quarter will be given;

(xiii) Destroying or seizing the enemy's property unless such destruction or seizure be imperatively demanded by the necessities of war;

(xiv) Declaring abolished, suspended or inadmissible in a court of law the rights and actions of the nationals of the hostile party;

(xv) Compelling the nationals of the hostile party to take part in the operations of war directed against their own country, even if they were in the belligerent's service before the commencement of the war;

(xvi) Pillaging a town or place, even when taken by assault;

(xvii) Employing poison or poisoned weapons;

(xviii) Employing asphyxiating, poisonous or other gases, and all analogous liquids, materials or devices;

(xix) Employing bullets which expand or flatten easily in the human body, such as bullets with a hard envelope which does not entirely cover the core or is pierced with incisions;

(xx) Employing weapons, projectiles and material and methods of warfare which are of a nature to cause superfluous injury or unnecessary suffering or which are inherently indiscriminate in violation of the international law of armed conflict, provided that such weapons, projectiles and material and methods of warfare are the subject of a comprehensive prohibition and are included in an annex to this Statute, by an amendment in accordance with the relevant provisions set forth in articles 121 and 123;

(xxi) Committing outrages upon personal dignity, in particular humiliating and degrading treatment;

(xxii) Committing rape, sexual slavery, enforced prostitution, forced pregnancy, as defined in article 7, paragraph 2 (f), enforced sterilization, or any other form of sexual violence also constituting a grave breach of the Geneva Conventions;

(xxiii) Utilizing the presence of a civilian or other protected person to render certain points, areas or military forces immune from military operations;

(xxiv) Intentionally directing attacks against buildings, material, medical units and transport, and personnel using the distinctive emblems of the Geneva Conventions in conformity with international law;

(xxv) Intentionally using starvation of civilians as a method of warfare by depriving them of objects indispensable to their survival, including wilfully impeding relief supplies as provided for under the Geneva Conventions;

(xxvi) Conscripting or enlisting children under the age of fifteen years into the national armed forces or using them to participate actively in hostilities.

(c) In the case of an armed conflict not of an international character, serious violations of article 3 common to the four Geneva Conventions of 12 August 1949, namely, any of the following acts committed against persons taking no active part in the hostilities, including members of armed forces who have laid down their arms and those placed hors de combat by sickness, wounds, detention or any other cause:

(i) Violence to life and person, in particular murder of all kinds, mutilation, cruel treatment and torture;

(ii) Committing outrages upon personal dignity, in particular humiliating and degrading treatment;

(iii) Taking of hostages;

(iv) The passing of sentences and the carrying out of executions without previous judgement pronounced by a regularly constituted court, affording all judicial guarantees which are generally recognized as indispensable.

(d) Paragraph 2 (c) applies to armed conflicts not of an international character and thus does not apply to situations of internal disturbances and tensions, such as riots, isolated and sporadic acts of violence or other acts of a similar nature.

(e) Other serious violations of the laws and customs applicable in armed conflicts not of an international character, within the established framework of international law, namely, any of the following acts:

(i) Intentionally directing attacks against the civilian population as such or against individual civilians not taking direct part in hostilities;

(ii) Intentionally directing attacks against buildings, material, medical units and transport, and personnel using the distinctive emblems of the Geneva Conventions in conformity with international law;

(iii) Intentionally directing attacks against personnel, installations, material, units or vehicles involved in a humanitarian assistance or peacekeeping mission in accordance with the Charter of the United Nations, as long as they are entitled to the protection given to civilians or civilian objects under the international law of armed conflict;

(iv) Intentionally directing attacks against buildings dedicated to religion, education, art, science or charitable purposes, historic monuments, hospitals and places where the sick and wounded are collected, provided they are not military objectives;

(v) Pillaging a town or place, even when taken by assault; (vi) Committing rape, sexual slavery, enforced prostitution, forced pregnancy, as defined in article 7, paragraph 2 (f), enforced sterilization, and any other form of sexual violence also constituting a serious violation of article 3 common to the four Geneva Conventions;

(vii) Conscripting or enlisting children under the age of fifteen years into armed forces or groups or using them to participate actively in hostilities;

(viii) Ordering the displacement of the civilian population for reasons related to the conflict, unless the security of the civilians involved or imperative military reasons so demand;

(ix) Killing or wounding treacherously a combatant adversary;

(x) Declaring that no quarter will be given;

(xi) Subjecting persons who are in the power of another party to the conflict to physical mutilation or to medical or scientific experiments of any kind which are neither justified by the medical, dental or hospital treatment of the person concerned nor carried out in his or her interest, and which cause death to or seriously endanger the health of such person or persons;

(xii) Destroying or seizing the property of an adversary unless such destruction or seizure be imperatively demanded by the necessities of the conflict;

(f) Paragraph 2 (e) applies to armed conflicts not of an international character and thus does not apply to situations of internal disturbances and tensions, such as riots, isolated and sporadic acts of violence or other acts of a similar nature. It applies to armed conflicts that take place in the territory of a State when there is protracted armed conflict between governmental authorities and organized armed groups or between such groups.

3. Nothing in paragraph 2 (c) and (e) shall affect the responsibility of a Government to maintain or re establish law and order in the State or to defend the unity and territorial integrity of the State, by all legitimate means.

Article 9
Elements of Crimes

1. Elements of Crimes shall assist the Court in the interpretation and application of articles 6, 7 and 8. They shall be adopted by a two thirds majority of the members of the Assembly of States Parties.

2. Amendments to the Elements of Crimes may be proposed by:

(a) Any State Party;

(b) The judges acting by an absolute majority;

(c) The Prosecutor.

Such amendments shall be adopted by a two thirds majority of the members of the Assembly of States Parties.

3. The Elements of Crimes and amendments thereto shall be consistent with this Statute.

Article 10

Nothing in this Part shall be interpreted as limiting or prejudicing in any way existing or developing rules of international law for purposes other than this Statute.

Article 11
Jurisdiction ratione temporis

1. The Court has jurisdiction only with respect to crimes committed after the entry into force of this Statute.

2. If a State becomes a Party to this Statute after its entry into force, the Court may exercise its jurisdiction only with respect to crimes committed after the entry into force of this Statute for that State, unless that State has made a declaration under article 12, paragraph 3.

Article 12
Preconditions to the exercise of jurisdiction

1. A State which becomes a Party to this Statute thereby accepts the jurisdiction of the Court with respect to the crimes referred to in article 5.

2. In the case of article 13, paragraph (a) or (c), the Court may exercise its jurisdiction if one or more of the following States are Parties to this Statute or have accepted the jurisdiction of the Court in accordance with paragraph 3:

(a) The State on the territory of which the conduct in question occurred or, if the crime was committed on board a vessel or aircraft, the State of registration of that vessel or aircraft;

(b) The State of which the person accused of the crime is a national.

3. If the acceptance of a State which is not a Party to this Statute is required under paragraph 2, that State may, by declaration lodged with the Registrar, accept the exercise of jurisdiction by the Court with respect to the crime in question. The accepting State shall cooperate with the Court without any delay or exception in accordance with Part 9.

Article 13
Exercise of jurisdiction

The Court may exercise its jurisdiction with respect to a crime referred to in article 5 in accordance with the provisions of this Statute if:

(a) A situation in which one or more of such crimes appears to have been committed is referred to the Prosecutor by a State Party in accordance with article 14;

(b) A situation in which one or more of such crimes appears to have been committed is referred to the Prosecutor by the Security Council acting under Chapter Ⅶ of the Charter of the United Nations; or

(c) The Prosecutor has initiated an investigation in respect of such a crime in accordance with article 15.

Article 14
Referral of a situation by a State Party

1. A State Party may refer to the Prosecutor a situation in which one or more crimes within the jurisdiction of the Court appear to have been committed requesting the Prosecutor to investigate the situation for the purpose of determining whether one or more specific persons should be charged with the commission of such crimes.

2. As far as possible, a referral shall specify the relevant circumstances and be accompanied by such supporting documentation as is available to the State referring the situation.

Article 15
Prosecutor

1. The Prosecutor may initiate investigations proprio motu on the basis of information on crimes within the jurisdiction of the Court.

2. The Prosecutor shall analyse the seriousness of the information received. For this purpose, he or she may seek additional information from States, organs of the United Nations, intergovernmental or non governmental organizations, or other reliable sources that he or she deems appropriate, and may receive written or oral testimony at the seat of the Court.

3. If the Prosecutor concludes that there is a reasonable basis to proceed with an investigation, he or she shall submit to the Pre Trial Chamber a request for authorization of an investigation, together with any supporting material collected. Victims may make representations to the Pre Trial Chamber, in accordance with the Rules of Procedure and Evidence.

4. If the Pre Trial Chamber, upon examination of the request and the supporting material, considers that there is a reasonable basis to proceed with an investigation, and that the case appears to fall within the jurisdiction of the Court, it shall authorize the commencement of the investigation, without prejudice to subsequent determinations by the Court with regard to the jurisdiction and admissibility of a case.

5. The refusal of the Pre Trial Chamber to authorize the investigation shall not preclude the presentation of a subsequent request by the Prosecutor based on new facts or evidence regarding the same situation.

6. If, after the preliminary examination referred to in paragraphs 1 and 2, the Prosecutor concludes that the information provided does not constitute a reasonable basis for an investigation, he or she shall inform those who provided the information. This shall not preclude the Prosecutor from considering further information submitted to him or her regarding the same situation in the light of new facts or evidence.

Article 16
Deferral of investigation or prosecution

No investigation or prosecution may be commenced or proceeded with under this Statute for a period of 12 months after the Security Council, in a resolution adopted under Chapter VII of the Charter of the United Nations, has requested the Court to that effect; that request may be renewed by the Council under the same conditions.

Article 17
Issues of admissibility

1. Having regard to paragraph 10 of the Preamble and article 1, the Court shall

determine that a case is inadmissible where:

(a) The case is being investigated or prosecuted by a State which has jurisdiction over it, unless the State is unwilling or unable genuinely to carry out the investigation or prosecution;

(b) The case has been investigated by a State which has jurisdiction over it and the State has decided not to prosecute the person concerned, unless the decision resulted from the unwillingness or inability of the State genuinely to prosecute;

(c) The person concerned has already been tried for conduct which is the subject of the complaint, and a trial by the Court is not permitted under article 20, paragraph 3;

(d) The case is not of sufficient gravity to justify further action by the Court.

2. In order to determine unwillingness in a particular case, the Court shall consider, having regard to the principles of due process recognized by international law, whether one or more of the following exist, as applicable:

(a) The proceedings were or are being undertaken or the national decision was made for the purpose of shielding the person concerned from criminal responsibility for crimes within the jurisdiction of the Court referred to in article 5;

(b) There has been an unjustified delay in the proceedings which in the circumstances is inconsistent with an intent to bring the person concerned to justice;

(c) The proceedings were not or are not being conducted independently or impartially, and they were or are being conducted in a manner which, in the circumstances, is inconsistent with an intent to bring the person concerned to justice.

3. In order to determine inability in a particular case, the Court shall consider whether, due to a total or substantial collapse or unavailability of its national judicial system, the State is unable to obtain the accused or the necessary evidence and testimony or otherwise unable to carry out its proceedings.

Article 18
Preliminary rulings regarding admissibility

1. When a situation has been referred to the Court pursuant to article 13 (a) and the Prosecutor has determined that there would be a reasonable basis to commence an investigation, or the Prosecutor initiates an investigation pursuant to articles 13 (c) and 15, the Prosecutor shall notify all States Parties and those States which, taking into account the information available, would normally exercise jurisdiction over the crimes concerned. The Prosecutor may notify such States on a confidential basis and, where the Prosecutor believes it necessary to protect persons, prevent destruction of evidence or prevent the absconding of persons, may limit the scope of the information provided to States.

2. Within one month of receipt of that notification, a State may inform the Court that it is investigating or has investigated its nationals or others within its jurisdiction with

respect to criminal acts which may constitute crimes referred to in article 5 and which relate to the information provided in the notification to States. At the request of that State, the Prosecutor shall defer to the State's investigation of those persons unless the Pre Trial Chamber, on the application of the Prosecutor, decides to authorize the investigation.

3. The Prosecutor's deferral to a State's investigation shall be open to review by the Prosecutor six months after the date of deferral or at any time when there has been a significant change of circumstances based on the State's unwillingness or inability genuinely to carry out the investigation.

4. The State concerned or the Prosecutor may appeal to the Appeals Chamber against a ruling of the Pre Trial Chamber, in accordance with article 82. The appeal may be heard on an expedited basis.

5. When the Prosecutor has deferred an investigation in accordance with paragraph 2, the Prosecutor may request that the State concerned periodically inform the Prosecutor of the progress of its investigations and any subsequent prosecutions. States Parties shall respond to such requests without undue delay.

6. Pending a ruling by the Pre Trial Chamber, or at any time when the Prosecutor has deferred an investigation under this article, the Prosecutor may, on an exceptional basis, seek authority from the Pre Trial Chamber to pursue necessary investigative steps for the purpose of preserving evidence where there is a unique opportunity to obtain important evidence or there is a significant risk that such evidence may not be subsequently available.

7. A State which has challenged a ruling of the Pre Trial Chamber under this article may challenge the admissibility of a case under article 19 on the grounds of additional significant facts or significant change of circumstances.

Article 19

Challenges to the jurisdiction of the Court or the admissibility of a case

1. The Court shall satisfy itself that it has jurisdiction in any case brought before it. The Court may, on its own motion, determine the admissibility of a case in accordance with article 17.

2. Challenges to the admissibility of a case on the grounds referred to in article 17 or challenges to the jurisdiction of the Court may be made by:

(a) An accused or a person for whom a warrant of arrest or a summons to appear has been issued under article 58;

(b) A State which has jurisdiction over a case, on the ground that it is investigating or prosecuting the case or has investigated or prosecuted; or

(c) A State from which acceptance of jurisdiction is required under article 12.

3. The Prosecutor may seek a ruling from the Court regarding a question of jurisdiction or admissibility. In proceedings with respect to jurisdiction or admissibility, those who have referred the situation under article 13, as well as victims, may also submit observations to the Court.

4. The admissibility of a case or the jurisdiction of the Court may be challenged only once by any person or State referred to in paragraph 2. The challenge shall take place prior to or at the commencement of the trial. In exceptional circumstances, the Court may grant leave for a challenge to be brought more than once or at a time later than the commencement of the trial. Challenges to the admissibility of a case, at the commencement of a trial, or subsequently with the leave of the Court, may be based only on article 17, paragraph 1 (c).

5. A State referred to in paragraph 2 (b) and (c) shall make a challenge at the earliest opportunity.

6. Prior to the confirmation of the charges, challenges to the admissibility of a case or challenges to the jurisdiction of the Court shall be referred to the Pre Trial Chamber. After confirmation of the charges, they shall be referred to the Trial Chamber. Decisions with respect to jurisdiction or admissibility may be appealed to the Appeals Chamber in accordance with article 82.

7. If a challenge is made by a State referred to in paragraph 2 (b) or (c), the Prosecutor shall suspend the investigation until such time as the Court makes a determination in accordance with article 17.

8. Pending a ruling by the Court, the Prosecutor may seek authority from the Court:

(a) To pursue necessary investigative steps of the kind referred to in article 18, paragraph 6;

(b) To take a statement or testimony from a witness or complete the collection and examination of evidence which had begun prior to the making of the challenge; and

(c) In cooperation with the relevant States, to prevent the absconding of persons in respect of whom the Prosecutor has already requested a warrant of arrest under article 58.

9. The making of a challenge shall not affect the validity of any act performed by the Prosecutor or any order or warrant issued by the Court prior to the making of the challenge.

10. If the Court has decided that a case is inadmissible under article 17, the Prosecutor may submit a request for a review of the decision when he or she is fully satisfied that new facts have arisen which negate the basis on which the case had previously been found inadmissible under article 17.

11. If the Prosecutor, having regard to the matters referred to in article 17, defers an investigation, the Prosecutor may request that the relevant State make available to the Prosecutor information on the proceedings. That information shall, at the request of the

State concerned, be confidential. If the Prosecutor thereafter decides to proceed with an investigation, he or she shall notify the State to which deferral of the proceedings has taken place.

Article 20
Ne bis in idem

1. Except as provided in this Statute, no person shall be tried before the Court with respect to conduct which formed the basis of crimes for which the person has been convicted or acquitted by the Court.

2. No person shall be tried by another court for a crime referred to in article 5 for which that person has already been convicted or acquitted by the Court.

3. No person who has been tried by another court for conduct also proscribed under article 6, 7 or 8 shall be tried by the Court with respect to the same conduct unless the proceedings in the other court:

(a) Were for the purpose of shielding the person concerned from criminal responsibility for crimes within the jurisdiction of the Court; or

(b) Otherwise were not conducted independently or impartially in accordance with the norms of due process recognized by international law and were conducted in a manner which, in the circumstances, was inconsistent with an intent to bring the person concerned to justice.

Article 21
Applicable law

1. The Court shall apply:

(a) In the first place, this Statute, Elements of Crimes and its Rules of Procedure and Evidence;

(b) In the second place, where appropriate, applicable treaties and the principles and rules of international law, including the established principles of the international law of armed conflict;

(c) Failing that, general principles of law derived by the Court from national laws of legal systems of the world including, as appropriate, the national laws of States that would normally exercise jurisdiction over the crime, provided that those principles are not inconsistent with this Statute and with international law and internationally recognized norms and standards.

2. The Court may apply principles and rules of law as interpreted in its previous decisions.

3. The application and interpretation of law pursuant to this article must be consistent with internationally recognized human rights, and be without any adverse distinction

founded on grounds such as gender as defined in article 7, paragraph 3, age, race, colour, language, religion or belief, political or other opinion, national, ethnic or social origin, wealth, birth or other status.

Part Ⅲ General principles of Criminal Law

Article 22

Nullum crimen sine lege

1. A person shall not be criminally responsible under this Statute unless the conduct in question constitutes, at the time it takes place, a crime within the jurisdiction of the Court.

2. The definition of a crime shall be strictly construed and shall not be extended by analogy. In case of ambiguity, the definition shall be interpreted in favour of the person being investigated, prosecuted or convicted.

3. This article shall not affect the characterization of any conduct as criminal under international law independently of this Statute.

Article 23

Nulla poena sine lege

A person convicted by the Court may be punished only in accordance with this Statute.

Article 24

Non retroactivity ratione personae

1. No person shall be criminally responsible under this Statute for conduct prior to the entry into force of the Statute.

2. In the event of a change in the law applicable to a given case prior to a final judgement, the law more favourable to the person being investigated, prosecuted or convicted shall apply.

Article 25

Individual criminal responsibility

1. The Court shall have jurisdiction over natural persons pursuant to this Statute.

2. A person who commits a crime within the jurisdiction of the Court shall be individually responsible and liable for punishment in accordance with this Statute.

3. In accordance with this Statute, a person shall be criminally responsible and liable for punishment for a crime within the jurisdiction of the Court if that person:

(a) Commits such a crime, whether as an individual, jointly with another or through another person, regardless of whether that other person is criminally responsible;

(b) Orders, solicits or induces the commission of such a crime which in fact occurs or is attempted;

(c) For the purpose of facilitating the commission of such a crime, aids, abets or otherwise assists in its commission or its attempted commission, including providing the means for its commission;

(d) In any other way contributes to the commission or attempted commission of such a crime by a group of persons acting with a common purpose. Such contribution shall be intentional and shall either:

(i) Be made with the aim of furthering the criminal activity or criminal purpose of the group, where such activity or purpose involves the commission of a crime within the jurisdiction of the Court; or

(ii) Be made in the knowledge of the intention of the group to commit the crime;

(e) In respect of the crime of genocide, directly and publicly incites others to commit genocide;

(f) Attempts to commit such a crime by taking action that commences its execution by means of a substantial step, but the crime does not occur because of circumstances independent of the person's intentions. However, a person who abandons the effort to commit the crime or otherwise prevents the completion of the crime shall not be liable for punishment under this Statute for the attempt to commit that crime if that person completely and voluntarily gave up the criminal purpose.

4. No provision in this Statute relating to individual criminal responsibility shall affect the responsibility of States under international law.

Article 26
Exclusion of jurisdiction over persons under eighteen

The Court shall have no jurisdiction over any person who was under the age of 18 at the time of the alleged commission of a crime.

Article 27
Irrelevance of official capacity

1. This Statute shall apply equally to all persons without any distinction based on official capacity. In particular, official capacity as a Head of State or Government, a member of a Government or parliament, an elected representative or a government official shall in no case exempt a person from criminal responsibility under this Statute, nor shall it, in and of itself, constitute a ground for reduction of sentence.

2. Immunities or special procedural rules which may attach to the official capacity of a person, whether under national or international law, shall not bar the Court from

exercising its jurisdiction over such a person.

Article 28

Responsibility of commanders and other superiors

In addition to other grounds of criminal responsibility under this Statute for crimes within the jurisdiction of the Court:

(a) A military commander or person effectively acting as a military commander shall be criminally responsible for crimes within the jurisdiction of the Court committed by forces under his or her effective command and control, or effective authority and control as the case may be, as a result of his or her failure to exercise control properly over such forces, where:

(i) That military commander or person either knew or, owing to the circumstances at the time, should have known that the forces were committing or about to commit such crimes; and

(ii) That military commander or person failed to take all necessary and reasonable measures within his or her power to prevent or repress their commission or to submit the matter to the competent authorities for investigation and prosecution.

(b) With respect to superior and subordinate relationships not described in paragraph (a), a superior shall be criminally responsible for crimes within the jurisdiction of the Court committed by subordinates under his or her effective authority and control, as a result of his or her failure to exercise control properly over such subordinates, where:

(i) The superior either knew, or consciously disregarded information which clearly indicated, that the subordinates were committing or about to commit such crimes;

(ii) The crimes concerned activities that were within the effective responsibility and control of the superior; and

(iii) The superior failed to take all necessary and reasonable measures within his or her power to prevent or repress their commission or to submit the matter to the competent authorities for investigation and prosecution.

Article 29

Non applicability of statute of limitations

The crimes within the jurisdiction of the Court shall not be subject to any statute of limitations.

Article 30

Mental element

1. Unless otherwise provided, a person shall be criminally responsible and liable for punishment for a crime within the jurisdiction of the Court only if the material elements

are committed with intent and knowledge.

2. For the purposes of this article, a person has intent where:

(a) In relation to conduct, that person means to engage in the conduct;

(b) In relation to a consequence, that person means to cause that consequence or is aware that it will occur in the ordinary course of events.

3. For the purposes of this article, 'knowledge' means awareness that a circumstance exists or a consequence will occur in the ordinary course of events. 'Know' and 'knowingly' shall be construed accordingly.

Article 31

Grounds for excluding criminal responsibility

1. In addition to other grounds for excluding criminal responsibility provided for in this Statute, a person shall not be criminally responsible if, at the time of that person's conduct:

(a) The person suffers from a mental disease or defect that destroys that person's capacity to appreciate the unlawfulness or nature of his or her conduct, or capacity to control his or her conduct to conform to the requirements of law;

(b) The person is in a state of intoxication that destroys that person's capacity to appreciate the unlawfulness or nature of his or her conduct, or capacity to control his or her conduct to conform to the requirements of law, unless the person has become voluntarily intoxicated under such circumstances that the person knew, or disregarded the risk, that, as a result of the intoxication, he or she was likely to engage in conduct constituting a crime within the jurisdiction of the Court;

(c) The person acts reasonably to defend himself or herself or another person or, in the case of war crimes, property which is essential for the survival of the person or another person or property which is essential for accomplishing a military mission, against an imminent and unlawful use of force in a manner proportionate to the degree of danger to the person or the other person or property protected. The fact that the person was involved in a defensive operation conducted by forces shall not in itself constitute a ground for excluding criminal responsibility under this subparagraph;

(d) The conduct which is alleged to constitute a crime within the jurisdiction of the Court has been caused by duress resulting from a threat of imminent death or of continuing or imminent serious bodily harm against that person or another person, and the person acts necessarily and reasonably to avoid this threat, provided that the person does not intend to cause a greater harm than the one sought to be avoided. Such a threat may either be:

(i) Made by other persons; or

(ii) Constituted by other circumstances beyond that person's control.

2. The Court shall determine the applicability of the grounds for excluding criminal responsibility provided for in this Statute to the case before it.

3. At trial, the Court may consider a ground for excluding criminal responsibility other than those referred to in paragraph 1 where such a ground is derived from applicable law as set forth in article 21. The procedures relating to the consideration of such a ground shall be provided for in the Rules of Procedure and Evidence.

Article 32
Mistake of fact or mistake of law

1. A mistake of fact shall be a ground for excluding criminal responsibility only if it negates the mental element required by the crime.

2. A mistake of law as to whether a particular type of conduct is a crime within the jurisdiction of the Court shall not be a ground for excluding criminal responsibility. A mistake of law may, however, be a ground for excluding criminal responsibility if it negates the mental element required by such a crime, or as provided for in article 33.

Article 33
Superior orders and prescription of law

1. The fact that a crime within the jurisdiction of the Court has been committed by a person pursuant to an order of a Government or of a superior, whether military or civilian, shall not relieve that person of criminal responsibility unless:

(a) The person was under a legal obligation to obey orders of the Government or the superior in question;

(b) The person did not know that the order was unlawful; and

(c) The order was not manifestly unlawful.

2. For the purposes of this article, orders to commit genocide or crimes against humanity are manifestly unlawful.

Part Ⅸ International cooperation and judicial assistance

Article 86
General obligation to cooperate

States Parties shall, in accordance with the provisions of this Statute, cooperate fully with the Court in its investigation and prosecution of crimes within the jurisdiction of the Court.

Article 87

Requests for cooperation: general provisions

1. (a) The Court shall have the authority to make requests to States Parties for cooperation. The requests shall be transmitted through the diplomatic channel or any other appropriate channel as may be designated by each State Party upon ratification, acceptance, approval or accession. Subsequent changes to the designation shall be made by each State Party in accordance with the Rules of Procedure and Evidence.

(b) When appropriate, without prejudice to the provisions of subparagraph (a), requests may also be transmitted through the International Criminal Police Organization or any appropriate regional organization.

2. Requests for cooperation and any documents supporting the request shall either be in or be accompanied by a translation into an official language of the requested State or one of the working languages of the Court, in accordance with the choice made by that State upon ratification, acceptance, approval or accession. Subsequent changes to this choice shall be made in accordance with the Rules of Procedure and Evidence.

3. The requested State shall keep confidential a request for cooperation and any documents supporting the request, except to the extent that the disclosure is necessary for execution of the request.

4. In relation to any request for assistance presented under this Part, the Court may take such measures, including measures related to the protection of information, as may be necessary to ensure the safety or physical or psychological well being of any victims, potential witnesses and their families. The Court may request that any information that is made available under this Part shall be provided and handled in a manner that protects the safety and physical or psychological well being of any victims, potential witnesses and their families.

5. (a) The Court may invite any State not party to this Statute to provide assistance under this Part on the basis of an ad hoc arrangement, an agreement with such State or any other appropriate basis.

(b) Where a State not party to this Statute, which has entered into an ad hoc arrangement or an agreement with the Court, fails to cooperate with requests pursuant to any such arrangement or agreement, the Court may so inform the Assembly of States Parties or, where the Security Council referred the matter to the Court, the Security Council.

6. The Court may ask any intergovernmental organization to provide information or documents. The Court may also ask for other forms of cooperation and assistance which may be agreed upon with such an organization and which are in accordance with its competence or mandate.

7. Where a State Party fails to comply with a request to cooperate by the Court

contrary to the provisions of this Statute, thereby preventing the Court from exercising its functions and powers under this Statute, the Court may make a finding to that effect and refer the matter to the Assembly of States Parties or, where the Security Council referred the matter to the Court, to the Security Council.

Article 88

Availability of procedures under national law

States Parties shall ensure that there are procedures available under their national law for all of the forms of cooperation which are specified under this Part.

Article 89

Surrender of persons to the Court

1. The Court may transmit a request for the arrest and surrender of a person, together with the material supporting the request outlined in article 91, to any State on the territory of which that person may be found and shall request the cooperation of that State in the arrest and surrender of such a person. States Parties shall, in accordance with the provisions of this Part and the procedure under their national law, omply with requests for arrest and surrender.

2. Where the person sought for surrender brings a challenge before a national court on the basis of the principle of ne bis in idem as provided in article 20, the requested State shall immediately consult with the Court to determine if there has been a relevant ruling on admissibility. If the case is admissible, the requested State shall proceed with the execution of the request. If an admissibility ruling is pending, the requested State may postpone the execution of the request for surrender of the person until the Court makes a determination on admissibility.

3. (a) A State Party shall authorize, in accordance with its national procedural law, transportation through its territory of a person being surrendered to the Court by another State, except where transit through that State would impede or delay the surrender.

(b) A request by the Court for transit shall be transmitted in accordance with article 87. The request for transit shall contain:

(i) A description of the person being transported;

(ii) A brief statement of the facts of the case and their legal characterization; and

(iii) The warrant for arrest and surrender;

(c) A person being transported shall be detained in custody during the period of transit;

(d) No authorization is required if the person is transported by air and no landing is scheduled on the territory of the transit State;

(e) If an unscheduled landing occurs on the territory of the transit State, that State may require a request for transit from the Court as provided for in subparagraph (b). The transit State shall detain the person being transported until the request for transit is received and the transit is effected, provided that detention for purposes of this sub-paragraph may not be extended beyond 96 hours from the unscheduled landing unless the request is received within that time.

4. If the person sought is being proceeded against or is serving a sentence in the requested State for a crime different from that for which surrender to the Court is sought, the requested State, after making its decision to grant the request, shall consult with the Court.

Article 90
Competing requests

1. A State Party which receives a request from the Court for the surrender of a person under article 89 shall, if it also receives a request from any other State for the extradition of the same person for the same conduct which forms the basis of the crime for which the Court seeks the person's surrender, notify the Court and the requesting State of that fact.

2. Where the requesting State is a State Party, the requested State shall give priority to the request from the Court if:

(a) The Court has, pursuant to article 18 or 19, made a determination that the case in respect of which surrender is sought is admissible and that determination takes into account the investigation or prosecution conducted by the requesting State in respect of its request for extradition; or

(b) The Court makes the determination described in subparagraph (a) pursuant to the requested State's notification under paragraph 1.

3. Where a determination under paragraph 2 (a) has not been made, the requested State may, at its discretion, pending the determination of the Court under paragraph 2 (b), proceed to deal with the request for extradition from the requesting State but shall not extradite the person until the Court has determined that the case is inadmissible. The Court's determination shall be made on an expedited basis.

4. If the requesting State is a State not Party to this Statute the requested State, if it is not under an international obligation to extradite the person to the requesting State, shall give priority to the request for surrender from the Court, if the Court has determined that the case is admissible.

5. Where a case under paragraph 4 has not been determined to be admissible by the Court, the requested State may, at its discretion, proceed to deal with the request for extradition from the requesting State.

6. In cases where paragraph 4 applies except that the requested State is under an

existing international obligation to extradite the person to the requesting State not Party to this Statute, the requested State shall determine whether to surrender the person to the Court or extradite the person to the requesting State. In making its decision, the requested State shall consider all the relevant factors, including but not limited to:

(a) The respective dates of the requests;

(b) The interests of the requesting State including, where relevant, whether the crime was committed in its territory and the nationality of the victims and of the person sought; and

(c) The possibility of subsequent surrender between the Court and the requesting State.

7. Where a State Party which receives a request from the Court for the surrender of a person also receives a request from any State for the extradition of the same person for conduct other than that which constitutes the crime for which the Court seeks the person's surrender:

(a) The requested State shall, if it is not under an existing international obligation to extradite the person to the requesting State, give priority to the request from the Court;

(b) The requested State shall, if it is under an existing international obligation to extradite the person to the requesting State, determine whether to surrender the person to the Court or to extradite the person to the requesting State. In making its decision, the requested State shall consider all the relevant factors, including but not limited to those set out in paragraph 6, but shall give special consideration to the relative nature and gravity of the conduct in question.

8. Where pursuant to a notification under this article, the Court has determined a case to be inadmissible, and subsequently extradition to the requesting State is refused, the requested State shall notify the Court of this decision.

Article 91
Contents of request for arrest and surrender

1. A request for arrest and surrender shall be made in writing. In urgent cases, a request may be made by any medium capable of delivering a written record, provided that the request shall be confirmed through the channel provided for in article 87, paragraph 1 (a).

2. In the case of a request for the arrest and surrender of a person for whom a warrant of arrest has been issued by the Pre Trial Chamber under article 58, the request shall contain or be supported by:

(a) Information describing the person sought, sufficient to identify the person, and information as to that person's probable location;

(b) A copy of the warrant of arrest; and

(c) Such documents, statements or information as may be necessary to meet the requirements for the surrender process in the requested State, except that those requirements should not be more burdensome than those applicable to requests for extradition pursuant to treaties or arrangements between the requested State and other States and should, if possible, be less burdensome, taking into account the distinct nature of the Court.

3. In the case of a request for the arrest and surrender of a person already convicted, the request shall contain or be supported by:

(a) A copy of any warrant of arrest for that person;

(b) A copy of the judgement of conviction;

(c) Information to demonstrate that the person sought is the one referred to in the judgement of conviction; and

(d) If the person sought has been sentenced, a copy of the sentence imposed and, in the case of a sentence for imprisonment, a statement of any time already served and the time remaining to be served.

4. Upon the request of the Court, a State Party shall consult with the Court, either generally or with respect to a specific matter, regarding any requirements under its national law that may apply under paragraph 2 (c). During the consultations, the State Party shall advise the Court of the specific requirements of its national law.

Article 92
Provisional arrest

1. In urgent cases, the Court may request the provisional arrest of the person sought, pending presentation of the request for surrender and the documents supporting the request as specified in article 91.

2. The request for provisional arrest shall be made by any medium capable of delivering a written record and shall contain:

(a) Information describing the person sought, sufficient to identify the person, and information as to that person's probable location;

(b) A concise statement of the crimes for which the person's arrest is sought and of the facts which are alleged to constitute those crimes, including, where possible, the date and location of the crime;

(c) A statement of the existence of a warrant of arrest or a judgement of conviction against the person sought; and

(d) A statement that a request for surrender of the person sought will follow.

3. A person who is provisionally arrested may be released from custody if the requested State has not received the request for surrender and the documents supporting the request as specified in article 91 within the time limits specified in the Rules of Procedure and Evidence. However, the person may consent to surrender before the

expiration of this period if permitted by the law of the requested State. In such a case, the requested State shall proceed to surrender the person to the Court as soon as possible.

4. The fact that the person sought has been released from custody pursuant to paragraph 3 shall not prejudice the subsequent arrest and surrender of that person if the request for surrender and the documents supporting the request are delivered at a later date.

Article 93
Other forms of cooperation

1. States Parties shall, in accordance with the provisions of this Part and under procedures of national law, comply with requests by the Court to provide the following assistance in relation to investigations or prosecutions:

(a) The identification and whereabouts of persons or the location of items;

(b) The taking of evidence, including testimony under oath, and the production of evidence, including expert opinions and reports necessary to the Court;

(c) The questioning of any person being investigated or prosecuted;

(d) The service of documents, including judicial documents;

(e) Facilitating the voluntary appearance of persons as witnesses or experts before the Court;

(f) The temporary transfer of persons as provided in paragraph 7;

(g) The examination of places or sites, including the exhumation and examination of grave sites;

(h) The execution of searches and seizures;

(i) The provision of records and documents, including official records and documents;

(j) The protection of victims and witnesses and the preservation of evidence;

(k) The identification, tracing and freezing or seizure of proceeds, property and assets and instrumentalities of crimes for the purpose of eventual forfeiture, without prejudice to the rights of bona fide third parties; and

(l) Any other type of assistance which is not prohibited by the law of the requested State, with a view to facilitating the investigation and prosecution of crimes within the jurisdiction of the Court.

2. The Court shall have the authority to provide an assurance to a witness or an expert appearing before the Court that he or she will not be prosecuted, detained or subjected to any restriction of personal freedom by the Court in respect of any act or omission that preceded the departure of that person from the requested State.

3. Where execution of a particular measure of assistance detailed in a request

presented under paragraph 1, is prohibited in the requested State on the basis of an existing fundamental legal principle of general application, the requested State shall promptly consult with the Court to try to resolve the matter. In the consultations, consideration should be given to whether the assistance can be rendered in another manner or subject to conditions. If after consultations the matter cannot be resolved, the Court shall modify the request as necessary.

4. In accordance with article 72, a State Party may deny a request for assistance, in whole or in part, only if the request concerns the production of any documents or disclosure of evidence which relates to its national security.

5. Before denying a request for assistance under paragraph 1 (l), the requested State shall consider whether the assistance can be provided subject to specified conditions, or whether the assistance can be provided at a later date or in an alternative manner, provided that if the Court or the Prosecutor accepts the assistance subject to conditions, the Court or the Prosecutor shall abide by them.

6. If a request for assistance is denied, the requested State Party shall promptly inform the Court or the Prosecutor of the reasons for such denial.

7. (a) The Court may request the temporary transfer of a person in custody for purposes of identification or for obtaining testimony or other assistance. The person may be transferred if the following conditions are fulfilled:

(i) The person freely gives his or her informed consent to the transfer; and

(ii) The requested State agrees to the transfer, subject to such conditions as that State and the Court may agree.

(b) The person being transferred shall remain in custody. When the purposes of the transfer have been fulfilled, the Court shall return the person without delay to the requested State.

8. (a) The Court shall ensure the confidentiality of documents and information, except as required for the investigation and proceedings described in the request.

(b) The requested State may, when necessary, transmit documents or information to the Prosecutor on a confidential basis. The Prosecutor may then use them solely for the purpose of generating new evidence.

(c) The requested State may, on its own motion or at the request of the Prosecutor, subsequently consent to the disclosure of such documents or information. They may then be used as evidence pursuant to the provisions of Parts 5 and 6 and in accordance with the Rules of Procedure and Evidence.

9. (a) (i) In the event that a State Party receives competing requests, other than for surrender or extradition, from the Court and from another State pursuant to an international obligation, the State Party shall endeavour, in consultation with the Court and the other State, to meet both requests, if necessary by postponing or attaching conditions to

one or the other request.

(ii) Failing that, competing requests shall be resolved in accordance with the principles established in article 90.

(b) Where, however, the request from the Court concerns information, property or persons which are subject to the control of a third State or an international organization by virtue of an international agreement, the requested States shall so inform the Court and the Court shall direct its request to the third State or international organization.

10. (a) The Court may, upon request, cooperate with and provide assistance to a State Party conducting an investigation into or trial in respect of conduct which constitutes a crime within the jurisdiction of the Court or which constitutes a serious crime under the national law of the requesting State.

(b) (i) The assistance provided under subparagraph (a) shall include, inter alia:

a. The transmission of statements, documents or other types of evidence obtained in the course of an investigation or a trial conducted by the Court; and

b. The questioning of any person detained by order of the Court;

(ii) In the case of assistance under subparagraph (b) (i) a:

a. If the documents or other types of evidence have been obtained with the assistance of a State, such transmission shall require the consent of that State;

b. If the statements, documents or other types of evidence have been provided by a witness or expert, such transmission shall be subject to the provisions of article 68.

(c) The Court may, under the conditions set out in this paragraph, grant a request for assistance under this paragraph from a State which is not a Party to this Statute.

Article 94
Postponement of execution of a request in respect of ongoing investigation or prosecution

1. If the immediate execution of a request would interfere with an ongoing investigation or prosecution of a case different from that to which the request relates, the requested State may postpone the execution of the request for a period of time agreed upon with the Court. However, the postponement shall be no longer than is necessary to complete the relevant investigation or prosecution in the requested State. Before making a decision to postpone, the requested State should consider whether the assistance may be immediately provided subject to certain conditions.

2. If a decision to postpone is taken pursuant to paragraph 1, the Prosecutor may, however, seek measures to preserve evidence, pursuant to article 93, paragraph 1 (j).

Article 95
Postponement of execution of a request in respect of an admissibility challenge

Where there is an admissibility challenge under consideration by the Court pursuant to article 18 or 19, the requested State may postpone the execution of a request under this Part pending a determination by the Court, unless the Court has specifically ordered that the Prosecutor may pursue the collection of such evidence pursuant to article 18 or 19.

Article 96
Contents of request for other forms of assistance under article 93

1. A request for other forms of assistance referred to in article 93 shall be made in writing. In urgent cases, a request may be made by any medium capable of delivering a written record, provided that the request shall be confirmed through the channel provided for in article 87, paragraph 1 (a).

2. The request shall, as applicable, contain or be supported by the following:

(a) A concise statement of the purpose of the request and the assistance sought, including the legal basis and the grounds for the request;

(b) As much detailed information as possible about the location or identification of any person or place that must be found or identified in order for the assistance sought to be provided;

(c) A concise statement of the essential facts underlying the request;

(d) The reasons for and details of any procedure or requirement to be followed;

(e) Such information as may be required under the law of the requested State in order to execute the request; and

(f) Any other information relevant in order for the assistance sought to be provided.

3. Upon the request of the Court, a State Party shall consult with the Court, either generally or with respect to a specific matter, regarding any requirements under its national law that may apply under paragraph 2 (e). During the consultations, the State Party shall advise the Court of the specific requirements of its national law.

4. The provisions of this article shall, where applicable, also apply in respect of a request for assistance made to the Court.

Article 97
Consultations

Where a State Party receives a request under this Part in relation to which it identifies problems which may impede or prevent the execution of the request, that State shall consult with the Court without delay in order to resolve the matter. Such problems may include, inter alia:

(a) Insufficient information to execute the request;

(b) In the case of a request for surrender, the fact that despite best efforts, the person sought cannot be located or that the investigation conducted has determined that the person in the requested State is clearly not the person named in the warrant; or

(c) The fact that execution of the request in its current form would require the requested State to breach a pre existing treaty obligation undertaken with respect to another State.

Article 98
Cooperation with respect to waiver of immunity and consent to surrender

1. The Court may not proceed with a request for surrender or assistance which would require the requested State to act inconsistently with its obligations under international law with respect to the State or diplomatic immunity of a person or property of a third State, unless the Court can first obtain the cooperation of that third State for the waiver of the immunity.

2. The Court may not proceed with a request for surrender which would require the requested State to act inconsistently with its obligations under international agreements pursuant to which the consent of a sending State is required to surrender a person of that State to the Court, unless the Court can first obtain the cooperation of the sending State for the giving of consent for the surrender.

Article 99
Execution of requests under articles 93 and 96

1. Requests for assistance shall be executed in accordance with the relevant procedure under the law of the requested State and, unless prohibited by such law, in the manner specified in the request, including following any procedure outlined therein or permitting persons specified in the request to be present at and assist in the execution process.

2. In the case of an urgent request, the documents or evidence produced in response shall, at the request of the Court, be sent urgently.

3. Replies from the requested State shall be transmitted in their original language and form.

4. Without prejudice to other articles in this Part, where it is necessary for the successful execution of a request which can be executed without any compulsory measures, including specifically the interview of or taking evidence from a person on a voluntary basis, including doing so without the presence of the authorities of the requested State Party if it is essential for the request to be executed, and the examination without

modification of a public site or other public place, the Prosecutor may execute such request directly on the territory of a State as follows:

(a) When the State Party requested is a State on the territory of which the crime is alleged to have been committed, and there has been a determination of admissibility pursuant to article 18 or 19, the Prosecutor may directly execute such request following all possible consultations with the requested State Party;

(b) In other cases, the Prosecutor may execute such request following consultations with the requested State Party and subject to any reasonable conditions or concerns raised by that State Party. Where the requested State Party identifies problems with the execution of a request pursuant to this subparagraph it shall, without delay, consult with the Court to resolve the matter.

5. Provisions allowing a person heard or examined by the Court under article 72 to invoke restrictions designed to prevent disclosure of confidential information connected with national security shall also apply to the execution of requests for assistance under this article.

Article 100
Costs

1. The ordinary costs for execution of requests in the territory of the requested State shall be borne by that State, except for the following, which shall be borne by the Court:

(a) Costs associated with the travel and security of witnesses and experts or the transfer under article 93 of persons in custody;

(b) Costs of translation, interpretation and transcription;

(c) Travel and subsistence costs of the judges, the Prosecutor, the Deputy Prosecutors, the Registrar, the Deputy Registrar and staff of any organ of the Court;

(d) Costs of any expert opinion or report requested by the Court;

(e) Costs associated with the transport of a person being surrendered to the Court by a custodial State; and

(f) Following consultations, any extraordinary costs that may result from the execution of a request.

2. The provisions of paragraph 1 shall, as appropriate, apply to requests from States Parties to the Court. In that case, the Court shall bear the ordinary costs of execution.

Article 101
Rule of speciality

1. A person surrendered to the Court under this Statute shall not be proceeded against, punished or detained for any conduct committed prior to surrender, other than the conduct or course of conduct which forms the basis of the crimes for which that

person has been surrendered.

2. The Court may request a waiver of the requirements of paragraph 1 from the State which surrendered the person to the Court and, if necessary, the Court shall provide additional information in accordance with article 91. States Parties shall have the authority to provide a waiver to the Court and should endeavour to do so.

Article 102
Use of terms

For the purposes of this Statute:

(a) "surrender" means the delivering up of a person by a State to the Court, pursuant to this Statute.

(b) "extradition" means the delivering up of a person by one State to another as provided by treaty, convention or national legislation.

Part XI Assembly of states parties

Article 112
Assembly of States Parties

1. An Assembly of States Parties to this Statute is hereby established. Each State Party shall have one representative in the Assembly who may be accompanied by alternates and advisers. Other States which have signed this Statute or the Final Act may be observers in the Assembly.

2. The Assembly shall:

(a) Consider and adopt, as appropriate, recommendations of the Preparatory Commission;

(b) Provide management oversight to the Presidency, the Prosecutor and the Registrar regarding the administration of the Court;

(c) Consider the reports and activities of the Bureau established under paragraph 3 and take appropriate action in regard thereto;

(d) Consider and decide the budget for the Court;

(e) Decide whether to alter, in accordance with article 36, the number of judges;

(f) Consider pursuant to article 87, paragraphs 5 and 7, any question relating to non cooperation;

(g) Perform any other function consistent with this Statute or the Rules of Procedure and Evidence.

3. (a) The Assembly shall have a Bureau consisting of a President, two Vice Presidents and 18 members elected by the Assembly for three year terms.

(b) The Bureau shall have a representative character, taking into account, in particular, equitable geographical distribution and the adequate representation of the principal legal systems of the world.

(c) The Bureau shall meet as often as necessary, but at least once a year. It shall assist the Assembly in the discharge of its responsibilities.

4. The Assembly may establish such subsidiary bodies as may be necessary, including an independent oversight mechanism for inspection, evaluation and investigation of the Court, in order to enhance its efficiency and economy.

5. The President of the Court, the Prosecutor and the Registrar or their representatives may participate, as appropriate, in meetings of the Assembly and of the Bureau.

6. The Assembly shall meet at the seat of the Court or at the Headquarters of the United Nations once a year and, when circumstances so require, hold special sessions. Except as otherwise specified in this Statute, special sessions shall be convened by the Bureau on its own initiative or at the request of one third of the States Parties.

7. Each State Party shall have one vote. Every effort shall be made to reach decisions by consensus in the Assembly and in the Bureau. If consensus cannot be reached, except as otherwise provided in the Statute:

(a) Decisions on matters of substance must be approved by a two thirds majority of those present and voting provided that an absolute majority of States Parties constitutes the quorum for voting;

(b) Decisions on matters of procedure shall be taken by a simple majority of States Parties present and voting.

8. A State Party which is in arrears in the payment of its financial contributions towards the costs of the Court shall have no vote in the Assembly and in the Bureau if the amount of its arrears equals or exceeds the amount of the contributions due from it for the preceding two full years. The Assembly may, nevertheless, permit such a State Party to vote in the Assembly and in the Bureau if it is satisfied that the failure to pay is due to conditions beyond the control of the State Party.

9. The Assembly shall adopt its own rules of procedure.

10. The official and working languages of the Assembly shall be those of the General Assembly of the United Nations.

Part XII Financing

Article 113
Financial Regulations

Except as otherwise specifically provided, all financial matters related to the Court and the meetings of the Assembly of States Parties, including its Bureau and subsidiary bodies, shall be governed by this Statute and the Financial Regulations and Rules adopted by the Assembly of States Parties.

Article 114
Payment of expenses

Expenses of the Court and the Assembly of States Parties, including its Bureau and subsidiary bodies, shall be paid from the funds of the Court.

Article 115
Funds of the Court and of the Assembly of States Parties

The expenses of the Court and the Assembly of States Parties, including its Bureau and subsidiary bodies, as provided for in the budget decided by the Assembly of States Parties, shall be provided by the following sources:

(a) Assessed contributions made by States Parties;

(b) Funds provided by the United Nations, subject to the approval of the General Assembly, in particular in relation to the expenses incurred due to referrals by the Security Council.

Article 116
Voluntary contributions

Without prejudice to article 115, the Court may receive and utilize, as additional funds, voluntary contributions from Governments, international organizations, individuals, corporations and other entities, in accordance with relevant criteria adopted by the Assembly of States Parties.

Article 117
Assessment of contributions

The contributions of States Parties shall be assessed in accordance with an agreed scale of assessment, based on the scale adopted by the United Nations for its regular budget and adjusted in accordance with the principles on which that scale is based.

Article 118
Annual audit

The records, books and accounts of the Court, including its annual financial statements, shall be audited annually by an independent auditor.

Part XIII Final clauses

Article 119
Settlement of disputes

1. Any dispute concerning the judicial functions of the Court shall be settled by the decision of the Court.

2. Any other dispute between two or more States Parties relating to the interpretation or application of this Statute which is not settled through negotiations within three months of their commencement shall be referred to the Assembly of States Parties. The Assembly may itself seek to settle the dispute or may make recommendations on further means of settlement of the dispute, including referral to the International Court of Justice in conformity with the Statute of that Court.

Article 120
Reservations

No reservations may be made to this Statute.

Article 121
Amendments

1. After the expiry of seven years from the entry into force of this Statute, any State Party may propose amendments thereto. The text of any proposed amendment shall be submitted to the Secretary General of the United Nations, who shall promptly circulate it to all States Parties.

2. No sooner than three months from the date of notification, the Assembly of States Parties, at its next meeting, shall, by a majority of those present and voting, decide whether to take up the proposal. The Assembly may deal with the proposal directly or convene a Review Conference if the issue involved so warrants.

3. The adoption of an amendment at a meeting of the Assembly of States Parties or at a Review Conference on which consensus cannot be reached shall require a two thirds majority of States Parties.

4. Except as provided in paragraph 5, an amendment shall enter into force for all States Parties one year after instruments of ratification or acceptance have been deposited with the Secretary General of the United Nations by seven eighths of them.

5. Any amendment to articles 5, 6, 7 and 8 of this Statute shall enter into force for those States Parties which have accepted the amendment one year after the deposit of their instruments of ratification or acceptance. In respect of a State Party which has not accepted the amendment, the Court shall not exercise its jurisdiction regarding a crime covered by the amendment when committed by that State Party's nationals or on its

territory.

6. If an amendment has been accepted by seven eighths of States Parties in accordance with paragraph 4, any State Party which has not accepted the amendment may withdraw from this Statute with immediate effect, notwithstanding article 127, paragraph 1, but subject to article 127, paragraph 2, by giving notice no later than one year after the entry into force of such amendment.

7. The Secretary General of the United Nations shall circulate to all States Parties any amendment adopted at a meeting of the Assembly of States Parties or at a Review Conference.

Article 122
Amendments to provisions of an institutional nature

1. Amendments to provisions of this Statute which are of an exclusively institutional nature, namely, article 35, article 36, paragraphs 8 and 9, article 37, article 38, article 39, paragraphs 1 (first two sentences), 2 and 4, article 42, paragraphs 4 to 9, article 43, paragraphs 2 and 3, and articles 44, 46, 47 and 49, may be proposed at any time, notwithstanding article 121, paragraph 1, by any State Party. The text of any proposed amendment shall be submitted to the Secretary General of the United Nations or such other person designated by the Assembly of States Parties who shall promptly circulate it to all States Parties and to others participating in the Assembly.

2. Amendments under this article on which consensus cannot be reached shall be adopted by the Assembly of States Parties or by a Review Conference, by a two thirds majority of States Parties. Such amendments shall enter into force for all States Parties six months after their adoption by the Assembly or, as the case may be, by the Conference.

Article 123
Review of the Statute

1. Seven years after the entry into force of this Statute the Secretary General of the United Nations shall convene a Review Conference to consider any amendments to this Statute. Such review may include, but is not limited to, the list of crimes contained in article 5. The Conference shall be open to those participating in the Assembly of States Parties and on the same conditions.

2. At any time thereafter, at the request of a State Party and for the purposes set out in paragraph 1, the Secretary General of the United Nations shall, upon approval by a majority of States Parties, convene a Review Conference.

3. The provisions of article 121, paragraphs 3 to 7, shall apply to the adoption and entry into force of any amendment to the Statute considered at a Review Conference.

Article 124
Transitional Provision

Notwithstanding article 12, paragraphs 1 and 2, a State, on becoming a party to this Statute, may declare that, for a period of seven years after the entry into force of this Statute for the State concerned, it does not accept the jurisdiction of the Court with respect to the category of crimes referred to in article 8 when a crime is alleged to have been committed by its nationals or on its territory. A declaration under this article may be withdrawn at any time. The provisions of this article shall be reviewed at the Review Conference convened in accordance with article 123, paragraph 1.

Article 125
Signature, ratification, acceptance, approval or accession

1. This Statute shall be open for signature by all States in Rome, at the headquarters of the Food and Agriculture Organization of the United Nations, on 17 July 1998. Thereafter, it shall remain open for signature in Rome at the Ministry of Foreign Affairs of Italy until 17 October 1998. After that date, the Statute shall remain open for signature in New York, at United Nations Headquarters, until 31 December 2000.

2. This Statute is subject to ratification, acceptance or approval by signatory States. Instruments of ratification, acceptance or approval shall be deposited with the Secretary General of the United Nations.

3. This Statute shall be open to accession by all States. Instruments of accession shall be deposited with the Secretary General of the United Nations.

Article 126
Entry into force

1. This Statute shall enter into force on the first day of the month after the 60th day following the date of the deposit of the 60th instrument of ratification, acceptance, approval or accession with the Secretary General of the United Nations.

2. For each State ratifying, accepting, approving or acceding to this Statute after the deposit of the 60th instrument of ratification, acceptance, approval or accession, the Statute shall enter into force on the first day of the month after the 60th day following the deposit by such State of its instrument of ratification, acceptance, approval or accession.

Article 127
Withdrawal

1. A State Party may, by written notification addressed to the Secretary General of the United Nations, withdraw from this Statute. The withdrawal shall take effect one year

after the date of receipt of the notification, unless the notification specifies a later date.

2. A State shall not be discharged, by reason of its withdrawal, from the obligations arising from this Statute while it was a Party to the Statute, including any financial obligations which may have accrued. Its withdrawal shall not affect any cooperation with the Court in connection with criminal investigations and proceedings in relation to which the withdrawing State had a duty to cooperate and which were commenced prior to the date on which the withdrawal became effective, nor shall it prejudice in any way the continued consideration of any matter which was already under consideration by the Court prior to the date on which the withdrawal became effective.

Article 128

Authentic texts

The original of this Statute, of which the Arabic, Chinese, English, French, Russian and Spanish texts are equally authentic, shall be deposited with the Secretary General of the United Nations, who shall send certified copies thereof to all States.

Inwitness whereof, the undersigned, being duly authorized thereto by their respective Governments, have signed this Statute.

Done at Rome, this 17th day of July 1998.

부록 4부터 20까지는 스마트폰으로 QR코드를 스캔하면 보실 수 있습니다.

참고문헌

Ⅰ. 단 행 본

김대순, 국제법론(삼영사, 2004)
김영석(역), 국제법의 역사(아르투어 누스바움 지음, 한길사, 2013)
김영석, 국제인도법(박영사, 2022)
김영석, 국제형사재판소법강의(법문사, 2014)
김영원, 국제법(박영사, 2022)
김일수, 형법총론(2000)
유기천, 형법학(총론강의)(1985)
이재상, 형법총론(박영사, 2014)
이한기, 국제법강의(박영사, 2000)
정인섭, 신국제법강의(박영사, 2017)
정인섭(편), 이중국적(사람생각, 2004)
정인섭, 국제인권규약과 개인통보제도(사람생각, 2000)
정인섭, 국제인권조약집(사람생각, 2000)
프란시스 앤서니 보일, 김영석 역, 세계질서의 기초(박영사, 2004)

John Austin, The Province of Jurisprudence Determined(H.L.A. Hart ed., 1954)(1832)
Bederman, The Souls of International Organizations
Ian Brownlie, Principles of Public International Law(7thed. Oxford University Press, 2008)
Francis A. Boyle, Defending Civil Resistance Under International Law(Transnational Publisher, 1987)
Francis A. Boyle, Destroying World Order(2004)
Francis A. Boyle, The Criminality of Nuclear Deterence(Clarity Press, Inc. 2002)
Francis A. Boyle, The Future of International Law and American Foreign Policy(Trans-national Publisher, 1989)
Thomas Buergenthal et al., International Human Rights(3rd ed. 2002)
Bin Cheng, General Principles of Law as Applied by International Courts and Tribunals(Cambridge University Press, 2006)
Noam Chomsky, Pirates and Emperors, Old and New(South End Press, 2002)
In Seop Chung, Korean Questions in the United Nations(Seoul National University Press)
R.R. Churcill & A.V. Lowe, The Law of the Sea(4th. ed. 2022)

Andrew Clapham, Brierly's Law of Nations(7th ed Oxford University Press, 2012)
J.K. Cogan et al, The Oxford Handbook of International Organizations(Oxford University Press, 2016)
Tom Coppen, The Law of Arms Control and the International Non-Proliferation Regime(Brill, 2016)
James Crawford, The International Law Commission's Articles on State Responsibility: Introduction, Text and Commentaries 220(2002)
James Crawford, The International Law Commission's Articles on State Responsibility(2005)
James Crawford, State Responsibility(Cambridge University Press, 2013)
Patrick Daillier et al, Droit International Public(8th ed. L.G.D.J Paris)(2009)
Martin Dixon et al, Cases & Materials on International Law(5th ed. Oxford University Press, 2011)
L.C. Green, International Law through the Cases(3rd ed. 1970)
Louis Henkin et al, Human Rights(Foundation Press, 1999)
Louis Henkin, Foreign Affairs and the United States Constitution(2nd ed.)(1996)
R. Higgins, The Development of International Law through the Political Organs of the United Nations(1963)
Ian Hurd, International Organizations(Cambridge Univ. Press, 2021)
Mark W. Janis & John E. Noyes, International Law(2nd ed. 2001)
Sir Robert Jennings and Sir Arthur Watts, Oppenheim's International Law(9th ed. 1996)
Philip C. Jessup, A Modern Law of Nations(1947)
Young Sok Kim, The International Criminal Court: A Commentary of the Rome Statute(2010)
Hans Kelsen, Pure Theory of Law(Max Knight trans., 1967)(1960)
Jan Klabbers, An Introduction to International Institutional Law(Cambridge University Press, 2002)
Claus Kress et al, The Rome Statute and Domestic Legal Orders(Volume Ⅱ, 2005).
Loy S. Lee, The International Criminal Court(1999)
Monroe Leigh and Merritt R. Blakeslee, National Treaty Law and Practice(1995, The American Society of Internaitonal Law)
Vaughan Lowe, International Law(Oxford University Press, 2007)
Dana G. Munro, Intervention and Dollar Diplomacy in the Caribbean(Princeton Uni-versity Press, 1972)
Sean D. Murphy, Principles of International Law(2006)
Bimal N. Patel, The World Court Reference Guide(2002)
A. Philips & A. Rosas (eds.), The UN Minority Rights Declaration(1993)

Albrecht Randelzhofer and Christian Tomuschat, State Responsibility and the Individual(1999)
John Rawls, The Law of Peoples(Harvard University Press, 2003)
J. Robinson, Human Rights and Fundamental Freedoms in the Charter of the United Nations: A Commentary(1946)
Paul H. Robinson, Criminal Law(Aspen Publishers, 1997)
Donald R. Rothwell & Tim Stephens, The International Law of the Sea(Hart Publishing 2010)
Donald Rothwell et al, The Oxford Handbook of The Law of the Sea(Oxford Univ. Press, 2015)
Malcolm N. Shaw, International Law(Cambridge Univ. Press, 2022)
Bruno Simma, The Charter of the United Nations: A Commentary(2012)
Oscar Schachter, Internatioal Law in Theory and Practice 50(1995)
Thomas C. Schelling, The Strategy of Conflict(1960)
Malcolm N. Shaw, International Law(4th ed. 1997)
Louis B. Sohn & Kristen Gustafson, The Law of the Sea(1984)
J. H. W. Verzijl, International Law in Historical Perspective(Vol. Ⅷ, 1974)
Rebecca MM Wallace et al, International Law(8th ed. Sweet&Maxwell, 2016)

Ⅱ. 국외 논문

Luis Anderson, The Peace Conference of Central America, 2 AJIL(1908)
Thomas A. Bailey, Interest in a Nicaraguan Canal, 1903 1931, 16 Hispanic Am. Hist. Rev.(1936)
George W. Baker, The Woodrow Wilson Administration and El Salvador Relations 1913 1921, 56 Soc. Stud.(1965)
R. R. Baxter, International Law in “Her Infinite Varity,” 29 Int’l & Comp. L. Q.(1980).
T. Buergenthal, “International Human Rights Law and Institutions: Accomplishments and Prospects,” 63 Wash. L. Rev.(1988)
Jonathan Charney, The Persistent Objector Rule and the Development of Customary International Law, 56 Brit. Y.B. Int’l L(1985)
Jonathan Charney, “Universal International Law,” 87 Am. J. Int’l L.(1993).
Michael J. Glennon, State Sponsored Abduction: A Comment on United States v. Alvarez Machain, 86 AJIL(1992)
Richard A. Falk, “Nuclear Weapons, International Law and the World Court: A Histrorical Encounter,” Ameircan Journal of International Law, Vol. 91, No. 1(1997)
A.A. Fatouros, International Law and the International Contract, 74 AJIL(1980)

G. Finch, The Treaty with Nicaragua Granting Canal and Other Rights to the United States, 10 AJIL(1916)

Bibi T. van Ginkel, The United Nations: Towards a Comprehensive Convention on Combating Terrorism, in Confronting Terrorism(M. van Leeuwen ed., 2003)

Malvina Halberstam, International Maritime Navigation and Installations on the High Seas, in The International Criminal Law(M. Cherif Bassiouni ed., Vol. 1, 1999)

Hannum, "Rethinking Self Determination," 34 Va. J. Int'l L. 1(1993)

K. J. Heller, Retreat from Nuremberg: The Leadership Requirement in the Crime of Aggression, 18 European Journal of International Law 477(2007)

D. Hill, Central American Court of Justice, in Ⅰ Encyclopedia of Public International Law(1981)

D. Hill, The Nicaraguan Canal Idea to 1913, 28 Hispanic Am. Hist. Rev.(1948)

M. Hudson, The Central American Court of Justice, 26 AJIL(1932)

L. Keasbey, The Nicaragua Canal and the Monroe Doctrine, 7 Annals Am. Acad. Pol. & Soc. Sci.(1896)

Claus Kress, The Crime of Aggression before the First Review of the ICC Statute, Leiden Journal of International Law vol. 20(2007)

Avril McDonald, Terrorism, Counter Terrorism and the Jus in Bello in Terrorism and International Law(Michael N. Schmitt ed.. 2002)

D. Patterson, The United States and the Origins of the World Court, 91 Pol. Sci. Q.(1976)

Vincent Joel Proulx, Rethinking the Jurisdiction of the International Criminal Court in the Post September 11th Era, 19 Am. U. Int'l L. Rev.(2004)

Rodley, "United Nations Non Treaty Procedures for Dealing with Human Rights," in H. Hannum (ed.), Guide to International Human Rights Practice(2d. ed. 1992)

Simma & Alston, "The Source of Human Rights Law: Custom, Jus Cogens, and General Principles," 12 Australian Y.B. Int'l L.(1992)

J.B. Scott, The First Decision of the Central American Court of Justice, 3 AJIL(1909)

Louis B. Sohn, "A Short History of United Nations Documents on Human Rights," in The United Nations and Human Rights(18th Report of the Commission to Study the Organization of Peace, 1968)

Louis B. Sohn, "Human Rights: Their Implementation and Supervision by the United Nations," in T. Meron(ed.), Human Rights in International Law: Legal and Policy Issues(1984)

Louis B. Sohn, "The New International Law: Protection of the Rights of Individuals Rather that States," 32 Am. U. L. Rev.(1982)

인명색인

[ㄱ]
권오곤 110
그로티우스(Grotius) 346

[ㄷ]
도조(Tojo) 21
뒤기(L. Duguit 108

[ㄹ]
라사 오펜하임(Lassa Oppenheim) 14
로크 17
루소 17
리차드 백스터(R.R. Baxter) 59

[ㅁ]
밀로세비치 228

[ㅂ]
바시우니(M. Cherif Bassiouni) 228
바텔(vattel) 108, 216
브레튼 우즈(Bretton Woods) 534
빌헬름(Wilhelm) 2세 229

[ㅅ]
사무엘 푸펜도르프(Samuel Pufendorf) 12
셀(G. Scelle) 108
셀던(Selden) 346
송상현 110, 233
신각수 184, 233

[ㅇ]
오스카 샤터(Oscar Schachter) 45
오펜하임(Oppenheim) 107
이준 114

[ㅈ]
장 폴 아카에수(Jean Paul Akayesu) 517
제섭(Jessup) 216
제임스 브라운 스코트
(James Brown Scott) 429
존 롤즈(John Rawls) 108
존 배셋 무어(John Bassett Moore) 435
존 오스틴(John Austin) 9, 13

[ㅋ]
칼 폰 클라우제비츠 454

[ㅌ]
토마스 제퍼슨 166

[ㅍ]
파르도(Pardo) 347
파키소 모초초코 296
프란시스 리버(Francis Lieber) 40
프란시스코 드 비토리아
(Francisco de Vitoria) 12
프란시스코 수아레즈
(Francisco Surez) 12
핀 시에스테드(Finn Seyersted) 134

[ㅎ]
한스 켈젠(Hans Kelsen) 9
홉스(Hobbes) 9, 17
휘호 그로티우스(Hugo Grotius) 12

사항색인

[ㄱ]
가보전조치 445
가브치코보 나지마로스(Gabcikovo Nagimaros) 사건 55, 562
가서명 30
가소성 폭약의 탐지를 위한 식별조치에 관한 협약 479
가입(accession) 31
간이소송절차 소재판부 438
갈리치(Galic) 판결 483
감정인 320
감형 288
강박 272
강요, 강박, 고문을 받지 않을 권리 281
강제노역금지에 관한 협약 501
강제실종 238
강행규범(jus cogens) 52, 181
강행법규 236
개인의 청원권 128
개인통보제도 528
객관적 해석 407
결의 3314 461
경제사회이사회 7, 525
경제적 · 사회적 · 문화적 권리에 관한 규약 506
경제적 · 사회적 · 문화적 권리에 관한 위원회 516
계속범 255
계약은 지켜져야 한다(Pacta sunt servanda) 46
계약조약 27
계약준수의 원칙(pacta sunt servanda) 53
고문 238
고문방지 소위원회 524
고문방지위원회 129
고문방지협약의 선택의정서 524
고문피해자보호법 65
공개 심리(public hearing) 285
공관장(Head of Mission) 489
공모(conspiracy) 259
공서 322
공소사실의 확인 282
공소시효 265, 309
공식언어 299
공적 지위 260
공정무역(fair trade)주의 원칙 537
공조거절사유 297
공통된 제3조(Common Article 3) 123
공통의 차별적인 원칙 567
공평하게 진행되는 공정한 심리 (fair hearing conducted impartially) 285
과학그룹 384
관세 및 무역에 관한 일반협정 534
관세연합 115
관할권 연령(jurisdictional age) 260
관할권 행사의 전제조건 182
교육을 받을 권리 508
교전단체 123, 169
교환각서(Exchange of Notes) 26
구 유고재판소

(International Tribunal for Former Yugoslavia, ICTY) 3, 7
구적국 463
국가결정기여 (Nationally Determined Contributions, NDC) 577
국가면제 335
국가범죄(crimes of states) 200
국가별 정례인권검토 526
국가안보 322, 324
국가와 국제기구 간 또는 국제기구 상호간 조약법에 관한 비엔나협약 135
국가와 그 재산에 대한 관할권면제에 관한 UN협약 84
국가원수의 면제 34
국가의 권리의무에 관한 몬테비데오 조약 111
국가책임 34
국가행위(Act of State)이론 81, 163
국경을 넘는 환경영향평가에 관한 협약(이스푸 협약) 567
국기의 심사 378
국내문제 불간섭의 원칙 46
국내적 구제의 원칙 218
국별재판관단 278, 431
국적계속의 원칙 220
국적법의 저촉에 관한 어떤 문제에 관한 협약 220
국적재판관(national judge) 438
국제개발협회 151
국제관습법 6, 130
국제관행 5
국제금융공사 151
국제노동기구 150, 501
국제농업개발기금 151
국제도덕 5
국제무역기구(International Trade Organization, ITO) 534
국제민간항공기구 150
국제민사사법사법공조조약 5
국제법률실증주의 13, 14
국제법상의 자연법주의 11
국제법위원회 20
국제법의 법전화 11
국제법학회(Institute of International Law) 55, 413
국제부흥개발은행 151
국제사면기구(Amnesty International) 133, 337
국제사법 4
국제사법재판소(International Court of Justice, ICJ) 3, 7
국제연맹 11
국제연합(United Nations, UN) 3
국제연합의 특권과 면제에 관한 협약 140
국제예양 5, 289
국제원자력기구(IAEA) 132, 151
국제인권규약 506
국제인권규약 B규약 281
국제인권법 499
국제인도법 18, 111, 239
국제인도법의 기본원칙 13
국제적 무력충돌 239
국제적십자위원회(ICRC) 133
국제전기통신연합 150
국제조사위원회 418
국제통화기금 151, 534
국제포획재판소 41, 105, 126

국제표준주의 203
국제해사기구 150
국제해협 361
국제형사경찰기구(interpol) 298
국제형사사법공조법 324, 332
국제형사재판소(International Criminal Court) 3, 7
국제형사재판소 관할범죄의 처벌 등에 관한 법률(ICC 이행법률) 181
국회의 동의 32
군도수역 353
군도항로대통항권 354
군비축소 20
군사범불인도의 원칙 293, 311
군축 11
군함 358
권고적 의견(advisory opinion) 430, 444
권력의 법 7
권한 외 행위(ultra vires act) 202
권한 있는 자의 권한 192, 415
궐석재판(trial in absentia) 283
그리스바다르나(Grisbadarna) 사건 421
그리스·불가리아 촌락공동체에 관한 사건 75
금반언(Estoppel)의 원칙 50
금반언의 원칙 399
금지이론 378
기국주의 373
기판사항(res judicata)의 원칙 46, 52
기후변화(Climate Change) 558, 575
기후변화협약에 대한 교토의정서 (Kyoto Protocol) 576

[ㄴ]
난민 529
남군(confederate state) 170
남극(Antarctica) 582
남북경협 4개합의서 164
남북기본합의서 124
내국민(National Treatment)대우 원칙 539
내륙국 348
내수 346
내전(civil war) 169
노동사건 등을 위한 소재판부 438
노스타(Norstar)호 사건 373, 374
노예화 238
노테봄 사건(The Nottebohm Case) 28
뉘른베르그 재판 129
뉴욕협약 474
능동적 속인주의 179
니카라과 대 콜롬비아 영토 및 해양분쟁 사건 370
니카라과 사건 441

[ㄷ]
다자조약 27
다자주의(multilateralism) 537
단독행정협정 93
단치히 법규명령의 자유시 헌법과의 양립성에 관한 사건 76
단치히 재판소의 관할권 사건 107
단치히주재 폴란드 국민의 대우에 관한 사건 75
당사국총회 233
대기오염 579
대량살상무기(Weapons of Mass Destruction) 57

대륙붕 346
대륙붕상에 고정된 플랫폼의 안전에 대한 불법적 행위의 억제를 위한 의정서 479
대륙붕한계위원회 371
대물관할권 175
대위(subrogation)의 원칙 49
대인관할권 174
대항조치 209, 222
도거 뱅크 사건 449
동경재판 130
동경조약 472
드라고주의 221
등대 사건 205

[ㄹ]
라그랑 사건 446
라이베리아(Liberia)공화국 154
라테란조약 117
러시아배상금 사건 49
런던덤핑협약 383
런던선언 62
런던의정서 383
레인보우 워리어 사건 212
룻(Root)의 중재협약 418
르완다재판소 7
리우 회의 559
리히텐시타인(Lichtenstein) 110

[ㅁ]
마버리 대 메디슨(Marbury v. Madison) 사건 79
마브로마티스의 팔레스타인 특허 사건 49
만국공법 4
만국우편연합(Universal Postal Union) 16, 150
만에 관한 10해리규칙 39
만족(Satisfaction) 224
만주국 113
망명정부 124
메멜기본법의 해석 사건 76
면제 334
모든 국가의 의무 (obligation erga omnes) 199
목적론적 해석 407
목적필요설 134
몬트리올 조약 473
몬트리올 조약의정서 474
몰수형 288
무죄추정의 원칙 283
무차별전쟁 454
무해통항권 354
무허가방송 378
묵비권 281
묵시적 권한이론 134
뮤즈강의 인수에 관한 사건 47
미국 국제법학회지 13
미국연방대법원 302
미사일방어계획 469
미 육군 교범 27－10(Army Field Manual 27－10) 258
미주기구(Organization of America States, OAS) 21, 132
미주리 대 홀란드(Missouri v. Holland) 사건 552
민간항공불법행위억제조약 473
민족자결권 471
민족자결원칙 125
민족해방단체 124

민족해방운동 476
민중적 소송(actio popularis) 217

[ㅂ]
바르셀로나 전력회사 사건 51, 199
바이오 안전성 정보센터 573
바티칸 117
반대신문권(right to cross examination) 285
반란단체의 승인 171
반사적 이익 397
방어권(right to defense) 285
벌금형 288
범죄구성요건 232
범죄인인도 226, 296, 302
범죄인 인도조약 5, 319
범죄혐의와 그 근거를 고지받을 권리 281
법률가자문위원회 430
법률의 착오 274
법원 24
법원의 보조수단 54
법적 확신 6, 256
법전화(codification) 운동 39, 426
베네수엘라 채무(Venezuelan Preferential) 사건 421
베르나도테 백작 사건 133
베르사이유조약 127, 229
벨몬트(Belmont) 사건 94
벵갈만(Bay of Bengal) 사건(Bangladesh/Myanmar) 370
변형이론 75
변호인과 접견교통할 권리 285
변호인의 조력을 받을 권리 281, 285
변호인의 조력을 받을 권리(right to counsel) 281
변호인의 참석하에 신문을 받을 권리 281
보복(retorsion) 209
보상 286
보스니아 대 세르비아의 집단살해방지 협약의 적용 사건 445
보스니아 헤르쩨고비나(Bosnia Herzegovina) 154
보충성의 원칙 190
보편적 관할권 64
보편주의 180
보호주의 180
복구(reprisal) 209, 273
본부협정 135
부전조약 454
부정(corruption) 399
북극(The Arctic) 581
북극이사회(Arctic Council) 582
북대서양 어업(North Atlantic Fisheries) 사건 421
북대서양조약기구 301
북해대륙붕 사건 368
분쟁해결규칙 및 절차에 관한 양해 544
분쟁해결기구 544
불가항력 211
불간섭의 의무 13
브라이언－차모로 조약 106
비교법(comparative law) 5
비국제적 무력충돌 239
비밀유지 299
비밀정보 341
비용 341
비자기집행조약(non－self executing)

77
비정치조약 27
비준 31
비행정보구역 133
비호권(right of asylum) 492
비호권사건(Asylum case) 36

[ㅅ]
사기(Fraud) 399
사면 192, 288, 309
사무국(The Registry) 7, 276
사무국장 276
사바카르(Savakar) 사건 422
사바티노 사건 81
사법공조 296
사실의 착오 273
사전주의의 원칙(Precautionary Principle) 566
사정변경의 원칙 405
사전 통보 동의 절차(Advance Informed Agreement, AIA) 572
사태(situation) 188
사형 286
산마리노(San Marino) 110
산성비(acid rain) 558
상당한 주의(due diligence) 203
상설국제사법재판소 8, 11
상설중재재판소(PCA) 20, 278, 414
상소 및 재심 287
상소기구 548
상소심부 276
상조의 승인 158
상주사절 489
상호주의의 법 8
새우-거북사건 542
생물다양성 568
서류송달 333
서명 31
선결적 항변 444
선례구속원칙(stare decisis) 25
선서 없이 진술할 수 있는 권리 285
선언적 효과설 155
선택 조항(Optional clause) 434
설립준비위 232
세계관광기구 151
세계국제법협회(International Law Association) 55, 413
세계기상기구 150
세계무역기구(World Trade Organization, WTO) 534
세계보건기구 110, 150
세계유산위원회 556
세계은행 534
세계인권선언 498
세계주의 180
세계지적재산기구 150
세르비아 154
세이후지 사건 80
셔먼법(Sherman Act) 178
소요(disturbance) 123
소장단(The Presidency) 276
소재판부(chambers) 438
소추관 187
소추부 276
속성관습법 36
속인주의 4
속지주의 4, 176
수동적 속인주의 180
수형자이송 226
스레브레니차(Srebrenica) 137

스위스 115
스쿠너 익스체인지호 사건 82
스톡홀름 선언 553
스톡홀름 회의 553
스팀슨 독트린
(Stimson Doctrine) 11, 156, 455
시간적 관할권 182, 255
시민적·정치적 권리에 관한 규약 506
시민적·정치적 권리에 관한 규약의
선택의정서 506
식량권 508
식량농업기구(FAO) 132
신문 281
신법우선의 원칙 46
신속한 재판을 받을 권리 285
신의성실의 원칙 50
신임장(credential) 489
신탁기금(Trust Fund) 286
신탁통치이사회 7, 148
실무언어 299
실정국제도덕 9
실질사항 145
실효적 국적국 220
심부 276
심부 및 전심부(An Appeals Division)
276
심사(inquiry) 447
쌍방범죄성(dual criminality)의 원칙
290, 311

[ㅇ]
아그레망(agrément) 489
아동의 권리에 관한 협약 524
아야 데 라 토레 사건 530
아이치 생물다양성 목표 574
아이히만 사건 64
아파르트헤이트(Apartheid) 156, 520
아프가니스탄 168
안도라(Andora) 114
안전보장이사회 7, 301
알라바마(Alabama)호 사건 412
약식조약 31
양자조약 27
어업보존수역 365
에리트리아 155
에스트라다주의(Estrada Doctrine) 166
에티오피아 155
엔리카 렉시(Enrica Lexie)호 사건 373
엘시(Elettronica Sicula S.p.A, ELSI)
사건 219
여성차별철폐위원회 522
연성법(soft law) 25, 57
연체이자의 원칙 49
연합아랍공화국 155
영구중립국 115
영국·노르웨이 어업분쟁사건 38
영사관계에 관한 비엔나 협약 335
영사기관 493
영사행낭 495
영해 346
영해 및 접속수역법 361
예방적 자위권 458
예방적 접근방식 383
예외조항(derogation clause) 512
옐로스톤 국립공원 556
오리노코 증기선회사(Orinoco Steamship
Company) 사건 421
오염자 부담의 원칙
(Polluter Pays Principle) 383, 567
온두라스 대 과테말라와 엘살바도르

(1908년 12월 19일) 사건 106
온실가스 558
올니－폰스포트(Olney－Pauncefote) 조약 413
외교관계에 관한 비엔나협약 335
외교사절 488
외국군지위협정 334
외국인불법행위배상법 65
외국주권면제법 83
우루과이 라운드 최종의정서 535
우주물체손해에 대한 국제책임협약 219
우호관계선언 464
우호통상항해조약 108
원상회복 286
윔블던(The S. S. Wimbledon)호 사건 26, 217
유럽연합(EU) 133
유류 이외의 물질에 의한 오염시 공해에 대한 개입에 관한 의정서 214
유류오염사고시 공해에서의 개입에 관한 협약 214
유보 390
유엔공업개발기구 151
유엔교육과학문화기구 150
유엔기후변화협약(UNFCCC) 576
유엔식량농업기구 150
유엔전문기구 150
유전자변형생물체(LMO) 561
유죄인정(admission of guilty) 절차 283
유죄판결문 316
유추법 9
의료권 508
의무면제(Waiver) 543
의제 21(Agenda 21) 561
의회행정협정 92
이라크 168
이란 인질 사건 492
이메일 316
이산화탄소 포집·수송·저장 및 활용에 관한 법률(CCUS법)안 578
이산화탄소의 포집 및 저장 (Carbon Capture and Storage, CCS) 578
이원론(dualism) 72
이중거부권 145
이행연기 329
인가장(exequatur) 159
인권위원회 128, 528
인권이사회 525
인도령의 통행권 사건 48
인도에 반한 죄 127
인도적 개입 500
인도적 고려 5
인도적 사유 309
인도적 성격(humanitarian character)의 조약 404
인도청구의 경합 307
인류공동의 관심(Common Concern of Humankind) 원칙 564
인류공동의 유산 347
인류일반의 적 109
인종차별철폐위원회 129
인질억류방지에 관한 국제협약 475
인터한델 사건 219
일반적 의도 236
일사부재리의 원칙 304, 307, 331
일실이익(loss of profit) 224
일원론(monism) 73

임시재판관(ad hoc judge) 438
입법관할권 174
입법조약 27

[ㅈ]
자국민 불인도의 원칙 291, 306
자기부죄거부의 특권 281, 285
자기집행조약 80, 107
자동적 관할권 183
자동적 유보 442
자문위원회(Advisory Committee) 278, 525
자연법(natural law) 12
자연적 정의(natural justice) 46
자유무역(free trade)주의 원칙 536
자유해론(Mare Liberum) 346
자의적인 체포 또는 구금을 당하지 않을 권리 281
잔여형기 316
잠정조치 457
재정규칙 232
재판관의 자격요건 277
재판관할권 174
재판규범 6
재판불능(non－liquet) 48
재판사건(contentious cases) 444
재판소의 실무언어 277
재판의 거부(denial of justice) 203
재판적격 315
재판 적격성의 문제 190
재판회부조항 440
적극적 조치(affirmative action) 518
적합하지 않은 인물(persona non grata) 223
전권위임장(Full Powers) 30
전략공격무기감축조약 469
전략무기삭감조약 469
전략무기제한협상 468
전문기구 148
전심부 276
전심재판부 280
전쟁개시법 452
전쟁범죄 127
전쟁범죄와 인도에 반한 죄에 대한 시효부적용에 관한 협약 309
전쟁수행법 452
전쟁에 관한 훈령 40
절멸 238
절차 및 증거규칙 232
절차사항 145
접속수역 346, 360
정당방위 270
정당방위권 13
정부대표 및 특별사절의 임명과 권한에 관한 법률 30
정치문제 81
정치 현실주의 10
정치범 불인도원칙 291, 310
정치조약 27
제1위원회 144
제1추가의정서 123
제2위원회 144
제3위원회 144
제4위원회 144
제5위원회 144
제6위원회 144
제98조 협정 336
제이 조약 412
조난 213

조약업무처리지침 29
조약의 등록 33
조약의 무효 398
조정(conciliation) 448
조정의 법 8
조직규범 6
종속국 113
종신형 286
좋지 않은 인물(persona non grata) 489
죄형법정주의 228, 252
주거권 508
주관적 해석 407
주권동의의 원칙 16
주권면제 82, 335, 360
주권평등의 원칙 46
주한미군지위협정(SOFA) 98, 179
준대물관할권 175
준비위원회 189
준수그룹 384
중거리핵전력전폐조약 469
중대한 위반 239
중독상태 271
중립 11, 116
중립법 18
중미사법재판소 105
중재 11, 412
중재사법재판소 426
증인 320
지구의 허파 569
지속 가능한 개발(SD) 570
지역국제관습법 36
지역적 안전보장 462
직무보호권 137
직선기선 349
진정한 관련 375
진정한 연관 278
진정한 유대(genuine link) 28
진주만 20
집단적 거부권 146
집단적 안전보장 453
집요한 반대자 규칙(Persistent Objector Rule) 38, 350
집행(Enforcement) 287
집행관할권 175

[ㅊ]
차밍 벳시호 사건 84
착탄거리설 347
창설적 효과설 156
청구경합 313
체르노빌(Chernobyl)사건 580
총영사관 493
총회 7
최고법 조항 79
최혜국(Most Favored Nation)대우 원칙 537
추론된 권능설 134
추방송환금지원칙 529
추적권 379
침략범죄 127, 241, 310
침략의 정의 11, 461

[ㅋ]
카사블랑카(Casablanca) 사건 421
카이르(Caire) 청구 사건 205
칼보조항 221
캐롤라인호 사건 458
컨센서스 원칙 16
켈로그 브리앙(Kellogg−Briand) 조약

11
코르푸 해협 사건 205, 442
코소보 164
쿠바 미사일 위기 21

[ㅌ]
테러자금조달의 억제를 위한 국제협약 480
테러행위 규제를 위한 포괄적 협약 470
토바르주의(Tobarism) 166
통과 304
통과통항권 361
통상기선 349
통역을 받을 권리 281
투치(Tutsi)족 302
트레일용광소 사건 198
특권면제에 관한 협정 279
특별법우선의 원칙 61
특별사절 489
특별소재판부 220, 438
특별협정 301, 457
특정성의 원칙 290, 297, 308, 342, 343
특정한 의도 236
티노코 사건 165

[ㅍ]
파이어스 펀드(Pious Fund) 사건 421
파켓 하바나호(the Paquete Habana) 사건 35
파켓하바나호 사건 78
패널 546
팩스 316
편의치적 375
편입이론 75
평화를 위한 단결결의 459
평화에 반한 죄 200
평화유지활동 461
평화의 파괴 57
폐기물 및 그 밖의 물질의 투기에 의한 해양오염방지에 관한 1972년 협약에 대한 1996년 의정서(런던의정서) 212
폐쇄해론(Mare Clausm) 346
포괄적 핵실험금지조약 465
포츠담선언 20
포츠머스평화조약 448
포터협약 222
폭동(riot) 123
폭탄테러방지협약 259, 480
프레비히어(Preah Vihear)사원 사건 50, 399
피보호국 114
피해자 299
피해자에 대한 배상 286
필라티가(Filatiga) 사건 510
필요성(Necessity) 213

[ㅎ]
하이재킹방지조약 473
하이티(Haiti) 167
한국전쟁 459
한·미범죄인인도조약 337
한일청구권협정 217
합리적인 의심의 여지가 없이(beyond reasonable doubt) 284
합치의 추정 77
항공협정 중재 사건 209
항해의 안전에 대한 불법행위의 억제를

위한 협약 477
해적행위 375
핵무기 239
핵무기의 위협 또는 사용의 합법성 111
핵물질의 방호에 관한 협약 476
핵확산방지조약 466
행위규범 6
행정협정 91
허용이론 375
허위재판 304
헌법 부칙 제5조 85
헌법 제6조 1항 85
헤이(Hay)의 중재협약 417
헤이그 283
헤이그규칙(Hague Regulations) 40
헤이그조약 473
협의 297
형벌(penaltie) 286
형벌법정주의 286
형사사법공조 226, 302
형사사법공조에 관한 UN 표준협약 328
형사사법공조조약 226, 319
형사책임연령 260
형평과 선 56
형평법(equity)의 원칙 47
호르죠(Chorzow)공장 사건 46
화학무기금지협약 465
확대관할권 442
환경과 개발에 관한 리우선언 560
황금주 대 일본(Hwang Geum Joo v. Japan) 사건 81
회사의 국적을 결정하는 원칙 51
효과이론 178
후보자명부 278
후쿠시마 원자력발전소 사고 580
후투(Hutu)족 302

[기 타]
1864년 상병자의 보호에 관한 제네바 협약 501
1868년 400그램 이하의 작열탄 및 소이탄의 금지에 관한 세인트 피터스버그 협약 501
1899년 국제분쟁의 평화적 해결을 위한 협약 418
1907년 개전에 관한 협약 20
1907년 계약상의 채무회수를 위한 병력사용의 제한에 관한 협약 423
1907년 국제분쟁의 평화적 해결을 위한 협약 415
1909년 캐나다와 미국사이의 국경수역과 국경에서 발생하는 문제에 관한 조약 552
1940년 서반구에서의 자연보호와 야생보존에 관한 협약 552
1941년 트레일 제련소 사건(Trail Smelter Case) 565
1946년 UN총회결의 95(Ⅰ) 34
1949년 전쟁희생자보호에 관한 4개의 제네바협약 34
1951년 난민의 지위에 관한 조약 8
1951년 영국, 노르웨이 어업분쟁 사건 350
1954년 유류에 의한 해양의 오염방지를 위한 국제협약 381
1957년 라누 호수 중재 사건 566
1961년 외교관계에 관한

비엔나협약 488
1963년 영사관계에 관한 비엔나협약 493
1965년 대한민국과 일본 간의 기본관계에 관한 조약 114
1966년의 국제인권규약 8
1969년 유류오염사고시 공해에서의 개입에 관한 협약 382
1969년 유류오염손해에 대한 민사책임에 관한 국제협약 382
1969년 조약법에 관한 비엔나협약 25
1969년 특별사절에 관한 협약 489
1971년 물새 서식지로서 국제적으로 중요한 습지에 관한 협약(람사르 협약) 554
1972년 선박과 항공기로부터의 투기에 의한 해양오염 방지를 위한 오슬로협약 384
1972년 유네스코 세계문화유산 및 자연유산 보호협약(세계유산 협약) 555
1972년 폐기물 및 그 밖의 물질의 투기에 의한 해양오염방지에 관한 협약 383
1973년 멸종위기에 처한 야생동식물종의 국제거래에 관한 협약(CITES) 557
1973년 선박으로부터의 오염방지를 위한 국제협약 382
1973년 유류 이외의 물질에 의한 오염시 공해에 대한 개입에 관한 의정서 382
1974년 육상기원 오염원으로 인한 해양오염방지를 위한 파리협약 384
1976년 오염으로부터 지중해를 보호하기 위한 바르셀로나협약 384
1979년 국경을 넘는 장거리 대기오염물질에 관한 협약 (장거리 대기오염물질협약) 557
1982년에 캐나다와 미국 간의 메인만 사건 439
1985년 오존층의 보호를 위한 비엔나협약 579
1987년 오존층 파괴물질에 관한 몬트리올 의정서 579
1989년 바젤협약 559
1992년 발틱 해의 해양환경보호를 위한 헬싱키협약 384
1992년 유류오염손해에 대한 민사책임협약 200
2000년 바이오안전성에 관한 카르타헤나 의정서 571
2001년 국제불법행위에 대한 국가책임법안 199
2001년 유해한 활동으로 인한 월경 피해의 방지 초안 565
2010년 나고야－쿠알라룸푸르 생물안전에 관한 카르타헤나 의정서의 책임 및 구제에 관한 추가 의정서 574
2015 파리 협정 577
2018년 코스타리카 대 니카라과 사건 563
98조 협정 337
9.11테러행위 485
ABM(Anti－Ballistic Missile Systems) 조약 469
Alabama호 사건 224
Alcoa 사건 178
A명부 278

Bananas 사건 549
BBNJ 협정 574
Beef Hormones 사건 549
B명부 278
Dames & Moore v. Regan 사건 95
IOPC Fund 협약 201
Lotus호 사건 8, 378
MARPOL 협약 382
The I'M ALONE 사건 380
UN 사막화 방지 협약 (United Nations Convention to Combat Desertification, UNCCD) 561
UN 지속가능발전목표(SDGs, Sustainable Development Goals) 570
UN 총회결의 95(Ⅰ) 130
UN개발계획 139
UN국제법위원회 55
UN법률국 139
UN식량농업기구(FAO) 231
UN인권고등판무관 526
UN인권위원회 217
UN표준조약 305
UN해양법재판소 387
UN행정재판소 사건 52
UN헌장 103조 132
UN헌장 제103조 61
UN환경계획 554
United States v. Belmont 사건 94
United States v. Pink 사건 95

저자약력

김영석

서울대학교 법과대학 졸업(법학사)
서울대학교 대학원 법학과 졸업(법학석사, 국제법)
제25회 외무고등고시 합격(1991년)
미국 일리노이대학 법학전문대학원(University of Illinois at Urbana-Champaign College of Law) 법학석사(LL.M) 및 법학박사(J.S.D, 국제법) 취득
외무부 조약과, 재외국민과, 인사과 등 근무
서울대학교 대학원 법학과 강사, 아주대학교 법학부 조교수 역임
이화여자대학교 법과대학 조교수, 부교수 역임
외무고시, 행정고시, 사법시험, 7급, 9급 공무원시험 등 출제위원 역임
미국 일리노이(Illinois)대학, 포담(Fordham)대학, 이탈리아 밀라노(Milano)대학 법학과 방문교수 역임
주시카고 대한민국 총영사 역임
이화여자대학교 법학전문대학원 교수
해양투기금지에 관한 런던의정서 준수그룹 부의장

[저서 및 역서]

국제인도법, 박영사(개정판, 2022)
The Law of the International Criminal Court, William S. Hein Co.(New York, USA) (2019, 2nd edition)
국제법의 역사: 전쟁과 평화와 국제법, 박영사(아르투어 누스바움 저, 김영석 역, 2019)
국제형사재판소법강의, 법문사(개정판, 2014)
국제법의 역사, 한길사(아르투어 누스바움 저, 김영석 역, 2013)
세계질서의 기초, 박영사(Francis A. Boyle 지음, 김영석 옮김)(개정판, 2004)
The International Criminal Court, Wisdom House Publication(England), (2003년) 그 외 논문 다수

제 4 판
국 제 법

초판발행 2010년 3월 20일
제 4 판발행 2025년 8월 30일

지은이 김영석
펴낸이 안종만 · 안상준

편 집 이승현
기획/마케팅 정성혁
표지디자인 BEN STORY
제 작 고철민 · 김원표

펴낸곳 (주) 박영사
서울특별시 금천구 가산디지털2로 53, 210호(가산동, 한라시그마밸리)
등록 1959. 3. 11. 제300-1959-1호(倫)
전 화 02)733-6771
f a x 02)736-4818
e-mail pys@pybook.co.kr
homepage www.pybook.co.kr
ISBN 979-11-303-2423-4 93360

정 가 39,000원